高等重交通半刚性基层典型沥青路面结构优化与抗车辙力学特性研究

芮勇勤　邓国瑞　梅崇文　侯　洁　史修银　编著

东北大学出版社

·沈　阳·

图书在版编目（CIP）数据

高等重交通半刚性基层典型沥青路面结构优化与抗车辙力学特性研究 / 芮勇勤等编著. — 沈阳：东北大学出版社，2015. 11

ISBN 978-7-5517-1145-6

Ⅰ. ①高…　Ⅱ. ①芮…　Ⅲ. ①重交通道路沥青—半刚性基层—沥青路面—研究　Ⅳ. ①U416. 217

中国版本图书馆 CIP 数据核字（2015）第 269312 号

内 容 提 要

本书以重载交通高速公路的典型沥青路面结构病害问题为研究对象，以现场调研、检测、试验、计算和模拟等研究手段，深入地研究了半刚性基层沥青路面病害发生、发展的机理，建立半刚性基层典型沥青路面结构；通过分析计算，优化了混合料配合比，充分发挥了半刚性基层沥青路面稳定性高、抗车辙性能好、造价低的特点，适应中国公路建设的跨越式发展。半刚性基层沥青路面结构设计理论将长期发展、丰富完善，特别是随着高性能材料的开发应用日新月异，要以理论为指导，建立半刚性基层沥青路面的新设计理念，将合适的材料用在沥青路面的典型结构中及合适的层位上，实现对重载交通半刚性基层沥青路面早期病害的控制。本书成果在工程中进行广泛应用，还需深入研究；同时开展的研究可供相关领域工程技术人员教学、研究学习参考。

出 版 者：东北大学出版社
地址：沈阳市和平区文化路 3 号巷 11 号　110004
电话：024—83687331（市场部）　83680267（社务室）
传真：024—83680180（市场部）　83680265（社务室）
E-mail：neuph@ neupress. com　　Web：http：//www. neupress. com
印 刷 者：沈阳第二市政建设工程公司印刷厂
发 行 者：东北大学出版社
幅面尺寸：185mm × 260mm
印　　张：21. 75
字　　数：556 千字
出版时间：2015 年 11 月第 1 版
印刷时间：2015 年 11 月第 1 次印刷
责任编辑：汪彤彤
责任校对：叶　子
封面设计：刘江旸
责任出版：唐敏志

ISBN 978-7-5517-1145-6　　定价：79. 00 元

前　言

目前，半刚性基层沥青路面已经成为中国沥青路面的典型结构，在这方面的研究处于世界领先地位。大规模、快速度的建设带来了一些质量问题，特别是重载交通半刚性基层沥青路面出现的早期病害问题比较严重。为此，本项目以重载交通高速公路的典型沥青路面结构病害问题为研究对象，以现场调研、检测、试验、计算和模拟等研究手段，深入地研究了半刚性基层沥青路面病害发生、发展的机理，建立半刚性基层典型沥青路面结构，通过分析计算优化了混合料配合比，充分发挥了半刚性基层沥青路面造价低的特点，实现其特有的稳定高、抗车辙等优点，适应了中国公路建设的跨越式发展。半刚性基层沥青路面结构设计理论将长期发展、丰富完善，特别是随着高性能材料的开发应用日新月异，如何有效地用好新材料，就是要以理论为指导，建立半刚性基层沥青路面的新设计理念，将合适的材料用在沥青路面的典型结构中合适的层位上，实现控制重载交通半刚性基层沥青路面出现早期病害问题的作用。将深入开展如下研究工作。

在对高速公路典型沥青路面早期损害调查检测的基础上，认识到半刚性基层沥青面层压实度及残留空隙率对其路用性能影响较大，压实度标准低、残留空隙率大，容易产生渗水或二次追密现象；揭示沥青混合料的级配、沥青用量对半刚性基层沥青路面路用性能的重要作用，即诱使产生失稳型车辙；检测半刚性基层沥青层间连续性，半刚性基层是路面结构中的主抗疲劳层，面层产生拉应力且层间滑动时，半刚性基层为主抗疲劳层；在层间滑动状态下，路面结构的主抗车辙变形功能层扩展至整个沥青面层；利用 LIPP 温度预估方法，准确预测出沥青路面结构内部温度梯度的分布状况，结合线收缩系数试验和低温拉伸蠕变试验，分析半刚性基层典型结构的面层低温温缩特性；进一步揭示半刚性基层典型沥青路面结构层内部靠近面层顶面的位置低温温缩应力最大，与结构层层间接触无关，半刚性基层厚度的增加极大地提高了沥青路面的疲劳寿命；认识到同级配半刚性基层材料最大干密度随水泥剂量的增加而提高，振动、重型击实混合料最大干密度比值在 1.039 ~ 1.042g/cm^3 范围，不同成型方式振动成型试件的抗压强度是重型击实成型试件的 1.26 ~ 2.18 倍、振动击实成型试件的劈裂强度是重型击实成型试件的 1.68 ~ 1.96 倍；通过灰色关联决策法，在多指标评价中找出半刚性基层沥青路面综合路用性能最佳的级配，实现了级配优化，振动成型试件较重型击试件强度、收缩性能和抗冲刷性能方面明显提高。

通过室内试验得出了半刚性基层材料在不同水泥剂量、级配和成型方式下的疲劳方程，受力分析揭示水泥碎石做上基层、二灰碎石做下基层比较合理，水泥碎石的模量控制在 1250MPa，厚度控制在 25 ~ 30cm 范围内比较合适；GTM 以优化级配为标准提出各种参数，而优化级配均为 *VMA* 最小的级配，沥青混合料集料嵌挤状态对路用性能起到决定性的作用，路用性能变化可以归结为嵌挤状态的有效改变，用以评判抗高温车辙、抗水损能力；超载对于半刚性基层沥青路面危害很大，路面应力随超载率的增加不断上升，每超载 10% 应力增长 9.2% ~ 9.5%；路面等效寿命在超载 100%的情况下，使用 1 个月便会发生破坏，带级配碎石过渡层的路面结构比半刚性基层的路面结构应力水平、路面等效寿命高，级配碎石过渡层有着良好承载作用和应力分散作用；弯沉疲劳寿命为半刚性基层沥青路面疲劳寿命的主控指标，带级配碎石的路面结构要比半刚性基层的路面结构疲劳寿命更大；采用带级配碎石过渡层的沥青路面结构对于增加道路使用寿命优于单纯增加半刚性厚度，采用振动成型方式优化级配碎石过渡层设计满足设计要求。

DG25 高速公路路面状况历年检测结果整体良好，橡胶沥青路段除局部路面破损、车辙深度和弯沉测值较大外，其他测试指标均表现为良好，泡沫沥青和乳化沥青冷再生路段整体状况保持良好；专项养护路段路面破损状况良好，个别路段存在横裂、纵裂，弯沉测值偏大，成为路面破损潜在的威胁，另外有个别路段平整度 *IRI* 和横向力 *SFC* 提高不显著，表明及时采取预防性养护措施对路面使用性能的保持非常重要；利用改进的 TOPSIS 法进行 DG25 高速公路路面的综合评价，从结果来看，改进的 TOPSIS 法采用的主客观相结合的赋权方法达到了良好的效果；路面使用性能评价有模糊数学方法、系统分析法、回归模型法和灰色理论法等，*PSI* 模型第一次引入专家评分技术，以使用者角度进行评分；*MCI* 模型虽然也是以专家评价技术为依托，但道路技术人员组成了 *MCI* 模型的专家评价组；*PCI* 评价克服了其缺陷，与 *MCI* 评价模型比较更加完整和严谨；*UCI* 模型比较简便易用，但准确性较差，在路面使用性能的综合评价上没有得到推广；本项目以改进 TOPSIS 法对沥青路面综合评价，发现用 TOPSIS 法使得评价更为严谨和科学；运用 Abaqus 有限元软件建立温度场模型，揭示沥青路面的中下面层温差较小，计算得出在标准荷载和重载条件下路面都能满足抗剪强度要求，以此验证了路面结构设计的准确性。

通过研究，对半刚性基层沥青路面结构、材料一体化研究，借鉴层位分工的理念，运用振动成型方式成型试件，更贴近真实施工状况。研究基于振动成型的半刚性材料配合比设计新方法，系统对比了振动成型方式及传统成型方式对路面结构混合料路用性能的影响，特别是对不同设计方法、不同胶结料剂量、不同级配的水泥稳定碎石进行了大规模的抗疲劳能力对比研究；提出了基于振动成型的级配碎石配合比设计新方法，分析比较了增加级配碎石过渡层对路面疲劳寿命的影响，推荐了带级配碎石过渡层的典型沥青路面结构；根据层位分工，以及不同的设计方法设计的材料性质各有优劣的特点，提出了不同配合比设计方法设计的材料根据其功能充分发挥其优点的想法，对比了材料抗高温车辙、抗低温开裂以及疲劳寿命等性能，提出了不同层位根据其分工采用不同配合比设计方法的思想。研究成果应用于多条高速公路的检测评价与施工设计中，取得了良好的经济和社会效益，积累了丰富的施工经验，可为相类似工程的设计、施工和研究提供借鉴与工程技术指导。

以豫北国道 EG107 为依托工程，通过项目现场调查和评价，在项目老路基路面使用现状分析的基础上，进行改扩建方案比选，提出了最佳设计方案。根据断裂力学的理论知识和应力强度因子的计算方法，将预知裂缝区域定义在下面层，并贯穿整个横断面，利用有限元软件，建立三维模型分析计算。新旧路面各结构层设置台阶拼接方式，比较车辆荷载作用不同位置时，对纵向和横向裂缝反射的影响，为减少裂缝的反射与扩展，对新旧路面的拼接提出一些有效措施。在春夏高温季节，分别在标准轴载和重载（3 倍标准轴载）作用下，利用 Abaqus 有限元分析软件分析验证原有路面的两种处置方案对路面的抗车辙特性的影响。公路改扩建中最关键的问题就是如何降低新旧路基的不均匀沉降，保证路基的整体稳定性。文中对新旧路基的衔接方案进行分析计算，确定设计方案安全、经济合理。通过对新旧路基稳定性、新旧路面衔接方案及原有路面处理方案的分析比较，认为依托工程的改扩建方案合理、有效。为今后的改扩建项目的设计施工提供依据。

“白加黑”路面改造工程在国内外还处于经验探索和试验路阶段，很多实验方法、设计理论和实用技术问题解决尚不完善。加铺层方案的选择多结合当地具体情况，提出适合改造工程地区地理环境、气候条件、交通状况的加铺层设计方案和路面结构型式。“白加黑”路面“反射裂缝”问题的存在，一直以来成为困扰改造工程维修养护、施工设计的一个难题。

沥青路面设计规范虽然对沥青加铺层设计做了有关的要求，但不尽完善，很多“白加黑”路面“反射裂缝”控制效果仍然不够理想。依托 FG324 厦门段交通、气候等特点，针对“白加黑”路面改造工程，在分析沥青加铺层表面层、中（下）面层沥青混合料高温性能和水稳性能的基础上，通过表面层沥青混合料性能试验、中（下）面层沥青混合料性能试验，揭示了 ARAC－13、SMA－13、AC－20、ATB－25 沥青混合料设计配合比下的力学性能，提出了针对性的“白加黑”路面结构设计方案；利用 Phase ^{2D} 有限元技术，对“白加黑”路面在中轻交通、重交通、特重交通荷载工况作用下的力学特性进行了计算分析，推荐了“白加黑”路面结构设计方案，验算了路表总弯沉和层底弯拉应力的分布规律和特点，其结果满足设计施工规范要求。

在本书的编写过程中，借鉴了一些相关的技术设计、现场管理和软件应用，受益匪浅，在此深表感谢！

希望《高等重交通半刚性基层典型沥青路面结构优化与抗车辙力学特性研究》一书，在实际工程中的设计、分析和仿真等方面，能给予广大读者启迪和帮助。

由于编著者的水平有限，加之时间仓促，书中难免有疏漏和错误之处，恳请读者不吝赐教。

编著者于望湖苑

2015 年 8 月 18 日

Research on the Typical Asphalt Pavement Structure Optimization of the Semi – rigid Base and it's Anti – rut Mechanical Properties in the Advanced Heavy Traffic

PREFACE

At present, the semi-rigid base asphalt pavement has become the typical structure of asphalt surFAce, in which aspect China ranks in the front place in the world. Large-scale, fast speed of construction has brought some quality problem, especially some early damages is more serious in heavy traffic problems of semi-rigid base asphalt pavement. To this end, this thesis mainly studies on the typical structure of asphalt pavement damages in overloading traffic highway by site investigation, test, calculation and simulation research, in order to have a further understanding of semi-rigid base asphalt pavement disease occurrence and development mechanism. By setting up a typical semi-rigid base asphalt pavement structure, analyzing the calculation to optimize asphalt mixture design, and giving full play to the cost-low characteristic of semi-rigid base asphalt pavement, its unique advantages of high stability, resistance to rutting is achieved. Also, it adapts to the leap-forward development of China's highway construction. Theory of semi-rigid base asphalt pavement structure design will develop and perfect for the long term, especially with the rapid progress in the development and application of high-performance materials. How to use new materials effectively should be guided by the theory and establish a new design concept of the semi-rigid base asphalt using suitable material properly in the typical pavement structures of strata to control overloading traffic semi-rigid base asphalt pavement early disease problems. This paper will carry out a further research as the followings.

On the basis of investigation and detection of early damages in the typical highway asphalt pavement, the degree of compaction in semi-rigid base asphalt surFAce and residual porosity greatly influencing the performance of its road use, low degree of compaction standard and large residual porosity, water seepage tendency or secondary chase phenomenon is to be studied; the asphalt mixture gradation, the important role of asphalt content of half rigid road asphalt pavement, namely tempted to generate instability rutting is to be revealed; detection of semi-rigid base asphalt interlayer continuity, semi-rigid base being the primary fatigue resistance of the pavement structure layer is to be tested. When there is a tensile stress and inter-laminar sliding, the semi-rigid base is the mainly fatigue layer; in the interlayer sliding mode, main rut deformation resistance function of pavement structure layer extended to the whole asphalt layer; using LIPP temperature forecast methods, the internal temperature gradient distribution of the asphalt pavement structure is to be accurately forecasted,combining with the linear shrinkage coefficient test and low temperature tensile creep test, analysis of semi-rigid base surFAce low shrinkage characteristics of typical structure is to be analyzed; in the top position of typical semi-rigid base asphalt pavement structure layer inside near the surFAce, low shrinkage stress is the largest, which has nothing to do with structure contact between layers. The increases of the thickNess of semi-rigid base greatly improve the fatigue life of asphalt surFAce; semi-rigid base material maximum dry density increases with the increase of dosage of cement, vibration, maximum dry density of heavy compaction mixture ratio in the range of 1.039-1.042g/cm^3. The compressive strength of different ways of forming the vibration molding specimens is 1.26-2.18

times of heavy compaction molding of the specimen's. The vibration compaction cleavage strength of specimen is 1.68-1.96 times of heavy compaction molding specimen's; by grey incidence decision, integrated ways with best performance grading of comprehensive road in multi-index evaluation of semi-rigid base asphalt pavement is to be found out to realize the significant improving in graded optimization, strength of vibration molding specimen compared to heavy blow specimen, shrinkage performance and anti-scouring performance.

The semi-rigid base material is obtained by indoor experiment in different cement dosage, grading and forming of the fatigue equation. The stress analysis indicates that using cement macadam for the upper base course and lime-fly-ash bound macadam for the under base is a reasonable. Gravel modulus of cement should be controlled to be about 1250 MPa, and the thickNess is suitable within the range from 25 to 30 cm; various parameters are put forward by GTM research, based on optimized grading which is the minimum VMA gradation. Asphalt mixture aggregate embedded squeezed state plays a decisive role. Changes of road performance can be concluded as the effective changes of embedded squeezed state to judge the ability to resist high temperature rut and water damage. Overload does great harm to the semi-rigid base asphalt pavement. The pavement stress rises with the increase of overloading rate. As the overloading increases by 10% each time, the pavement stress will increase by 9.2%-9.5%; on the condition of 100% overloading, road equivalent life will be short as one month to be damaged. The stress level of grading gravelly interlayer pavement structure is higher than semi-rigid base asphalt pavement structure and lasts longer in pavement equivalent. Grading macadam transition layer has a good bearing and stress dispersion effect; deflection fatigue life of semi-rigid base is the main controlling index of asphalt pavement fatigue life. The use of grading macadam pavement structure contributes to the longer service time of the road than simply increase the thickNess of semi-rigid base; the adoption of the vibration molding method to optimize the design of the grading macadam transition layer meets the design requirements.

DG25 highway pavement condition is overall good over the years. Except partial road damages, rutting depth and high measured value of deflection, the other test results of the rubber asphalt road do well,foamed bitumen and emulsified asphalt cold-regenerated section are in good condition; pavement damage condition of special maintenance sections is good although the individual sections of there are transverse cracks, longitudinal cracks and measured value of deflection is a bit high in some specific sections, which becomes a potential threat to the pavement damage. In addition, the increase of road roughness *IRI* and transverse force SFC is not significant, which shows that it is important to take preventive maintenance measures to maintain the good performance of the pavement. As for the use of improved TOPSIS method for DG25 highway pavement comprehensive evaluation, from the results, it is clear that the improved TOPSIS method by adopting the empowerment of a combination of subjective and objective has achieved good effect; pavement performance evaluation includes fuzzy mathematics method, system analysis method, regression model and gray theory method, etc. PSI model introduces expert evaluation technology for the first time and grades from the perspective of the users; although MCI model is based on expert evaluation technology, expert evaluation group of MCI model is formed by road technical personnel; PCI evaluation overcomes the defects and is more complete and rigorous compared with MCI evaluation model; UCI model is easy to use, however, the accuracy is poor and it did not get a promotion on the comprehensive evaluation of pavement performance; in this paper, to improve the comprehensive evaluation of asphalt pavement by the TOPSIS method, it is found that the TOPSIS method makes the evaluation more rigorous and scientific; with a temperature field model is established by using the Abaqus finite element software, it is revealed that the temperature difference of the middle and lower surFAce is small, and under the condition of the standard load and overload, pavements can meet the requirements of shear strength, in order to verify the accuracy of the pavement structure.

Through this paper by the research of integration of semi-rigid base asphalt pavement structure, integration of material and the concept of division of strata, using the vibration molding specimens is more suitable for the real construction situation. Based on the vibration molding, a new method of semi-rigid material mixture ratio design, the system has compared performance impacts on the pavement mixture road between the vibration molding method and the traditional forming method, especially for a large-scale comparative study on the fatigue resistance with different design methods, different cement dosages, and different levels with the cement stabilized gravel; on account of vibration molding, a new method of grading macadam mixture ratio design has been proposed. It analyzes and compares the influence on the pavement fatigue life caused by increasing grading macadam transition layer, and recommends the typical asphalt pavement with graded gravel transition layer structure; according to the division of strata, and the material properties of different design methods of the characteristics of each owning advantages and disadvantages, it puts forward different mixture ratio design method to design the material according to the function the in order to give full play to its advantages. The material resistance to high temperature rutting, low temperature cracking resistance and fatigue life is compared. It is also proposed that different layers according to the division of labor should employ different mixture ratio design methods. Research results have been applied to multiple test evaluations and construction designs of the highway, obtained good economic and social benefits, and accumulated rich experience in construction and conclusions which provides guidance to similar engineering designs, constructions, research of references and engineering technology.

This paper that mainly studies the key technologies of the extension of the old road, National Road, provides the reference for the reconstruction project in the future. Through the investigation and evaluation of the project site,this paper based on the project of Henan North Road EG107, puts forward the optimal design scheme,by analysis of the current situation of the use of the old pavement project.According to the theory of fracture mechanics and the kNowledge of the stress intensity FActor calculation method, the crack area defined in the following layer would predict, analysis and calculate of 3D model establishment and throughout the transect and using finite element software. Comparison of the new and old pavement structure layer of each step in splicing mode, the vehicle load in different position have effect on the longitudinal and transverse crack reflection, so that it can reduce the reflection and extension of cracks and the mosaic of old pavement and puts forward some effective measures.By using the Abaqus finite element analysis software ,it can analysis of spring and summer high temperature, respectively, under the standard axle load and heavy load (3 times the standard axle load)and under the action of impact, rutting characteristics of two kinds of solutions to verify pavement on pavement. The key problemof the road is how to reduce the uneven settlement of new and old roadbed, ensure the overall stability of the roadbed, calculation and analysis of subgrade connection scheme in this paper, design scheme of the security, economic and reasonable.

Based on the old and new embankment stability, connection scheme and original plan of pavement treatment, and thinking the extension scheme depends on the reasonable and effective engineering,it can provide a basis for future design and construction of the extension project.

The reconstruction project of white and black pavement is still in the phase of experience explore and experiment at home and abroad, experiment methods, design theories and practical technical problems solving are still not perfect. The choice of overlay project should combine with local circumstances, the overlay design scheme and pavement structure should suitable for the geographic environment, climate condition, traffic state of the project area. The reflection crack of white and black pavement has always been a different problem which perplex the maintenance and construction design of reconstruction project. Although asphalt pavement design standard has makes related requirements to the design of asphalt overlay, but it's not perfect, the control effect of most white and black pavement reflection cracks is still not ideal.

This paper based on the traffic and climate features of FG324 Xiamen segment , aiming at white and black pavement renovation project, on the basis of analyze the temperature performance and water stability of surFAce layer, middle (below)layer asphalt mixture of asphalt overlay , through performance tests of surFAce layer and middle (below)layer asphalt mixture to reveal their mechanical properties with different design mix ratio (that is ARAC-13, SMA-13, AC-20 and ATB-25), the pertinent pavement design scheme of white and black pavement has been proposed. The mechanical properties of white and black pavement which under light traffic, heavy traffic and special heavy traffic respectively have been calculation and analysis by means of Phase^{2D} finite element technique. The distribution and characteristics of total deflection (pavement surface)and flexural stress (layer bottom)have been check, the results meet the code requirements.

目 录

第1章　高等重交通半刚性基层典型沥青路面研究评述

1949年，我国仅有公路8.07万km，至2010年底，全国公路总里程达到403万km，经过60多年的发展，公路里程增长了近50倍。随着里程的增长，道路质量的要求也随之提高。特别是随着沪嘉高速公路1988年通车，我国高速公路建设发展进入了跨越式阶段，带动了公路技术的发展，路面设计技术、材料技术及质量控制技术都得到了质的提升。

1.1　研究背景

1978年底，我国一、二级公路总里程约为2万km，其中一级公路仅200km。在一、二级公路建设中，基层材料主要以石灰土、水泥土为主，面层材料以薄层沥青（3~5cm）为主；设计理论以满足三级公路表面处治的双层弹性体系理论为基础；基层及面层材料谈不上设计方法，基本上是按照经验进行材料生产。在当时修建一、二级公路的过程中，由于技术落后，沥青路面"当年修当年坏、一年修两年坏"，路面损害面积超过20%，有的路面尚未交付使用就彻底返修。1980年底，针对极早破坏问题，为提高路面质量，交通部公路科学研究所完成了"高等级公路路面修建技术的研究"工作，该研究成果为我国半刚性基层沥青路面结构的广泛应用奠定了基石，使得半刚性材料由"一个石灰剂量到处用"，进入了系统设计阶段。经过北京、广东、黑龙江及广西4条试验路验证，对半刚性材料的路用性能有了更加明确的认识。凭借"高等级公路半刚性基层沥青路面成套技术"（交通部公路科学研究所1991年完成，研究成果获国家科技进步二等奖）、1994年完成的"半刚性基层沥青路面典型结构的研究"及1991年完成的"京津塘高速公路半刚性基层沥青路面的成功应用"，半刚性基层沥青路面设计已成为我国高等级公路主体路面结构形式，"强基薄面"的设计理念初步形成。在此基础上修订的《公路沥青路面设计规范》（JTJ 014—1997）基本上成为半刚性基层沥青路面设计规范。半刚性基层沥青路面的成功应用有效解决了当时的路面承载能力不足及水稳性和冰冻稳定性的问题，尤其是与柔性路面相比，节省了大量建设资金。同时，随着《公路沥青路面设计规范》（JTJ 014—1997）、《公路沥青路面施工技术规范》（JTJ 032—1994）、《公路路面基层施工技术规范》（JTJ 034—1993）以及《公路工程无机结合料稳定材料试验规程》（JTJ 057—1994）的颁布实施，柔性基层沥青路面除了在早期修建的几条高速公路得到应用外，以后修建的95%的高等级公路都采用了半刚性基层沥青路面结构。从20世纪90年代中期开始至今，我国高速公路建设速度一直保持高速增长，从半刚性基层沥青路面全面应用开始，1996年高速公路里程4771km，2010年高速公路里程7.1万km，并且位居世界第二。15年左右的时间，我国已达到了美国40年的建设里程。在15年的建设过程中，我国经济一直保持高速增长，交通量的增加远远超过了预估水平，而且超载相当严重。15年来一直用半刚性基层沥青路面，虽然我国对半刚性基层沥青路面的研究很深入，但对半刚性基层的某些特点并未全面认识，比如对半刚性基层沥青路面的裂缝问题，采取了回避态度，对半刚性基层沥青路面的寿命问题的认识更是少之又少。在15年之内想要有效解决这些问题非常困难，加上形成的惯性思维，使得半刚性基层的优点被过于放大而缺点却被隐藏起来，导致我国高速公路路面结构过于单一。到1999年后，以半刚性基层沥青路面为代表的高速公路的路面早期破坏问题凸显，水损害、车辙和开裂等问题暴露出来；2003 年后，以寿命短为代表的破坏问题更加明显。

1.2 研究目的及意义

本项目通过对半刚性基层沥青路面的研究，剖析了其特有的优势（强度高、稳定性好、造价低等优点），适应了中国公路建设的历史发展条件，充分发挥了其优势。15 年左右的时间，超过 95%的二级以上路面采用了半刚性基层沥青路面，共建设了约 10 万 km 高速公路及 100 万 km 以上的其他等级道路，半刚性基层沥青路面事实上已经成为中国沥青路面的典型结构。对这方面的研究，我国也一直处于世界前列。15 年大规模的公路建设成就辉煌，仅用时 15 年的时间便完成了西方发达国家 40 年的公路建设目标。但大规模、快速度的建设特点带来了一系列的质量问题，其中之一就是重载交通下，半刚性基层沥青路面的耐久性问题，在重交通作用下的半刚性基层沥青路面疲劳开裂、高温车辙和低温开裂等问题表现严重。

1.2.1 研究目的

由于路面耐久性问题不会短期暴露，因此在公路建设跨越式发展的背景下，路面耐久性问题不可能像早期破坏一样被重点关注。但随着越来越多的半刚性基层沥青路面在实际交通荷载下被检验，路面的耐久性问题突显出来。设计年限 15 年的路面在交通荷载，特别是在重载交通作用下，普遍达不到设计使用寿命。“少则一两年，多则七八年便需开膛破肚式的大修”。究其原因，目前比较一致的观点是：从路面破坏机理来看，半刚性基层沥青路面对重载交通比较敏感，在重载交通作用下，它本身就不可能成为寿命比较长的路面。这就给我国的公路工作者提出了很严峻的现实问题：根据规划，我国高速公路总里程将突破 18 万 km，用 15 年的时间修建了超过 10 万 km 的高速公路半刚性基层沥青路面，而实际检验效果却表明半刚性基层不耐久。那么待建的 8 万 km 高速公路是否维持半刚性基层沥青路面结构不变？这个问题是值得探讨的。材料科学发展潜力无穷，材料设计方法的优化及添加剂的研发将极大提高材料的路用性能，为半刚性基层沥青路面结构设计的完善及路面寿命的延长打下良好的基础。对材料性能的认识永远像盲人摸象一般，认识的只是局部。比如本项目研究的水泥稳定碎石，过去的认识是要达到 5MPa 的强度，必须用 6%左右的水泥。但采用振动成型法设计后，原材料不变，发现了水泥碎石更优越的路用性能，即在 3%的水泥剂量下，强度就能超过 5MPa，而且能够在工程中实现。材料性能出现的质的飞跃为路面结构的优化和道路寿命的延长提供了极好的基础。如果将半刚性基层路面改为柔性路面，那么又会遇到与半刚性基层沥青路面一样的风险（前期研究→试验工程→规范发布→工程验证→暴露问题→推翻？），更重要的是半刚性基层沥青路面在我国使用多年，成果丰硕，一旦放弃，等于抛弃了十几年积累的全部成果，又要从零开始，不太现实。通过本项目研究，发现材料设计与结构设计脱节是导致目前路面耐久性不足的重要原因之一。因此在既有成果的基础上从结构设计、材料设计等方面进行深入研究，开发性能优越的半刚性材料，优化路面结构，提高半刚性基层沥青路面的耐久性，不失为解决问题的最佳途径。

1.2.2 研究意义

路面结构设计理论长期不会改变，半刚性基层沥青路面典型结构不会改变，高性能材料的开发日新月异，如何有效地用好新材料，绝不能一哄而上，到处都用，而是要以理论为指导，完善半刚性基层沥青路面的设计理念，将合适的材料用在合适的层位。材料与结构一体化思想真正实现了材料路用性能与结构一体化思想建立，解决重载交通半刚性基层沥青路面耐久性问题，使得材料各尽所能，充分发挥各自优势，扬长避短。改进材料成型方式与提高压实度的思想的实现，深入揭示了材料密实度的提高对材料性能的影响规律：本项目研究的半刚性基层材料优化设计方法、振动成型设计方法、级配碎石设计方法等，都是以改变成型方式并大幅度提高材料密实度为基础进行研究的，而且事实证明，改变成型方式压实度提高后，材料路用性能有了质的飞跃，这为实现材料结构一体化的思想打下了坚实的基础。

1.3　国内外研究现状

以沪嘉、沈大和京津塘等高速公路建设为标志，我国高速公路的建设进入了黄金时期，以“强基薄面”为理念的半刚性基层沥青路面结构在经过充分研究及工程准备后，一枝独秀、占据高端，引领了近 10 万 km 高速公路路面结构的建设与研究。对于路面结构的基本要求有了共识，即路面必须有足够的强度、耐久性、平整性及抗滑性能。大体来说，我国高速公路质量控制理念经历了 3 个发展阶段，即以平整为主的理念、以抗滑为主的理念和以耐久为主的理念。

1.3.1　半刚性基层沥青路面材料与结构的发展

（1）以平整度为主要控制指标的理念

1999 年末，我国高速公路里程突破 1 万 km，当时在对高速公路的建设、管理、破坏模式及破坏机理还不清楚甚至一无所知的情况下，高速公路建设飞速发展。对高速公路质量的认识基本限于平整度上，于是以平整度的控制为主要理念的路面质量控制成为主要指标，甚至有的高速公路建设提出的口号是“成也平整度、败也平整度”。以平整度为主要甚至唯一的质量控制指标的理念带来了路面质量的隐患。为了平整，减少压实、增加沥青用量、采用悬浮密实级配等直接为平整度服务的各种施工措施被广泛使用，但却带来了严重的车辙、泛油等病害。2002 年，河北工业大学吴秋正“关于高等级公路路面平整度的研究”掀起了系统研究我国高速公路平整度的高潮，使得平整度的概念从朴素的工程经验走向理论指导。

（2）以抗滑为主要控制指标的理念

随着高速公路通车里程的增加，交通量急剧上升，交通事故数量也大幅攀升。据统计，1999 年我国交通事故死亡人数 8.4 万人，2000 年死亡人数达 9.2 万人，2001 年死亡人数攀升至 10.4 万人，均居世界首位。如此一来，遏制交通事故成为公路部门的重要任务。在这种大背景下，作为减少交通事故的重要方面，提高路面抗滑能力成为路面材料设计的主攻方向。以抗滑为主要目标的 AK 型沥青混合料设计写入《公路沥青路面设计规范》和《公路沥青路面施工技术规范》中。

但是，统计结果表明，AK 型沥青混合料对减少交通事故作用微弱，却带来了另一类大规模的意想不到的破坏形式，即水破坏。对水破坏的描述是“一场大雨，道路千疮百孔，根本来不及修补”。以提高抗滑能力为主要控制理念的结果是：为了增加抗滑能力，与原有沥青混合料相比，AK 型沥青混合料增加了大量的粗集料，导致沥青路面内部孔隙率过大，难以压实，水进入 AK 型沥青混合料后难以蒸发而滞留于路面中，被水破坏的沥青路面很快出现坑洞、松散、推移等水破坏现象。我国对水损害的研究工作从 2003 年长安大学李剑的“高速公路沥青路面早期水损害防治措施研究”开始，通过一系列的研究，使得高速公路水损害问题的解决方法系统化、规范化。笔者也于 2002 年完成了“沥青与集料界面黏附性研究”。AK 型沥青混合料于 2005 年实施的《公路沥青路面施工技术规范》(JTG F40—2004)被取消。

（3）以耐久性为主要控制指标的理念

2005 年末，中国高速公路总里程达到 4.1 万 km，仅次于美国。高速公路设计及施工积累了丰富的经验，对平整、车辙、水损害等破坏现象有了比较深刻的认识，也进行了深入研究。但随着高速公路里程的迅猛增长，发现修建的路面普遍达不到设计寿命。设计使用年限为 15 年的路面，早则一两年，晚则七八年就要进行“开膛破肚”式的大修，而且是普遍现象，有的高速公路修建过程中提出的目标口号是确保八年不大修。应该说，这种破坏的损失比车辙、水损害、裂缝等的损失更大。

破坏的原因按照目前工程实践及科学研究成果总结大致有两个：一是中国高速公路超载、重载现象比较严重，半刚性基层沥青路面对重载交通比较敏感；二是针对半刚性基层本身，基于对半刚性路面破坏机理的研究（交通部公路科学研究所从 1990 年开始采用加速加载试验，对半刚性路面 35 种结构进行了试验），认为半刚性路面在荷载作用下不可能耐久，要解决耐久性问题，加厚沥青面层是必然选择。

2005 年，长安大学赵晓倩完成了“高速公路长寿命路面典型结构研究”，2006 年“长寿命路面关键技术研究”被列入《公路水路交通“十一五”科技发展规划》重点研发方向，沙庆林院士完成的“重载交通长寿命路面关键技术研究”，开发了 SAC 型沥青混凝土级配及 CBG 型水泥稳定碎石级配，这些研究成果为提高我国高速公路路面寿命打下了一定的基础。由平整到抗滑再到耐久，是中国高速公路路面质量控制理念的发展历程，也是对高速公路路面质量认识程度逐渐深入的过程。

1.3.2 重载交通沥青路面质量控制理念的发展

新中国成立前路面等级很低，主要参照美国 CBR 设计方法进行路面结构设计，于 1940 年颁布了《公路工程设计准则草案》。

中华人民共和国成立后，分别于 1951 年、1954 年、1958 年、1978 年、1986 年、1997 年及 2005 年完善并发布实施了 7 次沥青路面设计规范。对于设计荷载，设计标准从 1958 年的 60kN 提高到 100kN，轮胎压力从 0.5MPa 提高到 0.7MPa，说明沥青路面设计的发展是以不断满足交通量和交通荷载的增长为目标的；对于路面设计指标，1978 年规范建立了以回弹弯沉为设计指标后，虽然不断提高设计标准，且对回弹弯沉作为路面设计指标是否适用产生过激烈的争论，但回弹弯沉目前仍作为设计指标使用；对于设计理论，从 1978 年，弹性层状体系理论在路面设计的应用中不断完善，但弯沉指标的确定主要是依据当时大量的低等级公路的使用经验确定的，尽管多次修订并增加了路面类型系数 A1、公路等级系数 A2 以及基层类型系数 A3，但目前对于高等级公路和重载交通道路情况，现行的沥青路面设计指标标准仍未得到很好的验证；对于路面材料，面层经历了泥结碎石、渣油路面、热拌普通混凝土、重交沥青混凝土和改性沥青混凝土阶段，设计方法从根据经验确定油石比到马歇尔设计方法、Superpave 设计方法及 GTM 设计方法，基层材料则经历了天然砂砾、级配碎砾石、石灰土、水泥稳定土、石灰工业废渣综合稳定土等阶段，设计方法从经验确定胶结料剂量到轻型击实法、重型击实法及振动击实法等发展阶段。

1.3.3　重载交通沥青路面的设计方法、材料及其结构形式

1.3.3.1　半刚性基层沥青路面耐久性

自京津塘高速公路成功修建始，半刚性基层沥青路面作为路面典型结构在我国几乎所有等级的道路全面使用。多年来，以大规模的道路工程使用效果（特别是 10 万 km 的高速公路使用效果）为评价标准，半刚性路面使用功能并不能令人满意，裂缝、早期破坏和耐久性不足一直伴随着半刚性路面。但在激烈的争论甚至非议中，半刚性路面却仍以其独有的建设成本不太高、路用性能不太差以及认可程度较一致的综合优势成为一枝独秀，占据高端，引领我国路面科技与施工技术进步的方向。

比如：《公路水路交通"十一五"科技发展规划》将以半刚性路面为基础的"长寿命路面关键技术"列为重点研发方向；《交通运输"十二五"科技发展规划》将"重载交通长寿命半刚性基层沥青路面设计与施工技术"作为科技成果推广应用重点；《公路水路交通运输"十二五"科技发展规划》将"半刚性基层路面性能保持与提升关键技术及装备"确定为重大科技专项。在半刚性路面备受关注的背景下，半刚性路面材料设计及研究方面取得了丰硕的成果。

1.3.3.2　关于半刚性基层沥青路面材料及结构设计关系问题

一般来说，对一个事物的认识有一个从点到面、再从面到点，从感性认识到理性认识、再回到感性认识指导实践的循环往复的过程。对一个事物认识的深入程度绝不只体现在从某个点或某个角度上的认识，更重要的是从不同角度对事物的较为全面的认识，即达到一定的理论水平，才有利于发挥事物的作用。对半刚性材料及其所组成的路面结构的认识也是如此，目前的现状如下。

（1）半刚性材料设计成果丰硕

对于半刚性材料目前可以较全面认识其性能，达到国际先进水平。比如，对于水泥稳定碎石，可以从重型击实成型和振动成型两个角度去认识强度、抗冲刷能力、抗裂能力、抗疲劳能力、模量、泊松系数等至少 6 种路用性能；对于沥青混凝土，可以从马歇尔方法、Superpave 方法及 GTM 方法 3 个角度认识强度、变形、抗裂、抗车辙、抗水破坏、抗疲劳、模量、泊松系数等至少 8 种路用性能。同样的，对于其他路用材料如二灰碎石、二灰土、石灰土等也有着丰富的研究成果。

（2）结构设计落后于材料设计

虽然对材料的性能有全面和深入的了解，但结构设计目前却远远用不上这些性能。路面结构一般为 5～7 层，在荷载和环境的作用下，每一层有不同的分工。这就需要在路面设计时一定要从理性认识的角度站位，从总体协调的角度考虑，全面了解所使用的材料性能并加以应用。而目前路面结构设计只需要材料的模量、泊松系数及劈裂强度，至于材料其他性能则未能考虑，这就使得结构设计缺乏面上的总体协调，往往难以发挥材料的优势，甚至使得设计出现失误。比如以目前的技术条件，级配碎石完全可以做基层，而并没有发挥其作用，最多将其用于底基层。

1.3.3.3　原因分析

为解决半刚性基层沥青路面的早期破坏问题，经过对大量国内外路面结构及使用性能的分析，目前提高路面结构寿命的途径及研究方向主要以增加沥青面层厚度或设计柔性路面为主，以达到抗裂、耐久及抗疲劳的效果。但我国是发展中国家，经济承受能力有限，靠增加沥青面层厚度达到长的结构寿命必然受经济条件的制约。柔性路面的研究在我国也

刚刚起步，还有许多问题需要解决，不能在短期内从根本上解决早期破坏问题，也就是说，柔性路面的使用并不是没有风险。

另外，半刚性基层沥青路面在我国已使用多年，科研成果十分丰富，积累了丰富的施工经验，新材料、新工艺及新设计方法层出不穷，与之相应的材料参数、路面结构组合及力学分析并没有被系统消化，如果抛弃这些成果，实在可惜。而且在我国有相当一部分半刚性基层沥青路面目前运行良好，这说明半刚性基层沥青路面结构形式本身可能并不是早期破坏的根源，而是这种路面结构形式需要在目前研究成果的基础上进一步完善。因此，否定半刚性基层沥青路面结构形式，抛弃多年的研究成果及施工经验，也将会造成巨大的浪费。鉴于此，本项目主要在分析半刚性基层沥青路面目前的材料设计、结构设计及材料结构匹配设计等方面问题的基础上，系统研究并总结适用于不同层位分工的新的材料设计方法及相应的力学参数，提出在不同条件下的半刚性基层沥青路面的层位分工。以此为基础，提出基于耐久性的半刚性基层沥青路面的设计方法及典型结构形式，并以试验工程进行验证。

目前，半刚性基层沥青路面结构设计、材料设计主要存在以下问题。

①半刚性基层沥青路面层位分工没有明确。

②材料设计方法比较完善，但材料性能与层位分工脱节。与之相同，我国基层以半刚性材料为主，包括水泥碎石、二灰碎石等。多年以来半刚性材料设计方法主要以重型击实法确定最大干密度和最佳含水量，以重型击实法试件强度确定水泥剂量。由于方法本身的原因，造成半刚性基层水泥剂量偏高，早期干缩裂缝严重，于是以抗裂为目标的研究蓬勃开展，取得了丰硕的科研成果。但目前基层除必须满足强度要求并适当考虑抗裂能力外，仍未考虑半刚性基层的层位功能分工，比如底基层不以抗疲劳设计为主。

③新材料研究成果未系统总结消化。例如，根据 GTM 设计的沥青混合料 15℃劈裂强度达到 3MPa 以上，振动法设计的水泥稳定碎石劈裂强度均能够达到 1MPa 以上，但设计规范给出的劈裂强度的参考值最大值仅分别为 1.9MPa 和 0.8MPa，如以此参数认识新材料及对路面结构的贡献，必然得出错误结论，致使对半刚性基层沥青路面的结构功能得出错误认识。

1.3.4 重载交通半刚性基层沥青路面现状及分析

我国改革开放 30 多年来，公路发展速度最快、规模最大。1984 年 4 月国务院正式批准建设我国第一条高速公路——京津塘高速公路，1988 年 10 月沪嘉高速公路建成通车，高速公路发展异常迅速。截至 2013 年，全国高速公路通车里程已达 10.4 万 km，跃居世界第二。根据我国公路交通规划，预计 2020 年高速公路通车总里程将增至 15 万 km。我国用短短的 20 年时间走完了发达国家半个世纪的发展历程。不过我国高速公路在取得了量的飞速发展的同时，在质的问题上也存在着很大的隐患。高速公路作为国民经济的大动脉，其行车舒适性、抗疲劳程度、抗冻性能、防雨水冲刷能力及抗重轴载的破坏能力等，无疑是人们关注的重心，尤其是对行车质量的保持程度，始终是公路使用者和建设者关心的热点。而这些性能的实现和保持无疑与路基路面主要受力层及其结构转换层息息相关。我国通车建成的高速公路中早期损害现象的普通出现，固然有交通量、重轴载及使用环境等原因，但公路建设质量无疑是其中最关键的原因。针对这一问题，国内有不同的看法：有很多人认为是路基施工质量不好，由路基不均匀沉陷造成路面过早开裂、变形；也有人认为是路面施工质量不能适应使用要求，造成提前出现纵横裂缝、交叉裂缝及龟裂现象。但是，在许多路基和面层设计施工质量都很好的路段，路面早期损坏现象依然很多，这就说明路面基层质量好坏关系重大。在我国建成的高速公路沥青路面中半刚性基层沥青路面是主要形式。据统计，我国 90%以上高等级公路的沥青路面基层、底基层多采用半刚性材料。而半刚性基层的最大特点是板体性强，有很高的承载力，且可就地取材，造价经济。

半刚性基层沥青路面在我国有一个长期的历史发展过程：在 20 世纪 60 年代，沥青路面基层材料采用的是石灰稳定土；到 20 世纪 70 年代，水泥、石灰、粉煤灰等无机结合料稳定粒料成为最普遍的基层；进入 20 世纪 80 年代以后，在强基薄面思想指导下，半刚性基层沥青路面建设发展。

近年来，人们逐步认识到半刚性基层沥青路面在使用过程中的早期损坏现象日益严重，即建成不久沥青路面就发生了车辙、坑槽、网裂等不同程度的早期破坏，大多为水损害或伴随疲劳而产生的损坏。另外，半刚性基层沥青路面普遍达不到路面设计要求的设计年限，而实际上，我国沥青路面一般 3 年小修，7 ~ 8 年大修，大修既对沥青面层进行维修，还对基层甚至底基层维修，维修费用很高，而且造成交通拥堵等不良社会影响。分析其早期病害的原因，一方面是由于施工质量不到位造成的，这类损坏通常与管理上的抢工、使用的原材料质量控制不严、路基压实不够等施工因素有关，可以通过加强施工管理及质量控制得以改善；但更为重要的是半刚性基层沥青路面结构本身存在温缩及干缩开裂不可避免、不耐冲刷，其强度及模量在反复荷载作用下随时间的衰减、对重载交通的敏感性高等固有特性未引起人们足够的重视。

随着半刚性基层在高速公路的长期建设与研究，对它的固有缺陷有了深刻的认识。但是，由于现有规范的基层结构单一，设计单位在选择基层结构类型时，即使参照国外或国内零散的试验路段试验数据，由于其系统性差，也无法对比地择优选用。大量国外的路面结构设计与使用年限一般达到 40 年，长寿命路面设计年限可以提高至 50 年。

国外重载交通，公路等级越高越倾向采用柔性基层沥青路面，在轻、中等交通水平才采用我国道路所推荐的半刚性基层沥青路面。大量国外路况的调查表明，没有像我国半刚性基层沥青路面出现大量结构性开裂和车辙损坏。由于我国幅员辽阔，各个地区气候、地质条件、交通组成等存在着差异，而我国当前高速公路的结构形式过于单一，很难适应全国范围内各个地区的使用要求。

目前，国内有些省市开始考虑适当地发展柔性基层、贫混凝土基层沥青路面结构形式，并得到合理的使用。两种类型的基层结构初期投资造价可能会增加，但可以解决半刚性基层沥青路面结构带来的一些问题，能够有效地避免半刚性基层沥青路面结构早期病害的发生，所增加的投资可以从维修养护费用中节省返回，实现全寿命成本经济效益，形成建设—使用—维护全寿命周期成本核算的理念。

因此，我国高速公路已经开始铺筑试验路，探讨使用可行性，改进单一沥青路面结构的问题。解决好我国高速公路半刚性基层沥青公路早期破坏及使用年限短的问题，就必须深入了解半刚性基层沥青路面在行车作用下的破坏状态及深层次的破坏原因。只有通过认真仔细的调查和深入的分析，才能深入了解破坏原因并针对性地提出解决措施。

本项目将基于高速公路病害调查结果，对高速公路水破坏、车辙破坏、裂缝破坏等方面路面病害现象及原因进行分析，其研究成果可推动天津市交通基础设施建设事业的发展，并为其他省市的高速公路路面早期病害防治提供有益的经验，具有巨大的应用前景。

1.4 研究目标与主要研究内容

1.4.1 研究目标

本项目以半刚性基层沥青路面为主要研究对象，系统研究总结不同设计方法设计的沥青混合料、水泥稳定碎石混合料路用性能、力学参数及适用条件，完善材料设计参数；据此进行半刚性基层沥青路面层位分工分析；形成半刚性基层的沥青路面合理结构计算的方法，对运行半刚性基层的沥青路面进行耐久性评价，由此提出基于耐久性的重载交通半刚性基层沥青路面的材料设计方法、结构层设计方法，以及典型的路面结构，最后通过对DG25高速公路验证路面性能综合检测、评价验证抗车辙应用效果。

1.4.2 主要研究内容

①高速公路典型沥青路面早期损害调查与评价。

进行高速公路典型沥青路面早期病害调查工作，建立沥青路面病害调查内容、依据及检测方法，进行高速公路水损坏状态及原因分析、高速公路车辙破坏状态及原因分析和高速公路裂缝破坏状态及原因分析。首先，表面上的车辙、裂缝、沉陷、松散等破坏与交通荷载、施工质量及地基处理是有关系的。建立任何路面的稳定离不开路基的稳定。研究前提是在路基稳定的基础上研究如何保持路面耐久。其次，调查半刚性基层沥青路面结构性早期破坏与疲劳破坏有否直接联系。如何防止底基层疲劳破坏是在软土地基上修建半刚性基层沥青路面的一个关键点。再次，调查坑槽、裂缝、网裂、推移甚至结构性破坏等破坏现象与沥青路面孔隙率偏大是否有直接关系。沥青路面早期破坏的预防应注意提高压实度，降低施工后路面孔隙率，防止水的渗入。

②半刚性基层典型沥青路面结构疲劳寿命、抗高温车辙变形特性分析。

合理确定半刚性基层典型沥青路面力学计算参数，建立半刚性基层典型沥青路面结构及计算方法，研究半刚性基层典型沥青路面结构水平应力分布规律，进行半刚性基层典型沥青路面结构疲劳寿命分析。通过半刚性基层沥青路面车辙形成机理分析，合理选择半刚性基层沥青路面计算参数，进行半刚性基层沥青路面剪应力计算及其图示建立，研究半刚性基层典型沥青路面结构高温剪应力分布规律，开展系统的半刚性基层典型沥青路面结构抗高温车辙变形特性分析。

③半刚性基层典型沥青路面结构层位低温开裂特性与功能分工分析。

通过半刚性基层沥青路面温缩裂缝形成机理分析，认识半刚性基层沥青路面低温收缩应力分布规律，开展半刚性基层沥青路面结构主要低温抗裂功能层研究，进行半刚性基层典型沥青路面结构A层位分工、半刚性基层典型沥青路面结构B层位分工深入研究。

④基于振动成型方式的半刚性基层材料配合比与路用性能研究。

以认识半刚性基层结构及材料设计现状与不足为前提，开展半刚性基层原材料实验分析和半刚性基层材料实验分析，建立水泥稳定碎石混合料抗裂特性评价方法，进行振动成型方式水泥稳定碎石配合比优化，开展振动成型方式水泥稳定碎石混合料设计及路用性能对比研究。

⑤半刚性基层材料抗疲劳特性及其性能关联分析研究。

基于半刚性基层材料疲劳分析基本理论，进行半刚性基层材料的疲劳试验，开展半刚性基层材料疲劳方程的建立与修正，进行半刚性基层材料疲劳特性对比分析和半刚性基层水泥稳定碎石抗疲劳性能关联分析研究。

⑥基于散体强度理论的沥青路面混合料综合配合比设计方法研究。

在“骨架密实型混合料”的再认识基础上，确定粗细集料尺寸，研究粗细集料选择密度的确定、控制级配走向的参数确定，进行沥青混合料的体积参数研究，建立沥青混合料配合比的设计计算方法，开展沥青混合料配合比设计计算实例研究与验证。

⑦级配碎石过渡层沥青路面结构的力学分析研究。

明确合理选取级配碎石过渡层材料力学参数和选取级配碎石过渡层计算参数，开展级配碎石过渡层计算结果分析，进行典型级配碎石路面结构推荐，建立级配碎石配合比设计方法，进行试验路级配碎石混合料配合比设计，并提出级配碎石混合基层路面结构与施工控制。

⑧关于材料与结构一体化思想及实现途径。

首先，根据沥青路面层位分工和不同的设计方法设计的材料性质各有优劣的特点，提出了不同配合比设计方法设计的材料根据其功能充分发挥其优点的想法，提出了不同层位根据其分工采用不同配合比设计方法的思想。其次，以往的路面结构设计对材料性能考虑较少，材料许多性能（如强度、疲劳、抗水破坏能力、抗冲刷、抗车辙、抗裂等）都无法体现在设计成果中。而现行设计方法需要的材料参数（其中最核心的参数是模量）与早期破坏的关系并不密切，因此材料性能难以反映到结构设计中。本项目从不同设计方法应用于路面结构不同层位的角度，提出材料与结构一体化思想，并提出了天津地区基于一体化思想的重载交通沥青路面设计方法。

⑨DG25 高速公路路面性能综合检测、评价模型与抗车辙数值模拟研究。

在建立高速公路路面性能检测内容及方法的基础上，进行历年养护措施路段比对与分析、国外常用路面性能综合评价模型、路面使用性能综合评价模型研究。在对传统 TOPSIS 法理论、传统 TOPSIS 法存在的问题分析的基础上，建立改进 TOPSIS 法的思路和改进的 TOPSIS 法，进行 TOPSIS 法在 DG25 高速公路路面评价应用，开展 DG25 高速公路沥青路面、桥面铺装路面抗车辙数值模拟分析。

⑩根据现场调查和分析制定经济适用的设计方案，鉴于国道 EG107 原有道路路面现状复杂，采用分段设计，对特殊路段进行设计方案比选，对新旧路基的衔接方案及复合地基的处理等进行专门研究，提出最佳方案。利用有限元建模分析新建路基填筑施工工程中，形成的边部荷载对原有路基产生的附加沉降、新建路基的工后沉降及新旧路基中心沉降差是否满足设计规范要求。选取原有路段现状中有特色的路面结构，利用有限元建模分析在标准轴载和中、重交通荷载的作用下，沥青路面结构的稳定及可靠性，评价并验证选择的设计施工方案的准确性和可用性。

⑪根据断裂力学有关知识，新旧路面面层各结构层采用设台阶的搭接形式，从新旧路面的横向和纵向两种拼接形式出发，利用有限元分析软件建立三维模型，分析车辆荷载不同的作用位置下，路面下面层的预知裂缝的反射情况，进行比较，得出路面面层拼接的最有利位置，为减少裂缝反射，保证路面稳定性，提出了一些有效措施。

⑫综合调研国内外“白加黑”路面改造工程的理论研究和工程实际，提出本项目研究的方法、准备工作和预期效果。依托 FG324 厦门段路面改造工程实际，详细调查改造路段的工程地质资料、水文气候条件、交通现状及旧水泥混凝土路面病害特点和分布情况，提出旧路处治方案和采用的加铺方案。

⑬“白加黑”路面为复合式路面结构，不仅要采取措施增强路面结构层的整体性，同时还必须优选表面层材料，借鉴以往工程实践经验，选择沥青玛蹄脂碎石混合料 SMA 和橡胶沥青混合料 ARAC 作为表面层材料。表面层是直接承受车辆荷载，并与外界接触的界面层，受气候、交通状况等因素影响较大。利用面层材料的性能试验，比较“白加黑”路面表面层材料性能，综合分析评价不同的表面层材料的路用性能。根据试验测得的橡胶沥青混合料 ARAC－13 和沥青玛蹄脂碎石混合料 SMA－13 的高温稳定性、低温抗裂性、水稳定性等性能，分析不同表面层材料在不同路段的适用性。中（下）面层在路面结构中起着承上启下的作用，选择合适的中（下）面层材料尤为重要。借鉴以往“白加黑”路面改造技术相关经验，以沥青混合料 AC 和沥青稳定碎石 ATB 作为中、下面层材料适合 FG324 厦门段的实际情况。通过性能试验结果综合分析中（下）面层的各种性能及在不同路段的适用性。

⑭针对厦门地区自然区划、地理气候条件、交通状况等条件，推荐适用于厦门地区类似“白加黑”路面改造工程的路面结构设计方案及相应的处治措施，重点介绍反射裂缝防治技术、路基路面综合防排水设计方案。对推荐“白加黑”路面三种施工图设计方案，分析乳化沥青黏层、橡胶沥青应力吸收层及添加剂在“白加黑”路面改造工程中的作用，提出适用于厦门地区的“白加黑”路面反射裂缝控制方法及防排水设计方案，减少反射裂缝和水损害等病害对路面结构的破坏，延长路面的使用寿命。

⑮利用有限元软件 Phase^{2D} 对 FG324 厦门段“白加黑”路面推荐的 3 种施工图设计方案在中轻交通、重交通、特重交通工况下的力学特性进行分析计算，验算推荐的 3 种施工图设计方案在 3 种荷载作用下的路面总弯沉值及层底弯拉应力、层间应力应变分布规律、总位移等，检验路面结构是否符合施工设计规范要求。推荐 3 种路面结构施工图设计方案在不同路段的适用性。依托 FG324 厦门段“白加黑”路面改造工程实际，对已进行的试验路进行跟踪调查分析，从实践上来验证本项目的研究成果，为厦门地区“白加黑”路面提供理论指导和经验借鉴。

1.5 研究技术路线

在充分总结和吸收我国半刚性基层沥青路面多年研究成果的基础上，对天津市道路破坏状况进行调查统计并对破坏原因进行深入分析，对现有的天津市路面典型结构进行力学计算，分析各结构层所承担的功能，针对破坏原因及各结构层功能进行材料设计研究，开发新的适用于各结构层功能的新材料，提出优化、的耐久的、长寿命的、考虑道路材料与结构一体化的路面结构设计，延长重载交通路面的使用寿命，实现半刚性基层沥青路面适应重交通荷载作用。并在此基础上探索适合我国国情的柔性路面。采取数值模拟方法，综合评价高速公路路面综合性能及抗车辙效果。

托 FG324 厦门段迎国检路面大修工程，采用旧水泥混凝土路面加铺沥青罩面层（“白加黑”路面）的路面改造技术。通过国内外的同类工程的调研、理论研究、工程实践经验总结，针对“白加黑”路面改造工程中旧路处治措施、反射裂缝及其他病害的防治技术等工程难题，主要从“白加黑”面层材料的性能试验对路面的路用性能的影响，从材料性能试验入手，提出防治或延缓“白加黑”路面反射裂缝产生和发展的措施，推荐适应于厦门地区的“白加黑”路面结构的施工图设计方案，从整体上提出反射裂缝防治方法和“白加黑”路面防排水措施。利用有限元软件对建议的路面结构设计方案在不同的轴载作用下的路面力学特性，验证所提出的施工图设计方案的合理性，并针对不同的条件推荐不同的路面施工图设计方案，从节约投资、减少工程造价、提高路用性能及延长路面使用寿命等方面指导今后类似“白加黑”路面改造工程的设计、施工。本项目研究技术路线如图 1.1 所示。

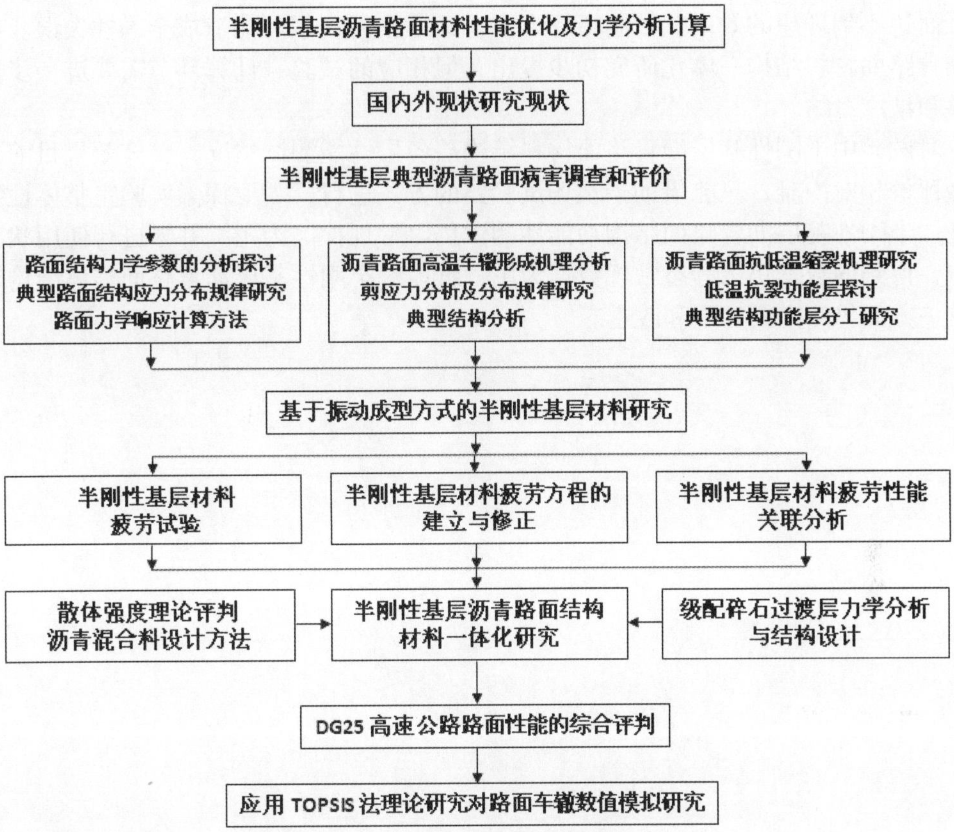

图 1.1　本项目研究技术路线

1.6　研究创新点

本项目通过对半刚性基层沥青路面结构、材料一体化研究，借鉴层位分工的理念，运用振动成型方式成型试件，更贴近真实施工状况。进行混合料材料性能、力学性能综合测试，实现半刚性基层沥青路面在中交通下，延长使用寿命的目的。主要研究创新点如下。

①基于振动成型方式研究半刚性材料配合比设计新方法，研究提出了振动成型参数、水泥稳定碎石混合料抗裂性能的评价方法，优化了设计指标，优化了基于振动成型的水泥稳定碎石级配范围。

②系统对比了振动击实成型方式及重型击实成型方式对路面结构混合料路用性能的影响，特别是对不同设计方法、不同胶结料剂量、不同级配的水泥稳定碎石抗低温缩裂、抗疲劳性能和典型沥青路面结构抗高温车辙能力的研究。

③研究了基于振动成型的级配碎石配合比设计方法。通过分析，比较增加级配碎石过渡层与增加半刚性基层的厚度对路面疲劳寿命的影响，推荐了带级配碎石过渡层的典型沥青路面结构，提出了振动成型参数、新的设计标准、设计指标以及合理的级配范围。

④依据层位分工理念以及不同的设计方法的材料性质各有优劣的特点，提出了不同配合比设计方法设计的材料根据其功能充分发挥其优点的想法，对比了材料抗高温车辙、抗低温开裂以及疲劳寿命等性能，提出了以功能层分工为理念的结构设计方法。

1.7 研究展望

目前，我国的沥青路面设计技术水平相对不够完善。设计控制指标越多，系统越复杂，最终反而达不到理想的效果。控制指标太少，又不全面，很可能造成全局性失误。半刚性基层沥青路面材料结构一体化研究初步提出，但相应的试验、计算环节需要进一步通过实践检验和推广总结。

针对试验中半刚性基层沥青路面材料结构层各层性能测试情况，整体效果目前在实验室内做评价相对困难，只能借助于现场试验路的方式进行，需要探索实验室整体性结构检测验证。半刚性基层沥青路面结构功能性测试仍以常规检测为主，并未进行使用状况的实时监测，得到的数据仍以静态常规数据为主，难以对半刚性基层沥青路面整体结构综合评判，这一方面仍然需要加强和改进。

第2章　高等重交通公路典型沥青路面早期损害调查评价

本章开展对天津地区高速公路典型沥青路面早期病害的调查工作，重点检测具有代表性的3段高速公路。研究借助取芯、FWD、GPR、多功能路面性能检测车等先进的检测手段，采集了大量检测数据，通过对检测结果进行综合评判，重点分析A高速公路水损坏状态及原因、B高速公路车辙破坏状态及原因和C高速公路裂缝破坏状态及原因。

2.1　沥青路面病害调查工作的重要性

经过调查认为，我国高速公路的沥青路面早期病害存在两类：沥青路面建成通车不久即出现的早期病害，例如出现的水损坏、车辙和开裂等，一般病害是局部的、个别性的，而大部分是局部坑槽和松散等水破坏，还有车辙、推拥的流动性变形破坏，以及各种裂缝、桥面铺装损坏、路基不均匀沉降和构造物接头等开裂。

沥青路面耐久性差而出现的早期病害，使用中的沥青路面寿命远未达到设计年限，短期年限即发生基层的松散结构性破坏，一般需要大修，大修既对沥青面层进行维修，还需要对基层或者底基层进行维修。本次病害调查的几条高速公路均为典型的半刚性基层沥青路面结构，且都为重载交通。

2.2　沥青路面病害调查内容、依据及检测方法

本次路面病害调查所涉及的试验及检测工作，主要依据《公路技术状况评定标准》（JTJ H20—2007）、《公路工程质量检验评定标准》（JTG F80/1—2004）、公路路基路面现场测试规程》（JTG E60—2008）、《公路土工试验规程》（JTG E40—2007）、《公路工程沥青及沥青混合料试验规程》（JTJ 052—2000）、《公路路面基层施工技术规范》（JTJ 034 - —2000）、《公路沥青路面施工技术规范》（JTG F40—2004）等相关技术规范和各高速公路工程设计图纸及竣工资料。

为全面了解各高速公路路面及路基使用状况，深入分析其路面早期病害的原因，根据各高速公路路况特点及交通流量情况，本次调查检测工作共涉及8项内容：路面损坏状况；路面平整度；路面车辙深度；路面结构强度；路面结构层状况；路面结构层及路基模量；路基钻探；地质雷达检测。沥青路面病害具体检测方法及原理如下。

①路面损坏状况检测方法。

路面损坏状况的检测指标为路面破损率（*DR*）。利用美国产多功能路况检测车中的路面损坏检测系统对路面损坏状况进行检测，它是采用激光线扫描数字成像技术在 35～73km/h 速度下按车道获取路面影像的自动化快速检测设备，横向检测宽度为3.8m，采样点数为4000点/断面，纵向连续检测，采样间隔为1mm，能够识别1mm以上的路面裂缝，满足《公路技术状况评定标准》（JTG H20—2007）。

首先现场采集路面损坏图像，再采取人机交互方式根据规范要求对影像中的路面损坏进行识别，然后由专业软件根据识别结果自动计算和记录各类损坏的实测面积及桩号位置，并计算各评定区间的路面破损率（*DR*），最后完成路面损坏状况的分析与评定。

②路面平整度检测方法。

路面平整度检测指标为国际平整度指数（*IRI*）。利用美国产多功能路况检测车中的平整度检测系统对路面平整度进行检测，它可在检测过程中实时测得路面国际平整度指数（*IRI*）和均方差（σ），采样间隔为 10cm，每 100 延米记录一个检测结果，用于路面平整度的分析与评定，如图 2.1 所示。

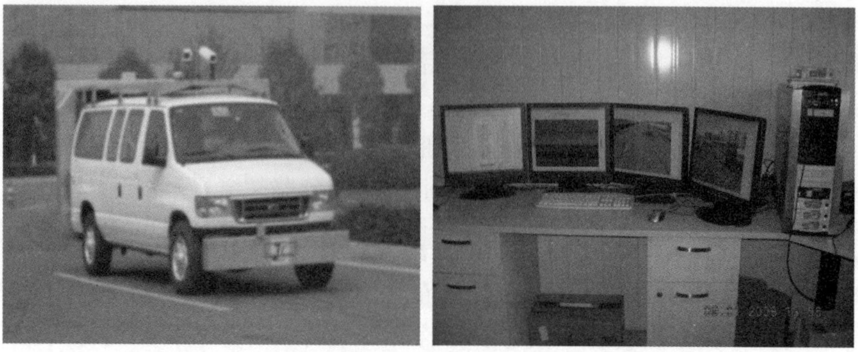

图 2.1　多功能路况检测车及其数据处理工作站

③路面车辙检测方法。

路面车辙的检测指标为车辙深度（*RD*）。利用美国产多功能路况检测车中的车辙检测系统对路面车辙进行了检测，它采取激光线扫描技术按车道连续采集横断面高程数据，并实时计算左右轮迹带处的最大车辙深度（RD_L，RD_R），其横向检测宽度为 4m，样本采集点数为 5120 点/断面，纵向采样间隔为 1.5m。检测过程中，先现场采集路面车辙数据，再根据车辙检测数据统计各评定区间的平均值、最大值、车辙累计长度，用于路面车辙的分析与评定，如图 2.2 所示。

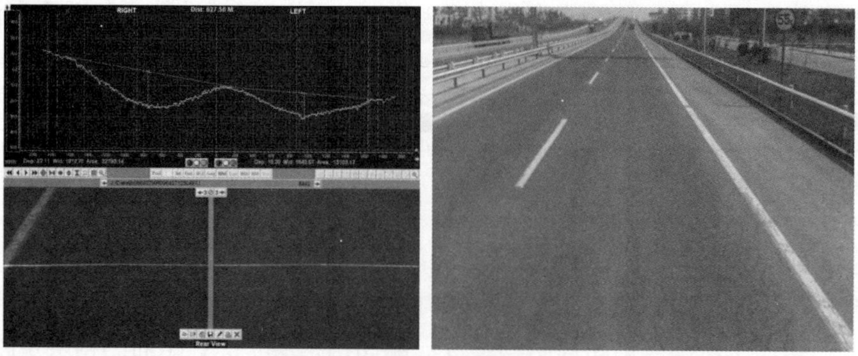

图 2.2　车辙图片和前视图像

④路面结构强度。

路面结构强度的检测指标为路面弯沉值。采用 JG 型连续式路面弯沉仪，是自动化检测设备，根据相关技术规范反算回弹弯沉值。其检测速度为 4.0km/h，采样间隔为 6.7m，可同时采集路面左右轮迹处的总弯沉，并根据自动弯沉仪测值（总弯沉）与贝克曼梁法测值（回弹弯沉）之间的相关关系式换算成路面弯沉值，用于路面结构强度的分析与评定，如图 2.3 所示。采用自动弯沉仪法进行测定路面总弯沉，将自动弯沉仪法测定的总弯沉换算成贝克曼梁法测定的回弹弯沉值，计算弯沉代表值 l_r 为：

$$l_r = \bar{l} + 1.645S \tag{2.1}$$

式中：$\bar{l}$ —两者相关关系换算各测点的回弹弯沉平均值，计算中需要考虑温度修正。

图 2.3　路面结构强度检测及其数据采集系统

⑤结构层取芯检测。

取芯检测主要查明结构层破损情况及各结构层厚度和强度。采用钻芯机对路面进行结构层钻孔取芯，孔径为 Φ150mm，钻孔深度以将路面结构层完全取出为准，并进行测点路况记录、芯样各层厚度量测、芯样状态描述和芯样影像记录。沥青面层包括压实度、厚度；水泥稳定碎石层包括厚度及无侧限抗压强度等，如图 2.4 所示。

图 2.4　路面结构层取芯检测

⑥路面结构层及路基模量。

采用落锤式弯沉仪（FWD）进行弯沉检测，初步判断各结构层损坏情况。落锤式弯沉仪 Dynatest 8000 FWD，是 1988 年美国开始实施的计划 SHRP 中路面长期跟踪观测与使用性能 LTPP 标准设备，如图 2.5 所示。

图 2.5　落锤式弯沉仪（FWD）检测及其数据采集系统

⑦路基钻探检测。

钻探检测主要为查明路基土的物理力学性质，主要包括：含水量、密度、比重、液限、塑限、抗剪强度（快剪）、压缩系数、压缩模量以及地基土承载力基本容许值，如图 2.6 所示。

图 2.6　路基钻探检测

⑧地质雷达检测（GPR）。

地质雷达检测主要为查明路基填土状况。地质雷达物探为路面无损检测的一种方法，能无损、快速、简易反映出路基填土情况。本次测试中使用的仪器为美国进口设备 RADAN 5.0 雷达系统，使用主频分别为 900，400，200MHz 的天线，采样频率均为 512Hz，能探测路面以下 1.0、2.5 和 5m 的深度，测点间距为 0.1～0.2m，如图 2.7 所示。

图 2.7　地质雷达（GPR）检测

2.3　A 高速公路水损坏状态及原因分析

A 高速公路于 2008 年底建成通车，2009 年春便局部出现车辙、拥包、唧浆、网裂等早期病害。

A 高速公路路面结构为：4cm 细粒式 AC－13C 型沥青混凝土上面层+8cm 粗粒式 AC－25C 型沥青混凝土下面层+18cm 水泥稳定碎石+18cm 石灰粉煤灰碎石 + 18cm 石灰粉煤灰碎石，路面结构总厚度为 66cm。

通过现场实地调查，该高速公路主要存在病害类型：麻面现象，表面细料缺失严重；局部路段冒浆；存在局部的严重网裂现象；坑槽较多。各种破损典型照片如图 2.8 所示。

2.3.1　主要检测内容

该高速公路病害特征明显，主要进行检测：

①对路面破损状况进行描述；

②对沥青面层、水泥稳定碎石层厚度及芯样完整性进行检测；

③采用钻芯法检测沥青面层压实度。

（a）麻面及唧浆现象

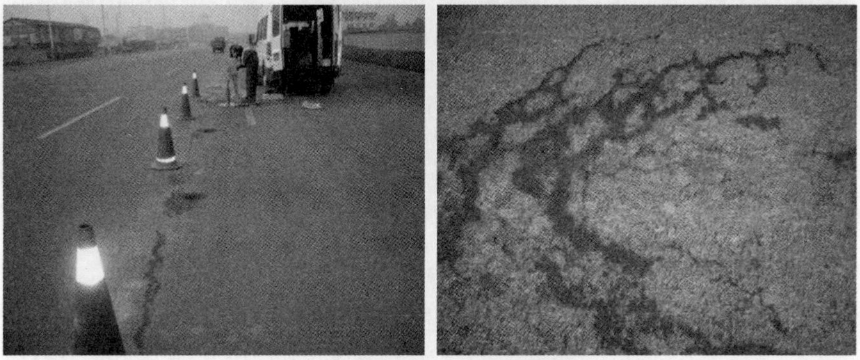

（b）连续坑槽及网裂现象

图 2.8　A 高速公路路面破损典型照片

2.3.2　取芯位置及芯样状态

取代表性芯样 15 个，取芯位置见表 2.1，典型芯样描述见表 2.2 所列和图 2.9 ~ 图 2.16 所示。

表 2.1　A 高速公路取芯位置分布

序号	桩号	位置	车道	标段
1	Z3K7+770	右幅	第二车道	6 标
2		左幅		
3	Z4K2+620	右幅	第二车道	
4		左幅		
5	Z7K0+120	左幅	第四车道	8 标
6	Z9K3+078	右幅	第二车道	
7		左幅	第三车道	
8	Z3K2+200	左幅	第二车道	4 标
9	Z3K2+550	右幅	第二车道	4 标
10	K17+220	左幅	第三车道	13 标
11		左幅	第二车道	
12		右幅	第三车道	
13	K16+250	左幅	第二车道	
14	Z9K12+300	左幅	第二车道	9 标
15	Z9K3+200	右幅	第二车道	8 标

表 2.2　A 高速公路典型芯样外观描述及厚度汇总表

序号	桩号	位置	车道	路况、芯样外观及厚度描述
1	Z3K7+770	右幅	二车道	路面轻微冒浆处钻芯，面层总厚度 11.4cm（上面层 5.0cm、下面层 6.4cm），芯样完整，下面层孔隙较多；水泥稳定碎石层厚度 18.0cm，芯样完整；洞壁处的面层与水泥稳定碎石层间有明显空隙
2	Z3K7+770	左幅	二车道	路况良好处钻芯，面层总厚度 11.9cm（上面层 4.9cm、下面层 7.0cm），芯样完整，上、下面层芯样有孔隙；水泥稳定碎石层厚度 18.0cm，芯样完整；洞壁处的面层与水泥稳定碎石层间有空隙
3	Z4K2+620	右幅	二车道	坑槽附近钻芯，面层总厚度 11.0cm（上面层 4.5cm、下面层 6.5cm），芯样完整，上、下面层完整较密实；水泥稳定碎石层厚度 18.0cm，上部 5cm 松散；洞壁处的面层与水泥稳定碎石层间有空隙
4	Z4K2+620	左幅	二车道	路况良好处钻芯，面层总厚度 12.7cm（上面层 6.0cm、下面层 6.7cm），芯样完整，上、下面层芯样完整密实；水泥稳定碎石层厚度 15.8cm，芯样完整；洞壁处的面层与水泥稳定碎石层间紧密
5	Z7K0+120	左幅	四车道	路况良好处钻芯，面层总厚度 12.9cm（上面层 6.0cm、下面层 6.9cm），芯样完整，上、下面层芯样略有孔隙；水泥稳定碎石层厚度 17.5cm，芯样下部 2 ~ 3cm 松散；洞壁处的面层与水泥稳定碎石间有空隙
6	Z9K3+078	右幅	二车道	表面冒浆处钻芯，面层总厚度 10.6cm（上面层 4.8cm、下面层 5.8cm），芯样完整，上、下面层芯样有孔隙；水泥稳定碎石层厚度 16.5cm，芯样下部 5 ~ 6cm 松散；洞壁处的面层与水泥稳定碎石层间有空隙
7	Z9K3+078	左幅	三车道	麻面，表面细料缺失处钻芯，面层总厚度 11.5cm（上面层 5.4cm、下面层 6.1cm），芯样完整，上、下面层芯样孔隙较多；水泥稳定碎石层厚度 19.5cm，芯样下部 1 ~ 2cm 颗粒脱落；洞壁处的面层与水泥稳定碎石层间紧密
8	Z3K2+200	左幅	二车道	路况良好处钻芯，面层为一层 AC – 25 沥青混凝土，厚度 9.0cm，芯样完整，表面略有孔隙；水泥稳定碎石层厚度 20.0cm，芯样下部 1 ~ 2cm 局部颗粒脱落；洞壁处的面层与水泥稳定碎石层间有细微空隙
9	Z3K2+550	右幅	二车道	路况良好处钻芯，面层厚度 13.2cm（上面层 4.7cm、下面层 8.5cm），芯样完整，上、下面层芯样略有孔隙；水泥稳定碎石层厚度 18cm，芯样下部 3cm 松散；洞壁处的面层与水泥稳定碎石层间连接紧密
10	K17+220	左幅	三车道	表面细微纵裂处钻芯，面层为一层 AC – 25 沥青混凝土，厚度 8.0cm，面层芯样完整密实；水泥稳定碎石层厚度 13.0cm，芯样下部 3cm 松散；洞壁处面层与水泥稳定碎石层间有空隙
11	K17+220	左幅	二车道	表面细微纵裂处钻芯，面层为一层 AC – 25 沥青混凝土，厚度 7.9cm，面层芯样完整密实；水泥稳定碎石层厚度 14.0cm，芯样上部 1 ~ 2cm 松散；洞壁处的面层与水泥稳定碎石层间密实无空隙
12	K17+220	右幅	三车道	路况好，面层为一层 AC – 25 沥青混凝土，厚度 7.0cm，局部颗粒脱落，有孔隙；水泥稳定碎石层厚度 17.0cm，芯样上部 1 ~ 2cm 松散；洞壁处的面层与水泥稳定碎石层间有空隙
13	K16+250	左幅	二车道	麻面，表面细料缺失处取芯，面层厚度 12.0cm，均为 AC – 25 型沥青混凝土，芯样完整，表面略有孔隙；水泥稳定碎石层厚度 12.8cm，芯样完整；洞壁处的面层与水泥稳定碎石间有空隙
14	Z9K12+300	左幅	二车道	路况良好处钻芯，面层总厚度 11.5cm（上面层 4.0cm、下面层 7.5cm），芯样完整，上、下面层芯样略有孔隙；水泥稳定碎石层厚度 13.5cm，芯样下部 1 ~ 2cm 松散；洞壁处面层与水泥稳定碎石层间略有空隙
15	Z9K3+200	右幅	二车道	坑槽附近处钻芯，面层总厚度 10.7cm（上面层 3.8cm、下面层 6.9cm），芯样完整，上、下面层芯样较多孔隙；水泥稳定碎石层厚度 14.5cm，芯样下部 1 ~ 2cm 松散；洞壁处面层与水泥稳定碎石层间略有空隙

厚度平均值/cm	上面层	下面层	水泥稳定碎石层	注：K16+250（左幅第二车道）处面层芯样厚度未统计在内
	4.9	7.2	16.4	

图 2.9　路面轻微冒浆处附近钻芯

面层总厚度 11.4cm（上面层 5.0cm、下面层 6.4cm），芯样完整，下面层孔隙较多；
水泥稳定碎石基层厚度为 18.0cm，芯样完整；沥青面层和水稳碎石基层脱层。

图 2.10　路况良好处钻芯

面层总厚度 11.9cm（上面层 4.9cm、下面层 7.0cm），芯样完整，上、下面层芯样均有孔隙；
水泥稳定碎石层厚度为 18.0cm，芯样完整；沥青面层和水稳碎石基层脱层。

图 2.11　坑槽附近钻芯

总厚度 11.0cm（上面层 4.5cm、下面层 6.5cm），芯样完整，上、下面层完整密实；
水泥稳定碎石层厚度为 18.0cm，但上部 5cm 松散；沥青面层和水稳碎石基层脱层。

图 2.12　表面冒浆附近钻芯

总厚度 10.6cm（上面层 4.8cm、下面层 5.8cm）芯样完整，上、下面层均有孔隙；
水泥稳定碎石层厚度为 16.5cm，芯样下部 5 ~ 6cm 松散；沥青面层和水稳碎石基层脱层。

图 2.13　轻微纵裂附近钻芯

面层为一层 AC－25C 型沥青混凝土，厚度 6.8cm，芯样完整，局部有孔隙；
水泥稳定碎石层厚度为 16 cm，芯样下部 7～8cm 松散；沥青面层和水稳碎石基层脱层。

图 2.14　轻微车辙附近钻芯

面层为一层 AC－25C 型沥青混凝土，厚度 7.9cm，芯样完整密实；
水泥稳定碎石层厚度 14.0cm，芯样上部松散，中间断层；沥青面层和水稳碎石基层脱层。

图 2.15　坑槽附近处钻芯

面层总厚度 10.7cm（上面层 3.8cm、下面层 6.9cm），芯样完整，上、下面层芯样较多孔隙；
水泥稳定碎石层厚度 14.5cm，芯样下部 1～2cm 松散；沥青面层和水稳碎石基层脱层。

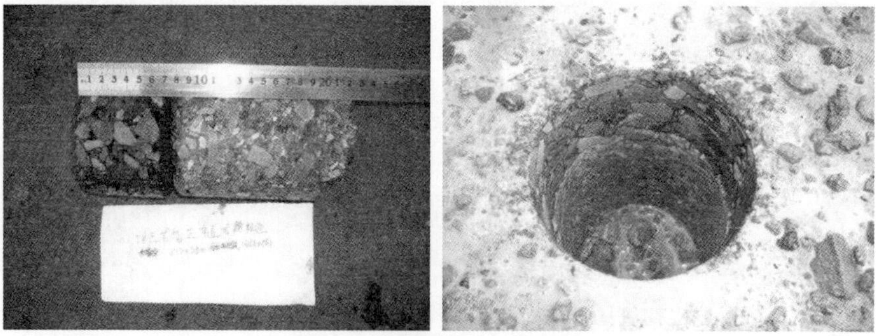

图 2.16　路况较好处芯样

洞壁处的面层与水泥稳定碎石层间有空隙度 7.0cm，局部颗粒脱落，有孔隙；
水泥稳定碎石层厚度 17.0cm，芯样上部 1～2cm 松散；沥青面层和水稳碎石基层脱层。

2.3.3　面层压实度及空隙率推算

对钻取的 15 个芯样分别测定毛体积相对密度，根据标准密度计算出各层压实度，同时采用沥青浸渍法在室内实测每个芯样的理论最大相对密度，由此计算出各个芯样的实际空隙率。试验结果见表 2.3 和表 2.4。

表 2.3　施工单位提供的标准密度及沥青浸渍法实测得到的理论最大相对密度表

序号	桩号	位置	车道	施工方提供标准密度（马歇尔击实密度）/(g/cm³)		沥青浸渍法实测理论最大相对密度	
				AC－13	AC－25	AC－13	AC－25
1	Z3K7+770	右幅	二车道	2.416	2.43	2.611	2.677
2	Z3K7+770	左幅	二车道	2.417	2.437	2.617	2.619
3	Z4K2+620	右幅	二车道	2.42	2.438	2.632	2.638
4	Z4K2+620	左幅	二车道	2.421	2.438	2.607	2.648
5	Z7K0+120	左幅	四车道	—	—	2.607	2.627
6	Z9K3+078	右幅	二车道	—	—	2.611	2.641
7	Z9K3+078	左幅	三车道	—	—	2.591	2.671
8	Z3K2+200	左幅	二车道	2.457	2.505	—	2.674
9	Z3K2+550	右幅	二车道	2.465	2.495	2.619	2.670
10	K17+220	左幅	三车道	—	—	—	2.663
11	K17+220	左幅	二车道	—	—	—	2.684
12	K17+220	右幅	三车道	—	—	—	2.664
13	K16+250	左幅	二车道	—	—	—	2.679
14	Z9K12+300	左幅	二车道	—	—	2.604	2.629

表 2.4　沥青面层芯样压实度、空隙率结果

序号	桩号	位置	车道	毛体积相对密度		压实度/%		空隙率/%	
				上面层	下面层	上面层	下面层	上面层	下面层
1	Z3K7+770	右幅	二车道	2.462	2.462	101.9	101.3	5.7	8.0
2	Z3K7+770	左幅	二车道	2.403	2.420	99.4	99.3	8.2	7.6
3	Z4K2+620	右幅	二车道	2.430	2.396	100.4	98.3	7.7	9.2
4	Z4K2+620	左幅	二车道	2.452	2.470	101.3	101.3	5.9	6.7
5	Z7K0+120	左幅	四车道	2.340	2.506	—	—	10.2	4.6
6	Z9K3+078	右幅	二车道	2.410	2.425	—	—	7.7	8.2
7	Z9K3+078	左幅	三车道	2.258	2.497	—	—	12.9	6.5
8	Z3K2+200	左幅	二车道	—	2.460	—	98.2	—	8.0
9	Z3K2+550	右幅	二车道	2.369	2.493	96.1	99.9	9.5	6.6
10	K17+220	左幅	三车道	—	2.533	—	—	—	4.9
11	K17+220	左幅	二车道	—	2.540	—	—	—	5.4
12	K17+220	右幅	三车道	—	2.484	—	—	—	6.8
13	K16+250	左幅	二车道	—	2.489	—	—	—	7.1
14	Z9K12+300	左幅	二车道	2.382	2.523	—	—	8.5	4.0
15	Z9K3+200	右幅	二车道	2.320	2.431	—	—	11.6	8.0
平均值/%				—	—	99.8	99.7	8.8	6.8
变异系数/%				—	—	2.29	1.38	26.27	22.02

由表 2.3 和 2.4 可知：以施工方提供的马歇尔击实成型试件标准密度来计算压实度，结果表明：所测位置上面层压实度在 96.1%～101.9%之间，压实度平均值为 99.8%，变异系数 2.29%；下面层压实度在 98.2%～101.3%之间，压实度平均值为 99.7%，变异系数为 1.38%。以沥青浸渍法实测各个芯样的理论最大相对密度来计算空隙率，结果表明：所测位置上面层空隙率在 5.7%～12.9%之间，空隙率平均值为 8.8%，下面层空隙率在 4.0%～9.2%之间，空隙率平均值为 6.8%。

2.3.4 路况调查及室内试验检测

①所测路段均出现了不同程度的破损，病害特征以水损坏为主，具体体现为坑槽、冒浆等早期损坏现象。

②所测位置沥青面层芯样完整，上面层厚度在 3.8 ~ 6.0cm 之间，平均厚度为 4.9cm，下面层厚度在 5.8 ~ 9.0cm 之间，平均厚度为 7.2cm；水泥稳定碎石层厚度在 12.8 ~ 20.0cm 之间，平均厚度为 16.4cm。在 15 个芯样中有 4 个芯样完整，11 个芯样局部松散；在 15 个取芯处有 12 个洞壁在面层与水泥稳定碎石层间存在空隙，面层和基层之间不连续。

③所测位置上面层压实度在 96.1% ~ 101.9%之间，平均值为 99.8%，变异系数为 2.29%；下面层压实度在 98.2% ~ 101.3%之间，平均值为 99.7%，变异系数为 1.38%。上面层空隙率在 5.7% ~ 12.9%之间，平均值为 8.8%，变异系数为 26.27%；下面层空隙率在 4.0% ~ 9.2%之间，平均值为 6.8%，变异系数为 22.02%。

2.3.5 病害特征原因及试验数据分析

①从芯样压实度及残留空隙率来看：沥青混合料标准密度偏低，在此压实标准下，虽然压实度满足要求，但沥青路面的实际残留空隙率较大，容易发生渗水现象，尤其在表面离析严重的区域，会存在明显的透水现象。而半刚性基层材料压实后非常致密，几乎成为完全不透水层，导致这些水将积存在基层表面，其中、下面层集料公称最大粒径较大、离析比较严重时，在行车荷载作用下的动水压力下，集料与沥青膜之间逐渐剥落，造成松散现象，从而出现坑槽等破坏现象。而半刚性基层灰浆会逐渐充满下面层空隙区，通过裂缝而挤到路表面产生唧泥，成为水损害破坏的重要原因。

②从芯样联结状态来看：半刚性基层和沥青面层之间联结不连续。在《公路沥青路面设计规范》（JTG D50—2006）中规定，路面设计是按层面完全连续的条件考虑。若层面为不连续条件，沥青层底面的拉伸应力、应变将超过沥青混合料极限拉伸应变。而在半刚性基层上喷洒透层油的渗透情况非常不好，尤其是多雨、潮湿地区，若沥青面层渗水、不能通过基层扩散，那么滞留在基层表面的水将使基层逐渐软化而形成泥浆，此时沥青面层和基层之间的层界面条件从连续状态改变为滑动状态或者半连续半滑动状态。在此层界面条件下，沥青层底部弯拉应变将成为控制性指标，在车辆荷载作用下发生弯拉开裂破坏，逐渐向上层扩展出现水破坏。

③从松散材料来看：沥青混合料及水稳碎石混合料表面附着有较厚的泥层，说明原材料含泥量较大，直接影响水泥或沥青胶结料与石料之间黏结性能，尤其是在遇水后，泥层开始软化，使得胶结料与石料之间逐渐丧失黏结而发生松散，导致混合料整体强度明显降低，继而产生坑槽等水破坏。

2.4 B 高速公路车辙破坏状态及原因分析

B 高速公路是煤炭及钢材运输主干线，属于重载交通，于 2008 年底建成通车，2009 年夏季在局部路段出现较为严重的车辙、拥包等早期病害。该高速公路采用沥青混凝土路面，路面结构为：4cm 细粒式 AC－13C 型沥青混凝土上面层+6cm 细粒式 AC－20C 型沥青混凝土上面层+7cm 粗粒式 AC－25C 型沥青混凝土下面层+上基层 18cm 水泥稳定碎石+下基层 18cm 水泥稳定碎石＋底基层 18cm 石灰粉煤灰碎石，路面结构总厚度为 71cm。通过现场实地调查，发现该高速公路主要病害特征为车辙及拥包破坏，出现较为明显的压密型和失稳型车辙类型，其中重载车辆较少的半幅路段，出现的车辙以压密变形为主；重载车辆较多的半幅路段，出现的失稳型车辙以永久变形为主，出现磨耗型、结构性车辙较少，局部路段出现轻微泛油现象。同时，调查中发现：由于道路横坡设计，外侧轮迹车辙普遍大于内侧轮迹车辙，一般差距在 20%左右；而坡道处因车辆爬坡速度慢，车辙明显高于平缓路段。此段高速公路车辙破坏典型照片如图 2.17 所示。B 高速公路病害特征明显，主要对路面破损状况进行描述，对失稳型车辙进行断面切槽取样，采用钻芯法检测沥青面层压实度，取芯检查沥青面层和水稳碎石芯样的完整性和连续性，对取得的沥青混合料进行沥青含量和矿料级配检测。

（a）压密型车辙图　　（b）失稳型车辙图　　（c）磨耗型车辙

图 2.17　B 高速公路车辙破坏类型典型照片

（1）车辙部位断面切槽观察

取 1 处代表性较强的失稳型车辙部位进行切槽，观察车辙横、纵断面及基层情况，该车辙切槽断面情况如图 2.18 所示。

图 2.18　B 高速公路失稳型车辙切槽断面图

由车辙部位切槽断面图可以明显看出：该处车辙属于明显的失稳型车辙，半刚性基层没有发生任何病害，车辙主要发生在沥青路面的中上面层；沥青路面上面层厚度较薄，仅为 3.2cm，难以抵抗重载交通的反复作用，抗剪强度较低；中面层空隙率较大，明显不密实，混合料整体强度偏低且容易在车辆荷载作用下被二次追密。

（2）取芯位置及芯样状态描述。

共取代表性芯样 8 个，沥青面层及水稳碎石芯样破坏情况如图 2.19 所示，取芯位置及芯样描述见表 2.5。

（3）面层压实度及空隙率推算

对钻取的 8 个芯样分别测定毛体积相对密度，根据施工单位提供的部分标准密度计算出各层压实度，同时采用沥青浸渍法在室内实测每个芯样的理论最大相对密度，由此计算出各个芯样的实际空隙率。施工单位提供的标准密度和沥青浸渍法实测得到的理论最大相对密度见表 2.6，芯样毛体积相对密度、压实度、空隙率试验结果见表 2.7。

（a）芯样断面图（与水稳碎石基层脱层）

（b）底面层芯样图（含泥量大且空隙明显）

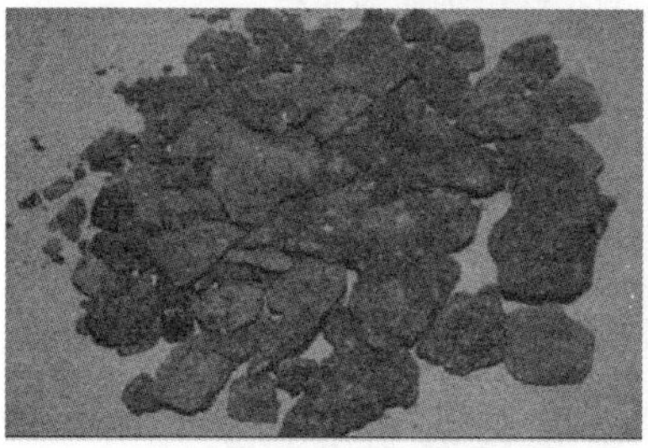

（c）下面层与基层间黏结不连续

（d）混合料内部黏结力弱

图 2.19　B 高速公路芯样破坏类型典型照片

表 2.5　B 高速公路典型芯样外观描述及厚度汇总表

序号	桩号	位置	车道	路况、芯样外观及厚度描述
1	K1+3000 路况较好	右幅	二车道	面层总厚度 16.5cm（上面层 3.8cm、中面层 5.6cm、底面层 7.1cm），芯样完整且较密实；水泥稳定碎石层厚度 18.0cm，芯样完整；沥青面层与水泥稳定碎石基层之间联结紧密
2	K1+350 压密型车辙	左幅	二车道	面层总厚度 15.7cm（上面层 3.2cm、中面层 5.3cm、底面层 7.2cm），芯样完整，中下面层空隙较多；水泥稳定碎石层厚度 18.2cm，芯样完整；沥青面层与水泥稳定碎石基层之间脱层.
3	K3+120 路况较好	右幅	二车道	面层总厚度 16.3cm（上面层 3.7cm、中面层 5.6cm、底面层 7.0cm），芯样完整，下面层空隙较多；水泥稳定碎石层厚度 17.8cm，芯样完整；沥青面层与水泥稳定碎石基层之间脱层
4	K3+420 压密型车辙	左幅	二车道	面层总厚度 15.8cm（上面层 3.4cm、中面层 5.2cm、底面层 7.2cm），芯样完整，中、下面层空隙较多；水泥稳定碎石层厚度 17.4cm，芯样完整；沥青面层与水泥稳定碎石基层之间脱层
5	K6+120 磨耗型车辙	左幅	二车道	面层总厚度 15.9cm（上面层 3.3cm、中面层 5.6cm、底面层 7.0cm），芯样完整且密实；水泥稳定碎石层厚度 17.6cm，芯样完整；沥青面层与水泥稳定碎石基层之间联结紧密
6	K7+078 失稳型车辙	左幅	二车道	面层总厚度 15.9cm（上面层 3.5cm、中面层 5.6cm、底面层 6.8cm），芯样完整，中下面层空隙较多；水泥稳定碎石层厚度 17.5cm，芯样下部松散；沥青面层与水泥稳定碎石基层之间脱层
7	K9+000 失稳型车辙	左幅	二车道	面层总厚度 15.9cm（上面层 3.5cm、中面层 5.6cm、底面层 6.8cm），芯样完整，中下面层空隙较多；水泥稳定碎石层厚度 17.6cm，芯样上部及下部松散；沥青面层与水泥稳定碎石基层之间脱层

续表 2.5　B 高速公路典型芯样外观描述及厚度汇总表

8	K15+000 压密型车辙	左幅	二车道	面层总厚度 15.7cm（上面层 3.3cm、中面层 5.6cm、底面层 6.8cm），芯样完整，中下面层空隙较多；水泥稳定碎石层厚度 17.8cm，芯样完整；沥青面层与水泥稳定碎石基层之间脱层		
厚度平均值/cm			上面层	中面层	下面层	水稳碎石上基层
			3.5	5.5	7.0	17.7

表 2.6　施工单位提供的标准密度及沥青浸渍法实测得到的理论最大相对密度表

序号	桩号	位置	车道	施工方提供标准密度（马歇尔击实密度）/(g/cm³)			沥青浸渍法实测理论最大相对密度/(g/cm³)		
				AC－13	AC－20	AC－25	AC－13	AC－20	AC－25
1	K1+3000	右幅	二车道	2.415	2.441	2.479	2.591	2.650	2.675
2	K1+350	左幅	二车道	2.422	2.450	2.472	2.593	2.652	2.662
3	K3+120	右幅	二车道	2.418	2.449	2.477	2.594	2.648	2.672
4	K3+420	左幅	二车道	2.421	2.453	2.479	2.594	2.655	2.673
5	K6+120	左幅	二车道	2.419	2.457	2.481	2.602	2.661	2.681
6	K7+078	左幅	二车道	2.417	2.449	2.471	2.601	2.655	2.673
7	K9+000	左幅	二车道	2.420	2.451	2.476	2.596	2.649	2.673
8	K15+000	左幅	二车道	2.424	2.447	2.480	2.604	2.652	2.683

表 2.7　沥青面层芯样压实度、空隙率结果

序号	桩号	位置	车道	毛体积相对密度/(g/cm³)			压实度/%			空隙率/%		
				AC－13	AC－20	AC－25	AC－13	AC－20	AC－25	AC－13	AC－20	AC－25
1	K1+300	右幅	二车道	2.415	2.428	2.445	100.0	99.5	98.6	6.8	8.4	8.6
2	K1+350	左幅	二车道	2.382	2.376	2.388	98.3	97.0	96.6	8.1	10.4	10.3
3	K3+120	右幅	二车道	2.401	2.429	2.443	99.3	99.2	98.6	7.4	8.3	8.6
4	K3+420	左幅	二车道	2.371	2.393	2.381	97.9	97.6	96.0	8.6	9.9	10.9
5	K6+120	左幅	二车道	2.419	2.387	2.368	100.0	97.2	95.4	7.0	10.3	11.7
6	K7+078	左幅	二车道	2.381	2.368	2.369	98.5	96.7	95.9	8.5	10.8	11.4
7	K9+000	左幅	二车道	2.378	2.377	2.401	98.3	97.0	97.0	8.4	10.3	10.2
8	K15+000	左幅	二车道	2.388	2.392	2.379	98.5	97.8	95.9	8.3	9.8	11.3
平均值				—	—	—	98.9	97.7	96.8	7.9	9.8	10.4
变异系数/%				—	—	—	0.81	1.07	1.28	8.89	9.65	11.73

由表 2.6 和表 2.7 可知：

①以施工方提供的马歇尔击实成型试件标准密度来计算压实度，结果表明：所测位置上面层压实度在 97.9%～100.0%之间，压实度平均值为 98.9%，变异系数为 0.81%；中面层压实度在 96.7%～99.5%之间，压实度平均值为 97.7%，变异系数为 1.07%；下面层压实度在 95.4%～98.6%之间，压实度平均值为 96.8%，变异系数为 1.28%。

②以沥青浸渍法实测各个芯样的理论最大相对密度来计算空隙率，结果表明：所测位置上面层空隙率在 6.8%～8.6%之间，空隙率平均值为 7.9%，变异系数 8.89%；中面层空隙率在 8.3%～10.8%之间，空隙率平均值为 9.8%，变异系数为 9.65%；下面层空隙率在 8.6%～11.7%之间，空隙率平均值为 10.4%，变异系数为 11.73%。

（4）沥青混合料沥青用量及级配检测

取其中有代表性的 4 个芯样在室内对其实际沥青用量和矿料级配进行检测，试验检测数据见表 2.8～表 2.10，级配曲线图如图 2.20～图 2.22。

由上述图表可以明显看出以下两点。

①各面层沥青混合料实测级配均在《公路沥青路面施工技术规范》（JTG F40—2004）范围要求之内，上面层和中面层混合料级配整体偏细，下面层混合料级配整体偏粗。

表 2.8　B 高速公路沥青上面层芯样实测矿料级配及油石比试验数据

项目	不同筛孔/mm 通过率/%										实测的油石比
	16	13.2	9.5	4.75	2.36	1.18	0.6	0.3	0.15	0.075	
试样 1	100.0	98.1	82.1	65.5	45.3	30.6	20.2	13.2	9.2	5.5	5.0%
试样 2	100.0	96.2	78.3	61.3	43.2	35.1	18.3	12.1	10.1	6.2	5.1%
试样 3	100.0	97.5	79.3	64.2	42.5	33.5	19.5	14.5	9.3	5.1	4.9%
试样 4	100.0	99.2	77.4	59.1	40.1	31.6	15.4	11.3	9.3	6.1	5.1%
上限	100	100	85	68	50	38	28	20	15	8	设计油石比
下限	100	90	68	38	24	15	10	7	5	4	4.8%

表 2.9　B 高速公路沥青中面层芯样实测矿料级配及油石比试验数据

项 目		试样 1	试样 2	试样 3	试样 4	规范上限	规范下限
不同筛孔/mm通过率/%	26.5	100	100	100	100	100	100
	19	95.5	97.2	98.1	99.5	100	90
	16	86.2	84.1	82.1	87.5	92	78
	13.2	75.3	73.3	76.3	76.2	80	62
	9.5	65.4	62.5	63.9	66.1	72	50
	4.75	48.2	49.6	46.7	45.2	56	26
	2.36	33.5	32.1	31.1	35.2	44	16
	1.18	26.1	25.6	23.5	27.9	33	12
	0.6	13.2	14.2	12.2	15.1	24	8
	0.3	9.5	11.1	9.1	11.9	17	5
	0.15	7.2	8.6	6.7	8.6	13	4
	0.075	4.1	4.2	3.9	4.4	7	3
实测油石比		4.40%	4.30%	4.30%	4.40%	设计油石比 4.1%	

表 2.10　B 高速公路沥青下面层芯样实测矿料级配数据

项 目		试样 1	试样 2	试样 3	试样 4	规范上限	规范下限
不同筛孔/mm通过率/%	31.5	100	100	100	100	100	100
	26.5	98.5	98.2	99.3	97.6	100	90
	19	80.2	81.4	78.3	79.4	90	75
	16	71.2	70.4	73.2	73.9	83	65
	13.2	61.2	62.8	60.9	59.7	76	57
	9.5	51.8	54.2	52.9	53	65	45
	4.75	38.2	36.9	37.1	39.5	52	24
	2.36	29.1	32.9	33.5	29.7	42	16
	1.18	19.2	20.7	22.2	23.8	33	12
	0.6	12.3	13.5	14.2	11.5	24	8
	0.3	9.5	9.4	8.9	9.6	17	5
	0.15	7.2	6.8	6.9	7.5	13	4
	0.075	3.5	3.7	3.4	4.1	7	3

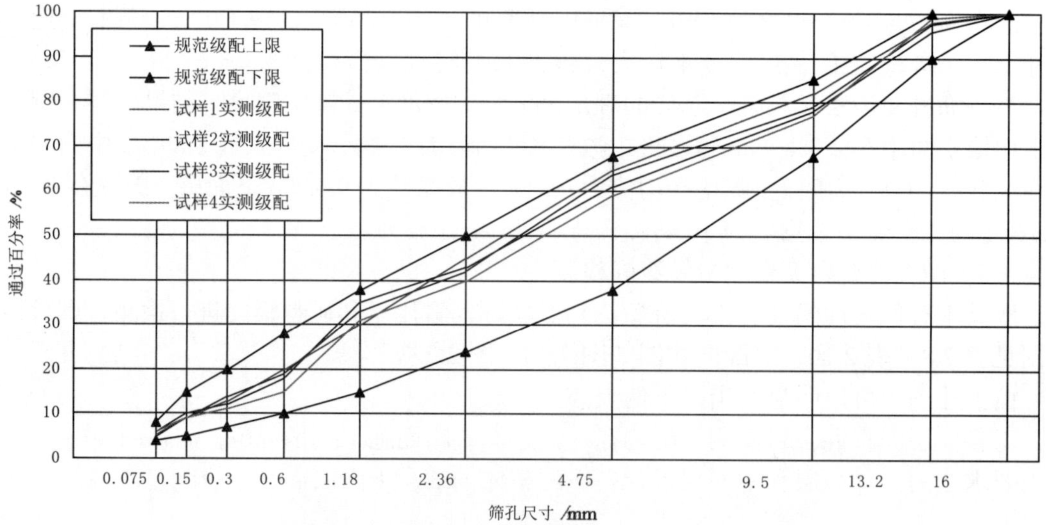

图 2.20　B 高速公路上面层实际矿料级配图

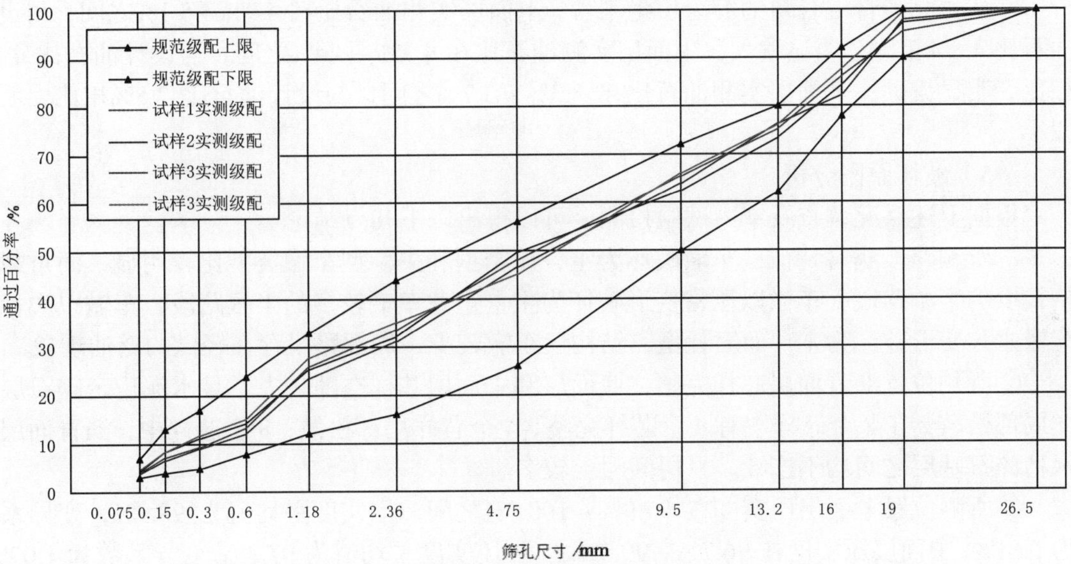

图 2.21　B 高速公路中面层实际矿料级配图

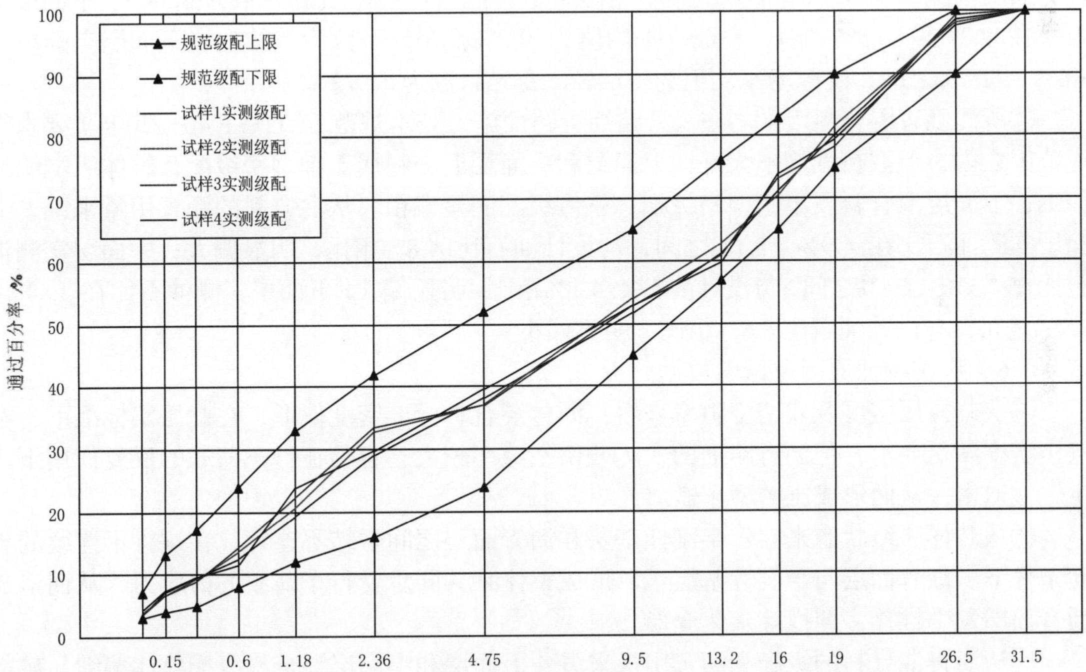

图 2.22　B 高速公路下面层实际矿料级配图

按照路面结构设计文件要求，上面层要求采用 AC－13C 型沥青混合料，而实测级配关键筛孔 2.36mm 的通过率在 40.1%～45.3%之间，不符合现行规范 2.36mm 通过率小于 40%的要求，属于细型级配；中面层要求采用 AC－20C 型沥青混合料，而实测级配关键筛孔 4.75mm 的通过率在 45.2%～49.6%之间，不符合现行规范 4.75mm 通过率小于 45%的要求，属于细型级配；下面层混合料实测级配关键筛孔 4.75mm 的通过率在 36.9%～39.5%之间，满足现行规范 4.75mm 通过率小于 40%的要求。

②从实测沥青混合料的沥青用量来看，上面层实测油石比在4.9%～5.1%之间，与设计油石比4.8%相比，明显偏大；中面层实测油石比在4.3%～4.4%之间，与设计油石比4.1%相比，明显偏大；下面层实测油石比在3.3%～3.7%之间，与设计油石比3.8%相比，明显偏小。

（5）破坏原因分析

根据上述路况调查及室内试验检测，可以得出以下几点结论。

①所测路段病害特征以车辙破坏为主，压密型和失稳型车辙类型比较明显，而重载车辆较少的半幅路段，车辙以压密变形破坏为主；重载车辆较多的半幅路段，车辙以失稳型车辙永久变形破坏为主，而磨耗型、结构性车辙较少，局部路段存在轻微的泛油现象。

②所测位置沥青面层芯样完整，底面层和中面层芯样空隙较大，且水泥稳定碎石层芯样局部松散；在8个芯样中有4个芯样完整，4个芯样局部松散；8个芯样中，沥青面层和水稳碎石基层之间均不连续，且层间泥土较多。

③所测位置上面层压实度在97.9%～100.0%之间，压实度平均值为98.9%，变异系数为0.81%；中面层压实度在96.7%～99.5%之间，压实度平均值为97.7%，变异系数为1.07%；下面层压实度在95.4%～98.6%之间，压实度平均值为96.8%，变异系数为1.28%；所测位置上面层空隙率在6.8%～8.6%之间，空隙率平均值为7.9%，变异系数为8.89%；中面层空隙率在8.3%～10.8%之间，空隙率平均值为9.8%，变异系数为9.65%；下面层空隙率在8.6%～11.7%之间，空隙率平均值为10.4%，变异系数为11.73%。

④所测沥青混合料级配均在《公路沥青路面施工技术规范》（JTG F 40—2004）要求级配范围之内，但嵌挤性均不太好：上面层和中面层混合料属于细型密级配，整体级配明显偏细；下面层混合料属于粗型密级配，整体级配明显偏粗。从混合料的沥青用量来说，上面层实测油石比在4.9%～5.1%之间，与设计油石比4.8%相比，明显偏大；中面层实测油石比在4.3%～4.4%之间，与设计油石比4.1%相比，明显偏大；下面层实测油石比在3.3%～3.7%之间，与设计油石比3.8%相比，明显偏小。

（6）病害特征原因及试验数据分析

①从芯样压实度及残留空隙率来看：沥青混合料标准密度偏低，在此压实标准下，虽然压实度满足要求，但沥青路面的实际残留空隙率较大，容易在行车荷载的反复作用下产生二次追密，从而形成压密型车辙。

②从芯样联结状态来看：半刚性基层和沥青面层之间联结不连续，在这种不连续的界面条件下，沥青面层与半刚性基层难以形成整体来共同承受行车荷载的剪应力，从而造成沥青面层发生推移、拥抱等永久变形。

③从沥青混合料的级配和沥青用量来看：上面层和中面层混合料级配整体偏细，矿料间的嵌挤力较弱，而且沥青用量偏大，导致沥青混合料抗剪强度较低，难以抵抗重轴载交通的反复作用，从而形成失稳型车辙。而且，从松散材料来看，沥青混合料内有较多的泥块和空隙，也极大地降低了其黏附性能，从而降低其抗剪强度，导致容易产生失稳型车辙。

④经过轴载调查分析，该高速公路是煤炭及钢材的主要运输干线，超载运输现象十分普遍和严重，单轴超过10t的车超过24.3%，还有近1%单轴超过20t，超载比例多在80%以上；超过20t的双轴约为88.51%，超载比例更大，几乎达到100%；最大双轴重超过50t，总重超过100t的车也为数不少。

重轴载交通也是该高速公路产生严重车辙病害的重要原因。

2.5　C 高速公路裂缝破坏状态及原因分析

C 高速公路全长 26.175km，于 2009 年 5 月建成通车，2010 年底在局部路段出现横向裂缝、纵向裂缝、龟裂、车辙、拥包等早期病害。该高速公路全部修建在软土地基上，其路面设计的结构：5cm AC－13C 细粒式沥青混凝土（SBS 改性沥青）+7cm AC－20C 中粒式沥青混凝土（SBS 改性沥青）+8cm AC－25C 粗粒式沥青混凝土（道路石油沥青）+下封层+ 18cm 上基层水泥稳定碎石（水泥含量 5%）+18cm 下基层石灰粉煤灰碎石（6∶14∶80）+底基层 18cm 石灰粉煤灰土（12∶35∶53），总厚度 74cm。在进行病害调查时，该高速公路未铺筑表面层。通过现场实地调查，发现该高速公路主要病害特征为裂缝，其裂缝类型主要包括龟裂、横向裂缝、纵向裂缝等多种类型，该高速公路裂缝破坏典型照片如图 2.23 所示。

图 2.23　C 高速公路路面裂缝病害典型照片

该高速公路病害特征明显，主要检测：路面损坏状况；路面平整度；路面车辙深度；路面结构强度；路面结构层状况；路面结构层及路基模量；路基钻探；地质雷达检测。综合考虑路面破损情况及气候等因素确定检测频率，各指标检测频率见表 2.11。

表 2.11　C 高速公路病害调查检测方法及频率

检测项目	检测方法	检测频率
路面破损状况	多功能路况检测车法	所有车道
路面平整度	多功能路况检测车法	所有车道
路面车辙深度	多功能路况检测车法	所有车道
路面结构强度	自动弯沉仪法	第二车道
路面结构层状况	路面钻孔取芯法	40 个芯样
路面结构层及路基模量	FWD	1 点/40m
路基填土状况	钻探法	9 处
	地质雷达物探法	局部路段

（1）路面破损状况调查

C 高速公路沥青路面存在病害主要有龟裂、横向裂缝、纵向裂缝、修补及车辙等，各车道累计折合损坏面积如图 2.24 所示，各车道路面不同破损类型所占比例如图 2.25 所示，各类损坏按累计折合面积由大到小排序结果见表 2.12。

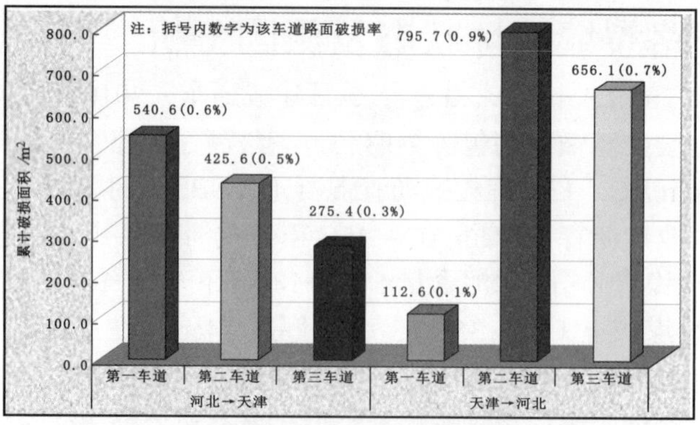

图 2.24　C 高速公路各车道累计折合损坏面积

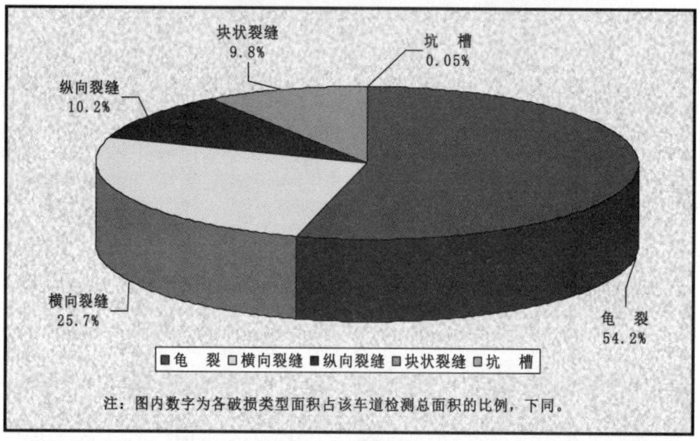

（a）C 高速公路河北至天津段第一车道损坏类型比例图

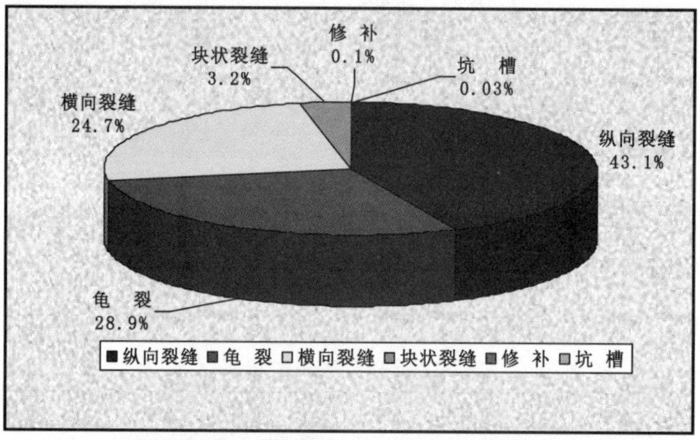

（b）C 高速公路河北至天津段第二车道损坏类型比例图

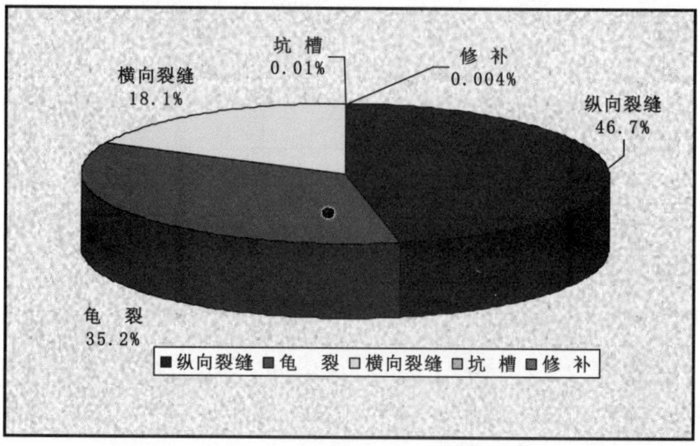

（c）C 高速公路河北至天津段第三车道损坏类型比例图

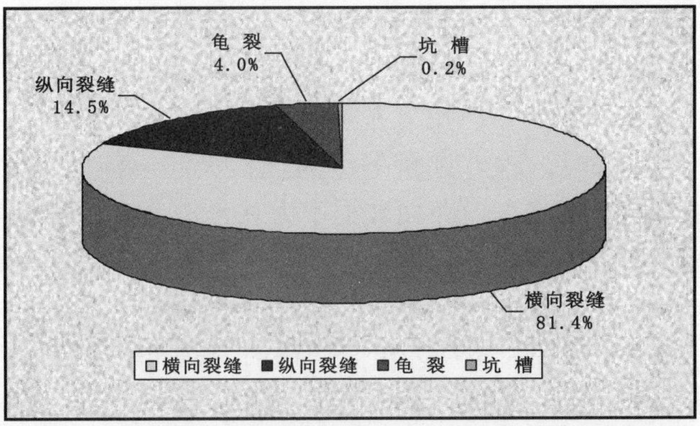

（d）C 高速公路天津至河北段第一车道损坏类型比例图

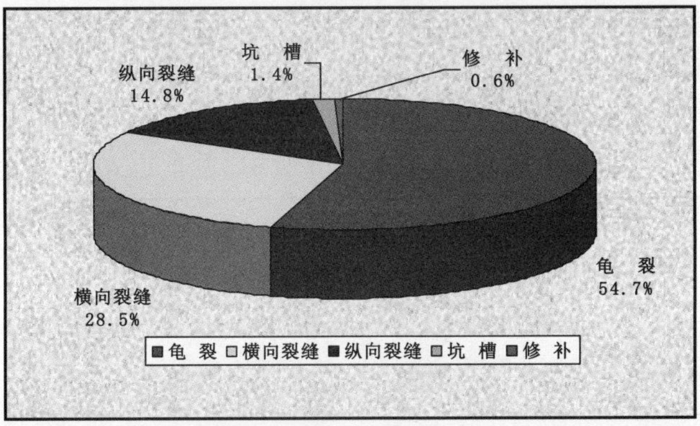

（e）C 高速公路天津至河北段第二车道损坏类型比例图

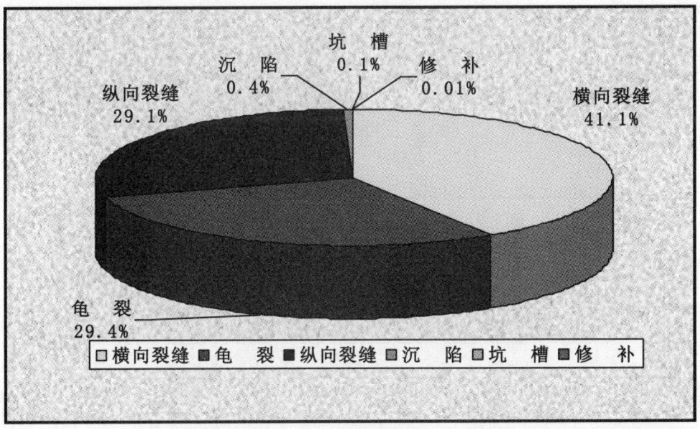

（f）C 高速公路天津至河北段第三车道损坏类型比例图

图 2.25　C 高速公路各车道沥青路面损坏类型比例图

表 2.12　C 高速公路各车道损坏类型按累计折合面积排序结果

车 道		河北→天津			天津→河北		
		第一车道	第二车道	第三车道	第一车道	第二车道	第三车道
由大到小顺序各类损坏按累计面积	1	龟 裂	纵向裂缝	龟 裂	横向裂缝	纵向裂缝	龟裂
	2	横向裂缝	龟 裂	横向裂缝	纵向裂缝	龟 裂	横向裂缝
	3	纵向裂缝	横向裂缝	纵向裂缝	龟 裂	横向裂缝	龟 裂
	4	块状裂缝	块状裂缝	坑 槽	坑 槽	坑 槽	纵向裂缝
	5	坑 槽	修 补	修 补	—	修 补	沉 陷
	6	—	坑 槽	—	—	—	坑 槽

由上述破损检测结果可知：

①整条路的路面破损率平均值为 0.5%，*PCI* 评价等级为良，河北→天津第一车道路面破损率为 0.6%，*PCI* 评价等级为良，第二车道路面破损率为 0.5% ，*PCI* 评价等级为良，第三车道路面破损率为 0.3%，*PCI* 评价等级为优；天津→河北第一车道路面破损率为 0.1% ，*PCI* 评价等级为优，第二车道路面破损率为 0.9%，*PCI* 评价等级为良，第三车道路面破损率为 0.7%，*PCI* 评价等级为良。上述检测结果说明，除天津→河北第一车道和河北→天津第三车道路面破损率较小外，其余 4 个车道的路面破损率均较大。

②各车道沥青路面主要损坏类型均为龟裂、横向裂缝和纵向裂缝，这三类损坏的折合面积之和占相应车道所有损坏折合面积之和的比例依次为：90.1%（河北→天津第一车道）、96.7%（河北→天津第二车道）、98.0%（河北→天津第三车道）、99.8%（天津→河北第一车道）、99.9%（天津→河北第二车道）和 99.5%。

（2）路面平整度状况调查

路面平整度的检测指标为国际平整度指数（*IRI*），评价指标为路面行驶质量指数（*RQI*），该高速公路国际平整度指数沿程变化图如图 2.26 所示，各车道 *RQI* 评价等级汇总见表 2.13。

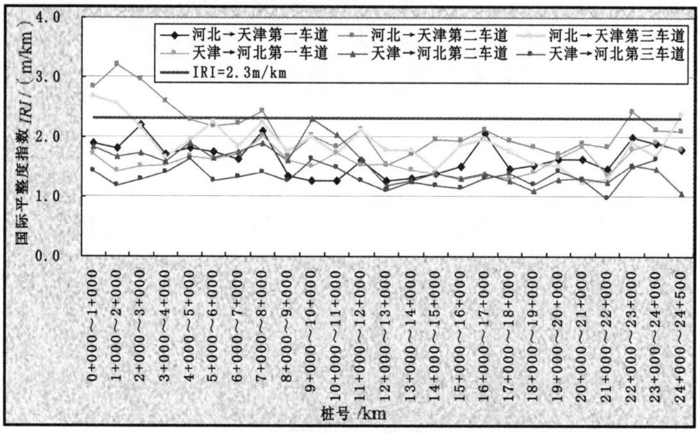

图 2.26　C 高速公路国际平整度指数 *IRI* 沿程变化图

表 2.13　C 高速公路各车道 *RQI* 评价等级汇总

项目	河北→天津			天津→河北		
	第一车道	第二车道	第三车道	第一车道	第二车道	第三车道
IRI≤2.3 m/km（优）	24.5km（100%）	17.5km（71.4%）	20.0km（81.6%）	24.5km（100%）	23.5km（95.9%）	24.5km（100%）
2.3m/km＜IRI≤3.5m/km（良）	0	6.5km（28.6%）	4.5km（18.4%）	0	1.0km（4.1%）	0
3.5m/km＜IRI≤4.3m/km（中）	0	0	0	0	0	0
4.3m/km＜IRI≤5.0m/km（次）	0	0	0	0	0	0

由平整度检测结果分析可知：整条路的国际平整度指数（*IRI*）平均值为 1.71m/km，*RQI* 评价等级为优。

河北→天津方向，第一车道的 *IRI* 平均值为 1.65m/km，第二车道的 *IRI* 平均值为 2.14m/km，第三车道的 *IRI* 平均值为 1.86 m/km，这 3 个车道的 *RQI* 评价等级均为优。天津→河北方向，第一车道的 *IRI* 平均值为 1.58m/km，第二车道的 *IRI* 平均值为 1.67m/km，第三车道的 *IRI* 平均值为 1.53m/km，这 3 个车道的 *RQI* 评价等级均为优，说明路面行驶质量整体情况较好。

（3）路面车辙状况调查

车辙深度（*RD*）、车辙深度指数（*RDI*），该高速公路路面平均车辙深度和最大车辙深度沿程变化如图 2.27 所示，各车道车辙评价等级汇总见表 2.14。

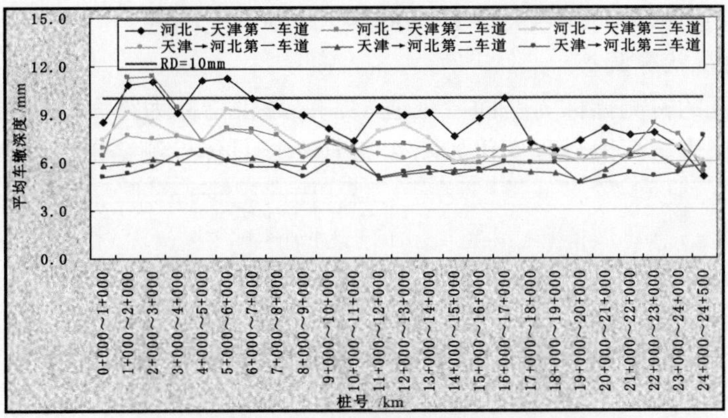

（a）C 高速公路平均车辙深度沿程变化图

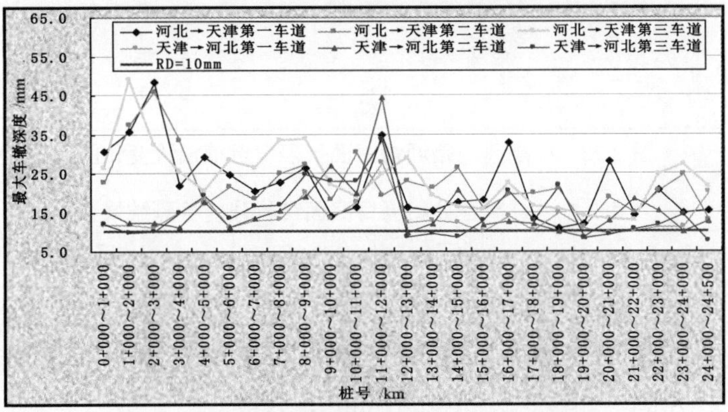

（b）C 高速公路最大车辙深度沿程变化图

图 2.27　C 高速公路沥青路面车辙深度状况沿程变化图

表 2.14　C 高速公路各车道 *RDI* 评价等级汇总

项目	河北→天津			天津→河北		
	第一车道	第二车道	第三车道	第一车道	第二车道	第三车道
RD≤5.0mm（优）	0.5km（2.1%）	0	0	0	3.0km（12.2%）	6.5km（26.5%）
5.0＜mmRD≤10.0mm（良）	20.0km（81.6%）	22.5km（91.8%）	24.5km（100%）	24.5km（100%）	21.5km（87.8%）	18.0km（73.5%）
10.0mm＜RD≤15.0mm（中）	4.0km（16.3%）	2.0km（8.2%）	0	0	0	0
15.0mm＜RD≤20.0mm（次）	0	0	0	0	0	0
RD＞20.0mm（差）	0	0	0	0	0	0

由车辙检测结果可知：整条路的平均车辙深度为 6.9mm，最大车辙深度范围为 7.6 ~ 49.0mm，*RDI* 评价等级为中。其中，河北→天津方向，第一车道平均车辙深度为 8.6mm，最大车辙深度范围为 10.8 ~ 48.3mm；第二车道平均车辙深度为 7.4mm，最大车辙深度范围为 11.2 ~ 45.8mm；第三车道平均车辙深度为 7.3mm，最大车辙深度范围为 12.9 ~ 49.0mm。天津→河北方向，第一车道平均车辙深度为 6.8mm，最大车辙深度范围为 9.6 ~ 27.8mm；第二车道平均车辙深度为 5.9mm，最大车辙深度范围为 8.6 ~ 44.4mm；第三车道平均车辙深度为 5.7mm，最大车辙深度范围为 7.6 ~ 33.7mm；深度大于 10mm 的车辙按各深度区间

进行长度统计，结果见表 2.14。由车辙长度统计结果可知，各车道深度 10mm 以上车辙的累计长度中，轻车辙（*RD*≤15mm）的长度占 78.3%～90.6%，其余为重车辙（RD>15mm）。可以看出，各车道均以轻车辙为主，仅少量路段车辙较重。且由路面车辙沿程变化图可知，车辙较重路段主要集中在河北→天津 K0+000～K6+000 范围内。

（4）路面弯沉状况调查

路面结构强度的检测指标为路面弯沉值（l_0），评价指标为路面结构强度指数（PSSI）。该高速公路路面代表弯沉值沿程变化如图 2.28 所示，具体检测结果见表 2.15。

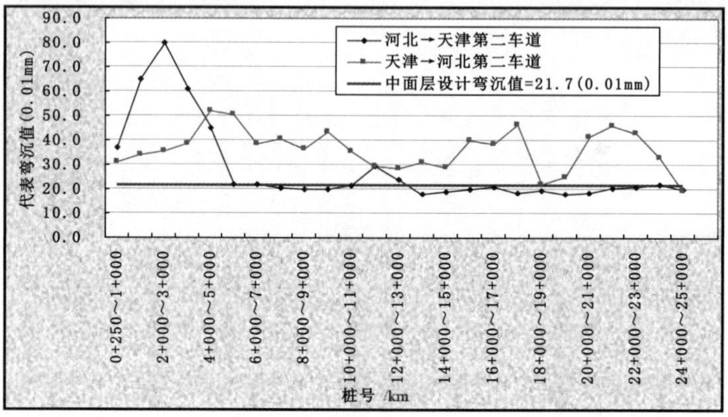

图 2.28　C 高速公路沥青路面代表弯沉值沿程变化图

表 2.15　C 高速公路沥青路面结构强度检测结果

项目	河北→天津第二车道	天津→河北第二车道	双向
代表弯沉平均值/0.01mm	27.5	39.6	33.5
代表弯沉最大值/0.01mm	79.8	51.9	79.8
代表弯沉最小值/0.01mm	17.8	18.0	17.8

由弯沉检测结果可知：整条路的路面代表弯沉值平均值为 33.5（0.01mm），河北→天津第二车道的代表弯沉平均值为 27.5（0.01mm），天津→河北第二车道的代表弯沉平均值为 39.6（0.01mm）。路面原设计弯沉值为 21.7（0.01mm），现状路面弯沉值满足原设计标准的路段所占比例见表 2.16。

表 2.16　C 高速公路沥青路面代表弯沉满足原设计标准的路段所占比例

车道	路段长度/km	所占比例/%
河北→天津 第二车道	15.1	58.4
天津→河北 第二车道	2.8	10.8

（5）路面结构层完整性状况调查

采用钻芯机对路面进行钻孔，根据不同标段及路面破损情况，共钻取芯样 40 个，其中车道处钻取 20 个，硬路肩处钻取 20 个，取芯结果如图 2.29 所示，芯样描述见表 2.17，沥青面层厚度、密度和水稳碎石层及二灰碎石层芯样无侧限抗压强度试验结果见表 2.18。

由取芯结果分析可知：车道处：在路面状况较好路段钻取的 4 个芯样中，沥青面层芯样和水泥稳定碎石芯样较为完整，二灰碎石层芯样存在破碎和断裂等情况；灰土层芯样除 1 个较为完整外，其余 3 个芯样存在松散和破碎等情况。在路面车辙路段钻取的 2 个芯样中，沥青面层芯样和水泥稳定碎石芯样较为完整，二灰碎石层芯样有 1 个较为完整，有 1 个完全破碎，灰土层芯样或开裂或完全破碎。在路面龟裂路段所钻取的 7 个芯样中，沥青中面层芯样开裂 1～2cm，底面层芯样完好，水稳层芯样除有 2 个较为完整外，其余 5 个芯样成型较差，二灰碎石层芯样有 3 个较为完整，其余 4 个存在断裂或破碎等情况，灰土层芯样多数松散。由此表明基层出现不同程度的破损。

（1）河北→天津三车道 K23+800，纵向裂缝

沥青中面层芯样开裂，底面层芯样完好，水稳碎石层芯样完全破碎，

二灰碎石层芯样完全破碎，灰土层芯样局部成型；沥青层厚度为 12.7cm。

（2）天津→河北硬路肩 K23+000，相对应的各车道路况好

沥青中、底面层芯样完好，水稳碎石层芯样完好，二灰碎石层芯样上部破碎，下部未取出；

沥青层厚度为 12.5cm，水稳碎石层厚度为 20.0cm，二灰碎石厚度为 22.0cm。

（3）天津→河北三车道 K23+000，路况好

沥青中、底面层芯样完好，水稳碎石层芯样完好，二灰碎石层芯样完全破碎。

（4）河北→天津硬路肩 K22+000，相对应的三车道轻微龟裂

沥青中、底面层芯样完好，水稳碎石层芯样完好，二灰碎石层芯样完好。

（5）河北→天津三车道 K22+000，轻微龟裂

沥青中面层芯样开裂 1cm，底面层芯样完好，水稳碎石层芯样开裂，二灰碎石层芯样上部破碎，下部 7cm 完整；
沥青层厚度为 14.3cm，水稳碎石层厚度为 16.0cm。

（6）天津→河北三车道 K21+330，轻微龟裂

沥青中面层芯样开裂 2cm，底面层芯样完好，水稳碎石层芯样上部破碎，下部成型，
二灰碎石层芯样完好，灰土层芯样完全松散；沥青层厚度为 12.9cm。

（7）天津→河北硬路肩 K21+140，相对应的二、三车道横裂

沥青中、底面层芯样完好，水稳碎石层芯样完好；
沥青层厚度为 14.8cm，水稳碎石层厚度为 16.0cm，二灰碎石厚度为 19.0cm。

（8）河北→天津三车道 K20+665，龟裂

沥青中面层芯样开裂 1cm，底面层芯样完好，水稳碎石层芯样上部 6cm 成型，下部完全破碎，二灰碎石层芯样完好；
沥青层厚度为 16.6cm，二灰碎石厚度为 13.0cm。

（9）天津→河北硬路肩 K20+432，相对应的一、二、三车道密集横裂，三车道有纵裂，
沥青中、底面层芯样完好，水稳碎石层芯样完好，二灰碎石层芯样完全破碎。

（10）天津→河北三车道 K20+350，横向裂缝
沥青中、底面层芯样开裂，水稳碎石层芯样开裂破碎，二灰碎石层芯样完全破碎。

（11）河北→天津硬路肩 K20+250，相对应的一、二、三车道横向裂缝
沥青中、底面层芯样完好，水稳碎石层芯样完好，二灰碎石层芯样完好。

（12）河北→天津硬路肩 K19+410，相对应的二车道有纵裂
沥青中面层、底面层芯样完好，水稳碎石层芯样完好，二灰碎石层芯样底部 4 ㎝处断裂；
沥青层厚度为 16.6cm，水稳碎石层厚度为 15.7cm，二灰碎石层厚度 16.3cm。

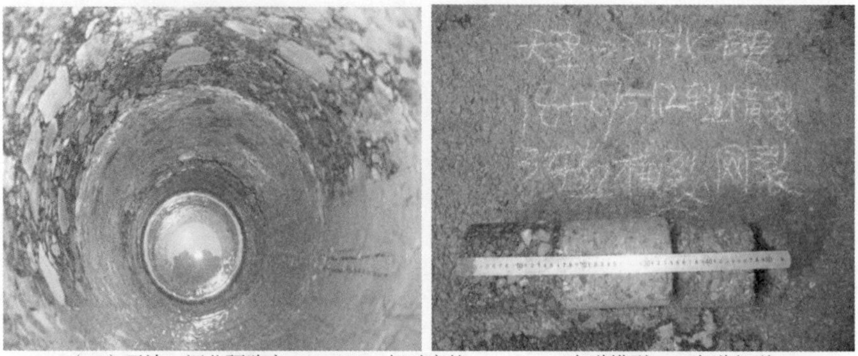

（13）天津→河北硬路肩 K18+050，相对应的一、二、三车道横裂，三车道龟裂，
沥青中、底面层芯样完好，水稳碎石层芯样完好，二灰碎石层芯样底部 3cm 断裂。

（14）天津→河北三车道 K18+050，严重横向裂缝、龟裂
沥青中、底面层芯样开裂，水稳碎石层芯样开裂，二灰碎石层芯样上部 10cm 开裂，下部破碎；
沥青层厚度为 14.5cm，水稳碎石层厚度为 19.5cm。

（15）天津→河北硬路肩 K18+000，相对应的二、三车道龟裂、严重横裂
沥青中面层芯样完好，但孔隙大、底面层芯样完好，水稳碎石层芯样完好，二灰碎石层芯样断裂破碎；
沥青层厚度为 15.1cm，水稳碎石层厚度为 17cm。

（16）河北→天津三车道 K17+700，纵向裂缝
沥青中面层、底面层芯样开裂，水稳碎石层芯样开裂，二灰碎石层芯样断裂，灰土层芯样开裂。

（17）天津→河北硬路肩 K16+360，相对应的二、三车道纵裂

沥青中、底面层芯样完好，水稳碎石层芯样完好，二灰碎石层芯样完好。

（18）天津→河北三车道 K16+357，纵向裂缝

沥青中面层芯样开裂 2cm、底面层芯样完好，水稳层芯样向开裂。

（19）河北→天津硬路肩 K16+034，相对应的各车道路况好

沥青中面层、底面层芯样完好，水稳碎石层芯样完好，二灰碎石层芯样完好；

沥青层厚度为 13.8cm，水稳碎石层厚度为 16.5cm，二灰碎石层厚度 21.5cm。

（20）河北→天津三车道 K15+500，路况好

（21）天津→河北二车道 K14+550，纵向裂缝、龟裂、沉陷

沥青中、底面层芯样开裂，水稳层芯样开裂，二灰碎石层芯样完好，灰土层芯样上部 11.0cm 完好，下部未取出；
沥青层厚 14.0cm，水稳层厚 18.0cm。

（22）天津→河北硬路肩 K14+550，相对应的二车道纵裂、龟裂、沉陷

沥青中、底面层芯样完好，水稳碎石层芯样完好，二灰碎石层芯样完好；
沥青层厚度为 12.7cm，水稳碎石层厚度为 19.5cm，二灰碎石层厚度 16.0cm。

（23）天津→河北硬路肩 K12+580，相对应的各车道路况好，

沥青中、底面层芯样完好，水稳碎石层芯样完好，二灰碎石层芯样完好。

（24）天津→河北三车道 K12+580，路况好

沥青中、底面层芯样完好，水稳碎石层芯样完好，二灰碎石层芯样完好。

（25）河北→天津三车道 K11+660，沉陷、龟裂

沥青中面层开裂，底面层芯样完好，水稳碎石层芯样完好，二灰碎石层芯样破碎；

沥青层厚度为 14.0cm，水稳碎石层厚度为 16.4cm。

（26）河北→天津硬路肩 K11+660，相对应的一、二车道龟裂，三车道沉陷

沥青中面层完好，但孔隙大，底面层芯样完好，水稳层芯样完好。

（27）天津→河北硬路肩 K10+066，相对应的一、二车道横裂

沥青中、底面层芯样完好，水稳碎石层芯样完好，二灰碎石层芯样完好。

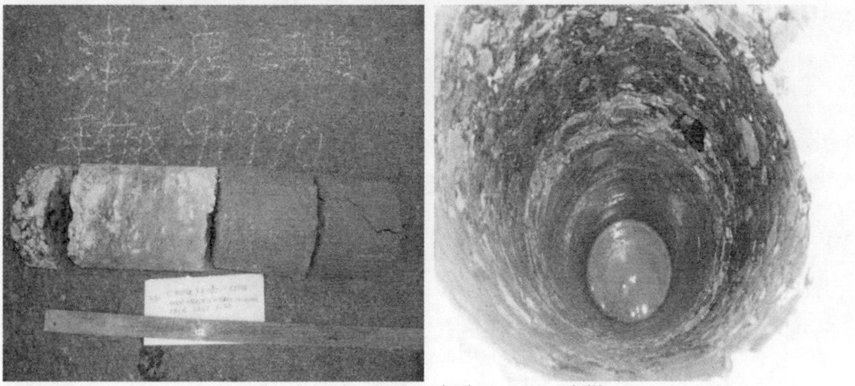

（28）天津→河北三车道 K9+990，车辙

沥青中面层芯样完好，底面层芯样断裂，水稳层芯样完好，二灰碎石层芯样完好，灰土层芯样开裂。

（29）天津→河北硬路肩 K9+893

相对应的二车道有车辙、龟裂、横裂，三车道横裂，沥青中、底面层芯样完好，水稳碎石层芯样完好，二灰碎石层芯样完好。

（30）天津→河北硬路肩 K7+700

相对应的二车道纵裂、龟裂、三车道龟裂，沥青中、底面层芯样完好。

（31）天津→河北二车道 K7+700，纵向裂缝

沥青中面层芯样上部开裂 2cm，底面层芯样完好，水稳层芯样上部 9cm 完整，下部完全破碎，
二灰碎石层芯样上部破碎，下部 12cm 完整，灰土层芯样完整；沥青层厚度为 16.6cm，灰土层厚度为 12.5cm。

（32）河北→天津三车道 K7+200，龟裂

沥青中面层上部开裂 2cm，底面层芯样完好，水稳层芯样完好，二灰碎石层芯样断裂，灰土层芯样断裂；
沥青层厚度为 13.2cm，水稳碎石层厚度为 18.5cm。

（33）河北→天津硬路肩 K6+500

相对应的一、二车道有纵裂、三车道龟裂，沥青中、底面层芯样完好，水稳碎石层芯样完好，二灰碎石层芯样完好；沥青层厚度为 16.1cm，水稳碎石层厚度为 18.7cm，二灰碎石层厚度为 20.8cm。

（34）天津→河北硬路肩 K4+180

相对应的二车道龟裂，三车道纵裂、龟裂，沥青中、底面层芯样完好，水稳碎石层芯样完好，二灰碎石层芯样断裂破碎；沥青层厚度为 14.4cm，水稳碎石层厚度为 16.0cm，二灰碎石层厚度为 18.0cm。

（35）天津→河北三车道 K4+180，龟裂

沥青中面层芯样开裂 2cm，底面层芯样完好，水稳层芯样上部 14.5cm 完整，下部完全破碎，二灰碎石层芯样破碎，灰土层芯样完好；沥青层厚度为 14cm。

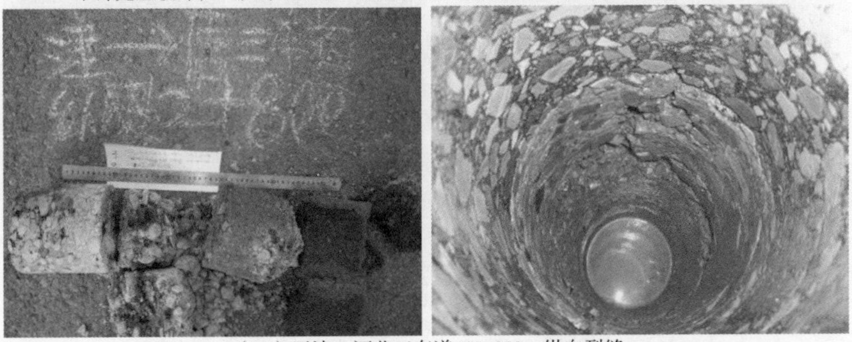

（36）天津→河北三车道 K2+800，纵向裂缝

沥青中面层上边 3.5cm 开裂、底面层芯样完好，水稳层芯样整体开裂。

（37）天津→河北硬路肩 K2+700，相对应的二、三车道纵裂
沥青中、底面层芯样完好，水稳碎石层芯样完好，二灰碎石层芯样完好。

（38）河北→天津硬路肩 K1+990，相对应的二车道轻车辙、龟裂
沥青中、底面层芯样完好，水稳碎石层芯样完好，二灰碎石层芯样断裂破碎；
沥青层厚度为 13.6 ㎝，水稳碎石层厚度 18.0 ㎝，二灰碎石层厚度为 16.5 ㎝。

（39）河北→天津二车道 K1+990，车辙轻
沥青中、底面层芯样完好，水稳碎石层芯样破碎，二灰碎石层芯样破碎，灰土层芯样完好；
沥青层厚度为 14.7cm，灰土层厚度为 22.0cm。

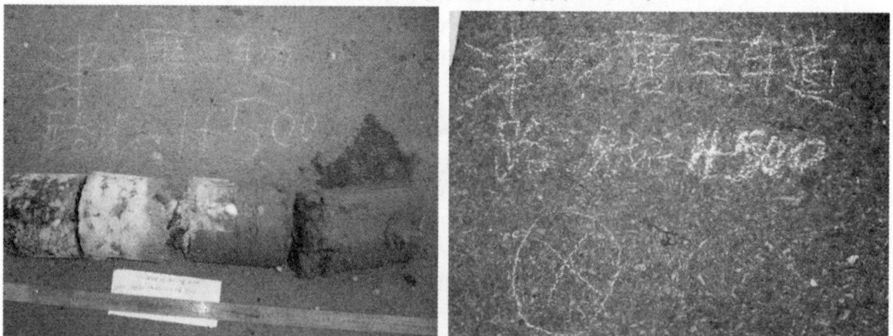

（40）天津→河北三车道 K1+500，路况好
沥青中、底面层芯样完好，水稳层芯样完好，二灰碎石层芯样断裂，灰土层芯样完好；
沥青层厚 12.3cm，水稳层厚 13.0cm，二灰碎石层厚 18.0cm，灰土层厚 21.0cm。

图 2.29　C 高速公路路面取芯结果

表 2.17　C 高速公路取芯结果汇总表

序号	桩号	路面状况	厚度/cm				芯样状况			
			沥青面层	水稳碎石层	二灰碎石层	二灰土层	沥青层芯样	水稳层芯样	二灰碎层芯样	二灰土芯样
1	河北→天津 K23+800（三车道）	纵裂	12.7	—	—	—	中面层开裂 底面层完好	完全破碎	完全破碎	局部成型
2	天津→河北 K23+000（硬路肩）	对应各车道路况好	12.5	20.0	22.0	—	完好	完好	上部破碎	—
3	天津→河北 K23+000（三车道）	完好	13.9	17.0	—	—	完好	完好	完全破碎	完全松散
4	河北→天津 K22+000（硬路肩）	相应车道轻微龟裂	13.7	17.7	22.0	—	完好	完好	完好	—
5	河北→天津 K22+000（三车道）	轻微龟裂	14.3	16.0	—	—	中面层开裂 1cm 底面层完好	开裂	上部破碎 下部完整	—
6	天津→河北 K21+330（三车道）	轻微龟裂	12.9	—	16.5	—	中面层开裂 2cm 底面层完好	上部破碎 下部成型	完好	完全松散
7	天津→河北 K21+140（硬路肩）	车道横裂密	14.8	16.0	19.0	—	完好	完好	完好	—
8	天津→河北 K20+665（三车道）	轻微龟裂	16.6	—	13.0	—	中面层开裂 1cm 底面层完好	上部成型 下部破碎	完好	松散
9	天津→河北 K20+432（硬路肩）	横裂密 有纵裂	14.5	20.7	15.0	—	完好	完好	完全破碎	—
10	天津→河北 K20+350（三车道）	横裂	14.0	17.6	—	—	开裂	开裂破碎	完全破碎	—
11	河北→天津 K20+250（硬路肩）	车道有横裂	14.4	24.7	17.5	—	完好	完好	完好	—
12	河北→天津 K19+410（硬路肩）	有纵裂路面孔隙较大	16.6	15.7	16.3	—	完好	完好	底部 4cm 处断裂	—
13	天津→河北 K18+050（硬路肩）	横裂、龟裂	15.8	18.0	16.0	—	完好	完好	底部 3cm 处断裂	—
14	天津→河北 K18+050（三车道）	严重横裂、龟裂	14.5	19.5	—	—	开裂	开裂	上部开裂 下部破碎	—
15	天津→河北 K18+000（硬路肩）	龟裂、严重横裂	15.1	17.0	19.3	—	中面层芯样完好 孔隙大 底面层芯样完好	完好	断裂破碎	—
16	河北→天津 K17+700（三车道）	纵裂	15.0	15.5	—	13.0	开裂	开裂	断裂	开裂
17	天津→河北 K16+357（硬路肩）	车道纵裂	15.5	19.5	14.5	—	完好	完好	完好	—
18	天津→河北 K16+357（三车道）	纵裂	16.0	17.5	12.0	—	中面层开裂 2cm 底面层完好	开裂	完好	松散
19	河北→天津 K16+034（硬路肩）	路况好	13.8	16.5	21.5	—	完好	完好	完好	—
20	河北→天津 K15+500（三车道）	完好	14.0	14.0	—	—	完好	完好	断裂	上部成型 下部未取出
21	天津→河北 K14+550（二车道）	纵裂、龟裂、沉陷	14.0	18.0	14.0	—	开裂	开裂	完好	上部完整 下部未取出

续表 2.17 C 高速公路取芯结果汇总表

序号	桩号	路面状况	厚度/cm				芯样状况			
			沥青面层	水稳碎石层	二灰碎石层	二灰土层	沥青层芯样	水稳层芯样	二灰碎层芯样	二灰土芯样
22	天津→河北 K14+550 （硬路肩）	纵裂、 龟裂、沉陷	12.7	19.5	16.0	—	完好	完好	完好	—
23	天津→河北 K12+580 （硬路肩）	路况好	14.8	19.7	18.5	—	完好	完好	完好	—
24	天津→河北 K12+580 （三车道）	路况好	12.2	18.5	18.0	—	完好	完好	完好	破碎
25	河北→天津 K11+660 （三车道）	沉陷、龟裂	14.0	16.4	—	—	中面层开裂 底面层完好	完好	破碎	—
26	河北→天津 K11+660 （硬路肩）	龟裂沉陷	14.5	14.8	14.5	—	中面层完好 但孔隙大 底面层芯样完好	完好	断裂破碎	—
27	天津→河北 K10+066 （硬路肩）	横裂龟裂	13.1	20.0	16.0	—	完好	完好	完好	—
28	天津→河北 K9+990 （三车道）	车辙	11.5	13.0	14.0	12.5	中面层完好 底面层断裂	完好	完好	开裂
29	天津→河北 9+893 （硬路肩）	车辙龟裂 横裂	12.3	18.0	18.0	—	完好	完好	完好	—
30	天津→河北 K7+700 （硬路肩）	纵裂龟裂	12.3	16.5	19.5	—	完好	完好	完好	—
31	天津→河北 K7+700 （二车道）	纵裂	16.6	—	—	12.5	中面层开裂 2cm 底面层完好	上部完整 下部完全 破碎	上部破碎 下部完整	完整
32	河北→天津 K7+200 （三车道）	龟裂	13.2	18.5	—	—	中面层开裂 2cm 底面层完好	完整	断裂	断裂
33	河北→天津 K6+500 （硬路肩）	纵裂龟裂	16.1	18.7	20.8	—	完好	完好	完好	—
34	天津→河北 K4+180 （硬路肩）	龟裂纵裂	14.4	16.0	18.0	—	完好	完好	断裂破碎	—
35	天津→河北 K4+180 （三车道）	龟裂	14.0	—	—	18.5	中面层开裂 2cm 底面层完好	上部完整下部 完全破碎	破碎	完好
36	天津→河北 K2+800 （三车道）	纵裂	14.0	—	—	—	中面层开裂 3cm 底面层完好	开裂破碎	上部完整 下部破碎	开裂
37	天津→河北 K2+700 （硬路肩）	纵裂	14.4	16.3	16	—	完好	完好	完好	—
38	河北→天津 K1+990 （硬路肩）	轻车辙 龟裂	13.6	18.0	16.5	—	完好	完好	断裂破碎	—
39	河北→天津 K1+990 （二车道）	轻车辙 龟裂	14.7	—	—	22.0	完好	破碎	破碎	完好
40	天津→河北 K1+500 （三车道）	路况好	12.3	13.0	18.0	21.0	完好	完好	断裂	完好

在纵裂、横裂路段取芯钻取的 7 个芯样中，沥青面层芯样出现不同程度的开裂，水稳层芯样均出现开裂和破碎的情况，二灰碎石层芯样除 2 个较为完整外，其余全部开裂或破碎。沥青面层芯样厚度平均值为 14.02cm，代表值为 13.49cm，在 20 个沥青面层芯样中，

有 13 个（65%）芯样的厚度小于代表值（有 6 个小于合格值）；水稳层芯样厚度平均值为 16.5cm，代表值为 15.3cm，小于合格值 16.5cm，评定为不合格；二灰碎石层芯样厚度平均值为 14.69cm，代表值为 13.27cm，小于合格值 16.5cm，评定为不合格。水稳层芯样无侧限抗压强度范围为 1.5 ~ 2.9MPa，芯样强度偏低，二灰碎石层芯样无侧限抗压强度范围为 3.3 ~ 5.0MPa。

表 2.18　C 高速公路芯样厚度、密度及强度检测结果汇总表

序号	位置	桩号	标段	沥青面层			无侧限抗压强度	
				层位	厚度/cm	密度/（g/cm³）	水稳碎石芯样	二灰碎石芯样
1	河北→天津（三车道）	K23+800	D	中面层	6.2	—	—	—
				底面层	6.5	2.425		
2	天津→河北（硬路肩）	K23+000	D	中面层	6.5	2.415	6.5	—
				底面层	6.0	2.391		
3	天津→河北（三车道）	K23+000	D	中面层	6.2	2.474	1.5	—
				底面层	7.7	2.358		
4	河北→天津（硬路肩）	K22+000	D	中面层	7.2	2.388	5.2	1.5
				底面层	6.5	2.373		
5	河北→天津（三车道）	K22+000	D	中面层	6.3	2.434	—	—
				底面层	8.0	2.398		
6	天津→河北（三车道）	K21+330	D	中面层	6.0	2.414	—	—
				底面层	6.9	2.418		
7	天津→河北（硬路肩）	K21+140	D	中面层	6.4	—	6.6	3.9
				底面层	8.4	—		
8	河北→天津（三车道）	K20+665	A2	中面层	5.9	2.425	—	—
				底面层	10.7	2.408		
9	天津→河北（硬路肩）	K20+432	A2	中面层	—	—	9.1	—
				底面层	—	—		
10	河北→天津（硬路肩）	K20+250	A2	中面层	6.2	2.454	6.7	3.1
				底面层	—	—		
11	河北→天津（硬路肩）	K19+410	G	中面层	7.8	2.468	8.9	—
				底面层	—	—		
12	天津→河北（硬路肩）	K18+050	G	中面层	7.8	2.416	4.8	—
				底面层	8.0	2.458		
13	天津→河北（硬路肩）	K18+000	B	中面层	6.5	2.411	7.0	—
				底面层	8.6	2.414		
14	天津→河北（硬路肩）	K16+360	B	中面层	6.9	2.407	5.3	—
				底面层	8.6	2.433		
15	天津→河北（三车道）	K16+357	B	中面层	6.7	—	—	—
				底面层	9.3	2.413		
16	河北→天津（硬路肩）	K16+034	B	中面层	6.1	2.444	7.0	3.7
				底面层	7.7	2.427		
17	河北→天津（三车道）	K15+500	B	中面层	5.9	2.483	—	—
				底面层	8.1	2.453		
18	天津→河北（硬路肩）	K14+550	B	中面层	6.6	2.413	8.2	3.5
				底面层	6.1	2.383		
19	天津→河北（硬路肩）	K12+580	C	中面层	6.1	2.383	8.3	4.2
				底面层	8.7	2.411		
20	天津→河北（三车道）	K12+580	C	中面层	6.5	2.454	2.9	3.3
				底面层	6.7	2.392		
21	河北→天津（三车道）	K11+660	C	中面层	6.1	—	—	—
				底面层	7.9	2.460		
22	河北→天津（硬路肩）	K11+660	C	中面层	6.9	2.365	8.7	—
				底面层	7.7	2.364		
23	天津→河北（硬路肩）	K10+066	C	中面层	6.3	2.407	6.8	3.6
				底面层	6.8	2.388		
24	天津→河北（三车道）	K9+900	E	中面层	3.6	—	—	5.0
				底面层	7.9	—		
25	天津→河北（硬路肩）	K9+893	E	中面层	5.9	2.427	6.4	3.3
				底面层	6.4	2.418		

续表 2.18　C 高速公路芯样厚度、密度及强度检测结果汇总表

序号	位置	桩号	标段	沥青面层			无侧限抗压强度	
				层位	厚度/cm	密度/（g/cm³）	水稳碎石芯样	二灰碎石芯样
26	天津→河北（硬路肩）	K7+700	E	中面层	7.2	2.480	5.8	—
				底面层	5.1	2.420		
27	天津→河北（二车道）	K7+700	E	中面层	7.0	2.463	—	—
				底面层	9.6	2.441		
28	天津→河北（硬路肩）	K4+180	F	中面层	6.0	2.297	6.2	—
				底面层	8.4	2.437		
29	天津→河北（硬路肩）	K2+700	F	中面层	5.8	2.409	5.6	4.2
				底面层	7.6	2.430		
30	河北→天津（硬路肩）	K1+990	F	中面层	6.4	2.447	7.6	—
				底面层	7.2	2.348		
31	河北→天津（二车道）	K1+990	F	中面层	4.2	2.153	—	—
				底面层	10.6	2.463		
32	天津→河北（三车道）	K1+500	F	中面层	6.4	—	2.2	—
				底面层	5.9	—		

在硬路肩位置钻取的 20 个芯样中，沥青面层芯样均较为完整，水泥稳定碎石层芯样也较为完好，二灰碎石层芯样有 12 个较为完整，其余 8 个芯样均存在断裂和破碎等情况（40%）。在此 8 个存在破损的二灰碎石芯样中，有 1 个芯样相对应车道路面状况较好，其余 7 个芯样对应的路面均存在龟裂、纵裂、横裂和车辙等病害。在硬路肩位置钻取的 20 个芯样中，沥青面层芯样厚度范围为 12.9 ~ 16.6cm，水稳层芯样厚度范围为 14.8 ~ 24.7cm，二灰碎石层芯样厚度范围为 14.5 ~ 22.0cm。沥青面层芯样厚度平均值为 14.25cm，代表值为 13.76cm，在 20 个沥青面层芯样中，有 8 个（40%）芯样的厚度小于代表值（有 7 个小于合格值）；水稳层芯样厚度平均值为 18.17cm，代表值为 16.87cm，在 20 个水稳层芯样中，有 7 个（35%）芯样的厚度小于代表值（且也小于合格值）；二灰碎石层芯样厚度平均值为 17.85cm，代表值为 16.5cm，在 20 个二灰碎石层芯样中，有 8 个（40%）芯样的厚度小于代表值（且也小于合格值）。水稳层芯样无侧限抗压强度范围为 4.8 ~ 9.1MPa，个别芯样强度偏低，二灰碎石层芯样无侧限抗压强度范围为 1.5 ~ 4.2MPa。说明二灰碎石成型质量差，个别水泥稳定碎石芯样的抗压强度偏低，其成型质量整体较差，基层强度偏低，而且已经成型的水稳碎石基层在车辆荷载作用下已破坏，水稳碎石层和二灰碎石层厚度普遍偏薄。

（6）路面结构层及路基模量状况调查

各结构层、路基模量检测见表 2.19 ~ 表 2.22 和图 2.30。

表 2.19　C 高速公路天津→河北第二车道路面结构层模量分析结果统计值

起始桩号	终止桩号	测点数	面层模量/MPa			基层模量+底基层模量/MPa			路基模量/MPa		
			平均值	标准差	变异系数	平均值	标准差	变异系数	平均值	标准差	变异系数
K22+100	K21+100	26	11623	11614	99.9%	2865	61	2.1%	250	61	24.4%
K20+725	K19+875	19	24028	24835	103.4%	2308	50	2.2%	274	50	18.2%
K19+875	K19+200	11	27026	27026	100.0%	3899	1667	42.8%	442	96	21.8%
K18+025	K13+975	102	37931	36392	95.9%	3767	47	1.3%	253	47	18.7%
K13+000	K12+000	26	64975	32109	49.4%	4221	48	1.1%	311	48	15.4%
K9+975	K8+950	27	8466	6161	72.8%	3943	79	2.0%	324	79	24.5%

表 2.20　C 高速公路天津→河北第三车道路面结构层模量分析结果统计值

起始桩号	终止桩号	测点数	面层模量/MPa			基层模量+底基层模量/MPa			路基模量/MPa		
			平均值	标准差	变异系数	平均值	标准差	变异系数	平均值	标准差	变异系数
K23+100	K22+100	26	25672	28532	111.1%	5432	36	0.7%	155	36	23.4%
K11+000	K09+975	27	29369	19046	64.9%	9697	181	1.9%	323	181	56.2%
K7+330	K6+475	22	24035	28414	118.2%	10297	101	1.0%	365	101	27.8%
K6+000	K2+600	86	11662	16139	138.4%	3747	28	0.7%	210	28	13.4%

表 2.21　C 高速公路河北→天津第二车道路面结构层模量分析结果统计值

起始桩号	终止桩号	测点数	面层模量/MPa			基层模量+底基层模/MPa			路基模量/MPa		
			平均值	标准差	变异系数	平均值	标准差	变异系数	平均值	标准差	变异系数
K4+000	K5+000	26	13868	19380	139.8%	1573	1007	64.1%	225	28	12.2%
K10+000	K11+000	26	24495	25136	102.6%	7500	8697	116.0%	369	328	89.0%
K17+000	K18+000	26	23664	27519	116.3%	6302	4502	71.4%	251	46	18.4%
K20+725	K21+725	26	13677	12124	88.6%	4016	2477	61.7%	310	63	20.5%

表 2.22　C 高速公路河北→天津第三车道路面结构层模量分析结果统计值

起始桩号	终止桩号	测点数	面层模量/MPa			基层模量+底基层模量/MPa			路基模量/MPa		
			平均值	标准差	变异系数	平均值	标准差	变异系数	平均值	标准差	变异系数
K1+500	K2+500	26	11605	12425	107.1%	K1+500	K2+500	26	11605	12425	107.1%
K7+500	K8+189	17	48981	27777	56.7%	K7+500	K8+189	17	48981	27777	56.7%
K11+500	K12+500	27	28286	24145	85.4%	K11+500	K12+500	27	28286	24145	85.4%
K15+000	K16+000	26	24195	26976	111.5%	K15+000	K16+000	26	24195	26976	111.5%
K19+250	K19+863	16	25402	28714	113.0%	K19+250	K19+863	16	25402	28714	113.0%
K20+150	K21+725	16	8103	5028	62.1%	K20+150	K21+725	16	8103	5028	62.1%
K21+725	K23+000	32	8533	6941	81.3%	K21+725	K23+000	32	8533	6941	81.3%
K23+000	K24+000	25	6853	4926	71.9%	K23+000	K24+000	25	6853	4926	71.9%

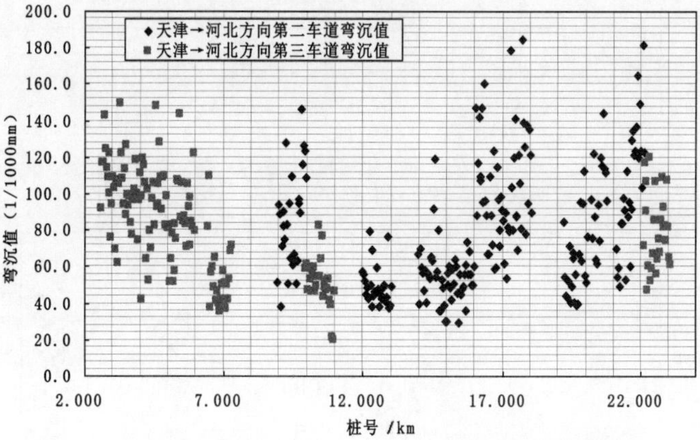

（a）C 高速公路天津→河北方向 FWD 弯沉变化图

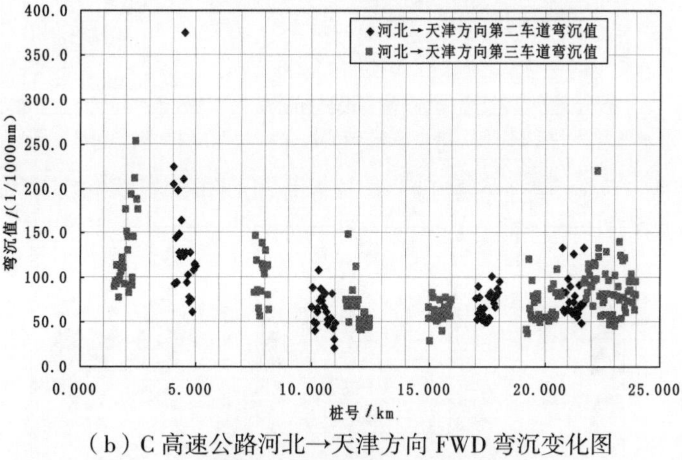

（b）C 高速公路河北→天津方向 FWD 弯沉变化图

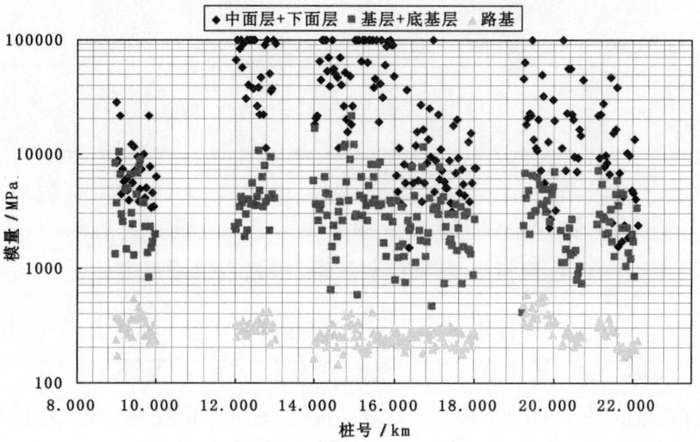

（c）C 高速公路天津→河北方向第二车道模量变化图

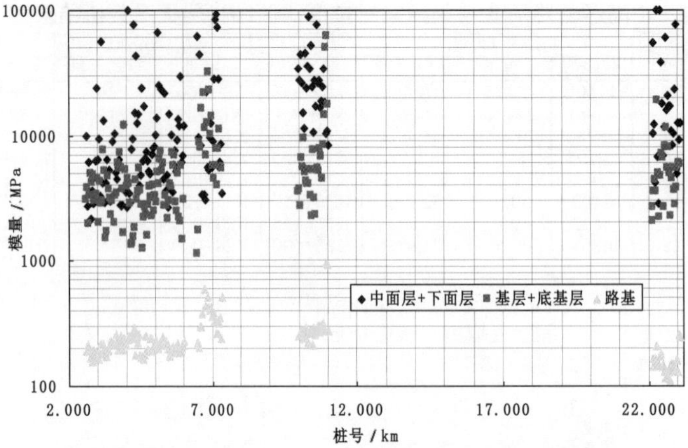

（d）C 高速公路天津→河北方向第三车道模量变化图

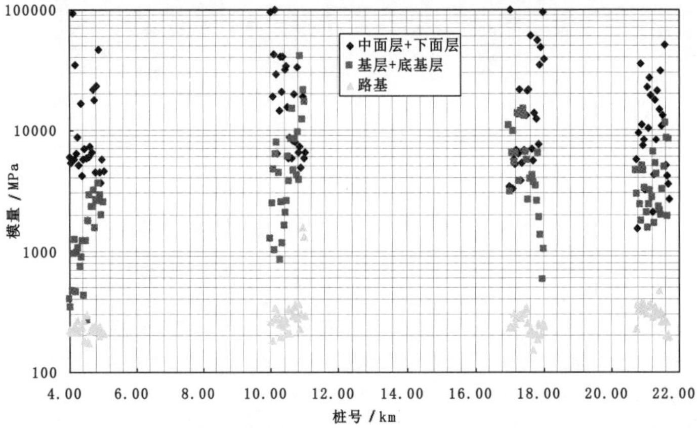

（e）C 高速公路河北→天津方向第二车道模量变化图

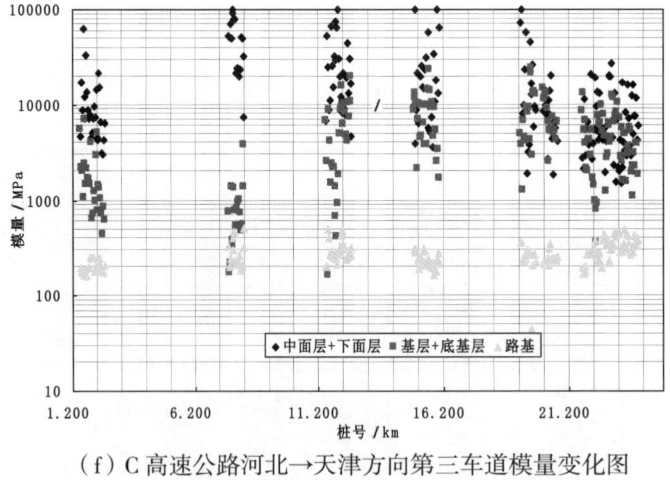

（f）C 高速公路河北→天津方向第三车道模量变化图

图 2.30　C 高速公路 FWD 检测结果及反算模量变化图

由落锤式弯沉仪 FWD 检测结果可知：路面面层、基层和底基层模量变化较大。沥青面层：天津→河北方向第二车道 K9+975～K8+950，河北→天津方向第二车道 K20+000～K21+000，河北→天津方向第三车道 K22+100～K21+000、K20+725～K23+000、K23+000～K24+000 段模量相对较低。

结合路面破损情况和取芯结果可知，对于半刚性基层、底基层模量较低的路段，路面出现车辙、龟裂和纵裂等病害，水稳碎石层和二灰碎石层均存在较为严重的破坏；对于半刚性基层、底基层模量稍大的路段，路面破损较轻，水稳碎石层或二灰碎石层出现轻微破损，但成型稍好；对于半刚性基层、底基层模量较大的路段，水稳碎石层或二灰碎石层成型较好。说明 FWD 检测结果与钻芯结果存在良好的相关性。

（7）路基钻探调查

根据路面破损情况及不同地基处理方式，共布置钻探 9 处，孔深为 10.0m，同时对钻取的土样进行土工实验分析。根据钻探结果，路基 10.0m 深度范围内，地基土按成因年代可分为 3 层，各层土特征概述为：人工填土层：全场地均有分布，该层从上而下可分为 4 个亚层。

第一亚层，杂填土：路面结构层，呈杂色，由石子、沥青、水泥稳定层等组成。

第二亚层，素填土：呈褐色，软塑 ~ 可塑状态为主，黏土、粉质黏土土质，含灰渣、石子等，软硬、砂黏性不均匀。

第三亚层，素填土：呈褐色，软塑 ~ 可塑状态为主，主要由黏土组成，含石子。

第四亚层，杂填土：杂色，由黏土、粉质黏土等废土夹石子、砖渣组成。

全新统上组陆相冲积层：该层在 2，6，8 号孔附近分布，主要由黏土、粉质黏土组成，呈现黄褐色，可塑状态，无层理，含铁质，属于中压缩性土。

全新统中组海相沉积层：钻孔均未穿透该层，该层从上而下可分为 3 个亚层。

第一亚层，淤泥质土：呈灰色，流塑状态为主，有层理，含贝壳，由淤泥质黏土、淤泥质粉质黏土组成，属高压缩性土。

第二亚层，粉质黏土：呈灰色，软塑状态，有层理，含贝壳，属中压缩性土。

第三亚层，粉土：呈灰色，稍密 ~ 中密状态，无层理，含贝壳，属中压缩性土。局部夹粉质黏土透镜体。

归纳各孔附近地基土土质特征及分布结果可知：路基土主要以杂填土、素填土（含石子、灰渣）为主，厚度范围 2.5 ~ 4.5m，厚度不均匀；土体含水量范围为 22.2% ~ 48.4%，含水量高。地基土含有一层淤泥质黏土 （在布置的 9 处位置中，有 5 处为淤泥质土），厚度为 1.5 ~ 4.5m，含水量范围为 22.8% ~ 55.6%，含水量极高。

总体表明：路基质量较差，含水量偏大，大部分路基处在潮湿和过湿的状态；地基存在淤泥层。

（8）地质雷达调查

为进一步探明结构层及路基状况，对该高速公路有代表性路段进行了雷达检测，具体检测结果如图 2.31 和图 2.34 所示。

由地质雷达检测结果可知：对于路面存在车辙、龟裂等病害处，路面结构层雷达反射波同向轴连续性差，说明结构层整体性较差；路基浅层素填土层横向、纵向雷达反射波同向轴基本连续，但信号强度均匀性较差，说明路基素填土层的含水量横向、纵向均分布不均匀。

①河北→天津 K4+750 横断面（400MHz 天线），路面车辙、龟裂

该断面路面结构层的雷达反射波同相轴连续性较差，表明路面结构层整体性较差；路基浅层素填土的雷达反射波同相轴基本连续但信号强度差异较大，表明路基浅层素填土在横断面方向含水量水平分布均匀性较差，且路肩处含水量偏大。

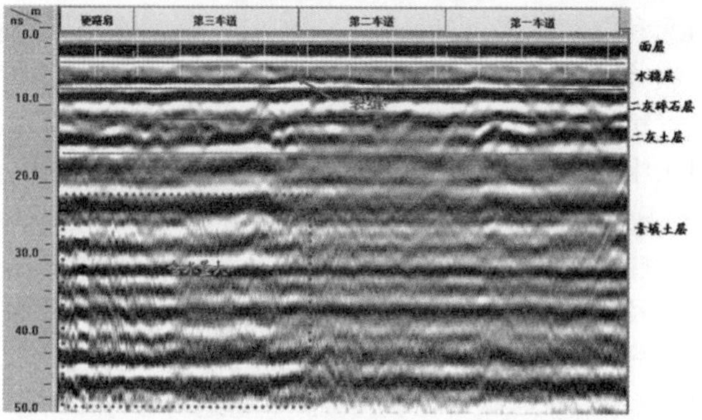

图 2.31　C 高速公路河北→天津 K4+750 横断面（400MHz 天线）地质雷达检测结果

②河北→天津 K4+750 第三车道纵断面（400MHz 天线），车辙、龟裂

该断面路面二灰土层以上结构层的雷达反射波同相轴基本连续，但路面二灰土层的雷达反射波同相轴较为紊乱，表明二灰土层完整性较差，二灰土层以上路面结构层完整性相对较好；路基浅层素填土的雷达反射波同相轴基本连续但信号强度有明显差异，表明路基浅层素填土在纵断面方向含水量水平分布不均匀。

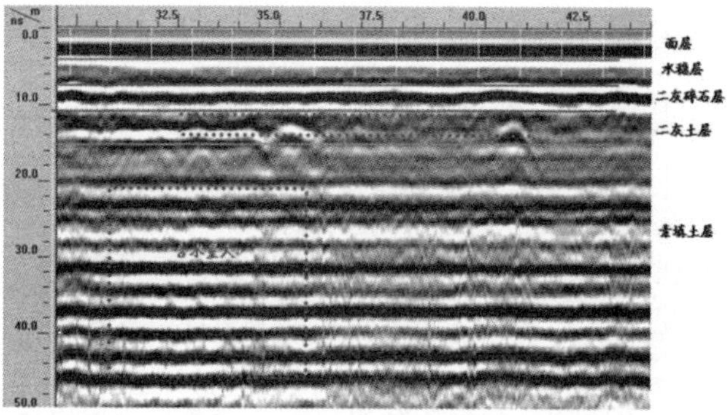

图 2.32　C 高速公路河北→天津 K4+750 第三车道纵断面（400MHz 天线）地质雷达检测结果

③天津→河北 K21+340 横断面（200MHz 天线），路面纵裂、龟裂

该断面路基素填土层的雷达反射波同相轴基本连续且信号强度较为均匀，表明路基素填土层在横断面方向含水量水平分布均匀性较好。

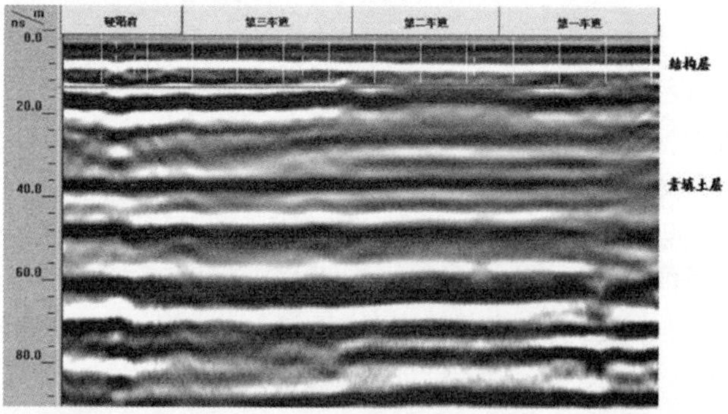

图 2.33　C 高速公路天津→河北 K21+340 横断面（200MHz 天线）地质雷达检测结果

④天津→河北 K21+287 ~ K21+200 第二车道纵断面，纵裂、龟裂

该断面路基素填土层的雷达反射波同相轴基本连续但信号强度均匀性较差，表明路基素填土层在纵断面方向含水量水平分布均匀性较差。

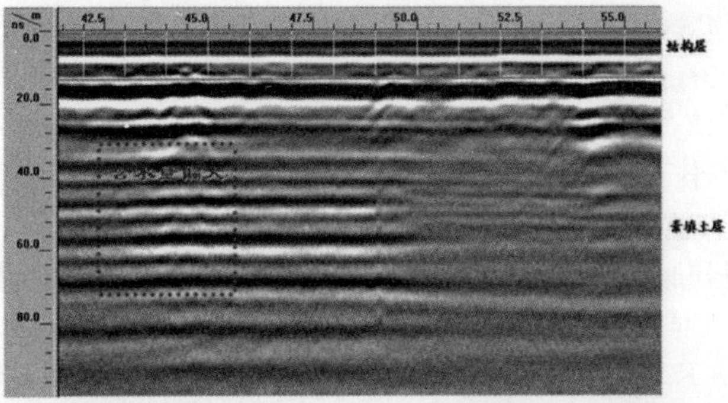

图 2.34　C 高速公路天津→河北 K21+287～K21+200 第二车道纵断面地质雷达检测结果

根据病害特征及试验数据，初步分析该高速公路破坏原因。

①路面龟裂现象。通过检测情况来看，二灰碎石底基层成型质量稍差，芯样强度低；个别水稳碎石基层芯样强度稍低，在车辆荷载作用下，强度偏低的二灰碎石层和局部水稳碎石层被破坏，进而造成路面结构承载力严重降低。因此，路面结构承载力不足是路面产生龟裂的主要原因。

②纵向裂缝现象。通过检测情况来看，该高速公路出现纵向裂缝的原因主要为疲劳损坏和不均匀沉降。其中，疲劳损坏，即在重复荷载作用下，路面承载能力逐渐不足，造成路面轮迹带处产生纵裂；而不均匀沉降，是指在新旧路基加宽处，由于路基压实不够，发生不均匀沉降，从而产生纵向裂缝，此类纵裂主要出现在拓宽段二、三车道标线处。

③横向裂缝现象。该高速公路横向裂缝主要是半刚性基层的反射裂缝。

④车辙现象。由检测结果来看，对于路面车辙处，水稳碎石层和二灰碎石底基层均出现严重破损，主要表现为结构性车辙，即在行车重复荷载作用下路面结构层出现的破损，路面材料被压缩产生永久性积累损伤变形。

⑤路面开裂破坏。路面大量开裂破坏路基土和地基土含水量过高（水位偏高，对结构层的侵蚀），填筑质量不均匀（路基不均匀沉降）；个别标段工期紧、路基预压时间不够等因素也是路面出现破坏的原因。交通荷载、气候等因素也是造成路面大量开裂破坏的原因。

根据上述路况调查及室内试验检测，可以得出如下结论。

（1）路面破损类型主要为龟裂、纵向裂缝、横向裂缝和车辙，除河北→天津第三车道和天津→河北第一车道路面破损较轻外，其余各车道的路面破损均较为严重；整条路的路面平整度指数 *IRI* 平均值为 1.7m/km，评价等级为优，说明路面平整度较好；整条路的平均车辙深度为 7.0mm，评价等级为良，河北→天津方向平均车辙深度大于天津→河北方向平均车辙深度；河北→天津方向第二车道代表弯沉平均值为 27.5（0.01mm），天津→河北方向第二车道代表弯沉平均值为 39.6（0.01mm），河北→天津方向 K0+000～K5+000 和天津→河北方向全线路面结构强度较差。

（2）在车道路面完好处取芯，沥青面层和水稳碎石基层芯样较为完整，而二灰碎石层芯样均存在断裂和破碎的情况；在车道路面存在龟裂、横裂、纵裂等病害处取芯，沥青面层芯样均有不同程度的开裂，水稳碎石层和二灰碎石层芯样有 70%存在断裂和破碎的情况，完整的水稳碎石层芯样强度范围为 1.5～2.9MPa，强度极低，完整的二灰碎石层芯样强度范围为 3.3～5.0MPa，强度不均匀。

（3）在硬路肩处取芯，沥青面层芯样和水稳碎石层芯样均较为完整，而二灰碎石层芯样有 40%存在断裂和破碎的情况，水稳碎石层芯样强度范围为 4.8～9.1MPa，个别芯样强度偏低，二灰碎石层芯样强度范围为 1.5 ~ 4.2MPa，说明二灰碎石成型质量差。沥青面层芯样厚度平均值为 14.13cm，代表值为 13.63cm，在 40 个沥青面层芯样中，有 12 个（30%）芯样的厚度小于代表值（有 11 个小于合格值）；水稳碎石层芯样厚度平均值为 17.51cm，代表值为 16.18cm，小于合格值 16.5cm，评定为不合格；二灰碎石层芯样厚度平均值为 17.12cm，代表值为 15.62cm，小于合格值 16.5cm，评定为不合格。

路面面层、基层和底基层模量变化较大。天津→河北方向第二车道 K9+975 ~ K8+950，河北→天津方向第二车道 K20+000 ~ K21+000，河北→天津方向第三车道 K22+100 ~ K21+000、K20+725 ~ K23+000、K23+000 ~ K24+000 段面层模量相对较低。而天津→河北方向第二车道 K22+100 ~ K21+000、K20+725 ~ K19+875，河北→天津方向第二车道 K4+000 ~ K5+000，河北→天津方向第三车道 K1+500 ~ K2+500 、K7+500 ~ K8+189 段基层底基层模量相对较低。

（4）路基土主要以杂填土、素填土（含石子、灰渣）为主，厚度范围 2.5 ~ 4.5m，厚度不均匀；土体含水量为 22.2% ~ 48.4%，含水量高。地基土含有一层淤泥土，厚度为 1.5 ~ 4.5m，含水量为 22.8% ~ 55.6%，含水量极高。大部分路基处在潮湿和过湿的状态，路基质量差。

2.6 本章小结

本章对天津地区高速公路进行了大量检测，重点检测了具有代表性的 3 段高速公路。研究借助取芯，以落锤式弯沉仪、多功能路面性能检测车等先进的检测手段，采集了大量检测数据。

通过对检测结果进行综合评判，本章主要研究结论如以下几点。

①面层压实度及残留空隙率对半刚性基层沥青路面路用性能影响较大，若沥青混合料标准密度偏低，则实际施工中压实度标准极易满足，但沥青路面的实际残留空隙率较大，容易发生渗水或二次追密现象。若发生渗水现象，路表水会渗入沥青面层并滞留其中，在行车荷载和气候环境共同作用下形成动水压力，降低沥青混合料黏结力，形成松散、坑槽等破坏；若发生二次追密，行车荷载会逐渐压实半刚性基层沥青路面面层，在轮迹带处形成压密型车辙。

②层间联结状态对半刚性基层沥青路面路用性能影响较大。依据设计规范（JTG D50—2006）中规定，路面设计是按层面完全连续的条件考虑。若层间联结状态不良，沥青面层与半刚性基层难以形成整体来共同承受行车荷载，造成沥青层底面的拉伸应力、应变将超过沥青混合料极限拉伸应变，形成破坏。在多雨、潮湿地区，路表渗水并滞留在基层表面，半刚性基层逐渐软化形成泥浆，此时，沥青层底部弯拉应变将成为控制性指标，在车辆荷载作用下发生弯拉开裂向上层扩展出现水破坏。

③沥青混合料的级配和沥青用量对半刚性基层沥青路面路用性能起到至关重要的作用。上面层和中面层混合料级配整体偏细，矿料间的嵌挤力较弱，加之沥青用量偏大，导致沥青混合料抗剪强度较低，难以抵抗重轴载交通的反复作用，从而形成失稳型车辙。而且，从松散材料来看，沥青混合料内有较多的泥块和空隙，也极大地降低了其黏附性能，从而降低了其抗剪强度，导致容易产生失稳型车辙。

第3章　半刚性基层典型沥青路面结构疲劳寿命分析

本章在计算力学的基础上，根据典型沥青路面设计计算图式，对路面结构力学的响应机制进行研究，计算了在不同层间状态下的两种典型半刚性基层沥青路面疲劳寿命，并探讨了半刚性沥青路面结构疲劳裂缝的形成机理，分析计算两种典型结构各层的疲劳寿命，确定了主抗疲劳层为半刚性基层，对比了两种典型结构在不同层间状态下的疲劳寿命，发现层间滑动状态下疲劳寿命远小于层间连续状态下的疲劳寿命。

3.1　半刚性基层典型沥青路面力学计算参数

3.1.1　沥青面层材料模量及其黏弹性材料参数

沥青混凝土在 15 ~ 20℃时的抗压弹性模量介于 800 ~ 2200MPa 之间。此部分研究主要分析典型沥青路面结构主要抗疲劳功能区，因此用 15℃的抗压模量表述沥青层材料计算的分析参数。依据沥青路面的设计规范，参数选取规范中值作为计算分析参数，具体取值见表 3.1。

表 3.1　沥青混合料基本参数

沥青混合料类型	15℃抗压模量/MPa	15℃劈裂强度/MPa	备注
细粒式密级配沥青混凝土	2000	1.4	AC－10，AC－13
中粒式密级配沥青混凝土	1800	1.0	AC－16，AC－20
粗粒式密级配沥青混凝土	1200	0.8	AC－25

在充分满足计算精度的前提下，本研究将各层沥青混合料统一采用 AC－16C 型沥青混合料的黏弹性参数。沥青混合料是一种非常典型的黏弹性材料，研究通过压缩蠕变试验得到位移、荷载及时间的关系，基于伯格斯模型公式，通过统计回归得到沥青混合料的黏弹参数 E_0，E_1，η_0，η_1，再通过之前推导的松弛时间以及柔度公式，计算出不同荷载作用时间下的柔度，从而可以进行进一步的分析计算。采用 15℃条件下的弯曲疲劳试验作为弯曲疲劳动态蠕变试验，以一定应力比（如 0.2）对小梁进行动态加载，加载图形曲线为半正弦波，确保梁底弯拉应力峰值恒定，每隔 0.1s 对梁底面中点处的弯拉应变 ε 进行记录，获得大量数据，由此绘制成蠕变图形曲线，如图 3.1 所示。

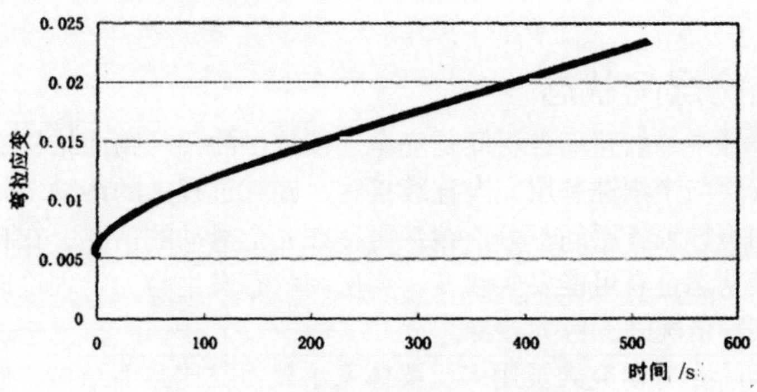

图 3.1　小梁弯曲试验蠕变图形曲线

根据伯格斯方程，采用非线性最小二乘法中 Levenberg－Marguardt 方法，对其动态弯曲蠕变数据进行回归分析，确定 AC－16C 型沥青混合料黏弹性参数 E_0，E_1，η_1，η_2，计算结果见表 3.2。

表 3.2　沥青混凝土 15℃黏弹性参数

沥青混合料类型	E_0/kPa	E_1/kPa	η_1/kPa	η_2/kPa
AC－16C 型	245106	1000000	27823693	86712253

根据柔度公式，将伯格斯模型参数输入，求出松弛时间 T，将荷载作用时间 t_i 带入柔度公式，即可得到蠕变柔量，见表 3.3。荷载作用时间为 0.1s，相当于时速 64km。

表 3.3　沥青混凝土 15℃蠕变柔量

荷载作用时间/s	蠕变柔量/（1/kPa）
0.001	4.27160×10^{-6}
0.003	4.27178×10^{-6}
0.01	4.27227×10^{-6}
0.03	4.27366×10^{-6}
0.1	4.27853×10^{-6}
0.3	4.29240×10^{-6}
1	4.24058×10^{-6}
3	4.47513×10^{-6}
10	4.91356×10^{-6}

3.1.2　半刚性基层材料模量

二灰碎石、水泥碎石、二灰土、石灰土以及石灰土处理路基计算拉应力用的抗压模量均为 400～4200MPa，由于半刚性基层材与级配碎石、路基土相比较小非线性力学相应特征非常不明显。因此，可认为半刚性基层材料是理想弹性材料。根据现行沥青路面设计规范，取值见表 3.4。

表 3.4　半刚性基层材料模量表

半刚性材料类型	抗压模量（拉应力计算用）/MPa	劈裂强度 σ_{sp}/MPa
水泥碎石	3600	1.0
石灰土	1800	0.25

3.1.3　路基土模量及其非线性材料参数

根据辛普松和艾丽奥拓的研究成果，根据 K_1 的不同将细粒土分为 4 类：当 K_1=6900kPa 时，属于很软类型的细粒土；当 K_1=22080kPa 时，属于软土；当 K_1=52992kPa 时，属于中等类型的土；当 K_1=85146kPa 时，属于承载力较强的硬质土。

天津大部分属于软土地区，路基均需要采取一定措施达到相关技术要求后才能够使用，因此可以认为处理后的路基土具有良好的工程性质，可作为中等类型的土处理，因此 K_1=50000kPa。其他 3 个指标，不同土质的区别非常小，因此将剩余指标统一：K_2=6.2，K_3=1110，K_4=178。

3.1.4　路面结构层间状态

目前，路面设计中一般路面各层间是完全连续接触的，与路面结构实际情况不符。现实中很难做到沥青层与半刚性基层完全连续接触，施工过程中的污染、施工工序的间断、工程材料等问题均可导致各层间部分连续甚至存在完全滑动的情况，在自然和车辆荷载作用下，层间的连续状态也有可能发生改变。当层间状态发生与力学理论假设不同时，必然导致理论计算与实际情况间的巨大差异。

1995 年，Tschegg 等研究人员用多层梁体系承载力类比路面结构，研究证明黏结良好的多层梁体系挠度是黏结不良的 1/9，足以说明层间状态对路面结构受力状态的巨大影响。为了全面系统了解层间状态对路面抗疲劳性能影响，针对半刚性基层与面层间完全滑动极端状态进行力学特性分析。

3.1.5　疲劳寿命计算方法

路面受行车载荷的反复作用而达到临界破坏状态的最大疲劳应力是其结构层材料的容许拉应力，一般为一次荷载作用下的抗拉强度，其减小的程度与重复荷载次数和路面结构层材料的性质相关。如下式表示：

$$\sigma_R = \sigma_{SP}/K_s \tag{3.1}$$

式中，σ_R—结构材料的容许拉应力；σ_{SP}—结构层材料的极限弯拉强度，由实验确定；K_s—结构层材料的抗拉强度结构系数，如沥青混合料的面层 $K_s=0.09A_aN_e^{0.22}/A_c$，无机结合料的稳定类集料类 $K_s=0.35A_aN_e^{0.11}/A_c$，无机结合料的稳定土类 $K_s=0.45A_aN_e^{0.11}/A_c$。

根据以上关系式，可将计算得到的各结构层水平拉应力以及结构层材料的抗拉强度结构系数代入该关系式，反推累计当量轴载作用次数（疲劳寿命），通过对比不同结构层的疲劳寿命，确定主抗疲劳结构层。

3.2　半刚性基层典型沥青路面结构及计算方法

各类路面结构试验工程结合实体工程进行。

3.2.1　半刚性基层沥青路面典型结构

结构 **A**：4cm（沥青混凝土）+6cm（沥青混凝土）+8cm（沥青混凝土）+18cm（水泥碎石）+18cm（水泥碎石）+15cm（石灰土），总厚度 69cm。结构 B：4cm（沥青混凝土）+6cm（沥青混凝土）+8cm（沥青混凝土）+18cm（水泥碎石）+18cm（水泥碎石）+18cm（水泥碎石）+15cm（石灰土），总厚度 87cm。结构 A 属于具有较厚沥青面层的半刚性基层沥青路面，路面整体结构强度较高，承载能力较强，属于较为典型的半刚性基层沥青路面结构。结构 B 沥青面层厚度较厚，与结构 A 一致，但半刚性基层厚度较厚，达到 54cm，因而结构 B 的结构承载力远高于结构 A，从结构上初步判断属于具有较长使用寿命的半刚性基层沥青路面，如图 3.2 所示。

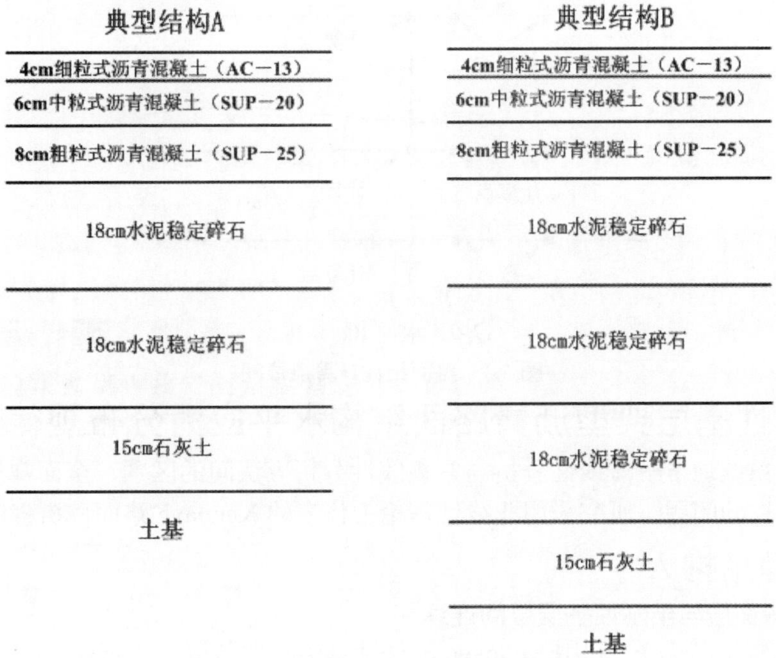

图 3.2　半刚性基层典型路面结构图

3.2.2 路面结构计算点位图示

使用路面力学分析程序时，需要输入各项参数，包括材料的模型参数，双圆形均布荷载、荷载的圆半径、荷载的圆心坐标与各结构层间结合系数。在输入各个计算点坐标的情况下，运行分析程序即可得到路面各个计算点的应力值。参考了有关资料和现场实测资料，层底弯拉应力最大处一般出现在双圆轮隙的中点处，因此仅将双圆轮隙的中点列为计算点。由于需要计算的典型路面结构多达 8 种，限于篇幅的限制，仅将计算点的设置原则简单介绍：重点关注层底的应力，特别是沥青面层、沥青稳定类基层、半刚性基层的层底处水平应力；为了细致了解层底应力区作用范围，增加层底附近应力计算点密度，对以上结构层的下卧层层顶设置应力计算点，见图 3.3 所示。

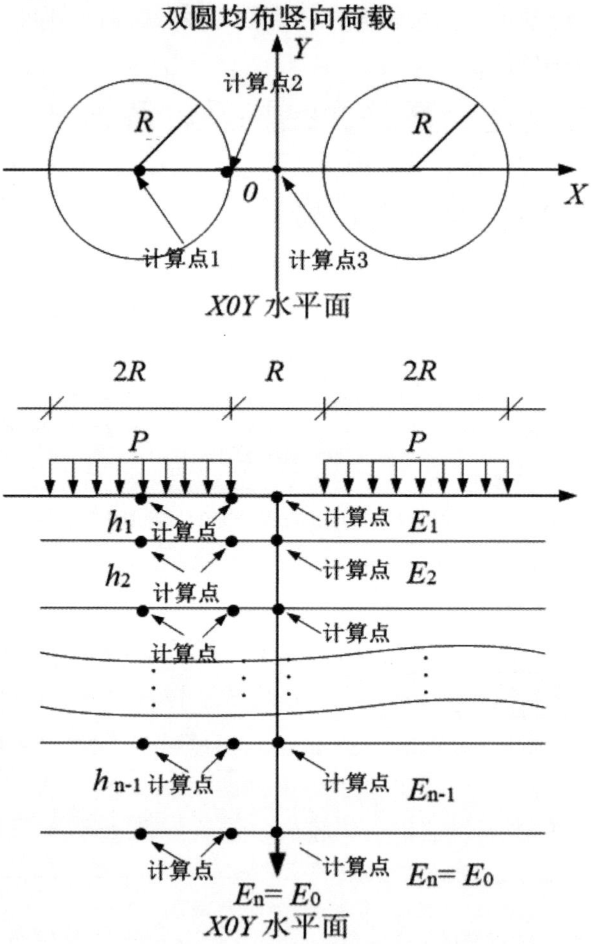

图 3.3 路面结构计算点位图

3.3 半刚性基层典型沥青路面结构水平应力分布规律

为了全面系统地了解非线性分析与常规线性分析方法间的区别，全面掌握传统弹性理论分析方法存在的问题，研究采用非线性理论为代表的 Kenpave 路面分析程序。

3.3.1 典型结构 A

3.3.1.1 沥青面层与半刚性基层层间连续

在 100kN 标准状态下，利用 Kenpave 软件计算半刚性基层沥青路面结构 A 层间连续状态下水平应力沿路面结构深度的分布规律。水平应力中正号表示受压，负号表示受拉，见

表 3.5 和图 3.4。在层间连续状态下，车轮荷载下 3 个计算点的水平应力分布在总体规律上基本一致：在水平应力峰值出现的位置相同，只是在大小上存在一定的区别；在沥青面层内部，层间连续条件下各层的水平应力均为正值，表示全部处于受压状态，半刚性基层结构下部水平应力为负值，表明 36cm 厚的半刚性基层均处于受拉状态，并在 2 号计算点水泥碎石层层底出现最大拉应力，达到 210kPa；并在石灰土垫层层底处出现拉应力，达到 45kPa，位置同样出现在 2 号计算点。

表 3.5　结构 A（层间连续）水平应力

路面深度/cm	水平应力/kPa		
	计算点 1	计算点 2	计算点 3
0	231.018	230.941	231.018
2	505.144	545.575	505.144
4	338.759	364.724	338.759
7	156.74	157.723	156.74
10	33.96	18.924	33.96
14	101.617	107.853	101.617
18	143.541	170.392	143.541
36	– 40.224	– 41.199	– 40.224
54	– 206.75	– 210.391	– 206.75
69	– 44.354	– 44.899	– 44.354

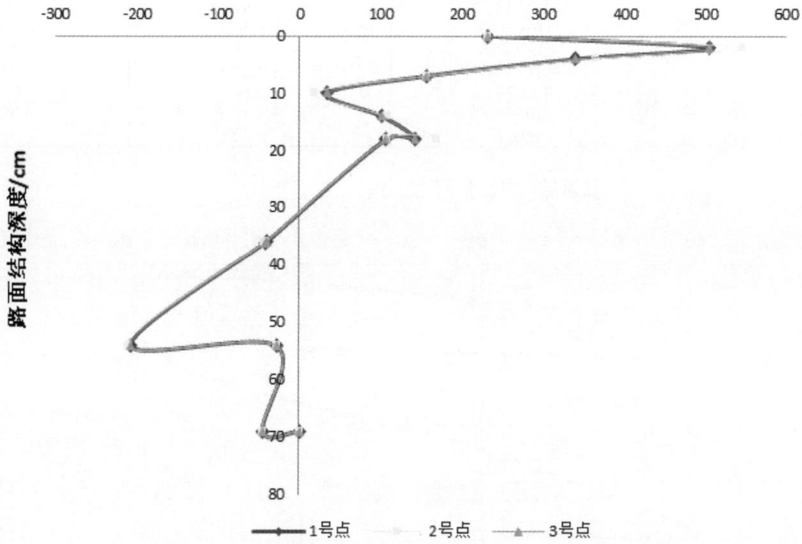

图 3.4　典型结构 A 层间连续状态下水平应力分布

在层间连续状态下，车轮荷载下 3 个计算点的水平应力分布在总体规律上基本一致：在水平应力峰值出现的位置相同，只是在大小上存在一定的区别；在沥青面层内部，层间连续条件下各层的水平应力均为正值，表示全部处于受压状态，半刚性基层结构下部水平应力为负值，表明 36cm 厚的半刚性基层均处于受拉状态，并在 2 号计算点水泥碎石层层底出现最大拉应力，达到 210kPa；并在石灰土垫层层底处出现拉应力，达到 45kPa，位置同样出现在 2 号计算点。结构 A 层间连续状态时，由于沥青层未出现明显拉应力，因此无疲劳破坏，不需要进行疲劳计算；半刚性基层底和石灰土层底均承受拉应力，均出现拉应力，所以在两个层位均有可能出现拉应力，因此需要同时对这两处进行疲劳寿命计算，结果见表 3.6。结果表明石灰土垫层疲劳寿命远大于半刚性基层疲劳寿命，路面结构 A 层间完全连续疲劳寿命由半刚性基层控制。因此，半刚性基层为路面结构 A 在层间连续状态下的主抗疲劳层。

表 3.6　半刚性基层沥青路面结构 A 层间连续状态疲劳寿命预估

结构位置	水平应力峰值/kPa	疲劳寿命/次
沥青面层	545	未出现明显拉应力，无疲劳破坏
半刚性基层	－210	3.56×10^7
石灰土	－44	8.37×10^8

3.3.1.2　沥青面层与半刚性基层层间滑动

半刚性基层和沥青面层材料上存在巨大差异，层间处置材料或者施工环节存在问题，都容易导致半刚性基层与沥青面层之间出现层间黏结问题，大量观测结果也证实了半刚性基层与沥青面层层间问题的普遍性和危害性。因此，将半刚性基层和沥青层间设置为滑动，见表 3.7 和图 3.5。

表 3.7　结构 A（层间滑动）水平应力

路面深度/cm	水平应力/kPa		
	计算点 1	计算点 2	计算点 3
0	203.565	262.483	203.565
2	438.091	490.178	438.091
4	239.964	266.108	239.964
7	15.138	11.781	15.138
10	－169.596	－194.468	－169.596
14	－119.255	－128.058	－119.255
18	－211.566	－228.553	－211.566
36	15.839	20.389	15.839
54	－303.018	－310.663	－303.018
69	－69.177	－70.468	－69.177

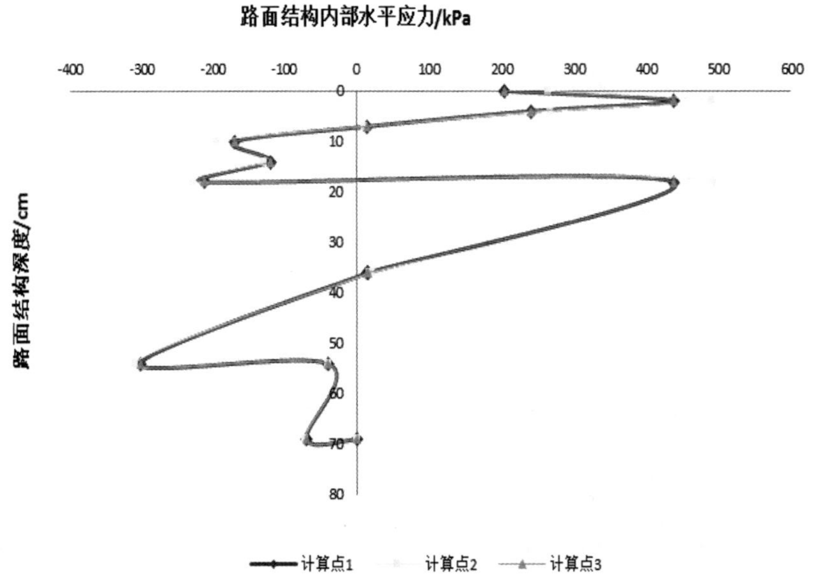

图 3.5　典型结构 A 层间滑动状态下水平应力分布

在 100kN 标准状态下，采用 Kenpave 软件计算半刚性基层沥青路面结构 A 在层间滑动状态时的水平应力沿深度变化规律。对比之前层间连续状态水平应力图，发现在层间滑动状态时结构 A 的水平应力分布情况发生了显著变化：层间连续状态时，路面结构层仅有半刚性层底和垫层层底处于拉应力状态；而层间滑动状态时，路面结构层中出现 3 个拉应力区：沥青面层、半刚性基层和垫层层底。沥青层层底出现拉应力，达到－229kPa；在半刚性基层层底处于受拉状态，与层间连续状态相同，但是拉应力由－210kPa 增加到－310kPa；垫层层底弯拉应力也有少量增加。通过对比发现，层间滑动状态下半刚性基层层底的拉应力较层间连续状态相同位置拉应力有明显增大。

半刚性基层与沥青面层层间滑动状态以及非线性材料模型的使用，导致水平应力沿深度分布上的复杂性，在路面结构中的 3 个位置——沥青面层层底、半刚性基层层底或垫层层底——都产生了拉应力，因而必须同时考虑 3 个位置拉应力产生的疲劳问题。同样可能会产生 3 种情况：沥青面层、基层和垫层的疲劳寿命一致，那么考虑疲劳问题的时候选择两者中的一个进行分析就可以；若不相等，路面结构的疲劳寿命由最容易发生疲劳破坏的那一层决定，则需要进一步分析。

结构 A 层间滑动状态结构层疲劳寿命预估见表 3.8。沥青面层、垫层疲劳寿命一般大于半刚性基层疲劳寿命，即半刚性基层较早于沥青面层发生疲劳破坏，控制路面结构层疲劳寿命。因此，半刚性基层即使在层间滑动状态时，仍为结构 A 的主抗疲劳层。在层间滑动条件下，下面层和下基层层底均出现较大的水平拉应力，通过疲劳寿命计算，半刚性水泥碎石下基层疲劳寿命远小于沥青层的寿命，因此下基层控制着整个路面结构的疲劳寿命。对比结构 A 层间连续和层间滑动状态主抗疲劳层的疲劳寿命，其比层间滑动状态下的疲劳寿命降低了 3.03%，由此可以看出层间状态对于结构 A 的疲劳寿命有着决定性的影响。与层间连续状态相比，层间滑动状态下路面结构的疲劳寿命明显降低，必然影响整个工程质量，因此必须提高半刚性基层和沥青面层的层间处置在路面工程中的重视程度。

表 3.8　半刚性基层沥青路面结构 A 层间滑动状态疲劳寿命预估

结构位置	水平应力峰值/kPa	疲劳寿命/次
沥青面层	－229	1.23×10^{8}
半刚性基层	－310	1.08×10^{6}
垫层	－70	1.51×10^{8}

3.3.2　典型结构 B

结构 B 属于较为典型的高速公路半刚性基层沥青路面，与结构 A 相比，沥青面层厚度一致，但基层厚度较厚，为 54cm，强度高，承载力强。路面结构疲劳分析，利用基于黏弹性非线性理论 Kenpave 程序进行路面力学响应分析，考虑层间连续和滑动状态对路面结构水平应力的影响。

3.3.2.1　沥青面层与半刚性基层层间连续

图 3.6 所示为 100kN 标准状态下，利用 BISAR 软件计算半刚性基层沥青路面典型结构 B 层连续状态时水平应力计算结果。水平应力中正号表示受压，负号表示受拉，见图 3.6 和表 3.9。在层间连续状态下，结构 B 在车轮荷载下 3 个计算点的水平应力分布在总体规律上基本一致：水平应力峰值出现的位置相同，只是在大小上略有一定的区别；沥青面层内部各层的水平应力均为正值，表示全部处于受压状态，半刚性基层结构内部上部水平应力为正值，在下部为负值，表明 54cm 厚的半刚性基层层底处于受拉状态，并在 2 号计算点水泥碎石层层底出现最大拉应力，达到 124kPa；在石灰土垫层层底处出现拉应力，达到 25kPa，位置同样出现在 2 号计算点。与结构 A 相比，结构 B 的拉应力峰值要小，表明厚度增加对于降低路面结构内部水平拉应力具有明显的效果。结构 B 层间滑动状态结构层疲劳寿命预估见表 3.10。

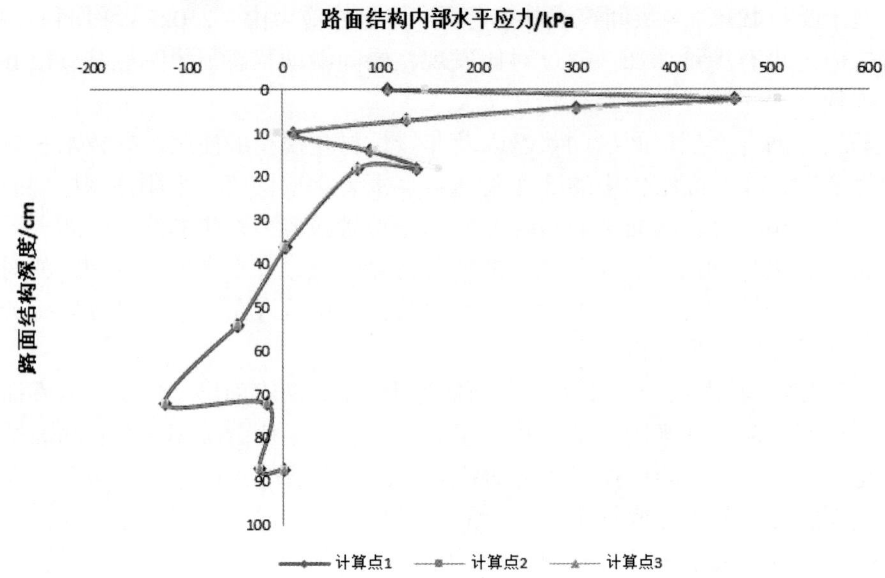

图 3.6　典型结构 B 层间连续状态下水平应力分布

表 3.9　结构 B（层间连续）水平应力

路面深度/cm	水平应力/kPa		
	计算点 1	计算点 2	计算点 3
0	107.931	146.162	107.931
2	463.408	507.87	463.408
4	300.532	325.426	300.532
7	128.138	128.246	128.138
10	10.698	– 5.136	10.698
14	89.88	95.627	89.88
18	138.051	160.997	138.051
36	2.649	1.878	2.649
54	– 46.918	– 46.914	– 46.918
72	– 123.752	– 123.878	– 123.752
87	– 25.459	– 25.398	– 25.459

表 3.10　半刚性基层沥青路面结构 B 层间连续状态疲劳寿命预估

结构位置	水平应力峰值/kPa	疲劳寿命/次
沥青面层	508	未出现明显拉应力，无疲劳破坏
半刚性基层	– 124	4.46×10^{11}
石灰土	– 26	1.23×10^{12}

3.3.2.2　沥青面层、半刚性基层间滑动层位状态

半刚性基层结构 B 沥青路面，同样将半刚性基层和沥青层间设置为滑动，原因参考典型结构 A 层间滑动层位选择相应部分，见表 3.11 和图 3.7。

表 3.11　结构 B（层间滑动）水平应力

路面深度/cm	水平应力/kPa		
	计算点 1	计算点 2	计算点 3
0	141.136	160.576	141.136
2	406.672	461.266	406.672
4	218.666	244.374	218.666
7	10.837	7.4010	10.8370
10	– 159.14	– 183.77	– 159.14
14	– 99.109	– 107.472	– 99.109
18	– 177.824	– 194.099	– 177.824
36	57.081	57.8280	57.0810
54	– 47.011	– 47.428	– 47.011
72	– 172.915	– 174.676	– 172.915
87	– 36.563	– 36.8040	– 36.5630

当沥青面层与半刚性基层处于滑动状态时，结构 B 的水平应力分布情况与连续状态下存在明显的区别：路面结构存在 3 个拉应力区－沥青面层中下部分、半刚性基层和垫层中下部分，如图 3.7 所示。沥青层层底拉应力最大达到－194kPa；在半刚性基层层底处拉应力较连续状态明显增大(应力绝对值)，达到－175kPa；石灰土垫层层底最大拉应力为37kPa。与结构 A 层间滑动类似，结构层间界面处状态变化导致结构 B 水平应力沿路面深度分布更加复杂；一般沥青面层、半刚性基层与垫层的底层产生拉应力，对可能发生的疲劳破坏，需要同时考虑 3 个位置拉应力产生的疲劳问题。可见，结构 B 层间滑动状态结构层疲劳寿命预估见表 3.12。

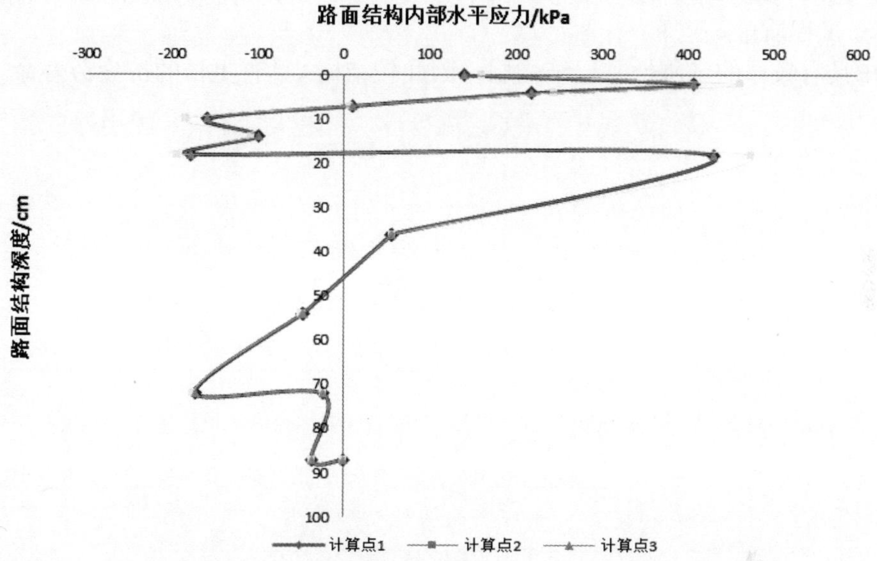

图 3.7　典型结构 B 层间滑动状态下水平应力分布

表 3.12　半刚性基层沥青路面结构 B 层间滑动状态疲劳寿命预估

结构位置	水平应力峰值/kPa	疲劳寿命/次
沥青面层	194	5.32×10^{8}
半刚性基层	175	1.95×10^{8}
石灰土垫层	37	4.96×10^{10}

从表 3.12 中可以看出，结构 B 的沥青面层和石灰土垫层的疲劳寿命远大于半刚性基层的疲劳寿命，即半刚性基层先于沥青面层和石灰土垫层发生疲劳破坏，控制整个路面结构的疲劳寿命，因此半刚性基层即使在层间滑动状态时，也为结构 B 的主抗疲劳层。对比结构二层间连续和层间滑动状态主抗疲劳层的疲劳寿命，在层间滑动状态下的疲劳寿命仅为层间连续状态的 0.4%。由此，同样可以看出层间状态对于结构 B 的疲劳寿命有着决定性的影响。

3.4　本章小结

本章在计算力学的基础上，根据典型沥青路面设计计算图式，对路面结构力学的响应机制进行研究，计算了在不同层间状态下的两种典型半刚性基层沥青路面疲劳寿命，并探讨了半刚性沥青路面结构疲劳裂缝的形成机理。

本章主要研究结论如下。

①在层间连续状态时，沥青层未出现明显拉应力，半刚性基层底和石灰土层底均承受拉应力，需要同时对这两处进行疲劳寿命计算，结果表明：石灰土垫层疲劳寿命远大于半刚性基层疲劳寿命，半刚性基层为两种结构在层间连续状态下的主抗疲劳层。

②两种典型路面结构在层间滑动状态时，虽然面层产生拉应力，但面层疲劳寿命比半刚性基层大得多，半刚性基层仍为路面结构的主抗疲劳层，通过疲劳寿命计算，半刚性水泥碎石下基层控制着路面结构的疲劳寿命。

③对比两种结构在连续和层间滑动状态主抗疲劳层的疲劳寿命，层间滑动状态下的疲劳寿命远小于层间连续状态下的疲劳寿命，由此可以看出层间状态对于路面结构的疲劳寿命有着决定性的影响。与层间连续状态相比，层间滑动状态下路面结构疲劳寿命明显降低，必然影响整个工程质量。

④结构B具有较厚的半刚性基层结构层，因此较结构A具有更长的抗疲劳寿命。

第 4 章　半刚性基层典型沥青路面抗高温车辙变形分析

本章在对半刚性基层的沥青路面抗高温车辙机理认识与分析的基础上，用黏弹性本构关系层状体系理论和相应计算程序，考虑荷载作用研究半刚性基层沥青路面高温剪应力竖向分布规律和特点，以此确定半刚性基层沥青路面中面层内部高温剪应力峰值的分布区域和主抗车辙区。

4.1　半刚性基层沥青路面车辙形成机理分析

根据高速公路沥青路面车辙调查与分析，路面车辙分为 4 类。

①失稳型车辙路面。由于沥青路面结构层在高温条件作用下，车轮荷载将产生剪应力，一旦超过沥青混合料的抗剪强度，即稳定度的极限，路面内部材料发生流动产生横向流动变形破坏，随着变形破坏的不断累积，即在轮迹带处形成失稳型车辙或流动性车辙，如图 4.1 所示。

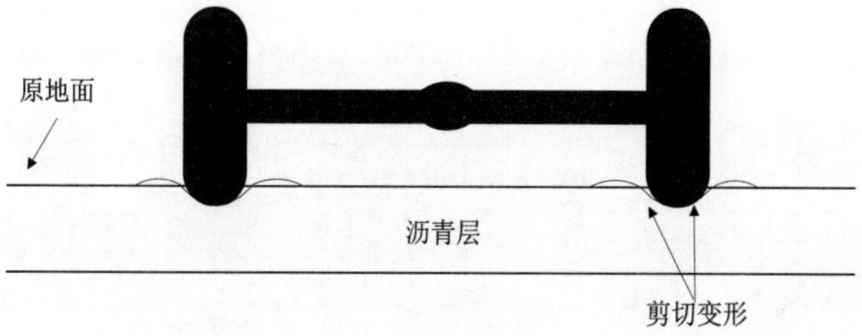

图 4.1　流动型车辙路面

②压密型车辙路面。沥青面层由于压密而造成的非正常车辙。例如，施工压实不充分，苛求路面平整度，即路面降温再碾压，导致压实度不足，往往通车第一个高温时节沥青混合料持续压密形成车辙，如图 4.2 所示。

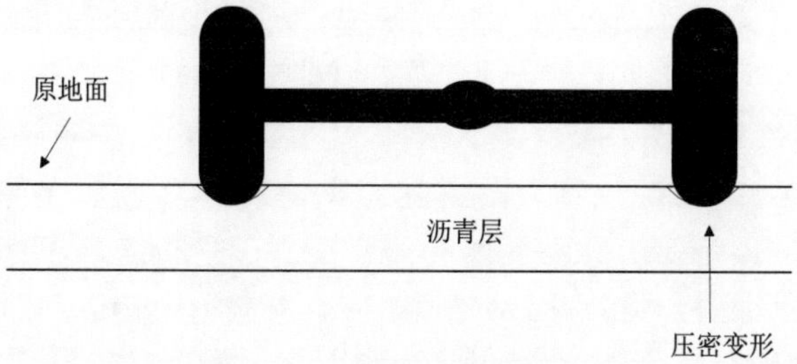

图 4.2　压密型车辙路面

③结构型车辙路面。荷载作用一旦超过路面结构层的强度即在沥青面层以下发生结构型车辙，有如路基结构层产生的永久性变形，路基变形传递给路面，即结构性车辙。此类结构性车辙宽度一般较大，两侧无隆起，道路横断面呈现浅盘状 U 形、凹形如图 4.3 所示。

④磨耗型车辙路面。在汽车轮磨耗、自然温度环境作用下，沥青路面结构面层材料持续不断地损失，极易形成车辙，特别是采用防滑链、带钉、胶钉轮胎，如图 4.4 所示。

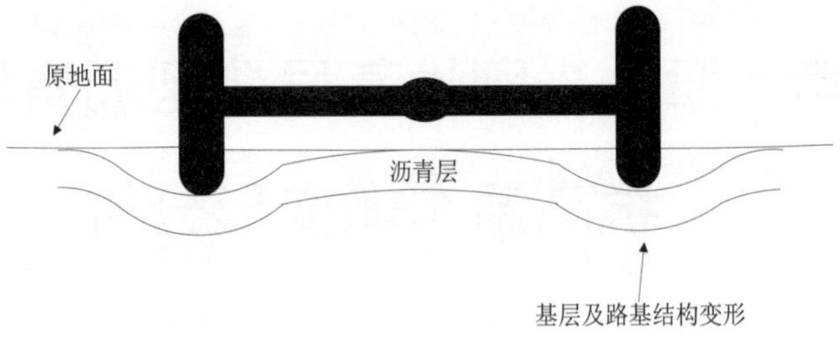

图 4.3　结构型车辙路面

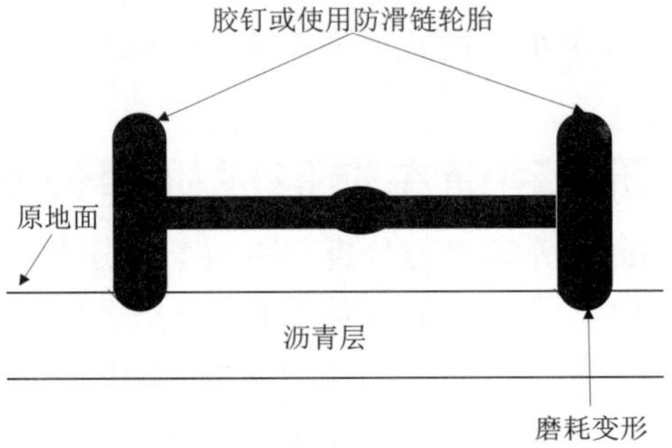

图 4.4　磨耗型车辙路面

上述车辙类型中，最严重的是失稳型车辙，其次是磨耗型车辙，如图 4.5 所示。

（a）坑槽、裂缝

（b）车辙

图 4.5　典型坑槽、车辙和裂缝

半刚性基层的沥青路面主抗车辙区有 3 个特点：主抗车辙功能区，不是某个点或面，而是路面结构中的某个三维结构层。因而其必须符合有关设计、施工方面中有关结构层的技术要求。根据面层常温拉应力峰值分布区域与位置，结合有关施工规范中沥青上、中、下面层结构层的划分。主抗车辙功能区位于高温剪应力峰值分布区域内部，沿路面竖向高温剪应力峰值深度位于主抗车辙功能区内部。因为对于整个路面而言，这一区域最容易因为高温剪应力大于材料剪切强度而产生失稳蠕变变形，是对抗高温失稳破坏起关键作用的深度位置区域。兼顾温度与剪应力的共同作用。一般沥青上面层（0 ~ 5cm 范围）剪应力小于中面层或下面层（5 ~ 12cm）剪应力，但是由于上面层温度较高，因此应结合结构层温度因素共同判断主抗车辙功能层。

4.2　半刚性基层沥青路面计算参数选择

4.2.1　试验温度

①气候条件数据、路面结构设计的资料。收集每天 1：00，5：00，9：00，13：00，17：00 和 21：006 个时间点的气温，测试时间至少 1 年；沥青路面设计资料收集，如路面结构组合设计、路面结构厚度设计、路面各结构层材料配合比的设计，用于路面车辙模型的计算。

②根据沥青路面年有效气温，反算路面各个亚层的年有效温度。壳牌设计法中计算车辙范围沥青层有效温度与沥青软化点无关，沥青针入度指数的影响可以忽略，沥青层有效温度计算如下。

$$\lg \eta = 9.648-0.187T \tag{4.1}$$

式中，T—平均计算气温，℃，日平均计算气温 T_{air}，月平均计算气温 $MMAT$，年有效计算气温 $MAAT_{eff}$；η—平均计算气温 T 下的有效计算黏滞度，Pa·s，日有效计算黏滞度 η_{deff}，月有效计算黏滞度 η_{meff}，年有效计算黏滞度 η_{yeff}。沥青层日有效计算黏滞度 η_{deff} 为某平均计算气温 T_{air} 下，一天中 1：00，5：00，9：00，13：00，17：00，21：00 时 6 时刻测得的温度 T_i，将 6 个时刻的温度输入式（4.1）中，得出不同时刻黏滞度，带入式（4.2）。

$$\eta^{-1}{}_{deff} = \frac{1}{n}\sum_{1}^{n}\frac{1}{\eta_i} \tag{4.2}$$

得到某一天有效计算黏滞度后，重复上述过程，进而获得一个月中每一天的有效计算黏滞度，并代入式（4.2），得出月平均有效计算黏滞度，将结果代入式（4.1），获得月有效计算温度；重复上述过程，获得一年中每个月的有效计算温度，带入式（4.2）计算得到年有效计算黏滞度，再带入式（4.1），得到年有效计算温度。通过上述计算过程发现，黏滞度参数与年有效计算温度无关。

对年有效计算温度 $MAAT_{eff}$，路面各个亚层有效计算温度通过下式计算：

在 $MAAT_{eff} > 20$℃时，

$$T_{eff} = (2.63-0.5\lg h)MAAT_{eff} + 4\lg h - 12.6 \tag{4.3}$$

在 $MAAT_{eff} < 20$℃时，

$$T_{eff} = (2.1-0.33\lg h)MAAT_{eff} - 1.1 \tag{4.4}$$

式中，h—各亚层沥青层层底至路表的厚度，mm。

针对天津的气候特征，收集天津地区 30 年的温度资料，采用上式沥青路面有效温度预估公式计算出天津地区公路沥青路面最高有效温度。在满足结构计算精度要求的前提下，在确定沥青路面黏弹性材料的 Burgers 模型参数时，沥青面层的有效温度采用同一温度。以高速公路沥青面层 18cm 为例，根据大量现场观测结果，一般来说中面层发生高温剪切变形占总车辙变形的比例最大。因此，采用中面层年有效温度作为沥青面层温度是具有一定的代表性的，同时也是偏安全的。选择表面层的下卧层温度作为沥青面层的高温车辙分析的有效温度，且该层厚度设定为 6.5cm。通过计算得出，天津地区沥青层年有效温度为 T_{eff}=34.54℃。

4.2.2 沥青面层材料模量及其黏弹性材料参数

沥青路面剪应力分析采用两种路面力学软件，基于线弹性理论的 BISAR 和基于非线性理论的 Kenpave。BISAR 软件除了需要输入路面结构设计厚度、荷载、计算点位外，还需要输入各层结构材料的材料参数。由于采用的是线弹性材料模型，因此需要输入各层材料的弹性模量和泊松比。将沥青混合料回弹模量试验温度设定为 34.54℃，进行回弹模量试验，结果见表 4.1。

表 4.1 沥青混合料抗压回弹模量

沥青混合料类型	抗压模量/MPa	泊松比	备注
细粒式密级配沥青混凝土	1138	0.3	AC－10，AC－13
中粒式沥青混凝土	1032	0.3	AC－16，AC－20
粗粒式密级配沥青混凝土	780	0.3	AC－25

Kenpave 计算需要输入大量参数，根据各层的材料模型不同，所输入的模型参数也不同：路基土采用非线性模型表征，由于这些材料性能变化随温度变化很小，因此其材料参数的选择与疲劳分析一章相关部分一致；半刚性基层材料参数参考有关技术规范计算弯沉时所对应的 20℃的模量；沥青混合料模型采用黏弹性分析模型——伯格斯模型，通过蠕变试验获得材料参数，然后反算不同加载速度下的柔量输入软件。根据伯格斯方程，采用非线性最小二乘法中的 Levenberg－Marguardt 方法对动态弯曲蠕变数据进行回归分析，确定 AC－16C 型沥青混合料在 34.54℃条件下的黏弹性参数 E_0，E_1，η_1，η_2，计算结果见表 4.2。

表 4.2 沥青混合料黏弹性参数

沥青混合料类型	E_0/kPa	E_1/kPa	η_1/kPa	η_2/kPa
AC－16 C 型	245106	1000000	27823693	86712253

根据柔度公式，将伯格斯模型参数输入，求出松弛时间 T，将荷载不同作用时间 t_i 带入柔度公式，即可得到蠕变柔量，见表 4.3。荷载作用时间为 0.1s，相等于 64km/h。

表 4.3 沥青混合料在不同荷载作用时间下的柔量

荷载作用时间/s	蠕变柔量/（1/kPa）
0.001	4.27160×10^{-6}
0.003	4.27178×10^{-6}
0.01	4.27227×10^{-6}
0.03	4.27366×10^{-6}
0.1	4.27853×10^{-6}
0.3	4.29240×10^{-6}
1	4.24058×10^{-6}
3	4.47513×10^{-6}
10	4.91356×10^{-6}

4.2.3 半刚性基层材料模量

二灰碎石、水泥碎石、二灰土、石灰土以及石灰土处理路基计算拉应力用的抗压模量均为 400～4200MPa，由于半刚性基层材与级配碎石、路基土抗压模量相对比较小，非线性力学相应特征非常不明显，因此可认为半刚性基层材料是理想弹性材料。根据现行沥青路面设计规范，取值见表 4.4 所示。

表 4.4　半刚性材料的模量

半刚性材料类型	抗压模量/MPa	劈裂强度 σ_{sp}/MPa
水泥碎石	3550	0.5
石灰土	550	0.225

4.2.4　路基土模量及其非线性材料参数

根据辛普松和艾丽奥特的研究成果，K_1 的不同将细粒土分为 4 类：当 K_1=6900kPa 时，属于很软类型的细粒土；当 K_1=22080kPa 时，属于软土；当 K_1=52992kPa 时，属于中等类型的土；当 K_1=85146kPa 时，属于承载力较强的硬质土。

天津大部分属于软土地区，路基均需要采取一定措施达到相关技术要求后才能够使用，因此可以认为处理后的路基土具有良好的工程性质，可作为中等类型的土处理。因此 K_1=50000kPa。其他 3 个指标，不同土质的区别非常小，因此将剩余指标统一：K_2=6.2，K_3=1110，K_4=178。

4.3　半刚性基层沥青路面剪应力计算及其图示

4.3.1　路面结构层内部剪应力计算

对处于三向受力状态路面结构层，在其破坏面上取单元体，其 3 个主应力分别为 σ_1，σ_2，σ_3，且 $\sigma_1>\sigma_2>\sigma_3$，该结构层材料的内摩擦角为 φ。根据摩尔库仑强度理论，该点处所受剪应力 τ 取决于 σ_1 和 σ_3，即

$$\tau = (\sigma_1 - \sigma_3)\cos\varphi / 2 \tag{4.5}$$

而最大剪应力为

$$\tau_{\mathrm{m}} = (\sigma_1 - \sigma_3) / 2 \tag{4.6}$$

所以有

$$\tau = \tau_{\mathrm{m}}\cos\varphi \tag{4.7}$$

从上式可以看出，结构层内膜点破坏时所受的剪应力 τ 与该点所能承受的最大剪应力 τ_{m} 直接相关，并呈线性关系。

因此，可以通过研究结构层内最大剪应力 τ_{m} 的规律来了解各种路面结构中主抗车辙功能区的分布位置及其特点。

4.3.2　图示计算

图 4.6 是沥青路面面层的高温剪应力计算点的布置，针对双圆形均布竖向的荷载 P=0.7MPa，相应荷载圆的半径 R=10.65cm，在 XOY 水平面 1 号点的坐标为（－15.975，0），2 号点坐标为（－10.65，0），3 号点坐标为（0，0），单位都为 cm。为了系统清晰地反映剪应力在路面结构中的分布，在相应水平坐标点下，沿向路基内部方向，最大剪应力计算点间距在路面结构中为 1cm，对层间位置附近增加计算点密度，上承层层底和下卧层层顶均分别设置计算点，在基层范围内计算点间距适当放大为 2cm，同样对层间位置附近增加计算点密度。

研究将沥青面层整体的材料统一为中粒式 AC－16C 型沥青混合料；分析考虑了两种层间连接状态：层间连续状态和层间滑动状态。

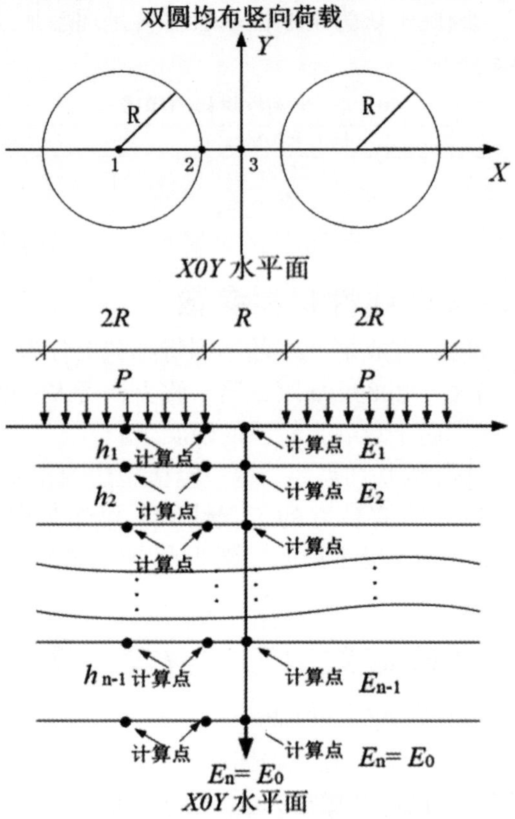

图 4.6 高温剪应力计算点位图

4.4 半刚性基层典型沥青路面结构高温剪应力分布规律

4.4.1 典型结构 A

结构 A 沥青面层厚度达到 18cm，半刚性基层厚度 36cm，石灰土垫层 15mm，属于典型的具有较厚沥青面层的半刚性基层沥青路面，路面整体结构强度高，承载能力强。路面高温剪应力分析，采用基于非线性黏弹理论 Kenpave 路面分析程序进行路面剪应力分析。与沥青面层相比，其他结构层次产生的高温剪切变形极小，可忽略不计。

因此，本研究仅对该结构的沥青面层的剪应力进行分析。同时，结构分析分别考虑了标准轴载状态下层间连续状态以及层间滑动状态对路面结构的影响。由于半刚性基层和沥青层结合处较容易发生层间滑动，因而将半刚性基层和沥青层间设置为滑动，与水平应力分析部分层间滑动设置原因及位置相同。

①沥青面层和半刚性基层层间连续。表 4.5 和图 4.7 所示就是 100kN 标准状态下，路面力学软件计算半刚性基层沥青路面典型结构 A 层间连续状态下剪应力的计算结果。在层间连续状态下，沥青面层剪应力与水平位置和垂直深度有密切的关系：在标准圆形荷载作用下，沥青面层最大剪应力随着深度的增加，先增加然后减少，在中面层层顶部处达到极值；2 号点位于标准圆形荷载边缘处，该点剪应力较其他两个计算位置剪应力大，在路表面下 7cm 达到极值，达到 662kPa，然后随着深度增加而逐渐降低。一般来说，路表 10cm 范围内受环境温度影响最显著，而深于 10cm 的路面结构温度场变化较小，温度波动范围也较小。现场实测结果表明，在夏季我国许多省份午后沥青路面表面温度可以达到 50～

60℃，而 10cm 以下的路面结构温度极少能够达到 40℃，同时大量研究证明在低于 38℃的条件下，沥青路面很少能够产生车辙病害。由此可以判断出结构 A 上面层和中面层处于较为容易产生车辙的温度范围，而下面层温度较低，不易产生车辙病害。通过以上分析可以得出，中面层处于车辙病害最不利的位置，最容易产生车辙病害，对于沥青面层车辙深度的发展有着显著的影响；上面层在荷载圆内部剪应力较小，而在荷载圆边缘处剪应力较大，考虑到表面温度较高，根据时温等效原则，可以认为延长了轮胎荷载作用的时间，因此上面层具有产生永久变形所需条件。综上所述，通过结构 A 剪应力计算结果的分析，得出结构 A 沥青面层上面层、中面层处于容易产生车辙病害的条件下，应将上面层、中面层作为结构 A 的主抗永久变形功能层。

表 4.5　结构 A（层间连续）沥青面层内各点最大剪应力

层位深度/cm	最大剪应力/kPa		
	1 号计算点	2 号计算点	3 号计算点
0	115.345	134.986	115.345
2	256.09	594.288	256.09
4	409.472	647.967	409.472
7	522.526	661.675	522.526
10	541.496	635.702	541.496
14	395.278	443.242	395.278
18	261.335	258.417	261.335

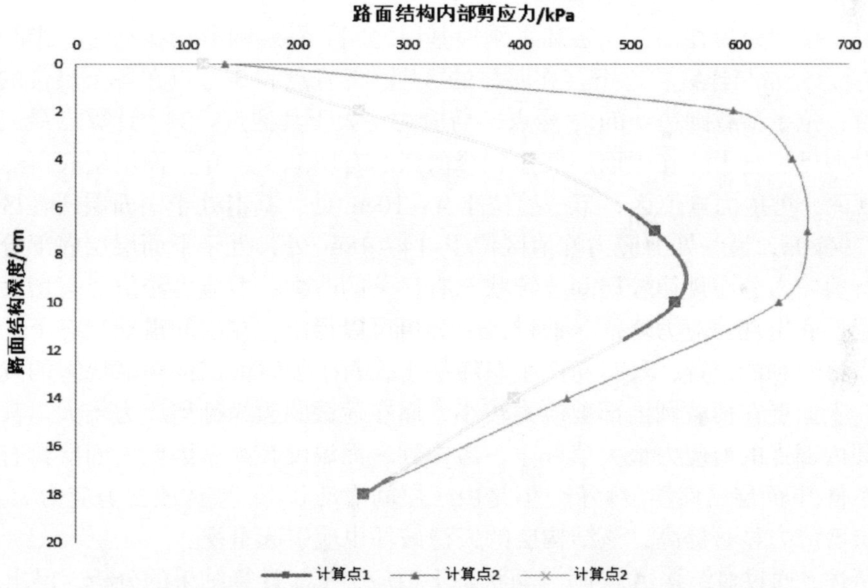

图 4.7　半刚性结构 A 层间连续状态下高温剪应力分布分析结果

②沥青面层和半刚性基层层间滑动。表 4.6 和图 4.8 所示是 100kN 标准状态下，路面力学软件计算半刚性基层沥青路面结构 A 处于层间滑动状态的剪应力计算结果。

表 4.6　结构 A（层间滑动）沥青面层内各点最大剪应力

层位深度/cm	最大剪应力/kPa		
	1 号计算点	2 号计算点	3 号计算点
0	149.929	195.969	149.929
2	315.746	640.015	315.746
4	488.656	724.358	488.656
7	627.873	769.729	627.873
10	693.025	796.667	693.025
14	595.973	666.665	595.973
18	630.601	702.754	630.601

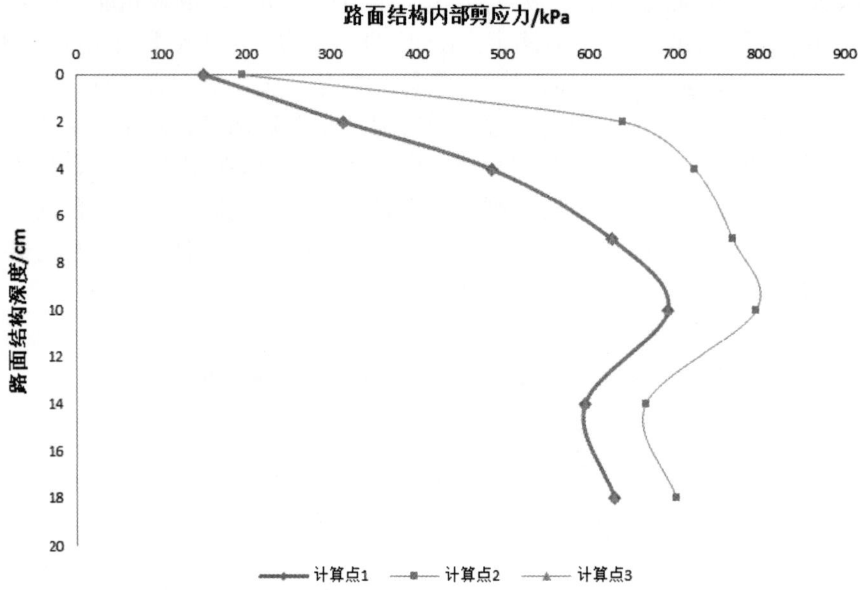

图 4.8　半刚性结构 A 层间滑动状态下高温剪应力分布

层间滑动位置设置在沥青面层和半刚性基层之间。在层间滑动状态时，半刚性基层结构 A 的剪应力分布与连续状态下存在明显的区别。1 号点和 3 号点在各个层位的最大剪应力基本一致，位于荷载圆边缘的 2 号点，剪应力均大于其他点。3 个计算点最大剪应力随深度的增大而迅速增大，在中面层底达到峰值然后有所减少，在下面层层底再达到又一个峰值；出现两个剪应力峰值区，第一处位于 4 ~ 10cm 处，基本处于中面层所在区域，剪应力峰值为 796kPa，另一处剪应力峰值区位于 14 ~ 18m 处，处于下面层层底部分，峰值为 703kPa；且剪应力分布规律较层间连续状态有显著的改变：剪应力峰值显著增大，另外一点是下面层层底出现剪应力峰值。通过以上分析可以得出，在层间滑动状态下，中面层处于车辙病害最不利的位置，最容易产生车辙病害，对于沥青面层的车辙病害的发展有着显著的影响；上面层在荷载圆内部剪应力较小，而在荷载圆边缘处剪应力较大，甚至达到或超过荷载圆内部点的剪应力最大值 τ_{max}，考虑到表面温度较高，因此上面层具有产生永久变形所需条件;下面层虽然温度略低，但是由于层间滑动状态，整体改变剪应力 τ_{max} 的分布，造成下面层剪应力显著提高，该结构层的失稳破坏也应引起重视。

综上所述，通过对结构 A 层间滑动状态下剪应力 τ_{max} 计算结果的分析，得出结构 A 沥青面层上面层、中面层均处于容易产生车辙病害的条件下，应将上面层、中面层以及下面层即整个沥青面层结构作为主抗永久变形功能层处理。

4.4.2　典型结构 B

结构 B 属于整体承载力强的公路半刚性基层沥青路面，与结构 A 相比，半刚性基层增加 18cm。路面结构高温剪应力分析利用基于非线黏弹理论方法 Kenpave 路面分析程序进行路面结构剪应力 τ_{max} 计算，同时考虑层间连续状态对路面结构剪应力的影响。

①沥青面层和半刚性基层层间连续。表 4.7 和图 4.9 所示就是 100kN 标准荷载状态下，路面力学软件计算半刚性基层沥青路面典型结构 B 层间连续状态下剪应力的计算结果。在层间连续状态下，沥青面层剪应力与水平位置和垂直深度有密切的关系：在标准圆形荷载

作用下，即 1 号点和 3 号点的位置下，沥青面层最大剪应力 τ_{max} 随着深度的增加，先增加然后减少，在中面层层底部处达到极值，为 562kPa；2 号点位于标准圆形荷载边缘处，该点剪应力 τ_{max} 较 1 号点和 3 号点要大得多，整体规律随结构深度加深而逐渐增大，在中面层层中位置达到极值，达到 686kPa，然后随着深度增加而逐渐降低。综合考虑剪应力与温度因素，得出结构 B 沥青面层上面层、中面层处于容易产生车辙病害的条件下，应将上面层、中面层作为主抗永久变形功能层处理。

表 4.7 结构 B（层间连续）沥青面层内各点最大剪应力

层位深度/cm	最大剪应力/kPa		
	1 号计算点	2 号计算点	3 号计算点
0	135.131	170.942	135.131
2	287.359	619.689	287.359
4	438.06	676.814	438.06
7	545.13	685.563	545.13
10	561.675	657.219	561.675
14	409.345	458.847	409.345
18	271.201	273.872	271.201

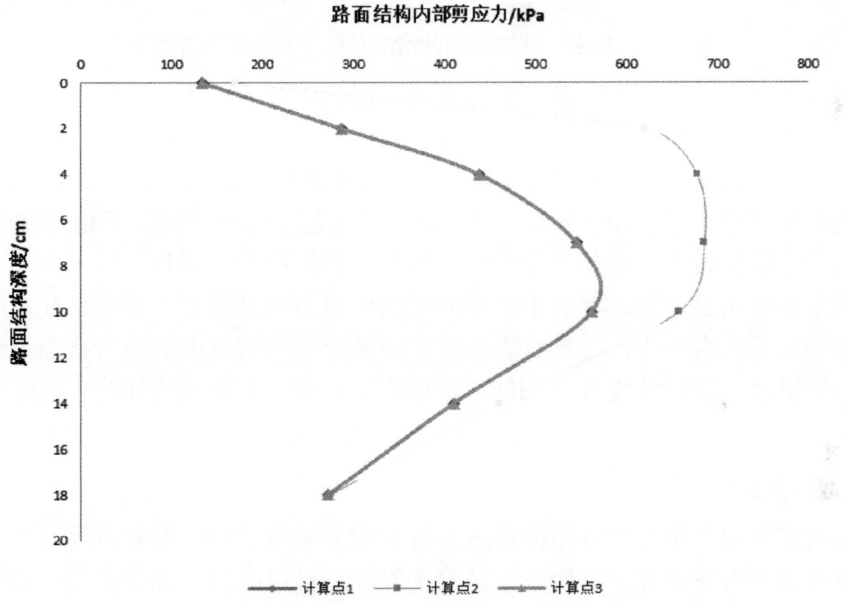

图 4.9 半刚性结构 B 层间连续状态下高温剪应力分布

②沥青面层与半刚性基层层间滑动。表 4.8 和图 4.10 所示是 100kN 标准状态下，路面力学软件计算半刚性基层沥青路面结构 B 处于层间滑动状态的剪应力计算结果。层间滑动位置设置在沥青面层和半刚性基层之间。在层间滑动状态时，半刚性基层结构 B 的剪应力分布与连续状态下存在明显的区别。

表 4.8 结构 B（层间滑动）沥青面层内各点最大剪应力

层位深度/cm	最大剪应力/kPa		
	1 号计算点	2 号计算点	3 号计算点
0	175.079	222.817	175.079
2	334.9	656.121	334.9
4	502.373	737.773	502.373
7	631.881	774.049	631.881
10	689.182	792.874	689.182
14	585.435	655.949	585.435
18	611.256	683.031	611.256

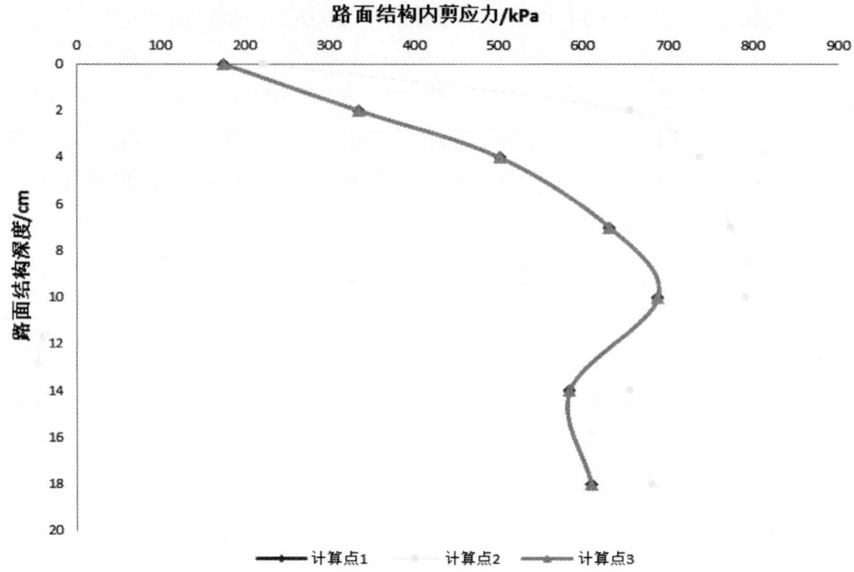

图 4.10　半刚性结构 B 层间滑动状态下高温剪应力分布

1 号点和 3 号点规律基本一致，沿沥青面层增加剪应力增大，在中面层层底和下面层层顶附近达到第一处峰值，τ_{max} 峰值为 689kPa，然后减少，在下面层层底再达到又一个峰值，τ_{max} 峰值为 611kPa。位于荷载圆边缘的 2 号点剪应力 τ_{max} 较 1 号点和 3 号点明显增大，沿深度变化的规律与 1 号点和 3 号点一致，在中面层层底第一次达到峰值 793kPa，然后逐渐减小，在下面层层底 τ_{max} 再次出现峰值 683kPa。在层间滑动条件下，剪应力分布特征较层间连续状态存在明显差别：上、中、下面层的剪应力明显增大，特别是在下面层层底处又形成了一处高剪应力峰值区，导致下面层处于易产生剪切变形的应力状态。综合考虑气温和剪应力的影响，应将结构 B 在层间滑动状态上、中、下面层均作为主抗高温车辙变形功能层。

4.5　本章小结

在轮胎荷载作用下研究沥青路面剪应力与车辙的关系；基于有效温度理论，计算天津地区沥青路面的年有效温度，进而采用试验手段确定材料模量、黏弹参数；借助非线性黏弹沥青路面力学软件分析两种典型沥青路面在标准荷载圆作用下的剪应力响应规律；综合温度场和剪应力场分析结果，基于时温等效原则，对两种典型半刚性基层沥青路面在层间连续和滑动状态下主抗车辙变形功能层进行了系统分析。本章主要研究结论如下。

①在层间连续条件下，半刚性基层沥青路面高剪应力区主要分布在上面层层底与中面层层顶附近层位，且仅存在一个峰值，综合分析后认为结构 A 和结构 B 的主抗车辙变形层位为上、中面层。

②如果沥青面层与半刚性基层间发生滑动，其间剪应力分布发生极大的变化，表现为：整个沥青面层剪应力普遍增大，且在下面层层底形成一个新的高剪应力区，产生新的剪应力峰值。因此在层间滑动状态下，结构 A 和结构 B 的主抗车辙变形功能层扩展为整个沥青面层。

③结构 B 具有较厚的半刚性基层结构层，但与结构 A 相比，两种半刚性基层沥青路面结构的剪应力大小基本相同，沿深度分布规律基本一致，由此可以认为半刚性基层厚度变化对沥青路面车辙产生影响较小。

第 5 章　半刚性基层典型沥青路面抗低温开裂特性与层位分工分析

本章通过沥青混合料温缩系数试验和低温拉伸蠕变试验确定沥青面层用混合料的温缩系数和低温拉伸蠕变劲度模量研究，根据 Hills 和 Brien 沥青路面温度应力的分析理论[67－79]，分析了半刚性基层结构 A 沥青路面和结构 B 沥青路面的面层低温温缩应力以及低温典型沥青路面的结构内部沿路深方向上应力的分布规律，从而确定典型沥青路面结构内部低温收缩主要作用的区域和主要抵抗低温收缩的抗裂区域。通过对不同层间连接状态下的典型结构受力特性及疲劳寿命的研究，发现改善层间连接状态对提高半刚性基层沥青路面使用寿命起到重要作用。

5.1　半刚性基层沥青路面温缩裂缝形成机理

低温温度收缩裂缝是沥青路面较为常见的路面病害，具体表现为每隔一段距离出现一条横向裂缝，裂缝的间距与路面结构、尺寸以及所处环境有关，一般相同路段的温缩裂缝间距较为接近。一旦半刚性基层沥青路面发生温缩裂缝，则路表雨水经裂缝渗入，并且滞留于路面结构。如果是汽车轮胎荷载作用，将导致路面结构中的滞留水高压作用而形成动压力水，动水压路面致裂劣化结构材料，往往在寒冬季节出现冻胀，路面出现冻融循环，加剧路面结构材料不断劣化。

大量研究显示，主抗低温缩裂功能层往往分布于半刚性基层的沥青路面面层结构中，即处于抵抗低温缩裂的核心区域。研究进行半刚性基层沥青路面主抗低温缩裂功能层的判断，基于几点考虑：主抗低温缩裂功能层的深度位置，往往在半刚性基层沥青路面面层中，即低温温缩应力峰值分布区域，如果低温温缩应力大于沥青混合料的抗拉强度，该区域容易因产生裂缝。主抗低温缩裂功能层的确定选择，需要充分考虑设计施工情况。基于路面面层的低温温缩应力峰值的分布区域，充分结合现有沥青路面施工规范，沥青上、中、下面层集料公称最大粒径宜从上至下逐渐增大，而且各层最小压实厚度不宜小于集料公称最大粒径 2.5 倍的要求。因此，在主抗低温收缩裂功能层选择上要与路面结构设计中结构层划分相吻合。

5.2　半刚性基层沥青路面低温收缩应力分布规律

5.2.1　低温收缩应力理论分析

对于沥青路面的温度应力理论分析，国内外往往采用两种分析体系，即一维黏弹性体系、弹性层状体系的分析理论。当前，一维黏弹性体系分析沥青路面的低温缩裂情况，多采用 20 世纪 60 年代 Hills 和 Brien 提出的理论体系，即预估温度破裂方法。Hills 和 Brien 沥青混合料温度应力计算公式：

$$\sigma(t)=\alpha\sum_{T_0}^{T_f}S(t,T)\Delta T \tag{5.1}$$

式中，$\sigma(t)$—降温累积应力；T_0—温度初始值；T_f—温度最终值；α—$T_0\sim T_f$ 平均值的收缩系数；$S(t,T)$—劲度模量，根据材料黏弹性性质取值；ΔT—$S(t,T)$ 对应温差。

大量研究资料表明，Hills 和 Brien 所提出的沥青路面低温温度收缩应力公式，与实际测量结果误差小，满足工程设计的精度要求。而且材料参数较容易获得，计算方法简单。因此，研究将采用 Hills 和 Brien 的温度收缩理论对沥青路面主抗裂低温缩裂功能层进行分析研究。

5.2.2 基本参数的确定

（1）原材料

①沥青。采用 AH－70 号道路石油沥青，试验性能如表 5.1 所列，各项指标均符合 JTG F40—2004 中关于 A 级道路石油沥青的相关技术要求。

表 5.1　AH－70 沥青技术性质

检测项目		单位	技术要求	试验结果	试验方法
针入度（25℃，100g，5s）		0.1mm	60～80	71	T0604－2000
动力黏度（60℃）		Pa.s	不小于 180	217.2	T0620－2000
延度（15℃，5cm/min）		cm	>40	>100	T0605－1993
软化点（环球法）		℃	不小于 46	46.8	T0606－2000
闪点（COC）		℃	不小于 230	274	T0611－1993
含蜡量（蒸馏法）		%	不大于 2.2	1.9	T0615－2000
密度（15℃）		g/cm^3	实测记录	1.016	T0603－1993
溶解度（三氯乙烯）		%	不小于 99.0	99.9	T0607－1993
RTFOT 后残留物	质量损失	%	不大于±0.8	－0.10	T0609－1993
	针入度比	%	不小于 61	63.8	T0604－2000
	延度（15℃）	cm	不小于 15	>100	T0605－1993

②矿料。沥青混合料中的矿料包括粗集料、细集料和矿粉填充料。粗集料为 10～30mm、10～20mm、5～10mm、3～5mm 石灰岩，试验项目及试验结果见表 5.2。

表 5.2　粗集料技术性质

检测项目	单位	要求	粗集料试验结果				试验方法
			10～30mm	10～20mm	5～10mm	3～5mm	
集料压碎值	%	≤25	—	21.2	—	—	T0316－2000
洛杉矶磨耗损失	%	≤30	—	22.4		—	T0317－2000
表观密度	t/m^3	≥2.50	2.708	2.715	2.711	2.723	T0304－2000
表观相对密度	—	实测值	2.714	2.721	2.717	2.729	
毛体积相对密度	—	实测值	2.688	2.688	2.680	2.683	
吸水率	%	≥2.0	0.3	0.5	0.5	0.6	
对沥青的黏附性	级	≥4	5	5	5	—	T0616－1993
坚固性	%	≤12	0.3	0.6	0.7	1.2	T0314－2000
细长扁平颗粒含量	%	≤15	13.0	14.3	14.6	—	T0312－2000

细集料采用临城产中砂，细集料的试验项目及试验结果见表 5.3。

表 5.3　细集料技术性质

检测项目	单位	要求	试验结果	试验方法
表观密度	t/m^3	≥2.50	2.601	T0329—2000
表观相对密度	—	实测值	2.607	
坚固性（＞0.3mm 部分）	%	≤12	7.0	T0340—1994
砂当量	%	≥60	88.7	T0334—1994
捣实密度	t/m^3	—	1.640	T0309—2000

矿粉为石灰岩矿粉，试验结果见表 5.4。试验结果表明，各种矿料的性质都符合 JTG F40—2004 中关于高速公路沥青面层矿料技术要求。

（2）沥青混合料配合比设计

①沥青混合料的矿料级配。GTM 试件成型设备最大限度地模拟了实际路面施工的碾压状态，以模拟轮胎压强成型试件，使其沥青混合料试件达到极限平衡状态，真实地反映了

沥青混合料塑性物理变形性质、抗剪力学特性。进而，利用 GTM 级配优化进行试验研究，将优化的 AC－16 作为研究用级配控制范围。

表 5.4　矿粉技术性质

检 测 项 目	单位	标准要求	试验结果	试验方法
表观密度 表观相对密度	t/m^3 —	≥2.50 实测值	2.800 2.806	T0352—2000
粒度范围 <0.6mm <0.15mm <0.075	% % %	100 90～100 75～100	100 100 97	T0351—2000
亲水系数	—	＞1.0	0.67	T0353－—2000

②沥青混合料代表性配合比设计。GTM 采用了应力推理方法对沥青混合料的力学分析、设计，弥补了马歇尔方法等经验的不足。GTM 可以真实地模拟实际路面材料的受力环境，以及能预测实际路面材料至服务期末的应力、应变状态。GTM 试件制备过程中的搓揉、旋转作用，进一步揭示了沥青路面发生早期破坏的原因，准确判断、掌握沥青混合料的应力、应变特性与路用性能。因此，本项目基于 GTM 的沥青混合料配合比设计方法，利用该项技术方法进行研究中所涉及的沥青混合料的配合比设计。

（3）沥青混合料温度收缩系数试验

①沥青混合料温度收缩系数试验方案。用 GTM 试件成型方法，采用轮碾法成型 300mm×300mm×50mm 车辙板试件，用岩石切割机将板切成 250mm×40mm×40mm 的棱柱体试件，根据相关试验规程（JTJ 052—2000）优化 AC－16C 型的沥青混合料配合比。

②温度收缩系数试验结果。采用 GTM 进行 AC－16C 型的沥青混合料试验，其线收缩系数见表 5.5。

表 5.5　温度收缩系数试验结果

温度区间/℃	温度区间内温缩系数 α_i/（$\times10^{-5}$/℃）	平均温缩系数 $\bar{a}$/（$\times10^{-5}$/℃）
20～15	1.911	1.583
15～10	1.862	
10～5	1.810	
5～0	1.719	
0～－5	1.658	
－5～－10	1.503	
－10～－15	1.468	
－15～－20	1.398	
－20～－25	1.279	
－25～－30	1.225	

（4）沥青混合料的低温拉伸蠕变试验

①沥青混合料低温拉伸蠕变试验方案。基本试验步骤：采用 GTM 设计方法，优化 AC－16C 型的沥青混合料配合比，参照相关试验规程（JTJ 052—2000）；采用轮碾法成型 30cm×30cm×5cm 的标准车辙板试件；用切割机将板切割成 10cm×4cm×4cm 的棱柱体试件；固定试件端头，室温静置 24h，利用环境温控箱与 MTS 试验监控系统，1 组 4 个试件，以 1cm/min 加载速率测得拉伸破坏强度；考虑沥青混合料劲度模量与施加荷载水平依赖关系，以相同试验温度下拉伸破坏强度的 10%确定拉伸蠕变试验的拉伸应力；1 组 4 个试件进行低温拉伸蠕变平行试验，试验时间 1h，3s 间隔采集一次应变数据。

②沥青混合料拉伸蠕变试验结果。在 10，5，0，－5，－10，－15 和－20℃温度时，进行 AC－16C 型沥青混合料的低温拉伸蠕变试验。按照公式计算 AC－16C 型级配沥青混合料在 10，5，0，－5，－10，－15，－20℃时蠕变 30min 低温拉伸蠕变劲度模量 $S(t, T)$。

$$S(t, T)=\sigma_0(t)/\varepsilon(t, T) \quad (5.2)$$

式中：$S(t, T)$—蠕变劲度模量；$\sigma_0(t)$—不同温度拉应力水平；$\varepsilon(t, T)$—拉伸应变。

表 5.6　沥青混合料低温拉伸蠕变劲度模量

试验温度 T/℃	10	5	0	－5	－10	－15	－20
$S(t, T)$/MPa	94.0	182.2	643.5	1823.8	2709.1	3827.7	4734.0

5.2.3　沥青路面低温温度收缩应力

假设在 10℃温度条件下利用 GTM 设计 AC－16C 型的沥青混合料，其对应路面面层的低温温缩应力累计为零，通过 Hills 和 Brien 沥青路面低温温缩应力计算公式（5.2）和表 5.5 得到 AC－16C 型沥青混合料线收缩系数，以及表 5.6 所列 AC－16C 型沥青混合料的低温拉伸蠕变劲度模量，最终计算不同温度 AC－16C 型面层低温温缩应力累计，见表 5.7。

表 5.7　沥青混合料 AC－16C 型面层中的累计温度收缩应力 $\sigma(t)$

试验温度 T/℃	10	5	0	－5	－10	－15	－20
$\sigma(t)$/MPa	0.000	0.014	0.065	0.210	0.424	0.727	1.102

通过表 5.7 回归分析，可以得出 AC－16C 型面层中的 $\sigma(t)$ 与 T 间的关系，如图 5.1 所示。由上述图表分析得出，AC－16C 型面层中的 $\sigma(t)$ 对应 T 的下降趋于增大，表明温度越低，AC－16C 型面层越容易发生低温开裂，同时认证了 AC－16C 型面层实际使用中出现低温开裂的情况。

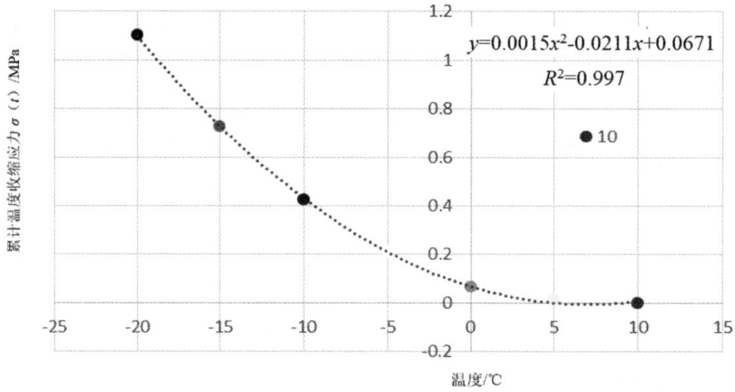

图 5.1　AC－16C 型累计温度收缩应力－温度回归曲线图

结合天津地区冬季气温变化数据，利用 LTPP 沥青路面的温度估算公式，分析高速公路典型沥青路面结构 A 型最低有效温度，如表 5.8 所列。

表 5.8　结构 A 温度场分布

年份	年最低气温/℃	平均最低气温/℃	方差/℃	纬度/(°)	Z 值	路面以下深度 H/cm	对应沥青路面的位置	路面最低有效气温/℃
2001	－7.6	－7.76	0.93	39.13	2.055	0	表面层顶面	
2002	－8.6					2	表面层层中	上面层－8.94
2003	－6.5					4	中面层顶面	
2004	－7.5					7	中面层层中	中面层－8.51
2005	－8.9					10	下面层顶面	
2006	－6.8					14	下面层层中	下面层－7.98
2007	－7.1					18	下面层底面	
2008	－7.7							
2009	－9.1							

进行天津地区沥青路面结构的有效温度预估。天津位于中纬度欧亚大陆东岸，主要受季风环流的支配，是东亚季风盛行的地区，属大陆性气候。主要气候特征是，四季分明，春季多风，干旱少雨；夏季炎热，雨水集中；秋季气爽，冷暖适中；冬季寒冷，干燥少雪。天津年平均气温在 11.4～12.9℃，市区平均气温最高为 12.9℃。1 月最冷，平均气温在 –3～–5℃；7 月最热，平均气温在 26～27℃。天津日照时间较长，年日照时数为 2500～2900h。

模型计算公式中的变量主要有大气温度和纬度，其方程如下：

$$T_{d(\max)}=54.32+0.78T_{a(\max)}-0.0025Lat^2-15.14\lg_{10}(H+25)+Z\left(9+0.61\delta^2_{air(\max)}\right)^{\frac{1}{2}} \quad (5.3a)$$

$$T_{d(\min)}=-1.56+0.72T_{a(\min)}-0.004Lat^2+6.26\lg_{10}(H+25)-Z\left(4.4+0.52\delta^2_{air(\min)}\right)^{\frac{1}{2}} \quad (5.3b)$$

式中，$T_{d(\max)}$—路面最高设计温度，℃；$T_{a(\max)}$—7 月连续 7d 最高平均气温平均值，℃；$\delta_{air(\max)}$—7 月连续 7d 最高平均气温标准差，℃；$T_{d(\min)}$—路面最低设计温度，℃；$T_{a(\min)}$—最低气温的平均值，℃；$\delta_{air(\max)}$—最低气温的标准差，℃；Lat—工程所在地的纬度，39.13°；H—路面以下的深度，mm；Z—正态分布系数，$Z=2.055$，可靠度为 98%。参考接近美国的地理纬度、日照量和气候条件，比照 LTPP 对典型结构 A 和结构 B 的路面温度进行预估，并计算路面结构各层的有效温度。

①结构 A 沥青路面温度应力分析。结构 A 沥青路面温度应力分析假定：将高速公路的沥青面层处理成 AC–16C 型的沥青混合料材料；土基、半刚性底基层、基层各层间接触完全连续；考虑沥青面层、半刚性基层间接触为完全连续、部分连续和完全光滑 3 种，重点进行层间部分连续性分析。根据假定，利用 Hills 和 Brien 方法分析 $\sigma(T)$ 与 T 间变化关系，见表 5.9。结构 A 沥青面层中的 $\sigma(T)$ 与面层、基层层间结合情况无关，与面层深度 z 相关，见表 5.9 和图 5.2。

表 5.9　结构 A 沥青面层的累计低温温缩应力 $\sigma(T)$ 计算结果

深度 zcm	0	2	4	7	10	14	18
最低有效温度 $T_{d(\min)}$/℃	–9.046	–8.837	–8.64277	–8.375	–8.131	–7.837	–7.571
累计低温温缩应力 $\sigma(T)$/MPa	0.380	0.370	0.361	0.349	0.337	0.324	0.312

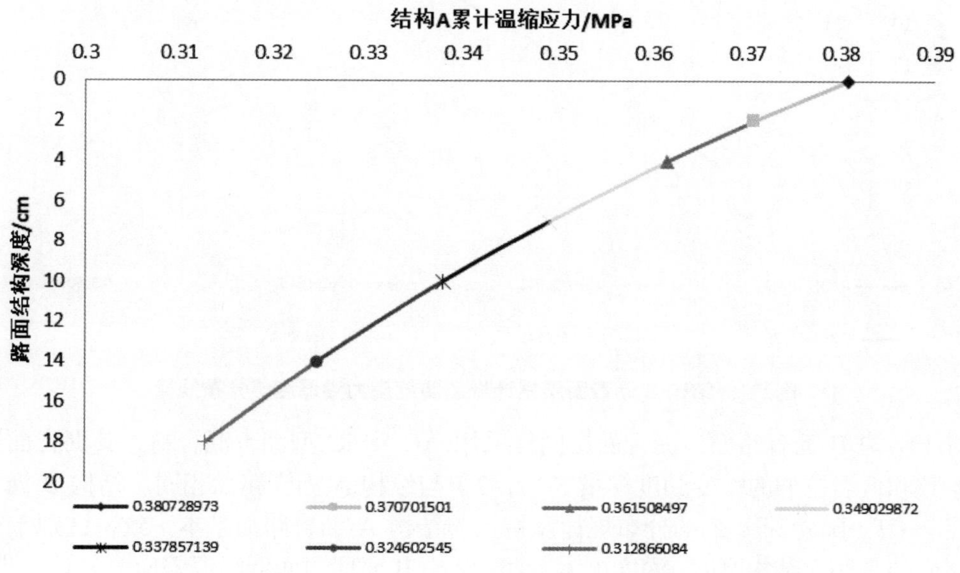

图 5.2　结构 A 沥青面层的累计低温温缩应力沿深度 z 分布规律

上述图表分析表明，结构 A 沥青路面层顶累计低温温缩应力表现最大，靠近表面层的顶面处最低有效温度最低，成果与 LTPP 研究一致，表明低温温缩应力累计越大，低温收缩裂缝越容易发生。可见，结构 A 沥青路面的低温温缩应力累计峰值，位于面层顶面偏上位置。

②结构 B 沥青路面温度应力分析。结构 B 沥青路面温度应力分析见表 5.10 和表 5.11 和图 5.3。

表 5.10　结构 B 温度场分布

年份	年最低气温 /℃	平均最低气温 /℃	方差 /℃	纬度 /(°)	z 值	路面以下深度 H/cm	对应沥青路面的位置	路面最低有效气温 /℃
2000	−7.6	−7.76	0.93	39.13	2.055	0	表面层顶面	
2001	−8.6					2	表面层层中	上面层 −8.94
2002	−6.5					4	中面层顶面	
2003	−7.5					7	中面层层中	中面层 −8.51
2004	−8.9					10	下面层顶面	
2005	−6.8					14	下面层层中	下面层 −7.98
2006	−7.1					18	下面层底面	
2007	−7.7							
2008	−9.1							

表 5.11　结构 B 沥青面层累计低温温缩应力 σ（T）计算结果

深度 z/mm	0	2	4	7	10	14	18
最低有效温度 $T_{d(\min)}$/℃	−9.046	−8.837	−8.643	−8.375	−8.132	−7.837	−7.572
累计低温温缩应力 σ（T）/MPa	0.381	0.371	0.362	0.349	0.338	0.325	0.313

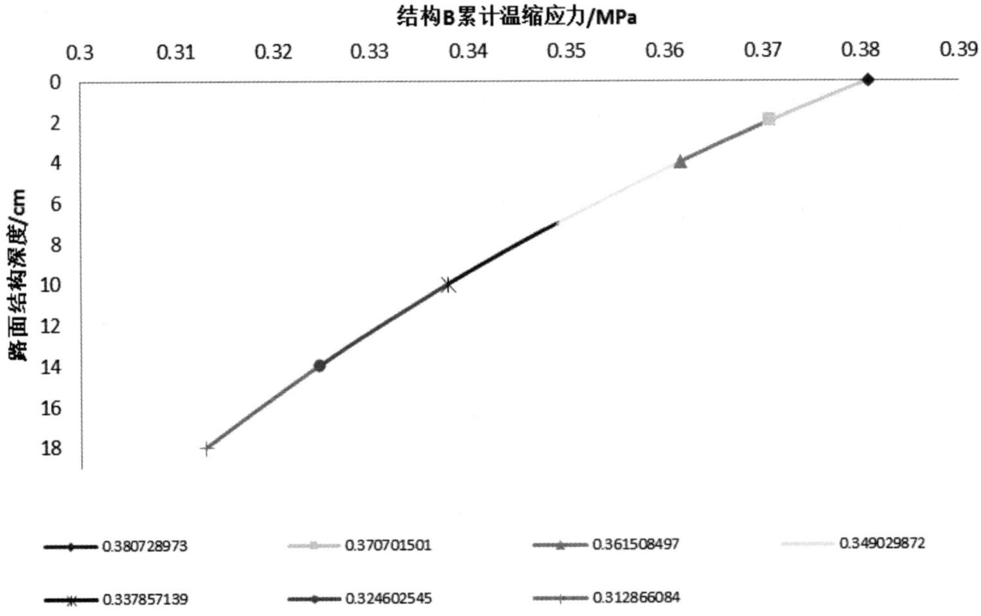

图 5.3　结构 B 沥青面层累计低温温缩应力沿厚度 z 分布规律

对于结构 B 沥青路面，沥青面层同样采用 AC−16C 型沥青混合料，其沥青面层的线收缩系数和低温拉伸的蠕变劲度模量 S（t，T）与结构 A 沥青路面相同。结构 B 沥青路面的面层 σ（T）随着深度 Z 的分布规律及特点与结构 A 沥青路面基本一致，区别于结构 A 沥青路面的是路面结构厚度、深度更大一些。结构 B 面层顶面低温温缩应力累计表现最大，

靠近路表位置 $T_{d(\min)}$ 越低，$\sigma(T)$ 越大，越容易发生低温收缩裂缝。可见，结构 B 沥青路面低温温缩应力峰值累计分布同样表现靠近面层顶面偏上位置。

5.3　半刚性基层沥青路面结构主要低温抗裂功能层研究

沥青路面结构层内部主抗低温缩裂区，是抗低温缩裂关键层。根据半刚性基层沥青路面主抗低温缩裂区的 2 个基本要求和沥青路面低温温缩应力分布规律，确定典型沥青层路面主抗低温缩裂区。由前述章节的研究结果可以知道，对于典型结构 A（18cm 厚度面层）和典型结构 B（18cm 厚度面层），沥青面层、半刚性基层间如何接触，面层内部低温温缩应力峰值累计分布均为靠近面层顶面偏上位置。2 种典型结构 A 和结构 B 主抗低温缩裂功能层设置如图 5.4 和图 5.5 所示。

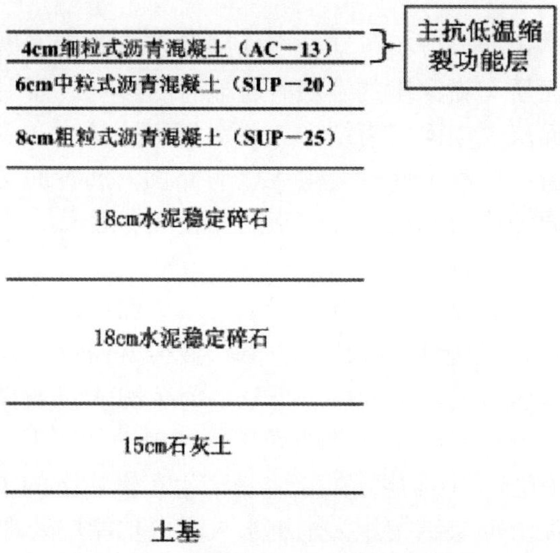

图 5.4　结构 A 主抗低温缩裂层

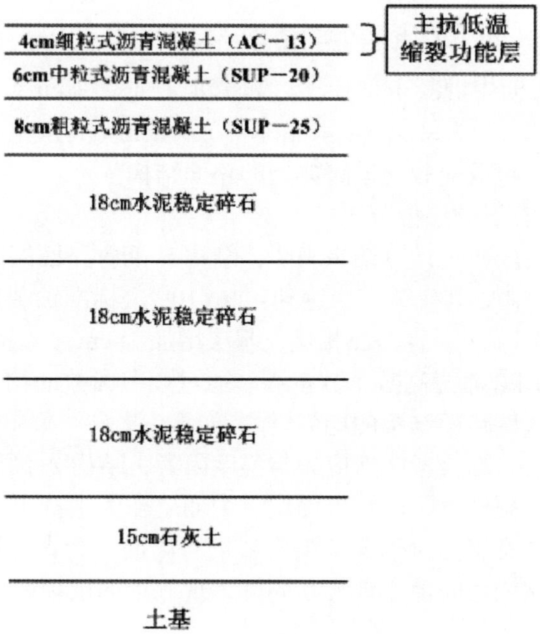

图 5.5　结构 B 主抗低温缩裂层

5.4 半刚性基层典型沥青路面结构 A 层位分工

结构 A 为：4cm（沥青混凝土）+6cm（沥青混凝土）+8cm（沥青混凝土）+18cm（水泥碎石）+18cm（水泥碎石）+15cm（石灰土），总厚度 69cm。这种结构是天津地区几乎所有重交通道路典型的路面结构。

（1）层间连续状态下的层位分工

①结构主抗疲劳层。由研究分析可知，结构 A 沥青路面层间连续状态时，沥青层未出现明显拉应力，因此无疲劳破坏；半刚性基层底和石灰土层底均出现拉应力，计算结果表明石灰土垫层疲劳寿命远大于半刚性基层疲劳寿命；结构 A 沥青路面层间完全连续时，路面结构的疲劳寿命取决于半刚性基层。可见，半刚性基层为结构 A 沥青路面在层间连续状态下的主抗疲劳作用层。

②结构主抗车辙层。由研究分析可知，中面层处于车辙病害最不利的位置，最容易产生车辙病害，对于沥青面层车辙深度的发展有着显著的影响；而上面层也具有产生永久变形所需条件。因此，上面层、中面层为结构 A 沥青路面主抗永久变形功能层。

③结构主抗低温缩裂层。对于典型结构 A 沥青路面，沥青面层与半刚性基层间不论如何接触，沥青路面低温温缩应力峰值累计分布同样表现靠近面层顶面偏上位置。

（2）层间光滑状态下的层位分工

①结构主抗疲劳层。沥青路面结构层间滑动时，下面层、下基层层底水平拉应力表现较大；通过疲劳寿命计算，半刚性水泥碎石下基层疲劳寿命远小于沥青层的寿命。下基层控制着整个路面结构的疲劳寿命，下面层、下基层为结构 A 沥青路面的抗疲劳层。

②结构主抗车辙层。通过对结构 A 沥青路面层间滑动状态下剪应力计算结果的分析，认为结构 A 沥青面层上面层、中面层均处于容易产生车辙病害的条件下，应将上面层、中面层以及下面层即整个沥青面层结构作为主抗永久变形功能层处理。

③结构主抗低温缩裂层。对于典型结构 A 沥青路面，沥青面层、半刚性基层间如何接触，沥青路面低温温缩应力峰值累计分布同样表现靠近面层顶面偏上位置。

5.5 半刚性基层典型沥青路面结构 B 层位分工

结构 B 为：4cm（沥青混凝土）+6cm（沥青混凝土）+8cm（沥青混凝土）+18cm（水泥碎石）+18cm（水泥碎石）+18cm（水泥碎石）+15cm（石灰土），总厚度 87cm。这种结构是天津地区几乎所有超重交载通道路典型的路面结构。

（1）层间连续状态下的层位分工

①结构主抗疲劳层。通过计算结果表明，结构 B 沥青路面层间完全连续时路面结构疲劳寿命由半刚性基层控制，其疲劳寿命达到 4.46×10^{11} 次标准轴载作用，为结构 B 沥青路面的主抗疲劳层位。与结构 A 沥青路面相比，基层增加 18cm，可显著降低层底拉应力水平，较结构 A 沥青路面使用寿命提高数个数量级。通过疲劳参数的初步判断，可以认为结构 B 沥青路面具有作为耐久性路面结构的能力。

②结构主抗车辙层。综合考虑剪应力与温度因素，结构 A 沥青面层上面层、中面层处于容易产生车辙病害的条件下，应将上面层、中面层作为主抗永久变形功能层。

③结构主抗低温开裂层。对于典型结构 B 沥青路面，沥青面层、半刚性基层间如何接触，沥青路面低温温缩应力峰值累计分布同样表现靠近面层顶面偏上位置。

（2）层间光滑状态下的层位分工

①结构主抗疲劳层。层间滑动状态下，结构 B 沥青路面的沥青面层和石灰土垫层的疲劳寿命远大于半刚性基层的疲劳寿命，即半刚性基层先于沥青面层和石灰土垫层发生疲劳破坏，控制整个路面结构的疲劳寿命，因此半刚性基层即使是在层间滑动状态时，仍为结构 B 沥青路面的主抗疲劳层。

②结构主抗车辙层。在层间滑动条件下，综合考虑气温和剪应力的影响，认为结构 B 沥青路面在层间滑动状态上、中、下面层均作为主抗高温车辙变形功能层。

③结构主抗低温开裂层。对于典型结构 B 沥青路面，沥青面层、半刚性基层间如何接触，沥青路面低温温缩应力峰值累计分布同样表现靠近面层顶面偏上位置。

5.6　本章小结

采用 Hills 和 Brien 低温温缩应力计算公式，深入研究了沥青路面抗低温缩裂层位分工特性。本章主要研究结论如下。

①利用 LIPP 温度预估方法，根据天津地区气象资料，准确预测出沥青路面结构内部温度梯度的分布状况。结合线收缩系数试验和低温拉伸蠕变试验，利用 Hills 和 Brien 的低温温缩应力公式，分析了半刚性基层结构 A 和结构 B 沥青路面的面层低温温缩应力。

②半刚性基层结构 A 沥青路面、结构 B 沥青路面 2 种典型结构沥青路面面层内部越靠近面层顶面的位置低温温缩应力表现越大，沥青面层、半刚性基层间如何接触，沥青路面低温温缩应力峰值累计分布同样表现靠近面层顶面偏上位置；天津地区沥青路面一般温缩应力较小，发生低温开裂的几率相对较低，低温开裂破坏不应作为沥青路面的主要防治破坏形式。

③根据有关设计施工方面的要求，上面层厚度取 4cm，针对半刚性基层结构 A 沥青路面、结构 B 沥青路面，沥青路面低温温缩应力峰值累计分布同样表现靠近面层顶面偏上位置，使得上面层的抗低温缩裂特性发挥出最佳功能，实现上面层起到主抗低温缩裂区关键层作用，见表 5.12。

表 5.12　结构 A，B 沥青面层层位分工

层位		层位分工			
		结构 A		结构 B	
		层间连续	层间滑动	层间连续	层间滑动
沥青面层	4cm	抗车辙、抗低温开裂	抗车辙、抗低温开裂	抗车辙、抗低温开裂	抗车辙、抗低温开裂
	6cm	主抗车辙	主抗车辙	主抗车辙	主抗车辙
	8cm	抗疲劳	抗疲劳、抗车辙	抗疲劳	抗疲劳、抗车辙
水泥碎石基层	18cm	抗裂、承担荷载	抗裂、承担荷载	抗裂、承担荷载	抗裂、承担荷载
	18cm	抗疲劳、承担荷载	抗疲劳、承担荷载	承担荷载	承担荷载
	18cm	—	—	抗疲劳	抗疲劳

④结构 B 沥青路面较结构 A 沥青路面增加了一层 18cm 水泥碎石，而根据理论计算，层间连续状态下，结构 B 沥青路面半刚性基层疲劳寿命为 4.46×10^{11} 次，结构 A 沥青路面为 3.56×10^{7} 次，结构 B 沥青路面疲劳寿命是结构 A 沥青路面的 12500 倍。层间光滑状态下，结构 B 沥青路面半刚性基层疲劳寿命为 1.95×10^{8} 次，结构 A 沥青路面为 1.06×10^{6} 次，结构 B 沥青路面疲劳寿命是结构 A 沥青路面的 180 倍。通过半刚性基层结构 A 沥青路面、结构 B 沥青路面的研究对比，其半刚性基层厚度特点极大地提高了沥青路面的疲劳寿命。

⑤对于半刚性基层沥青路面，通过对结构 A、结构 B 沥青路面研究，层间连续状态对路面疲劳寿命有着决定性作用。对于结构 B 沥青路面，层间连续状态下，其寿命是层间滑动状态的 2200 倍；对于结构 A 沥青路面，其比值为 35 倍。要提高半刚性基层沥青路面的寿命，除增加基层厚度外，重视层间黏结，加强层间黏结施工质量也是有效手段。

第 6 章　基于振动成型方式半刚性基层材料配合比与路用性能研究

本章在层位分工理念的基础上，考虑半刚性基层在路面结构层中的作用，选用 3 种配合比成型试件，通过改变水泥计量（3%，4%，5%）、级配粗细和成型方式（重型击实、振动击实），分别测定强度、刚度、收缩特性三大类六项指标，系统地分析了水泥计量、级配粗细、成型方式对半刚性材料路用性能的影响，之后采用灰度关联方法，综合半刚性基层水泥稳定碎石混合料路用性能级配优劣确定配合比 2 为最佳配合比。

6.1　半刚性基层结构及材料设计现状与不足

半刚性材料一般指水泥、石灰和粉煤灰等稳定粒料。可见，半刚性材料本身存在先天性不足，以此形成的半刚性基层结构极易产生收缩裂缝，伴随渗入水的存在和轮压荷载作用，半刚性基层孔隙水压力循环变化而出现路面唧浆病害，并伴随路面结构性破坏。产生这些问题的原因与当前的设计方法和评价标准落后密不可分。

6.1.1　存在的主要问题

我国大部分高速公路路面结构采用半刚性基层沥青路面结构形式，以水泥稳定碎石为代表的已建半刚性基层沥青路面早期破坏现象比较严重，在半刚性基层沥青路面早期破坏现象产生原因没有得到认识和完全解决的情况下，新建半刚性基层沥青路面仍然以每年几千公里里程的速度增长。以水泥稳定粒料为代表的半刚性基层，在现时存在的超载运输条件下主要破坏形式有：疲劳破坏及因开裂导致或诱发的系列病害。上述病害显然和材料设计、结构设计均有内在联系。

材料设计方面存在的主要问题：室内成型方式与现场碾压方式不匹配、质量控制指标单一、压实标准偏低和规范规定的级配范围太宽，难以保证工程质量。半刚性基层沥青路面出现的病害问题反映出需要对实际工程问题进一步研究与改进。所以，寻求一种更合理的材料设计方法、更全面的评价指标及更能模拟现场施工的试验方法等，更好地认识半刚性基层材料的各项性能，对实际工程更具有指导价值。目前，我国道路面层一般以沥青混合料为主，设计方法尚不完善、层位功能分工不明确。

例如，现在采用的马歇尔方法、Superpave 方法都是体积设计法，考虑层位功能分工的沥青混合料设计处于发展和完善中。我国基层以半刚性材料为主，包括水泥碎石、二灰碎石等。多年以来半刚性材料设计方法主要以重型击实法确定最大干密度和最佳含水量，以重型击实法成型试件强度确定水泥剂量。由于方法本身的原因，造成半刚性基层水泥剂量偏高，早期干缩裂缝严重，于是以抗裂为目标的研究蓬勃开展，取得了丰硕的科研成果。但目前基层除必须满足强度要求并适当考虑抗裂能力外，仍未考虑半刚性基层的层位功能分工，比如底基层不以抗疲劳设计为主。

6.1.2　应用现状

水泥稳定碎石、二灰碎石普遍用于高等级沥青路面的半刚性路面基层，影响了沥青路面强度、质量和寿命。半刚性材料作为路用材料的历史由来已久，但大量被采用来做基层和底基层还是近三四十年的事情。国外公路交通比较发达的国家在设计和建设高速公路时都较多地采用了半刚性材料作为基层或功能层之一。但是，国内外对半刚性材料作为道路基层的研究各有侧重。在半刚性材料的收缩性能影响路面开裂方面，国外对温缩引起的裂缝研究较少，相应地对干缩影响作用有一定的文献参考，这可能的原因是国外对沥青路面产生裂缝的认识同国内有一定的差异。比较而言，国内对于半刚性基层材料的收缩研究得比较早且广泛，系统地分析了半刚性基层材料的干缩、温缩存在的问题和机理研究。澳大利亚、中国采用弯曲疲劳试验对半刚性基层材料也做了大量研究，都得出了相应的疲劳方程和一些结论。在材料设计中室内试验与现场模拟方面，天津市市政工程研究院对该设备进行了改良，以使其更便于操作，适宜模拟现场实际压实情况。目前，由于国际上采用水泥稳定碎石基层修筑高速公路的实体工程较少，因此对振动成型法方面的研究成果少之又少，而国内主要以长安大学和天津市政工程研究院对此进行了一些研究。而长安大学对振动成型法的研究主要以室内为主，涉及的具体实体工程不多，对现场施工工艺方面的研究也未见报道。

我国高速公路的半刚性基层主要公认的优点是：半刚性基层板体性强，有很高的承载能力和抗变形能力；半刚性基层有良好的抗冻性，能有效地治理季节性冰冻地区的翻浆；半刚性基层能充分利用当地材料。

但是，过于单一的半刚性基层结构往往导致单一且致命的病害。比如，路面的使用寿命问题，国外都能够达到设计年限甚至更长；但是，我国半刚性基层沥青路面的使用寿命并不长，绝大部分达不到设计年限。从这方面考虑，对半刚性基层沥青路面有一个再认识的过程，在认识到它的优点的同时，需要更客观地分析与半刚性基层沥青路面有关的早期破坏的原因，以便更好地对半刚性基层进行改进，充分发挥其优点，同时克服其缺点。

6.1.3 结构设计方面

我国大部分高速公路路面结构采用半刚性基层沥青路面结构形式，以水泥稳定碎石为代表的已建半刚性基层沥青路面早期破坏现象仍然比较严重。

①单一半刚性基层的沥青路面结构。以天津地区为例，所有高速公路及一级公路的路面结构形式均由 18cm 沥青混凝土和 36 ~ 54cm 半刚性基层组成。单一的半刚性基层沥青路面结构确实能充分发挥强度高、板体性好、造价低等优点，但其破坏形式也是单一的，破坏现象是严重且致命的。

②反射裂缝问题严重的半刚性基层沥青路面。半刚性基层沥青路面的反射裂缝问题一直未有效解决，困扰着半刚性基层沥青路面使用寿命，路面寿命普遍达不到设计年限虽然与超载、气候等有很大关系，但与半刚性基层本身抗疲劳性能差也有直接关系。

③现行规范的设计指标和参数存在一些问题。目前，路面厚度设计仍沿袭道路表面的容许弯沉值控制进行，而沥青层、半刚性基层层底的抗拉应力参数指标几乎起不到控制作用。在此情况下，无法确定沥青路面容许弯沉值、使用性能和损坏类型相互对应关系。半刚性基层沥青路面各项材料性质测试指标和方法不能如实反映半刚性基层材料的力学特性，因而难以建立力学响应量与沥青路面结构使用性能之间的关系。

④结构设计中根本没有考虑材料性能与结构层功能相匹配的问题。如今的设计基本上是两层或三层半刚性基层，上面设计 20cm 左右的沥青层，而半刚性基层各层的功能显然是不一样的。比如上基层必须抗裂、承担大部分车辆荷载，因此板体性要好，强度要高，下基层对抗裂的要求适当降低，但对抗疲劳能力则相应有较高要求。

综上所述，先根据不同的路面结构分析不同层位所承担的功能，再根据相应的功能选择相应的级配、水泥剂量、设计方法等设计出与功能相匹配的半刚性材料，则半刚性基层寿命必将有较大幅度的提高。

6.1.4　材料设计方面

几十年来，以水泥稳定粒料为代表的半刚性基层，在现实存在的超载运输条件下主要破坏形式有：疲劳破坏及因开裂导致或诱发的系列病害。上述病害显然和材料设计、结构设计均有内在联系。材料设计方面问题是室内成型与现场路面碾压方式的相互不匹配、质量控制指标单一、压实标准偏低、规范规定的级配范围太宽、难以保证工程质量和相关规范的修订工作不同步，以及施工质量的评定标准和控制严重滞后。所以，寻求一种更合理的材料设计方法、更全面的评价指标和更能模拟现场施工的试验方法等，以更好地认识半刚性基层材料的各项性能，对实际工程更具有指导价值。

6.2　半刚性基层原材料实验分析

①水泥实验结果。水泥技术标准目前主要参考施工规范（JTJ034—2000）中的规定：普通硅酸盐、矿渣硅酸盐和火山灰质硅酸盐水泥用于路床稳定土、半刚性基层，本项目所用水泥为天津产的骆驼牌水泥，水泥的强度等级 32.5R，其主要指标见表 6.1。

表 6.1　水泥主要指标

厂牌种类	细度/%	凝结时间/h		安定性	抗压强度/MPa	
		初凝	终凝		3d	28d
骆驼 P.O 32.5	2.7	4h52min	6h37min	合格	21.8	47
质量要求	≤10	≥4	≥6	必须合格	≥11	≥32.5

②集料实验结果。本研究所用的集料取自河北唐曹高速公路用料石灰岩，试验项目及结果见表 6.2 所示，参照试验规程（JTJ 058—2000）。

表 6.2　集料技术性质

检 测 项 目	单位	标准要求	集料试验结果				试验方法
			9.5 ~ 31.5mm	4.75 ~ 9.5mm	2.36 ~ 4.75mm	0 ~ 2.36mm	
集料压碎值	%	≤25	21.5	–	–	–	T0316—2005
表观相对密度	—	≥2.50	2.739	2.763	2.731	2.724	T0304—2005
吸水率	%	≤3.0	1.0	1.1	0.8	–	
针片状颗粒含量 粒径大于 9.5mm	%	≤15	14.7				T0312—2005
4.75 ~ 9.5mm	%	≤28	21.5				
液限	%	< 28	–	–	–	18.2	T0118—93
塑性指数		< 9	–	–	–	2.2	

6.3　半刚性基层材料实验分析

①击实实验。确定水化前水泥稳定土、石灰稳定土、石灰粉煤灰稳定土和水泥粉煤灰稳定土的最佳含水量和最大干密度，执行实验规程（JTJ 057—1994），选用两类击实的试验方法。

②混合料的无侧限抗压强度试验。执行实验规程（JTJ 057—1994），对养生饱水 24h 试件以 1mm/min 等速率加载试验。无侧限抗压强度 R_c 计算如下：

$$R_c=P/A=0.0000567P \tag{6.1}$$

式中，R_c—试件无侧限抗压强度，MPa；P—试件抗压破坏最大压力，kN；A—试件抗压截面积，$A=\pi D^2/4$；D—试件的直径，cm。

③混合料的振动击实试验方法、混合料振动成型试验方法。按照公路半刚性材料多指标控制组成的设计方法进行试验。

④混合料的抗拉强度间接试验。执行实验规程（JTJ057—1994）进行试验。将养生至龄期饱水 24h 后的抗压强度试件在 1mm/min 的速度下进行劈裂试验，于升降台上安装百分表测量试件最大劈裂强度时的竖向变形 $L_{竖}$，在假设水泥稳定碎石混合料为完全弹性体的条件下用竖向变形代表侧向变形 $L_{侧}$，劈裂强度按照下式计算：

$$R_i=\frac{2p}{\pi dH}=0.004244\frac{p}{H}=0.0278533 \quad (6.2)$$

式中，p－试件破坏时的最大压力，kN；H－试件高度，m。

⑤干缩试验（千分表法）。

⑥温缩试验（胀缩试验仪）。同一试件温缩系数的平均值，根据温度间隔 $T_{i+1}\sim T_0$ 条件的$\sum\Delta\varepsilon_T$应变量求得。

$$\alpha_T=\sum\Delta\varepsilon_T/(T_{i+1}\sim T_0) \quad (6.3)$$

式中，α_T—平均温缩系数；$\Delta\varepsilon_T$—累计温缩应变，（$\times10^{-6}$）；T_{i+1}—测试温度，℃；T_0—起始温度，℃。

6.4　水泥稳定碎石混合料抗裂特性评价方法

由于半刚性基层具有强度高、整体性和水稳定性好等特点，随着基层大量应用，本身存在裂缝问题日益突出。国内外学者提出了许多半刚性基层抗裂性能措施，建立了半刚性基层材料抗开裂评价系数：干缩、温缩、干缩抗裂、温缩抗裂、干缩能抗裂和温缩能抗裂等系数。干缩能抗裂系数是反映材料抗干燥收缩的相对能力大小的指标，即

$$[D]=W/W_\omega=\sigma^2{}_{\max}(\omega_{i+1}-\omega_i)/E^2(\varepsilon^2{}_{i+1}-\varepsilon^2{}_i) \quad (6.4)$$

式中，W－材料的极限抗拉能；P－抗拉弹性模量；$\sigma_{\max}$－材料的极限抗拉应力；W_{i+1}，W_i，ε_{i+1}，ε_i－分别为第 i+1 次、i 次测得的含水量与干缩应变。

温缩能抗裂系数反映材料抗温度收缩的相对能力的大小，即

$$[T]=W/W_t=\sigma^2{}_{\max}(t_{i+1}-t_i)/E^2(\varepsilon^2{}_{i+1}-\varepsilon^2{}_i) \quad (6.5)$$

式中，W－材料的极限抗拉能；E－抗拉弹性模量；$\sigma_{\max}$－材料的极限抗拉应力；t_{i+1}，t_i，ε_{i+1}，ε_i－第 i+1 次、i 次测得的温度与温缩应变。

干缩能、温缩能抗裂系数大小，直接反映了半刚性基层材料的抗干缩、抗温缩相对能力。干缩能、温缩能抗裂系数值越大，其抗干缩、抗温缩能力越好，表明半刚性基层抗裂性能越好。在基于劈裂模量的抗裂指标分析中，劈裂模型友好地模拟了半刚性基层材料拉伸状态，其应力、应变关系比值为劈裂模量 E_p，此指标的提出应对评价半刚性基层抗裂性能有重要意义。

劈裂模量测定参照试验规程（JTJ 057—94）进行，测定劈裂模量时用 0.05～0.07MPa 作为单位压力的选定值；变形测试方法不同，劈裂模量用螺旋测微计测量试件的水平变形。劈裂模量计算公式如下：

$$E_P=\frac{PH}{2l}，\ P=0.004244\frac{R}{H} \quad (6.6)$$

式中，P－劈裂拉应力，MPa；H－试件直径，mm；l－试件侧向回弹变形，mm；R－试件劈裂试验时所受压力。

干缩应力抗裂系数公式如下：

$$\overline{W_{d\sigma}} = \frac{P_{\max}}{\varepsilon_d \times E_P}，\ P_{\max} = 0.004244 \times \frac{R_{\max}}{H} \qquad (6.7)$$

式中，$P_{\max}$ – 试件劈裂破坏时产生的极限拉应力；ε_d – 干缩试验试件失水率达到 2.5%时的平均干缩应变；E_P – 劈裂模量。

干缩应变抗裂系数如下式：

$$\overline{W_{d\varepsilon}} = \frac{\varepsilon_{\max}}{\varepsilon_d} \qquad (6.8)$$

式中，$\varepsilon_{\max}$ – 试件劈裂破坏时的极限应变；ε_d – 干缩试验试件失水率达到 2.5%时的平均干缩应变。

干缩抗裂系数为：

$$W_d = W_{d\sigma} \times W_{d\varepsilon} \qquad (6.9)$$

干缩抗裂系数越大，半刚性材料抗裂能力越强。干缩抗裂系数必须大于 1，如小于 1，说明材料在 2.5%的失水率下因拉应力及拉应变过大而破坏。

干缩抗裂系数 W_d 物理意义明确，试验方法简单明了，是较好的评价半刚性材料抗裂能力的指标。式中选用 2.5%的失水率下干缩应变的平均值，是因为考虑到现场平均养生条件。

如改用混合料最大干缩应变来衡量其抗裂能力：不同混合料在最大干缩应变下失水率不同，以不同失水率下的干缩应变用相同的指标评价不能准确比较混合料抗裂能力大小；现场混合料失水率不可能达到实验室最大干缩应变试验时的失水率，如用最大干缩应变，有可能使 $W_d > 1$，从而使抗裂能力合格的水泥稳定碎石混合料被淘汰。干缩抗裂系数的计算方法对温缩试验同样适用，因此温缩抗裂系数的计算同上。

6.5　振动成型方式水泥稳定碎石配合比优化

6.5.1　级配优化设计

选定 3 种目标级配：级配 1、级配 2、级配 3，见表 6.3。3 种级配均以 4.75mm 通过率改变，分别选用 3 种 3%，4%，5%水泥剂量 9 个配比，进行配合比设计，研究路用技术的性能。

表 6.3　3 种目标的级配

目标级配	不同各筛孔/妈妈通过率/%						
	31.5	19	9.5	4.75	2.36	0.6	0.075
级配 1	100	75	42	24	16	8	4
级配 2	100	80	47	29	20	12	4
级配 3	100	85	52	34	24	14	4

各目标级配依据集料筛分结果进行配合，见表 6.4，级配曲线如图 6.1 所示。

表 6.4　集料筛分结果及级配配合比计算结果

孔径/mm	不同矿料规格/mm				各组级配矿料通过百分率/%		
	9.5～31.5	4.75～9.5	2.36～4.75	0～2.36			
	各规格种类矿料通过百分率				级配 1	级配 2	级配 3
31.5	100.0	100.0	100.0	100.0	100.0	100.0	100.0
19	37.2	100.0	100.0	100.0	73.6	78.0	82.4
9.5	5.2	58.5	100.0	100.0	43.2	49.0	54.8
4.75	2.6	11.7	83.8	99.4	22.0	27.0	32.1
2.36	2.0	7.4	27.7	74.1	14.2	17.9	21.6
0.6	1.6	5.2	13.6	31.4	7.2	8.8	10.4
0.075	1.1	3.4	7.7	13.1	3.8	4.4	5.1
配合比	42	41	5	12	级配 1		
	35	43	5	17	级配 2		
	28	45	5	22	级配 3		

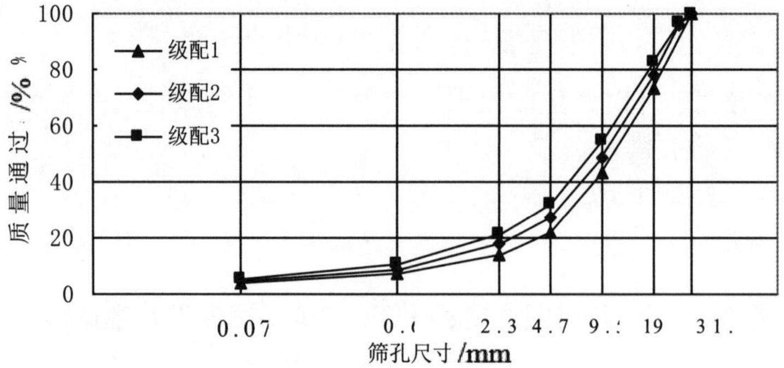

图 6.1 矿料级配曲线

6.5.2 最佳含水量及最大干密度

对上述 3 个级配，分别配制水泥剂量 3.0，4.0，5.0%共 9 个配比，然后分别取 5 个不同含水量，经人工拌和后用振动成型方式成型，量测试件密度、含水量，计算干密度，确定试件的最佳含水量、最大干密度见表 6.5。

表 6.5 水泥稳定碎石击实结果

不同水泥剂量/%试验参数			3∶100	4∶100	5∶100
振动击实	级配 1	最佳含水量/%	5.0	5.1	5.2
		最大干密度/g/cm^3	2.461	2.466	2.467
	级配 2	平均劈裂强度/MPa	5.2	5.4	5.4
		偏差系数 C_i/%	2.471	2.479	2.481
	级配 3	平均劈裂强度/MPa	5.4	5.5	5.6
		偏差系数 C_i/%	2.488	2.495	2.499

由表 6.5 分析知：同一级配混合料最大干密度随着水泥添加剂量的增加而增加；不同级配混合料最佳含水量，随着水泥添加剂量增加而增加；相同水泥添加剂量，级配越细最佳含水量越大；相同水泥剂量混合料最大干密度由小到大变化：级配 1＜级配 2＜级配 3；随着级配变细，混合料最大干密度增大。

6.5.3 强度的特性

水泥稳定碎石的强度有抗压、劈裂和抗弯拉强度等。

①无侧限抗压强度。选定不同的级配、水泥添加剂量混合料，振动击实制件，进行试验确定最大干密度、最佳含水量参数。Φ15cm×15cm 的圆柱形试件参照压实度 98%振动成型，7d 无侧限抗压强度试验结果见表 6.6。由表 6.6 及图 6.2 分析可知：随水泥剂量的增加，各级配的无侧限抗压强度也随之增加。级配 1：水泥剂量每增加 1%，强度提高平均为 25.4%；级配 2 提高 24.3%；级配 3 提高 26.8%。相同水泥剂量无侧限抗压强度由小大关系为：级配 1＜级配 3＜级配 2，级配 2 材料结构最优，其振动成型强度增大影响显著。

表 6.6 7d 无侧限抗压强度试验结果

不同水泥剂量/%试验参数			3:100	4:100	5:100
振动成型	级配 1	平均劈裂强度/MPa	5.1	7.7	8.5
		偏差系数 C_i/%	9.7	13.7	12.6
		$R_{c0.95}$/MPa	4.3	5.9	6.7
	级配 2	平均劈裂强度/MPa	5.4	7.1	8.5
		偏差系数 C_i/%	6.2	8.1	7.6
		$R_{c0.95}$/MPa	4.8	6.2	7.4
	级配 3	平均劈裂强度/MPa	5.3	7.4	8.3
		偏差系数 C_i/%	8.1	12.9	6.8
		$R_{c0.95}$/MPa	4.6	5.8	7.4

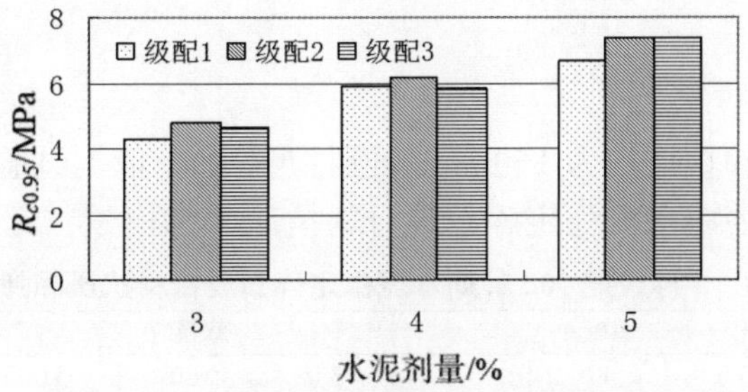

图 6.2　水泥剂量、级配与 7d 强度的关系

②抗劈裂强度。目前，我国的半刚性沥青路面设计主要参数指标之一是抗劈裂强度，试件采用振动成型法成型，是高和直径均为 150mm 的圆柱形试件，参照试验规程（JTJ 057－1994），3 种级配 7d 龄期水泥稳定碎石混合料的抗劈裂强度见表 6.7 和图 6.3。

表 6.7　3 种级配 7d 龄期水泥稳定碎石混合料的抗劈裂强度

水泥剂量/%，试验类型			3：100	4：100	5：100
振动成型	级配 1	平均劈裂强度/MPa	0.50	0.53	0.58
		偏差系数 C_v/%	9.3	8.4	8.3
		$R_{c0.95}$/MPa	0.42	0.46	0.50
	级配 2	平均劈裂强度/MPa	0.49	0.57	0.59
		偏差系数 C_v/%	6.2	8.1	7.6
		$R_{c0.95}$/MPa	0.44	0.49	0.52
	级配 3	平均劈裂强度/MPa	0.54	0.60	0.62
		偏差系数 C_v/%	8.1	8.9	6.8
		$R_{c0.95}$/MPa	0.47	0.51	0.55

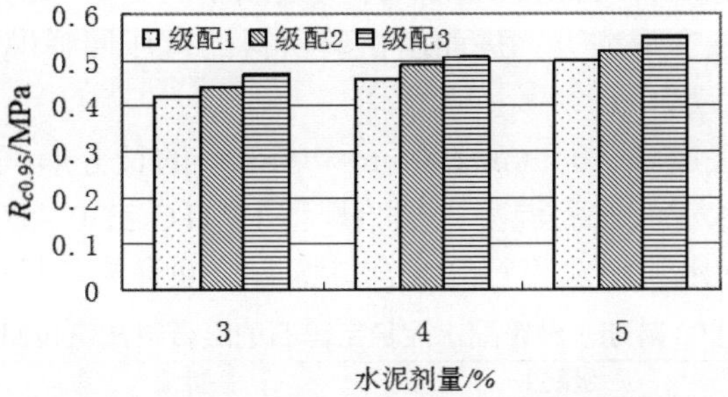

图 6.3　水泥剂量、级配与劈裂强度的关系

由图 6.3 分析可知：同级配，水泥剂量越高材料的劈裂强度越高。以 7d 龄期为例：级配 1 在 4.0%和 5.0%水泥剂量时的劈裂强度分别比水泥剂量为 3.0%时提高了 9.5%和 19.0%；级配 2 在 4.0%和 5.0%水泥剂量时的劈裂强度分别比水泥剂量为 3.0%时提高了 11.4%和 18.2%；级配 3 在 4.0%和 5.0%水泥剂量时的劈裂强度分别比水泥剂量为 3.0%时提高了 8.5%和 17.0%。

可见，水泥添加剂量的增加显著提高了水泥稳定碎石混合料的抗拉性能。相同水泥添加剂量，级配越细越能提高材料强度。以 7d 龄期为例：3.0%水泥剂量时，级配 2 和级配 3 的劈裂强度分别比级配 1 提高了 4.8%和 11.9%；4.0%水泥剂量时，级配 2 和级配 3 的劈裂强度分别比级配 1 提高了 6.5%和 10.9%；5.0%水泥剂量时，级配 2 和级配 3 的劈裂强度分别比级配 1 提高了 4.0%和 11.0%。

上述结果说明，半刚性材料的抗拉性能不同于抗压强度变化，随着水泥添加黏聚力提高、级配变细，半刚性材料混合料抗拉强度增大。

6.5.4 刚度特性

（1）抗压回弹模量

振动成型法成型高和直径均为 150mm 的圆柱形试件，依据试验规程（JTJ 057 – 1994），试验得到 3 种级配 90d 龄期水泥稳定碎石混合料抗压回弹模量，见表 6.8 和图 6.4。

表 6.8 3 种级配 90d 龄期水泥稳定碎石混合料抗压回弹模量

级配	级配 1			级配 2			级配 3		
水泥剂量/%	3.0	4.0	5.0	3.0	4.0	5.0	3.0	4.0	5.0
抗压回弹模量/MPa	1305	1649	1783	1418	1728	1892	1293	1586	1757

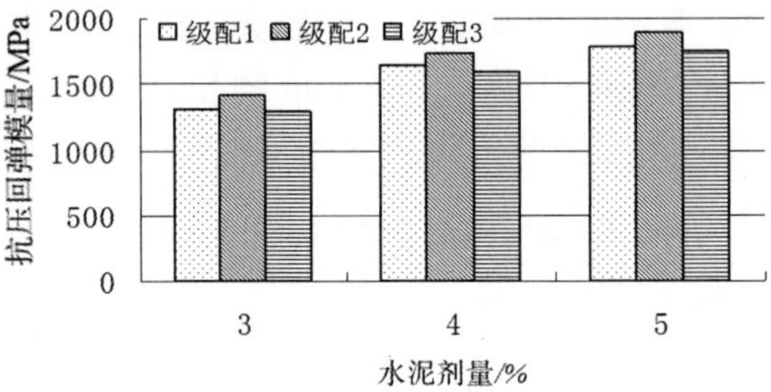

图 6.4 水泥剂量、级配与抗压回弹模量的关系

由图 6.4 分析可知：相同龄期 3 种级配水泥稳定碎石混合料的抗压回弹模量均随水泥剂量的增加而增长。对于相同水泥剂量而言，水泥稳定碎石的混合料抗压回弹模量不随级配粗细改变呈线性变化，而存在一最佳值，即级配越接近骨架密实结构，其混合料的抗压回弹模量越大，过粗或过细都可能使抗压回弹模量减小。分析认为，细集料用量过多或过少，都会使混合料的弹性变形增大，进而由试验所得的抗压回弹模量变小。

（2）抗弯拉回弹模量

试件采用振动成型法成型 100mm×100mm×400mm 的长方形试件，抗弯拉回弹模量试验方法参照《公路工程水泥及水泥混凝土试验规程》（JTG E30 – 2005）中的 T0559 – 2005 进行。90d 龄期 3 种级配水泥稳定碎石的混合料抗弯拉回弹模量见表 6.9 和图 6.5。

表 6.9 90d 龄期 3 种级配水泥稳定碎石的混合料抗弯拉回弹模量

级配	级配 1			级配 2			级配 3		
水泥剂量/%	3.0	4.0	5.0	3.0	4.0	5.0	3.0	4.0	5.0
抗弯拉回弹模量/MPa	2792	4927	6975	3248	6839	8266	3601	5473	8524

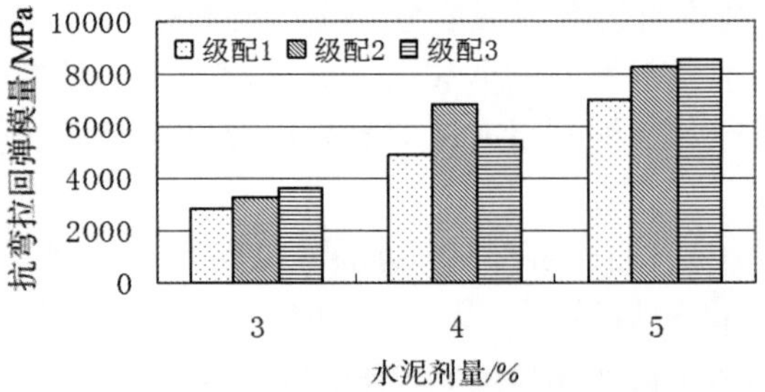

图 6.5 水泥剂量、级配与抗弯拉回弹模量的关系

由图 6.5 各级配混合料抗弯拉回弹模量柱形图关系分析可见：各配比水泥稳定碎石混合料抗弯拉回弹模量均随水泥剂量的增加而增长，但同一水泥剂量下的结果变异性很大。表现为：水泥剂量较小时，随级配变粗材料的抗弯拉回弹模量减小，但相互之间的差别不大；而当水泥剂量较大时，这种表现不显著，如水泥剂量为 4.0%时级配 2 的抗弯拉回弹模量相对最大。分析原因可能是试件用材料较粗，不容易成型出较平整的上下平面，因而影响了变形测量的准确性。总体而言，级配越粗其混合料抗弯拉回弹模量越小。

6.5.5　抗裂能力

（1）抗干缩能力

在混合料的组成设计中，要通过抗压强度试验和干缩试验综合考虑，既要保证其整体材料满足强度要求，又要考虑其收缩特性，避免结构产生过大的收缩应力和过多的收缩裂缝。试件置于 25℃±2℃养护保湿 7d，室内自然湿度风干，测定不同失水率的收缩变形，如图 6.6 所示。

目前，在无统一测定半刚性基层材料的干缩特性标准的情况下，常用千分表量测梁式试件进行干缩变形试验，至含水量停止减小。对干缩量、失水量按下式计算得出试件的干缩应变 ε_d 和干缩系数 α_d。

$$\varepsilon_d = \Delta L/L \tag{6.10}$$

$$\alpha_d = \varepsilon_d/\Delta W \tag{6.11}$$

式中，L－试件长度，40cm；ΔL－干缩量，试件水分损失收缩量，μm；ΔW－失水率，试件失水量与干重之比，%。

图 6.6　收缩试验

干缩变形特性失水率与干缩应变、干缩系数和风干时间影响变化关系，如图 6.7 所示。

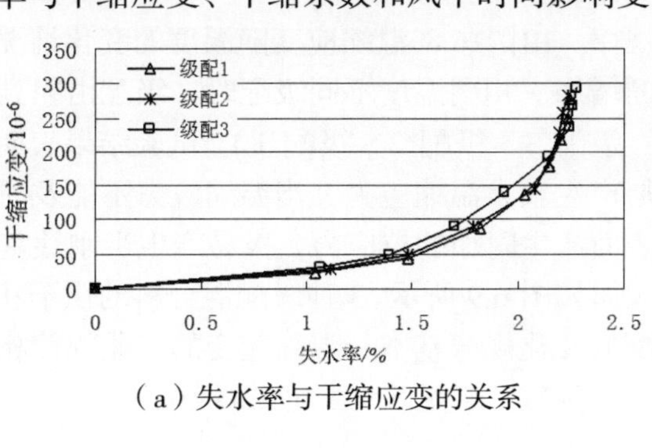

（a）失水率与干缩应变的关系

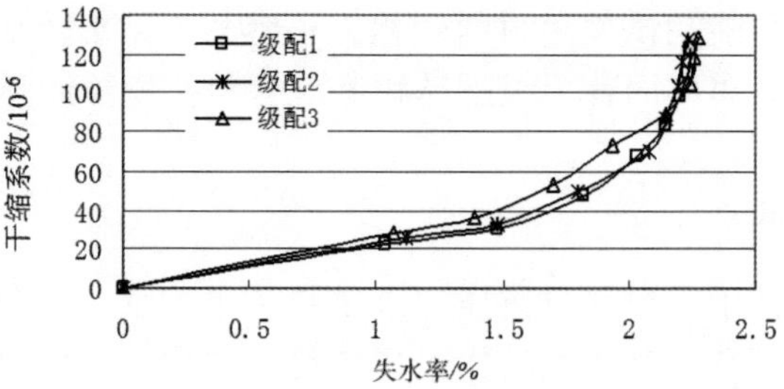

（b）失水率与干缩系数的关系

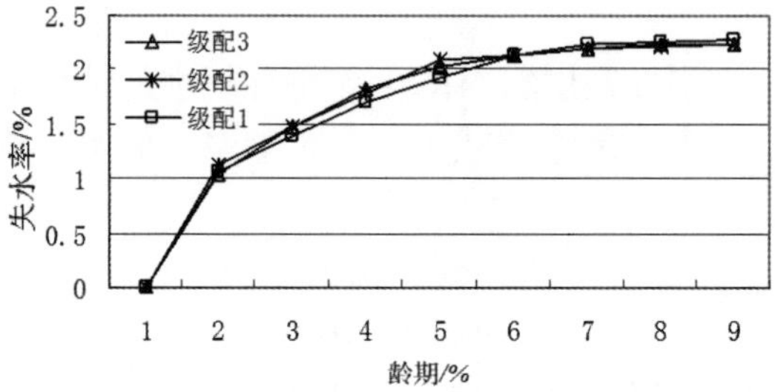

（c）失水率与风干时间的关系

图 6.7　不同级配试件的失水率与风干时间对其干缩特性的影响

由图分析可以看出 3 种级配试件的干燥收缩性能的规律：随着水分的散失，试件含水量降低，干缩应变逐渐增大。试验初期，各配比的干缩应变相差很小，且收缩变化比较平缓。试验后期，各配比混合料的干缩应变均有急剧增大的趋势。随着失水率的增加，3 个级配试件的干缩系数逐渐增大，且有与干缩应变随失水率变化相似的趋势。3 种级配试件的失水率皆随风干时间的增加而增加，随着时间推移失水率变化趋缓，最后不再变化。3 种级配水泥稳定碎石混合料干缩抗裂系数变化见表 6.10，相同水泥剂量干缩抗裂系数由大到小：级配 2 > 级配 1 > 级配 3。

表 6.10　养生 7d，水泥剂量 4%水泥稳定碎石混合料的干缩抗裂系数

级配	干缩抗裂系数	干缩应变抗裂系数	干缩应力抗裂系数	劈裂模量/MPa	劈裂应力/MPa
级配 1	3.20	1.26	2.54	2468	0.63
级配 2	5.07	1.58	3.21	2865	0.70
级配 3	1.80	0.95	1.90	3130	0.67

（2）抗温缩能力

水泥稳定碎石基层相同试件的温缩系数平均值为

$$\alpha_T = \sum \Delta\varepsilon_T / (T_{i+1} — T_0) \quad (6.12)$$

式中，$\Delta\varepsilon_T$—累计温缩应变，$\times10^{-6}$；T_{i+1}—当前测试温度，℃；T_0—起始温度，℃。

试验结果见图 6.8 和图 6.9。

①温缩应变的变化规律。由图 6.8 温缩应变随温度的变化情况知，随着试验温度的降低，混合料温缩应变不断增加。相同温度不同级配时，级配由粗到细时，温缩应变也逐渐增加（温缩应变大小为：级配 3 > 级配 2 > 级配 1）。试验结果表明：大幅降温、高温下短时降雨，导致半刚性基层产生较大温缩应力，当温缩应力不能及时松弛，将出现较大温度梯度变化，半刚性基层表面产生附加的拉应力，极易产生半刚性基层顶面收缩裂缝。

②温缩系数的变化规律如图 6.9 所示。3 种级配混合料的烘干状态温缩系数随着温度降低而减小；不同粗细级配的变化规律基本与温缩应变的变化规律相同，级配由粗到细时，温缩系数也逐渐增加（温缩系数：级配 3 > 级配 2 > 级配 1）。

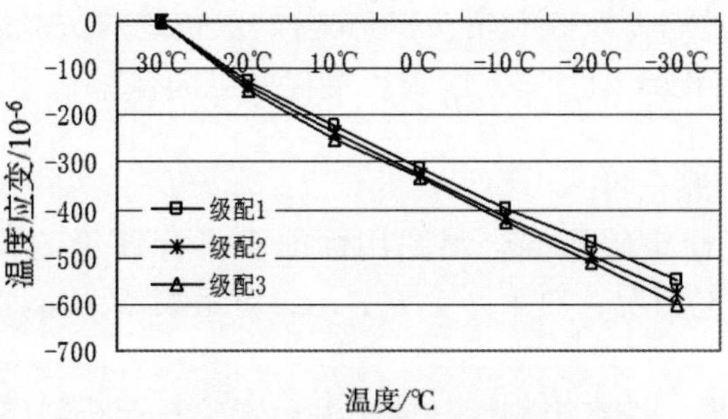

图 6.8　温缩应变随温度的变化情况

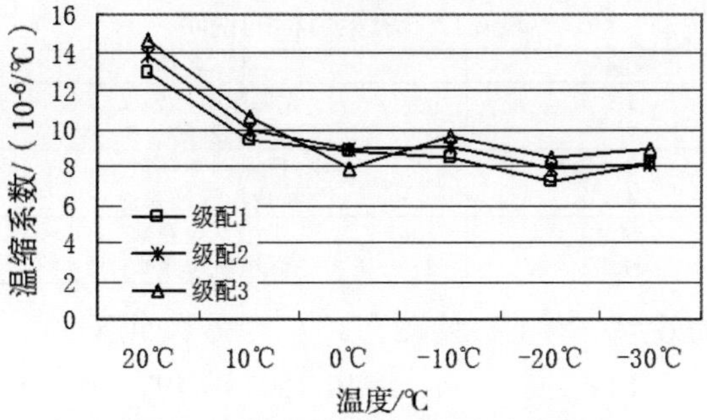

图 6.9　温缩系数随温度的变化情况

③用温缩抗裂系数指标评价水泥稳定碎石混合料抗温缩能力。对以上 3 种级配的水泥稳定碎石混合料进行了温缩抗裂系数计算，计算结果见表 6.11，相同水泥剂量温缩抗裂系数由大到小为：级配 1＞级配 2＞级配 3。温度应变/10^{-6}　温缩系数/（10^{-6}/℃）

表 6.11　养生 7d，水泥剂量 4%水泥稳定碎石混合料温缩抗裂系数

级配	温缩抗裂系数	温缩应变抗裂系数	温缩应力抗裂系数	劈裂模量/MPa	劈裂应力/MPa
级配 1	4.05	1.32	3.07	2468	0.63
级配 2	2.71	1.15	2.35	2865	0.70
级配 3	1.53	0.87	1.75	3130	0.67

6.5.6　级配优化及结果

利用灰色关联决策，进行 3 个级配的水泥碎石基层多指标分析评价。

（1）计算步骤

研究范围全体事件集 $A=\{a_1, a_2, \ldots, a_n\}$，其中第 i 个事件 a_i（$i=1, 2, \ldots, n$）。研究范围全体对策集 $B=\{b_1, b_2, \ldots, b_m\}$，其中第 j 种对策 b_j（$j=1, 2, \ldots, m$）。对应事件集 $A=\{a_1, a_2, \ldots, a_n\}$，对策集 $B=\{b_1, b_2, \ldots, b_m\}$；笛卡尔坐标系乘积局势集 $S=A\times B=\{(a_i, b_j) \mid a_i\in A, b_j\in B\}$，对 $a_i\in A$，$b_j\in B$ 称为（a_i，b_j）的局势 $S_{ij}=(a_i, b_j)$。

灰色关联统计决策根据局势效果向量、最优效果向量关联度，进行局势优劣评价。其具体步骤如下：①事件集 $A=\{a_1, a_2, \ldots, a_n\}$、对策集 $B=\{b_1, b_2, \ldots, b_m\}$构造局势集，$S=\{(a_i, b_j) \mid a_i\in A, b_j\in B\}$；②决策目标（1，2，…，$S$）；③$k$ 目标下不同局势 S_{ij}（$i=1, 2, \ldots, n$；$j=1, 2, \ldots, m$）效果值为 $u^{(k)}=\{u^{(k)}_{11}, u^{(k)}_{12}\ldots u^{(k)}_{1m}, u^{(k)}_{21}, u^{(k)}_{22}\ldots, u^{(k)}_{2m}, \ldots, u^{(k)}_{n1}, u^{(k)}_{n2}\ldots u^{(k)}_{nm}\}$，$k=1, 2, \ldots, s$；④求 k 目标下局势效果序列 $u^{(k)}$ 的均值像，仍记为 $u^{(k)}=\{u^{(k)}_{11}, u^{(k)}_{12}\ldots u^{(k)}_{1m}, u^{(k)}_{21}, u^{(k)}_{22}\ldots, u^{(k)}_{2m}, \ldots, u^{(k)}_{n1}, u^{(k)}_{n2}\ldots u^{(k)}_{nm}\}$，$k=1, 2, \ldots s$；⑤由④结果写出局势 S_{ij} 的效果向量 $u_{ij}=(u^{(1)}_{ij}, u^{(2)}_{ij}, \ldots, u^{(s)}_{ij})$，$i=1, 2, \ldots, n$；$j=1, 2, \ldots, m$；⑥求理想最优效果向量 $u_{i0j0}=(u$

$^{(1)}{}_{i0j0}$，$u^{(2)}{}_{i0j0}$，…，$u^{(s)}{}_{i0j0}$)；⑦计算 u_{ij} 与 u_{i0j0} 的灰色绝对关联度 ε_{ij}，i=1，2，…，n，j=1，2，…，m；⑧利用 $\max\limits_{\substack{1\le i\le n\\1\le j\le m}}\{\varepsilon_{ij}\}=\varepsilon_{i1j1}$ 求得最优效果向量 u_{i1j1}、局势 S_{i1j1}。

（2）计算不同级配混合料

①半刚性基层水泥稳定碎石混合料路用性能多指标评价的事件 a_1，构成的事件集 $A=\{a_1\}$；对级配 1，2，3 情况，对策 b_1，b_2，b_3，对策集 $B=\{b_1, b_2, b_3\}$；于是有局势集 $S=\{S_{11}, S_{12}, S_{13}\}$。

②根据①的计算结果，选定半刚性基层水泥稳定碎石混合料路用性能指标，作为分析决策目标，在 3 类性能指标的平分总权重为 1 的情况，结果见表 6.12。

表 6.12　决策目标的说明

目标类型	目标编号	目标名称	目标权重
强度特性	1	无侧限抗压强度	0.167
	2	劈裂强度	0.167
刚度特性	3	抗压回弹模量	0.167
	4	抗弯拉回弹模量	0.167
收缩特性	5	干缩抗裂系数	0.167
	6	温缩抗裂系数	0.167

③k 序列目标局势的效果 $u^{(k)}$（k=1，2，3，…，6）如下：

$u^{(1)}$={5.9，　6.2，　5.8 }；　　　　$u^{(2)}$={0.460，0.49，　0.51}；

$u^{(3)}$={1649，1728，1586}；　　　　$u^{(4)}$={4927，　6839，5473}；

$u^{(5)}$={3.2，　5.07，1.8 }；　　　　$u^{(6)}$={4.050，2.71，　1.53}。

④k 目标 $\eta_k u^{(k)}$ 的局势效果序列如下：

$\eta_1 u^{(1)}$={0.163，　0.174，　0.164}；　$\eta_2 u^{(2)}$={0.157，　0.168，　0.174}；

$\eta_3 u^{(3)}$={0.164，　0.174，　0.162}；　$\eta_4 u^{(4)}$={0.142，　0.199，　0.158}；

$\eta_5 u^{(5)}$={0.158，　0.252，　0.091}；　$\eta_6 u^{(6)}$={0.243，　0.164，　0.091}。

⑤利用上述结果得到局势 S_{ij} 效果向量 u_{ij}（i=1；j=1，2，3）如下：

u_{11}={0.164，　0.158，　0.165，　0.143，　0.158，　0.244}

u_{12}={0.173，　0.168，　0.173，　0.199，　0.253，　0.164}

u_{13}={0.163，　0.175，　0.161，　0.159，　0.091，　0.092}。

⑥最优效果理想向量。选择无侧限抗压、劈裂强度，以及抗压、抗弯拉回弹模量和干燥、温度收缩抗裂等系数决策指标，最优值均采用最大值。

效果最优向量如下：

u_{i0j0}={0.173，　0.175，　0.244，　0.199，　0.253，　0.245}。

⑦u_{ij}，u_{i0j0} 灰色绝对关联度：ε_{ij}，　i=1，j=1，2，3；ε_{11}=0.911，ε_{12}=0.919，ε_{13}=0.808。

⑧max（ε_{ij}）= ε_{12}=0.919 计算值可知：最优级配是级配 2，即综合路用性能最优是半刚性基层水泥稳定碎石混合料。

⑨综合半刚性基层水泥稳定碎石混合料路用性能级配优劣顺序：级配 2>级配 1>级配 3。

6.6　振动成型方式水泥稳定碎石混合料设计及路用性能对比

6.6.1　击实方式及击实功对比分析

重型击实法的各项参数及计算得出击实功见表 6.13。振动击实各项参数及其击实功见表 6.14，振动击实功高于重型击实功，可以提高 2.19 倍。振动击实混合料比重型击实具有更大的干密度、较小的空隙。那么是否认为仅通过提高做功也可使重型击实达到振动击实的效果呢？因此有必要做如下对比试验：试验中按级配 2 配料，水泥剂量均取 4%，在各自最佳含水量下分别采用振动击实和重型击实确定干密度。其中重型击实采用 3×98，5×98，7×98，9×98 次击实次数。试验中以最大干密度为衡量标准，观察混合料的干密度变化趋势。

表 6.13　重型击实试验参数及击实功

锤质量/kg	锤击面直径/cm	落高/cm	试筒尺寸			锤击层数	锤击次数	平均单位击实功/J
			内径/cm	高/cm	容积/cm^3			
4.5	5.0	45	15.2	12.0	2177	3	98	2.677

表 6.14　振动击实试验参数及击实功

试验方法	振频/Hz	振幅/mm	激振力/N	静面压力/kPa	击实时间/min	击实功/J
振动击实	30	1.4	7612	140	2	5.881

试验结果见表 6.15 及图 6.10。由表图可知：即使重型击实功达到甚至超过振动击实功，其混合料的最大干密度也无法达到振动击实的效果。其原因是：前面已经提到过两种击实方式的机理不同，重型击实对材料的冲击荷载仅认为对材料的夯实，而振动击实可以使材料在被压实过程中产生移动，使粗集料重新排布。这种重新排布将进一步使材料结构趋于合理化，这不是简单通过提高击实功就可以做到的。

表 6.15　重型击实与振动击实对比试验

锤击次数 击实功/J	3×98 2.677	5×98 4.4617	7×98 6.2463	9×98 8.031
振动击实功/J	5.881			

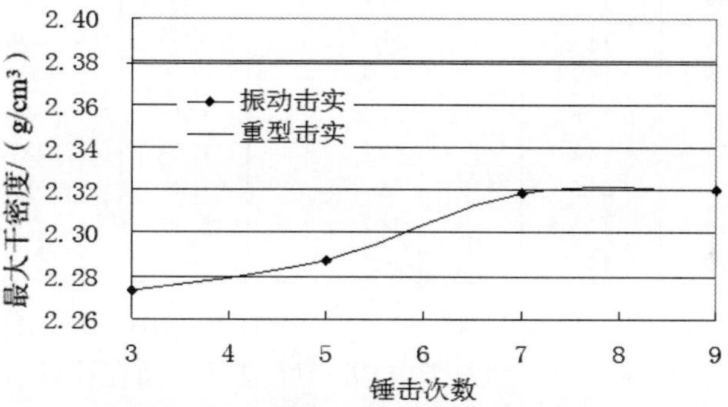

图 6.10　重型击实与振动击实对比试验

6.6.2　最佳含水量、最大干密度对比分析

采用振动、重型击实方法，3 种级配分别确定不同级配及水泥添加剂量，其水泥稳定碎石混合料最佳含水量、最大干密度对比见表 6.16。

表 6.16　振动、重型击实最佳含水量、最大干密度对比

水泥剂量试验类型			3：100	4：100	5：100
振动击实	级配 1	最佳含水量/%	5.0	5.1	5.2
		最大干密度/（g/cm^3）	2.461	2.466	2.467
	级配 2	最佳含水量/%	5.2	5.4	5.4
		最大干密度/（g/cm^3）	2.471	2.479	2.481
	级配 3	最佳含水量/%	5.4	5.5	5.6
		最大干密度/（g/cm^3）	2.488	2.495	2.499
重型击实	级配 1	最佳含水量/%	5.1	5.2	5.3
		最大干密度/（g/cm^3）	2.368	2.373	2.376
	级配 2	最佳含水量/%	5.3	5.4	5.4
		最大干密度/（g/cm^3）	2.376	2.382	2.388
	级配 3	最佳含水量/%	5.4	5.4	5.4
		最大干密度/（g/cm^3）	2.394	2.398	2.399

由表 6.16 可知：振动击实的混合料最大干密度高于重型击实的最大干密度，对同一级配而言，两种击实方式的发展趋势一致，最大干密度均随水泥剂量的增加而有所提高。对不同级配、同一水泥剂量的混合料最大干密度而言，两种击实方式的发展规律也大体相同，即：级配 1 < 级配 2 < 级配 3。对比振动、重型击实可知：重型、振动击实混合料最大干密度比值在范围 1.039 ~ 1.042。在 4%水泥添加剂量下，振动、重型击实最大干密度的关系式如下：

级配 1：$\rho_{振动击实}=1.039\rho_{重型击实}$；

级配 2：$\rho_{振动击实}=1.041\rho_{重型击实}$；

级配 3：$\rho_{振动击实}=1.040\rho_{重型击实}$。

两种击实方式的混合料，其含水量均随水泥剂量的增加略有增长，但趋势不明显。随级配变细，含水量也略有提高。综合比较，重型击实的最佳含水量略高于振动击实的最佳含水量。振动击实的水泥碎石混合料最大干密度大的现象还可以通过混合料体积指标来解释，见表 6.17。

表 6.17 水泥稳定碎石体积指标表

级配形式		全级配			4.75mm 以上级配粗集料		VCAmix − VCAc
指标		密度 /(g/cm³)	间隙率	粗集料间隙率 VCA_{mix}	密度 /(g/cm³)	间隙率 VCA_c	
级配 3	松堆	1.834	34.6	59.9	1.569	43.9	16
	插捣	2.044	27.1	55.3	1.744	37.6	17.7
	振动	2.099	25.1	54.1	1.799	35.5	18.6
	振实	2.211	14.1	51.3	2.108	30.8	20.5
	试件	2.495	16.9	49.0	—	—	—
级配 2	松堆	1.799	35.8	51.7	1.564	44.1	7.6
	插捣	2.014	28.1	45.9	1.754	37.3	8.6
	振动	2.119	24.3	43.1	1.864	33.3	9.8
	振实	2.219	12.3	38.2	2.198	28.2	10
	试件	2.479	15.5	36.5	—	—	—

由表 6.17 分析可知，对于合成集料，在松堆及插捣作用下，级配 3 的密度大于级配 2 的密度，级配 3 的集料间隙率小于级配 2 的集料间隙率。而在振动及振实作用下，密度和集料间隙率的大小则相反，即级配 2 的密度大于级配 3 的密度，级配 2 的集料间隙率小于级配 3 的集料间隙率。说明级配 3 在松堆及插捣作用下其密实程度大于级配 2。而改变作用方式为振动后，级配 2 的密实程度则好于级配 3。

由此上述分析得出如下结论，所谓密实的级配不是绝对的，它应该是某种成型方式下的产物，脱离成型方式而得出的级配评价指标或评价体系是片面的。用合成级配的粗集料间隙率 VCA_{mix} 与插捣的粗集料间隙率 VCA_c 的差值可以判断混合料集料骨架结构。由表 6.17，级配 3 的 VCA_{mix}试件 − VCA_c插捣 = 11.4%，而对于级配 2，VCA_{mix}试件 − VCA_c插捣 = −0.8%。如采用沥青混合料 SMA 骨架判别标准，显然，级配 3 在振动方式下为悬浮结构，而级配 2 为骨架密实结构。因此，如以最大密实为判据选择混合料级配，那么在松堆及插捣作用方式下级配 3 为优，但改变作用方式后以骨架密实为标准则级配 2 为最优。

6.6.3 强度特性对比分析

（1）无侧限抗压强度的对比分析

振动、重型击实无侧限抗压强度如表 6.18 所列，振动压实水泥稳定碎石的混合料最佳含水量减少、最大干密度提高，振动方式级配 2 实现骨架密实结构。

表 6.18　振动、重型击实成型水泥稳定碎石混合料无侧限抗压强度对比

级配	水泥剂量	3∶100		4∶100		5∶100	
	龄期/d	振动/MPa	重型/MPa	振动/MPa	重型/MPa	振动/MPa	重型/MPa
级配 1	7	4.3	3.4	5.9	4.0	6.7	4.5
	28	4.9	3.9	6.3	4.4	9.6	5.6
	90	6.3	4.9	9.6	5.0	11.1	6.8
级配 2	7	4.8	3.6	6.2	4.0	7.4	4.4
	28	5.8	4.2	8.3	5.3	11.3	5.5
	90	7.1	4.9	10.5	6.1	12.1	6.7
级配 3	7	4.6	3.5	5.8	4.0	7.4	5.0
	28	5.9	3.8	7.8	4.8	10.0	5.2
	90	6.4	4.4	8.7	5.5	13.3	6.1

①级配对不同龄期水泥稳定碎石混合料强度的影响。图 6.11 和图 6.12 为振动击实法与重型击实法各级配对不同龄期的强度影响关系，由表 6.18 及图 6.11 和图 6.12 可知：两种成型方式下，各级配混合料强度随龄期增长而增长；在不同龄期下，两种成型方式的级配 2 强度优于级配 1 和级配 3；振动击实成型方式下，级配 1 的 90d 强度高于级配 3；重型击实成型方式下，级配 3 的 90d 强度高于级配 1。

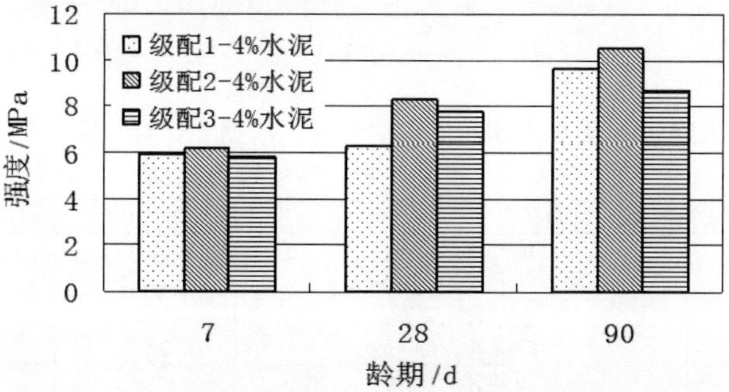

图 6.11　振动击实法级配对不同龄期混合料强度的影响

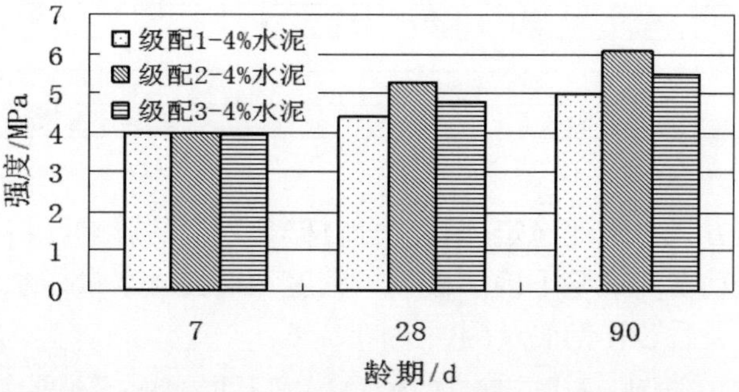

图 6.12　重型击实法级配对不同龄期混合料强度的影响

②水泥剂量对不同龄期水泥稳定碎石混合料强度的影响。由图 6.13 和 6.14 可知振动击实法与重型击实法水泥剂量对不同龄期的强度影响关系：两种成型方式下，水泥剂量增加，各龄期混合料强度也随之增加；振动法各龄期的强度随水泥剂量的提高较重型击实法明显。

③成型方式对不同龄期水泥稳定碎石混合料强度的影响。由表 6.19 数据变化可知：相同水泥添加剂量，振动成型击实的无侧限抗压强度高于重型击实的，倍数比例范围：级配 1 为 1.26～1.92 倍，级配 2 为 1.33～2.05 倍，级配 3 为 1.31～2.18 倍。因此，认为级配振动击实成型方式下可以充分发挥其空间结构作用。

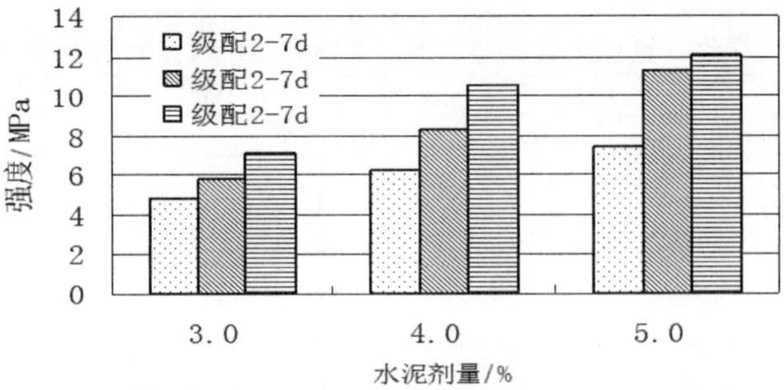

图 6.13　振动击实水泥剂量对不同龄期混合料强度影响

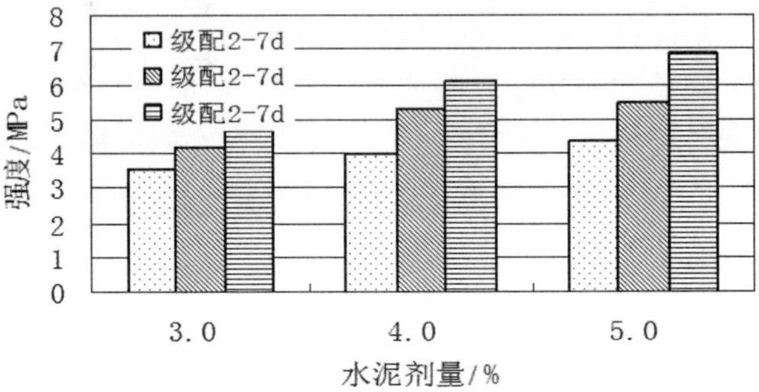

图 6.14　重型击实水泥剂量对不同龄期混合料强度影响

表 6.19　振动、重型击实强度比值

不同水泥剂量/%试验参数			3∶100	4∶100	5∶100
振动击实	级配 1	最佳含水量/%	5.0	5.1	5.2
		最大干密度/（g/cm³）	2.461	2.466	2.467
	级配 2	最佳含水量/%	5.2	5.4	5.4
		最大干密度/（g/cm³）	2.471	2.479	2.481
	级配 3	最佳含水量/%	5.4	5.5	5.6
		最大干密度/（g/cm³）	2.488	2.495	2.499
重型击实	级配 1	最佳含水量/%	5.1	5.2	5.3
		最大干密度/（g/cm³）	2.368	2.373	2.376
	级配 2	最佳含水量/%	5.3	5.4	5.4
		最大干密度/（g/cm³）	2.376	2.382	2.388
	级配 3	最佳含水量/%	5.4	5.4	5.4
		最大干密度/（g/cm³）	2.394	2.398	2.399

（2）劈裂强度对比分析

为探明两种成型方式对水泥稳定碎石混合料劈裂强度的影响，将不同级配、水泥剂量的混合料在重型、振动击实试验下确定最大干密度和最佳含水量，水泥稳定碎石混合料劈裂强度见表 6.20，劈裂后芯样剖面及侧面见图 6.15。

表 6.20　振动、重型击实成型水泥稳定碎石混合料的劈裂强度对比

级配	水泥剂量	3:100		4:100		5:100	
	龄期/d	振动/MPa	重型/MPa	振动/MPa	重型/MPa	振动/MPa	重型/MPa
级配 1	7	0.42	0.23	0.46	0.25	0.50	0.28
	28	0.47	0.28	0.55	0.28	0.61	0.33
	90	0.57	0.32	0.64	0.33	0.70	0.36
级配 2	7	0.44	0.24	0.49	0.26	0.52	0.31
	28	0.53	0.30	0.60	0.32	0.63	0.35
	90	0.61	0.34	0.69	0.39	0.72	0.41
级配 3	7	0.47	0.26	0.51	0.28	0.55	0.31
	28	0.58	0.32	0.64	0.36	0.69	0.39
	90	0.66	0.38	0.73	0.42	0.79	0.43

由表 6.20 中数据可以看出：各配比水泥稳定碎石混合料劈裂强度均随龄期的增长而增大，其增长趋势与龄期呈对数函数关系，且有较好的相关性。各配比水泥稳定碎石混合料

劈裂强度随龄期的增长而增大，均呈现出相同的规律性，即在混合料成型初期材料强度增长最快，随着龄期的延长，材料的强度增长逐渐减缓，直至达到稳定。同时，对于同一级配，随着水泥剂量的增加，各级配组成的水泥碎石混合料劈裂强度逐渐增大。随龄期增长，振动击实成型方式的试件比重型击实成型方式的试件劈裂强度增长受水泥剂量的影响更明显。不同成型方式下，振动击实成型试件的劈裂强度是重型成型试件的 1.68 ~ 1.96 倍，振动击实提高材料劈裂强度的趋势是基本不变的。观察不同成型方式试件侧面看到显著差异，振动成型表面光滑密实，重型击实成型试件表面多孔、粗糙。

（a）重型剖面图　（b）振动剖面图　（c）重型试件图　（d）振动试件图

图 6.15　劈裂强度侧面及剖面图

（3）抗压回弹模量对比分析

本项目按照规范中的顶面法分别对振动击实成型和重型击实成型的 90d 试件进行室内抗压回弹模量试验。试件的成型和养护与无侧限抗压强度的方法相同。试验结果见表 6.21。深入分析可以看出，水泥剂量 4%时级配 2 确定的水泥碎石混合料 90d 无侧限抗压强度和抗压回弹模量关系：振动击实成型：E_{90}=164.6R_{90}；重型击实成型：E_{90}=258.7R_{90}。由以上试验结果可以看出：相同龄期下，水泥碎石的抗压回弹模量随水泥剂量的增加而增大，并且级配组成可使混合料的抗压模量达到一峰值。根据无侧限抗压强度、抗压回弹模量可以设计出合理的水泥添加剂量，使得 90d 无侧限抗压强度在合理范围变化，确定最佳值；振动击实成型的强度提高了 1.72 倍，而回弹模量仅提高了 1.10 倍，说明水泥稳定碎石混合料在强度大幅度提高的情况下，其刚度变化不大。

表 6.21　抗压回弹模量试验结果

级配	水泥剂量	3:100		4:100		5:100	
	龄期/d	振动/MPa	重型/MPa	振动/MPa	重型/MPa	振动/MPa	重型/MPa
级配 1	90	1305	1150	1649	1486	1783	1628
级配 2	90	1418	1280	1728	1578	1892	1736
级配 3	90	1293	1135	1586	1413	1757	1620

6.6.4　收缩性能对比分析

（1）干缩性能对比分析

干缩性能试验结果如图 6.16 ~ 图 6.19 所示。

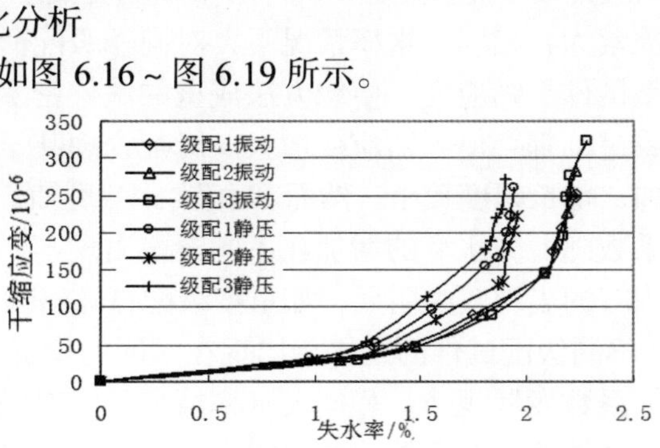

图 6.16　干缩应变与失水率关系图

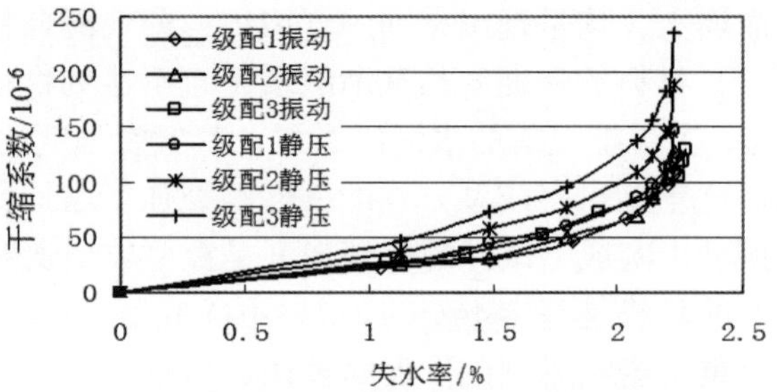

图 6.17　干缩系数与失水率关系图

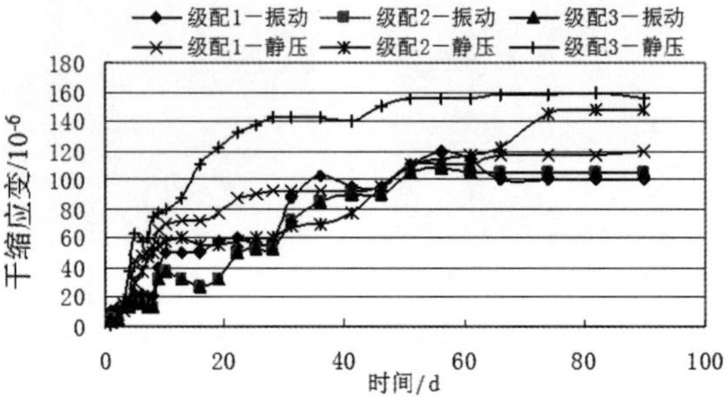

图 6.18　干缩应变与风干时间关系图

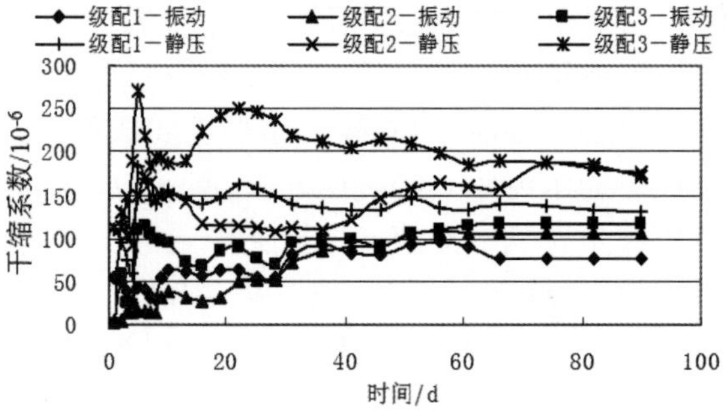

图 6.19　干缩系数与风干时间关系图

为探明两种成型方式振动击实和重型击实（或称静压成型）对水泥稳定碎石混合料收缩性能的影响，本试验通过 10cm×10cm×40cm 梁式试件（水泥掺量 4%），养护 90d 进行试验比较。

试验结果分析可知：由图 6.16，振动击实成型试件和重型击实成型试件干缩应变随着失水率的增加而变化。重型级配 3 试件、重型级配 1 试件最大；重型级配 2、振动级配 3 试件干缩应变次之；振动级配 1、振动级配 2 试件的干缩应变最小。从以上现象分析可知，影响混合料干缩应变的因素为：相同失水率情况下，对同一级配而言，振动成型试件干缩应变要小于重型击实成型试件干缩应变。传统方法成型的试件密实程度不够，在相同失水率的情况下，级配过粗或过细都会使干缩应变增大。级配合理甚至偏粗时，振动成型试件干缩应变随失水率的增加，增长幅度较小。然而，由图 6.17 可知，振动击实成型试件和重型击实成型试件的干缩系数随着失水率的增加在不同阶段出现不同的峰值，在这些峰值中会有一个主峰。这些主峰有的表现较为明显，如重型级配 3 和重型级配 1，有的表现为波形分布，如级配 2 振动。不同级配试件的主峰会出现在不同的位置。从以上现象分析可知，水泥稳定碎石混合料干缩系数发展规律：相同失水率情况下，对同一级配，振动成型试件干缩系数要小于重型成型试件的干缩系数。重型成型的试件在失水率达到 0.22 ~ 0.25 时，即失水量达到最佳含水量的 10%～18%时干缩系数出现峰值，而振动成型试件在失水率达到 0.39～1.08 时，即失水量达到最佳含水量的 22%～40%时干缩系数出现峰值。同时，由图 6.18 可知，振动击实成型试件与重型击实成型试件的干缩应变皆随风干时间的增加而增加，最后趋于稳定。相同风干时间级配 3 重型击实成型试件干缩应变最大，重型击实成型试件干缩应变均大于振动成型试件。由图 6.19 可知，干缩系数会随着风干时间出现峰值，最后随着时间的延长趋于稳定。

由表 6.22 可知，相同水泥剂量下，级配由粗变细时，无论是振动击实还是重型击实成型的混合料试件，其干缩抗裂系数均逐渐减小，其中重型击实法试件的干缩抗裂系数减小幅度较大（振动法减小 1.19 倍，重型法减小 2.37 倍）。

表 6.22　养生 90d，水泥剂量 4%水泥稳定碎石混合料的干缩抗裂系数

成型方式	级配	干缩抗裂系数	干缩应变抗裂系数	干缩应力抗裂系数	劈裂模量/MPa	劈裂应力/MPa
振动击实	级配 1	2.09	1.02	2.05	4695	1.15
	级配 2	2.35	1.08	2.17	5449	1.27
	级配 3	1.76	0.94	1.87	5953	1.23
重型击实	级配 1	1.60	0.89	1.79	2595	0.64
	级配 2	1.07	0.73	1.47	3012	0.71
	级配 3	0.68	0.58	1.16	3291	0.68

整体考虑振动击实成型试件的干缩抗裂性能要好于重型击实成型试件。水泥稳定碎石混合料的干缩应变、系数、抗裂系数等参数，表征抗裂性能指标的因素主要是成型方式，其次是级配。

（2）温缩性能对比分析

前文仅仅对振动成型法 7d 龄期的抗温缩能力进行了分析，为了进一步研究成型方式、级配等因素对温缩能力的影响，本节对前述 3 种级配的混合料进行两种对比分析。研究分别采用振动击实法和重型击实法两种成型方式成型梁式试件，养护 90d 后进行温缩试验。不同成型方式的温度与温缩应变的变化规律；图 6.20 所示为不同成型方式下温缩应变随温度的变化情况。

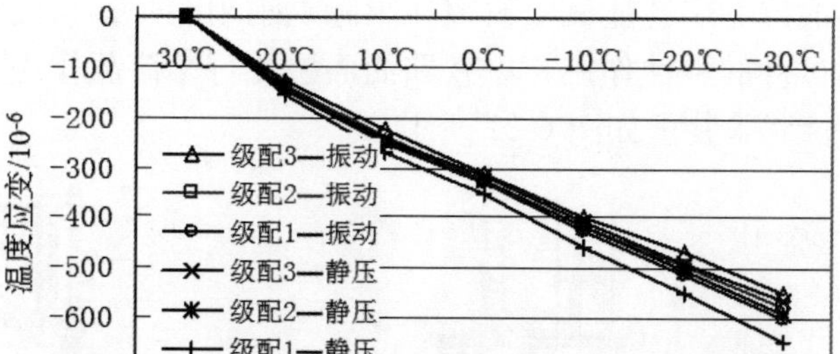

图 6.20　不同成型方式下温度与温缩应变的关系图

由图 6.20 知，随着试验温度的降低，混合料温缩应变不断增加。相同温度不同级配时，级配由粗到细时，温缩应变也逐渐增加（温缩应变：级配 3 > 级配 2 > 级配 1）。同一级配时，振动击实成型的试件的温缩应变小于重型击实成型（或称静压成型）试件。因此影响温缩应变的主要因素是成型方式。

不同成型方式的温度与温缩系数的变化规律：由图 6.21 可知：在烘干状态下 3 种级配混合料温缩系数总体上随着温度的降低而不断减小；不同粗细级配的变化规律基本与温缩应变的变化规律相同，级配由粗到细时，温缩系数也逐渐增加（温缩系数：级配 3 > 级配 2

>级配 1）。同一级配振动成型试件的温缩应变略小于重型击实成型（或称静压成型）试件的温缩系数。用温缩抗裂系数指标评价水泥稳定碎石混合料抗干缩能力：对以上 3 种级配的水泥稳定碎石混合料进行了温缩抗裂系数计算，计算结果见表 6.23。

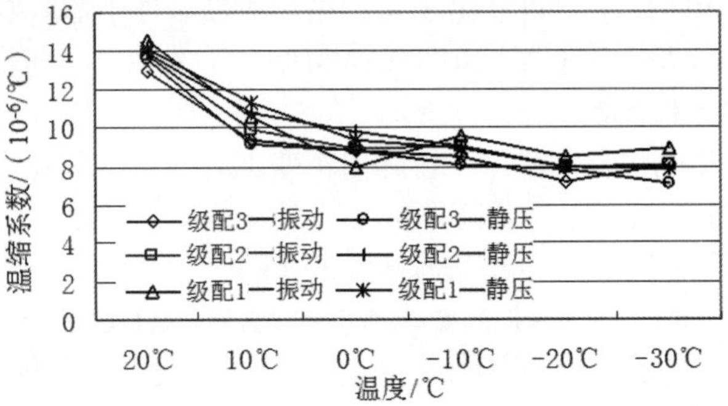

图 6.21　不同成型方式下温度与温缩系数的关系图

表 6.23　养生 90d，水泥剂量 4%水泥稳定碎石混合料的温缩抗裂系数

成型方式	级配	温缩抗裂系数	温缩应变抗裂系数	温缩应力抗裂系数	劈裂模量/MPa	劈裂应力/MPa
振动击实	级配 1	4.27	1.46	2.92	4695	1.15
	级配 2	3.35	1.29	2.59	5449	1.27
	级配 3	1.26	0.80	1.59	5953	1.23
重型击实	级配 1	3.83	1.38	2.77	2595	0.64
	级配 2	3.09	1.24	2.49	3012	0.71
	级配 3	1.00	0.71	1.41	3291	0.68

由表 6.23 可知：相同水泥剂量下，级配由粗变细时，无论是振动法还是重型击实法成型的混合料试件。其温缩抗裂系数均逐渐减小，其中重型击实法试件温缩抗裂系数减小幅度较大（振动法减小 3.39 倍，重型击实法减小 3.83 倍）。整体考虑振动成型试件温缩抗裂性能要好于重型击实成型试件。

6.6.5　抗冲刷能力对比分析

半刚性基层材料的抗冲刷性能试验研究在国际上刚刚展开，与旋转刷性能试验相比，它考虑了试验中水对试件的浸蚀作用，以及路面面层在行车荷载作用下对饱水基层顶面发生的“泵吸作用”现象，试验装置如图 6.22 所示。

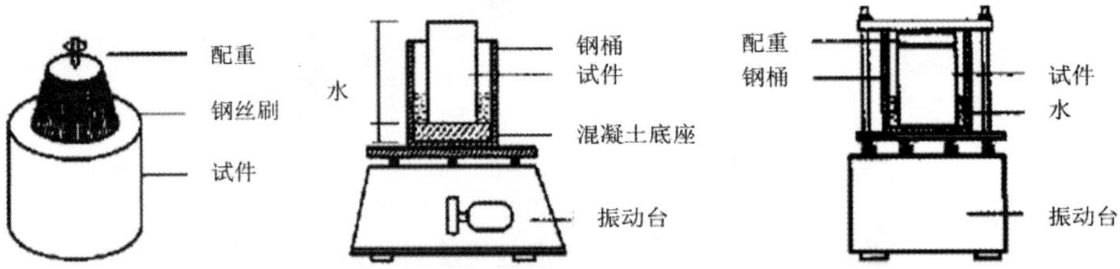

（a）旋转刷　　（b）振动台　　（c）澳大利亚振动台

图 6.22　法国冲刷试验与澳大利亚振动台试验装置

鉴于分析结果，采用振动台法进行抗冲刷试验：车轮荷载作用沥青路面情况，单位压力一般为 0.7MPa。往往基层顶面受到的单位压力随沥青面层厚度变化为 0.5 ~ 0.7MPa，考虑公路行车速度和交通量以及试验装置的稳定性，取振动频率为 10Hz，作用时间从 5min 到 30min。选择级配 2、水泥剂量为 4%的重型击实成型（或称静压成型）和振动击实成型的圆柱试件，试验结果见表 6.24 和图 6.23。

表 6.24　冲刷试验结果

作用力/MPa	频率/Hz	时间/min	振动击实		重型击实	
			平均值/g	偏差系数/%	平均值/g	偏差系数/%
0.5	10	5	5.090	2.43	57.33	3.25
		10	12.65	3.41	87.23	4.32
		15	17.33	4.32	123.78	3.66
		20	21.34	4.23	146.12	2.54
		25	23.39	3.56	161.83	7.54
		30	24.45	6.42	167.43	7.43

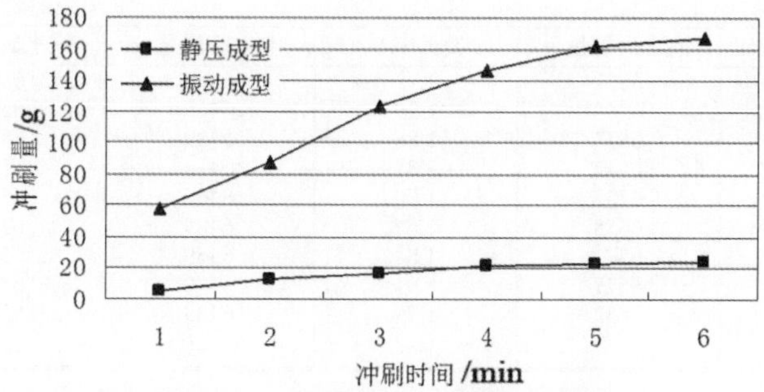

图 6.23　冲刷时间与冲刷量关系图

分析可知：无论是振动击实成型试件还是重型击实成型试件，在相同的冲刷条件下，水泥稳定碎石的冲刷量随冲刷时间的延长呈线形增长，重型击实成型试件在前期增长较快，后期趋于平缓。冲刷时间为 30min 时，重型击实试件的冲刷量是振动击实试件的 6.85 倍。此结果也表明振动成型方式对提高混合料抗冲刷能力有显著作用。

重型击实法与振动法成型试件外观及集料排列方式比较：重型击实法与振动击实法成型试件剖面图如图 6.24 和 6.25 所示。试验中观察振动成型试件无论在密实度还是集料骨架结构形成方面均优于重型击实成型试件。

图 6.24　重型击实法试件剖面图

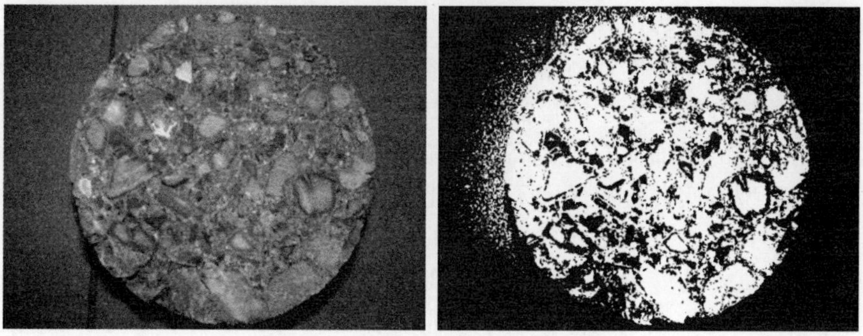

图 6.25　振动击实法试件剖面图

6.6.6 重型击实法与振动击实法成型试件吸水率大小比较

重型击实法与振动击实法试件吸水率试验结果见表 6.25。由表中分析可知，振动击实成型的远小于重型击实成型，级配 A，B 重型击实成型为振动击实成型的 7.7，4.5 倍，由此可以得到振动击实成型试件较重型击实成型试件密实的结论。

表 6.25 水泥稳定碎石混合料试件吸水率表

重型法试件（6%）						
级配形式	级配 A			级配 B		
项目	饱水前重量/g	饱水后重量/g	吸水率/%	饱水前重量/g	饱水后重量/g	吸水率/%
1	6410	6522	1.75	6488	6571	1.28
2	6418	6546	1.99	6465	6512	0.73
3	6453	6573	1.86	6489	6536	0.72
4	6421	6542	1.88	6418	6512	1.46
5	6452	6562	1.70	6466	6591	1.93
6	6450	6558	1.67	6489	6542	0.82
7	6452	6571	1.84	6459	6556	1.50
8	6454	6577	1.91	6490	6554	0.99
9	6423	6538	1.79	6489	6531	0.65
平均	—	—	1.82	—	—	1.12
振动法试件（6%）						
级配形式	级配 A			级配 B		
项目	饱水前重量/g	饱水后重量/g	吸水率/%	饱水前重量/g	饱水后重量/g	吸水率/%
1	6802	6809	0.10	6752	6778	0.39
2	6784	6805	0.31	6790	6818	0.41
3	6790	6802	0.18	6817	6822	0.07
4	6770	6784	0.21	6755	6765	0.15
5	6801	6829	0.41	6732	6757	0.37
6	6788	6807	0.28	6780	6790	0.15
7	6691	6713	0.33	6717	6734	0.25
8	6797	6807	0.15	6764	6776	0.18
9	6807	6819	0.18	6828	6847	0.28
平均	—	—	0.24	—	—	0.25

6.7 本章小结

本章在功能分工理念的基础上，考虑半刚性基层在路面结构层中的作用，选用 3 种配合比成型试件，分别测定强度、刚度、收缩特性 3 大类 6 项指标，采用灰度关联方法，得出最优配合比，对比振动与重型击实方式成型试件对材料路用性能的影响。研究结论如下。

①在同一级配下，半刚性材料的无侧限抗压强度与抗劈裂强度随水泥计量的增加而增加；在相同水泥计量下，抗劈裂强度随着级配变细而提高，而无侧限抗压强度随着级配变细呈现先增后减的趋势。

②在同一级配下，半刚性材料的抗压回弹模量与抗弯拉回弹模量随水泥计量的增加而增加；在相同水泥计量下，抗弯拉回弹模量随着级配变细而提高，而抗压回弹模量随着级配变细呈现先增后减的趋势。

③随着级配变细，半刚性材料干缩抗裂系数呈现先增后减趋势，温缩抗裂系数则逐渐减小。振动击实的混合料最大干密度高于重型击实的最大干密度。对同一级配而言，最大干密度均随水泥剂量的增加而有所提高；在相同水泥计量下，级配越细，混合料最大干密度越大。振动、重型击实混合料最大干密度比值在范围 1.039 ~ 1.042。

④不同成型方式下，振动击实成型试件的抗压强度是重型击实成型试件的 1.26 ~ 2.18 倍，振动击实成型试件的劈裂强度是重型击实成型试件的 1.68 ~ 1.96 倍。振动击实成型试件成型效果优于重型击实成型试件，而干缩应变、温缩应变和吸水率均小于重型击实成型试件。

第 7 章　半刚性基层材料抗疲劳特性及其性能关联分析

本章以水泥稳定碎石为研究对象，从疲劳机理出发，结合疲劳破坏原理，依托室内小梁试验获得的数据，对数据进行理论计算、对比分析等，全面深入研究其力学性能和路用性能，回归建立疲劳方程，并以此作为对半刚性基层抗疲劳能力分析的依据，最后通过力学分析，确定水泥稳定碎石和二灰碎石的适用层位及水泥稳定碎石的控制模量和厚度。

7.1　半刚性基层材料疲劳分析基本理论

7.1.1　疲劳机理

疲劳：疲劳源于材料高应力或者高应变处的局部破坏，即多次重复扰动荷载作用下形成裂纹或完全断裂的发展过程。疲劳破坏的过程：材料疲劳破坏，一般经历裂纹起始或萌生，出现应力集中，出现裂纹群的过程。裂纹的萌生与裂纹群的出现使材料丧失部分承载能力，非裂纹承力材料应力平均提高。裂纹群出现导致其尖端异性开裂演化而形成尖锐缺口，进一步构造应力集中区。反复车轮荷载作用路面裂纹萌生、开裂，致使裂纹不断增大直到表面宏观裂纹的出现，对构件而言发生突然断裂破坏。因此，裂纹起始或萌生演化过程为：应力集中区→裂纹群→尖端异性开裂→构造新应力集中区→裂纹扩展、形成尖锐缺口→宏观裂纹发生→突然断裂破坏。或者可以将疲劳破坏过程宏观划分：疲劳裂纹成核→微观裂纹萌生→宏观裂纹发生→突然断裂破坏。

7.1.2　疲劳累计损伤

材料对疲劳累计损伤的影响很明显，其外观（比如是否有缺口）以及材料的内部结构使材料在外在载荷作用下对应力的传递产生差异，应力集中点的数量和应力集中范围也存在一定的差别，从而也必将使材料产生不同程度的损伤。在疲劳分析中，需要利用由各种试验获得的疲劳性能数据。由于数据众多，以及多种原因导致的数据离散性很大，因此，只有借助统计分析的方法处理这些数据才能对材料和构件的疲劳性能有清楚的了解。不少研究者研究表明，对疲劳寿命的分布可以用正态分布理论和韦布尔分布理论进行统计分析。

7.1.3　正态分布

正态分布对数概率密度函数为

$$f(x)=\frac{1}{\sigma\sqrt{2\pi}}\mathrm{e}^{-\frac{(x-u)^2}{2\sigma^2}} \tag{7.1}$$

式中，x—对数疲劳寿命；u 和 σ^2—对数疲劳寿命的均值和方差。

试件不发生破坏的概率存活率 P 为

$$P(x>x_p)=\int_x^{x_p} f(x)\,\mathrm{d}x \tag{7.2}$$

正态变量 x 大于 x_P 的概率，标准正态偏量 u_P 和超值累积频率 $\overline{F}(x_p)$ 之间存在对应关系，其值为：

$$u_p = \frac{x - x_p}{\sigma} \tag{7.3}$$

7.1.4 韦布尔分布

正态分布有较完善的数学理论，但描述疲劳寿命分布时，不能反映构件疲劳寿命有一个大于或等于零的下限这一物理事实。所以韦布尔统计理论更适合疲劳破坏情况，为越来越多的研究者所使用，本项目也将用韦布尔统计理论分析数据。

韦布尔分布的密度函数定义为

$$f(N) = \frac{b}{N_a - N_0}\left[\frac{N - N_0}{N_a - N_0}\right]^{b-1} \exp\left[-\left(\frac{N - N_0}{N_a - N_0}\right)^b\right] \quad (N \geq N_0) \tag{7.4}$$

式中，N_0－最小寿命参数；N_a－尺度参数；b －形状参数。

如果 N_0=0，则转化为两参数韦布尔分布：

$$f(N) = \frac{b}{N_a}\left(\frac{N}{N_a}\right)^{b-1} \exp\left[-\left(\frac{N}{N_a}\right)^b\right] \quad (N > 0) \tag{7.5}$$

韦布尔变量可靠度、破坏率为

$$P(N_\xi < N_p) = F(N_P) = \int_{N_\xi}^{N_p} f(N)\mathrm{d}N \tag{7.6}$$

图 7.1 为韦布尔分布概率密度分布形态。

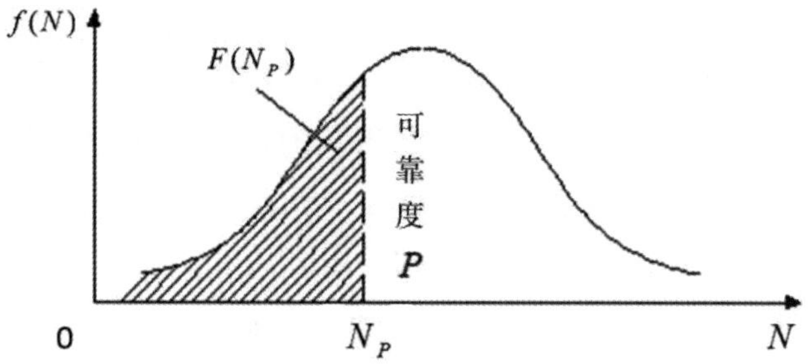

图 7.1　韦布尔概率密度分布形态

P（N_ξ<N_p）分布函数相当于破坏率，可靠度超值累积频率函数如下：

$$P(N_\xi > N_p) = 1 - P(N_\xi < N_p) = \exp\left[-\left(\frac{N_p - N_0}{N_a - N_0}\right)^b\right] \tag{7.7}$$

用可靠度 p 表示则有

$$p = \exp\left[-\left(\frac{N_p - N_0}{N_a - N_0}\right)^b\right] \tag{7.8}$$

当 N_p=N_0，p=1，N_0 为可靠度 100%安全寿命；

当 N_p=N_a，p=36.8%，N_a 为可靠度 36.8%疲劳寿命。

所以式（7.8）可改写为：

$$\ln\ln(1/p) = -2.303b\lg(N_p - N_0) + 2.303b\lg(N_a - N_0) \tag{7.9}$$

实际应用中，一般取最小寿命参数 N_0=0，则式（7.9）简化为

$$\ln\ln(1/p) = -2.303b\lg N_p + 2.303b\lg N_a \tag{7.10}$$

－lnln（1/p）、对数疲劳寿命 lg$N$ 存在线性关系，可以根据其是否呈线性关系判断母体是否服从韦布尔分布。

7.1.5 疲劳性能曲线及其表达形式

对于应力疲劳试验，材料的疲劳性能可以用作用应力 S 与到破坏时的寿命 N 之间的关系描述。通常，人们使用 $S-N$ 曲线或者 $P-S-N$ 曲线来描述材料或构件的疲劳性能，并称之为疲劳性能曲线。

7.1.5.1 S—N 材料应力一寿命曲线

用循环过程最大、最小应力与循环比来表示应力与静载强度的比值，疲劳寿命 N 为从加载到疲劳破坏时所经历的循环周次。目前，疲劳性能曲线的 3 种表达形式如下。

（1）幂函数式

$$S^m \cdot N = C \tag{7.11}$$

式中，S－应力幅；N－疲劳循环周次；M，C－常数，与材料、应力比、加载方式相关。

式（7.11）两边取对数，有

$$\lg S = A + B\lg N \tag{7.12}$$

式（7.12）表示应力 S 与寿命 N 之间有对数线性关系。

（2）指数式

$$e^{mS} \cdot N = C \tag{7.13}$$

式（7.13）两边取对数为

$$S = A + B\lg N \tag{7.14}$$

式（7.14）表示在寿命取对数、应力不取对数的图中，S 与 N 之间有线性关系，通常称为半对数关系。

（3）三参数式

$$(S - S_f)^m \cdot N = C \tag{7.15}$$

式中，S_f－疲劳极限，当 S 趋向于 S_f 时，N 趋向于无穷大。

7.1.5.2 P—S—N 曲线

根据疲劳曲线 $S-N$ 可靠性提出具有保证率的 $S-N$ 曲线，不同保证率的 $S-N$ 曲线族为 $P-S-N$ 曲线，而通常所说的 $S-N$ 曲线，一般指的是保证率为 50%的 $S-N$ 曲线。

7.2 半刚性基层材料的疲劳试验

疲劳试验一般进行抗弯拉强度、疲劳试验环节。抗弯拉强度确定试件所能承受的极限荷载，以此依据决定疲劳试验中不同应力比的最大载荷施加。

7.2.1 抗弯拉强度试验

（1）试验方案

本试验试验仪器为美国产的 MTS810 材料试验机，试验材料为半刚性材料，试件规格为 100mm×100mm×400mm 的梁，制件、养护，饱水 24h 后进行弯拉破坏试验。

选择骨架、悬浮密实型水泥碎石（简称 C，X），每种水泥碎石分别用 3%及 5%的水泥剂量且分别采用振动及重型击实两种成型方式，共计 8 种水泥碎石，制成试件进行实验，以比较级配、水泥剂量及成型方式对弯拉强度及疲劳能力的影响。同时进行了骨架密实型二灰碎石在振动与重型击实条件下的疲劳性能，以与水泥碎石进行比较。水泥碎石及二灰碎石代号见表 7.1，其级配见表 7.2。每组试件采用 9 根梁进行抗弯拉强度试验，试验速率 50mm/min，试验装置见图 7.2，断裂面一般发生在两加荷点之间。

表 7.1　弯拉强度及疲劳试验水泥碎石及二灰碎石代号表

序号	混合料类型	代号
1	骨架密实型水泥碎石，水泥剂量 3%，振动成型	ZC3
2	骨架密实型水泥碎石，水泥剂量 5%，振动成型	ZC5
3	骨架密实型水泥碎石，水泥剂量 3%，重型成型	JC3
4	骨架密实型水泥碎石，水泥剂量 5%，重型击实	JC5
5	悬浮密实型水泥碎石，水泥剂量 3%，振动成型	ZX3
6	悬浮密实型水泥碎石，水泥剂量 5%，振动成型	ZX5
7	悬浮密实型水泥碎石，水泥剂量 3%，重型击实	JX3
8	悬浮密实型水泥碎石，水泥剂量 5%，重型击实	JX5
9	骨架密实型二灰碎石，重型击实	TJ
10	骨架密实型二灰碎石，振动成型	TZ

表 7.2　抗弯拉强度及疲劳试验材料级配表

筛孔尺寸/mm	31.5	19	9.5	4.75	2.36	1.18	0.6	0.075
悬浮密实水泥碎石 X	100	95	75	42	28	—	14	5
骨架密实水泥碎石 C	100	80	56	30	22	—	10	4
二灰碎石 T	100	50	30	14	10	5	3	1

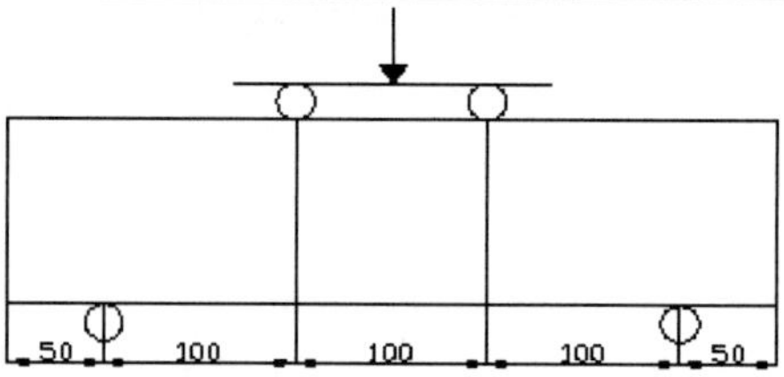

图 7.2　弯拉强度试验示意图

（2）强度试验结果

电脑会自动采集每块试件弯拉破坏时的极限荷载，分析每组中的数据。由于具有一定的离散性，按 3 倍标准差进行数据取舍，以 95%保证率的强度代表值作为疲劳强度。各组抗弯拉强度试验结果见表 7.3 至表 7.12。

表 7.3　JC3 弯拉强度实验结果

项目	极限荷载/kN	变异系数/%	荷载平均值/kN	荷载代表值/kN	强度代表值/MPa
1	3.950	5.5	4.157	3.782	0.96
2	4.163				
3	3.862				
4	4.265				
5	4.205				
6	4.499				

表 7.4　JC5 弯拉强度实验结果

项目	极限荷载/kN	变异系数/%	荷载平均值/kN	荷载代表值/kN	强度代表值/MPa
1	9.001	9.5	8.137	6.864	1.75
2	8.904				
3	7.563				
4	7.942				
5	7.867				
6	8.747				
7	6.935				

表 7.5　JX3 弯拉强度实验结果

项目	极限荷载/kN	变异系数/%	荷载平均值/kN	荷载代表值/kN	强度代表值/MPa
1	4.723	5.9	4.898	4.421	1.13
2	4.97				
3	5.418				
4	4.571				
5	4.934				
6	4.995				
7	5.053				
8	4.523				

表 7.6　JX5 弯拉强度实验结果

项目	极限荷载/kN	变异系数/%	荷载平均值/kN	荷载代表值 kN	强度代表值/MPa
1	8.637	7.7	8.472	7.393	1.89
2	9.414				
3	8.722				
4	7.716				
5	8.053				
6	9.03				
7	7.732				

表 7.7　ZC3 弯拉强度实验结果

项目	极限荷载/kN	变异系数/%	荷载平均值/kN	荷载代表值/kN	强度代表值/MPa
1	7.387	15.0	8.012	6.041	1.54
2	6.839				
3	7.032				
4	9.636				
5	9.622				
6	9.032				
7	7.213				
8	8.574				
9	6.774				

表 7.8　ZC5 弯拉强度实验结果

项目	极限荷载/kN	变异系数/%	荷载平均值/kN	荷载代表值/kN	强度代表值/MPa
1	11.36	8.59	10.466	8.99	2.29
2	10.34				
3	9.676				
4	9.987				
5	11.97				
6	10.42				
7	9.51				

表 7.9　ZX3 弯拉强度实验结果

项目	极限荷载/kN	变异系数/%	荷载平均值/kN	荷载代表值/kN	强度代表值/MPa
1	8.166	7.1	7.739	6.832	1.74
2	8.32				
3	8.224				
4	7.892				
5	6.889				
6	7.583				
7	7.863				
8	6.973				

表 7.10　ZX5 弯拉强度实验结果

项目	极限荷载/kN	变异系数/%	荷载平均值/kN	荷载代表值/kN	强度代表值/MPa
1	13.96	6.5	13.537	12.09	3.08
2	13.03				
3	14.72				
4	12.64				
5	13.26				
6	14.58				
7	13.82				
8	13.78				
9	12.04				

表 7.11　TJ 弯拉强度实验结果

项目	极限荷载/kN	变异系数/%	荷载平均值/kN	荷载代表值/kN	强度代表值/MPa
1	4.519	13.6	5.215	4.047	1.03
2	5.338				
3	6.495				
4	5.113				
5	5.28				
6	5.446				
7	4.311				

表 7.3 至表 7.12 可以看出：对于水泥稳定碎石，随水泥剂量的增加，试件弯拉强度增大，水泥剂量从 3%增至 5%，其弯拉强度增大 1.5 ~ 1.8 倍左右；对于水泥稳定碎石，4.75mm

筛孔通过率也影响试件弯拉强度大小，偏细的级配（通过率为 40%）比偏粗的级配（通过率为 30%）试件的弯拉强度大 1.1 ~ 1.4 倍左右。对于水泥稳定碎石，成型方式也影响中梁的弯拉强度大小，振动成型的试件比重型击实成型的试件弯拉强度大 1.3 ~ 1.6 倍左右。对于二灰碎石，成型方式对其弯拉强度影响更大，振动成型的试件比重型击实的试件弯拉强度大 2 倍多。振动成型方式下，二灰碎石试件 180d 龄期的抗弯拉强度介于水泥剂量为 3% ~ 5%的水泥碎石试件 90d 龄期的抗弯拉强度之间，其大小应该与 4%水泥剂量水泥碎石试件的抗弯拉强度大小相当。

表 7.12　TZ 弯拉强度实验结果

项目	极限荷载/kN	变异系数/%	荷载平均值/kN	荷载代表值/kN	强度代表值/MPa
1	10.58	14.0	9.782	7.535	1.92
2	7.58				
3	9.482				
4	10.46				
5	10.78				
6	9.855				
7	11.93				
8	8.027				
9	9.34				

7.2.2　疲劳试验

疲劳试验的目的是研究在低于极限荷载的循环应力下，应力同试件发生疲劳破坏的疲劳寿命之间的关系，以及不同材料的疲劳性能对比。

（1）疲劳试验方法

现场测试：实测路面真实汽车荷载作用疲劳性能，可以反映路面的实际疲劳性能，耗资大、周期长，适应环境苛刻，选择适宜路面结构有限。室内试验：小型试件材料疲劳试验主要有：重复弯曲、直接拉伸、间接拉伸、支撑弯曲、耗散能、断裂力学、重复拉伸和拉压、重复三轴拉压、弹性基础上的弯曲、室内轮辙、室内轮载等。考虑半刚性基层的实际受力情况，弯曲试验能更好地模拟其真实情况，同时，考虑试验复杂程度和设备条件，弯曲试验也是比较可行和合理的。本次试验的设备也为 MTS810 材料试验机。

（2）试件的成型和养生

本项目首先按重型击实和振动击实试验的结果，以 98%压实度计算、备料。然后用振动和重型击实成型两种成型方式成型试件为 100mm×100mm×100mm 的梁形试件，脱模后试件放在标准养生室养生，养生室温度为 25℃±2℃，湿度控制在 98%±1%。由于半刚性基层材料的强度开始时随龄期增长强度不断增大，达到一定龄期后逐渐趋于平稳，强度增幅很小，根据这一规律，拟定水泥稳定碎石养生 90d，二灰碎石养生 180d，为控制龄期，试件分批成型。

（3）加载模式的选择

目前，加载控制模式分为应力、应变控制模式。应力控制模式以宏观裂纹、断裂作为疲劳破坏的标准，而应变控制模式是以试件的劲度模量降至初始劲度模量的一半作为疲劳破坏标准。由于本项目研究的对象是半刚性材料，疲劳试验一般采取应力控制模式。其原因在于：一方面，断裂力学观点认为，半刚性材料有较好的线弹性，其破坏基本上是脆性破坏，一般在几百个微应变下就会破坏，用应变方式控制在技术上有一定的难度；另一方面，针对较厚半刚性基层材料，应力控制模式更能模拟实际结构层的受力状况。故本项目采用应力控制模式。

（4）选择荷载频率与波形形式

现场选择主要依据实际路面受荷频率和波形而定。室内试验由 Van der Poel 公式确定：

$$T=1/(2\pi f) \tag{7.16}$$

根据我国标准规定，汽车专用公路计算行车速度为 40 ~ 120km/h，荷载频率选择 10Hz。研究采用符合实际路面所受荷载波形—正弦波—进行疲劳试验，如图 7.3 所示。

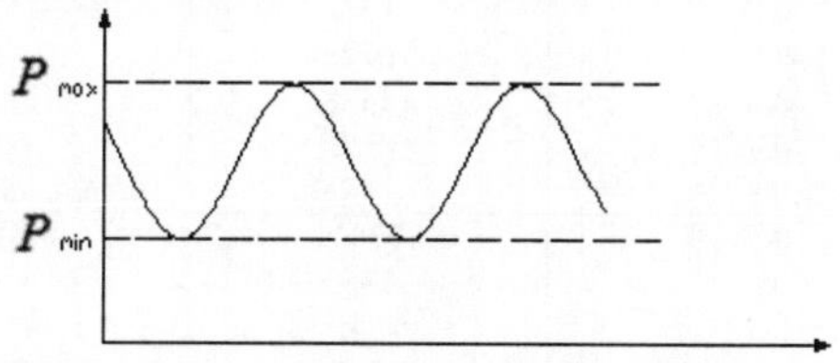

图 7.3　疲劳试验加载示意图

（5）应力水平和试验温度

应力水平的选择对于疲劳试验是一个关键，它直接影响材料在循环荷载下的作用次数、分散性；若疲劳数据分散性太大，使疲劳方程不处于直线段。故本项目疲劳试验中，应力水平选择以 0.1 分级，对于水泥碎石分别采用 0.5，0.6，0.7，0.8 四个等级的应力水平；对于二灰碎石，重型击实试件采用 0.5，0.6，0.7，0.8 四个等级的应力水平，振动成型试件采用 0.7，0.75，0.8，0.85 四个等级的应力水平。温度对半刚性材料的疲劳性质影响不大，故本项目疲劳试验温度采用 20℃。

（6）疲劳试验过程

本次实验中采用四分点加载方式，试件放置形式同弯拉强度试验的放置形式，如图 7.4 所示。这主要是保证梁底面有一段弯矩相等的均匀受拉区。由于试件在成型时不能保证其顶面完全水平，因此在实验前应对试件顶面用钢刷打磨并用标准砂校平，为的是使压头钢滚与试件都接触上，进行半正弦波加载，直至自动记录试件破坏作用次数。

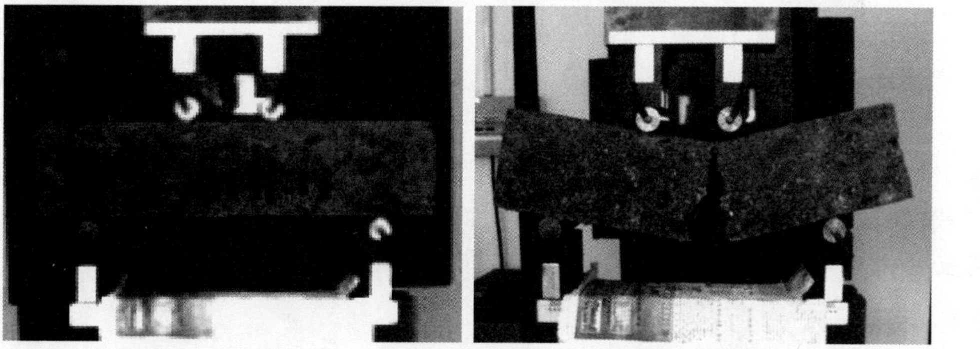

（a）试验前　　（b）试验后

图 7.4　试件疲劳试验破坏前后照片

（7）结果分析

为了控制实验误差，每组试件用 12 根中梁进行 4 个应力比进行疲劳试验，试验结果见表 7.13 和表 7.14。

表 7.13 和表 7.14 试验表明：水泥、二灰碎石混合料经过多次重复应力作用，在比单次静荷载作用低得多的应力下发生破坏，原因是重复荷载疲劳，也是一种力学性质衰变积累的过程。

表 7.13　水泥稳定碎石疲劳试验结果

材料	类别	应力水平	疲劳寿命		
水泥稳定碎石	JC3	0.5	59545	270978	490717
		0.6	3613	7279	31604
		0.7	3143	6348	30977
		0.8	125	158	788
	JC5	0.5	85096	180457	588852
		0.6	9638	35473	76264
		0.7	3431	8060	40306
		0.8	162	332	991
	JX3	0.5	70728	203676	519847
		0.6	14488	29268	42156
		0.7	3522	5347	9888
		0.8	532	812	1587
	JX5	0.5	573441	691774	729876
		0.6	31393	58448	88481
		0.7	7840	16260	28158
		0.8	1482	2049	3168
	ZC3	0.5	81907	240127	785319
		0.6	9732	54367	91017
		0.7	5877	10062	34389
		0.8	1585	3621	5465
	ZC5	0.5	533624	901291	1032665
		0.6	167935	262219	345785
		0.7	37611	95864	160127
		0.8	4143	9872	28396
	ZX3	0.5	216387	561109	866318
		0.6	24411	62845	119044
		0.7	7380	14548	32482
		0.8	3790	6133	12036
	ZX5	0.5	862741	1023162	1261378
		0.6	192364	656785	864523
		0.7	38635	145758	250126
		0.8	9565	34090	63227

表 7.14　二灰碎石疲劳试验结果

材料	类别	应力水平	疲劳寿命		
二灰碎石	TJ	0.5	38292	90315	194306
		0.6	8224	28701	44078
		0.7	3305	9818	27656
		0.8	1417	5842	10190
	TZ	0.7	33034	58083	126653
		0.75	19933	60383	90482
		0.8	8687	19807	27427
		0.85	2776	4609	7943

7.3　半刚性基层材料疲劳方程的建立与修正

半刚性基层材料的疲劳寿命是一个随机变量，由表 7.13 和表 7.14 可以看出，疲劳寿命的离散性很大，随应力水平的提高，疲劳寿命不断减小。

7.3.1　建立疲劳方程

（1）统计分析疲劳寿命

韦布尔分布理论分析半刚性基层材料的疲劳寿命，可以更好地模拟系统失效的各种状态。半刚性基层材料的疲劳寿命 N 服从韦布尔分布，失效概率 p 应满足下式：

$$p=F(N)=1-\exp\left\{-\left[\frac{N}{t_0}\right]^m\right\}, N\geqslant 1, t_0\geqslant 0 \tag{7.17}$$

式（7.17）可以变形为对数的线性表达形式：

$$\ln\ln\frac{1}{1-F(N)}=m\ln N-\ln t_0 \tag{7.18}$$

上述公式可以检验是否符合韦布尔分布，检验 $\lg N$ 与 $-\ln\ln 1/(1-p)$ 是否具有良好的线性关系。对表 7.13 中 JC3 组数据进行韦布尔检验。表 7.15 数据回归如图 7.5。

表 7.15　JC3 疲劳寿命 N 的威布尔分布检验

应力水平 S	失效概率 p	$\ln N$	$\ln\ln 1/(1-p)$
0.5	0.25	10.99449	−1.2458993
	0.5	12.50979	−0.3665129
	0.75	13.10362	0.32663426
0.6	0.25	8.192294	−1.2458993
	0.5	8.892749	−0.3665129
	0.75	10.36104	0.32663426
0.7	0.25	8.052933	−1.2458993
	0.5	8.755895	−0.3665129
	0.75	10.341	0.32663426
0.8	0.25	4.828314	−1.2458993
	0.5	5.062595	−0.3665129
	0.75	6.669498	0.32663426

由图 7.5 得回归系数及相关系数，见表 7.16。由表分析可以看出，拟合曲线的相关系数与 1 相接近，说明 JC3 试件在各个应力水平下，$\lg N$ 与 $-\ln\ln 1/(1-p)$ 有良好的线性关系，从而可以推断其疲劳寿命服从两参数韦布尔分布。

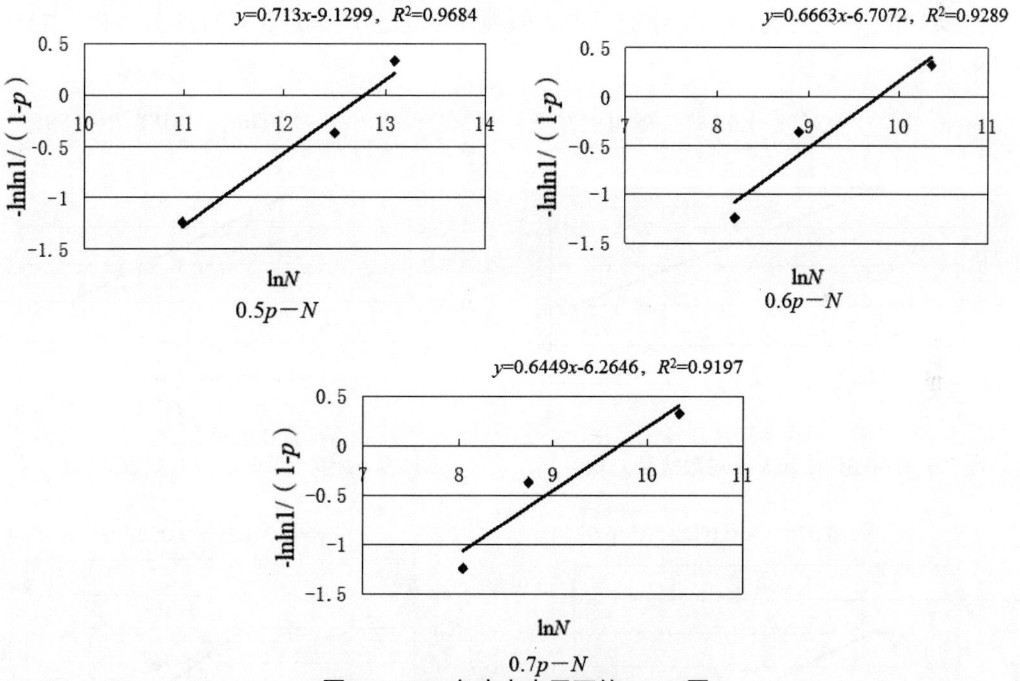

图 7.5　JC3 各应力水平下的 $p-N$ 图

表 7.16　JC3 回归分析结果

应力水平 S	回归系数 m	回归系数 $\ln t_0$	相关系数 r
0.5	0.7131	9.1299	0.9684
0.6	0.6863	6.7072	0.9289
0.7	0.6449	6.2646	0.9197
0.8	0.6994	4.2893	0.7911

（2）疲劳方程

由于半刚性基层材料的结构特征及疲劳试验的加载方式的特点，一般认为其不存在耐久极限，因此疲劳方程的边界条件为：$N=1$ 时，$S=1$；$N\to\infty$时，$S\to 0$。目前，人们通常惯用单对数的疲劳方程：

$$S = A - b\lg N \tag{7.19}$$

单对数疲劳方程难以满足公式中的边界条件。为此利用双对数的疲劳方程予以解决：

$$\lg S = \lg a - b\lg N \tag{7.20}$$

因此，由表 7.17 可进一步得出不同失效概率下各应力水平对应的疲劳寿命：对表 7.17 的数据进行单对数疲劳方程回归分析，失效概率分别为 0.05 和 0.5，如图 7.6 和图 7.7 所示。单对数疲劳方程相关系数接近于 1，表明单对数疲劳方程呈现出线性特性。

表 7.17　JC3 等效疲劳寿命与失效概率的关系

失效概率 p	应力水平			
	0.5	0.6	0.7	0.8
0.05	5641.615	231.6315	165.404876	6.5932868
0.1	15480.87	661.1632	505.0117	18.453605
0.2	44342.8	1973.255	1616.81792	53.958676
0.3	85597.44	3908.185	3345.84513	105.51013
0.4	141652.4	6596.007	5839.8799	176.33664
0.5	217323.4	10290.16	9374.41077	272.81368

由上述图表得，JC3 的单对数疲劳方程为

$$p=0.05,\ S=0.8874-0.1038\lg N \tag{7.21}$$

$$p=0.5,\ S=1.0581-0.1036\lg N \tag{7.22}$$

对表 7.17 的数据进行回归，分别得出失效概率 0.05，0.50 的双对数疲劳方程，如图 7.8 和图 7.9 所示。

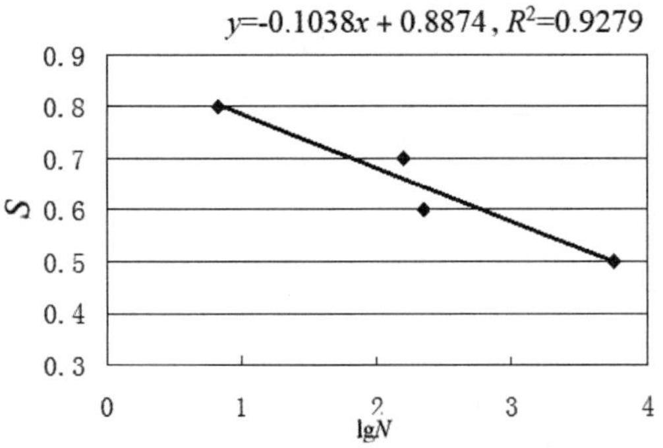

图 7.6　p=0.05 时 JC3 单对数疲劳方程

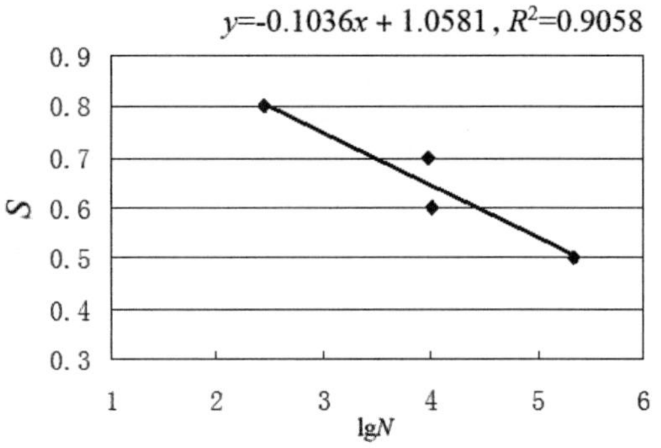

图 7.7　p=0.5 时 JC3 单对数疲劳方程

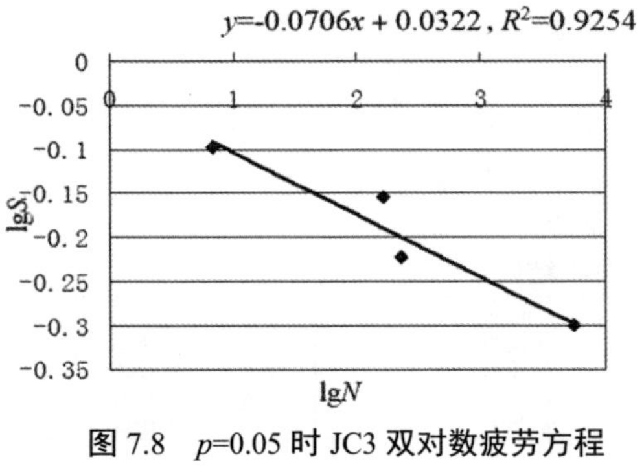

图 7.8　p=0.05 时 JC3 双对数疲劳方程

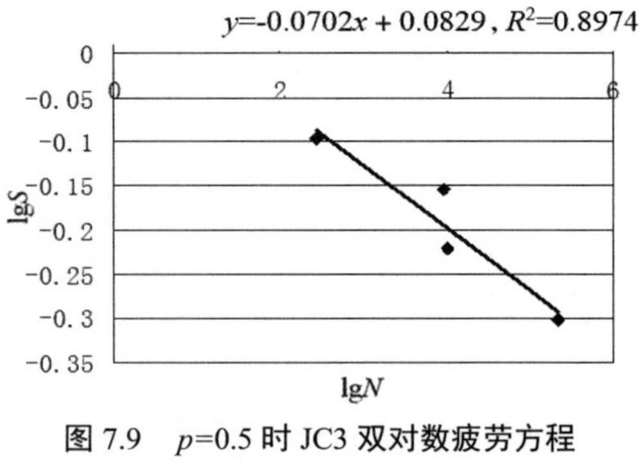

图 7.9　p=0.5 时 JC3 双对数疲劳方程

由上述图表得，JC3 的双对数疲劳方程为

$$p=0.05,\ \lg S=-0.0322-0.0706\lg N \tag{7.23a}$$

$$p=0.5,\ \lg S=-0.0829-0.0702\lg N \tag{7.23b}$$

由图 7.8 和图 7.9 可知，接近于 1 的相关系数说明双对数疲劳方程具有线性特性。疲劳寿命韦布尔检验表明，各组疲劳试验作用次数均服从韦布尔分布，其回归曲线的相关系数接近 1。

因此，JC5 的单对数疲劳方程为

$$p=0.05，\lg S=-0.9521-0.1123\lg N \quad (7.24a)$$

$$p=0.5，\lg S=-1.0943-0.1099\lg N \quad (7.24b)$$

JC5 的双对数疲劳方程为

$$p=0.05，\lg S=-0.0044-0.0773\lg N \quad (7.25a)$$

$$p=0.5，\lg S=0.1072-0.0774\lg N \quad (7.25b)$$

JX3 的单对数疲劳方程为

$$p=0.05，\lg S=-1.1653-0.1620\lg N \quad (7.26a)$$

$$p=0.5，\lg S=1.1812-0.1288\lg N \quad (7.26b)$$

JX3 的双对数疲劳方程为

$$p=0.05，\lg S=0.1505-0.1082\lg N \quad (7.27a)$$

$$p=0.5，\lg S=0.1678-0.0876\lg N \quad (7.27b)$$

JX5 的单对数疲劳方程为

$$p=0.05，\lg S=1.0664-0.0954\lg N \quad (7.28a)$$

$$p=0.5，\lg S=1.1954-0.1218\lg N \quad (7.28b)$$

JX5 的双对数疲劳方程为

$$p=0.05，\lg S=0.0618-0.0665\lg N \quad (7.29a)$$

$$p=0.5，\lg S=0.1800-0.0835\lg N \quad (7.29b)$$

ZC3 的单对数疲劳方程为

$$p=0.05，\lg S=1.0084-0.1359\lg N \quad (7.30a)$$

$$p=0.5，\lg S=1.1232-0.1144\lg N \quad (7.30b)$$

ZC3 的双对数疲劳方程为

$$p=0.05，\lg S=0.0513-0.0929\lg N \quad (7.31a)$$

$$p=0.5，\lg S=0.1200-0.0775\lg N \quad (7.31b)$$

ZC5 的单对数疲劳方程为

$$p=0.05，\lg S=0.9280-0.0746\lg N \quad (7.32a)$$

$$p=0.5，\lg S=1.2745-0.1288\lg N \quad (7.32b)$$

ZC5 的双对数疲劳方程为

$$p=0.05，\lg S=-0.0060-0.0504\lg N \quad (7.33a)$$

$$p=0.5，\lg S=0.2289-0.0871\lg N \quad (7.33b)$$

ZX3 的单对数疲劳方程为

$$p=0.05，\lg S=0.9735-0.0905\lg N \quad (7.34a)$$

$$p=0.5，\lg S=1.2780-0.1399 g N \quad (7.34b)$$

ZX3 的双对数疲劳方程为

$$p=0.05，\lg S=0.0058-0.0628\lg N \quad (7.35a)$$

$$p=0.5，\lg S=0.2403-0.0927 g N \quad (7.35b)$$

ZX5 的单对数疲劳方程为

$$p=0.05,\ \lg S=1.0590-0.1003\lg N \tag{7.36a}$$

$$p=0.5,\ \lg S=1.6138-0.1835\lg N \tag{7.36b}$$

ZX5 的双对数疲劳方程为

$$p=0.05,\ \lg S=-0.0918-0.0700\lg N \tag{9.37a}$$

$$p=0.5,\ \lg S=0.4603-0.1246\lg N \tag{9.37b}$$

TJ 的单对数疲劳方程为

$$p=0.05,\ \lg S=1.1682-0.1789\lg N \tag{9.38a}$$

$$p=0.5,\ \lg S=1.6358-0.2314\lg N \tag{7.38b}$$

TJ 的双对数疲劳方程为

$$p=0.05,\ \lg S=0.1625-0.1230\lg N \tag{7.39a}$$

$$p=0.5,\ \lg S=0.4825-0.1587\lg N \tag{7.39b}$$

TZ 的单对数疲劳方程为

$$p=0.05,\ \lg S=1.3457-0.1665\lg N \tag{7.40a}$$

$$p=0.5,\ \lg S=1.3034-0.1211\lg N \tag{7.40b}$$

TZ 的双对数疲劳方程为

$$p=0.05,\ \lg S=0.2077-0.0932\lg N \tag{7.41a}$$

$$p=0.5,\ \lg S=0.1829-0.0675\lg N \tag{7.41b}$$

7.3.2 疲劳方程的修正

通过室内试验数据修正描述室内试验与路面疲劳响应之间的差异性，考虑影响疲劳的因素，如间歇时间的影响、裂缝扩展时间的影响、受力状况的影响、轮迹横向分布的影响和不利季节天数的影响 5 个方面。

室内疲劳试验所得疲劳寿命 N_f 和实际路面疲劳寿命 N_e 之间的关系为：

$$N_f = N_e \times \frac{1}{5} \times \frac{1}{20} \times \frac{1}{3} \times 0.5 \times \frac{60}{365} \tag{7.42}$$

$$N_f = 0.000278\ N_e \tag{7.43}$$

7.4 半刚性基层材料疲劳特性对比分析

通过对两种级配、水泥剂量以及成型方式，对水泥、二灰碎石混合料进行疲劳试验，揭示出水泥、二灰碎石稳定碎石基层材料的疲劳性能与规律。

7.4.1 水泥剂量对疲劳性能的影响

下面将对 95%保证率下双对数疲劳方程进行对比，从图 7.10 至图 7.13 及表 7.18 可以看出：同级配 5%水泥剂量疲劳曲线比 3%水泥剂量疲劳曲线更靠右，同应力水平 5%水泥添加剂量的抗疲劳次数多，即水泥添加剂量增加提高了抗疲劳性能。

然而，从同级配曲线斜率上看，除 JC3 和 JC5 外，随水泥剂量增加，斜率降低。增加水泥剂量在增加疲劳次数的同时，也提高了水泥碎石的应力敏感程度，记 $A=\lg a$。而对于水泥碎石混合料试件在疲劳试验过程中发生断裂时，首先试件底部出现宏观裂缝，即出现脆性破坏；一旦试件底部发生裂缝，得到疲劳寿命。同时，试件底部抗弯拉强度影响着疲劳寿命，试件成型底部形成的水泥浆薄壳层，提高了抗弯拉的能力，由此可见随水泥添加剂量增加，试件抗弯拉强度、抗疲劳能力得到提高。

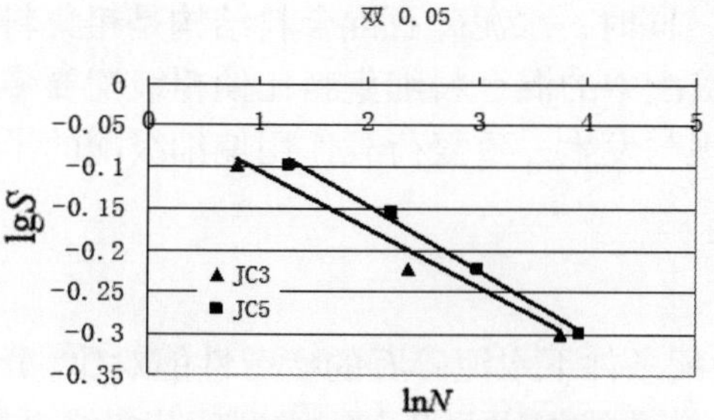

图 7.10　JC3 和 JC5 的疲劳曲线

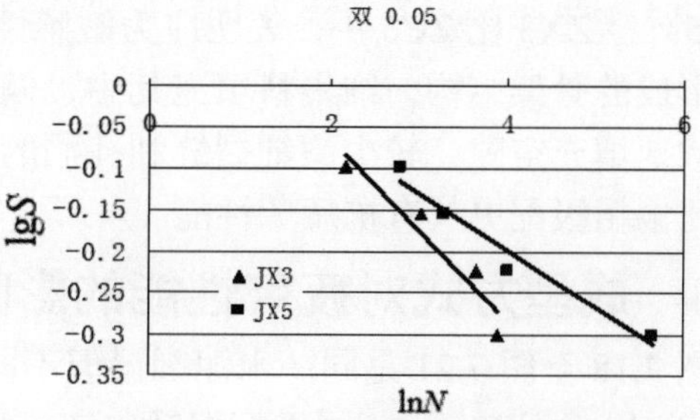

图 7.11　JX3 和 JX5 的疲劳曲线

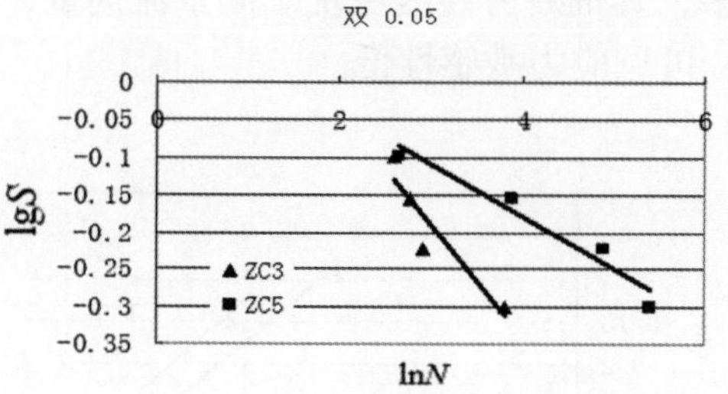

图 7.12　ZC3 和 ZC5 的疲劳曲线

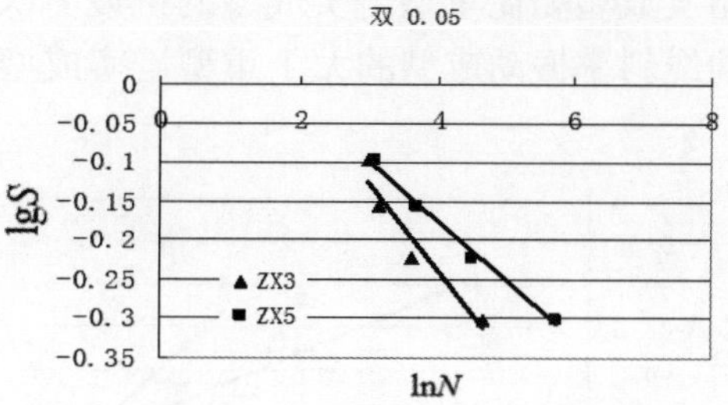

图 7.13　ZX3 和 ZX5 的疲劳曲线

表 7.18　各疲劳方程的回归系数

回归系数	JC3	JC5	JX3	JX5	ZC3	ZC5	ZX3	ZX5
A	− 0.0322	− 0.0044	0.1505	0.0781	0.2688	0.1041	0.2079	0.1289
b	0.0706	0.0773	0.1082	0.0692	0.1528	0.0708	0.1113	0.0758

7.4.2　级配影响疲劳性能

图 7.14 至图 7.17 是同一水泥剂量不同级配条件水泥碎石的疲劳性能对比。

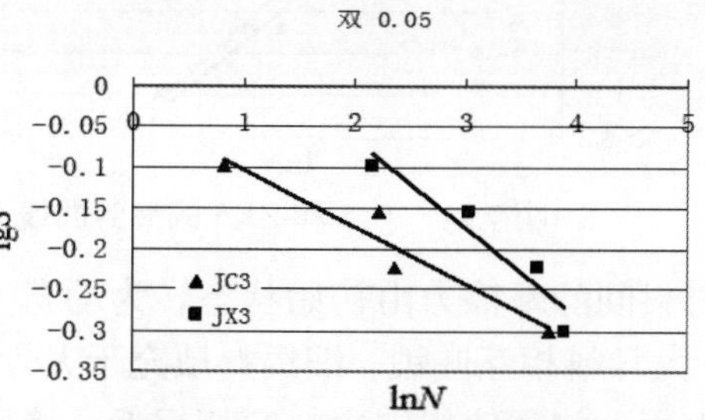

图 7.14　JC3 和 JX3 的疲劳曲线

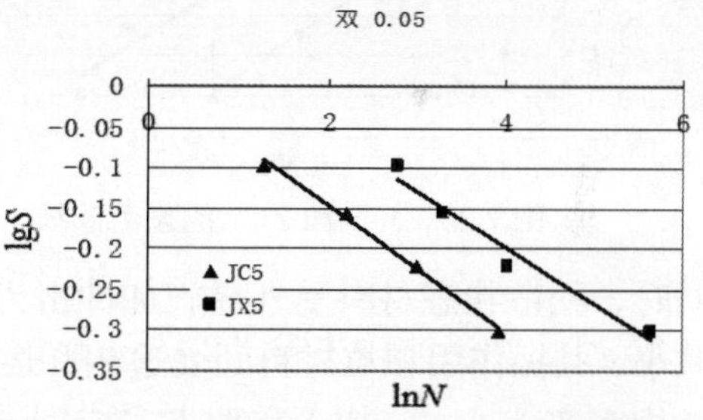

图 7.15　JC5 和 JX5 的疲劳曲线

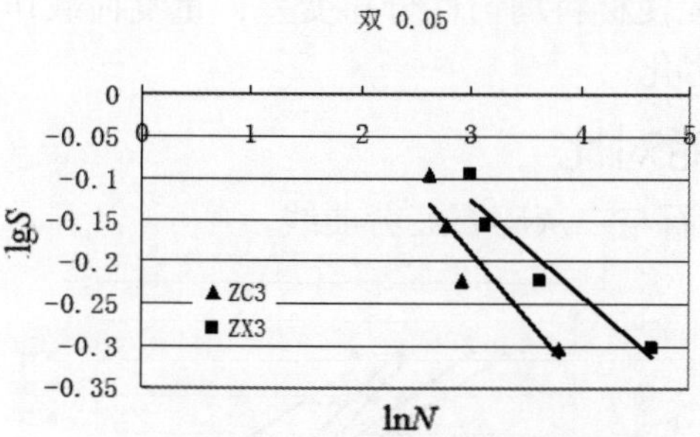

图 7.16　ZC3 和 ZX3 的疲劳曲线

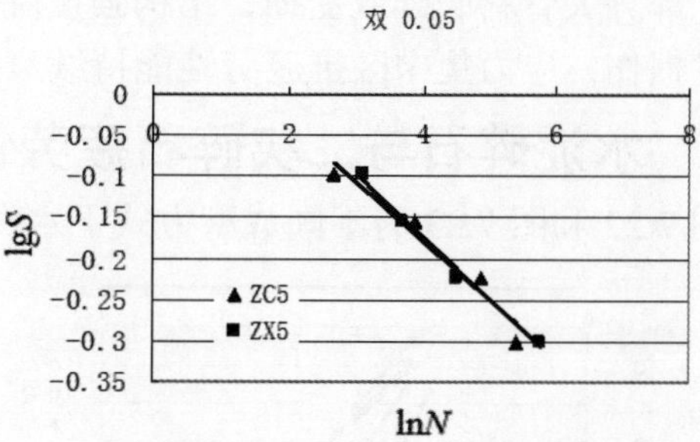

图 7.17　ZC5 和 ZX5 的疲劳曲线

从图 7.14 至图 7.17 可以看出：同水泥剂量，偏细级配水泥碎石的疲劳曲线比偏粗级配更靠右，偏细级配水泥碎石比偏粗级配的抗疲劳次数多，其抗疲劳性能更加优异。从同水泥剂量曲线斜率可以看出，JX3 比 JC3 大、ZX5 比 ZC5 大，表明应力敏感性低；对于 JX5

比 JC5 小、ZX3 比 ZC3 小，表明应力敏感性高。同时，水泥碎石混合料结构是粗集料互相嵌挤形成的骨架结构，细集料填充其中，偏细级配中的混合料细集料比偏粗级配要多，更加有效地填充空隙，较少微细裂缝和孔洞的出现与发生，重复荷载作用偏细级配的半刚性基层比偏粗级配更具有抗疲劳性能。

7.4.3　成型方式对疲劳性能的影响

图 7.18 至图 7.21 是同一水泥剂量但不同级配条件下水泥碎石的疲劳性能对比。分析可以看出：同水泥剂量，相同级配振动击实成型疲劳曲线相比重型击实成型疲劳曲线更靠右，振动击实成型相比重型击实成型的抗疲劳次数多，其抗疲劳性能更优。同水泥剂量，相同级配曲线斜率振动成型的大于重型击实成型的，可见应力敏感性低。

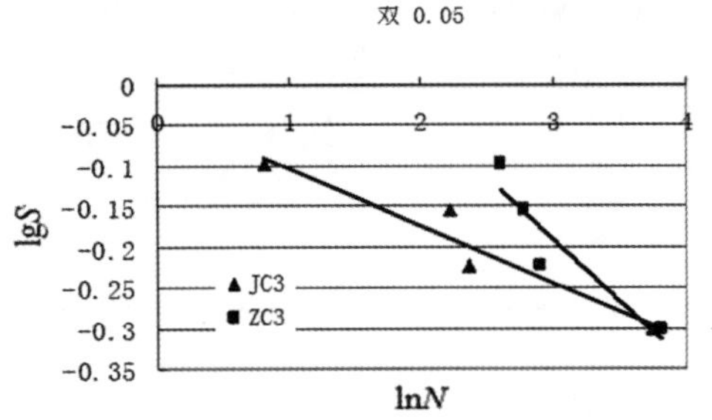

图 7.18　JC3 和 ZC3 的疲劳曲线

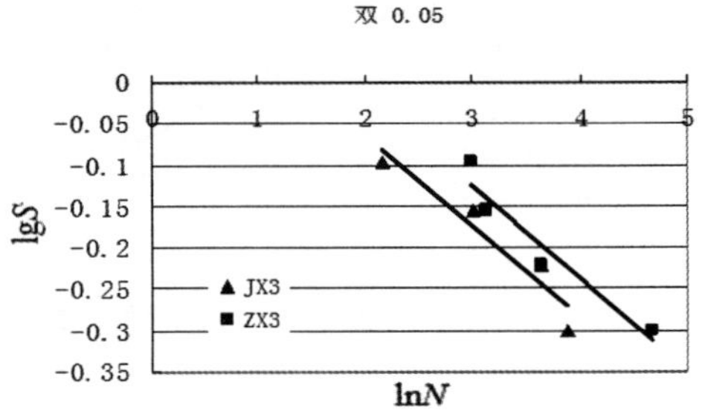

图 7.19　JX3 和 ZX3 的疲劳曲线

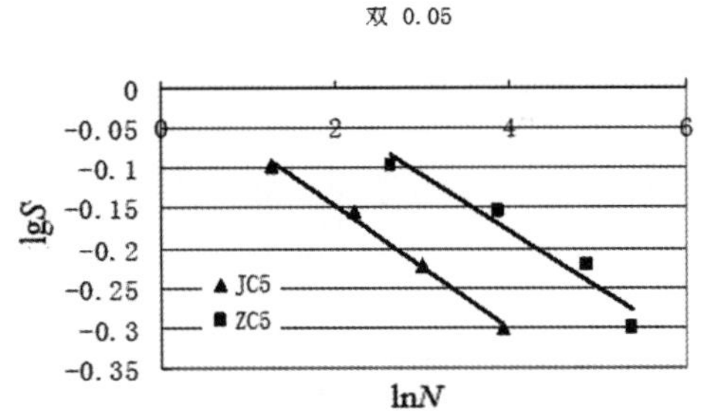

图 7.20　JC5 和 ZC5 的疲劳曲线

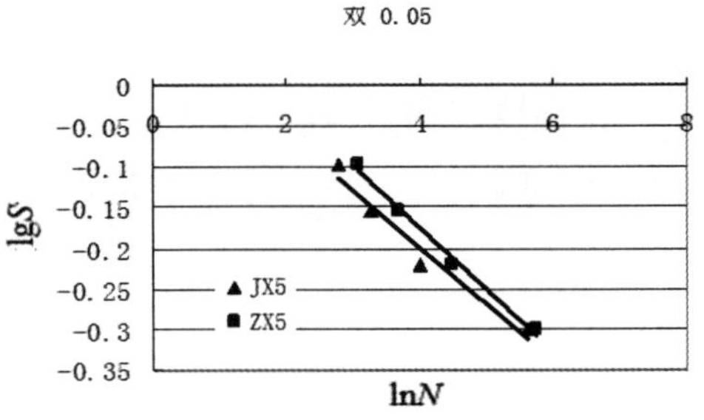

图 7.21　JX5 和 ZX5 的疲劳曲线

同时，松散状态材料受外界施加冲击力，材料间静摩擦力由初始状态转为动态，摩擦阻力减小，共振作用颗粒材料间受迫相互运动，大骨料相互嵌锁，细集料填充于大骨料间，整体结构密实。外力施加于重型击实成型试件表面，加载使粗细集料互相靠近、挤压，极易发生部分大骨料破碎或受损，结构强度降低促使材料均匀性分布变差，重复荷载作用加剧深度损伤，应力集中区抗疲劳性能持续衰退劣化。

7.4.4　水泥碎石与二灰碎石疲劳性能对比

图 7.22 和图 7.23 为不同成型方式下水泥碎石与二灰碎石疲劳曲线。

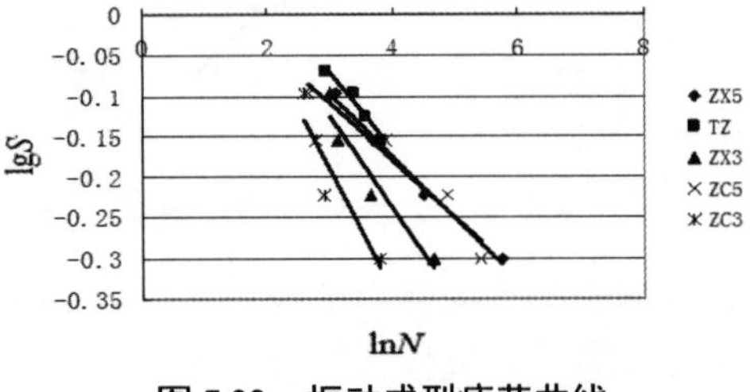

图 7.22　振动成型疲劳曲线

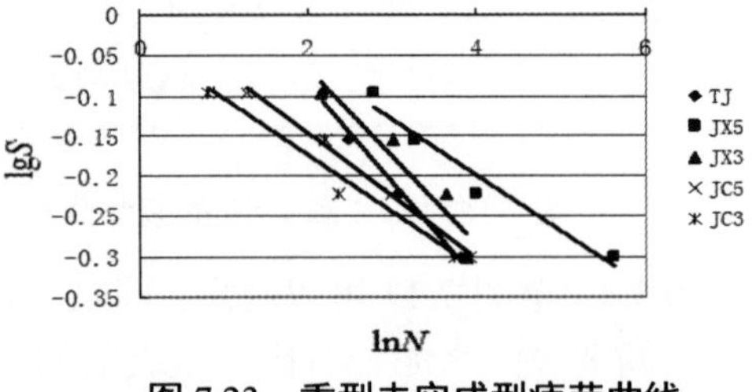

图 7.23　重型击实成型疲劳曲线

由图 7.23 可以看出：重型击实成型二灰碎石试件的疲劳曲线位于重型击实成型粗级配、细级配水泥碎石间，表明其疲劳性能也介于二者之间。重型击实成型的二灰碎石疲劳曲线的斜率比重型击实成型水泥碎石的大，说明重型击实成型二灰碎石混合料的力学敏感性也较水泥碎石低。同时，组成水泥、二灰碎石混合料的级配属于骨架密实结构，但造成抗疲劳性能差别的原因表现在结合料和细集料用量不同。互相嵌挤的粗集料形成骨架，粗集料骨架形成空隙由细集料、无机结合料充填，骨架密实水泥碎石中结合料水泥的用量为 3%，5%，大部分空隙需要由细集料充填。二灰碎石骨架密实结构中，石灰、粉煤灰用量为 20%，其密度小，所占空间大，相对骨架密实型水泥碎石混合料需要更加少量的细集料充填空隙。

7.5　半刚性基层水泥稳定碎石抗疲劳性能关联分析

灰色关联度计算步骤如下。

①选择参考序列：$X_0=\{x_0(1), x_0(2), \cdots, x_0(n)\}$；$m$ 个比较序列：$X_i=\{x_i(1), x_i(2), \cdots, x_i(n)\}$，($i$=1，2，…，$m$)。

②用初值、均值法进行无量纲化的序列表示如下：

$$y_i(k)=\frac{x_i(k)}{x_i(1)} \quad ; \quad y_i(k)=\frac{x_i(k)}{\frac{1}{n}\sum_{i=1}^{n}x_i(k)} \tag{7.44}$$

式中，i=0，1，2，…，m；k=1，2，…，n。

③求差序列 Δ_i：

$$\Delta_i(k)=\left|x_0(k)-x_i(k)\right|，(i=1，2，\cdots，m；k=1，2，\cdots，n) \tag{7.45}$$

$$\Delta_i(k)=\{\Delta_i(1), \Delta_i(2), \cdots, \Delta_i(n)\}，(i=1，2，\cdots，m) \tag{7.46}$$

④求关联系数 $\xi_i(k)$：

$$\xi_i(k)=\frac{\Delta_{\min}+\rho\Delta_{\max}}{\Delta_i(k)+\rho\Delta_{\max}}，(i=1，2，\cdots，m) \tag{7.47}$$

式中，$\Delta_{\min}$，$\Delta_{\max}$—最大、最小差；ρ – 相关分辨系数，一般取 0.5。

⑤相关关联度的计算：相关关联系数信息集中进行比较分析，用平均值算法求出 X_i，X_0 关联度 γ_i：

$$\gamma_i=\frac{1}{n}\sum_{k=1}^{n}\xi_i(k) \quad (i=1，2，\cdots，m；k=1，2，\cdots，n) \tag{7.48}$$

⑥依关联度排序：比较序列与参考序列关联度从大到小排序。

ξ_1={0.5255，0.3631，0.6936，0.9959，0.5931，0.9262，0.5388，1}

ξ_2={0.6430，0.3608，1，0.6156，0.3516，0.5054，0.6714，0.5362}

ξ_3={0.6859，0.7276，0.7851，0.4824，0.4141，1，0.5771，0.9692}

ξ_4={0.3744，0.7488，0.5281，0.5848，0.5623，1，0.8476，0.3401}

进行水泥稳定碎石混合料反复荷载达到 10^6 次抗疲劳寿命试验，选取其应力水平为参考序列，以水泥添加剂量、4.75mm 网孔通过率、不同成型方式及抗弯拉强度试验为比较序列。影响水泥稳定碎石疲劳性能因素的评价值见表 7.19，以振动、重型击实功定量值反映其影响程度。对表 7.19 中各序列进行初值化处理后，求得关联系数序列如图 7.24 所示。由以上关联系数求均值得到关联度：γ_1=0.7046，γ_2=0.5856，γ_3=0.7052，γ_4=0.6234。相应关联度大小序列：$\gamma_3>\gamma_1>\gamma_4>\gamma_2$。分析表明：水泥稳定碎石的抗疲劳性能影响因素大小：成型方式大、水泥剂量中等，4.75mm 筛孔通过率小。室内疲劳试验得出水泥剂量、级配和成型方式水泥稳定碎石，以及成型方式二灰碎石的疲劳方程。通过对疲劳试验的数据分析、性能对比及灰色关联理论计算，得出结果：同级配、成型方式，随着水泥剂量增加，水泥稳定碎石抗疲劳性能更优；同水泥添加剂量、成型方式，偏细级配的水泥稳定碎石混合料相比偏粗级配的抗疲劳性能更好；同水泥添加剂量、同级配，振动成型的水泥稳定碎石混合料抗疲劳性能相比重型的更优；同振动成型，二灰稳定碎石的抗疲劳性能要优于水泥稳定碎石。灰色关联分析表明，水泥稳定碎石的抗疲劳性能因素影响程度：成型击实方式>抗弯拉强度>水泥添加剂量>4.75mm 筛孔通过率。

表 7.19　疲劳性能影响因素评价值

项　目	JC3	JC5	JX3	JX5	ZC3	ZC5	ZX3	ZX5
106 处应力水平	0.3501	0.3352	0.3172	0.4602	0.2249	0.4779	0.3468	0.4722
水泥含量/%	3	5	3	5	3	5	3	5
4.75mm 通过率/%	30	40	30	40	30	40	30	40
成型方式功/J	2.677	2.677	2.677	2.677	5.881	5.881	5.881	5.881
弯拉强度/MPa	0.96	1.75	1.13	1.89	1.41	2.29	1.74	3.08

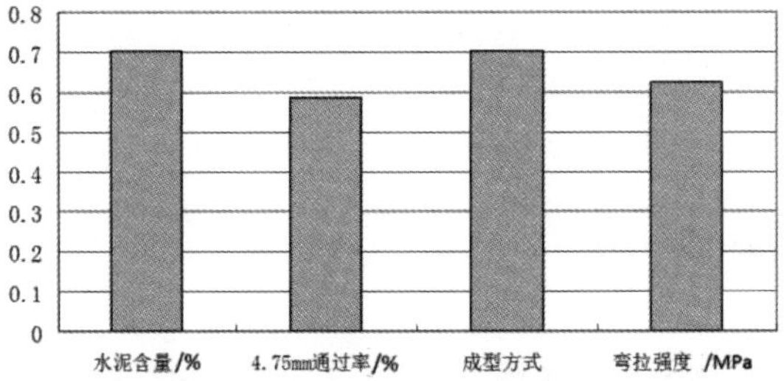

图 7.24　水泥碎石疲劳性能影响因素大小

7.6　本章小结

本章主要以水泥稳定碎石为研究对象，通过室内试验、理论计算、对比分析等途径全面深入地研究水泥稳定碎石的力学性能和路用性能。本章主要研究结论如下：

①通过灰色关联决策的方法，在多指标评价中找出综合路用性能最佳的级配，即设计级配 2，实现了级配优化。利用优化的级配，在重型击实成型和振动两种成型方式下，从含水量、密度、强度性能、刚度性能、收缩性能、抗冲刷性能等方面比较水泥碎石混合料的优劣。

②振动成型较之重型击实成型的结果为：最佳含水量明显减小，最大干密度提高 1.04 倍左右；强度性能有很大的提高，提高 2 倍左右；刚度性能上通过抗压回弹模量体现，提高不是很明显；收缩性能和抗冲刷性能方面，都有很大的提高。究其原因，两种成型方式的施力机理不同，使混合料成型后内部结构存在差异，而振动成型方式下的更合理、更密实，使材料的综合路用性能更优越。

③通过室内试验，得出了水泥剂量、级配和成型方式水泥碎石，以及成型方式二灰碎石的疲劳方程：对于水泥碎石，水泥剂量增加，可提高水泥碎石抗疲劳性能；偏细级配比偏粗级配水泥碎石有更优的抗疲劳性能，振动成型方式比重型击实成型更明显地提高了抗疲劳性能；对于二灰碎石，成型方式对其疲劳性能的影响和水泥碎石相同。横向比较，振动成型方式下，二灰碎石疲劳性能优于水泥碎石。

④通过对路面结构层受力分析，结果为水泥碎石做上基层、二灰碎石做下基层比较合理，同时水泥碎石基层的模量控制在 1250MPa，厚度在 25 ~ 30cm 范围内，比较合适。

第 8 章　基于散体强度理论的沥青路面混合料综合配合比设计方法

本章系统总结以 GTM 为成型方式的级配优化研究成果，进行沥青路面混合料综合配合比的设计方法研究，确定了最佳级配选择、最佳油石比及最佳油石比下的混合料密度。借鉴贝雷法级配设计形式，详细分析优化级配的集料嵌挤状态，并以此为基础，提出新的设计参数，形成基于 GTM 的沥青混合料配合比设计计算方法，并提出了以优化级配为基础的配合比设计计算方法的散体强度理论模型。

8.1　“骨架密实型混合料”的再认识

一般观点认为，对于沥青混合料的级配设计，理想的级配组成是能够使混合料中的粗集料达到某种嵌挤状态（比如粗集料插捣状态或处于粗集料松堆与插捣之间的某个状态），且使一定状态的细集料（贝雷法认为是插捣状态）填充于粗集料间隙之中。使得粗集料嵌挤形成的骨架成为沥青混合料抵抗高温变形能力的承重主体，同时又使得细集料含量达到恰好填充设定状态粗集料的空隙，从而形成“骨架密实型”沥青混合料。

按照“粗集料作为沥青混合料承重主体”的思想，认为粗集料骨架对沥青混合料抗车辙能力起到至关重要的作用，而细集料仅起填充作用。为验证粗集料骨架对抗车辙能力的贡献，将 AC－13I 上下限、AK－13 上下限及 Superpave 上下限粗集料按比例用 I－D 级 SBS 改性沥青按照 1.5%的油石比轮碾成型为“骨架”型沥青混合料，成型过程中混合料推移十分严重，压实困难。同时，车辙试验时 60℃温度下短时间内车辙深度已超出可测量范围，致使试验无法进行；后将试验温度降低到 40℃，也无法进行试验，且各种组成的粗集料车辙深度均过大致使无法进行对比。相关文献研究表明：如果没有胶泥对骨架的约束作用，粗集料骨架很容易发生“失稳”破坏。

由此可证明，如果没有较强的约束作用存在，粗集料的骨架作用将难以发挥。因此在考虑混合料抗高温变形能力时不能不考虑细集料的影响，同时也提供一个思路，即骨架密实结构的概念不能只停留在用粗集料作为研究对象及评价标准，而应将级配作为一个整体并以路用性能作为标准进行评价，甚至骨架密实结构混合料不应以体积参数为标准，而应以路用性能作为判据。

8.2　确定粗细集料尺寸

图 8.1 为前章节不同公称最大粒径优化级配的嵌挤结构分析图，由嵌挤结构分析，优化的 AC－25，AC－20，AC－16，AC－13 粗细集料分界点 *PCS* 为 4.75，4.75，4.75 及 2.36mm。贝雷法定义粗细集料，即 4.75mm 为粗集料界线、2.36mm 为细集料的划分标准，显然划分标准有一定缺陷。贝雷法级配设计一个重大的贡献是提出了粗细料的分界筛孔，混合料中粗细集料区分是以最大公称尺寸 0.22 倍所对应的相近尺寸筛孔孔径为分界点。研究认为，对于连续密级配混合料，粗集料位于松散和捣实状态之间即达到嵌挤状态。即在沥青混合料设计过程中，压实后的混合料中形成填充控制筛孔以上的矿料间隙率 *VCA* 只要小于松散状态的矿料间隙率 *VCA*，就认为该控制筛孔为粗细集料分界点。根据以上分析，参考贝雷

法研究成果，提出不同公称最大粒径的粗细集料分界筛孔 *PCS* 及第二、第三级关键控制筛孔 *SCS*、*TCS*，见表 8.1。

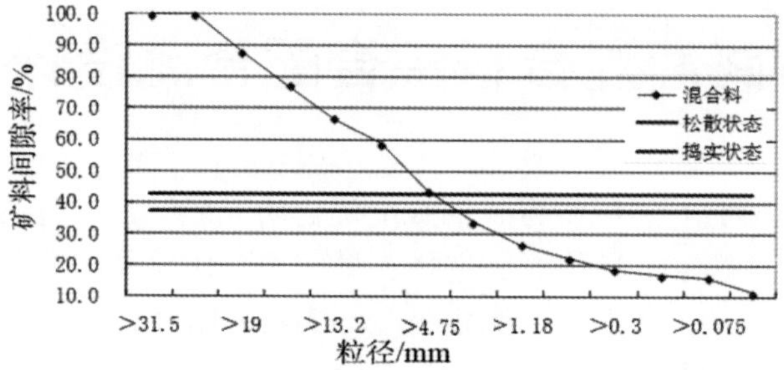

（a）AC－25

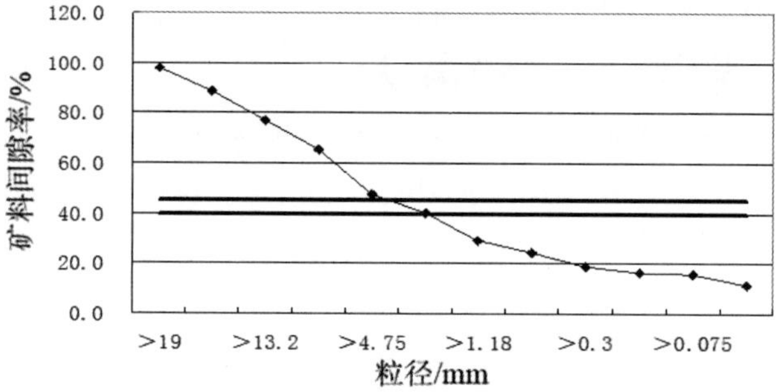

（b）AC－20

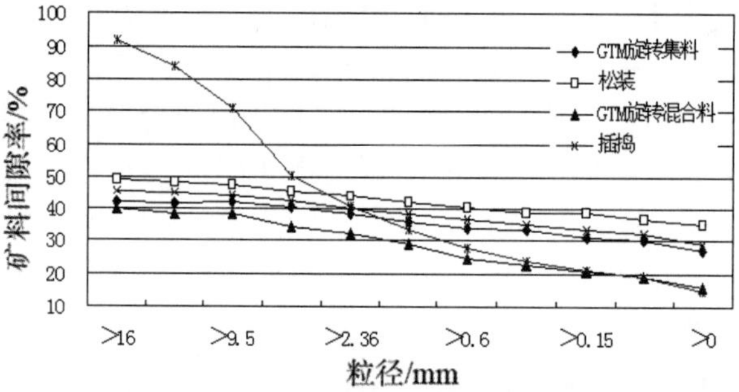

（c）AC－16

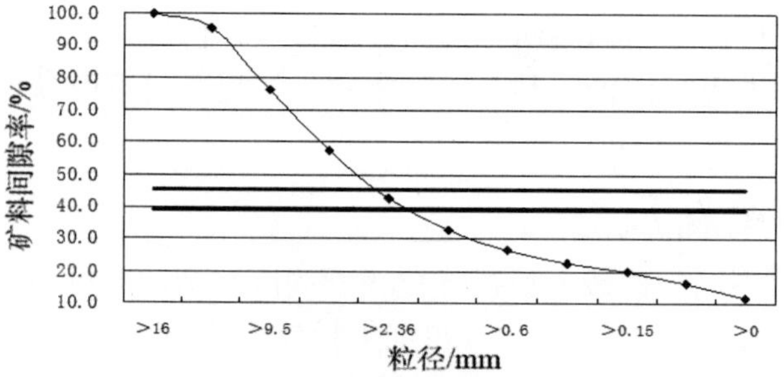

（d）AC－13

图 8.1　优化级配嵌挤结构分析图

表 8.1　密级配沥青混合料的控制筛孔

控制筛孔/mm	最大公称尺寸 *D*/mm			
	26.5	19	16	13.2
D/2	13.2	9.5	9.5	4.75
PCS	4.75	4.75	4.75	2.36
SCS	1.18	1.18	1.18	0.6
TCS	0.3	0.3	0.3	0.15

8.3　粗细集料选择密度的确定

通过级配优化，不同公称最大粒径沥青混合料恰当的粗细集料比例，能够使混合料达到粗骨架稳定、粗胶泥密实的最佳状态，即混合料最佳路用性能，在此基础上对级配走向进行适当调整，可协调沥青混合料其他路用性能，从而使混合料性能满足使用要求。沥青混合料集料嵌挤状态对路用性能起到了决定性的作用，路用性能变化可以归结为嵌挤状态的有效改变。由于根据体积参数进行嵌挤状态评定的标准一直未有定论，沥青混合料路用性能——抗高温抗车辙、抗水破坏能力——对于评判标准的建立十分必要。分析不同公称最大粒径优化级配沥青混合料的集料嵌挤状态，并以此为基础提出嵌挤状态评价标准。表 8.2 至表 8.5 详细分析了混合料中粗细集料的状态，并与粗、细集料松堆、插捣状态进行了比较。由于所有体积参数均为密度的导出值，因此更为直观、方便。

表 8.2　AC－25 型沥青混合料结构状态分析

级配编号	AC－25－3	AC－25－2（优化级配）	AC－25－1
粗集料松堆密度/（g/cm³）	1.548	1.551	1.562
细集料插捣密度/（g/cm³）	1.660	1.658	1.662
混合料中粗集料含量/%	70	63.6	56.5
混合料中粗集料密度/（g/cm³）	1.659	1.526	1.343
混合料中填充于 VCA 中的细集料密度/（g/cm³）	1.500	1.698	1.791
混合料 VCA/%	38.7	43.6	50.4
混合料中粗集料密度/粗集料松堆密度/（g/cm³）	1.072	0.984	0.860
混合料中细集料密度/细集料插捣密度/（g/cm³）	0.904	1.024	1.078

表 8.3　AC－20 型沥青混合料结构状态分析

级配编号	粗级配	中值级配（优化级配）	细级配
粗集料松堆密度/（g/cm³）	1.466	1.473	1.476
细集料插捣密度/（g/cm³）	1.74	1.736	1.735
混合料中粗集料含量/%	63.6	59.3	50.5
混合料中粗集料密度/（g/cm³）	1.509	1.419	1.205
混合料中填充于 *VCA* 中的细集料密度/（g/cm³）	1.686	1.800	1.916
混合料 *VCA*/%	44.2	47.5	55.4
混合料中粗集料密度/粗集料松堆密度/（g/cm³）	1.029	0.963	0.816
混合料中细集料密度/细集料插捣密度/（g/cm³）	0.969	1.037	1.104

表 8.4　AC－16 型沥青混合料结构状态分析

级配编号	1	2	3（优化）	4	5
粗集料松堆密度/（g/cm³）	—	—	1.576	—	—
细集料插捣密度/（g/cm³）	—	—	1.600	—	—
混合料中粗集料含量/%	50.0	55.0	60.0	65.0	70.0
混合料中粗集料密度/（g/cm³）	1.188	1.315	1.436	1.564	1.674
混合料中填充于 *VCA* 中的细集料密度/（g/cm³）	1.807	1.746	1.656	1.563	1.409
混合料 *VCA*/%	59.1	54.8	50.6	46.2	42.4
混合料中粗集料密度/粗集料松堆密度/（g/cm³）	—	—	0.911	—	—
混合料中细集料密度/细集料插捣密度/（g/cm³）	—	—	1.035	—	—

表 8.5　AC－13 型沥青混合料结构状态分析

级配编号	1	2	3（优化）	4	5	6
粗集料松堆密度/（g/cm³）	1.469	1.484	1.48	1.475	1.474	1.473
细集料插捣密度/（g/cm³）	1.593	1.604	1.629	1.620	1.631	1.643
混合料中粗集料含量/%	75	70	65	60	55	50
混合料中粗集料密度/（g/cm³）	1.762	1.657	1.555	1.428	1.298	1.174
混合料中填充于 *VCA* 中的细集料密度/（g/cm³）	1.347	1.526	1.687	1.762	1.812	1.866
混合料 *VCA*/%	34.9	38.8	42.5	47.3	52.1	56.6
混合料中粗集料密度/粗集料松堆密度/（g/cm³）	1.200	1.116	1.051	0.968	0.880	0.797
混合料中细集料密度/细集料插捣密度/（g/cm³）	0.846	0.951	1.036	1.088	1.111	1.135

①表中"混合料中粗集料密度/粗集料松堆密度"即粗集料选择密度。针对不同公称最大粒径沥青混合料，优化不同公称最大粒径的级配。这主要是由于筛孔选择采用近似的原则，使得不同公称最大粒径的混合料其粗集料选择密度应有所不同，因此根据优化级配提出修正的选择密度的值域。见表 8.6。

表 8.6　粗细集料选择密度表

级配类型	AC－25	AC－20	AC－16	AC－13
粗集料选择密度系数 （粗集料选择密度/粗集料松堆密度）	0.95～1.00	0.94～0.98	0.90～0.95	1.02～1.06
细集料选择密度系数 （细集料选择密度/细集料插捣密度）	1.02～1.03	1.03～1.04	1.03～1.04	1.03～1.04

②表中"混合料中细集料密度/细集料插捣密度"即细集料选择密度。贝雷法规定粗集料选择密度确定后，细集料以插捣状态填充粗集料空隙，即细集料选择密度为 1。但根据优化级配的计算结果，以 GTM 为成型方式的沥青混合料优化级配的细集料密度均大于细集料插捣密度，即在优化的混合料中细集料是以大于插捣密度的状态填充于粗集料之中的。而贝雷法由于采用插捣密度计算细集料含量，致使细集料含量较少，得不到骨架密实结构的沥青混合料，因此 AC－25，AC－20，AC－13 贝雷法设计结果与性能优化结果不符合。据此提出修正的细集料选择密度系数值域，见表 8.6。

8.4　控制级配走向的参数确定

以参数 CA 比、FAc 比及 FA_f 比控制级配走向。各参数定义：$CA=(P_{D/2}-P_{PCS})/(100-P_{D/2})$；$FA_C=P_{SCS}/P_{PCS}$；$FA_f=P_{TCS}/P_{SCS}$。$P_x$ 为 x 对应筛孔通过率。对于 AC－25，AC－20 型沥青混合料，以优化级配为基础提出推荐的 3 个参数取值范围，见表 8.7。

表 8.7　各参数的建议范围

最大公称尺寸/mm	25.0	19.0	16.0	13.2
CA 比	0.65～0.80	0.55～0.70	0.65～0.75	0.30～0.45
FA_c 比	0.40～0.55	0.40～0.55	0.40～0.55	0.40～0.55
FA_f 比	0.40～0.55	0.40～0.55	0.40～0.55	0.40～0.55

相关动稳定度关联回归分析，见下列公式：

$$DS_{16}=-236140+899CA-461CA^2+285154FA_c-347171FA_c^{\ 2}+664718FA_f-601332FA_f^{\ 2} \quad (12.1a)$$

$$DS_{13}=-41223+11656CA-11477CA^2+87679FA_c-90120FA_c^{\ 2}+69960FA_f-67103FA_f^{\ 2} \quad (12.1b)$$

GTM 设计的沥青路面混合料，最大公称粒径为 16，13.2mm，混合料三参数与动稳定度 DS 间均呈抛物线曲线变化，均有最佳值使动稳定度最大，见图 8.2 和表 8.8。

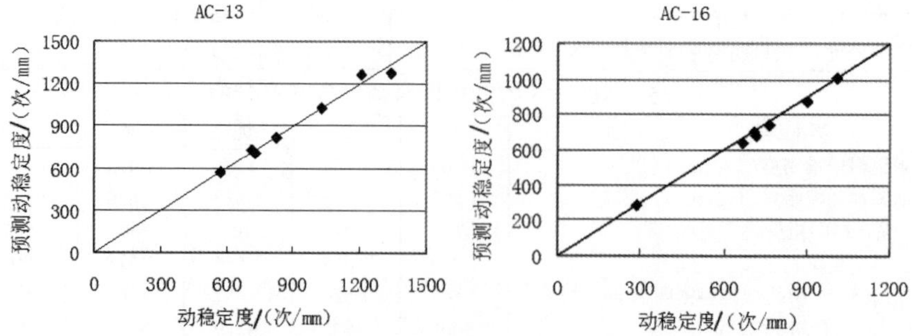

（a）AC－13　　（b）AC－16

图 8.2　参数模型预估与实测 DS 对比

由表 8.7 回归求得的 AC－16 的最佳 *CA* 比值为 0.98，此值已超出经验范围，同时由回归公式可见，*CA* 比系数较小，即 *CA* 比的值对 *DS* 影响不大。因此，AC－16 的 *CA* 比值不由计算确定，而根据级配优化结果确定。确定的不同公称最大粒径的混合料三参数见表 8.8。

表 8.8　回归公式计算的各参数值

参数	AC－13	AC－16
CA	0.51	0.98
FA_c	0.49	0.49
FA_f	0.52	0.55

8.5　沥青混合料的体积参数研究

目前，体积法是通用沥青混合料配合比设计方法，其后的各种试验仅为性能验证。当沥青混合料空隙率不大于 4%时，沥青路面极易出现泛油、车辙等高温稳定性病害。马歇尔设计方法具体规定的是体积参数指标。既要满足空隙率为代表的体积参数技术要求，对于级配设计基本合理的混合料，要通过改变成型方式或增加压实功，提高混合料密度而减小影响其他体积参数的空隙率，相对小的空隙率不是源于胶泥含量，而是源于减小矿料间距离，以改变矿料空间相对位置。AC－25－2 级配混合料不同油石比下 GTM 及马歇尔试件体积参数见表 8.9。

表 8.9　GTM 试件与马歇尔试件体积参数表

油石比/%	毛体积相对密度		*VV*/%		*VMA*/%		*VFA*/%	
	GTM 试件	马歇尔试件	GTM 试件	马歇尔试件	GTM 试件	马歇尔试件	GTM 试件	马歇尔试件
3.3	2.463	2.405	3.9	6.1	11.6	13.7	66.7	55.2
3.6	2.478	2.417	2.9	5.3	11.3	13.5	74.8	61.1
3.9	2.492	2.425	1.9	4.5	11.1	13.5	82.8	66.4
4.2	2.496	2.428	1.3	4.0	11.2	13.7	88.3	70.7
4.5	2.510	2.432	0.3	3.4	11.3	13.8	97.1	75.1
马歇尔方法标准			3～6		不小于 12		65～75	

由表 8.9 可知，GTM 试件体积参数与马歇尔试件的相比特点如下：

①沥青路面混合料密度高，空隙率与矿料间隙率小，沥青饱和度较高。

②沥青路面混合料空隙率、矿料间隙率与沥青饱和度等体积参数，均为沥青路面混合料的毛体积相对密度、矿料密度计算导出。

③原材料和混合料的体积参数是试件成型方式和压实功的条件性指标。

④GTM 成型击实比马歇尔更符合沥青面层的碾压施工情况。

⑤以极限平衡方式确定的混合料密度、压实功是不定值，表明特定混合料的力学特性，如矿料几何形状、表面特性、级配组成和胶结料性质等。

⑥沥青路面使用期不发生车辙，用极限平衡方式确定混合料密度，较之 Superpave 更合理。

53 个实际工程配合比设计结果表明，以 GTM 为成型方式的沥青混合料最佳油石比下空隙率平均为 2.6%，其中最大 4.4%，最小 1.8%，最佳油石比下空隙率在 2%～3%的配合比设计占 72%。

8.6　沥青混合料配合比的设计计算方法

研究表明，为提高沥青混合料高温抗车辙、水破坏的能力，在考虑其路用性能的基础上，提出了沥青混合料粗细集料分界筛孔、粗细集料选择密度、控制级配走向的参数 *CA* 比、FA_c 比及 FA_f 比的取值范围，并根据工程实践提出了 GTM 设计方法设计的沥青混合料空隙率较理想的值域，以此为基础，提出配合比设计计算方法。

（1）原材料选择

原材料性质是影响路用性能的重要因素，集料及沥青的质量直接影响沥青混合料的路用性能，建议选用原材料的质量应满足 JTG F40—2004 规范要求。试验确定集料有效密度，集料有效密度是真实反映集料在混合料中实际情况的密度指标，只有使用集料的有效密度，空隙率才能比较准确地计算，确定初试级配。

（2）集料推荐

在此集料筛分结果参照级配优化范围合成初试级配，根据相关推荐的筛孔尺寸计算 CA、FA_c 及 FA_f，适当调整粗细集料自身组成，使初试级配曲线位于优化范围之内，并使 CA、FA_c 及 FA_f 三参数满足推荐范围的要求。

（3）粗细集料比例优化

试验测定初试级配粗集料松装密度及细集料插捣密度，表 8.10 推荐的系数计算粗集料、细集料的选择密度 ρ 粗，并计算选择密度下的粗集料间隙率 VCA。根据选择密度下的粗集料间隙率等于选择密度下的细集料体积，计算单位体积内粗、细集料用量 $X_{粗}$、$X_{细}$。

表 8.10　AC－25 沥青混合料级配计算表

筛孔	10～30	10～20	5～10	3～5	机制砂	天然砂	矿粉	合成
31.5	100.0	100.0	100.0	100.0	100.0	100.0	100.0	100.0
26.5	97.4	100.0	100.0	100.0	100.0	100.0	100.0	99.3
19	58.9	95.0	100.0	100.0	100.0	100.0	100.0	88.2
16	28.6	60.2	100.0	100.0	100.0	100.0	100.0	73.1
13.2	10.1	24.1	100.0	100.0	100.0	100.0	100.0	60.9
9.5	3.3	2.3	95.7	100.0	100.0	100.0	100.0	54.0
4.75	0.2	0.1	5.4	77.7	96.4	96.4	100.0	35.1
2.36	0.1	0.0	0.3	11.4	85.8	88.0	100.0	23.3
1.18	0.0	0.0	0.3	2.5	37.1	69.8	100.0	18.4
0.6	0.0	0.0	0.1	0.3	11.5	49.7	100.0	14.1
0.3	0.0	0.0	0.0	0.0	5.8	25.9	100.0	9.3
0.15	0.0	0.0	0.0	0.0	3.9	5.6	100.0	5.2
0.075	0.0	0.0	0.0	0.0	3.4	2.2	97.0	5.0
比例	26.2	20.5	15.2	14.1	0.0	19.8	4.1	—

（4）计算 0.075mm 以上颗粒的矿料间隙率

$$VV>0.075。VV>0.075=（\rho_{粗}+\rho_{粗}\times VCA）/（\gamma>0.075）。$$

（5）计算胶泥含量

假设胶泥完全填充空隙而不对粗胶砂产生撑持作用。根据推荐的空隙率取值范围 2%～3%，计算胶泥体积。

$$V_{胶泥}=VV>0.075-（2\%\sim3\%）。$$

（6）计算矿粉及沥青用量

如设计的沥青混合料以提高高温抗车辙能力为主，建议粉胶比为 1.4～1.6；如以提高低温抗裂能力为主，则粉胶比为 1.0～1.4。据此根据填充理论计算单位体积内矿粉 $X_{矿}$ 及沥青用量 $X_{沥}$。

（7）确定级配

根据单位体积内粗、细集料及矿粉质量确定最终级配，如调整后的 CA、FA_c 及 FA_f 比变化较大，应对粗细集料自身组成再做适当调整，使得三参数满足要求，但此时粗细集料比例不宜再改变。

（8）VMA 预测

根据单位体积内粗、细集料和矿粉质量及合成集料密度计算 VMA，并计算混合料密度。

（9）混合料性能检验

按照计算的级配配比进行性能检验。

8.7　沥青混合料配合比设计计算实例

某高速公路 AC－25 型沥青混合料目标配合比设计，根据优化级配结果，合成级配见表 8.10。由表可以看出，合成级配 CA 比为 0.66，FA_c 比为 0.52，FA_f 比为 0.50，符合提出的各参数范围。

按照此级配，测定粗细集料基础参数并进行级配配比计算，计算过程及结果见表 8.11。由计算结果:优化级配的 4.75mm 通过率位于 35.0%～37.6%之间,0.075mm 通过率为 5.8%。而预先合成级配基本满足此要求,因此不再调整。GTM 旋转结果及计算结果对比见表 8.12。由表可以看出，GTM 旋转结果与计算结果接近，且根据计算结果设计的沥青混合料具有优良的路用性能，充分体现了本研究提出的配合比设计计算方法的可行性。

表 8.11　AC－25 型沥青混合料级配配比计算

序号	项目及计算公式	单位	计算上限	计算下限	中值级配
（1）	粗集料松堆密度	g/cm³	1.550	1.550	1.550
（2）	细集料插捣密度	g/cm³	1.612	1.612	1.612
（3）	粗集料选择密度系数	—	0.95	1.00	0.975
（4）	细集料选择密度系数	—	1.03	1.02	1.025
（5）	粗集料选择密度（1）×（3）	g/cm³	1.473	1.550	1.511
（6）	细集料选择密度（2）×（4）	g/cm³	1.660	1.644	1.652
（7）	合成粗集料毛体积密度	g/cm³	2.686	2.686	2.686
（8）	选择密度下的粗集料间隙率（1－（5）/（7））×100	%	45.2	42.3	43.7
（9）	单位体积（1m³）粗集料质量	1000kg	1.473	1.550	1.511
（10）	单位体积（1m³）细集料质量（6）×（8）/100	1000kg	0.750	0.695	0.723
（11）	单位体积（1m³）粗细集料质量=（9）+（10）	1000kg	2.223	2.245	2.234
（12）	粗细集料合成有效密度	—	2.690	2.690	2.690
（13）	粗细集料所留空隙率=（1－（11）/（12））×100	%	17.4	16.5	17.0
（14）	预留空隙率	%	2.5	2.5	2.5
（15）	预定粉胶比	—	1.5	1.5	1.5
（16）	沥青密度	—	1.014	1.014	1.014
（17）	矿粉密度	—	2.725	2.725	2.725
（18）	胶浆体积=（13）－（14）	%	15.4	14.5	15.0
（19）	沥青质量=（（18）/100）/（（15）/（17）+1/（16））	1000kg	0.092	0.092	0.092
（20）	矿粉质量=（15）×（19）	1000kg	0.138	0.138	0.138
（21）	1m³ 单位体积集料质量=（11）+（20）	1000kg	2.361	2.384	2.372
（22）	1m³ 单位体积混合料质量=（11）+（19）+（20）	1000kg	2.453	2.476	2.464
（23）	粗集料所占比例=（9）/（21）×100	%	62.4	65.0	63.7
（24）	矿粉所占比例=（21）/（21）×100	%	5.9	5.8	5.8
（25）	油石比=（19）/（21）×100	%	3.9	3.9	3.9
（26）	合成集料毛体积密度	—	2.672	2.672	2.672
（27）	预测 *VMA*	%	11.6	10.8	11.2
（28）	4.75mm 通过率	%	37.6	35.0	36.3
（29）	0.075mm 通过率	%	5.9	5.8	5.8

表 8.12　AC－25 型沥青混合料 GTM 旋转结果与计算结果对比表

项目	GTM 旋转结果	计算结果
最佳油石比/%	3.8	3.9
VMA/%	11.2	10.8
VV/%	2.6	2.5
动稳定度/（次/mm）	1568	1485
残留稳定度/%	96.8	98.2

8.8 本章小结

以 GTM 为成型方式的级配优化研究，借鉴“贝雷法”级配设计，分析优化级配的集料嵌挤状态，提出新的设计参数，形成基于 GTM 的沥青混合料配合比设计方法，结论如下：

①通过对级配配比嵌挤特征系统分析与优化，得到不同最大公称粒径混合料的粗细集料分界筛孔，以及粗细集料选择密度修正系数和控制级配走向的参数 CA、FA_c 及 FA_f，以此为基础提出了基于散体理论的沥青混合料配合比设计计算方法。

②虽借鉴“贝雷法”的研究成果，但与其本质的不同是：由于以 GTM 优化级配为标准提出各种参数，而优化级配均为 VMA 最小的级配，因此本章提出的设计方法实质上是以散体强度理论为模型的设计方法。

③沥青混合料集料嵌挤状态对路用性能起到了决定性的作用，路用性能变化可以归结为嵌挤状态的有效改变，用以评判高温、抗车辙、抗水破坏能力。本章在分析不同公称最大粒径优化级配沥青混合料的集料嵌挤状态基础上，提出嵌挤状态评价标准。

第 9 章　基于级配碎石过渡层的沥青路面结构力学分析

本章通过对级配碎石过渡层半刚性基层沥青路面结构的力学分析，研究不同交通情况下，带级配碎石过渡层的半刚性基层沥青路面结构与典型的半刚性基层路面结构的受力情况和计算寿命的区别，分析设置夹层的半刚性基层沥青路面结构，在计算分析的基础上，最终推荐轻、中轻及重、特重交通下带级配碎石过渡层的沥青路面结构的典型形式。

9.1　选取级配碎石过渡层材料力学参数

（1）模量的选取

①选取材料模量。我国沥青路面设计规范相关材料模量取值见表 9.1 和表 9.2。松散粒料应为级配碎石，一般不进行拉应力、拉应变计算。中级配碎石是主要研究对象，抗压模量值另取。

表 9.1　沥青混合材料设计参数

材料名称		抗压模量/MPa		劈裂强度/MPa	备注
		20℃	15℃	15℃	
细粒式沥青混凝土	密级配	1200 ~ 1600	1800 ~ 2200	1.2 ~ 1.6	AC－10，AC－13
	开级配	700 ~ 1000	1000 ~ 1400	0.6 ~ 1.0	OGFC
沥青玛蹄脂碎石		1200 ~ 1600	1200 ~ 1500	1.4 ~ 1.9	SMA
中粒式沥青混凝土		1000 ~ 1400	1600 ~ 2000	0.8 ~ 1.2	AC－16，AC－20
密级配粗粒式沥青混凝土		800 ~ 1200	1000 ~ 1400	0.6 ~ 1.0	AC－25
沥青碎石基层	密级配	1000 ~ 1400	1200 ~ 1600	0.6 ~ 1.0	ATB－25，ATB－35
	半开级配	600 ~ 800	—	—	AM25，AM－40

表 9.2　基层、底基层材料设计参数

材料名称	配合比或规格要求	抗压模量 E/MPa（弯沉计算）	劈裂强度 σ/MPa
水泥砂砾	4% ~ 6%	1100 ~ 1500	0.4 ~ 0.6
水泥碎石	4% ~ 6%	1300 ~ 1700	0.4 ~ 0.6
二灰砂砾	7∶13∶80	1100 ~ 1500	0.6 ~ 0.8
二灰碎石	8∶17∶80	1300 ~ 1700	0.5 ~ 0.8
石灰水泥粉煤灰砂砾	6∶3∶16∶75	1200 ~ 1600	0.4 ~ 0.5
水泥粉煤灰碎石	4∶16∶80	1300 ~ 1700	0.4 ~ 0.55
石灰土碎石	粒料>60%	700 ~ 1100	0.3 ~ 0.4
碎石灰土	粒料>40% ~ 50%	600 ~ 900	0.25 ~ 0.35
水泥石灰砂砾土	4∶3∶25∶68	800 ~ 1200	0.3 ~ 0.4
二灰土	10∶30∶60	600 ~ 900	0.2 ~ 0.3
石灰土	8% ~ 12%	400 ~ 700	0.2 ~ 0.25
石灰土处理路基	4% ~ 7%	200 ~ 350	—
级配碎石*	基层连续型级配	300 ~ 350	—
	基层骨架密实	300 ~ 800	
	底基层、垫层	200 ~ 250	
填隙碎石	底基层	200 ~ 280	—
未筛分碎石	做底基层用	180 ~ 220	—
级配砂砾、天然砂砾	做底基层用	150 ~ 200	
中粗砂	垫层	80 ~ 100	—

②级配碎石模量的选取。本项目希望通过建立级配碎石模量与加州承载比 *CBR*（*California Bearing Ratio*）之间的关系，进行抗压模量与抗剪切强度的推算，从而用于路

面结构中进行力学分析。振动成型级配碎石的 *CBR* 与回弹模量的关系如下：壳牌 $E_n = 5\times CBR$（E_n 为静回弹模量）；交通部公路研究所 $E=（5\sim7.5）\times CBR$，$E_0 = 7.2\times CBR^{0.9}$。摩洛哥公式 $E = 8.9\times CBR^{0.85}$，$E = 7.4\times CBR$。Heukelom 等应用稳态动弯沉仪测定各类土的动弹模量 E_d，并测定相应土的 *CBR* 值，而后在两者之间建立了关系：$E_d=\alpha（CBR）$。式中：α 为回归系数，变动于 5 ~ 20 之间，通常取用平均值 α=10。这一换算关系式适用于浸润 $CBR\leq10$ 的细粒土，它为许多设计方法所采用。对于所确定的三种级配，分别采用振动和重型击实下的 *CBR* 值进行试验检测，检测结果以及对应的抗压回弹模量列于表 9.3 中。由 *CBR* 与回弹模量同步增长特性，进而推断振动法设计混合料高回弹模量值，提高其承载力，减小永久变形，降低路表的总弯沉量，延长路面的使用寿命。

表 9.3　三种级配的 *CBR* 值

级配序号	1		2		3	
成型方式	振动	重型击实	振动	重型击实	振动	重型击实
最大干密度/（g/cm³）	2.530		2.495		2.532	
CBR/%	437	213	288	193	485	226
CBR 比值	2.05		1.49		2.15	
C_V/%	10	11	8	12	7	11
E/（壳牌）	2185	1065	1440	965	2425	1130
E/（交通部公路研究所）	2185 ~ 3278	1065 ~ 1598	1440 ~ 2160	965 ~ 1448	2425 ~ 3638	1130 ~ 1695
E/（摩洛哥）	1562 3234	848 1576	1096 2131	780 1428	1707 3589	892 1672
E_d	4370	2130	2880	1930	4850	2260

计算中对比带级配碎石过渡层的半刚性基层沥青路面结构与典型的半刚性基层路面结构的受力情况，以及与其计算寿命的区别。因此，取级配碎石的 *CBR*=300%，按照上述级配碎石的 *CBR* 与回弹模量的关系计算得到以下的抗压回弹模量值：1500MPa、1500 ~ 2250MPa，以及 1135、2220、3000MPa。本次计算中取平均值 1942MPa。

（2）选取泊松比

我国规范推荐路基泊松比一般为 0.35，而其余材料没有明确的推荐值，往往取值在 0.2 ~ 0.5 之间。美国 SHRP 计划中长期路面项目中泊松比值一般经验推荐取值 0.30，半刚性基层泊松比取值 0.25。

9.2　选取级配碎石过渡层计算参数

（1）荷载参数

根据《公路沥青路面设计规范》（JTG D50—2006），交通等级按表 9.4 划分。

表 9.4　交通等级

交通等级	BZZ－100 累计标准轴 N_e/（次/车道）	大客车及中型以上的各种货车交通量/（辆 *d*·车道）
轻交通	$<3\times10^6$	<600
中等交通	$3\times10^6\sim1.2\times10^7$	600~1500
重交通	$1.2\times10^7\sim2.5\times10^7$	1500~3000
特重交通	$>2.5\times10^7$	>3000

计算时不考虑水平荷载，以双轮组单轴荷载 100kN 为标准荷载，单轮当量圆的半径 δ=0.1065m，两轮中心间距为 3δ，荷载如图 9.1 所示。

（2）路面结构形式

对于具有柔性基层（级配碎石）的半刚性沥青路面来说，通过室内试验研究，半刚性基层的厚度取为 15cm 和 30cm，级配碎石结构层厚度取为 15，30 和 36cm，沥青面层厚度为 4，8，18 和 24cm，根据不同的交通轴载等级给出了相应的路面结构形式，如表 9.5 和表 9.6 所列。

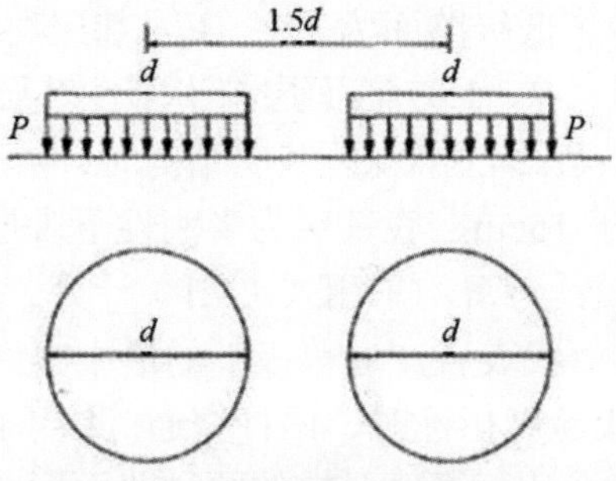

图 9.1　路面荷载计算图示

表 9.5　轻交通等级路面结构组合形式

项目	级配碎石路面结构	半刚性路面结构
结构一	4cm 厚的沥青混凝土 15cm 厚的级配碎石 15cm 厚的水泥稳定碎石	4cm 厚的沥青混凝土 15cm 厚的水泥稳定碎石 15cm 厚的水泥稳定碎石
结构二	8cm 厚的沥青混凝土 15cm 厚的级配碎石 15cm 厚的水泥稳定碎石	8cm 厚的沥青混凝土 15cm 厚的水泥稳定碎石 15cm 厚的水泥稳定碎石

表 9.6　重交通等级路面结构组合形式

项目	级配碎石路面结构	半刚性路面结构
结构一	18cm 厚的沥青混凝土 15cm 厚的级配碎石 30cm 厚的水泥稳定碎石	18cm 厚的沥青混凝土 15cm 厚的水泥稳定碎石 30cm 厚的水泥稳定碎石
结构二	24cm 厚的沥青混凝土 30cm 厚的级配碎石	24cm 厚的沥青混凝土 30cm 厚的水泥稳定碎石
结构三	24cm 厚的沥青混凝土 30cm 厚的级配碎石 15cm 厚的水泥稳定碎石	24cm 厚的沥青混凝土 30cm 厚的水泥稳定碎石 15cm 厚的水泥稳定碎石

本次计算中 4cm 沥青混凝土为 AC－13，模量取中值 1400 和 2000MPa（分别为 20℃和 15℃时的模量，下同）；8cm 沥青混凝土分为 3cm 的 AC－13 和 5cm 的 AC－16，模量值为 140 和 20000MPa、1200 和 1800MPa；18cm 沥青混凝土分为 4cm 的 AC－13、6cm 的 AC－16 和 8cm 的 AC－25，模量值为 1400 和 200MPa、1200 和 1800MPa、1000 和 1200MPa；18cm 沥青混凝土分为 4cm 的 AC－13、6cm 的 AC－16 和 8cm 的 AC－25，模量值为 1400 和 2000MPa、1200 和 1800MPa、1000 和 1200MPa；24cm 沥青混凝土分为 5cm 的 AC－13、7cm 的 AC－16 和 12cm 的 AC－25，模量值为 1400 和 2000MPa、1200 和 1800MPa、1000 和 1200MPa；而半刚性基层材料为水泥稳定碎石，模量值取为 160MPa。土基回弹模量取实测值 80MPa。

9.3　级配碎石过渡层计算结果分析

9.3.1　不同交通等级对路面结构受力分析

（1）路表弯沉

由设计弯沉计算公式

$$l_d=600\cdot N_e^{-0.2}\cdot A_c\cdot A_s\cdot A_b \tag{9.1}$$

式中，l_d—路面设计弯沉值（0.01mm）；N_e—设计年限内一个车道上累计当量轴次；A_c—公路等级系数，高速公路、一级公路为 1.0，二级公路为 1.1，三、四级公路为 1.2；A_s—面层类型系数，沥青砼面层为 1.0；热拌沥青碎石、乳化沥青碎石、上拌下贯或贯入式路面为

1.1；沥青表面处治为 1.2；中、低级路面为 1.3；A_b—基层类型系数，对半刚性基层、底基层总厚度等于或大于 20cm 时，$A_b = 1.0$；若面层与半刚性基层间设置等于或小于 15cm 级配碎石层、沥青贯入碎石、沥青碎石的半刚性基层结构时，A_b 可取 1.0；柔性基层、底基层 $A_b = 1.6$，当柔性基层厚度大于 15cm、底基层为半刚性下卧层时，A_b 可取 1.6。

新建公路和改建公路路设计弯沉均采用式（9.1）计算，路表设计弯沉随累计当量轴次的增大而减小，表 9.7 中的数值代表各交通等级下的最小容许弯沉值。由表 9.7 中的数据分析可知，以路表弯沉为设计或验算指标时，两种交通等级下的五种路面结构都满足表中设计弯沉的要求。对比满足路表设计弯沉值要求的两种路面形式对应结构的路表计算弯沉值，可以发现带级配碎石路面结构的路表计算弯沉值都小于半刚性基层路面结构的路表计算弯沉值，也就是说，以路表弯沉值为设计或验算指标，级配碎石路面结构优于半刚性基层路面结构。表 9.7 中路表容许弯沉计算过程中，带级配碎石路面结构的 A_b（路面结构类型系数）的取值按照复合基层沥青路面类型。

表 9.7　不同交通等级各结构的设计弯沉与计算弯沉（0.01mm）

项目		级配碎石路面结构	半刚性路面结构
轻交通	结构一	28.6（39.5）	29.7（30.4）
	结构二	25.4（39.5）	27.1（30.4）
重交通	结构一	14.7（25.8）	15.1（19.9）
	结构二	17.7（25.8）	18.6（19.9）
	结构三	13.5（25.8）	14（19.9）

注：表中路表容许弯沉计算过程中，带级配碎石路面结构的 A_b（路面结构类型系数）的取值按照复合基层沥青路面类型。

（2）半刚性基层、底基层的层底拉应力计算

半刚性基层、底基层无机结合稳定集料类材料的容许拉应力计算为：

$$\sigma_R=\sigma_S/K_S,\quad K_S=0.35N_e^{0.11}\cdot A_c \tag{9.2}$$

根据交通量，材料的容许拉应力值随当量轴次的增大而减小，结合水泥稳定碎石劈裂强度的范围，对其不同交通等级下的容许拉应力进行了计算，见表 9.8 和表 9.9。

表 9.8　不同交通等级下各结构层材料容许拉应力范围

交通等级		轻交通（次/车道）	重交通（次/车道）
		N_e=3×10^6	N_e=2.5×10^7
水泥稳定碎石容许拉应力	范围/MPa	0.222~0.332	0.175~0.263
	常用值/MPa	0.277	0.219

表 9.9　各路面结构的基层拉应力

项目		带级配碎石路面结构/MPa	半刚性路面结构/MPa
轻交通	结构一	0.305	0.312
	结构二	0.258	0.275
重交通	结构一	0.114	0.116
	结构二	0.126	0.151
	结构三	0.096	0.098

由表 9.8 和表 9.9 中的数据分析可知，若采用稳定料层底拉应力为设计验算指标，轻交通半刚性基层路面结构的层底拉应力都已经超过材料本身的容许拉应力，甚至都超过了容许拉应力的最高值；路面结构半刚性基层的层底拉应力也接近材料本身的容许拉应力值。重交通等级下的 3 种路面结构形式的半刚性基层的层底拉应力都满足容许拉应力的要求，也都在最小容许拉应力范围内。考虑到路面结构的经济性，允许在实际工程中根据力学计算结构对结构层厚度进行适当调整。与以路表弯沉为设计或验算指标相同的是，两种路面形式对应结构的半刚性基层的层底拉应力值间的关系相同，即带级配碎石路面结构基层层底拉应力小于半刚性基层的，以半刚性基层的层底拉应力为设计验算指标，带级配碎石路面结构要优于半刚性基层路面结构。振动成型的级配碎石设计方法，是一种比传统方法更

有效地提高级配碎石的刚度，从而在保持原有性能的基础上降低路表弯沉的设计方法，因此在路面结构形式都能满足设计要求时，要优先选用带级配碎石的路面结构。

9.3.2　路面结构的寿命分析

超载路面是典型重复疲劳破坏，路面重要指标为设计年限内车道累计当量轴次 N_e，一般超载车辆行驶增加了车辆当量轴载作用的次数，使得车辆实际车道累计当量轴次达到设计累计当量轴次，大幅减少使用寿命。另一个重要指标则是车辆轮胎与路面的接触，施加给路面结构的压力和轮胎与路面结构的接触面积，超载车辆的轮胎压力和轮胎与路面结构的接触面积的变化，引起了路面结构应力的增长，从另一个角度缩短了路面的使用寿命。

（1）弯沉和应力等效计算寿命

设计年限内一个车道上累计当量轴次 N_e 的计算：

$$N_e = \frac{[(1+\gamma)^t - 1] \times 365}{\gamma} N_1 \eta \tag{9.3}$$

式中，N_e—设计年限车道累计当量轴次，次/车道；t—路面设计使用年限，年；γ—设计年限交通量平均增长率，%；η—车道影响系数。

计算中取 γ=6%，轻交通等级下，按二级公路双向两车道 η=0.65，设计年限取为 12 年，以计算弯沉对应的路面寿命为设计寿命，对应的营运第一年的双向日平均当量轴次为基数进行计算；重交通等级下，按高速公路、一级公路 η=0.45，设计年限取为 15 年，以计算弯拉应力对应的路面寿命为设计寿命，对应的营运第一年的双向日平均当量轴次为基数进行计算。表 9.10 为轻交通等级下的计算应力等效疲劳寿命和重交通等级下计算弯沉等效疲劳寿命。

表 9.10　按弯沉等效和应力等效的疲劳寿命

路面类型		级配碎石路面结构/年		半刚性路面结构/年	
		弯沉等效	应力等效	弯沉等效	应力等效
轻交通	结构一	12	2	12	6.39
	结构二	12	4.67	12	11.0
重交通	结构一	1.02	15	0.29	15
	结构二	1.0	15	1.09	15
	结构三	0.33	15	0.09	15

由表 9.10 可知，轻交通等级下，两种路面结构的应力等效疲劳寿命明显低于弯沉等效疲劳寿命，进行轻交通等级下路面结构的设计宜以半刚性基层的层底拉应力为设计或验算指标，半刚性路面结构的弯沉等效寿命要大于带级配碎石路面结构，这是由弯拉应力设计指标不满足要求导致；重交通等级下，3 种路面结构的应力等效疲劳寿命高于弯沉疲劳寿命，重交通等级路面结构的设计宜采用弯沉作为设计验算指标，而且带级配碎石路面结构的应力等效寿命要大于半刚性路面结构。

（2）累计当量轴次增加

设计弯沉、沥青层层底拉应力控制时，各级轴载换算成标准轴载当量轴次公式如下：

$$N = \sum_{i=1}^{k} C_1 C_2 n_i \left(\frac{P_i}{P}\right)^{4.35} \tag{9.4}$$

以半刚性基层材料层的拉应力为设计指标，各级轴载换算成标准轴载当量轴次：

$$N' = \sum_{i=1}^{k} C_1' C_2' n_i \left(\frac{P_i}{P}\right)^{8} \tag{9.5}$$

由各级轴载换算当量轴次公式和累计当量轴次计算公式可知，超载时累计当量轴次的增加是以 4.35 和 8 次幂的指数形式递增的，因此引起设计弯沉和容许拉应力的减小。换句话说，当路面计算弯沉和计算拉应力不变时，路面的计算寿命也会相应缩短。以轻交通结构一和重交通结构二的计算弯沉值和计算应力值为例，列入表 9.11 中，对超载引起的累计当量轴次增加导致路面结构疲劳寿命的变化进行计算。假设轻交通作用下路面结构在标准荷载作用下路面的使用寿命分别为该交通等级作用下路面结构的设计寿命，经分析可知，相同交通等级下，若假设不同路面结构在标准轴载下的使用寿命相同，则在各超载作用下的使用寿命也相同。超载 20%，40%，60%，80%，100%时，轻、重交通路面计算弯沉等效疲劳寿命、半刚性基层层底应力等效寿命计算见表 9.12。

表 9.11　不同交通等级下各结构的计算弯沉与计算应力

项目		级配碎石路面结构	半刚性路面结构
轻交通	计算弯沉	28.6（0.01mm）	29.7（0.01mm）
	计算应力	0.258（MPa）	0.312（MPa）
重交通	计算弯沉	17.7（0.01mm）	18.6（0.01mm）
	计算应力	0.126（MPa）	0.151（MPa）

表 9.12　按弯沉等效和应力等效的疲劳寿命

指标	轻交通/年		重交通/年	
	弯沉等效	应力等效	弯沉等效	应力等效
标准轴载	12	12	15	15
超载 20%	6.47	3.63	8.40	4.83
超载 40%	3.61	1.14	4.81	1.55
超载 60%	2.11	0.40	2.85	0.55
超载 80%	1.29	0.16	1.76	0.22
超载 100%	0.83	0.07	1.14	0.09

由表 9.12 可知，在标准轴载作用下，计算弯沉等效疲劳寿命和计算应力等效寿命相同的前提下，车辆超载影响路面的寿命大大缩短。例如：当超载率为 60%时，对于轻交通等级下使用寿命为 12 年的路面，计算弯沉等效寿命仅为两年多，而计算应力等效寿命则不足半年；当超载率为 60%时，对于重交通等级下使用寿命为 15 年的路面，计算弯沉等效寿命不足 3 年，而计算应力等效寿命也仅有半年。上述分析表明，超过路面预定损坏标准使用年限，导致路面车辙、裂缝早期疲劳破坏现象。

（3）轮载增加

考虑路面各种车辆交通量，进行超载引起的车轮与路面间相互作用，以及对路面结构的受力承载分析。轴载、轮胎充气压力与轮胎接地圆半径间关系为

$$P = p \times \frac{\pi d^2}{4} \tag{9.6}$$

式中，P—轴载重量；p—轮胎充气压力；d—轮胎接地半径。

研究人员通常采用轴重提高，认为荷载圆轮心间距是固定不变的，轴载增加荷载圆半径和均布荷载同时增加变化。国内超重轴载沥青路面根据实际调查可以得出：

针对主干道路：

$$A = (0.008P + 152) \pm 70 \tag{9.7}$$

针对次干道路：

$$A = (0.009P + 132) \pm 90 \tag{9.8}$$

$$p = \frac{P}{A} = \frac{P}{0.008P + 152} \tag{9.9}$$

式中，A—轮胎触地面积，cm^2；P—轮胎作用荷载，N。

±70，±90 为保证率达到 95%离差范围。对我国高等级公路，采用：A=0.008P+15。

在此公式的基础上，求得均布接地压力，见表 9.13。取轻交通的结构一和重交通的结构二进行超载作用下的应力受力分析，并对不同超载下的应力等效寿命进行计算分析，见表 9.14 和表 9.15。由表 9.14 可知，轻交通等级下，随着超载率的增加，两种路面结构形式的应力增长率基本相同，但是从具体增长数据来看，在超载率 20%之前，应力增长得较快，每超载 10%，应力增长 13%左右，在超载 20%～80%之间，应力增长较为缓慢，每超载 10%，应力增长 9.2%～9.4%。

可见，随着超载率的增加，路面的使用寿命急剧减少，以带级配碎石路面结构的计算应力等效寿命为设计寿命时，半刚性路面结构基层计算应力的等效寿命为 10.3 年，当超载 20%时，两种路面结构的使用寿命分别为 1.99 年和 1.65 年，当超载 100%时，路面结构在通车 3～5 个月内即会出现一定程度的损坏。

表 9.13　轴重与轮压、轮胎接地面积的关系

轴重/kN	100	110	120	130	140	150	160	170	180	190	200
接地面积/cm^2	352	372	392	412	432	452	472	492	512	532	552
半径/cm	10.65	10.882	11.170	11.452	11.726	11.995	12.257	12.514	12.766	13.013	13.255
轮压/MPa	0.7016	0.7395	0.7654	0.7891	0.8097	0.8289	0.8471	0.8644	0.8784	0.8933	0.9052

表 9.14　超载下轻交通结构一的基层应力及等效寿命分析

项目	级配碎石路面结构			半刚性基层路面结构		
	应力值/MPa	增长百分比/%	等效寿命/年	应力值/MPa	增长百分比/%	等效寿命/年
标准轴载	0.305	0	12	0.312	0	10.31
超载 20%	0.3845	26.07	1.99	0.3931	25.99	1.65
超载 40%	0.4187	37.27	0.95	0.4292	37.56	0.76
超载 60%	0.4755	55.89	0.30	0.4876	56.28	0.24
超载 80%	0.5316	74.29	0.11	0.5453	74.78	0.09
超载 100%	0.5870	92.45	0.05	0.6023	93.04	0.04

表 9.15　超载下重交通结构二的基层应力及等效寿命分析

项目	带级配碎石路面结构			半刚性基层路面结构		
	应力值/MPa	增长百分比/%	等效寿命/年	应力值/MPa	增长百分比/%	等效寿命/年
标准轴载	0.126	0	15	0.151	0	4.09
超载 20%	0.1495	18.65	4.44	0.1803	19.40	0.90
超载 40%	0.1738	37.94	1.24	0.2096	38.81	0.23
超载 60%	0.1979	57.06	0.39	0.2388	58.15	0.07
超载 80%	0.2219	76.11	0.14	0.2677	77.28	0.03
超载 100%	0.2457	95	0.06	0.2964	96.29	0.01

由表 9.15 可知，重交通等级下，随着超载率的增加，两种路面结构形式的应力增长率基本相同，超载率在 0～100%之间，应力增长速度基本保持不变，每超载 10%时，带级配碎石路面结构应力增长 9.3%～9.5%左右，半刚性基层路面结构应力增长范围为 9.6%～9.7%。随着超载率的增加，路面的使用寿命急剧减少，以带级配碎石路面结构的应力等效寿命为计算寿命时，半刚性路面结构的计算应力等效寿命仅有 4 年，当超载 20%时，两种路面结构的使用寿命分别为 4.44 年和 0.9 年。

9.4　典型级配碎石路面结构推荐

9.4.1　轻交通典型级配碎石路面结构

根据上述计算结果可知：轻交通作用下的两种路面结构当以路表弯沉为设计验算指标时，均能满足计算弯沉值小于设计的要求；当以半刚性基层材料的结构层层底拉应力为设计验算指标时，标准轴载下的计算应力值早已超出材料本身的容许拉应力值，路面结构形式有待调整。对比两种路面结构形式及半刚性基层的应力计算结果可以发现，增加沥青面层厚度可以相应减小半刚性基层层底拉的应力；对比不同等级路面结构、半刚性基层应力计算分析，半刚性基层厚度增加也可以减小其层底拉应力。

（1）面层的厚度

对于轻交通下级配碎石路面结构需要综合调整面层厚度和基层厚度，寻求既满足结构受力要求又经济的合理路面结构形式。图 9.2 为半刚性基层层底拉应力随沥青面层厚度增加的变化图。当交通等级为轻交通时，半刚性基层层底拉应力呈减小趋势，减小幅度变小。标准轴载作用下，当面层厚度为 8cm 时，半刚性基层层底拉应力为 0.274MPa，已满足材料的容许拉应力要求；当超载 30%时，原有路面结构层厚度至少要大于 16cm；当超载 50%时，原有路面结构层厚度至少要达到 20cm 才能满足要求；因此原有路面结构不适用于超载车辆的行驶。从图 9.2 中可以发现：随着轴重的增加，轴载、标准轴载偏差大，沥青面层薄弱，轴重影响明显。综上所述，综合路用性能和工程造价，推荐轻交通等级下路面结构面层适宜厚度为 8 ~ 16cm。

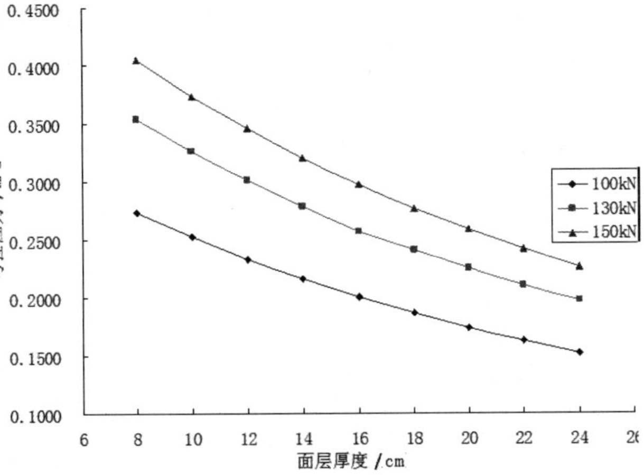

图 9.2 面层厚度对半刚性基层层底拉应力的影响

（2）基层的厚度

基层是重交通沥青路面的主要承重层，面层厚度采用 12cm，分析计算基层厚度对底基层层底弯拉应力影响，见图 9.3。

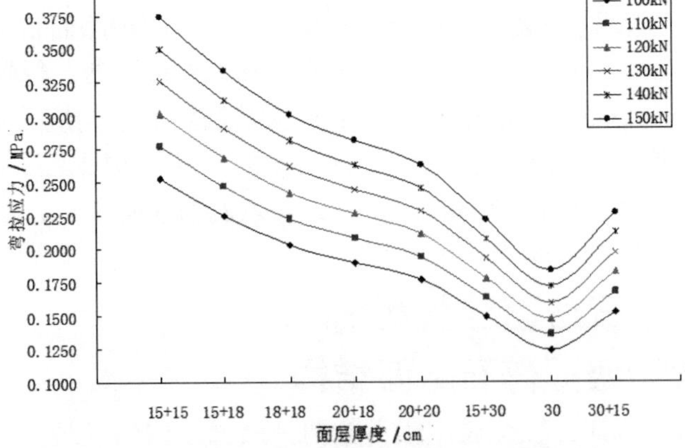

图 9.3 基层厚度对基层层底弯拉应力的影响

根据级配碎石和水泥稳定碎石的压实最小厚度和适宜厚度范围，分别取基层组合为 15cm（级配碎石）+15cm（水稳碎石）（下同）、15cm+18cm、18cm+18cm、20cm+18cm、

20cm+20cm、15cm+30cm、30cm 和 30cm+15cm。图 9.3 曲线变化表明，随着基层厚度的增加，基层层底拉应力呈减小的趋势，但是减小的幅度也越来越小。由基层厚度组合对弯拉应力的影响曲线可以发现，弯拉应力值在 18cm+18cm 组合情况下，出现小小的凹点，而在 20cm+20cm 组合时则出现小小的凸点。建议轻交通等级、超载率不大（10%～30%）情况下，采用前 3 种基层组合形式，即级配碎石厚度 15～18cm，半刚性基层厚度 15～18cm；当超载超过 30%时，采用后面 4 种基层组合形式，即级配碎石厚度至少要 20cm，半刚性基层厚度则要大于 18cm。由 15cm+30cm、45cm 和 30cm+15cm 组合基层的路面结构计算结果可知，级配碎石下基层材料模量对基层层底拉应力的影响很大。对比图 9.2 与图 9.3 的计算结果可知，在满足车辆对路面表层性能要求基础上，应选择增加基层厚度的方式来降低弯拉应力。

9.4.2　重交通典型级配碎石路面结构

由上述计算结果可知，重交通作用下的 3 种路面结构以路表弯沉和半刚性基层材料结构层层底拉应力为设计或验算指标时都能满足设计要求。本节采用上述重交通作用下 3 种路面结构类型作为推荐的重交通等级下的典型级配碎石路面结构，如表 9.16 所列。

表 9.16　重交通典型级配碎石路面结构

典型结构一	典型结构二	典型结构三
4cm 细粒式沥青混凝土 6cm 中粒式沥青混凝土 8cm 粗粒式沥青混凝土 15cm 级配碎石 15cm 半刚性基层 15cm 半刚性基层	5cm 细粒式沥青混凝土 7cm 中粒式沥青混凝土 12cm 粗粒式沥青混凝土 15cm 级配碎石 15cm 级配碎石	5cm 细粒式沥青混凝土 7cm 中粒式沥青混凝土 12cm 粗粒式沥青混凝土 15cm 级配碎石 15cm 级配碎石 15cm 半刚性基层

实际应用中，各项目工程根据自己的实际情况及常用路面结构形式，通过力学计算，可对各结构层厚度进行适当调整。

9.5　级配碎石配合比设计方法

级配碎石作为路面的结构层，必须具有良好的力学特性和稳定性才能起到间接承受车辆荷载的作用。通过研究，得到了 *CBR* 值最大的优化级配，得到了采用振动成型方式的级配碎石成型方法，得到了优化后的级配碎石抗剪切强度，为提出级配碎石配合比设计方法奠定了良好的基础。本章在实验研究和理论分析的基础上提出级配碎石配合比设计方法，并提出采用级配碎石的典型路面结构。

9.5.1　级配碎石力学性能控制指标的确定

CBR 实际上也是反映材料抗剪切能力的指标，因此 *CBR* 与抗剪切强度理论上有相关关系，如果通过对实验数据的统计分析，能够得到 *CBR* 与抗剪切强度的相关关系，那么就可以通过确定合理的 *CBR* 数值来控制级配碎石的工程质量。对级配碎石 *CBR* 值及相应的抗剪切强度统计结果见表 9.17 及图 9.4。

由图 9.4 分析可知，相关系数 0.8185，表明相关性良好。因此，鉴于 *CBR* 与抗剪切强度具有良好的相关性，建议级配碎石力学控制指标用 *CBR* 控制即可。我国规范规定级配碎石用作基层时，*CBR* 值不应小于 100%；用作底基层时，*CBR* 值不应小于 80%。按照图 9.4 的回归公式计算抗剪切强度，计算结果见表 9.17。根据计算结果，按照规范要求施做的级配碎石基层其抗剪切强度最高只能达到 0.4237MPa。而根据理论计算，不考虑超载，标准轴载作用下级配碎石最大剪切应力达到 0.50467MPa，考虑材料、施工等的变异性，提出级配碎石抗剪切强度不应小于 0.5205MPa。

表 9.17 级配碎石 *CBR* 及抗剪切强度

序号	*CBR*/%	抗剪切强度/MPa	序号	*CBR*/%	抗剪切强度/MPa
1	208	0.5376	17	144	0.5131
2	192	0.5578	18	192	0.5292
3	150	0.4758	19	141	0.5416
4	204	0.5283	20	206	0.4928
5	203	0.5600	21	166	0.6022
6	162	0.4519	22	197	0.5249
7	177	0.5169	23	190	0.5848
8	157	0.5560	24	145	0.5274
9	147	0.4447	25	166	0.5356
10	437	1.1160	26	221	0.5519
11	213	0.6010	27	194	0.5114
12	288	0.9200	28	192	0.4731
13	193	0.4800	29	204	0.5490
14	485	1.3150	30	209	0.5324
15	266	0.6050	31	169	0.6185
16	134	0.5092			

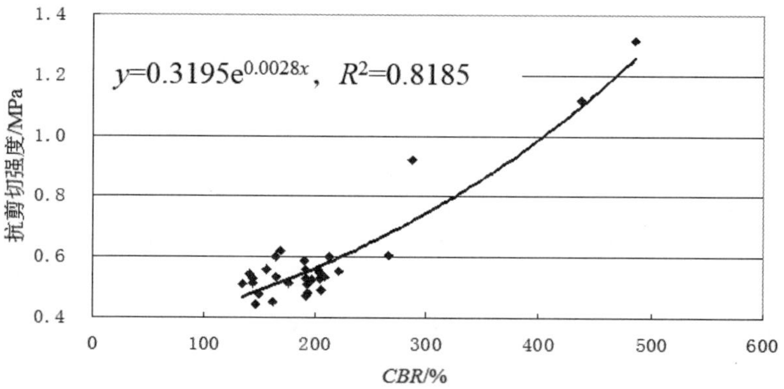

图 9.4 级配碎石 *CBR* 与抗剪强度相关关系图

9.5.2 级配碎石配合比设计与应用

级配碎石配合比设计根据材料和混合料指标要求，试验选取合适的集料，确定合理的集料配合比，进而确定混合料的最佳含水量和最大干密度，同时保证 *CBR* 达到要求规定。材料要求：碎石宜采用反击式破碎机轧制的碎石，并满足质量要求，凡饮用水皆可使用。混合料组成设计：级配碎石应满足振动成型的技术要求，根据工地实际要求和规范要求，见表 9.18 至表 9.20。

表 9.18 级配碎石材料质量要求

<table>
<tr><th colspan="2" rowspan="2">石料使用部位</th><th colspan="7">石料技术指标</th></tr>
<tr><th>压碎值
/%</th><th>针片状
/%</th><th>液限
/%</th><th colspan="2">塑性指数</th><th colspan="2">在塑性指数偏大的情况下，塑性指数与 0.5mm 以下细土含量的乘积</th></tr>
<tr><td rowspan="3">基层</td><td>高速公路和一级公路</td><td>≤26</td><td rowspan="6">≤20
碎石中不能含有黏土块、植物等有害杂质</td><td rowspan="3"><28</td><td rowspan="3">潮湿多雨地区小于 6</td><td rowspan="3">非潮湿多雨地区小于 9</td><td rowspan="3">在年降雨量小于 600mm 的地区，地下水位对土基没有影响时不大于 120</td><td rowspan="3">非潮湿多雨地区不大于 100</td></tr>
<tr><td>二级公路</td><td>≤30</td></tr>
<tr><td>二级以下公路</td><td>≤35</td></tr>
<tr><td rowspan="3">底基层</td><td>高速公路和一级公路</td><td>≤30</td><td rowspan="3">*</td><td rowspan="3">*</td><td rowspan="3">*</td><td rowspan="3">*</td><td rowspan="3">*</td></tr>
<tr><td>二级公路</td><td>≤35</td></tr>
<tr><td>二级以下公路</td><td>≤40</td></tr>
</table>

表 9.19　级配碎石技术要求

项目	设计强度 *CBR*/%
底基层	≥250
基层	≥300

表 9.20　级配碎石基层、底基层级配范围要求

筛孔尺寸/mm		31.5	19	9.5	4.75	2.36	0.6	0.075
通过率/%	上限	100	85	54	38	27	14	5
	下限	100	75	44	28	17	8	0

选取工地符合要求的合成级配碎石混合料，按设计选取 4 ~ 5 个不同含水量利用振动击实，试验确定最佳含水量和最大干密度。

利用振动击实，得到最佳含水量、压实度 98%的最大干密度级配碎石混合料，试验得到 *CBR*，且不小于设计值。

为提高工程质量，应做到两个限制：满足要求合成级配限制细料、粉料用量，合成级配中小于 0.075mm 颗粒含量不宜大于 5%；根据施工可知含水量，设计、施工中强度达不到设计要求的，应采取调整级配和更换料源等措施，生产配合比调试应根据施工气候条件，通过试验确定出混合料的拌制用水量。

9.6　试验路级配碎石混合料配合比设计

（1）原材料检测

津石高速公路试验路样品试验技术参数见表 9.21。

表 9.21　碎石技术参数表

检 测 项 目	单位	标准要求	粗集料试验结果				试验方法
			20 ~ 30mm	10 ~ 20mm	5 ~ 10mm	0 ~ 5mm	
集料压碎值	%	≤28	21.5	21.9	—	—	T0316—2005
针片状颗粒含量（混合料） 其中粒径大于 9.5mm 其中粒径小于 9.5mm	% % %	≤20	13.2 12.4 11.5				T0312—2005
液限	%	≤28	—	—	—	20.5	T0118—2007
塑性指数	—	≤9	—	—	—	2	

（2）矿料级配的确定

依据设计规范（JTG D50—2006），级配碎石混合料组成见表 9.22 和图 9.5。

表 9.22　矿料筛分及配合比计算结果

孔径	矿料规格/mm 种类				矿料规格/mm 种类				总计	目标级配
					20 ~ 30	10 ~ 20	5 ~ 10	0 ~ 5		
					矿料配合比例/%					
	10 ~ 30	10 ~ 20	5 ~ 10	0 ~ 5	26.0	28.0	20.0	26.0	100.0	
mm	各规格种类矿料通过百分率（配合前）/%				各规格种类矿料通过百分率（配合后）/%				/%	/%
31.5	100.0	100.0	100.0	100.0	26.0	28.0	20.0	26.0	100.0	100
26.5	79.2	100.0	100.0	100.0	20.6	28.0	20.0	26.0	94.6	95
19	26.0	87.2	100.0	100.0	6.8	24.4	20.0	26.0	77.2	78
16	9.4	67.0	100.0	100.0	2.5	18.8	20.0	26.0	67.2	66
13.2	3.4	41.2	99.9	100.0	0.9	11.5	20.0	26.0	58.4	59
9.5	0.8	9.5	98.2	100.0	0.2	2.6	19.6	26.0	48.5	49
4.75	0.5	0.6	29.6	97.4	0.1	0.2	5.9	25.3	31.5	33
2.36	0.5	0.6	9.2	69.7	0.1	0.2	1.8	18.1	20.2	22
1.18	0.4	0.6	6.4	51.1	0.1	0.2	1.3	13.3	14.8	15
0.6	0.4	0.6	5.6	39.6	0.1	0.2	1.1	10.3	11.7	11
0.3	0.4	0.6	5.0	29.9	0.1	0.2	1.0	7.8	9.1	8
0.15	0.4	0.6	4.6	23.6	0.1	0.2	0.9	6.1	7.3	6
0.075	0.4	0.5	4.4	21.0	0.1	0.2	0.9	5.5	6.6	2.5

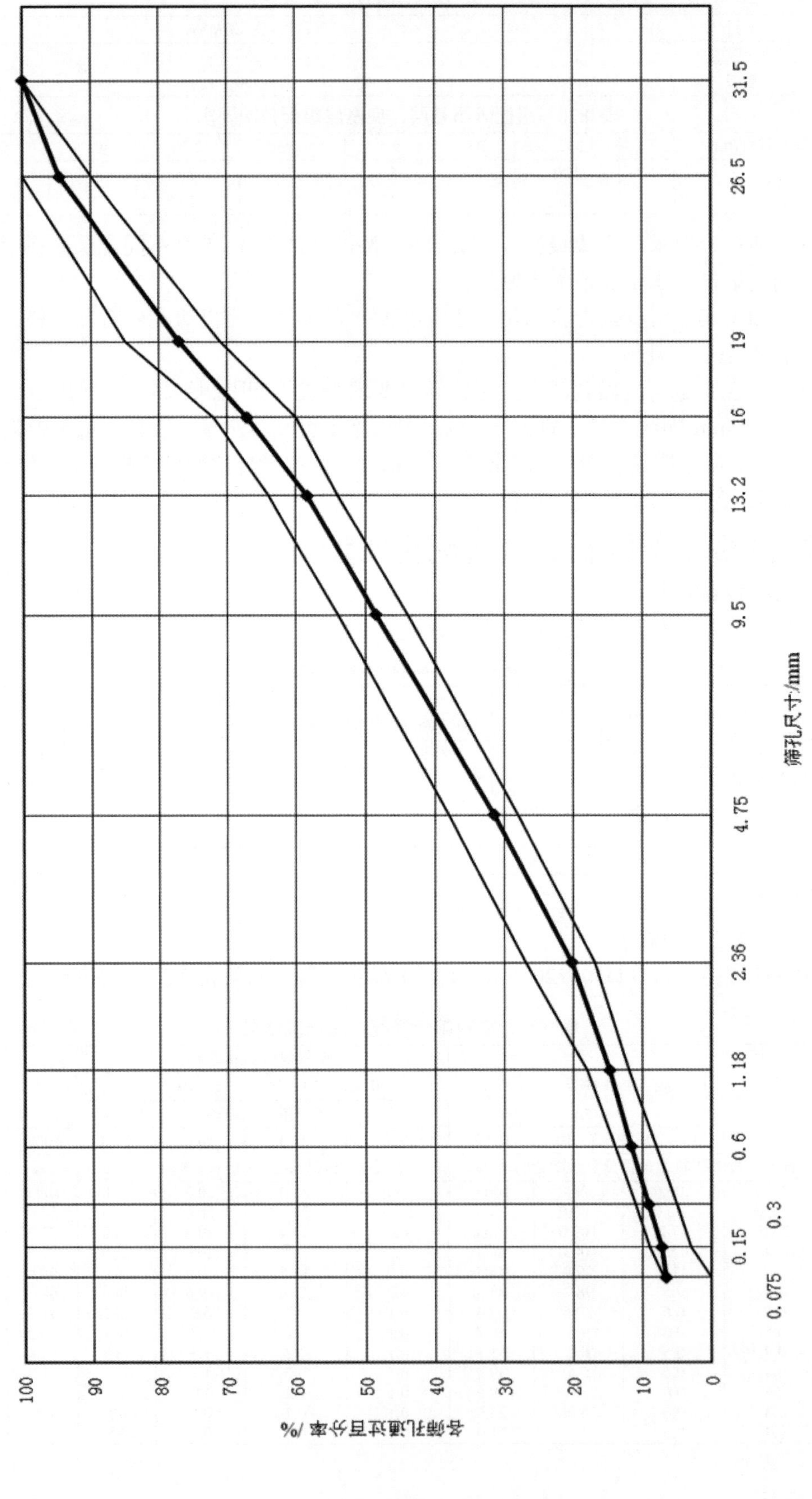
31.5
26.5
19
16
13.2
9.5
4.75
2.36
1.18
0.6
0.3
0.15
0.075
筛孔尺寸/mm
100
90
80
70
60
50
40
30
20
10
0
各筛孔通过百分率/%

图 9.5 矿料级配曲线

（3）最佳含水量、最大干密度的确定

级配碎石混合料配合比设计采用重型击实和振动法。成型条件见表 9.23 及表 9.24。振动选择 3%、3.5%、4%、4.5%、5%含水量，击实选择 2%、3%、4%、5%含水量，按上述条件成型试件。确定出振动成型混合料最大干密度、最佳含水量为 2.432g/cm³，3.5%。重型击实混合料最大干密度、最佳含水量为 2.305g/cm³，3.9%。

表 9.23　击实试验仪仪器参数

锤底直径/mm	锤质量/kg	落高/cm	试筒内径/cm	试筒高/cm	试样高度/cm	试样体积/cm³	层数	每层击数	击实功/（kJ/m³）	最大粒径/mm
5	4.5	45	15.2	17	12	2177	3	98	2677.2	40

表 9.24　振动台试验仪仪器参数

振动频率	偏心块夹角	激振力	静面压力	振幅	振动总时间
30Hz	300	7612N	140kPa	1.4mm	2min

（4）级配碎石混合料性能检测

由表 9.25 可知，最优级配振动成型 *CBR* 要大于重型成型的；依据设计规范（JTG D50—2006）规定，从级配碎石做基层，重型击实的压实度不小于 98%，*CBR* 值不小于 100%。做底基层，其重型击实压实度不小于 96%，*CBR* 不小于 80%。

同时，两种成型级配碎石 *CBR* 应满足规范要求，振动设计级配碎石混合料可以得到较高抗剪强度，根据 *CBR* 与回弹模量相关性推断振动击实混合料回弹模量值。本设计振动成型试件 *CBR* 值大于 300%，满足要求。

表 9.25　级配碎石混合料性能检验结果

成型方式	*CBR*/%			均值/%	C_V/%
振动	357	337	354	349	3
重型击实	232	231	194	219	10

（5）振动试件密度与重型击实试件密度的对应关系

以振动成型密度作为评定压实度标准；无振动成型设备时，按“密度等值”方法换算：

振动成型试件密度 = 重型击实试件密度×修正系数

对比试验结果见表 9.26，配合比设计结果见表 9.27。

表 9.26　级配碎石两种成型方式对比试验结果

成型方法	最佳含水量/%	最大干密度/（g/cm³）	修正系数
振动台	3.5	2.432	1.055
重型击实	3.9	2.305	

表 9.27　级配碎石混合料配合比设计结果

材料种类/mm	10 ~ 30	10 ~ 20	5 ~ 10	0 ~ 5	最佳含水量/%	含水量范围/%
比例/%	26	28	20	26	3.5	3.5 ~ 3.9

9.7　级配碎石混合基层路面结构与施工控制

试验路路面结构如表 9.28 所列。

表 9.28　级配碎石混合基层路面结构

试验路结构	对比段结构
4cm 细粒式沥青混凝土	4cm 细粒式沥青混凝土
6cm 中粒式沥青混凝土	6cm 中粒式沥青混凝土
8cm 粗粒式沥青混凝土	8cm 粗粒式沥青混凝土
15cm 级配碎石	15cm 水泥稳定碎石
15cm 水泥稳定碎石	15cm 水泥稳定碎石
15cm 石灰土	15cm 石灰土

（1）级配及含水量控制

级配碎石混合料采用厂拌法，碎石采用目标配合比设计用石料。按照目标级配提供的级配范围进行控制，含水量在最佳含水量的基础上增加 1%。拌料过程中于输送皮带上取样进行级配检验，现场取样进行含水量检测。检测结果如表 9.29 和表 9.30 所列。由检测结果可知，拌和站控制级配、含水量满足要求。

表 9.29　9 级配碎石级配检测结果

筛孔/mm	级配上限/%	级配下限/%	检验级配 1/%	检验级配 2/%	检验级配 3/%
31.5	100	100	100	100	100.0
26.5	100	90	96.3	97.4	96.9
19	85	71	75.4	77.6	76.5
16	72	60	65.5	66	65.8
13.2	54	64	55.7	58.7	57.2
9.5	54	44	47.1	45.4	46.3
4.75	38	28	31.2	33.7	32.5
2.36	27	17	20.6	24.3	22.5
1.18	18	12	14.4	15.9	15.2
0.6	14	8	11.4	10.8	11.1
0.3	11	5	9.1	9.2	9.2
0.15	9	3	5.2	7.1	6.2
0.075	5	0	3.6	4.2	3.9

表 9.30　级配碎石含水量检验结果

检测次数	1	2	3	4	5	平均
含水量/%	4.2	3.8	4.0	5.1	4.4	4.3

（2）摊铺碾压与控制

采用 2 台摊铺机，振动压路机与轮胎碾压交叉作业，保持重叠 1/2 轮迹，振动压路机先静压 1 遍，高频低幅振动压实 1 遍，后低频高幅振动压实 5 遍。

（3）级配碎石基层路面结构工程质量

外观：实验路级配、含水量稳定，摊铺、压实均正常。压实后级配碎石表观均匀、粗糙、密实、平整。压实度：碾压完成后进行了压实度检测，压实度标准为振动击实标准，标准密度 2.432g/cm^3。要求达到 98%以上。重型击实混合料的最大干密度为 2.305g/cm^3，也就是说，以振动击实最大干密度为标准，与传统设计方法相比压实度将由传统密度的 98%提高到 103.5%以上。压实度检测结果见表 9.31。承载板测级配碎石回弹模量。承载板测级配碎石试验段回弹模量实验结果见表 9.32。

表 9.31　试验段压实度检测结果

检测次数	击实标准	1	2	3	4	5	平均
压实度/%	重型击实	104.1	105.3	102.4	103.4	104.4	103.9
	振动击实	98.6	99.8	96.9	97.9	98.9	98.4

表 9.32　承载板测定的级配碎石上基层回弹模量值

实验序号	1	2	3	4	5	平均
回弹模量/MPa	531	518	445	401	437	466.4

实验段由于安排时间较紧张，在下基层 15cm 水泥稳定碎石完成后（终凝以前）立刻铺筑了级配碎石试验段上基层，其中水泥稳定碎石按照振动法设计。因此，回弹模量测定结果实际上反映了 30cm 振动法设计的级配碎石施工后的回弹模量。根据回弹模量平均值用 BISAR 程序计算的试验段路面结构路表弯沉值为 22.3，底层拉应力 0.177，一般规定容许应力 0.3MPa 以上。因此，采用振动法设计的级配碎石完全可以适应 MPa 重载交通要求。

试验段质量控制、施工及检测情况如图 9.6 至图 9.12 所示。以压实度、*CBR* 指标进行压实度的判定标准，见表 9.33。采用 6cm 厚基层加 4cm 厚面层结构做车辙试验，当黏层油将两层联结成一个整体的抗剪强度较单纯一层沥青面层要大。采用设计级配范围、合理施工工艺，得到振动成型级配碎石的压实度、强度均能达到设计要求。

图 9.6　试验段铺筑前拌合厂级配调试

图 9.7　试验段摊铺

图 9.8　试验段碾压

图 9.9　回弹模量测定 1

图 9.10　回弹模量测定 2

图 9.11　压实度检测

图 9.12　施工后级配碎石表观

表 9.33　振动法级配碎石基层检测标准

检查项目	质量要求		检查规定		备注
	规定值或允许偏差	质量要求	最低频率	方法	
压实度/%	≥98	符合技术规范要求	4 处/200m /层	灌砂法检查，振动击实标准	
平整度/mm	8	平整、无起伏	2 处/200m	用 3m 直尺连续量 10 尺，每尺取最大间隙	
纵横高程/mm	+5，－10	平整顺适	1 断面/20m	每断面 3～5 点用水准仪测量	
厚度/mm	代表值－8	均匀一致	1 处/200m/车道	每处 3 点，路中及边缘任选挖坑丈量	
	合格值－15				
宽度/mm	不小于设计	边缘线整齐，顺适，无曲折	1 处/40m	用皮尺丈量	
横坡度/%	±0.3		3 个断面/100m	用水准仪测量	
级配	19mm、4.75mm 通过率不超过中值要求的±3%	符合设计级配范围	每 2000m21 次	水洗筛分	拌和前传送带取样
CBR/%	符合设计要求	1 组/d			振动成型
含水量/%	±2	最佳含水量	随时	烘干法	
均匀性	无灰条、灰团，色泽均匀，无离析现象		随时		
外观要求	①面粗糙、均匀、平整、密实，无坑洼，无明显离析；②施工接茬平整、稳定。				

9.8　本章小结

本章通过对级配碎石过渡层半刚性基层沥青路面结构的力学分析，计算了在不同交通情况下，带级配碎石过渡层的半刚性基层沥青路面结构的力学响应及等效寿命，在此基础上推荐带级配碎石过渡层的沥青路面结构的典型形式。本章主要研究结论如下。

①超载对于带级配碎石过渡层的沥青路面危害很大，随着超载率的增加，路面应力水平不断上升，每超载 10%，应力增长 9.2%～9.5%；路面等效寿命急剧减小，在超载 100%的情况下，路面使用 1 个月便会发生破坏。

②由于级配碎石过渡层的作用，带级配碎石过渡层的路面结构比半刚性基层的路面结构应力水平、路面等效寿命高，说明级配碎石过渡层有着良好的承载作用和应力分散作用。

③在重交通状况下，弯沉疲劳寿命大于层底拉应力疲劳寿命，一般采取弯沉作为路面结构疲劳寿命的主控指标。在以路表弯沉为设计或验算指标时，带级配碎石的路面结构要优于半刚性基层的路面结构，因此，带级配碎石的路面结构要比半刚性基层的路面结构疲劳寿命更大。

④计算得出：采用级配碎石过渡层结构对于增加道路使用寿命优于单纯增加半刚性厚度，且经济上更为合理，采用振动成型方式优化级配碎石过渡层设计，经验算，路表弯沉值为 22.3，层底拉应力为 0.177MPa，均满足设计要求。

⑤基层厚度的增加可有效减小层底拉应力，但是减小的幅度也越来越小。建议轻交通等级、超载率不大（10%～30%）情况下，级配碎石厚度选取 15～18cm，半刚性基层厚度选取 15～18cm；当超载超过 30%时，级配碎石厚度选取至少要 20cm，半刚性基层厚度则要大于 18cm。

第 10 章　DG25 沥青路面性能检测评价与抗车辙力学特性分析

本章通过对 DG25 粤北高速公路数据的采集检测，对路面性能评价模型由来做了概述。对比历年检测结果，发现 DG25 高速公路路面状况整体良好，抗滑、平整度、车辙以及路面结构强度等指标基本保持在同一水平或稍有改善，除局部橡胶沥青路面发生破损、车辙深度和弯沉测值较大外，其他测试指标均表现为良好。年度泡沫沥青和乳化沥青冷再生路段整体状况保持良好；2009 年度的专项养护路段路面破损状况良好，主要病害表现为横裂、纵裂，同时局部路段弯沉测值仍偏大，另有个别路段对比测试结果表明平整度 *IRI* 和横向力 *SFC* 提高不显著。同时，将 TOPSIS 法综合评价模型引入路面评价体系，对 DG25 高速公路路况进行了综合评价。在对传统 TOPSIS 法理论、传统 TOPSIS 法存在的问题进行分析的基础上，建立改进 TOPSIS 法，应用改进的 TOPSIS 法，对 DG25 高速公路路面进行综合评价，达到了良好的效果；运用 Abaqus 有限元软件建立温度场模型、车辙计算模型，进行了 DG25 高速公路沥青路面抗车辙数值模拟分析与桥面铺装路面抗车辙数值模拟分析，以此验证路面结构设计的准确性。

10.1　检测内容及方法

DG25 高速公路检测内容、方法和频率如表 10.1。DG25 高速公路检测所用的主要仪器设备情况如表 10.2。一般路段数据采集检测根据评定标准（JTG H20—2007），路面破损、行驶质量、车辙深度、抗滑性能、结构强度的技术状况等级标准确定如表 10.3。

表 10.1　检测内容方法和频率

序号	路段情况	长度/m	项目	测试位置	测试方法	测试频率
1	全线	160832	路面破损	主、超车道	人工调查	连续调查
2			平整度	主车道	多功能数据采集车	1 结果/20m
3			车辙	主车道		1 结果/10m
4			横向力	主车道	横向力系数车	1 结果/20m
5			结构强度	主车道右轮迹带	FWD 检测	1 点/50m（抽样检测 20%，包括部分 2009 年加铺路段）
6			路面排水	主、超车道	人工调查	连续调查
7			路面渗水	主车道右轮迹带	渗水仪	1 点/km

表 10.2　路面检测主要仪器设备

序号	设备名称	型号	产地	数量
1	道路多功能检测仪器车	DYNATEST MK Ⅱ B	美国	1
2	横向力系数检测仪器 SCRIM	SCRIM 3000	英国	1
3	落锤式弯沉仪 FWD	DYNETEST 8002	丹麦	1

表 10.3　公路技术状况评定标准

评价等级		优	良	中	次	差
MQI 及各级分项指标		≥90	≥80，＜90	≥70，＜80	≥60，＜70	＜60
横向力系数 *SFC*		≥48	≥40，＜48	≥33.5，＜40	≥27.5，＜33.5	＜27.5
国际平整度指数 *IRI*		≤2.3	＞2.3，≤3.5	＞3.5，≤4.3	＞4.3，≤5	＞5
车辙深度 *RD*/mm		≤5	＞5，≤10	＞10，≤15	＞15，≤20	＞20
路面破损率 *DR*/%	沥青路面	≤0.4	＞0.4，≤2.0	＞2.0，≤5.5	＞5.5，≤11.0	＞11
	水泥路面	≤0.8	＞0.8，≤4.0	＞4.0，≤9.5	＞9.5，≤18.0	＞18

10.2 检测结果评价与分析

DG25 高速公路路面管理系统对全路段 80.416km 的区间划分，A 线是河源→深圳方向，共划分为 83 段（其中沥青路面 82 段，共 79.619km，占 99.0%；水泥混凝土路面 1 段，共 0.797km，占 1.0%），B 线深圳→河源方向，共划分为 83 段（其中沥青路面 82 段，共 79.619km，占 99.0%；水泥混凝土路面 1 段，共 0.797km，占 1.0%）。

通过本次对 DG25 高速公路全线各区间路段的路面管理系统数据采集，根据评定标准（JTG H20—2007）评价模型，进行 DG25 高速公路全线各指标质量状况指数评价、分析。

10.2.1 路面损坏状况 *PCI*

通过现场检测和调查，各路段病害数量统计结果见表 10.4 和图 10.1 至图 10.3。

表 10.4 路面损坏状况指数 *PCI* 评定等级统计结果

测试项目	行车方向		质量等级					合计
			优	良	中	次	差	
路面损坏状况指数 *PCI*	A 线	长度/m	68723	11693	0	0	0	80416
		百分比	85.5%	14.5%	0.0%	0.0%	0.0%	100.0%
	B 线	长度/m	54805	24611	1000	0	0	80416
		百分比	68.2%	30.6%	1.2%	0.0%	0.0%	100.0%
	全线合计	长度/m	123528	36304	1000	0	0	160832
		百分比	76.8%	22.6%	0.6%	0.0%	0.0%	100.0%

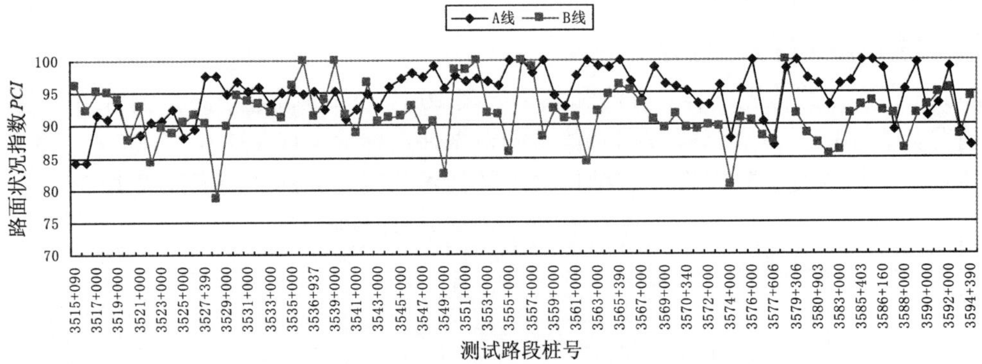

图 10.1 DG25 高速公路路面状况指数 *PCI* 情况

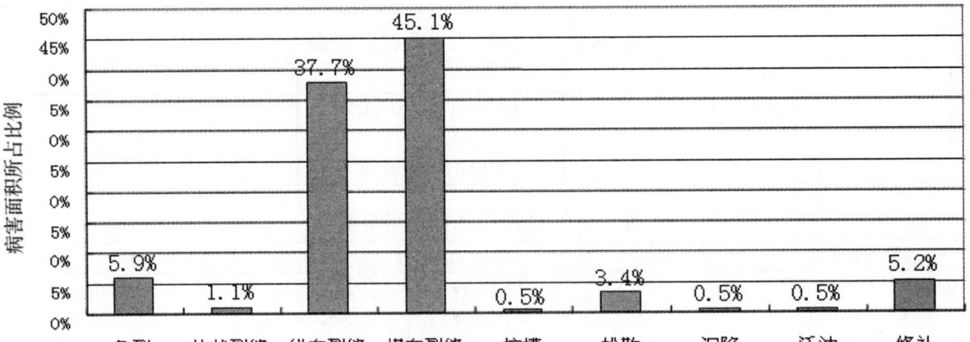

图 10.2 高速公路 A 线沥青路面病害类型情况

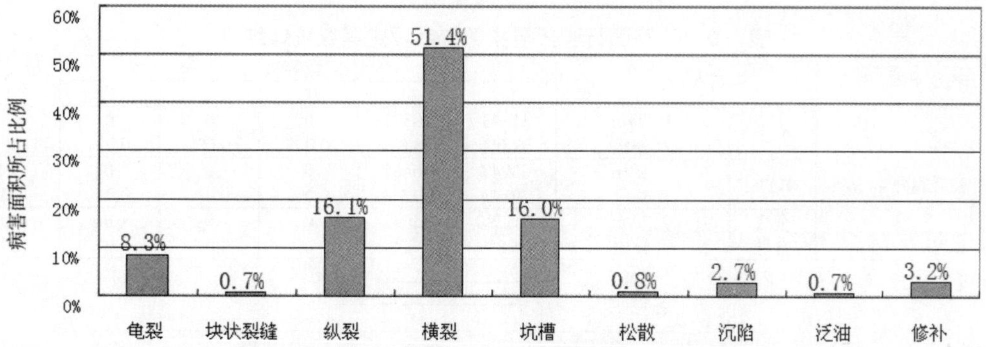

图 10.3　高速公路 B 线沥青路面病害类型情况

由表 10.4 和图 10.1 至图 10.3 可知如下。

①DG25 高速公路路面状况指数 *PC*I 整体状况良好。

A 线 *PCI* 评定为优等级的有 68.723km，占 85.5%，评定为良的有 11.693km，占 14.5%，评定为中及中以下等级的无；B 线 *PCI* 评定为优等级的有 54.805km，占 68.2%，评定为良的有 24.611km，占 30.6%，评定为中的有 1.0km，占 1.2%，评定为次及次以下等级的无。水泥路面 *PCI* 等级均评定为良。

②A 线沥青路面病害类型。

主要为横裂、纵裂、龟裂、修补、松散；B 线沥青路面病害类型主要为横裂、纵裂、坑槽、龟裂、修补、沉陷，如图 10.4 至图 10.7 所示。

图 10.4　坑槽修补病害

图 10.5　横裂缝病害

图 10.6　坑槽、修补病害

图 10.7　龟裂、修补病害

10.2.2　行驶质量指数 *RQI*

通过多功能数据采集车对 DG25 高速公路主车道的平整度检测，各路段的 *RQI* 评定情况以及国际平整度 *IRI* 情况见表 10.5 和图 10.8 至图 10.10。

表 10.5 路面行驶质量指数 *RQI* 评定等级统计结果

测试项目	行车方向		质量等级					合计
			优	良	中	次	差	
路面行驶质量指数 *RQI*	A 线	长度/m	41843	38573	0	0	0	80416
		百分比	52.0%	48.0%	0.0%	0.0%	0.0%	100.0%
	B 线	长度/m	63947	16469	0	0	0	80416
		百分比	79.5%	20.5%	0.0%	0.0%	0.0%	100.0%
	全线合计	长度/m	105790	55042	0	0	0	160832
		百分比	65.8%	34.2%	0.0%	0.0%	0.0%	100.0%

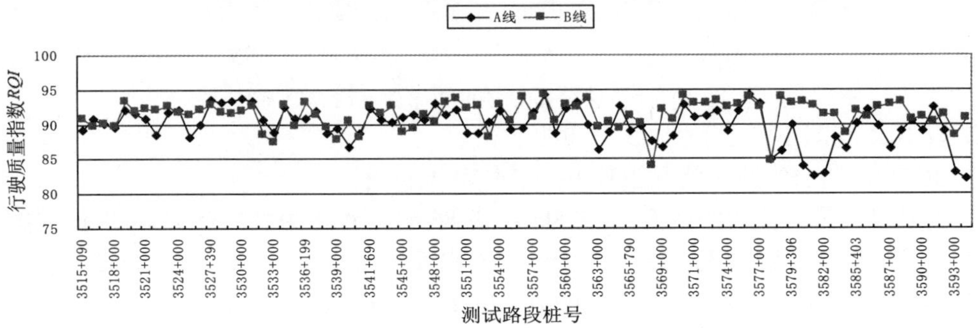

图 10.8 DG25 高速公路路面行驶质量指数 *RQI* 情况

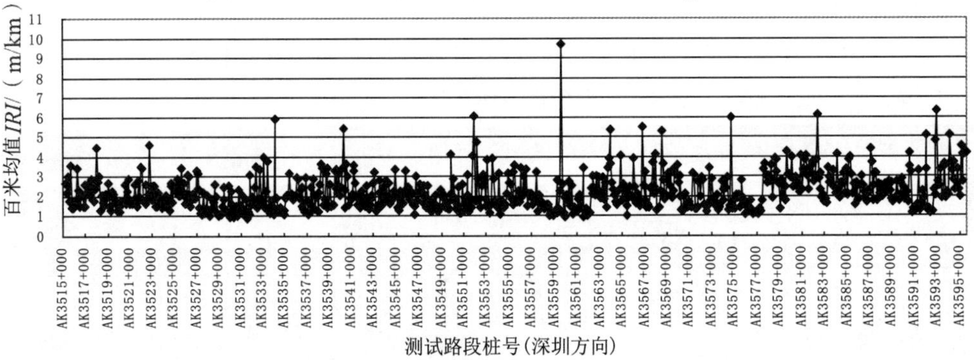

图 10.9 A 线国际平整度 *IRI* 百米均值分布情况

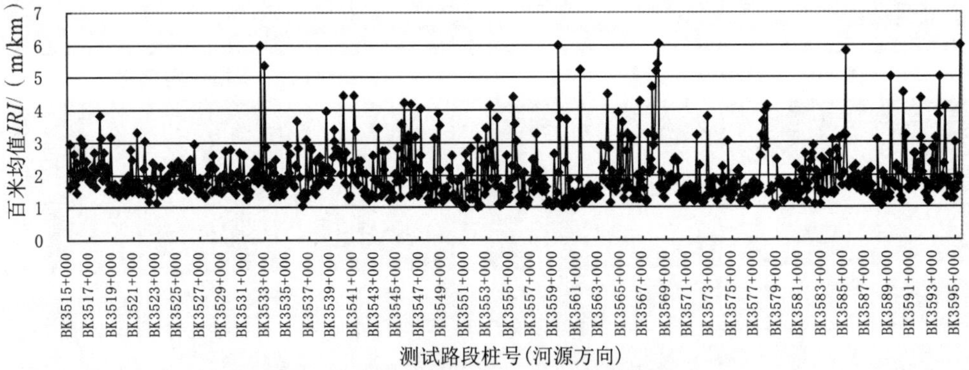

图 10.10 B 线国际平整度 *IRI* 百米均值分布情况

由表 10.5 和图 10.8 至图 10.10 可知如下。

①DG25 高速公路路面行驶质量指数 *RQI* 整体状况良好。

A 线 *RQI* 评定为优等级的有 41.843km，占 52.0%，评定为良的有 38.573km，占 48.0%，评定为中及中以下等级的无；B 线 *RQI* 评定为优等级的有 63.947km，占 79.5%，评定为良的有 16.469km，占 20.5%，评定为中及中以下等级的无。

②A 线国际平整度 *IRI* 百米均值主要集中在 1 ~ 3.5m/km 之间，部分路段大于 3.5m/km，最大值为 9.7m/km；B 线国际平整度 *IRI* 百米均值主要集中在 1 ~ 3.5m/km 之间，部分路段大于 3.5m/km，最大值为 6.0m/km。

10.2.3　车辙深度指数 *RDI*

通过多功能数据采集车对全线沥青路面主车道的车辙深度进行检测，各路段的 *RDI* 评定情况及车辙深度 *RD* 情况见表 10.6 和图 10.11 至图 10.13，分析可知如下。

①DG25 高速公路路面车辙深度指数 *RDI* 整体状况一般。

A 线 *RDI* 评定为优等级的有 40.390km，占 50.7%，评定为良的有 31.926km，占 40.1%，评定为中的有 7.303km，占 9.2%，评定为次及次以下等级的无；B 线 *RDI* 评定为优等级的有 10.739km，占 13.5%，评定为良的有 50.144km，占 63.0%，评定为中的有 18.736km，占 23.5%，无次及次以下等级。

②车辙深度 *RD* 百米均值主要集中在 5 ~ 10mm 之间，部分路段大于 10.0mm，A 线最大值为 24.3mm，B 线最大值为 24.6mm。

表 10.6　路面车辙深度指数 *RDI* 评定等级统计结果

测试项目	行车方向		质量等级					合计
			优	良	中	次	差	
路面车辙深度指数 *RDI*	A 线	长度/m	40390	31926	7303	0	0	79619
		百分比	50.7%	40.1%	9.2%	0.0%	0.0%	100.0%
	B 线	长度/m	10739	50144	18736	0	0	79619
		百分比	13.5%	63.0%	23.5%	0.0%	0.0%	100.0%
	全线合计	长度/m	51129	82070	26039	0	0	159238
		百分比	32.1%	51.5%	16.4%	0.0%	0.0%	100.0%

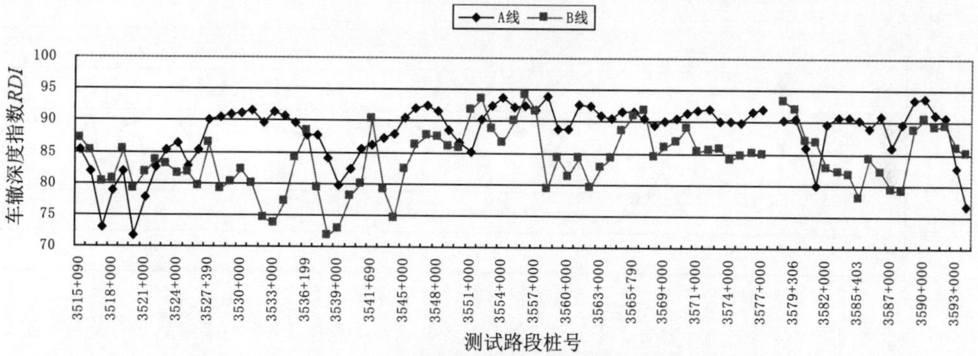

图 10.11　DG25 高速度公路路面车辙深度指数 *RDI* 情况

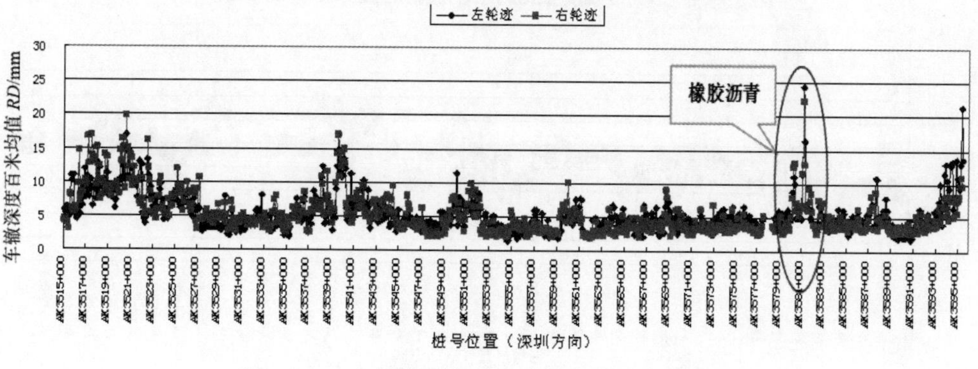

图 10.12　A 线车辙深度 *RD* 百米均值分布情况

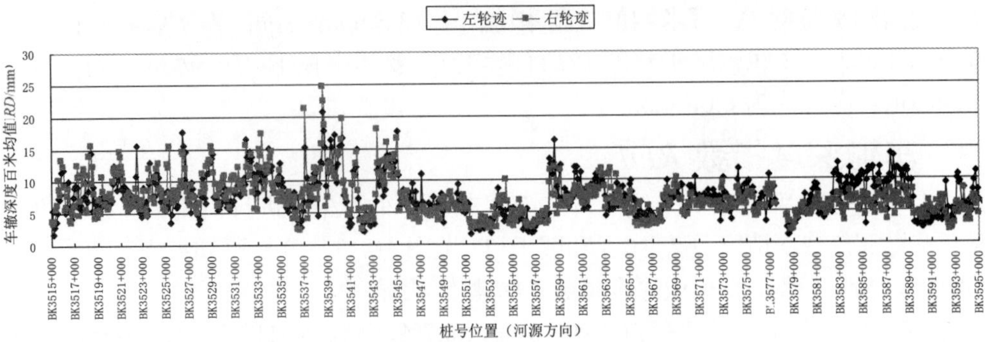

图 10.13　B 线车辙深度 *RD* 百米均值分布情况

10.2.4　路面抗滑性能指数 *SRI*

通过横向力系数车对全线主车道的抗滑性能进行了现场检测，各路段的 *SRI* 评定情况及横向力系数 *SFC* 测试情况见表 10.7 和图 10.14 至图 10.16。

表 10.7　路面抗滑性能指数 *SRI* 评定等级统计结果

测试项目	行车方向		质量等级					合计
			优	良	中	次	差	
路面抗滑性能指数 *SRI*	A 线	长度/m	13683	42934	23799	0	0	80416
		百分比	17.0%	53.4%	29.6%	0.0%	0.0%	100.0%
	B 线	长度/m	31826	48590	0	0	0	80416
		百分比	39.6%	60.4%	0.0%	0.0%	0.0%	100.0%
	全线合计	长度/m	45509	91524	23799	0	0	160832
		百分比	28.3%	56.9%	14.8%	0.0%	0.0%	100.0%

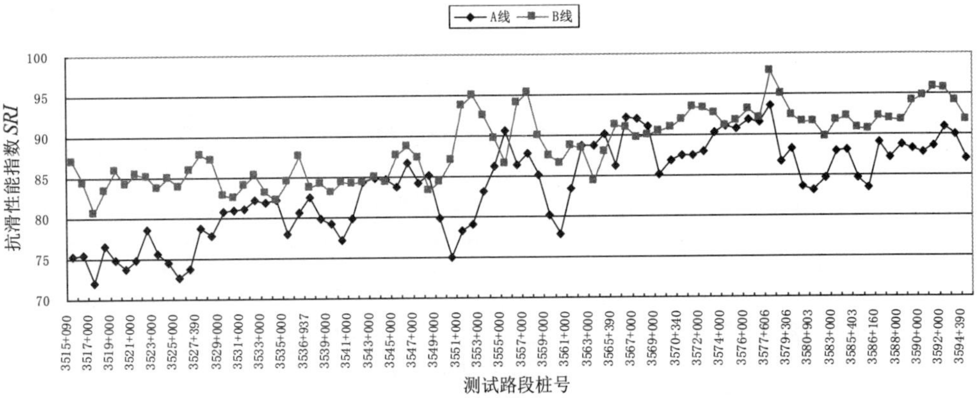

图 10.14　DG25 高速路面抗滑性能指数 *SRI* 分布情况

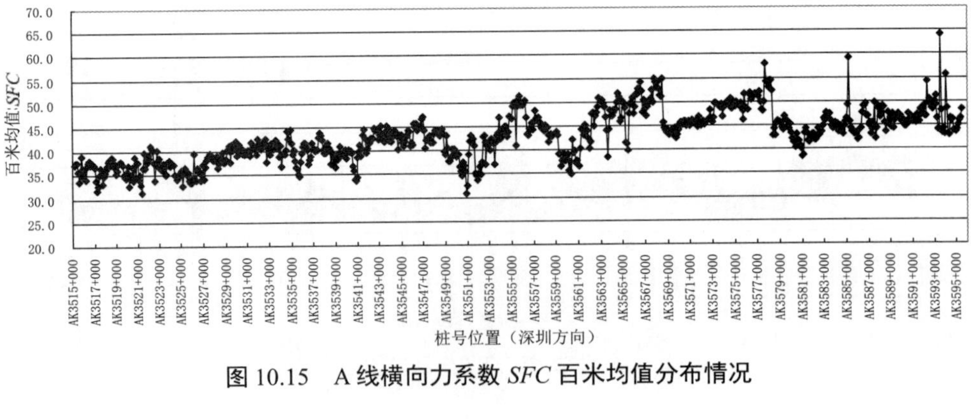

图 10.15　A 线横向力系数 *SFC* 百米均值分布情况

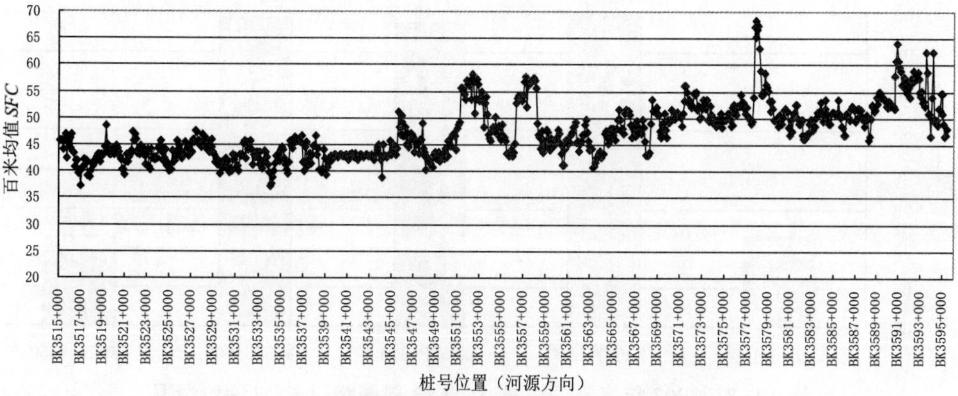

图 10.16　B 线横向力系数 *SFC* 百米均值分布情况

从表 10.7 和图 10.14 至图 10.16 可知如下。

①DG25 高速公路路面抗滑性能指数 *SRI* 整体状况一般。

A 线 *SRI* 评定为优等级的有 13.683km，占 17.0%，评定为良的有 42.934km，占 53.4%，评定为中的有 23.799km，占 29.6%，评定为次及次以下等级的无；B 线 *SRI* 评定为优等级的有 31.826km，占 39.6%，评定为良的有 48.590km，占 60.4%，无中及中以下等级，整体情况略好于 A 线。

②A 线横向力系数 *SFC* 百米均值主要集中在 30 ~ 50 之间，部分路段小于 40，最小值为 30.8。B 线横向力系数 *SFC* 百米均值主要集中在 40 ~ 55 之间，部分路段小于 40，最小值为 37.0。

10.2.5　路面结构强度指数 *PSSI*

通过 FWD 对路面弯沉抽样检测，检测前采用 FWD 落锤式自动弯沉仪与贝克曼梁弯沉仪进行对比测试，得出对比关系式为：$L_{BB}=0.138L_{FWD}-9.6951$，$R^2=0.9248$。各类型养护路段路面结构强度 *PSSI* 评定和分析情况如表 10.8 和图 10.17 至图 10.22 所示。

表 10.8　路面结构强度指数 *PSSI* 评定等级统计结果

测试项目	行车方向		优	良	中	次	差	合计
路面结构强度指数 *PSSI*	A 线	长度/m	10000	6000	4900	1000	1000	22900
		百分比	43.7%	26.2%	21.4%	4.4%	4.4%	100.0%
	B 线	长度/m	5600	2000	900	0	0	8500
		百分比	65.9%	23.5%	10.6%	0.0%	0.0%	100.0%
	全线合计	长度/m	15600	8000	5800	1000	1000	31400
		百分比	49.7%	25.5%	18.5%	3.2%	3.2%	100.0%

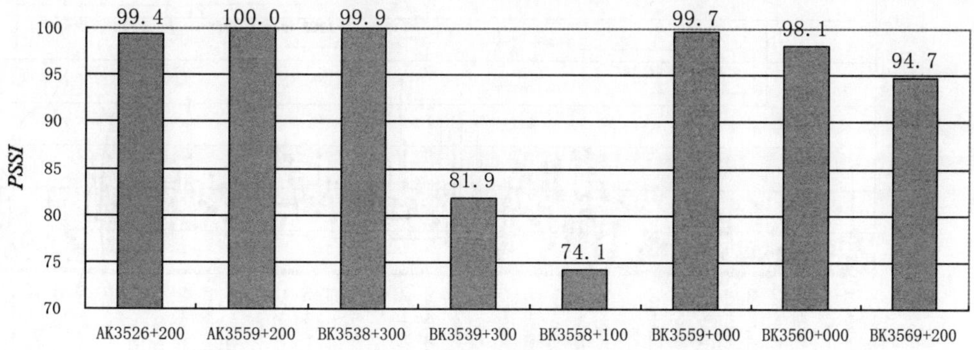

图 10.17　2007 年度不同桩号微表处路段 *PSSI* 评价情况

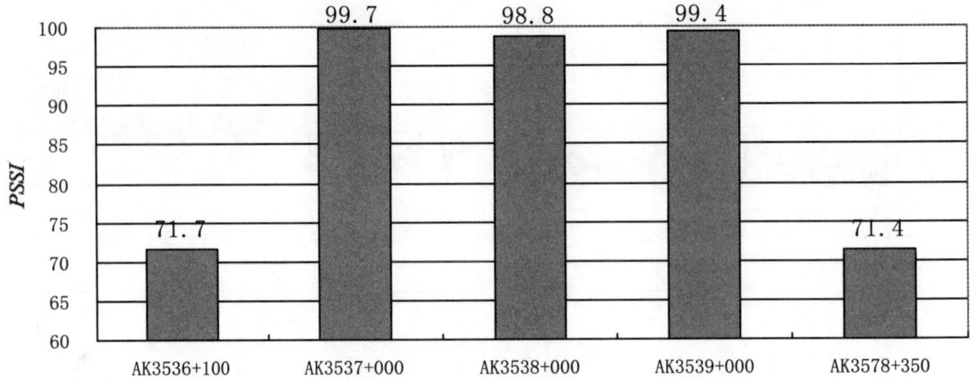

图 10.18　2007 年度不同桩号 AC－13 罩面路段 *PSSI* 评价情况

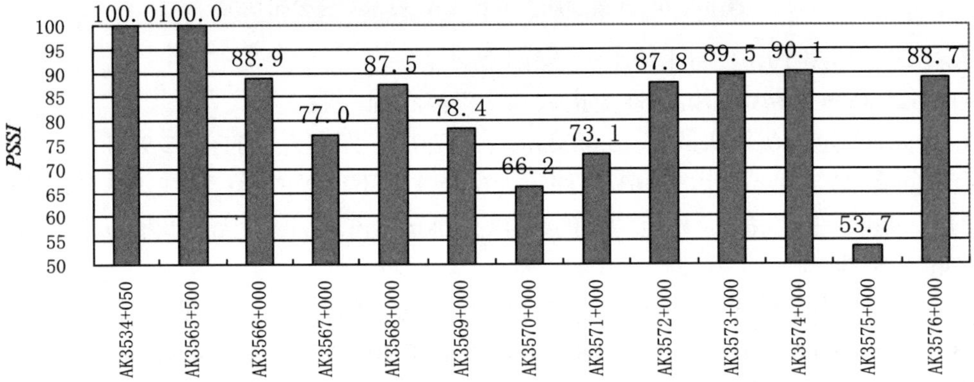

图 10.19　2009 年度不同桩号加铺 AC－16C 路段 *PSSI* 评价情况

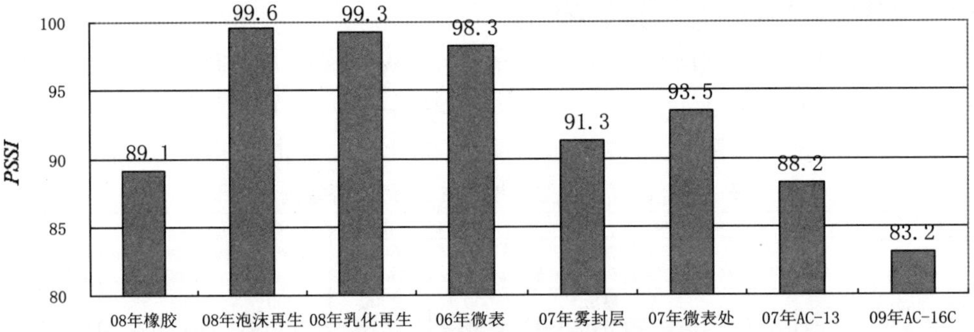

图 10.20　DG25 高速公路各年度养护类型路段抽样检测 *PSSI* 评价情况

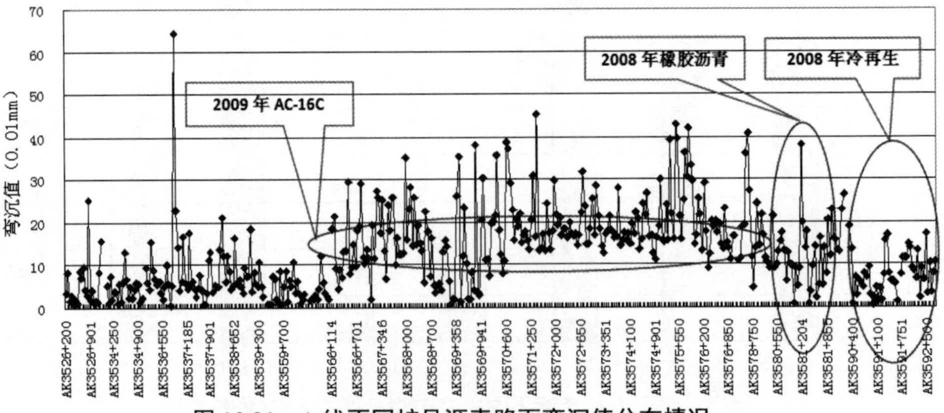

图 10.21　A 线不同桩号沥青路面弯沉值分布情况

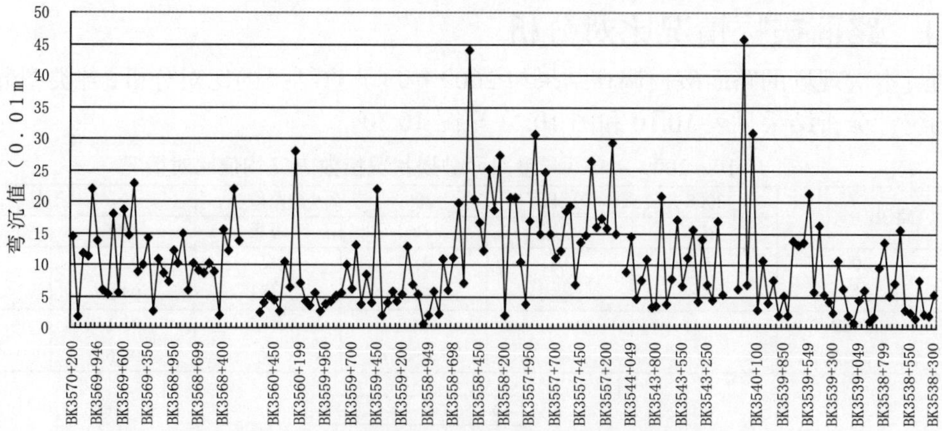

图 10.22　B 线不同桩号沥青路面弯沉值分布情况

从表 10.8 和图 10.17 至图 10.22 可知：从抽样测试结果看，DG25 高速公路路面结构强度指数 *PSSI* 整体状况良好，局部较差，*PSSI* 评定为优等级的有 15.60km，占测试总长度（31.40km）的 49.7%，评定为良的有 8.0km，占 25.5%，评定为中的有 5.80km，占 18.5%，评定为次的有 1.0km，占 3.2%，评定为差的有 1.0km，占 3.2%。A 线的 *PSSI* 评定为优等级的有 10.0km，占 43.6%，评定为良的有 6.0km，占 26.2%，评定为中的有 4.90km，占 21.4%，评定为次的有 1.0km，占 4.4%，评定为差的有 1.0km，占 4.4%。2007 年度微表处路段弯沉测值主要在 10（0.01mm）以下，最大值为 25.0（0.01mm），2007 年度 AC－13 罩面路段弯沉测值主要在 20（0.01mm）以下，个别最大值为 64.0（0.01mm），2008 年度乳化沥青冷再生路段弯沉最大测值为 17.0(0.01mm)，2008 年度泡沫沥青冷再生路段弯沉最大测值为 19.0（0.01mm），2008 年度橡胶沥青路段弯沉测值主要在 20（0.01mm）以下，最大值为 38.0（0.01mm），2009 年度加铺 AC－16C 路段弯沉测值主要集中在 5～30（0.01mm）之间，最大值为 45.0（0.01mm）。B 线的 *PSSI* 评定为优等级的有 5.6km，占 65.9%，评定为良的有 2.0km，占 23.5%，评定为中的有 0.90km，占 10.6%，无次及次以下等级。2006 年度微表处路段弯沉测值主要集中在 5～15（0.01mm）之间，最大值为 21.0（0.01mm），2007 年度雾封层路段弯沉测值主要集中在 5～25（0.01mm）之间，最大值为 31.0（0.01mm），2007 年度微表处路段弯沉测值主要集中在 5～25（0.01mm）之间，最大值为 45.0（0.01mm）。

2006 年微表处、2007 年微表处、2007 年雾封层、2008 年泡沫沥青冷再生、2008 年乳化沥青冷再生路段的 *PSSI* 值均在 90 以上，评定等级为优，表明当年所采取养护措施对原路段起到了较好的保护作用；2008 年橡胶沥青、2007 年 AC－13 罩面、2008 年橡胶沥青、2009 年加铺 AC－16C 路段的 *PSSI* 值均在 80 以上，评定等级为良，局部路段较差，部分路段弯沉值大于 23.9（0.01mm）。

10.3　历年养护措施路段比对与分析

本次评价分析的养护路段各年度路面养护类型统计如表 10.9 所列。

表 10.9　各年度路面养护类型统计

路面养护类型		2007 年罩面 UTAC－10	2007 年加铺 AC－13	2007 年微表处	2008 年加铺 AC－13	2008 年冷再生	2008 年橡胶沥青	2008 年注浆后冷再生	2009 年加铺 AC－16
A 线	长度/米	920	6380	22135	11580	1560	1772	680	34817
	百分比	1.1%	7.9%	27.5%	14.4%	1.9%	2.2%	0.8%	43.3%
B 线	长度/米	1410	1902	60907	0	0	0	0	9955
	百分比	1.8%	2.4%	75.7%	0.0%	0.0%	0.0%	0.0%	12.4%

10.3.1 路面破损情况比对分析

通过本次现场的路面破损调查结果与 2009 年度调查结果的比对分析，各类型养护措施路段的统计分析结果见表 10.10 和图 10.23 至图 10.30。

表 10.10 2009—2010 年度路面破损状况指数 *PCI* 均值比对情况

路段		2008 年专项养护路段		2009 年专项养护路段		全线	
		PCI	等级	*PCI*	等级	*PCI*	等级
A 线	2009 年	95.8	优	85.7	良	92.1	优
	2010 年	95.6	优	96.1	优	94.9	优
B 线	2009 年	—	—	94.2	优	95.1	优
	2010 年	—	—	95.9	优	91.6	优

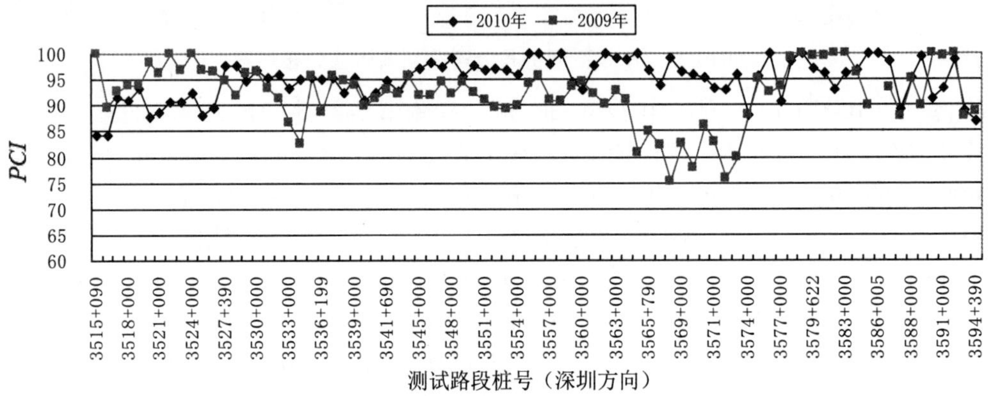

图 10.23 A 线 2009—2010 年度路面破损状况指数 *PCI* 比对情况

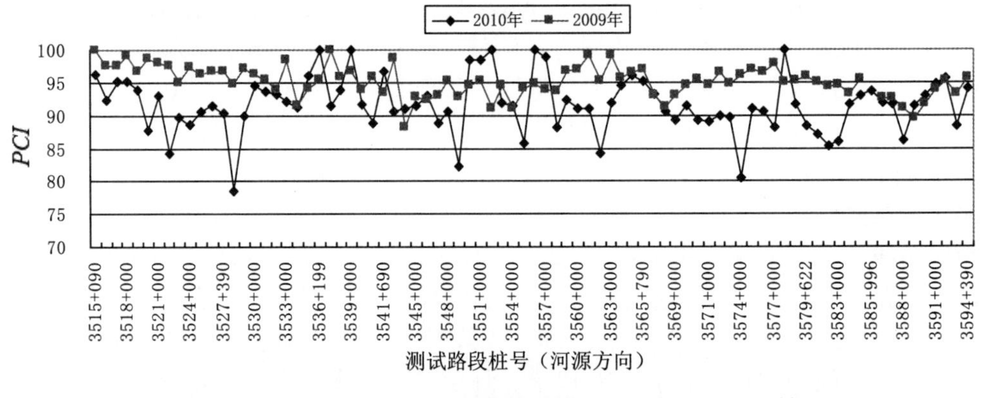

图 10.24 B 线 2009—2010 年度路面破损状况指数 *PCI* 比对情况

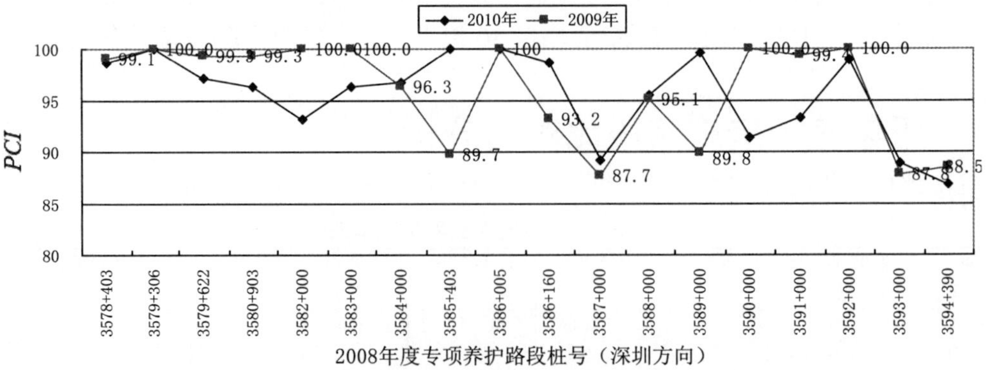

图 10.25 A 线 2008 年度养护专项路段 *PCI* 比对情况

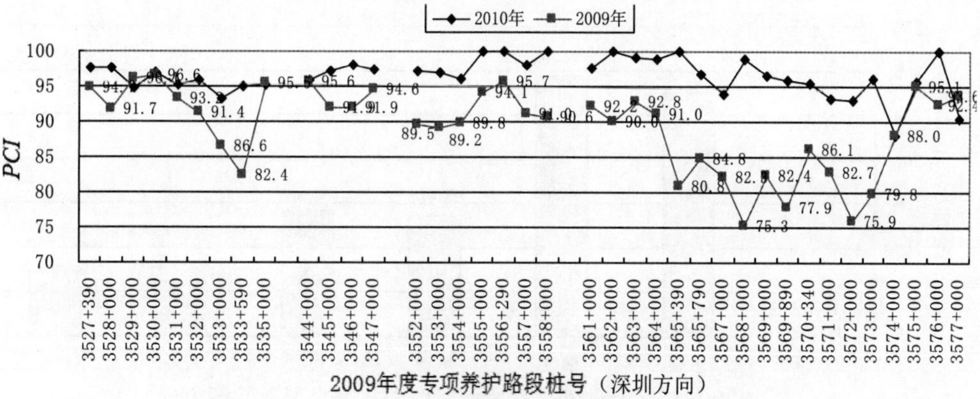

图 10.26　A 线 2009 年度养护专项路段 *PCI* 比对情况

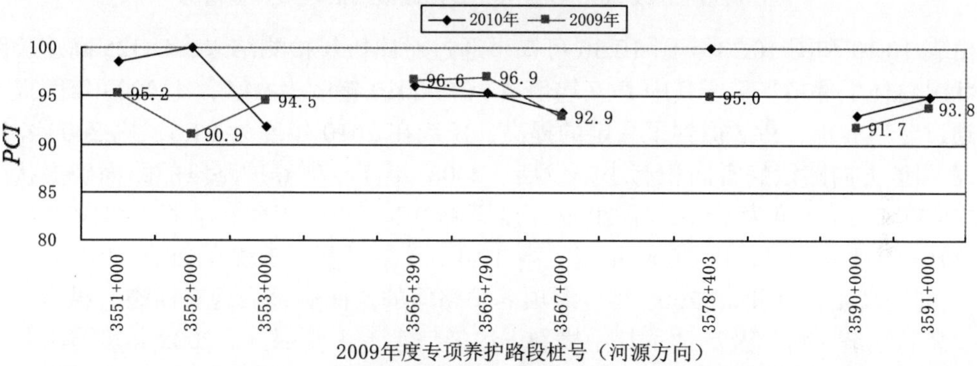

图 10.27　B 线 2009 年度养护专项路段 *PCI* 比对情况

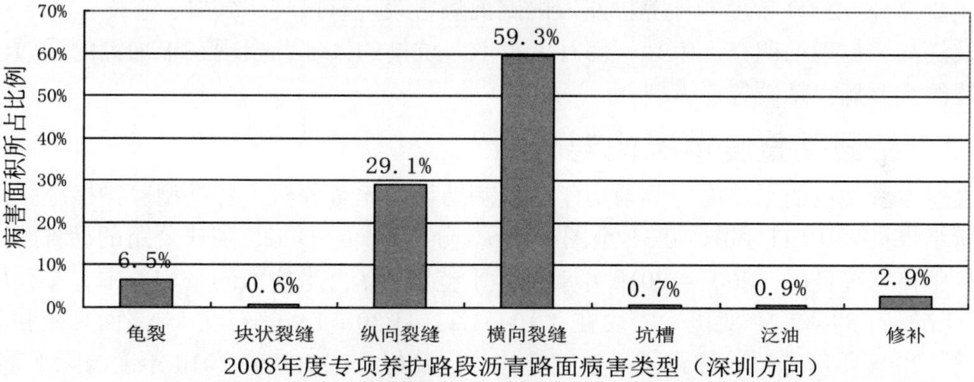

图 10.28　A 线 2008 年度养护专项路段路面破损类型情况

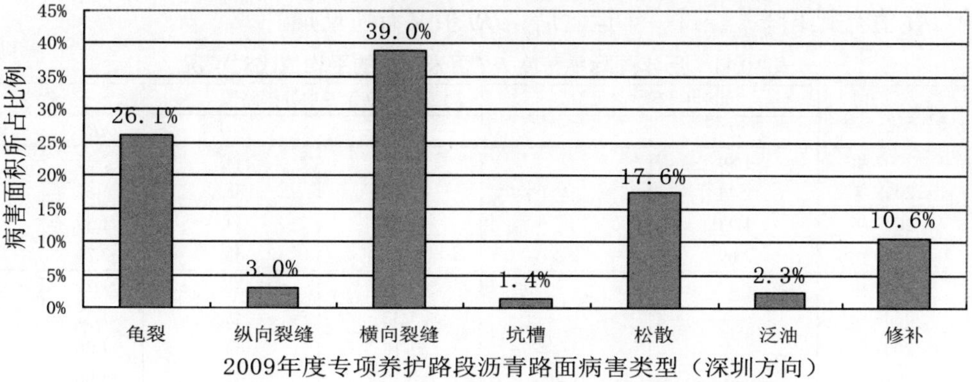

图 10.29　A 线 2009 年度养护专项路段路面破损类型情况

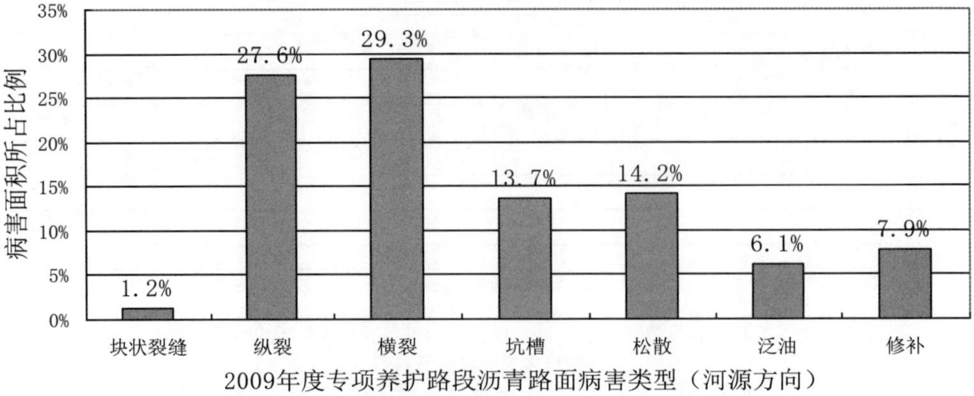

图 10.30　B 线 2009 年度养护专项路段路面破损类型情况

由表 10.10 和图 10.23 至图 10.30 可知：通过对比历年检测结果，DG25 高速公路路面破损状况总体上保持平稳，其中 *PCI* 均值 A 线在 2010 年度为 94.9，比 2009 年度提高 2.8，表明通过专项养护，*PCI* 得到了一定的提高；B 线在 2010 年度为 91.6，比 2009 年度下降 3.5，表明该方向路段病害面积有小幅发展。2008 年度专项养护路段的路面破损状况指数 *PCI* 均值在 2010 年度为 95.6，比 2009 年度下降 0.2。2009 年度专项养护路段 *PCI* 均值 A 线在 2010 年度为 96.1，比 2009 年度提高 10.4，效果显著；B 线在 2010 年度为 95.9，比 2009 年度提高 1.7。同时，2008 年度专项养护路段的路面病害表现有横裂、纵裂、龟裂、修补、块状裂缝、坑槽及泛油，其中横裂、纵裂病害占主要部分。2008 年度专项养护路段的路面病害表现有横裂、纵裂、龟裂、修补、块状裂缝、坑槽及泛油，其中横裂、纵裂病害占主要部分。2009 年度专项养护路段的路面病害表现有横裂、纵裂、龟裂、修补、松散、坑槽及泛油，据现场调查，龟裂、修补、松散、坑槽的大部分出现在未加铺的桥面位置，加铺段的主要病害是横裂、纵裂。

10.3.2　路面平整度情况比对分析

通过本次现场的平整度检测与历年度检测结果的比对分析，各类型养护措施路段的统计分析结果见表 10.11 和图 10.31 至图 10.36。分析可知：DG25 高速公路的沥青路面平整度指标整体状况良好，2007—2010 年度国际平整度 *IRI* 百米均值的平均值中，A 线依次在 1.36→1.62→1.59→2.21 变化，B 线在 1.10→1.23→1.30→1.96 变化，与路面衰减和养护情况相符。2008 年度专项养护路段平整度整体状况良好，在 2007—2010 年度国际平整度 *IRI* 百米均值的平均值中，A 线依次在 1.89→2.44→1.73→2.69 变化，表明经 2008 年度养护后，2009 年 *IRI* 值有所下降，经过一年运营后，*IRI* 值又有所增加。

表 10.11　历年国际平整度 *IRI* 百米均值的平均值比对情况

路段		2008 年专项养护路段		2009 年专项养护路段		全线	
		IRI	等级	*IRI*	等级	*IRI*	等级
A 线	2007 年	1.89	优	1.42	优	1.36	优
	2008 年	2.44	优	1.63	优	1.62	优
	2009 年	1.73	优	1.93	优	1.59	优
	2010 年	2.69	优	2.01	优	2.21	优
B 线	2007 年	—	—	1.01	优	1.10	优
	2008 年	—	—	1.32	优	1.23	优
	2009 年	—	—	1.18	优	1.30	优
	2010 年	—	—	2.10	优	1.96	优

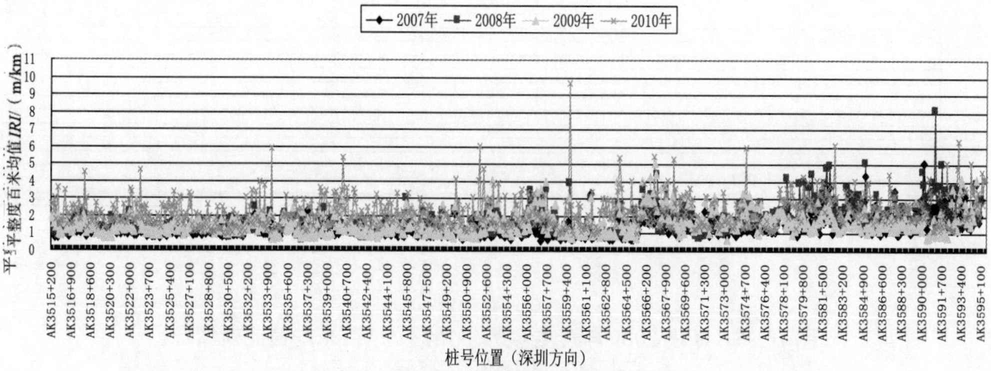

图 10.31　A 线 2007—2010 年度国际平整度 *IRI* 百米均值比对情况

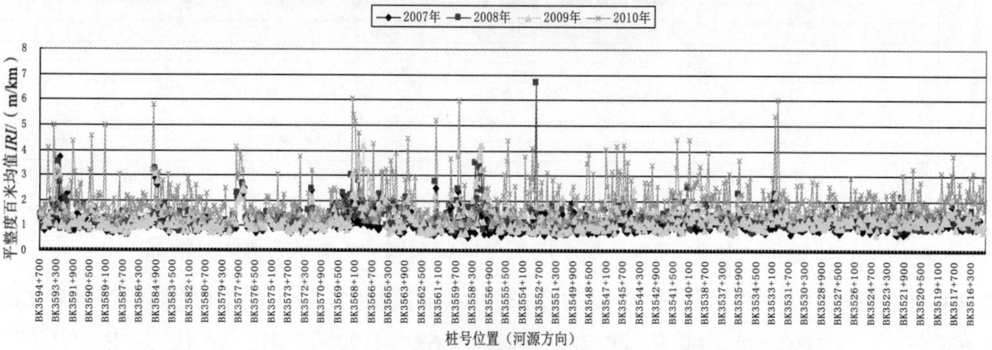

图 10.32　B 线 2007—2010 年度国际平整度 *IRI* 百米均值比对情况

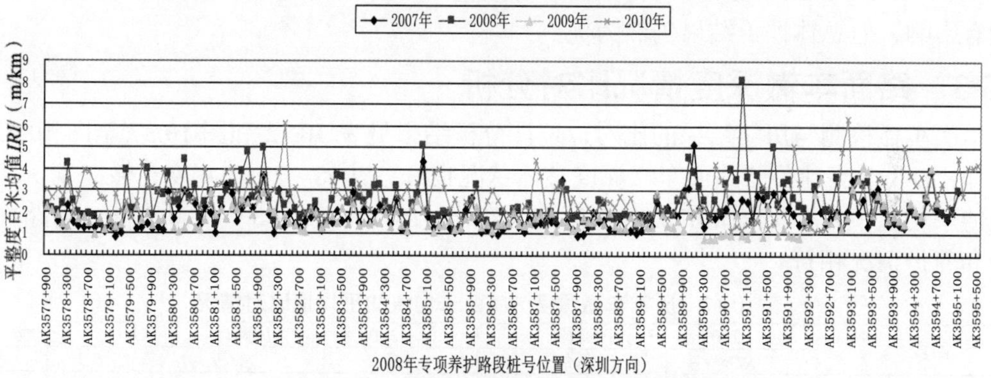

图 10.33　B 线 2008 年度专项养护路段 *IRI* 百米均值比对情况

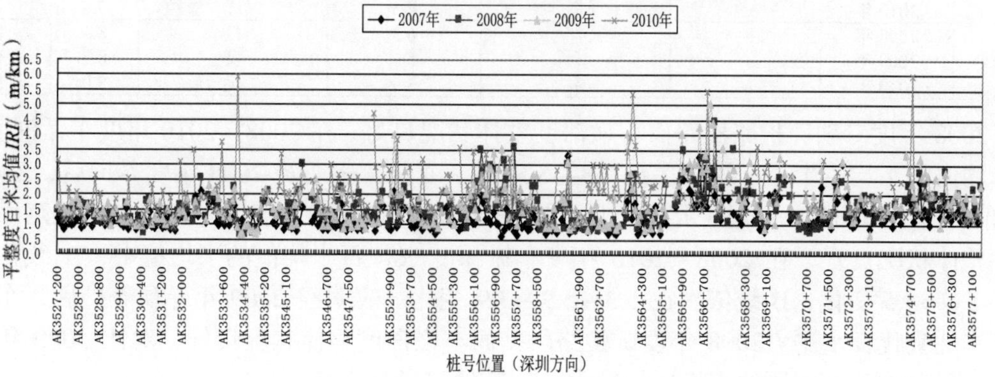

图 10.34　A 线 2009 年度专项养护路段 *IRI* 百米均值比对情况

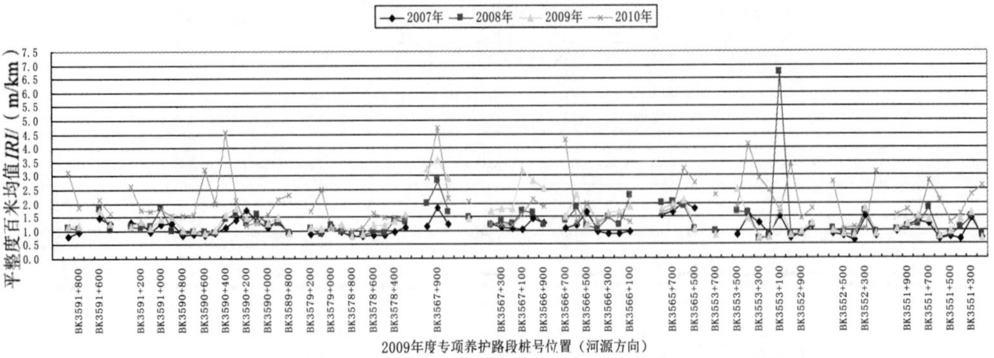

图 10.35　B 线 2009 年度专项养护路段 *IRI* 百米均值比对情况

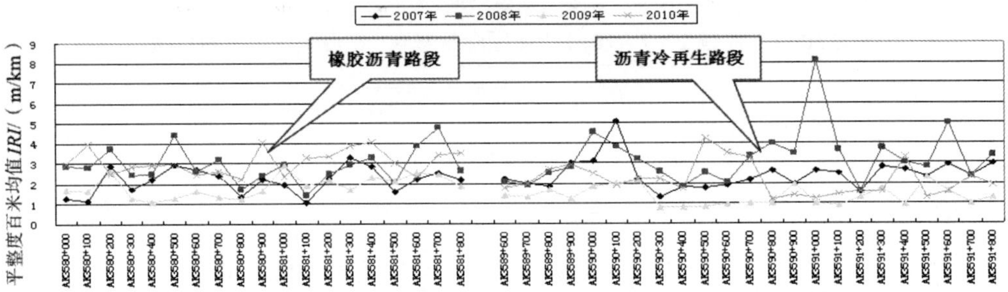

图 10.36　B 线 2008 年度不同桩号试验路段 *IRI* 百米均值比对情况

2009 年度专项养护路段平整度整体状况良好，在 2007—2010 年度国际平整度 *IRI* 百米均值的平均值中，A 线依次在 1.42→1.63→1.93→2.01 变化，B 线依次在 1.01→1.32→1.18→2.10 变化；表明 2009 年度的专项养护措施对平整度提高贡献不大，甚至稍有影响，但总体评价结果仍然为优。

10.3.3　路面车辙深度情况比对分析

本次车辙检测与历年结果的比对，统计分析结果见表 10.12 和图 10.37 至图 10.42。由此可知：DG25 高速公路路面车辙深度整体状况良好，2008—2010 年度车辙深度 *RD* 百米均值的平均值中，A 线依次在 8.0→7.5→5.8 变化，B 线在 8.3→8.7→8.0 变化，与路面正常衰减和养护情况相符。

表 10.12　历年车辙深度 *RD* 百米均值的平均值比对情况

路段		2008 年专项养护路段		2009 年专项养护路段		全线	
		RD	等级	*RD*	等级	*RD*	等级
A 线	2008 年	9.8	良	8.6	良	8.0	良
	2009 年	5.5	良	8.6	良	7.5	良
	2010 年	5.7	良	4.5	优	5.8	良
B 线	2008 年	—	—	6.3	良	8.3	良
	2009 年	—	—	5.9	良	8.7	良
	2010 年	—	—	3.9	优	8.0	良

2008 年度专项养护路段路面车辙深度整体状况良好，在 2008—2010 年度车辙深度 *RD* 百米均值的平均值中，A 线依次在 9.8→5.5→5.7 变化，表明经 2008 年度养护后，2009 年 *RD* 值有所下降明显，经过一年运营后，*RD* 值略有增加。2009 年度专项养护路段路面车辙深度整体状况良好，在 2008—2010 年度车辙深度 *RD* 百米均值的平均值中，A 线依次在 8.6→8.6→4.5 变化，B 线依次在 6.3→5.9→3.9 变化。表明经 2009 年专项养护后，车辙深度基本达到优良水平。2008 年度试验路段路面车辙深度整体状况良好，对比 2009 年度数据，除局部橡胶沥青段的车辙增加较大外，其他路段基本相当。

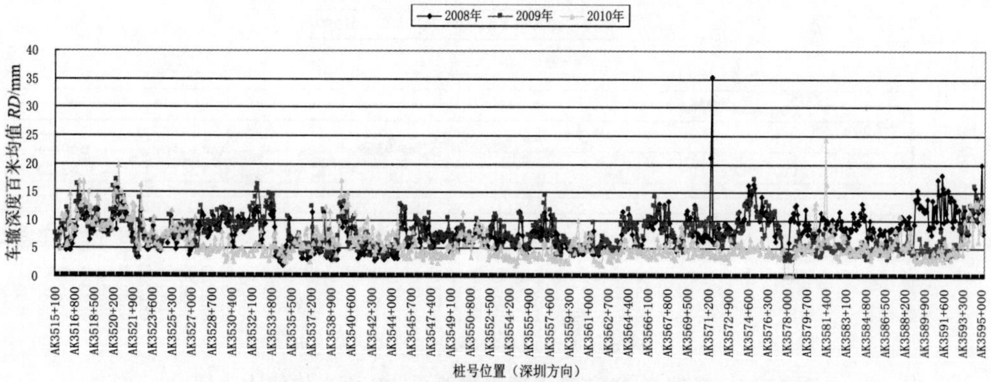

图 10.37　A 线 2008—2010 年度路面车辙深度 *RD* 百米均值比对情况

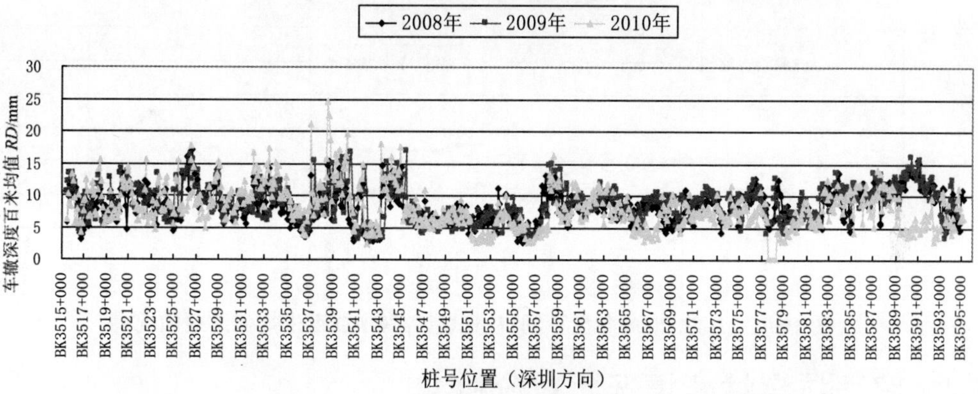

图 10.38　B 线 2008—2010 年度路面车辙深度 *RD* 百米均值比对情况

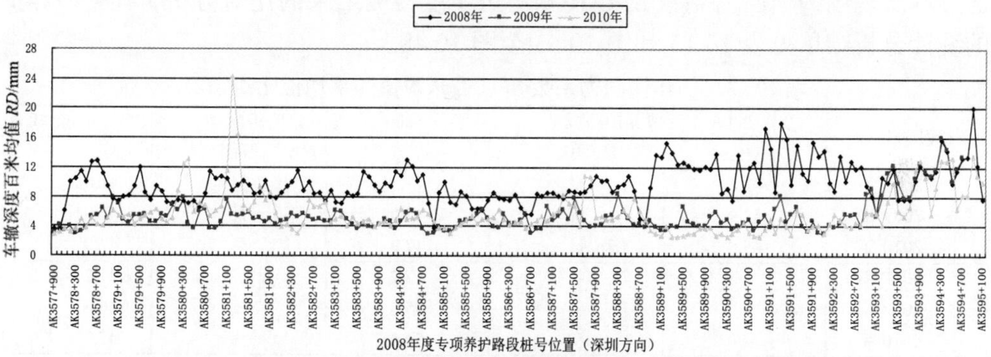

图 10.39　A 线 2008 年度专项养护路段 *RD* 百米均值比对情况

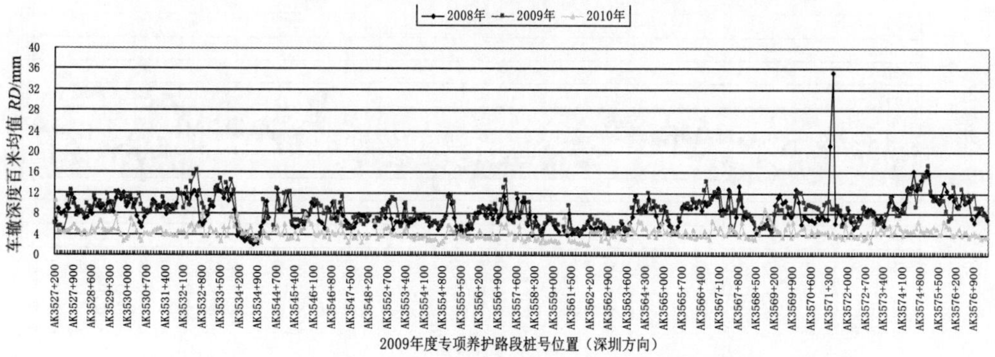

图 10.40　A 线 2009 年度专项养护路段 *RD* 百米均值比对情况

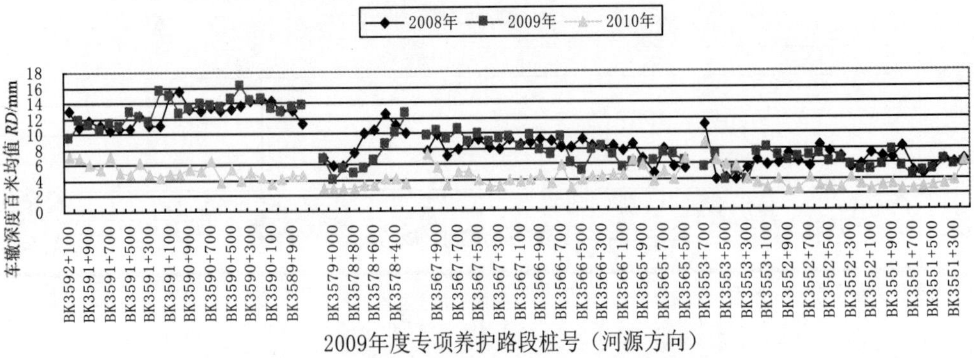

图 10.41　B 线 2009 年度专项养护路段 *RD* 百米均值比对情况

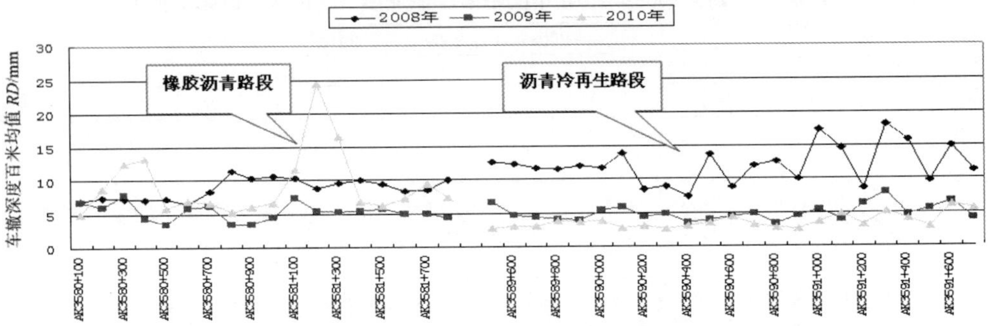

图 10.42　B 线 2008 年度不同桩号试验路段 *RD* 百米均值比对情况

10.3.4　路面抗滑性能情况比对分析

通过本次现场的横向力系数 *SFC* 检测与历年度检测结果的比对分析，各类型养护措施路段的统计分析结果见表 10.13 和图 10.43 至图 10.48。

表 10.13　历年横向力系数 *SFC* 百米均值的平均值比对情况

路段		2008 年专项养护路段		2009 年专项养护路段		全线	
		SFC	等级	*SFC*	等级	*SFC*	等级
A 线	2008 年	42.6	良	43.4	良	41.8	良
	2009 年	50.9	优	45.0	良	42.9	良
	2010 年	45.8	良	47.9	良	42.9	良
B 线	2008 年	—	—	47.2	良	47.2	良
	2009 年	—	—	45.6	良	46.6	良
	2010 年	—	—	54.4	优	47.3	良

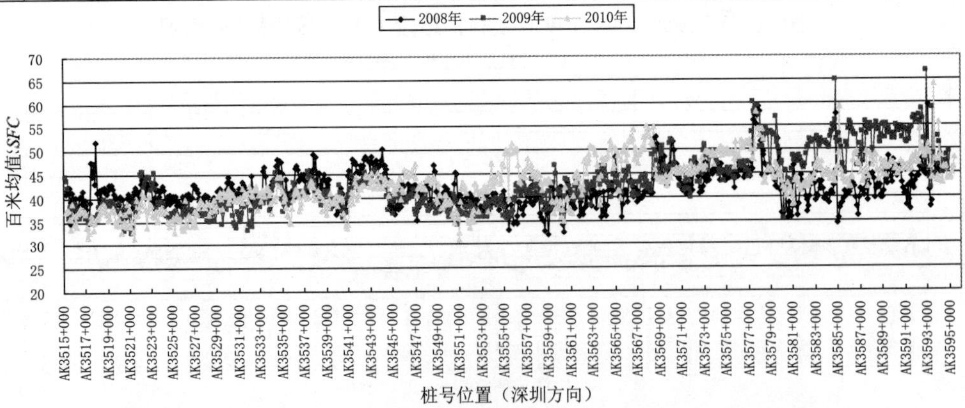

图 10.43　A 线 2008—2010 年度横向力系数 *SFC* 百米均值比对情况

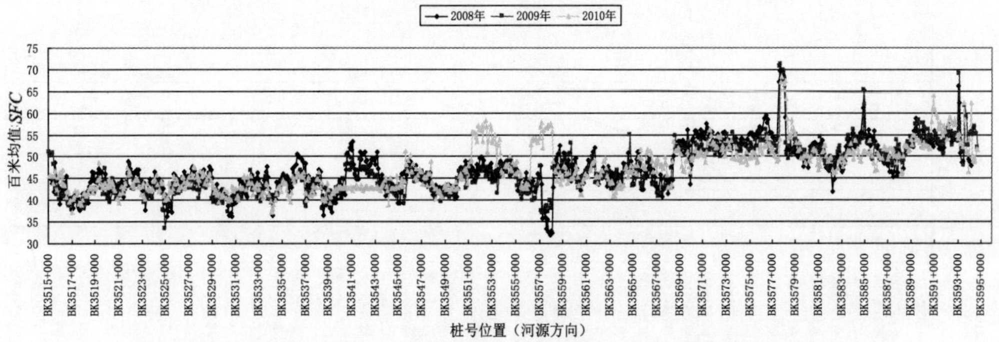

图 10.44　B 线 2008—2010 年度横向力系数 *SFC* 百米均值比对情况

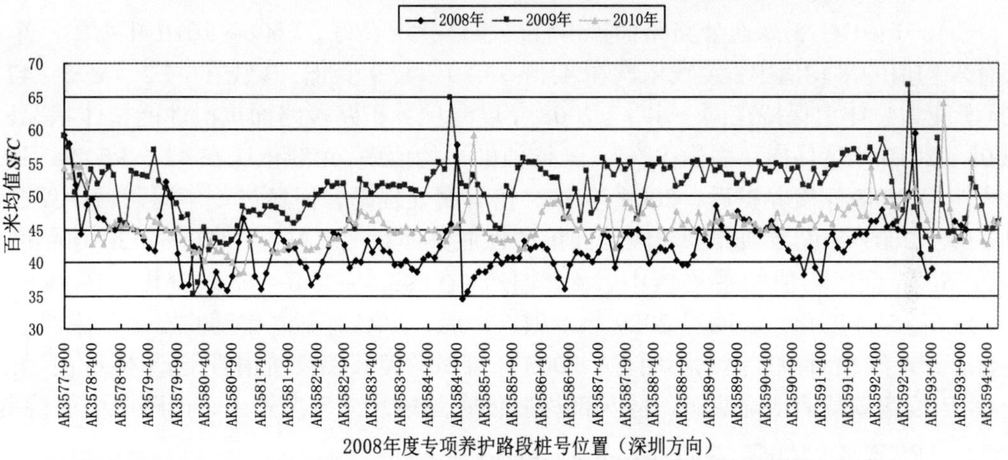

图 10.45　A 线 2008 年度专项养护路段横向力系数 *SFC* 百米均值比对情况

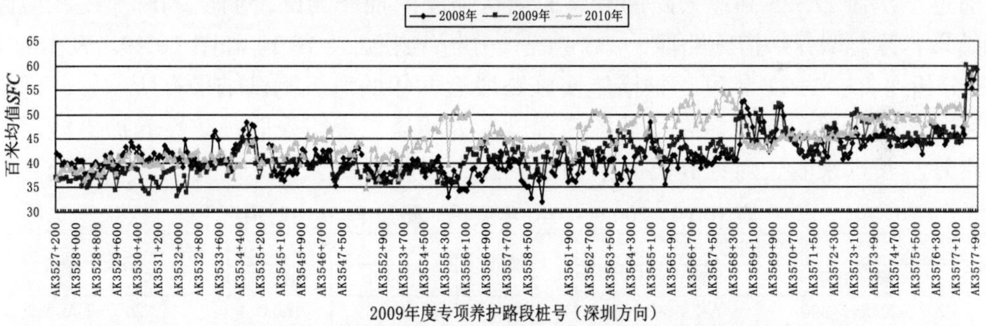

图 10.46　A 线 2009 年度专项养护路段横向力系数 *SFC* 百米均值比对情况

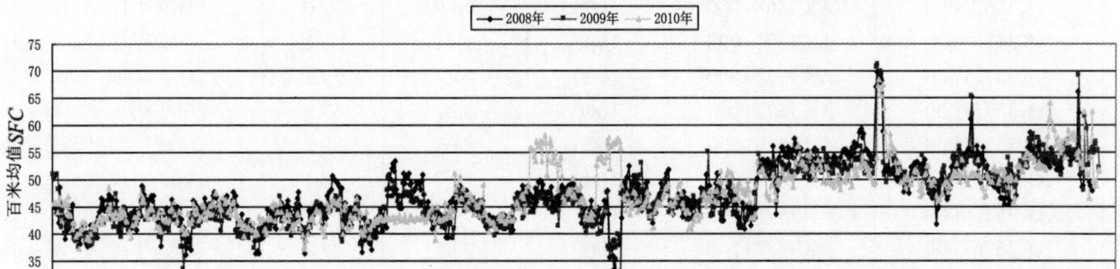

图 10.47　B 线 2009 年度专项养护路段横向力系数 *SFC* 百米均值比对情况

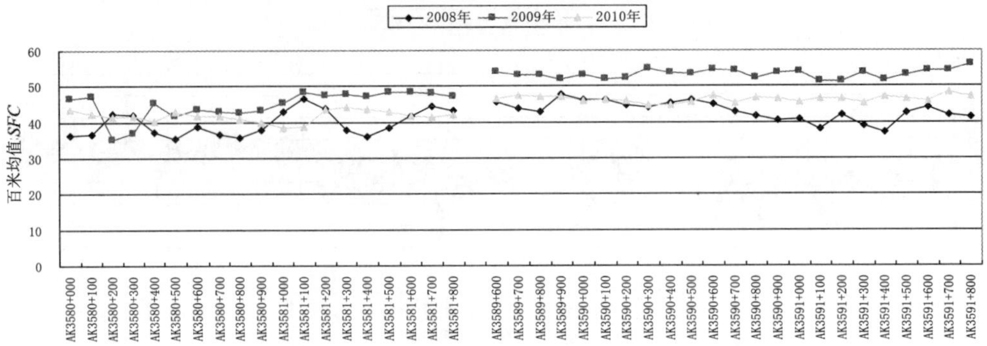

图 10.48　B 线 2008 年度试验路段横向力系数 *SFC* 百米均值比对情况

分析可知：DG25 高速公路路面抗滑性能整体状况良好，2008—2010 年度横向车系数 *SFC* 百米均值的平均值中，A 线依次在 41.8→42.9→42.9 变化，B 线在 47.2→46.6→47.3 变化，抗滑能力总体上保持在同一水平。2008 年度专项养护路段路面抗滑性能整体状况良好，在 2008—2010 年度横向车系数 *SFC* 百米均值的平均值中，A 线依次在 42.6→50.9→45.8 变化，表明经 2008 年度养护后，2009 年 *SFC* 值有明显提高，但经过一年运营后，*SFC* 值有明显下降。2009 年度专项养护路段路面抗滑性能整体状况良好，在 2008—2010 年度横向力系数 *SFC* 百米均值的平均值中，A 线依次在 43.4→45.0→47.9 变化，B 线依次在 47.2→45.6→54.4 变化。表明经 2009 年专项养护后，*SFC* 有不同程度的提高，特别是 B 线提高显著，A 线相对而言提高不明显。2008 年度试验路段路面抗滑性能整体状况良好，对比 2009 年度数据均有明显衰减，除局部橡胶沥青路段衰减较大外，其他路段仍保持良好。

10.3.5　路面结构强度情况比对分析

通过本次对 DG25 高速公路沥青路面结构强度的抽样测试，对比 2009 年度相应路段的检测结果，各类型养护措施路段的 *PSSI* 统计分析结果见表 10.14 和图 10.49。表 10.14 和图 10.49 分析可知：2007 年度养护措施实施路段近两年的弯沉测试结果有所差异，部分路段轻微衰减，部分路段有所提高，且提高幅度较为明显。表明采取预防性养护措施后，封水效果良好，长远来看，对提高路面结构承载能力有所帮助。

表 10.14　2009—2010 年度相对路段 *PSSI* 比对情况

序号	国高网桩号		长度/m	*PSSI*		路面养护类型
	起点桩号	终点桩号		2009 年	2010 年	
1	AK3559+200	AK3560+200	1000	77.3	100.0	2007 年微表处
2	AK3566+000	AK3567+000	1000	88.1	100.0	2009 年加铺 AC－16C
3	AK3567+000	AK3568+000	1000	86.9	77.0	2009 年加铺 AC－16C
4	AK3570+000	AK3571+000	1000	83.1	66.2	2009 年加铺 AC－16C
5	AK3571+000	AK3572+000	1000	77.7	73.1	2009 年加铺 AC－16C
6	AK3572+000	AK3573+000	1000	95.7	87.8	2009 年加铺 AC－16C
7	AK3573+000	AK3574+000	1000	77.5	89.5	2009 年加铺 AC－16C
8	AK3574+000	AK3575+000	1000	79.7	90.1	2009 年加铺 AC－16C
9	AK3575+000	AK3576+000	1000	39.4	53.7	2009 年加铺 AC－16C
10	AK3576+000	AK3577+000	1000	93.1	88.7	2009 年加铺 AC－16C
11	AK3578+350	AK3579+350	1000	66.4	71.4	2007 年 AC－13 罩面
12	AK3580+400	AK3581+400	1000	89.3	90.3	2008 年橡胶沥青
13	AK3590+300	AK3591+000	700	98.6	99.6	2008 年泡沫沥青冷再生
14	BK3557+100	BK3558+100	1000	95.9	84.4	2007 年雾封层
15	BK3558+100	BK3559+000	900	80.6	74.1	2007 年微表处
16	BK3559+000	BK3560+000	1000	75.4	99.7	2007 年微表处
17	BK3568+200	BK3569+200	1000	84.9	98.3	2007 年雾封层

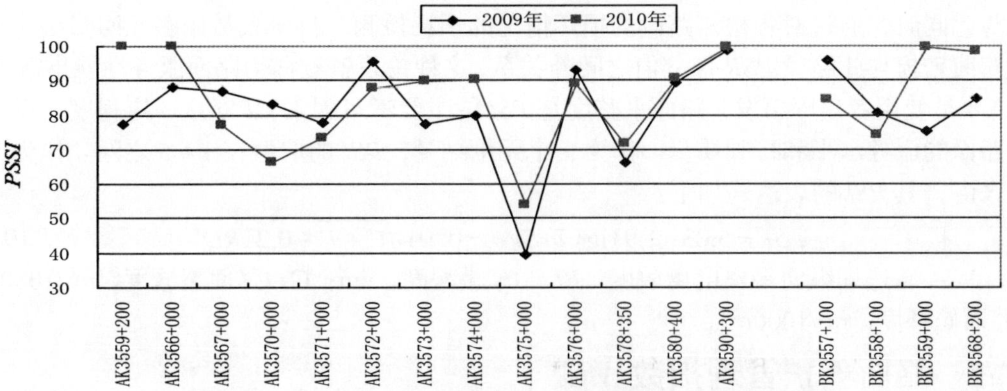

图 10.49　2009—2010 年度路面结构强度指数 *PSSI* 比对情况

而 2008 年橡胶沥青和 2008 年泡沫沥青冷再生路段在 2009 年和 2010 年两次的检测结果中显示 *PSSI* 值变化较小，表明采取养护措施后，该路段的路面结构强度始终保持在较好水平。2009 年加铺 AC－16C 路段在 2009 年和 2010 年两次的检测结果中显示：多数路段 *PSSI* 值稍有提高但不明显，局部路段有所下降或仍然处于较差水平，表明采取加铺 AC－16C 的措施对路面结构整体承载能力提高不显著，特别是 2009 年评价为差的路段 2010 年检测结果依然不理想，建议采取适当的补强措施对其进行处理。

10.4　国外常用路面性能综合评价模型

美国的 AASHTO 于 20 世纪 60 年代提出了世界上最早的路面使用性能评价模型 *PSI*（*Present Serviceability Index*），以此为基础，不同理论和概念的路面使用性能评估模型在许多国家和地区也逐渐建立起来。比如日本的 *MCI* 和丹麦的 *PSR* 等模型。这些模型都直接依靠专家评价技术，运用多元回归法建立以最大车辙深度、平整度、裂缝率 3 项指标为变量的体系，通过模型的分析得到评价结果，以此为依据来制定路面的养护和维修策略。每个国家或者地区根据各地不同的地质条件、气候特征以及经济发展情况等，制定出适合其具体情况的路面评价系统和养护策略，真正做到因地制宜。

我国对路面管理系统的研究始于 20 世纪 80 年代，第一个比较成功的评价模型是在杭州路面管理系统中得到应用的路用性能评价模型 *RIOH*。90 年代初 *CPMS* 管理系统中路用性能评价模型正是在此基础上建立的。近些年，随着科技的进步和对路面研究的逐渐深入，路面使用性能评价模型的研究得到发展，许多新的理论和研究方法应用到其中。以灰色理论方法、模糊数学方法、神经网络以及层次分析法等理论为基础建立的多种路用性能评价模型很有代表性。这些新评价模型对路面使用性能的改善具有现实性意义。

10.4.1　路面服务性能指数 *PSI*

20 世纪 60 年代中期，美国的 AASHO 基于近 10 年的实验观测结果提出了世界上第一个路用性能评价模型 *PSI*，美国 AASHO 的 Carey 和 IRIck 首先提出了路面的服务能力。*PSI* 模型的建立对于 20 世纪 70 年代的路面管理系统特别是路用性能评价的发展有着很深远的意义。*PSI* 模型引入了专家评分技术，以此为基础成功地构建了与工程实际的客观联系，这在公路管理行业还是第一次。在此模型中，很好地应用了专家评分技术。首先建立一个评分小组，评分小组由 8～16 人组成，这些人由不同职业、文化水平、年龄和社会背景的人组成。通过对检测公路路面上的实际感受评分得到个人评分值 *IPSR*，小组成员的 *IPSR* 的平均值即专家总评分值 *PSR*。

与此同时，通过对各检测路段的损坏情况的现场检测，科研人员用多元回归法建立了被检路面破损与此路段 *PSR* 评分值之间的关系，这种关系就被称为路面服务性能指数 *PSI*。*PSI* 主要是使用者角度出发，路面平整度是 *PSI* 的主要考量因素，*PSI* 从一定程度上反映了道路路面的服务水平和行驶质量。作为一个无量纲量，*PSI* 的取值在 1 ~ 5 之间。作为沥青路面来讲，其 *PSI* 的表达式如下：

$$PSI = 5.03 - 1.91\lg(1+SV) - 0.01\sqrt{C+P} - 0.21RD^2 \quad (10.1)$$

式中，*SV*—轮迹处纵向平整度离散度；*RD*—车辙深度，cm；*C*—路面裂缝度，$m^2/1000m^2$；*P*—路面修补度，$m^2/1000m^2$。

10.4.2 路面养护管理指数 *MCI*

20 世纪 70 年代，随着经济建设的飞速发展，基础设施建设也取得了较大发展。20 世纪 70 年代末，日本道路协会借鉴 AASHO 的 *PSI* 模型，建立了适合日本国内的 *PSI* 模型。20 世纪 80 年代初，日本的饭岛尚等人开发了养护管理指数 *MCI*（*Maintenance Control Index*）模型，这个评价模型也是在参考美国的 *PSI* 模型的基础上创建的，其公式如式（10.2）所示。虽然也是以专家评价技术为依托，但是与美国的 *PSI* 明显不同的是，道路技术人员组成了 *MCI* 模型的专家评价组，*MCI* 模型以裂缝程度、路面平整性和车辙深度作为考虑因素。所以可以形象地说 *PSI* 是以路面使用者的角度建立的评价模型，而 *MCI* 评价模型是以道路管理者的角度采用多元非线性回归分析建立的模型，*MCI* 的取值范围为 0 ~ 10。

$$\begin{aligned} MCI &= 10 - 1.48C^{0.3} - 0.29D^{0.7} - 0.47\sigma^{0.2} \\ MCI_0 &= 10 - 1.51C^{0.3} - 0.30D^{0.7} \\ MCI_1 &= 10 - 2.23C^{0.3} \\ MCI_2 &= 10 - 0.54D^{0.7} \end{aligned} \quad (10.2)$$

式中，*C*—路面裂缝率，%；*D*—路面车辙深度，mm；*σ*—路面平整度，mm。

饭岛尚等建模者认为，采用 4 个方程进行评价是由于日本国内的重载、大型以及渠化交通的具体交通情况，可使评价结果更加准确。虽然 4 个方程能够根据具体情况灵活运用，但道路管理者在应用中会存在一定困难。这也说明多元回归分析法存在一定的弊端，在建模的时候一套公式不能适应多种不同的路面，这主要由于回归系数的不确定性和复杂性。*MCI* 模型缺少基于道路使用者角度进行的分析评价。基于此，1986 年日本学者桥本提出了 *RCI*（Riding Comfort Index）模型，*RCI* 公式如式（10.3）所示。但是当平整度大于一定的数值如 6.0mm 时，*RCI* 会给出一个负值，这个负值是不合理的，这是 *RCI* 模型的一个缺陷。

$$RCI = 10 - 1.70\sigma \quad (10.3)$$

式中，*RCI*—路面舒适性指数；*σ*—路面平整度，mm。

10.4.3 路面状况指数 *PCI*

美国空军的工程实验室建立了一种路用性能评价模型 *PCI*（*Pavement Condition Index*），一般 *PCI* 被称为路面状况指标。*PCI* 模型是首次以扣分法建立的路面评价模型，*PCI* 评价模型一般为非线性方程。美国在路面病害的评价上，*PCI* 模型被普遍使用，其表达式如式（10.4）所示。

$$PCI = 100 - \sum_{i=1}^{p}\sum_{j=1}^{m(i)} \alpha(T_i, S_j, D_{ij})\ F(t, p) \quad (10.4)$$

式中，*PCI*—路面状况指数；$\alpha(T_i,S_j,D_{ij})$—破损类型 T_i，严重程度 S_j 及损坏密度 D_{ij} 时的扣分值；*i*—破损类型；*j*—严重程度；*P*—总破坏类型；*m*（*i*）—第 *i* 种破损的损坏数量；*F*（*t*,*q*）—重复破损修正系数。

PCI 评价模型比日本的 *MCI* 评价模型更加合理，克服了其缺陷，与 *MCI* 评价模型相比较更加完整和严谨。*PCI* 评价模型仅仅是路面表面破损的函数，对路面平整度的影响并没有涉及。依据专家评分技术求得式中的单项扣分值和重复损坏修正系数，重复损坏修正系数的取值为 0 ~ 1。单项重复损坏修正系数的存在在评价某些损坏类型比较突出的路面时可以减小误差，避免总扣分过高或过低现象。所以说 *PCI* 评价模型比日本的 *MCI* 评价模型更成熟，但扣分值和修正值的估计是专家系统扣分法的难点所在。

10.4.4　通用路面裂缝指标 *UCI*

世界银行研发了一种针对路面裂缝的路面性能评价模型 *UCI*。该模型以各种裂缝对路面性能的影响为主要考虑点进行评价，虽然比较简便易用，但是对其他因素的考虑较少，准确性较差，因此在路面使用性能的综合评价上没有得到推广。

$$UCI = 100(l_L w_L + l_T w_T + l_A w_A) / A \tag{10.5}$$

式中，$l_L w_L$—路面纵向裂缝的长度和宽度，mm；$l_T w_T$—路面横向裂缝的长度和宽度，mm；$l_A w_A$—路面龟裂的长度和宽度，mm；*A*—整个路面面积。

10.5　路面使用性能综合评价模型

路面使用性能的评价是一个复杂且易受人为因素影响的评价体系。我国的路面规范中推荐了一些检测指标，但这些指标过于僵化和简单且人为因素的影响很大，有时候不能客观地反映路面的实际情况。道路管理者不断研发创新，建立了一些比较有代表性的路面综合评价模型。主要的评价模型有以模糊数学方法与层次分析法为主的系统分析法、回归模型法和灰色理论法等。回归模型法需要大量的数据统计，根据统计数据得到各个影响因子与指标之间的关系，以此为依据构造模型来建立两者之间的函数关系，由于需要数据较多，因此工作量较大，而灰色理论建立的评价分析模型是以灰色关联空间为基础的。在进行路用性能评价时，评价指标应遵循客观性、科学性、有效性、可操作性和可行性的原则进行选取。

路用性能从评价指标的选取可以分为多指标体系与综合评价指标。多指标评价体系从不同的指标出发反映路面的使用性能情况；综合指标则是做一个全局的评价，使路段的路面使用性能具有可比性。许多道路工作者投入到对路面综合评价方法的研究上，这些方法的立足点各不相同，解决问题的基本原理和适用的评价对象也不尽相同，并且各种方法都具有各自的适用范围和优缺点。目前，常用的多属性决策方法有以下几种。

10.5.1　基于回归模型的路面使用性能评价方法

世界上第一个路用性能评价模型 *PSI* 即建立在回归分析法的基础上。在路用性能评价模型研究初期都是以专家评分技术为依托，用多元回归的方法来建立因果联系来实现对路用性能的评价。回归模型法通过数理统计的方法，以大量的现场数据为依托，建立起应变量与自变量之间的关系。

由于研究较早，基于回归模型的路面使用性能评价方法研究比较成熟且前期应用较广，在路用性能评价研究的开始阶段该法发挥了非常重要的作用。除了美国的 *PSI* 模型，日本

的路面评价模型 *MCI* 也是此类中的代表。回归模型都是需要大量的检测数据进行统计和分析，具备良好的科学性和直观性而且评价模型简单。但是路面系统是一个复杂且具有随机性的系统，因此所测得的实际数据存在偏差是不可避免的，这会导致路面的使用性能评价结果与现场实际测得数据的相关性较差。而且回归模型都是以一地的统计数据为基准，因此会受到地域和自然环境的较大限制。

另外回归分析法以最小二乘解来估算，计算比较复杂，比较难实现程序化。在当今的路面评价体系中已经较为落后，应用减少。

10.5.2 基于系统分析法的路面使用性能评价方法

层次分析法是系统分析法的主要代表，此外还有模糊数学法。20 世纪 70 年代美国运筹学家 T.L.Saaty 提出了层次分析法，它是一种定量和定性相结合的分析方法。

AHP 将复杂问题中各要素经过划分，分解成许多递进的层次，结合专家的评审意见和客观事实对每一层次给予定量的权重，以此对每一层次的所有元素排序。按照每一层次对应的规则对该层的所有要素逐对对比，对比分析后建立判断矩阵，根据矩阵特征计算出矩阵的最大特征值以及其对应的正交化特征向量，继而得出该层权重，得出的权值可以作为最优方案的选择依据。层次分析法有机结合定性与定量进行分析，以系统环境为前提，充分发挥了定量分析的优点，结合定性分析的成果，结果较为准确客观。客观分析法也有其不足，在构建判断矩阵时可能出现不一致的情况，而且计算比较烦琐。层次分析法中有专家评分法的应用，这存在一定的主观性。

因此，在权重值确定时还存在一定的不准确性和偶然性。模糊数学法是将模糊集合理论引入到路用性能评价中来，这主要是因为在路用性能评价中有些因素具有模糊性。通过模糊数学法建立模糊评价集，然后邀请专家进行评分，通过评分结果得出各个指标模糊评价集的隶属度函数，最后得出路用性能的综合评价矩阵。这种模糊评价法对一些不确定因素的定性化处理时采用模糊综合方法进行评判，效果较好，而且此法以向量表示计算出的数值，使得结果的信息量更加丰富。同层次分析法一样，模糊数学法在确定各个指标的权重时也要用到专家的打分，带有一定的主观性，对路用性能的评价不能做到客观准确。

10.5.3 基于灰色理论的路面使用性能评价方法

我国专家邓聚龙于 20 世纪 80 年代创立了灰色系统理论，引起很大反响，这是一种对少数据的不确定性问题的一种新思路。在进行路用性能评价时，诸如平整度、抗滑系数指标的信息都可以实地测得，是确定的信息，但像舒适性、破损程度这样的指标就只能定性描述，由于缺少数据给评价带来了难度。灰色系统理论正是以这样的不确定性系统为研究对象的，将灰色理论的“灰唯一性”原理引入到路用性能的评价中。

通过对已知的部分信息的整理，把定性信息与定量相结合，把得到的数据信息集中在某灰域内达到评价路用性能的目的。路用性能的评价中引入灰色理论较好地解决了路面评价中有些指标不确定且无规律的问题，对路面使用性能的评价较为客观和科学，有效地减少了主观因素的负面影响，因此应用较为广泛。而且灰色关联法在计算时不需对数据归一化处理，只需按照采集数据计算，计算量小且简便。但是灰色理论中都是以经验法来确定权函数，而权函数的确定是灰色理论研究的关键所在，所以权函数的确定很大部分受到主观因素的影响，且当路用性能的评价结果和各个聚类数据相差不大时不易取舍。所以说灰色理论对路面的评价有一定局限性，还不是很完善。

10.5.4　其他常用路面使用性能评价方法

随着科技的发展，许多其他行业的成熟理论被引入交通行业，新的思想和理论不断融入到路面的评价系统中。基于集对论的数学模型、神经网络模型、遗传算法模型以及模糊综合评价模型等都在路用性能评价中得到应用。我国研究人员赵克勤于 1989 年创立了集对分析（SPA）理论，集对分析理论在我国经济建设的各个领域被广泛应用并在这些领域发挥了积极的作用。集对分析理论认为事物的本质属性是不确定性，将不确定性和确定性作为一个综合系统进行考察。集对分析理论体现了模糊、随机和灰色多个方面的不确定性的应用。神经网络 ANN 是通过模拟人脑的智能特征将信息进行分布式存储，它是人工智能的一个重要分支，它是一种理论化的魔方人脑神经网络的数学模型。人工神经网络技术自从被提出就得到人们的重视，应用范围越来越广泛，被科学工作者成功地引入到路面评价体系中。ANN 具有高度的非线形性，大量的简单元件相互关联而形成一个复杂的网络。ANN 模型计算较为烦琐，但评价程序却比较简单易用，而且使用较为灵活，能够处理来自多个资源和决策系统的数据，并且主观性因素较少，评价客观性较强。但 ANN 模型网络的精确程度取决于学习样本的可靠程度，而且需要输入数据和输出数据，但是输出数据往往就是需要评价的结果，有一定局限性。美国专家 John Holland 教授在 20 世纪 70 年代发展起来一种遗传算法，它是模拟生物在自然环境中的遗传和进化过程而形成的一种全局优化搜索方法。这种方法简单通用、鲁棒性强，而且遗传算法适于并行处理且应用范围很广泛，遗传算法是一种新的全局优化搜索的算法。

10.5.5　基于 TOPSIS 法的路面使用性能评价方法

20 世纪 80 年代初期 TOPSIS 学者 Hwang 和 Yoon 提出了一种逼近理想解的排序方法 TOPSIS（Technique for Order Preference by Similarity to Solution）综合评价模型，TOPSIS 是多属性决策方法中的一种。

TOPSIS 法是设法构造一个方案，从方案里得到正理想解和负理想解，然后各个方案与其比较来进行评价。将备选方案与理想解和负理想解进行排序，所得的最佳方案就是离理想解最近而离负理想解最远的方案。作为一种常用的多目标（属性）决策分析法，TOPSIS 法的基本思路是：首先根据各指标的取值建立起原始的数据矩阵，再对初始矩阵数据进行一系列运算处理，得到标准化矩阵后得出有限方案中的正负理想解，然后每个评价目标与正负理想解比较之后得出评价目标与最优、最劣方案的距离，通过距离的大小便可对评价对象方案的优劣进行排序。TOPSIS 法近年来被广泛用于多指标的综合评价中，而且应用领域较为广泛，例如医院工作质量的综合评价、教师教学质量评价以及环境质量评价等各个领域。有道路研究者也将 TOPSIS 引入了路面综合评价体系中，取得了一定的积极效果，但目前来看在路面评价体系中应用并不是很广。

TOPSIS 法消除了不同量纲的影响，将原始数据进行了归一化处理，最终的排序结果能够定量地反映不同评价方案的优劣。TOPSIS 对数据的利用较为充分，评价指标与范围较为广泛且直观，大大减少了数据信息的损失。TOPSIS 法应用较为广泛，且具有计算较为简便、信息失真小以及直观准确等优点。但 TOPSIS 法也存在一些缺陷，在指标权重确定上，由于多采用专家法，都是事先决定，主观性较强，过于随意。指标较多时矩阵的求解有时候会比较复杂，理想解和负理想解不容易求出。且在 TOPSIS 法下，若拿来评价的两方案距离理想解的距离相近，在方案比较时难以取舍以及排序。

10.6 TOPSIS 法理论与分析方法

10.6.1 传统 TOPSIS 法理论

TOPSIS 法也称理想点法，类似于 n 维空间里的若干个点，从 n 个属性下来评估各个方案。TOPSIS 法借助于方案距离正理想解和负理想解的距离对多方案进行方案排序。这里所说的正理想解其实是一个设想的最期望的方案，同理，负理想解就是最不期望的一个方案，而选择的最佳方案应是离理想方案最近且离负理想解最远的解。

假设多属性决策问题的方案集是：$A=\{A_1,A_2,\cdots,A_m\}$，属性集是 $F=\{f_1,f_2,\cdots,f_n\}$，决策矩阵是 $X=(x_{ij})_{m\times n}$，其中 x_{ij} 为第 i 个方案在第 j 个属性下的属性值(i=1,2，…，m；j=1,2，…，n)。方案 $A_i=\{x_{i1},x_{i2},\cdots,x_{in}\}$，$i$=1,2，…，$m$，规定 $x_{ij}\geq 0$，属性的权向量为 $W=\{w_1,w_2,\cdots,w_n\}^T$。其中 $\sum_{j=1}^{n} w_j=1, w_j\geq 0, j=1,2,\cdots,n$ 。

传统的 TOPSIS 法处理多属性评价的步骤如下。

①在评价时候选取的是 n 个指标，m 个对象，这些数据形成一个目标决策矩阵：

$$X=\begin{bmatrix} x_{11} & x_{12} & \cdots & x_{1n} \\ x_{21} & x_{22} & \cdots & x_{2n} \\ \vdots & \vdots & & \vdots \\ x_{m1} & x_{m2} & \cdots & x_{mn} \end{bmatrix}$$

②对原始数据进行归一化处理，对 X 矩阵进行规范化处理，可得矩阵 Z ：

$$Z=\begin{bmatrix} z_{11} & z_{12} & \cdots & z_{1n} \\ z_{21} & z_{22} & \cdots & z_{2n} \\ \vdots & \vdots & & \vdots \\ z_{m1} & z_{m2} & \cdots & z_{mn} \end{bmatrix}$$

其中对于效益性属性来说：

$$Z_{ij}=x_{ij}\Big/\sqrt{\sum_{k=1}^{m}x_{kj}^2}\quad (i=1,\ 2,\ \cdots,\ m;\ j=1,\ 2,\ \cdots,\ n) \qquad (10.6)$$

对成本性属性来讲：

$$Z_{ij}=\frac{1/x_{ij}}{\sqrt{\sum_{k=1}^{m}\left(1/b_{kj}\right)^2}}\quad (i=1,\ 2,\ \cdots,\ m;\ j=1,\ 2,\ \cdots,\ n) \qquad (10.7)$$

③由归一后的矩阵 Z 构造加权规范化决策矩阵 $Y=(y_{ij})_{m\times n}$ 得：

$$Y=\begin{bmatrix} y_{11} & y_{12} & \cdots & y_{1n} \\ y_{21} & y_{22} & \cdots & y_{2n} \\ \vdots & \vdots & & \vdots \\ y_{m1} & y_{m2} & \cdots & y_{mn} \end{bmatrix}$$

其中：

$$y_{ij}=z_{ij}\times W_j\ (i=1,2,\ \cdots,\ m;\ j=1,2,\ \cdots,\ n) \qquad (10.8)$$

④确定正理想解 Y^+Y^- 与负理想解 Y^-，理想解与负理想解为 Y 矩阵中每列最大值、最小值组成的最优向量 Y^+ 和最劣向量 Y^-。

$$Y^+=\left(y_1^+,y_2^+,\cdots,y_n^+\right);\qquad Y^-=\left(y_1^-,y_2^-,\cdots,y_n^-\right)\tag{10.9}$$

其中对效益性属性来说：

$$y_j^+=\max\left\{y_{1j},y_{2j},\cdots,y_{mj}\right\},y_j^-=\min\left\{y_{1j},y_{2j},\cdots,y_{mj}\right\}\ (j=1,2,\ \cdots,\ n)\tag{10.10a}$$

对成本性属性来说：

$$y_j^+=\max\left\{y_{1j},y_{2j},\cdots,y_{mj}\right\},y_j^-=\min\left\{y_{1j},y_{2j},\cdots,y_{mj}\right\}\ (j=1,2,\ \cdots,\ n)\tag{10.10b}$$

⑤分别计算各个方案到正理想解和负理想解的 Euclid 距离 Di^+和Di^-，如下所示：

$$D_i^+=\sqrt{\sum_{j=1}^{n}\left(y_{ij}-y_j^+\right)^2}\qquad (i=1,2,\ \cdots,\ m)\tag{10.11}$$

$$D_i^-=\sqrt{\sum_{i}^{n}\left(y_{ij}-y_j^-\right)^2}\qquad (i=1,2,\ \cdots,\ m)\tag{10.12}$$

其中，D_i^+ 与 D_i^- 分别表示第 i 个评价对象同理想解、负理想解的距离。

⑥计算各个评价单元同正理想解的相对接近程度 C_i，C_i 的计算公式如下：

$$C_i=\frac{D_i^-}{D_i^++D_i^-},\quad (i=1,2,\ \cdots,\ m)\tag{10.13}$$

⑦对各个方案按相对接近度 C_i 的大小进行降序排序。C_i 的值越大，说明此方案越接近理想解，则方案可行性越大。

10.6.2　传统 TOPSIS 法存在的问题

传统的 TOPSIS 法有很多优异于其他评价方法的地方，因其计算比较简便、可操作性强、应用灵活且过程清晰等特点，在医学领域、工业管理、农业管理以及国防军事等各领域的评价模型中都有运用。虽然说运用较广，但随着应用的增多，一些问题也逐渐显现，因此传统的TOPSIS法仍然有可以优化的地方。传统TOPSIS法存在局限性主要有以下几点。

（1）TOPSIS 法中的逆序问题

在运用 TOPSIS 法进行目标评价时，对 m 个对象 $x_1,x_2,\cdots,x_m$ 进行排序评价，得出的结论是 x_i 优于 x_j（$i\neq j$）。此时增加一个或多个评价方案之后，有可能会出现评价结果方案 x_j 优于方案 x_i，这就是逆序问题。至于逆序现象的形成机理尚无定论，需要进一步研究。逆序产生的原因主要两方面：其一，当增加或删减一个或多个评价方案之后，TOPSIS 评价法中的理想解和负理想解会发生变化，这种变化会引起一个总的评价标准的变化，从而导致逆序现象的出现；其二，由于 TOPSIS 法在指标权重的确定上是直接在原始数据上乘以权重系数，而指标权重改变了原评价数据间的关系结构，从而引起逆序现象的出现。逆序问题在客观上具有其客观的合理性，但当这些逆序问题出现在目标决策的取舍时，往往让决策者难以选择。所以说在决策者的主观意愿里逆序又有其主观不合理性。因此逆序的存在会引起评价方案存在客观合理性和主观不合理性之间的矛盾，这样就引起评价的不客观性和评价结果的混乱，所以逆序问题是 TOPSIS 法中亟须研究和解决的问题。

（2）赋权方法问题

传统的 TOPSIS 法对于解决原始数据量较大的目标评价时具有一定的客观性且评价结果具有真实性，但当遇到小样本、贫数据的评价环境时，传统的 TOPSIS 法有时会导致评价结果产生偏差，造成评价结果的不准确。传统的 TOPSIS 法在确定目标决策的指标权重时，往往使用的是单一的指标权重赋值法。初期比较常用的是主观赋值法，通过专家打分等确定指标的赋值情况，具有一定的主观性，会影响到权重的准确性。一些学者提出以客观的赋权方法来确定指标的权重，从而使权重的确定更加客观，但这样的赋值方法过于死板且不能随环境的变化而改变，评价结果也不够准确。考虑主观赋权法和客观赋权法两者相结合的情况在运用中较少，便采用主客观相结合的组合赋权法。客观赋权法的客观性与主观赋权法的灵活性相结合，比单一的评价方法更加准确合理。

（3）方案排序问题

传统 TOPSIS 法在确定正理想解和负理想解之后，各方案与理想解之间的距离相近，也就是说两个方案的相对贴进度相等，难以排除各方案的顺序。为了便于说明，以二维空间给出方案排序问题的一个直观解释，如图 10.50 所示。

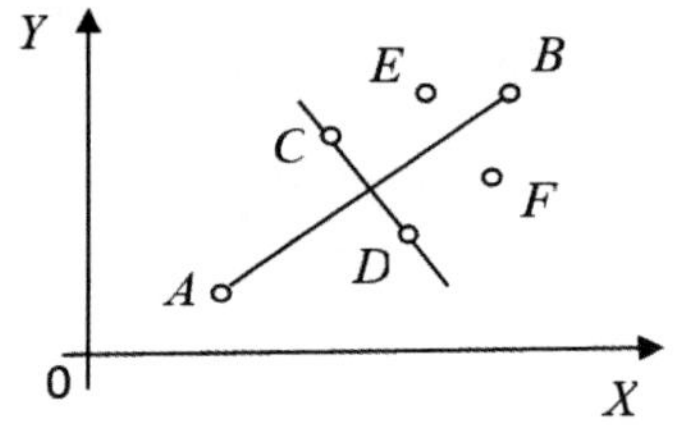

图 10.50　方案排序问题详图

图 10.50 中的 A 点与 B 点分别代表方案的负理想解与正理想解，点 C 与 D、E 与 F 则分别代表需要作出评价的比较方案，而直线 CD 则代表 AB 连线之间的中垂线。由数学理论可以知道，CD 直线上的任意一点到 A 与 B 的距离均相等，这时候 CD 直线上的方案的相对贴进度都为 1/2，无法进行排序。而图中的点 E 和点 F 则代表另外的两个方案，此时假设点 E 与 F 的连线垂直于直线 AB，这时由几何理论可知：$AE=AF$，$BE=BF$。此时根据传统 TOPSIS 法的理论可知，已经无法通过此法确定两方案的优劣情况。通过上述对传统 TOPSIS 法缺陷的论述，保留了传统 TOPSIS 法的优点之外对传统的 TOPSIS 法做了改进，对传统 TOPSIS 法改进后的效果做一番探讨。

10.6.3　改进的 TOPSIS 法的分析思路

10.6.3.1　规范化处理方案指标

改进后的 TOPSIS 法的运行思路与传统方法整体相似，首先是规范化处理各个方案的不同指标。在这里按照不同的属性对各个指标进行分类，分为效益类指标和成本类指标。效益指标代表着待评价方案的各种效益，因此效益指标越大收益越大；成本指标则是各个方案的所需成本，因此这些指标越小则成本越小。然后利用不同的规范方法分别对这两种指标进行统一的处理。而对于效益指标和成本指标的打分情况自然也就不同。

效益指标在打分时，设 x_{ij} 为第 i 个被评价路段的第 j 个指标的原始数值，d_{ij} 即为第 i 个被评价对象的第 j 个指标的标准值。

则效益指标的打分如式（10.14）所示：

$$d_{ij}=\frac{x_{ij}-\min(x_j)}{\max(x_j)-\min(x_j)} \qquad (10.14)$$

而成本指标在打分时，设 x_{ij} 为第 i 个被评价对象的第 j 个指标的原始数值，d_{ij} 即为第 i 个被评价对象的第 j 个指标的标准值。

则成本指标的打分如式（10.15）所示：

$$d_{ij}=\frac{\max(x_j)-x_{ij}}{\max(x_j)-\min(x_j)} \tag{10.15}$$

无论是效益指标还是成本指标，都反映了所用指标的实际值在该评价指标全距中的位置。通过公式的运算 x_{ij} 就转变成 d_{ij}（$0<d_{ij}<1$），继而构造了一个规范化的矩阵。

10.6.3.2　权重值的确定

权重是针对某一指标在多指标评价体系中的重要程度，它是一个相对的概念。关于权重的研究国内外的分析方法有很多，且原理也不尽相同，这些方法或多或少都存在一些缺陷。这些方法主要分为主观赋权法和客观赋权法。主观赋值法是基于方案决策者的喜好和主观经验，而客观赋值法则是基于各指标的原始数据。国内外比较有影响的主观赋值法有 Helmer 和 Gordon 提出的专家意见法（即 Delphi 法）以及萨蒂的 AHP 法等。总体来讲，虽然各种主观赋权法的原理或者计算步骤不尽相同，但是权重的最终决策都是由专家或决策者基于其经验或者个人喜好作出的。这样的决策方式会有一定的风险性有时候甚至会出现错误，究其原因就是主观随意性太强。虽然不能特别精确地对指标进行赋值，但主观赋权法用经验法考虑了项目方案的实际情况，可以避免所用指标的权重与实际情况相差太大的情况，在实际的赋值过程中，可以通过增加专家的数量和专家资历的方式来使误差尽可能减小。而客观赋权法则弥补了专家意见法主观性大的缺陷，比较常用的客观赋值法有熵权法、极值法和回归法等。客观赋值法的权重确定客观性较强，不受到主观意愿的影响，这是客观赋值法的优势所在。但是相对于一些专家经验相对重要的情况，客观赋权法有时候较为死板，不能考虑现实情况，而且有可能存在指标权重系数与实际情况相差较大的问题。结合主客观赋值法的优缺点，采取一种专家法和熵值法相结合的组合赋权方法。

（1）专家法确定指标权重

专家法即德尔菲法（Delphi），它是 20 世纪 60 年代由美国兰德公司发展起来的一种定性预测的情报分析方法。它以匿名的方式征求专家们的意见，然后决策者将专家们的意见进行汇总整理，将这些汇总整理后的文件再发给有关专家供其研究分析，然后对专家意见进行新一轮的汇总分析。如此经过多次的意见征求，专家的意见逐渐一致，最后汇总专家们的意见之后对方案的权重指标作出一个定量的指标。

德尔菲法（Delphi）的基本流程如图 10.51 所示。德尔菲法充分利用了专家的经验和学识，吸收了不同专家的知识精华，使得资源得到充分的利用，且每一位专家不会受其他人的影响，能够独立地做出自己的判断，经过几轮的反馈，都会得到意见趋同的结论，可靠性还是很有保证。专家法的优点主要是简便易行、直观性强且计算方法简单，能充分发挥专家的意见和经验。但专家评议法终归是一种主观判别法，最终的决策都是专家的集体主观判断。而且对于需要进行快速决策的问题来说，由于征询意见的时间一般较长，难以实现。总体来讲，德尔菲法比较简便可靠，是决策者们常用的一种群体决策评价方法。

（2）熵值法确定指标权重

1850 年，德国物理学家克劳修斯首次提出了熵（Entropy）这一概念，在信息论中熵是用来度量系统的无序程度的一个概念，信息与熵是绝对值相等但符号相反的两个概念。熵如今已经被应用到相当宽泛的领域，在控制论、数论、生命科学等领域都有重要应用，已经成为各领域都非常重要的参量。熵如今被分为热力学熵、统计熵与信息熵 3 个分支，且被应用到管理科学、工程建设等领域。

所谓信息熵就是把熵的概念引入到信息论中。熵值越小表明此时信息量越大，不确定性就越小；熵值越大则表明信息量越小，不确定性越大。可以利用熵值来判定所研究对象的无序性和随机性并对评价指标的离散度判定。当评价指标离散度较大时，则可说明这一指标在评价中的重要性，权重值相对较大。所以说作为一种客观的赋权方法，熵值法把各待评价方案的固有信息进行量化处理，计算出各方案的相对优异性量化指数，继而计算出指标的权重。用熵值法确定各待评价指标的客观权重。

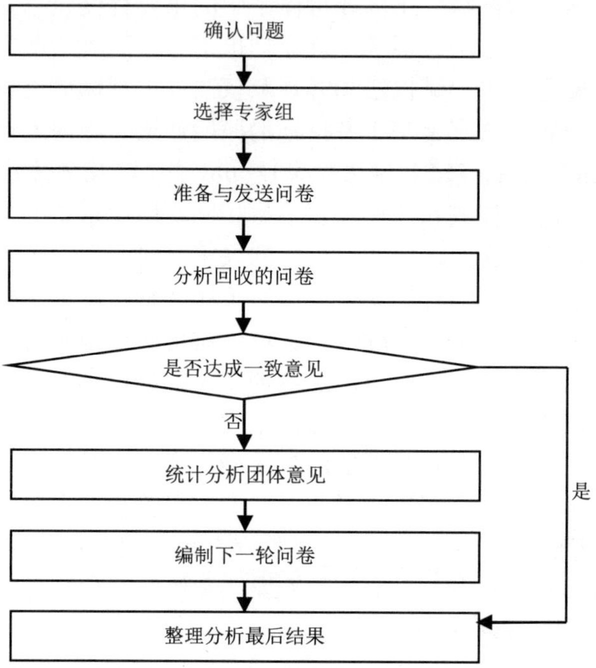

图 10.51　专家评议法的流程图

首先，假设 x_{ij} 是第 i 个评价对象中的第 j 项评价指标的实测数据，则第 j 个评价指标的熵值如下：

$$e_j = -\frac{1}{\ln m}\sum_{i=1}^{m} f_{ij}\ln f_{ij} \tag{10.16}$$

其中，$e_j > 0$，f_{ij} 为第 j 个指标下的第 i 个评价对象的特征比重：

$$f_{ij} = \frac{x_{ij}}{\sum_{i=1}^{m} x_{ij}}$$

$\sum_{i=1}^{m} x_{ij}$ 是第 j 个指标在所有评价对象中的实测数据之和。

然后，假设熵值权重集合 $W = (w_1, w_2, \cdots, w_n)$，第 j 个评价指标的熵权计算公式如下：

$$w_j = \frac{1-e_j}{\sum_{j=1}^{n}(1-e_j)} \tag{10.17}$$

式中，$0 \leqslant w_j \leqslant 1, \sum_{i=1}^{m} w_j = 1$，$e_j$—第 j 个评价指标的熵值，从而可求得熵值法所得的权重值。

（3）组合权重的确定

由于专家法和熵值法都有其固有的缺陷，专家法通过专家打分等确定指标的赋值情况，具有一定的主观性，会影响到权重的准确性；熵值法虽然使权重的确定更加客观，但这样的赋值方法过于死板且不能随环境的变化而改变，评价结果也不够准确。

所以，采用主客观相结合的方法进行了改进的赋权。即首先分别以专家法和熵值法对各指标进行赋权，然后对两种赋权法所得到的取值按照比例进行组合，继而求得一个主客观结合的权重。这种组合权重法克服了单一赋权法的缺陷和不足，更加合理和准确。其公式如下

$$q_j = \theta \times a_j + (1-\theta) \times w_j \tag{10.18}$$

式中，a_j—德尔菲法确定的第 j 个评价指标的权重；w_j—熵值法确定的第 j 个评价指标的权重；θ—权重偏好系数，取值在 0~1 之间。

若其客观性越强，则 θ 的取值就越小；专家主观意见越大，则 θ 的取值越大。θ 的取值结合具体情况而定，在考虑本项目使用主客观的赋权方法时，偏向客观值大一些更加准确合理，所以选取 0.3 为 θ 的取值。

10.6.3.3　对方案的排序

经过赋权之后，就可以构造一个规范化的加权矩阵，继而求出其最优向量和最劣向量，然后计算出每个评价方案与最优方案和最劣方案之间的距离，继而求出每个评价方案的相对贴近度。对贴近度的大小进行排序，排序结果决定了评价对象的优劣，就可以得出方案的优劣情况。

10.6.4　改进的 TOPSIS 法的分析步骤

（1）建立数据的原始矩阵

对选取的 m 个评价单元和 n 个评价的指标建立矩阵，形成一个原始矩阵 A：

$$A = \begin{bmatrix} a_{11} & a_{12} & \cdots & a_{1n} \\ a_{21} & a_{22} & \cdots & a_{2n} \\ \vdots & \vdots & & \vdots \\ a_{m1} & a_{m2} & \cdots & a_{mn} \end{bmatrix}$$

（2）原始矩阵标准化

将原始矩阵 A 的指标分类后进行打分处理，得到规范化处理后的标准化矩阵 B：

$$B = \begin{bmatrix} b_{11} & b_{12} & \cdots & b_{1n} \\ b_{21} & b_{22} & \cdots & b_{2n} \\ \vdots & \vdots & & \vdots \\ b_{m1} & b_{m2} & \cdots & b_{mn} \end{bmatrix}$$

（3）构造标准化的加权矩阵

以专家法和熵值法相结合的主客观赋权法确定指标的权重，可得到权重向量 $W=(w_1, w_2, \cdots, w_n)$，继而加权得到加权矩阵 C（$C=W\times B$）：

$$C=\begin{bmatrix} c_{11} & c_{12} & \cdots & c_{1n} \\ c_{21} & c_{22} & \cdots & c_{2n} \\ \vdots & \vdots & & \vdots \\ c_{m1} & c_{m2} & \cdots & c_{mn} \end{bmatrix}$$

$$c_{ij}=w_j\times b_{ij}\text{，}(i=1,2,\cdots,m;\ j=1,2,\cdots,n)\text{。} \tag{10.19}$$

（4）确定最优方案和最劣方案

由加权矩阵 C 值可计算得到最优向量 X^+ 和最劣向量 X^-：

$$X^+=\left(x_1^+,x_2^+,\cdots,x_n^+\right)=\left\{\max c_{i1},\max c_{i2},\cdots,\max c_{in}\right\}(i=1,2,\cdots,m) \tag{10.20}$$

$$X^-=\left(x_1^-,x_2^-,\cdots,x_n^-\right)=\left\{\min c_{i1},\min c_{i2},\cdots,\min c_{in}\right\}(i=1,2,\cdots,m) \tag{10.21}$$

（5）计算评价对象与正负理想解的距离

其计算公式如下所示：

$$D_i^+=\sqrt{\sum_{j=1}^{n}\left(x_{ij}-x_j^+\right)^2}\ (i=1,2,\cdots,m) \tag{10.22}$$

$$D_i^-=\sqrt{\sum_{j=1}^{n}\left(x_{ij}-x_j^-\right)^2}\ (i=1,2,\cdots,m) \tag{10.23}$$

（6）计算相对贴近度

其计算公式为：

$$d_i=\frac{D_i^-}{D_i^++D_i^-} \tag{10.24}$$

从式中可以看出，如果 d_i=1，则评价方案重合于理想解；如果 d_i=0，则评价对象重合于负理想解。根据 d_i 的大小对方案进行排序，相对贴近度 d_i 的值越大则所评价方案越优良，反之则越差。

10.6.5 TOPSIS 法在 DG25 高速公路路用性能综合评价

在本节中选取上一章所评价的 DG25 高速的路面情况进行计算和评价分析，在此基础上验证 TOPSIS 法在路面综合评价中的实用效果。

10. 6. 5. 1 路面使用性能评价指标的选定

DG25 高速公路路线全长 80.416km，全封闭、全立交、双向四车道，计算行车速度 100km/h，采用沥青混凝土路面结构，选取 DG25 高速公路路面几段进行研究。最终，确定的评价指标为：路面破损率 *DR*、国际平整度指数 *IRI*、路面抗滑横向力系数 *SFC*、路面车辙深度 *RD* 和路面强度系数 *SSI*。

上述 5 项评价指标的原始数据如表 10.15 至表 10.19 所列。选取上述原始数据中的 4 段分析，分别是 K3537+000，K3538+000，K3567+000，K3568+000，每段长度为 1000m，分别记为 A_1，A_2，A_3，A_4，原始数据如表 10.20 所列。

通过原始数据得到路面破损率 *DR*、国际平整度指数 *IRI*、路面抗滑横向力系数 *SFC*、路面车辙深度 *RD* 和路面强度系数 *SSI*。而需要的是路面状况指数 *PCI*、行驶质量指数 *RQI*、抗滑性能指数 *SRI*、车辙深度指数 *RDI* 以及路面强度指数 *PSSI*。

表 10.15　沥青混凝土路面破损数据统计表

路段编号	起点桩号	路段长度	车道类型	有效路面宽度/m	计算路面宽度/m	破损率 *DR*/%
GA251501A	3537+000	1000	四车道分行	15	7.5	0.06
GA251502A	3538+000	1000	四车道分行	15	7.5	0.18
GA251503A	3539+000	1000	四车道分行	15	7.5	0.06
GA251504A	3540+000	1000	四车道分行	15	7.5	0.29
GA251505A	3541+000	690	四车道分行	15	7.5	0.18
GA251601A	3541+690	1310	四车道分行	15	7.5	0.08
GA251602A	3543+000	1000	四车道分行	15	7.5	0.18
GA251603A	3544+000	1000	四车道分行	15	7.5	0.04
GA251604A	3545+000	1000	四车道分行	15	7.5	0.02
GA251605A	3546+000	1000	四车道分行	15	7.5	0.01
GA251606A	3547+000	1000	四车道分行	15	7.5	0.01
GA251607A	3548+000	1000	四车道分行	15	7.5	0
GA251608A	3549+000	1000	四车道分行	15	7.5	0.05
GA251609A	3550+000	1000	四车道分行	15	7.5	0.01
GA251610A	3551+000	1000	四车道分行	15	7.5	0.02
GA251611A	3552+000	1000	四车道分行	15	7.5	0.02
GA251612A	3553+000	1000	四车道分行	15	7.5	0.02
GA251613A	3554+000	1000	四车道分行	15	7.5	0.04
GA251614A	3555+000	1290	四车道分行	15	7.5	0
GA251701A	3556+290	710	车道分行	15	7.5	0
GA251702A	3557+000	1000	四车道分行	15	7.5	0.01
GA251703A	3558+000	1000	四车道分行	15	7.5	0
GA251704A	3559+000	1000	四车道分行	15	7.5	0.08
GA251705A	3560+000	1000	四车道分行	15	7.5	0.16
GA251706A	3561+000	1000	四车道分行	15	7.5	0.01
GA251707A	3562+000	1000	四车道分行	15	7.5	0
GA251707A	3562+000	1000	四车道分行	15	7.5	0
GA251708A	3563+000	1000	四车道分行	15	7.5	0
GA251709A	3564+000	1390	四车道分行	15	7.5	0
GA251801A	3565+390	400	四车道分行	15	7.5	0
GA251901A	3565+790	1210	四车道分行	15	7.5	0.02
GA251902A	3567+000	1000	四车道分行	15	7.5	0.11
GA251903A	3568+000	1000	四车道分行	15	7.5	0.001

表 10.16　道路平整度数据统计表

路段编码	起点桩号	路段长度/m	有效路面宽度/m	损坏计算宽度/m	国际平整度指 *IRI*/（m/km）	标准差/（m/km）
GA251502A	3538+000	1000	15	7.5	2.45	0.92
GA251503A	3539+000	1000	15	7.5	2.32	0.77
GA251504A	3540+000	1000	15	7.5	2.74	1.19
GA251505A	3541+000	690	15	7.5	2.45	0.76
GA251601A	3541+690	1310	15	7.5	1.82	0.34
GA251602A	3543+000	1000	15	7.5	2.11	0.69
GA251603A	3544+000	1000	15	7.5	2.2	0.57
GA251604A	3545+000	1000	15	7.5	2.04	0.55
GA251605A	3546+000	1000	15	7.5	1.98	0.54
GA251606A	3547+000	1000	15	7.5	2.11	0.42
GA251607A	3548+000	1000	15	7.5	1.64	0.35
GA251608A	3549+000	1000	15	7.5	1.98	0.81
GA251609A	3550+000	1000	15	7.5	1.83	0.63
GA251610A	3551+000	1000	15	7.5	2.45	1.55
GA251611A	3552+000	1000	15	7.5	2.45	1
GA251612A	3553+000	1000	15	7.5	2.17	1
GA251613A	3554+000	1000	15	7.5	1.89	0.73
GA251614A	3555+000	1290	15	7.5	2.35	0.7
GA251701A	3556+290	710	15	7.5	2.34	0.62
GA251702A	3557+000	1000	15	7.5	1.91	0.53
GA251703A	3558+000	1000	15	7.5	1.34	0.23
GA251704A	3559+000	1000	15	7.5	2.45	2.63

续表 10.16 道路平整度数据统计表

路段编码	起点桩号	路段长度/m	有效路面宽度/m	损坏计算宽度/m	国际平整度指 *IRI* /（m/km）	标准差/（m/km）
GA251705A	3560+000	1000	15	7.5	1.79	0.54
GA251706A	3561+000	1000	15	7.5	1.58	0.73
GA251707A	3562+000	1000	15	7.5	2.24	0.66
GA251708A	3563+000	1000	15	7.5	2.78	1.2
GA251709A	3564+000	1390	15	7.5	2.42	0.69
GA251801A	3565+390	400	15	7.5	1.73	0.63
GA251901A	3565+790	1210	15	7.5	2.39	1.18
GA251902A	3567+000	1000	15	7.5	2.26	0.76
GA251903A	3568+000	1000	15	7.5	2.62	1.34

表 10.17 路面抗滑能力数据统计表

路段编码	起点桩号	路段长度/m	有效路面宽度/m	损坏计算宽度/m	横向力系数平均值/*SFC*	标准差
GA251502A	3538+000	1000	15	7.5	39.6	1.52
GA251503A	3539+000	1000	15	7.5	39.1	1.22
GA251504A	3540+000	1000	15	7.5	37.8	2.57
GA251505A	3541+000	690	15	7.5	39.5	2.79
GA251601A	3541+690	1310	15	7.5	42.9	1.65
GA251602A	3543+000	1000	15	7.5	43.3	1.19
GA251603A	3544+000	1000	15	7.5	43.1	1.2
GA251604A	3545+000	1000	15	7.5	42.4	1.43
GA251605A	3546+000	1000	15	7.5	44.9	1.43
GA251606A	3547+000	1000	15	7.5	42.8	1.8
GA251607A	3548+000	1000	15	7.5	43.5	1.36
GA251608A	3549+000	1000	15	7.5	39.6	1.59
GA251609A	3550+000	1000	15	7.5	36.4	2.54
GA251610A	3551+000	1000	15	7.5	38.5	4.14
GA251611A	3552+000	1000	15	7.5	39.1	3.2
GA251612A	3553+000	1000	15	7.5	41.9	2.55
GA251613A	3554+000	1000	15	7.5	44.4	1.66
GA251614A	3555+000	1290	15	7.5	48.9	3
GA251701A	3556+290	710	15	7.5	44.6	1.25
GA251702A	3557+000	1000	15	7.5	45.9	1.21
GA251703A	3558+000	1000	15	7.5	43.6	1.15
GA251704A	3559+000	1000	15	7.5	39.8	2.73
GA251705A	3560+000	1000	15	7.5	38.2	2.15
GA251706A	3561+000	1000	15	7.5	42.2	3.22
GA251707A	3562+000	1000	15	7.5	46.8	3.49
GA251708A	3563+000	1000	15	7.5	46.8	3.7
GA251709A	3564+000	1390	15	7.5	48.3	2.59
GA251614A	3555+000	1290	15	7.5	48.9	3
GA251701A	3556+290	710	15	7.5	44.6	1.25
GA251702A	3557+000	1000	15	7.5	45.9	1.21
GA251703A	3558+000	1000	15	7.5	43.6	1.15
GA251704A	3559+000	1000	15	7.5	39.8	2.73

表 10.18 路面车辙数据统计表

路段编码	起点桩号	路段长度/m	路面类型	标准差/mm	车辙深度 *RD*/mm
GA251502A	3538+000	1000	沥青路面	2.64	8
GA251503A	3539+000	1000	沥青路面	4.53	10.1
GA251504A	3540+000	1000	沥青路面	3.65	8.9
GA251505A	3541+000	690	沥青路面	1.17	7.2
GA251601A	3541+690	1310	沥青路面	1.92	6.9
GA251602A	3543+000	1000	沥青路面	1.16	6.3
GA251603A	3544+000	1000	沥青路面	1.71	6.1
GA251604A	3545+000	1000	沥青路面	1.67	4.8
GA251605A	3546+000	1000	沥青路面	0.48	4
GA251606A	3547+000	1000	沥青路面	1.07	3.8
GA251607A	3548+000	1000	沥青路面	0.9	4.2
GA251608A	3549+000	1000	沥青路面	1.7	5.7
GA251609A	3550+000	1000	沥青路面	2.05	6.7
GA251610A	3551+000	1000	沥青路面	1.59	7.5
GA251611A	3552+000	1000	沥青路面	1.62	4.8
GA251613A	3554+000	1000	沥青路面	1.04	3.2

续表 10.18　路面车辙数据统计表

路段编码	起点桩号	路段长度/m	路面类型	标准差/mm	车辙深度 *RD*/mm
GA251612A	3553+000	1000	沥青路面	0.63	3.8
GA251614A	3555+000	1290	沥青路面	0.59	3.8
GA251701A	3556+290	710	沥青路面	0.99	3.8
GA251702A	3557+000	1000	沥青路面	1.11	4.1
GA251703A	3558+000	1000	沥青路面	0.57	3
GA251704A	3559+000	1000	沥青路面	2.19	5.6
GA251705A	3560+000	1000	沥青路面	0.89	5.6
GA251706A	3561+000	1000	沥青路面	2.19	3.7
GA251707A	3562+000	1000	沥青路面	0.98	3.7
GA251708A	3563+000	1000	沥青路面	1.13	4.5
GA251709A	3564+000	1390	沥青路面	0.81	4.8
GA251801A	3565+390	400	沥青路面	0.5	4.3
GA251901A	3565+790	1210	沥青路面	1.04	4.2
GA251902A	3567+000	1000	沥青路面	0.86	4.8
GA251903A	3568+000	1000	沥青路面	2.18	5.3

表 10.19　路面弯沉数据统计表

起点桩号	路段长度/m	实测弯沉平均值	标准差	代表值	强度系数 *SSI*
AK3537+000	1000	7	4.7	14	1.66
AK3538+000	1000	9	5.1	17	1.38
AK3539+000	400	7	5.1	16	1.51
AK3559+200	1000	4	3.2	9	2.53
AK3565+500	500	4	3.3	9	2.57
AK3566+000	1000	14	7.3	26	0.93
AK3567+000	1000	18	8.2	31	0.76
AK3568+000	1000	14	7.6	26	0.9

表 10.20　被评价路段指标的原始数据

路段	指标				
	路面破损率 *DR*/%	国际平整度指数 *IRI*	抗滑横向力系数 *SFC*	车辙深度 *RD*	路面强度系数 *SSI*
A_1	0.06	1.89	41.4	6.2	1.66
A_2	0.18	2.45	39.6	8	1.38
A_3	0.11	2.26	43.6	4.8	0.76
A_4	0.001	2.62	39.8	5.3	0.9

路面状况指数 *PCI* 的计算公式为

$$PCI = 100 - 15 \times DR^{0.412} \tag{10.25}$$

由此可计算得 A_1，A_2，A_3，A_4 的 *PCI* 值分别为 95.2，92.5，94.0，99.0。

行驶质量指数 *RQI* 的计算公式为

$$RQI = \frac{100}{1 + a_0 e^{a_1 IRI}} \tag{10.26}$$

式中，*IRI*—国际平整度指数，m/km；a_0—高速公路和一级公路采用 0.026；a_1—高速公路和一级公路采用 0.65。

由此可计算得 A_1，A_2，A_3，A_4 的 *RQI* 值分别为 91.9，88.7，89.8，87.5。

路面抗滑性能指数 *SRI* 的计算公式为

$$SRI = \frac{100 - SRI_{\min}}{1 + \alpha_0 e^{\alpha_1 SFC}} + SRI_{\min} \tag{10.27}$$

式中，*SFC*—横向力系数；$SRI_{\min}$—标定参数，采用 35.0；α_0—模型参数，采用 28.6；α_1—模型参数，采用 − 0.105。

由此可计算得 A_1，A_2，A_3，A_4 的 *SRI* 值分别为 82.5，79.9，85.2，80.2。

车辙深度指数 *RDI* 的计算公式为

$$RDI = \begin{cases} 100 - a_0 RD & (RD \le RD_a) \\ 60 - a_1 (RD - RD_a) & (RD_a < RD \le RD_b) \\ 0 & (RD > RD_b) \end{cases} \tag{10.28}$$

式中，RD—车辙深度，mm；RD_a—车辙深度参数，20mm；RD_b—车辙深度限值，采用 35mm；α_0—模型参数，采用 2.0；α_1—模型参数，采用 4.0。

由于原始数据的 RD 值都在 20 以下，所以采用第一个公式计算，由此可计算得 A_1，A_2，A_3，A_4 的 RDI 值分别为 87.6，84.0，90.4，89.4。

路面强度指数 $PSSI$ 的计算公式为

$$PSSI=\frac{100}{1+\alpha_0 e^{\alpha_1 SSI}} \tag{10.29}$$

式中，α_0—模型参数，采用 15.71；α_1—模型参数，采用－5.19。

计算 A_1，A_2，A_3，A_4 的 $PSSI$ 值为 99.7，98.8，77.0，87.5。因此，根据 A_1，A_2，A_3，A_4 的原始数据得到路面状况指数 PCI、行驶质量指数 RQI、抗滑性能指数 SRI、车辙深度指数 RDI 以及路面强度指数 $PSSI$。这些评分值与优、良、中的评分值一同进行排序，即组成 A_1，A_2，A_3，A_4，A_5，A_6，A_7。则得到打分后的评分值如表 10.21 所列。

表 10.21　各路段指标评分值

路段	指标				
	PCI	*RQI*	*SRI*	*RDI*	*PSSI*
A_1	95.2	91.9	82.5	87.6	99.7
A_2	92.5	88.7	79.9	84	98.8
A_3	94	89.8	85.2	90.4	77
A_4	99	87.5	80.2	89.4	87.5
A_5（优）	90	90	90	90	90
A_6（良）	80	80	80	80	80
A_7（中）	70	70	70	70	70

由表 10.21 可得原始矩阵 X：

$$X=\begin{bmatrix} 95.2 & 91.9 & 82.5 & 87.6 & 99.7 \\ 92.5 & 88.7 & 79.9 & 84.0 & 98.8 \\ 94.0 & 89.8 & 85.2 & 90.4 & 77.0 \\ 99.0 & 87.5 & 80.2 & 89.4 & 87.5 \\ 90.0 & 90.0 & 90.0 & 90.0 & 90.0 \\ 80.0 & 80.0 & 80.0 & 80.0 & 80.0 \\ 70.0 & 70.0 & 70.0 & 70.0 & 70.0 \end{bmatrix}$$

10.6.5.2　将矩阵 A 标准化处理

由原始数据处理后得到原始矩阵 A，此时要对矩阵 A 进行标准化处理。由上面的介绍知道，指标打分分为效益类指标和成本类指标，在这里已经将原始数据全部转为效益类指标，即数值越大越好，所以此时用到的是效益类指标的计算公式：

$$d_{ij}=\frac{x_{ij}-\min(x_j)}{\max(x_j)-\min(x_j)} \tag{10.30}$$

利用式（10.30）可计算得标准化之后的矩阵 D：

$$D=\begin{bmatrix} 0.87 & 1 & 0.63 & 0.86 & 1 \\ 0.78 & 0.85 & 0.50 & 0.69 & 0.97 \\ 0.83 & 0.90 & 0.76 & 1 & 0.24 \\ 1 & 0.80 & 0.51 & 0.95 & 0.59 \\ 0.69 & 0.91 & 1 & 0.98 & 0.67 \\ 0.34 & 0.46 & 0.50 & 0.49 & 0.34 \\ 0 & 0 & 0 & 0 & 0 \end{bmatrix}$$

10.6.5.3　确定各分项指标指标权重

（1）专家法确定权重

由评定标准里的规定如表 10.22 所列。

表 10.22 高速公路沥青路面 *PQI* 分项指标权重

PQI 分项指标	权　重
PCI	0.35
RQI	0.40
RDI	0.15
SRI	0.10

根据实际情况增加了 *PSSI* 指标，根据不同评价指标的相对重要性进行了专家问卷调查，并据此建立了评价指标判断矩阵。结合评定标准和专家问卷调查的结论，最终确定的分项指标权重如表 10.23 所列。

表 10.23　专家法确定各分项指标权重

分项指标	权重
PCI	0.32
RQI	0.32
SRI	0.09
RDI	0.10
PSSI	0.17

所以得到各个指标的专家法权重 W_a =（0.32，0.32，0.09，0.10，0.17）。

（2）熵值法确定指标权重

根据上述的熵值法步骤，首先将规范化处理后的指标数据代入式（10.16），分别求得各个指标的权值，计算如下：

因为 m=7，$e_j=-\frac{1}{\ln 7}\sum_{i=1}^{7}f_{ij}\ln f_{ij}$，$f_{ij}=x_{ij}\Big/\sum_{i=1}^{m}x_{ij}$，则

$$e_1=-\frac{1}{\ln 7}\left(f_{11}\ln f_{11}+f_{21}\ln f_{21}+\cdots+f_{71}\ln f_{71}\right)=0.89856$$

$$e_2=-\frac{1}{\ln 7}\left(f_{12}\ln f_{12}+f_{22}\ln f_{22}+\cdots+f_{72}\ln f_{72}\right)=0.90805$$

$$e_3=-\frac{1}{\ln 7}\left(f_{13}\ln f_{13}+f_{23}\ln f_{23}+\cdots+f_{73}\ln f_{73}\right)=0.90183$$

$$e_4=-\frac{1}{\ln 7}\left(f_{14}\ln f_{14}+f_{24}\ln f_{24}+\cdots+f_{74}\ln f_{74}\right)=0.90711$$

$$e_5=-\frac{1}{\ln 7}\left(f_{15}\ln f_{15}+f_{25}\ln f_{25}+\cdots+f_{75}\ln f_{75}\right)=0.86524$$

求出各个指标的熵值为 e_j =（0.89856，0.90805，0.90183，0.90711，0.86524）。将所求得的 e_j 值代入式（10.17），则由下式计算得出各个指标的权重为：W_b =（0.195369，0.177093，0.189082，0.178910，0.259545）。

$$w_j=\frac{1-e_j}{\sum_{j=1}^{n}(1-e_j)}$$

$$w_1=\frac{1-e_1}{5-e_1-e_2-e_3-e_4-e_5}=0.195369$$

$$w_2=\frac{1-e_2}{5-e_1-e_2-e_3-e_4-e_5}=0.177093$$

$$w_3=\frac{1-e_3}{5-e_1-e_2-e_3-e_4-e_5}=0.189082$$

$$w_4=\frac{1-e_4}{5-e_1-e_2-e_3-e_4-e_5}=0.178910$$

$$w_5=\frac{1-e_5}{5-e_1-e_2-e_3-e_4-e_5}=0.259545$$

（3）组合权重

利用专家法所得到的各指标权重为：W_a =（0.32，0.32，0.09，0.10，0.17）。

通过熵值法求得的熵权结果为：W_b =（0.195369，0.177093，0.189082，0.178910，0.259545）。

又因为 $q_j = \theta \times a_j + (1-\theta) \times w_j$，且 θ 值为 0.3，所以求得所有指标的组合权重：

W=（0.232759，0.219965，0.159357，0.155237，0.232682）。

得到 W 值，便可以得到规范化的加权矩阵 Z，$Z = W_j \cdot D$：

$$Z = \begin{bmatrix} 0.202500 & 0.219965 & 0.100395 & 0.133504 & 0.232682 \\ 0.181552 & 0.186970 & 0.079679 & 0.107114 & 0.225702 \\ 0.193190 & 0.197969 & 0.121111 & 0.155237 & 0.055844 \\ 0.232759 & 0.175972 & 0.081272 & 0.147475 & 0.137282 \\ 0.160604 & 0.200168 & 0.159357 & 0.152132 & 0.155897 \\ 0.079138 & 0.101184 & 0.079679 & 0.076066 & 0.079112 \\ 0 & 0 & 0 & 0 & 0 \end{bmatrix}$$

10.6.5.4 确定正负理想解

根据得到的加权矩阵 Z，可以得到正负理想解分别为

Z^+ =（0.232759，0.219965，0.159357，0.155237，0.232682）

Z^- =（0.000000，0.000000，0.000000，0.000000，0.000000）

10.6.5.5 计算各评价指标到正负理想解的距离

由式（10.22）和式（10.23）可知

$$D_i^+ = \sqrt{\sum_{j=1}^{n} \left(y_{ij} - y_j^+\right)^2} \quad (i=1,2, \cdots, m) \tag{10.31a}$$

$$D_i^- = \sqrt{\sum_{i}^{n} \left(y_{ij} - y_j^-\right)^2} \quad (i=1,2, \cdots, m) \tag{10.31b}$$

从而可以计算出 D_i^+ 与 D_i^- 的值，如表 10.24 所列。

表 10.24　各评价目标 D_i^+ 与 D_i^- 值

评价路段	D_i^+	D_i^-
A_1	0.069746	0.414046
A_2	0.111463	0.369706
A_3	0.186505	0.344091
A_4	0.131126	0.363790
A_5	0.107256	0.372429
A_6	0.271862	0.1868
A_7	0.454087	0

10.6.5.5 计算各评价对象接近于最优解的贴近度

根据式（10.24），相对贴近度可以判断出评价对象同理想解的接近程度，根据其计算公式，得到各评价路段的贴近度 d_i 及最终评价对象排序，见表 10.25。

表 10.25　各评价路段的贴近度及排序

评价路段	D_i^+	D_i^-	d_i	排序
A_1	0.069746	0.414046	0.855835	1
A_2	0.111463	0.369706	0.76835	3
A_3	0.186505	0.344091	0.648499	5
A_4	0.131126	0.36379	0.735054	4
A_5（优）	0.107256	0.372429	0.776403	2
A_6（良）	0.271862	0.1868	0.407272	6
A_7（中）	0.454087	0	0	7

10.6.5.6　评价结果分析与讨论

由表中所取 4 段 A_1，A_2，A_3，A_4 与优、良、中的比较，可知 A_1 为优，A_2，A_3，A_4 为良。在这里，将 TOPSIS 法所得的结果与规范评定指标评定的结果进行对比。通过计算，A_1，A_2，A_3，A_4 的值分别为 91.5，88.5，90.9 和 91.1，评价结果分别为优、良、优、优，且排序也发生变化，如表 10.26 所列。

表 10.26　两种评定方法对比结果

路段	用规范指标评定结果	TOPSIS 法评定结果	TOPSIS 法排序	规范指标评定排序
A_1	优	优	1	1
A_2	良	良	2	4
A_3	优	良	4	3
A_4	优	良	3	2

对比两种评价方法的结果，当用规范指标评价时，按照所规定的指标权重进行计算，这时候考虑的指标是 *PCI*、*RQI*、*RDI* 和 *SRI*。而当用 TOPSIS 法评定时，增加了 *PSSI* 指标，使得评价更为严谨。且在指标的权重确定方面，规范评价只是通过规定的指标权重进行计算，没有与实际情况相结合，评价较为片面。

改进的 TOPSIS 法则采用主客观相结合的赋权方法，这样既尊重了路面评价的客观性，又结合了待评价路面的实际情况，做到主客观相结合。这也避免了单一赋权的片面性，使得评价更加科学合理。从所得结果来讲，也验证了改进 TOPSIS 法的准确性和可推广性。

10.7　半刚性基层沥青路面抗车辙力学特性数值分析

本节运用 Abaqus 有限元软件，分别评价在标准轴载和重荷载作用下广东省 DG25 高速公路沥青路面和桥面结构力学性能，以此验证路面、桥面结构设计的准确性。

随着公路交通量的增加和重载车辆的增多，公路沥青路面的车辙已经成为人们普遍关注的问题。环境因素是影响沥青路面车辙的一个重要外部条件，现有研究大多依据恒定的温度条件下预测沥青路面在设计使用期限内的车辙规律，并没有考虑在具体的环境、载荷条件下，尤其是持续高温、重载条件下的周期车辙规律。应用 Abaqus 有限元分析软件，模拟连续变温条件下沥青路面的温度场，继而进行沥青路面结构的车辙计算，验证设计方案是使用性和合理性。

10.7.1　Abaqus 有限元与抗车辙理论

Abaqus 是一种功能强大的通用有限元软件。它不仅可以解决相对简单的线性分析，也可以模拟许多复杂的非线性问题。因此，被认为是功能最强的非线性 CAE 软件。Abaqus 含有两个主求解器模块 Abaqus/Standard 和 Abaqus/Explicit 及一个人机交互的前后处理模块 Abaqus/CAE。

Abaqus/CAE 含有若干个模块，每一个模块处理不同的问题。下面是运用 CAE 建模的常用模块：

（1）Part：部件模块，提供建模功能，既可在 Abaqus/CAE 中直接建立模型，也可从其他软件中导入模型；

（2）Property：设置材料特性和截面特性以及定义弹簧、阻尼器和实体表面壳；

（3）Assembly：装配模型；

（4）Step：定义分析步骤和输出，设置求解控制和自适应网格划分；

（5）Load：定义荷载、边界条件、预定义场；

（6）Mesh：几何模型的网格划分；

（7）Job：创建和管理分析作业和网格自适应过程；

（8）Visualization：可视化模块用于模型的结果后处理。

Abaqus 为用户提供了强大且灵活的用户子程序接口（USER SUBROUTINE）和应用程序接口（UTILITY ROUTINE）。Abaqus 的用户材料子程序（UMAT）是 Abaqus 提供的相应接口，按照 FORTRAN 语法由用户自己编写的代码。

利用 Abaqus 有限元软件进行沥青路面面层交通荷载作用下车辙的分析，Abaqus 对于各向同性材料（假设沥青面层为各向同性材料）的蠕变特性常用时间硬化蠕变模型和应变硬化蠕变模型两种方式来描述。

本项目选用的是时间硬化蠕变模型来进行车辙计算分析。若采用 Bailey – Norton 蠕变规律，所受应力保持不变，可以利用公式表示为 $\varepsilon_{cr}=C_1q^{C_2}t^{C_3}$，其中，$q$，$t$ 分别表示荷载应力和时间；C_1，C_2，C_3 是随温度变化的模型参数，是通过材料试验确定的。假定上式中 q 是不随着温度变化的，两边求导，求得：$\varepsilon'_{cr}=C_1C_3q^{C_2}t^{C_3-1}$，另 $A=C_1C_3$，$n=C_2$,$m=C_3-1$，则简化为：$\varepsilon'_{cr}=A\,q^nt^m$。Abaqus 有限元分析中把上式的 A，n，m 作为时间硬化蠕变模型中模型参数。

10.7.2 半刚性基层路面结构层位

在环境因素的影响下，实际道路结构中的温度是随着路面深度和时间的变化而变化的，其温度场为瞬态温度场，而作为路面面层材料的沥青混合料，其黏弹性性质显著，受温度影响大，高温作用下影响更为显著。因此，在进行高温作用下的车辙分析时，将路面结构实际温度场结果引入车辙模拟分析中，考虑材料的特殊性能，建立连续变温（随空间和时间）的车辙模拟来分析路面面层的车辙变化。

考虑夏季高温季节，车轮荷载直接作用在沥青路面面层上，这样沥青混合料就承担着巨大的压应力和剪切应力，本项目中就设计方案分析标准轴载和重载条件下的剪应力值。大气温度一天之中温差很大，且一年四季温差变化也很大，这使路面结构性能产生很大的变化。模拟温度场路面结构厚度及热学特性的影响来确定路面的路用性能。温度越高将对路面产生越不利的影响，选取广东地区往年最高温分析路面结构在温度作用下的应力位移变化。选取广东地区日最高温度 35.6°C，最低温度 22.8°C，并且设定日太阳辐射总量为 26.5MJ/m² 进行力学分析，计算路面热特性参数如表 10.27 所列。

表 10.27　路面热特性数量表

路面结构层	SMA 细粒式沥青混凝土	AC – 20C 中粒式 SBS 改性沥青混凝土	AC – 25C 中粒式 SBS 改性沥青混凝土	水泥稳定碎石	级配碎石	塘渣垫层	塘渣垫层
热传导率	3000	6000	6000	10000	10000	5616	5616
密度	2300	2300	2300	2200	2200	1800	1800
热容量	1200	800	800	911.7	911.7	1040	1040
绝对零度值	– 273	– 273	– 273	– 273	– 273	– 273	– 273

DG25 高速公路的面层设计上，地面辅道和主线机动车道采用 *SMA* 上面层+沥青混凝土中下面层（上、中面层采用改性沥青）的组合式路面结构。地面人非混行道采用改性沥青混凝土上面层+普通沥青下面层的组合式路面结构。地面人行道面层选用彩色路面砖铺装，路面砖的平均抗压强度不小于 30MPa。垫层和基层设计，根据当地材料供应情况，垫层材料设计采用具有一定级配的塘渣。为了加强基层强度和稳定性，车行道和人非混行道采用水泥碎石稳定基层；人行道（块材铺装）采用 C_{30} 混凝土基层，土基回弹模量按 6MPa 计算。机动车道结构如表 10.28 所列。

表 10.28　机动车道结构

改性乳化沥青黏层/（0.5L/m^2）
8cm 粗粒式普通沥青混凝土（AC－25C）
1cm 厚 ES－3 型下封层
液体沥青透层/（1.0L/m^2）
20cm 水泥稳定碎石上基层
20cm 水泥稳定碎石下基层
15cm 级配碎石
钢塑格栅
40cm 塘渣垫层（最大粒径不大于 15cm）
钢塑格栅
40cm 塘渣垫层（最大粒径不大于 15cm）
清表、整平、夯填塘渣（最大粒径不大于 30cm）（填方路段）
挖至道路结构层底、夯实路基（挖方路段）

10.7.3　路面温度场模型建立与模拟分析

首先建立 DG25 高速公路沥青路面温度场模型，约束模型左右和底部边界固定，模型无位移和转动，设定层与层之间是连续接触且上边自由，温度场有限元模型如图 10.52 和 10.53 所示。

图 10.52　温度场有限元模型示意图

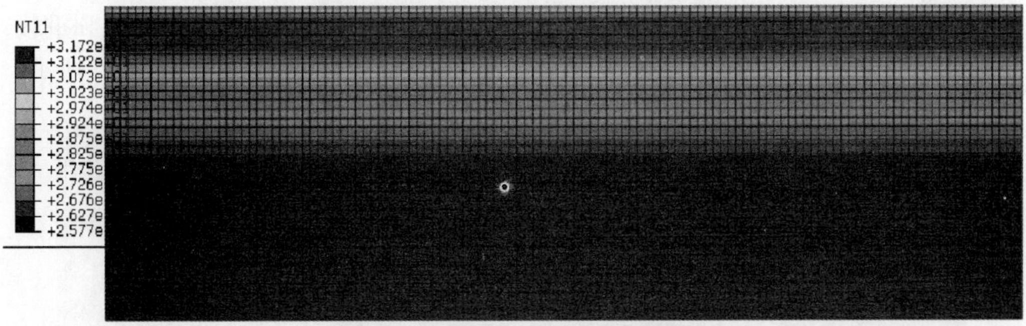

图 10.53　温度场节点温度示意图

此时选取模型中间截面进行分析，计算结果如图 10.54 所示。由图分析可知，DG25 高速公路沥青路面最高温出现在上面层，且材料的温度值明显大于基层的温度值，这表明沥青路面的中下面层不会出现较大温差，沥青材料对热辐射的吸收性较强。

10.7.4　路面温度、应力耦合模型建立

在车辙模拟分析中，将车轮荷载简化为矩形均布荷载。将路面温度场的计算结果用于车辙模拟分析中，建立连续变温的车辙模拟分析路面层的车辙变化情况。

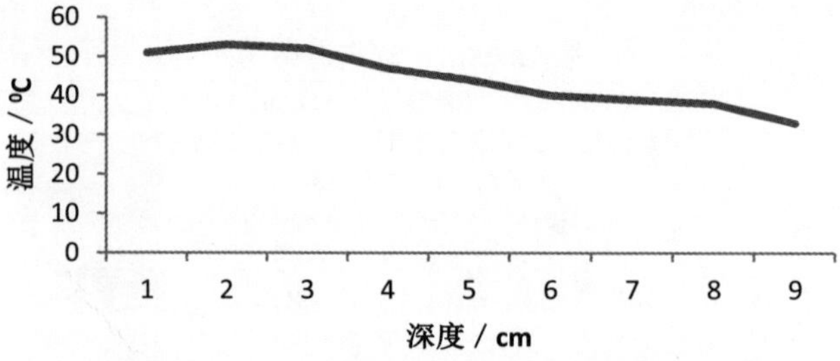

图 10.54　温度场不同层面随深度变化图

由于 DG25 高速公路的预计交通量较大且重载车辆较多，在高温且多变温度下，沥青路面受压应力和剪应力较大且易发生破坏。分别模拟路面在标准荷载和重载下的剪应力值。在本节中各层的材料均假设为线弹性材料，沥青面层材料的蠕变参数如表 10.29 所列。

表 10.29 路面蠕变参数表

路面结构层	温度	模型参数 *A*	模型参数 *n*	模型参数 *m*
SMA 细粒式沥青混凝土	20	6.536e－11	0.937	－0.592
	30	3.325e－9	0.862	－0.587
	40	1.446e－8	0.792	－0.577
	50	1.39e－6	0.414	－0.525
	60	1.464e－5	0.336	－0.502
AC－20CSBS 改性沥青混凝土	20	4.58e－11	0.944	－0.596
	30	2.461e－9	0.796	－0.585
	40	3.673e－8	0.773	－0.57
	50	4.802e－6	0.595	－0.532
	60	7.778e－5	0.384	－0.441
AC－25CSBS 改性沥青混凝土	20	4.59e－11	0. 922	－0.581
	30	3.461e－9	0.859	－0.576
	40	1.956e－8	0.830	－0.562
	50	1.2e－6	0.322	－0.522
	60	3.755e－5	0.21	－0.418

结合温度场分析模型，在 Property 中据表 10.29 所列的模型参数进行标定；建立蠕变分析簿，分析簿总时间即荷载累积作用时间；Load 模块中，分别施加标准轴载和重载，载入已得温度场分析结果，即可得到分析结果。施加荷载的位置示意图如图 10.55 所示。

图 10.55　标准轴载下模型荷载位置图

10.7.5　路面温度、应力耦合抗车辙力学特性模拟分析

将荷载视为矩形的均布荷载，由规范可知标准轴载为单轴双轮荷载 100kN，单轮当量圆半径为 21.3cm，接地压力为 0.7MPa。

（1）标准轴载作用下分析

取模型中间位置荷载作用下的位置截面进行分析运算，所得结果如图 10.56 至图 10.59 所示。由图分析可知，沥青路面受到拉应力和剪切应力作用，最大水平拉应力为 0.552MPa。车辆荷载作用下，最大剪应力发生在沥青面层中部，最大剪应力值约为 0.248MPa。

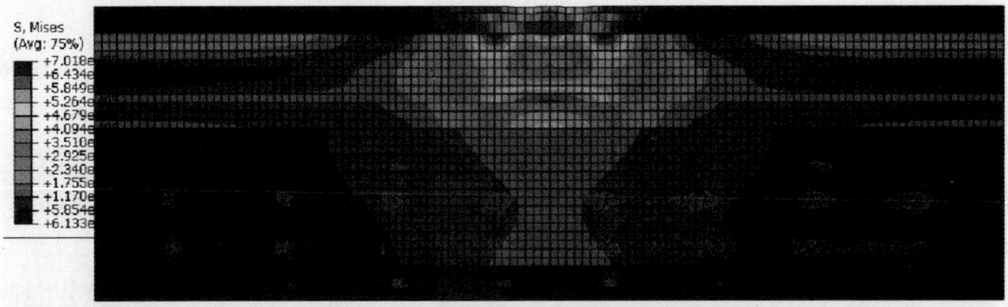

图 10.56　沥青路面结构受力情况分布图

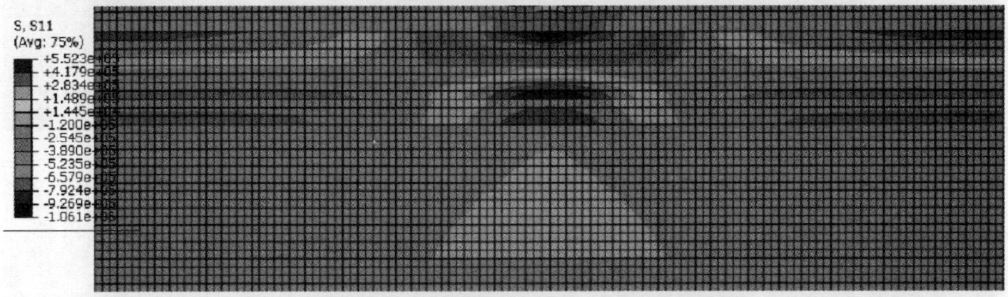

图 10.57　沥青路面水平拉应力分布图

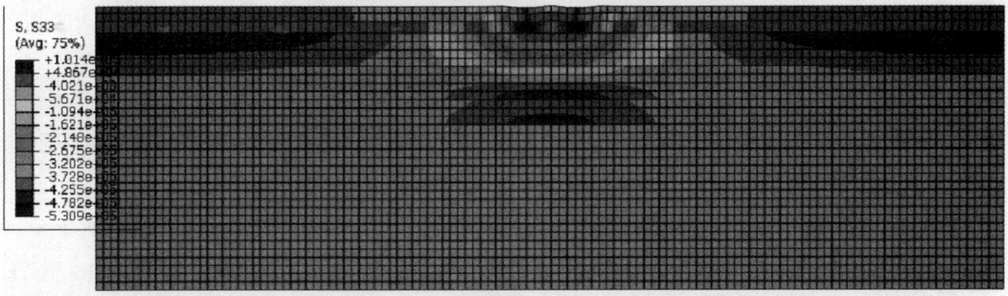

图 10.58　沥青路面竖向拉应力分布图

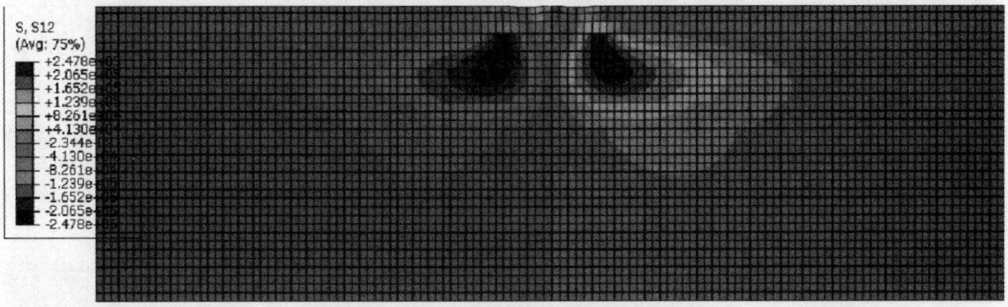

图 10.59　沥青路面剪应力分布图

由库仑理论可知：

$$\tau=C+\sigma_\alpha\tan\varphi \qquad (10.32)$$

式中，σ_α—结构层破坏面上的正应力；C—材料的黏聚力；φ—材料的内摩擦角。

由上可知 σ_α=0.552MPa，C=0.2MPa，φ=35°，代入上式可得 τ= 0.587。

又因为 τ_R 公式为

$$\tau_R = \tau \ / \ K_T \qquad (10.33)$$

式中，τ_R—面层的容许剪应力；K_T—在这里取 1.1。

则可得 τ_R= 0.533。可知 $\tau_\alpha<\tau_R$，所以设计满足抗剪要求。

（2）重载作用下路面结构分析

DG25 高速作为粤西北地区重要咽喉，交通压力较大，需要验算重载作用下面层的抗剪强度满足要求情况，其受力情况如图 10.60 至图 10.63 所示。

由图 10.60 至图 10.63 分析可知，沥青面层下出现的横向最大拉应力为 1.697MPa，代入式（10.33）可得 τ_R= 1.388。所以 $\tau_\alpha<\tau_R$，重载条件下满足抗剪强度要求。

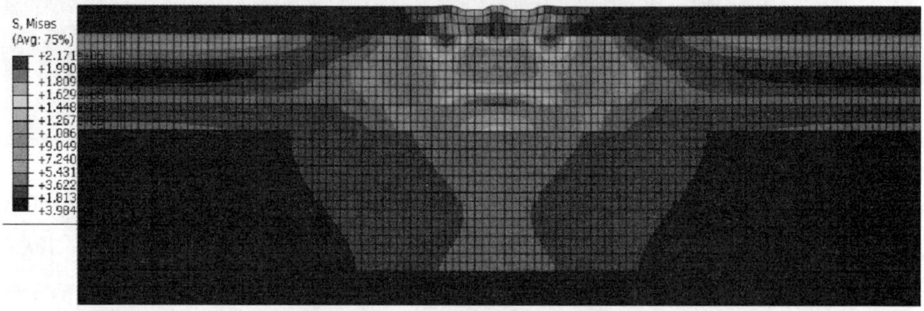

图 10.60　沥青路面受力分布图

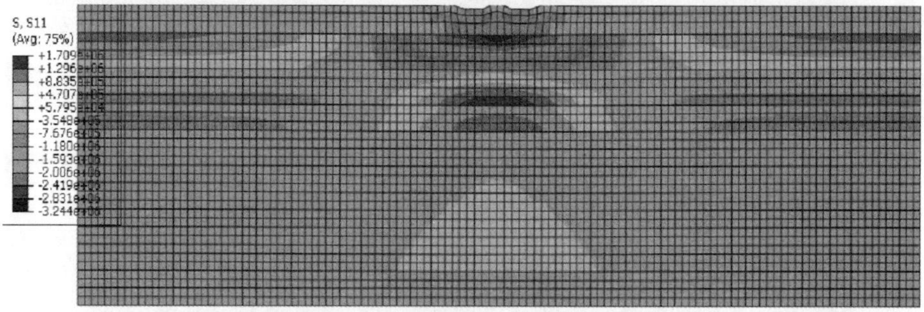

图 10.61　沥青路面横向拉应力分布图

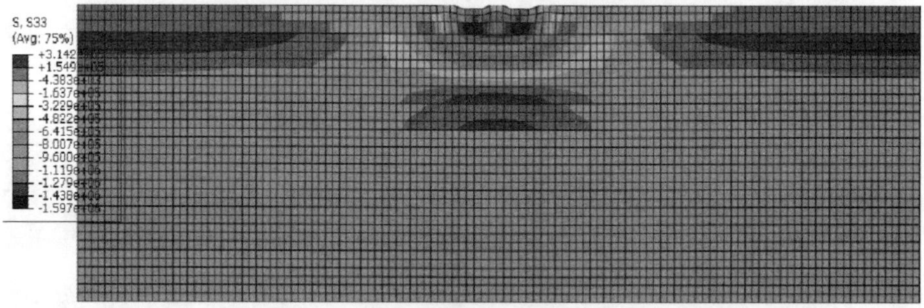

图 10.62　沥青路面竖向拉应力分布图

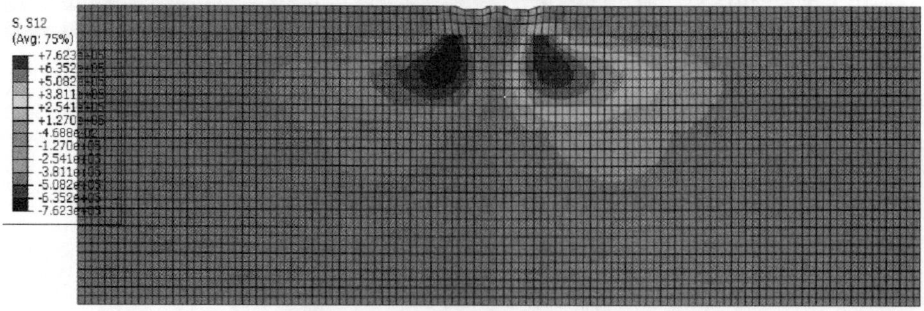

图 10.63　沥青路面剪应力分布图

10.8　桥面铺装沥青路面抗车辙力学特性数值分析

10.8.1　桥面沥青路面温度场模型建立与模拟分析

DG25 高速的桥面结构如下：4cm 厚 SMA 细粒式沥青混凝土；6cm 厚 AC－20CSBS 改性沥青混凝土；10cm 厚 C50 水泥混凝土（混凝土层中间布设钢筋层是直径为 10mm，间距 15cm）。建立桥面的温度场模型如图 10.64 和 10.65 所示。

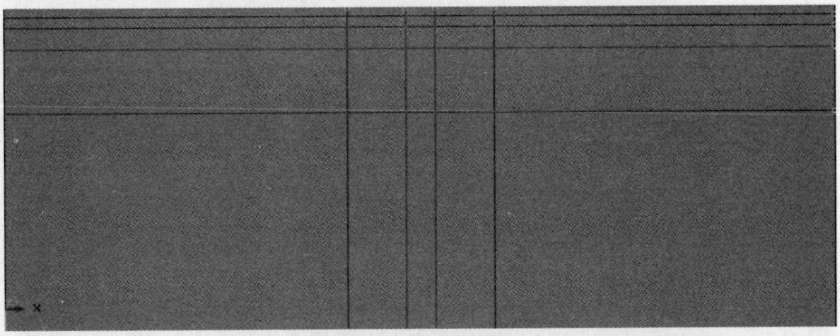

图 10.64 桥面温度场模型图

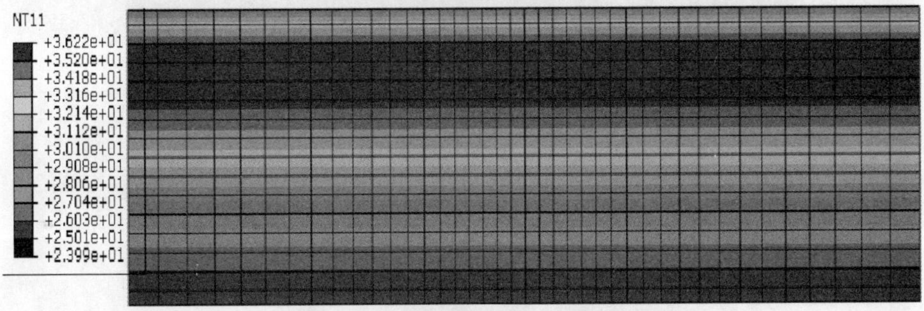

图 10.65 桥面温度场节点温度图

对桥面中间截面进行温度场的分析曲线如图 10.66 所示。

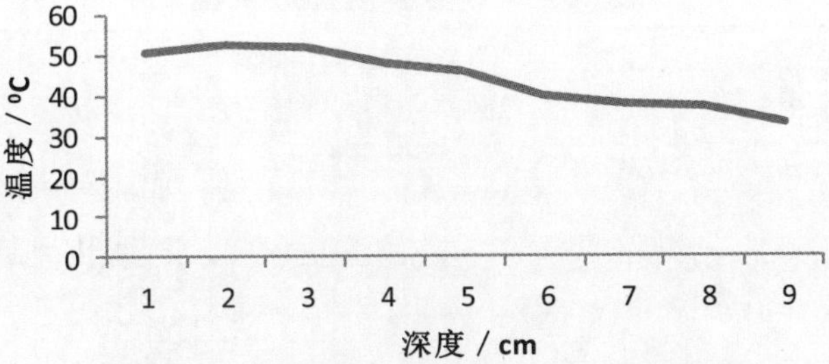

图 10.66　桥面温度场不同层面温度示意图

10.8.2　桥面温度、应力耦合模型建立及其抗车辙力学特性模拟分析

桥面铺装段路面上面层和中面层结构与沥青路面结构材料一致，故选路面相同值的参数进行计算分析。

（1）标准轴载作用下分析

取模型中间位置荷载作用下的位置截面进行分析运算，所得结果如图 10.67 至图 10.71 所示。由图可知，在标准轴载下最大拉应力为 1.542MPa，最大剪应力为 0.393MPa。桥面结构层可能破坏面上的正应力 σ_α=1.491MPa，由式（10.33）可计算得 τ_R= 1.244。所以 $\tau_\alpha<\tau_R$，桥面标准车载下满足抗剪强度要求。

图 10.67　桥面标准轴载下荷载及边界条件图

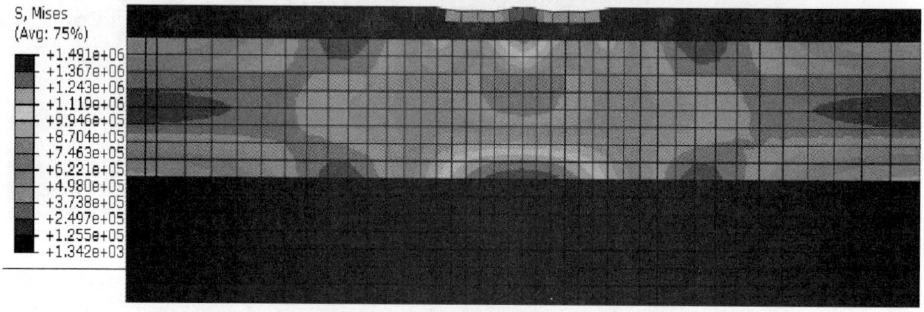

图 10.68　桥面应力分布图

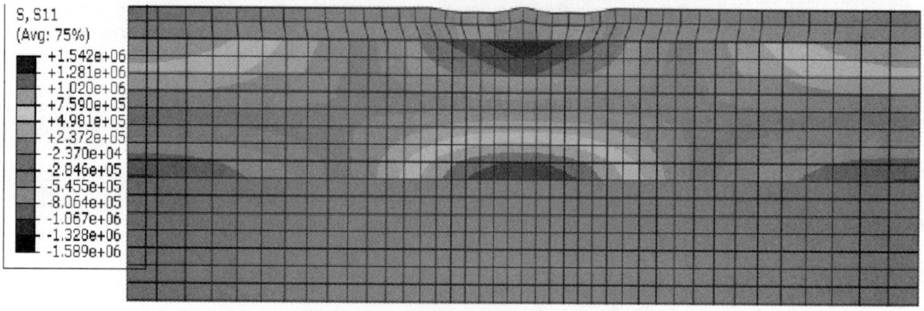

图 10.69　桥面水平应力分布图

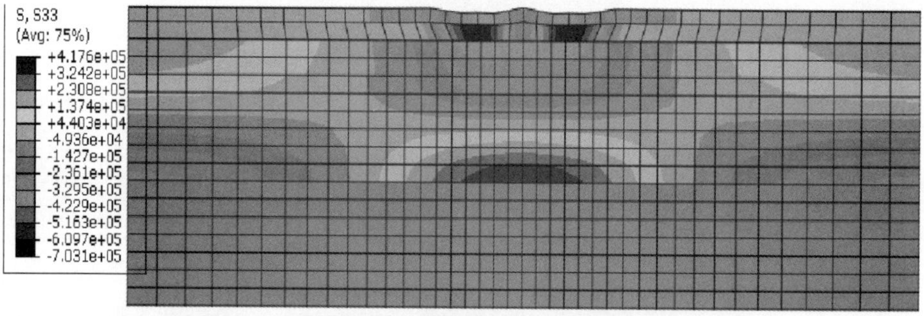

图 10.70　桥面竖向应力分布图

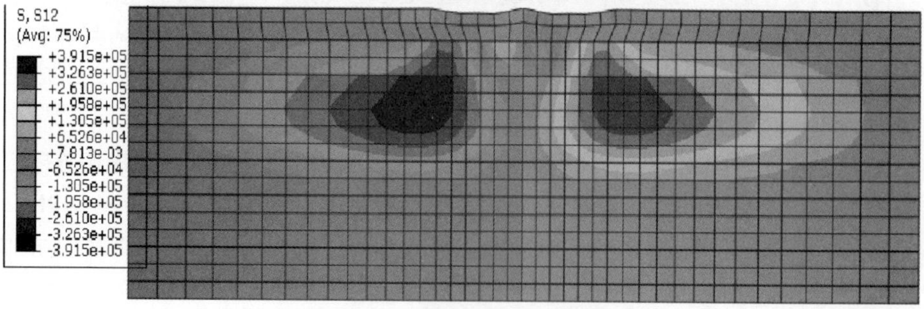

图 10.71　桥面剪应力分布图

（2）重载作用下分析

检算重载下面层的抗剪强度满足要求情况，其受力情况如图 10.72 至图 10.75 所示。由图分析可知，在重载条件下沥青面层下出现最大横向拉应力，其最大拉应力值为 4.845MPa，最大剪应力为 1.239MPa，结构层可能破坏面上的正应力 σ_α=4.691MPa。代入式（10.33）可得 τ_R= 3.485。所以 $\tau_\alpha<\tau_R$，桥面在重载下满足抗剪强度要求。

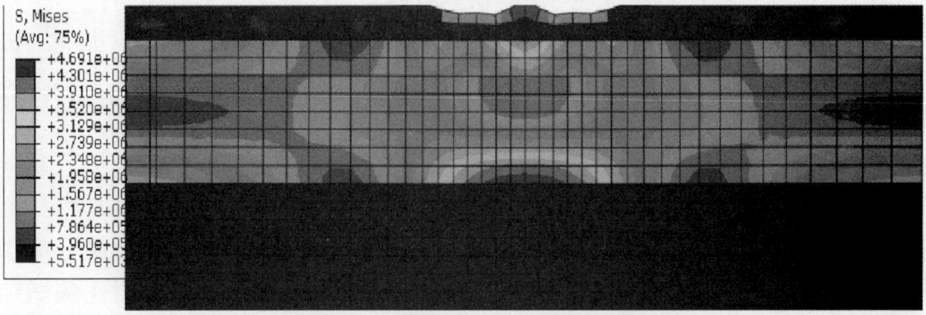

图 10.72　重载下桥面应力分布图

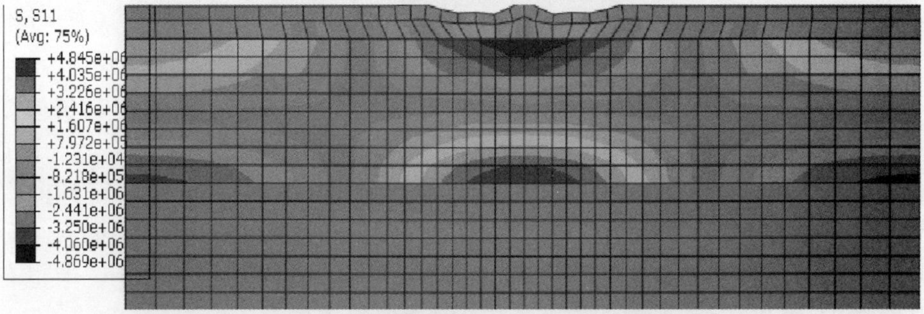

图 10.73　重载下桥面水平应力分布图

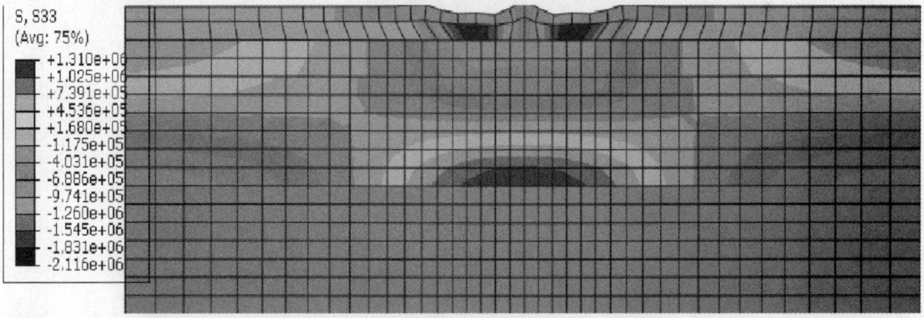

图 10.74　重载下桥面竖向应力分布图

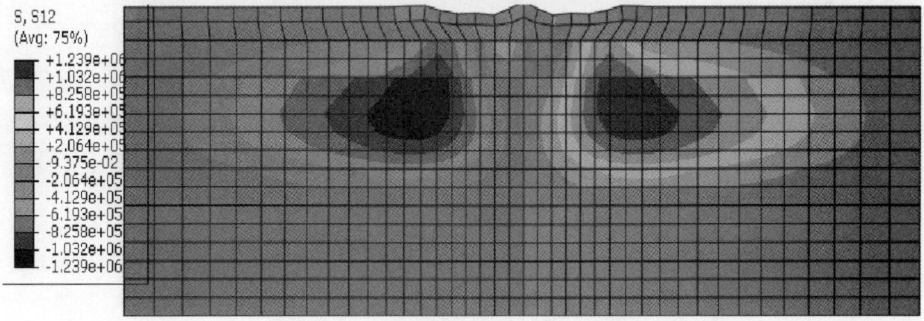

图 10.75　重载下桥面剪应力分布图

10.9 本章小结

本章通过对 DG25 高速公路数据的采集检测，首先对传统的 TOPSIS 法做了论述，并对传统 TOPSIS 法中存在的问题作了分析，对改进 TOPSIS 法对沥青路面综合评价与规范评定指标评定的结果进行对比分析，本章主要研究结论如下。

①对比历年检测结果，DG25 高速公路路面状况整体良好，抗滑、平整度、车辙以及路面结构强度等指标基本保持在同一水平或稍有改善，表明及时采取预防性养护措施对路面使用性能的保持非常重要；根据比对结果，2008 年度的专项养护路段（加铺 AC－13）经过近 2 年运营，路面病害有所发展，车辙深度基本保持相应水平，路面平整度和抗滑性能衰减明显。

②2008 年度橡胶沥青路段除局部路面破损、车辙深度和弯沉测值较大外，其他测试指标均表现为良好；2008 年度泡沫沥青和乳化沥青冷再生路段整体状况保持良好；2009 年度的专项养护路段（加铺 AC－16C）路面破损状况良好，主要病害表现为横裂、纵裂，同时局部路段弯沉测值仍偏大，成为路面破损潜在的威胁，另外有个别路段对比测试结果表明平整度 *IRI* 和横向力 *SFC* 提高不显著。

③国外常用路面评价模型主要包括 *PSI* 模型、*MCI* 模型、*PCI* 模型以及 *UCI* 模型等。*PSI* 模型第一次引入了专家评分技术，以使用者角度进行评分；*MCI* 模型虽然也是以专家评价技术为依托，但是道路技术人员组成了 *MCI* 模型的专家评价组；*PCI* 评价模型比日本的 *MCI* 评价模型更加合理，克服了其缺陷，与 *MCI* 评价模型相比更加完整和严谨；*UCI* 模型比较简便易用，但准确性较差，因此在路面使用性能综合评价上没有得到推广。

④路面使用性能主要的评价模型有以模糊数学方法与层次分析法为主的系统分析法、回归模型法和灰色理论法等，这些评价模型都在各时期发挥了积极的作用，但也有各自的缺点，最后将 TOPSIS 法综合评价模型引入了路面评价体系。

⑤利用改进的 TOPSIS 法进行 DG25 高速公路路面的综合评价，从所得结果来看，改进的 TOPSIS 法采用的是主客观相结合的赋权方法，这样既尊重了路面评价的客观性，又结合了待评价路面的实际情况，达到了良好的效果。以改进 TOPSIS 法对沥青路面综合评价与规范评定指标评定的结果进行对比分析，从对比结果可以看出，用 TOPSIS 法评定时增加了 *PSSI* 指标，使得评价更为严谨和科学。

⑥运用 Abaqus 有限元软件建立温度场模型，从中可以看出沥青路面的中下面层不会出现较大温差，沥青材料对热辐射的吸收性较强；运用 Abaqus 有限元软件建立车辙计算模型，从计算结果可以看出，在标准荷载和重载条件下路面都能满足抗剪强度要求，以此验证了路面结构设计的准确性。

第 11 章　EG107 旧路检测评价与改扩建路基拓宽路面拼接设计

国道 EG107（京深线）是我国第一条并入亚洲公路网的公路，是纵贯南北的一条国家级主干线。国道 EG107 马村立交至黄河大堤段公路是国道 EG107 新乡境段的一部分，起于马村互通立交，终于黄河大堤，是河南省会郑州连接豫北重镇的咽喉要道，也是连接豫北地区与中原、豫南等地区的重要通道，地理位置十分重要。本项目自 1998 年改造升级一级公路后，交通流量持续上升，公路服务水平逐渐下降，经常出现较为严重的拥挤和堵车现象，已不能满足发展的需要。为完善区域快速运输通道，提高整个高等级公路网的服务能力和服务质量，本项目段的改建升级工作显得尤为紧迫。本项目路线起点 K0+000 位于国道 EG107 沧河桥至马村段改建工程终点。马村互通减速车道部分位于沧河桥至马村段改建工程范围内。根据《新乡市平原新区总体规划》，郑州黄河大桥为桥北新区的外围点，本项目建设的远景意义就在于利用桥北平原新区地处国道 EG107 咽喉的交通优势和毗邻郑州的区域优势带动地方经济的发展，同时也是中原城市群综合交通体系的重要组成部分。结合新乡市、原阳县以及桥北平原新区政府的意见，选择黄河北大堤作为本次改建工程的终点，设计桩号为 K43+374，路线全长 43.374km。

11.1　沿线自然地理条件

目前，项目所在区域的交通运输主要有京广国家干线铁路和京港澳高速公路及国道 EG107。铁路运输经多年运营，各运输途径间已达到相对平衡。随着车流量的增加，国道 EG107 黄河大堤至马村立交段已成为交通瓶颈，严重影响国道 EG107 的利用效率。交通拥挤现象也将更趋严重。国道 EG107 项目途经位置及规划分布如图 11.1 和图 11.2 所示。

国道 EG107 新乡段承担着河南省南北运输大通道极其重要的运输任务，其产生的交通拥挤和通行不畅等问题，不仅影响到全省运输网的整体效应，更对区域干线公路网运营产生一定的制约作用。作为京港澳高速公路的重要集散分流线，由于近年来地区经济的快速发展，交通运输日趋繁忙，国道 EG107 道路拥挤程度越来越严重，不仅没有发挥高速公路交通流集散转移的重要作用，同时也给整个路网的正常运营带来了压力，从而影响了该区域经济的快速发展。依托工程改扩建的实施以带动社会经济发展为目的，进一步完善了区域公路网络，从而更好地发挥了干线公路网的运输效益。

国道 EG107 路基为两侧扩宽设计，路基设计的主要原则是处理好新老路基的衔接问题，减少新老路基间的差异沉降，保证路基的整体稳定性和均匀性。国道 EG107（京深线）是中国第一条并入亚洲公路网的公路，是“7918 网”的 7 条首都放射线之一，是国家纵贯南北的一条国家级主干线。

国道 EG107 马村立交至黄河大堤段公路是国道 EG107 新乡境段的一部分，起于马村互通立交，北接国道 EG107 沧河大桥至马村立交改建段，终于黄河大堤，向南接国道 EG107 黄河大桥引线段。路线先后和省道 S308（金穗大道）、S227（南环路）、S229、S230、S311 等公路相连，形成了豫北地区的公路网络，并且，通过互通式立交连接沿线各县市的城市道路网。

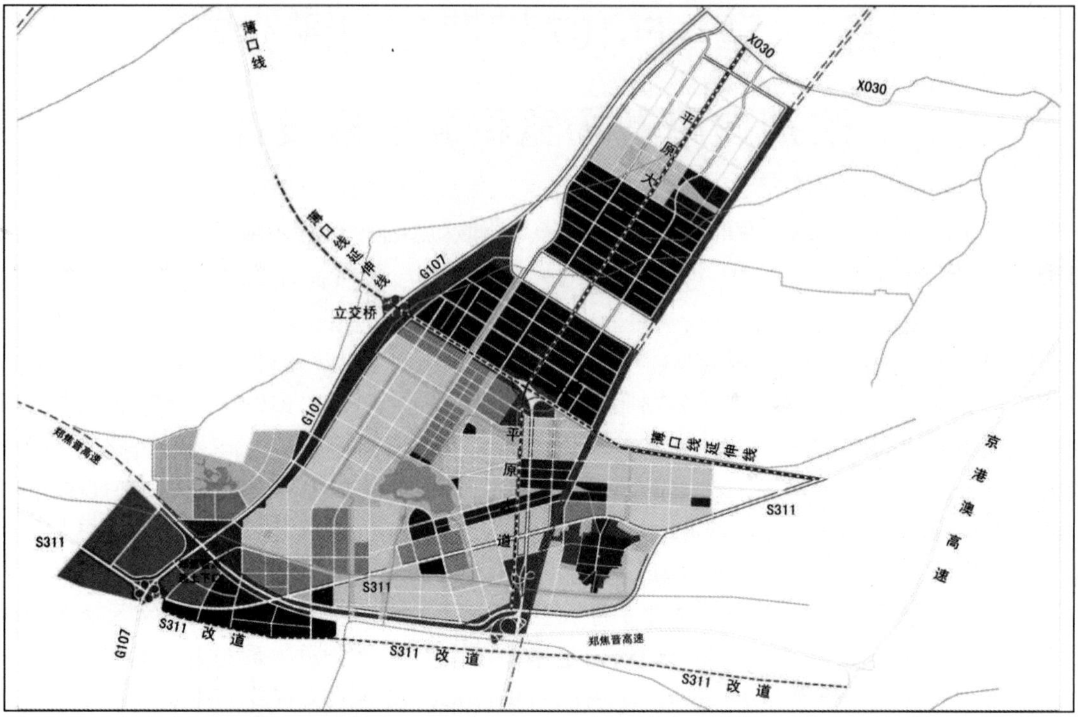

图 11.1　国道 EG107 经过新乡市区、新乡县、原阳县、平原新区

图 11.2　国道 EG107 规划分布图

①地形、地貌。拟建项目位于新乡市境内，新乡市北依太行山，南临黄河，在全市的总面积中，除辉县及卫辉市有少部分山区以外，其余大部分为平原。新乡地处黄河、海河两大流域，平原占地总面积 78%，土地肥沃、光热充沛。黄河流经新乡地区 170km，流域

面积 4558km^2。本项目位于新乡市东部、南部，属黄河冲积平原，地势平缓开阔，四周多为农田。

②区域地质稳定性评价。本区处于东西向秦岭—昆仑构造带的北缘，新华夏系中第二沉降带的凹陷之西和太行山隆起及山西晋东南山字型构造东翼的东南侧，大体处于不同构造体系和各个构造带的叠加交互部位。工程所处区域内新构造运动及地震较为活跃，活动断裂多为余震构造。路线中轴线从地震烈度Ⅶ度区通过，其新构造运动及地震，将对线路轴线的稳定性带来不利的影响，要加强抗震措施。

③工程地质评价。路线位于黄河大冲击扇之上，土壤在纵横向上变化都很大，表现为各种河床相、河漫滩相的砂性土、粉性土和黏性土交替沉积，并以粉质亚黏土占多数。受北东及近东西向活动性断裂控制，地壳稳定性不均，易产生砂土液化的不良工程地质现象。

④水文地质评价。河流：根据《河南省经济地图集》中水系流域的划分，项目沿线属海河流域和黄河流域，路线跨越的主要河流有孟姜女河、天然渠、文岩渠。以上河流均属季节性河流，洪水季节河水湍急；河道基本稳定。地下水：本项目所经地区为第四系松散岩层所覆盖，在黄河冲积发育之前，下伏为新生代湖相沉积物质，巨厚的黏土、亚黏黏层，形成了良好的不透水隔层。更新世后，由于黄河的发育兴盛，其上又堆积了巨厚的松散、半松散物质，为地下水的赋存提供了良好的空间条件。故地下水均属孔隙水类型。

⑤不良地质路段情况。根据外业踏勘调查结果和区域地质资料显示，项目沿线经过主要的不良地质为低洼水稻田路段及鱼塘路段。

⑥地震。根据国家标准《中国地震动参数区划图》（GB18306—2001），本项目对应地震基本烈度为原阳（K29+300）以南为Ⅶ度，其余为Ⅷ度。

11.2　旧路使用状况与评价

①交通现状。国道 EG107 自修建以来，一直是我国南北大动脉，承担着繁重的运输任务。2010 年全线年平均交通量为 55756 pcu/d，绝对数为 36495 pcu/d，其中货车占 41.9%，客车占 58.1%。交通量总体规模保持在较高的增长水平，交通服务水平逐年下降，已不能满足经济社会发展的需要。

②道路现状。国道 EG107 线新乡段全长 79km，其中 47.055km 为平原微丘一级公路，其余为二级公路，国道 EG107 于 1989 年 12 月底建成通车。1998 年为提高该路段的通行能力，对部分路段进行了改造，一级公路路段改造方案为原有水泥混凝土面板上加铺了 9cm 沥青混凝土。本项目为双向四车道一级公路，设计行车速度 100km/h，部分控制出入。桥涵设计荷载为汽超－20、挂－120。

③老路现状评价。部分路段路面存在纵横向裂缝、车辙、龟裂、坑槽等，路面挖补整修点多面广，公路服务水平日趋降低。根据《公路路基路面现场测试规程》（JTJ059—95）、《公路工程沥青及沥青混合料试验规程》（JTG E20—2011）和《公路工程无机结合料稳定材料试验规程》（JTJ057—94）的有关规定试验方法，对原路路面结构进行了现场调查和室内试验。并对现场调查和室内试验数据结果进行分析。

11.3　旧路面层弯沉值、平整度调查与评价

沥青路面整体结构承载能力采用弯沉值进行评价。本次调查使用落锤式弯沉仪 FWD 进行的检测，根据检测结果统计出各路段每公里左右幅的弯沉平均值、标准值和代表值，见表 11.1 和图 11.3。

表 11.1　各路段弯沉检测结果统计表

桩号	方向	平均值/0.01mm	标准值/0.01mm	代表值/0.01mm	变异系数/%
K0+000 ~ K1+700	左幅	3.1	3.06	8.2	97.3
	右幅	3	2.56	6	56.8
K1+700 ~ K2+225	左幅	3.9	2.74	8.4	71
	右幅	3	1.67	5.8	55.8
K2+225 ~ K2+700	左幅	3.1	2.72	7.6	87.7
	右幅	3.2	1.73	6	54.8
K2+700 ~ K3+200	左幅	3.5	2.04	6.9	58.2
	右幅	2.9	1.73	5.7	59.6
K3+200 ~ K3+700	左幅	3.3	2.08	6.7	64.1
	右幅	3.5	1.79	6.4	51.8
K3+700 ~ K4+000	左幅	2.5	1.76	5.4	70.2
	右幅	2.1	1.55	4.6	73.2
K4+000 ~ K5+300	左幅	3.4	2.74	7.87	86.6
	右幅	2.1	1.42	4.4	67.7

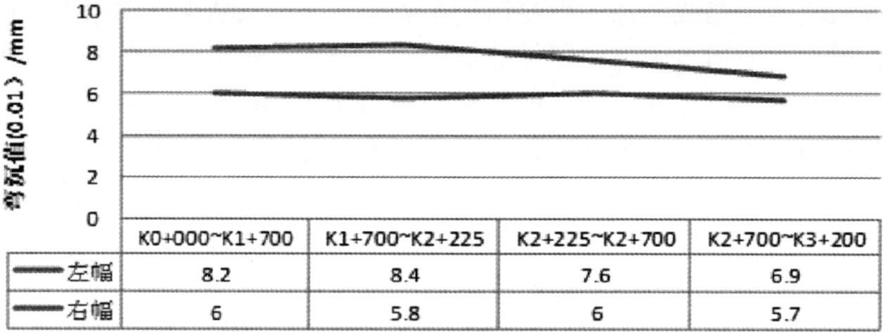

图 11.3　各旧沥青路面代表弯沉值

由表 11.1 和图 11.3 分析得出：

①整个路段弯沉代表值不大，最大值是 0.099mm，这是因为该路段是由原旧水泥混凝土路面碎石化后加铺了沥青混凝土面层。

②沿线弯沉的检测值变异系数较大，说明现路面结构强度极其不均匀。路面的平整度检测采用车载式颠簸累积仪进行检测。检测结果见表 11.2。

表 11.2　路面状况指数（*PCI*）评价

病害种类	数量	面积/m²	换算系数 *K*	*D*/m²
不规则裂缝	2800	560	0.2	112
纵裂	3500	700	0.6	420
横裂	4800	960	0.4	384
龟裂（中）	950	950	0.8	760
坑槽	610	610	1	610
松散	490	490	0.4	196
拥抱	350	130	0.8	104
车辙	1600	640	1	640
病害总面积				3226
路面总面积				22000
DR				14.66
PCI				54.6

根据《沥青路面养护技术规范》路面破损状况评价标准：55≤ $PCI<70$ 为中，40≤ $PCI<55$ 为次。该段 *PCI* 评定为 54.6，属次级标准，需大修。

11.4　旧路病害调查与评价

现场调查之前预先制定了计划和安排，外业踏勘收集了各路段路基、路面结构现状。

（1）原有路基、路面状况

原为一级公路，经过历年大中修后，路基宽度在 35 ~ 45m 之间，路面宽度在 22 ~ 25m 之间，其中中央分隔带 1.5m，左侧路缘带 2×0.5m，行车道 2×2×3.75m，硬路肩 2.25 ~ 3.75m，两侧设绿化带。路面横坡为 1.5%，绿化带横坡为 3.0%，见表 11.3。

表 11.3　老路路基、路面结构现状

序号	项目分段	现有路面宽度/m	老路部分现有结构	加宽部分现有结构
1	马村立交至南环路段	22 ~ 23	4cm 厚抗车辙中粒式沥青混凝土+均厚 4.4cm 厚抗车辙中粒式沥青混凝土，约 5cm 老沥青混凝土路面，混凝土板 24cm 厚进行个别压浆处理或挖除	4cm 厚抗车辙中粒式沥青混凝土+4.4cm 厚抗车辙中粒式沥青混凝土，50cm 厚 C10 混凝土现浇路肩
2	南环路至固军段	24	5cm 厚 SBS 中粒式改性沥青混凝土+7cm 厚 SBS 中粒式改性沥青混凝土+橡胶沥青应力吸收层+老路面混凝土板 24cm 进行个别压浆处理或挖除	5cm 厚 SBS 中粒式改性沥青混凝土+7cm 厚 SBS 中粒式改性沥青混凝土+橡胶沥青应力吸收层,46cm 厚 C10 混凝土现浇路肩
3	固军至农科院段	25	全挖除旧沥青面层，加铺 20cm 水泥稳定碎石基层，4cm 改性中粒式沥青混凝土+5cm 中粒式改性沥青混凝土面层	4cm 改性中粒式沥青混凝土+5cm 中粒式改性沥青混凝土+20cm 水泥稳定碎石+30cm 水泥混凝土
4	农科院至黄河大堤段	24	4cm 厚 AC－13 抗车辙细粒式沥青混凝土+5cm 厚聚酯纤维中粒式沥青混凝土，混凝土板进行压浆处理	4cm 厚 AC－13 抗车辙细粒式沥青混凝土+5cm 厚聚酯纤维中粒式沥青混凝土+6cm 厚粗粒式沥青混凝土，底基层为水稳碎石,厚度 15cm 或 21cm，二灰碎石基层厚度 18cm 或 21cm

（2）旧路存在的主要问题

①国道 EG107 马村立交至固军段（K0+000 ~ K14+570 段）。由于该路段老路改造时未对老路水泥混凝土路面进行有效处理，现在老路面出现了坑槽、网裂、车辙、反射裂缝、唧泥、车辙、拥包等公路病害，严重影响了道路的通行能力和路容路貌，见图 11.4 和表 11.4。

图 11.4　路面车辙、坑槽和磨损状况

表 11.4　芯样空隙率试验结果

桩号	层位	毛体积相对密度	理论最大相对密度	试件空隙率/%	备注
K5+420	上面层	2.497	2.597	4.25	平均值：2.79 标准差：1.23 变异系数：44.0%
K10+315		2.476	2.561	3.58	
K14+570		2.486	2.562	2.97	
K16+010		2.505	2.534	1.16	
K27+375		2.567	2.618	2.01	
K5+420	下面层	2.557	2.598	1.65	平均值：0.92 标准差：0.68 变异系数：73.7%
K10+315		2.551	2.567	0.75	
K14+570		2.441	2.458	0.56	
K16+010		2.405	2.409	0.07	
K27+375		2.536	2.579	1.58	

②国道 EG107 固军至农科院段（K14+570 ~ K39+000 段）。该段老路进行了补强加宽处理，老路状况比较良好，无病害现象，如图 11.5 所示。

图 11.5　路面状况良好、无病害

③国道 EG107 农科院至黄河大堤段（K39+000 ~ K43+373.6 段）。该段老路改造时未对老路水泥混凝土路面进行有效处理，老路部分路段出现纵向裂缝、坑槽等病害，如图 11.6 所示。现场调查中发现好多坑槽已经发展到了面层，坑槽处基层松散致层层之间结合不良。原有道路在使用期间，由于水、冰冻及交通车辆的反复作用，面层沥青从粒料表面剥离，从而出现了坑槽。

图 11.6　路面纵向裂缝、坑槽状况

11.5　旧路沥青面层芯样空隙率试验与评价

根据《公路沥青路面技术规范》有关规定，密度、空隙率和压实度是沥青路面施工质量控制的关键指标，空隙率的大小会直接影响沥青混合料的强度和高温稳定性。在室内进行空隙率试验，为后面在交通荷载作用下原路面车辙改造方案的有限元分析中计算参数的确定提供依据。试验结果见表 11.4。从表 11.4 中可以看出，上、下面层沥青混合料的空隙率都很小，平均值分别为 2.79%和 0.92%，变异系数较大，说明沥青面层的均匀性差。究其原因，国道 EG107 承担的重载交通负荷，在车辆轴载的反复做用下路面面层结构已经很细密。

11.6　旧路基层抗压强度试验

试验取芯位置大多在发生病害处，基层无侧限抗压强度提取的数据不多，试验结果见表 11.5。从表 11.5 可以看出，基层的强度均较高，且在桩号 K0+000 ~ K14+570 路段下基层的强度稍大于其他路段的下基层，这是因为国道 EG107 之前历经几次大修，原水泥路面面层碎石化后作为下基层，能使原水泥混凝土板块在平面上的强度均匀分布，另外仍保留原水泥混凝土路面一定的强度。从完整基层芯样的无侧限抗压强度来看，基层强度仍满足设计要求。

表 11.5　芯样基层无侧限抗压强度试验结果

桩号	芯样编号	基层位置	试件直径/mm	试件高度/mm	破坏压力/kN	抗压强度/MPa
K10+510	1	上基层	149.7	150.1	141.2	14.9
K12+645	1	上基层	149.9	149.9	180.63	11.2
	1	下基层	149.8	149.9	91.58	13.4
K14+570	1	上基层	149.8	150.1	173.76	13.1
K15+010	1	上基层	149.9	150.1	172.61	14.3
	1	下基层	149.9	150.2	88.34	8.0
	2	上基层	149.7	150.2	190.46	13.5
K16+890	1	上基层	150	150.1	236.23	9.9
	1	下基层	150	150.1	119.81	9.2
K27+375	1	上基层	149.7	149.9	231.23	12.8
K34+500	1	上基层	149.9	150.3	292.18	14.5
	2	下基层	149.8	150.1	132.23	11.2
		上基层	149.8	150.1	286.35	9.9

注：取芯的位置都有病害，因此芯样很难完整取出，因此上面层部分比下面层较多。

11.7　新建路面 SBS 改性 AC－13 沥青级配组成

通过现场调查和路况使用情况确定新建部分路面上面层采用 SBS 改性 AC－13 沥青混凝土，其级配组成设计如表 11.6 所列。根据设计级配的要求，击实马歇尔试件，按照《公路沥青路面技术规范》（JTG D50—2006）有关马歇尔试验的要求，确定各种沥青混合料 AH－70、SBS 的最佳油石比分别为 4.3%和 5.0%。最佳油石比下沥青混合料的马歇尔试验结果如表 11.7 所列。

表 11.6　AC－13 密级配沥青混合料设计级配

级配	筛孔尺寸									
	16	13.2	9.5	4.75	2.36	1.18	0.6	0.3	0.15	0.075
规范上限	100	90	68	38	24	15	10	6	5	5
规范下限	100	100	85	68	50	38	28	20	15	8
推荐上限	100	90	68	43	28	18	11	7	5	4
实际级配	100	96	75	49	35	24	16	11	9	6
推荐下限	100	100	80	54	40	29	21	15	12	8

表 11.7　AC－13 密级配沥青混合料设计级配

结合料类型	最佳油石比/%	毛体积密度/g.cm^{-3}	空隙率/%	矿料沥青饱和度/%	流值/0.1mm
AH－70	4.3	2.430	3.8	74.2	18.5
SBS	5.0	2.411	3.7	71.7	15.9

11.8　总体设计

在设计施工过程中，为提高设计质量和工作进度，根据项目特点确定了总体设计思路，对项目设计施工方案进行了深入研究，编制了详细的勘测工作计划。初设阶段首先布置导线控制点，平面坐标采用 GPS 静态观测，高程采用四等水准测量，其成果为 1980 年西安坐标系，高程采用 1985 黏国家高程基准，成果等级为四等水准，起闭于国家等级水准点。在 1∶10000 地形图的基础上，利用 GPS 实时差分实地采集沿线主要河流、公路、构造物和距离路线较近村庄、高压线及通讯线等主要地物地貌控制位置坐标，采集的数据利用地形图处理软件处理，绘制路线两侧 300m 范围内的 1∶2000 地形，如图 11.7 所示。

沿线主要河流：孟姜女河、东三干河、文岩渠、天然渠及一些灌溉渠等。主要公路有：省道 S308 冢沁线（新乡市金穗大道）、省道 S227 西曹线（新乡市南环）、省道 S229 三原线、省道 S230 薄口线、焦郑高速、省道 S311 赵原线。沿线经过的铁路有新荷铁路，采用分离立体交叉。设计中坚持以人为本的设计思想，合理降低工程造价、降低公路建设对社会环境的负面影响，做到精细化设计。

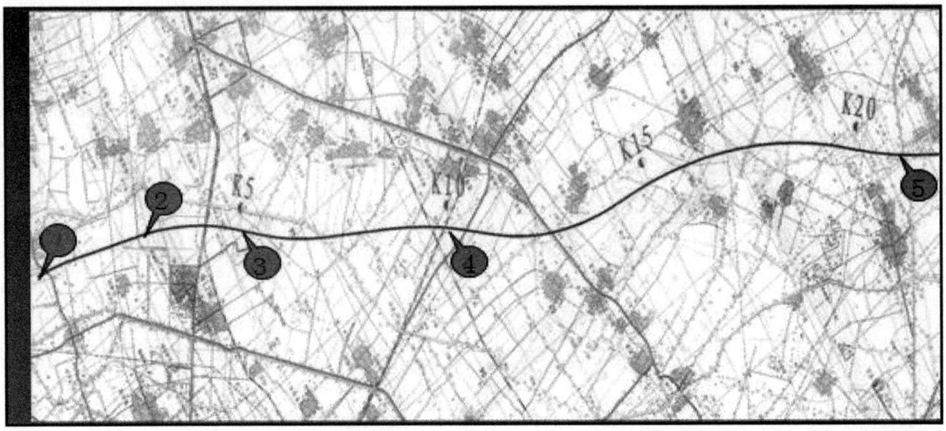

主要控制点：1.起点：马村互通→2.新长立交→3.关堤互通→孟家女河桥→4.新原互通→东三干桥→5.七里营互通→文岩渠桥

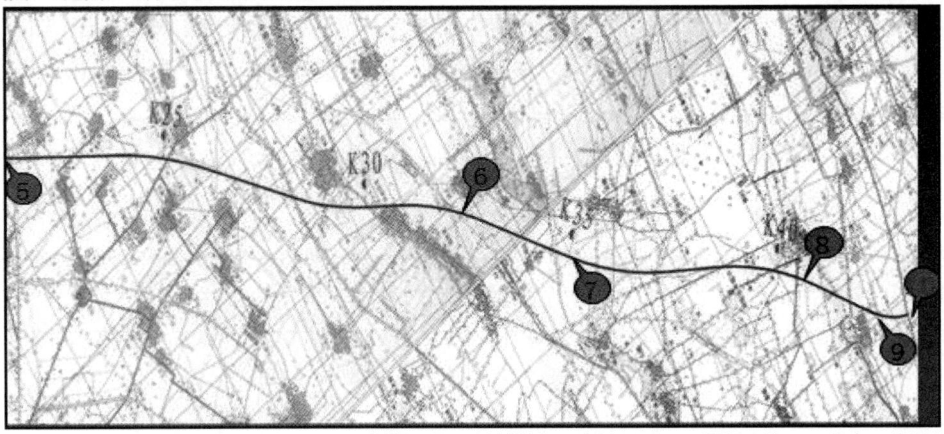

→5.七里营互通→文岩渠桥→6.阎庄互通→7.宋楼互通→天然渠桥→8.新庄互通→9.原阳互通→10.终点：黄河大堤

图 11.7　路线两侧 300m 范围内 1:2000 地形图

总体上坚持安全至上、服务社会、整体协调和谐的原则。尽可能利用老路，降低投资。路基采用双侧整体式加宽，做好新老路基、桥涵结构物的衔接设计。由于本项目重车比例较高，为提高新建道路使用安全性和寿命，桥梁结构物、路面结构的设计充分考虑重车的特性。本项目为国道 EG107 的重要组成部分，承担着繁重的交通运输任务，施工期间尽可能不中断老路通行，与老路存在干扰的路段，必须做好施工组织设计和交通组织设计。加宽路基做好减小新旧路基沉降差异的设计，减少后期养护工作量。在对老路进行系统检测和安全性评价分析的基础上，合理确定老路改善方案，根治老路病害；老路面结构尽可能再生利用，以减少对环境的污染。尽量减少拆迁，做好水土保持和环境保护工作，减少因工程实施而产生的社会矛盾，创建和谐工程。

11.9　技术标准及主要技术指标采用

（1）技术标准及主要技术指标

本项目采用设计速度 100km/h 的双向八车道一级公路标准改建，采用双侧整体式加宽，路基宽度 41m，桥涵设计荷载为公路－I 级。主要技术指标采用情况见表 11.8 所列。

表 11.8　技术标准及主要技术指标

序号	项　　目		单位	规范值	采用值
1	公路等级			一级公路	一级公路
2	设计速度		km/h	100	100
3	路基宽度		m	41	41
4	圆曲线最小半径	一般值	m	700	1600
		极限值	m	400	
5	不设超高最小平曲线半径		m	4000	4000
6	停车视距		m	110	110
7	最大纵坡		%	4	2.294
8	最短坡长		m	250	250
9	凸形竖曲线最小半径	一般值	m	10000	4700
		极限值	m	6500	
10	凹形竖曲线最小半径	一般值	m	4500	7800
		极限值	m	3000	
11	新建桥涵荷载			公路－Ⅰ级	公路－Ⅰ级
12	设计洪水频率		年	1/100	1/100

（2）不同技术标准之间的衔接过渡

本项目采用 100km/h 设计车速的八车道一级公路标准。起点路基宽度变化在国道 EG107 沧河桥至马村段改建工程完成，终点路基宽度变化在原阳互通设计终点外完成。

（3）路线总体设计方案

在对本项目可行性报告认真研究，并进行详细外业调查的基础上，根据本项目特点，路线总体设计方案采取尽量利用老路，降低投资的原则，路线线形应尽量与老路拟合，原则上避免大段地偏离老路的情况出现，路线总体设计方案采取路基双侧整体式加宽方案。

（4）设计车速≤100km/h 路段车辆运行速度模拟检验结论

本项目采用《公路项目安全性评价指南》（JTG/T B05—2004）的有关参数和公式，对路段进行运行速度模拟检验。从计算分析结果看，相邻节点车辆运行速度差均小于±10km/h，表明全线运行速度协调性好，线形连续，指标比较均衡。

11.10　路基、路面工程设计

11.10.1　旧路改建设计思路

为保证加宽后运营时新老路面的整体性，减少新老路面结构间的差异，根据路面调查结果分析采取相应的处治、补强措施。对马村立交至固军段（K0+000～K14+570 段）路面病害较重路段，将原 12～13cm 厚的沥青混凝土全部挖除，对原水泥混凝土面板进行破碎补强（要求破碎成 30cm 左右的碎块，并进行碾压，后用细集料灌缝，可掺加一定水泥，作为下基层使用），整平后在其上铺水泥稳定碎石及沥青混凝土，同时路面标高抬高了 23cm 左右，原结构物附近采取顺老路纵坡处理。其他病害较轻路段，采取对路面病害处理后直接加铺一层沥青混凝土进行罩面。本路段除过池塘及水稻田需挖除淤泥外，无其他不良地质情况。

11.10.2　路基设计原则

本项目路基为两侧拼宽设计，路基设计的主要原则是处理好新老路基的衔接问题，减少新老路基间的差异沉降，保证路基的整体稳定性和均匀性。根据沿线地形、地貌、工程地质、水文、气象、植被等自然条件和环境保护的要求，依据《公路工程技术标准》（JTG B01—2003）、《公路路基设计规范》（JTG D30—2004）、工可报告及其批复意见和其他有关规程、规范进行路基、路面设计，坚持遵循“以人为本、因地制宜、就地取材、保护环境”的原则，采取经济有效的措施，保证公路路基具有足够的强度和稳定性。

11.10.3　路基标准横断面

（1）路基标准横断面

①一般路基采用整体式断面（见图 11.8），路基设计标高为中央分隔带的外侧边缘标高，路面横坡采用 1.5%，土路肩横坡采用 3%，路基设计洪水频率采用 1/100。

②整体式路基断面是在原有路基的基础上两侧加宽后形成的，加宽后路基宽度为 41.0m，其中：中央分隔带宽 2m，左侧路缘带宽 2×0.75m，行车道宽 2×（4×3.75）m，硬路肩宽 2×3.0m，土路肩宽 2×0.75m。

③下穿新菏铁路处，采用分离式路基，路基宽度 20.5m，其中行车道宽 4×3.75m，右侧硬路肩宽 3m，左侧硬路肩宽 1m，土路肩宽 2×0.75m。

④填土高度小于等于 3m 时，边坡坡率采用 1∶1.5；填土高度大于 3m 小于 8m 时，边坡坡率采用 1∶1.5，护坡道宽 1m。

路基标准横断面如图 11.8 至图 11.9 所示。

（2）加宽方式

路基仅在公交停靠站处设置加宽。

（3）超高方式

全线对曲线半径小于 4000m 的曲线布设超高，超高采取绕中央分隔带边缘旋转。超高过渡段均在超高缓和段内完成，超高渐变率为 1/225，不同横坡之间按线性变化方式过渡。渐变率满足 100km/h 车速最大渐变率 1/225 和最小渐变率 1/330 的规定。

11.10.4　路基压实与路床处理

（1）路基填土高度。本项目位于平原微丘区，路基均为填方，沿线路网、村庄较密，受沿线通道及分离式立交等的控制，老路路基较高，平均填高约 2.6m。本次改扩建为老路路基双侧拼宽，路基高度基本与老路保持一致。

（2）路基填料及压实度。路基压实采用重型压实标准，分层压实，路基压实度及填料强度要求见表 11.9。

表 11.9　路基压实度及填料强度要求

项目分类	路面底面以下深度/cm	压实度/%	填料最小强度 *CBR*/%	填料最大粒径/cm
上路床	0～30	≥96	8	10
下路床	30～80	≥96	5	10
上路堤	80～150	≥94	4	15
下路堤	＞150	≥93	3	15
零填及	0～30	≥96	8	10
挖方路基	30～80	≥96	5	10

注：表列压实度数值是指按《公路土工试验规程》重型击实试验法求得的最大干密度压实度。

（3）路床处理。为了保证施工时路床顶面弯沉值能达到设计要求，当填土高度大于 1.5m 时，路床顶面 40cm 范围掺拌 8%剂量石灰，当填土高度小于 1.5m 时，上路床 40cm 范围掺拌 8%剂量石灰，下路床 40cm 范围掺拌 6%剂量石灰，进行路拌碾压处理。填筑前进行清表及碾压，清表及碾压厚度按 20cm 控制，基底压实度（重型）不小于 90%。当填土高度小于路面厚度+路床厚度（80cm）时，基底压实度不小于 94%，挖方路段路床底面压实度不应小于 94%，否则进行超挖，分层回填、分层压实处理。如图 11.10 所示。

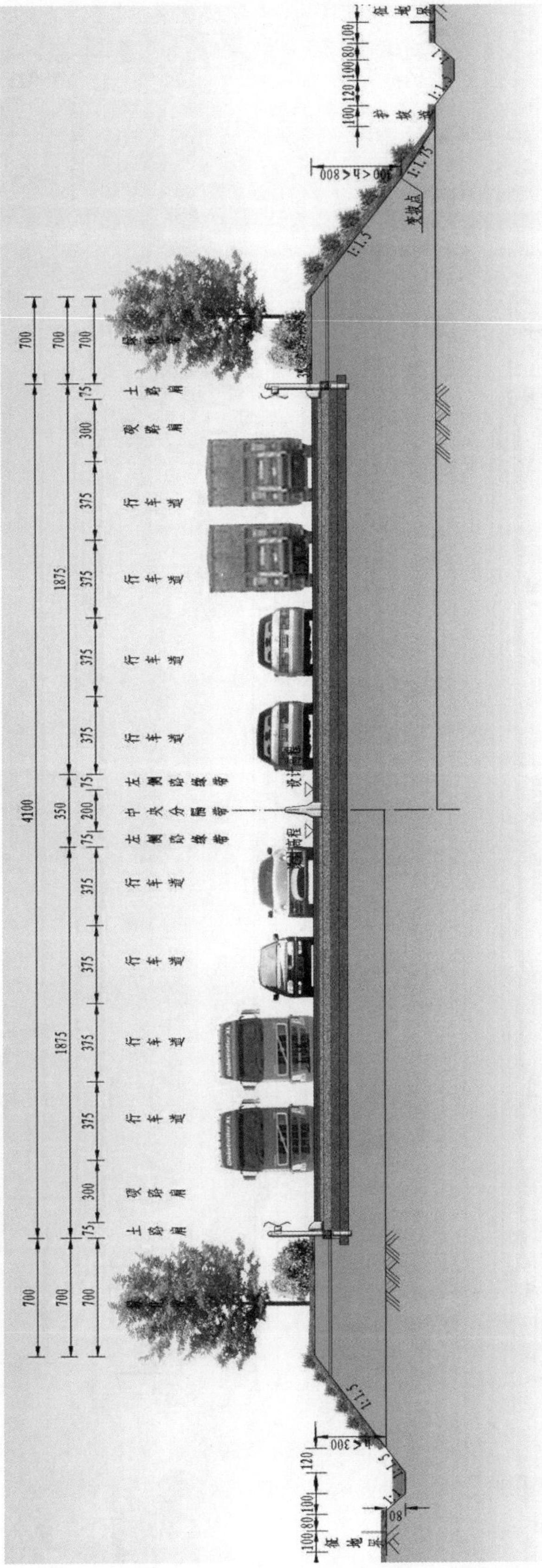

图 11.8　整体式路基断面

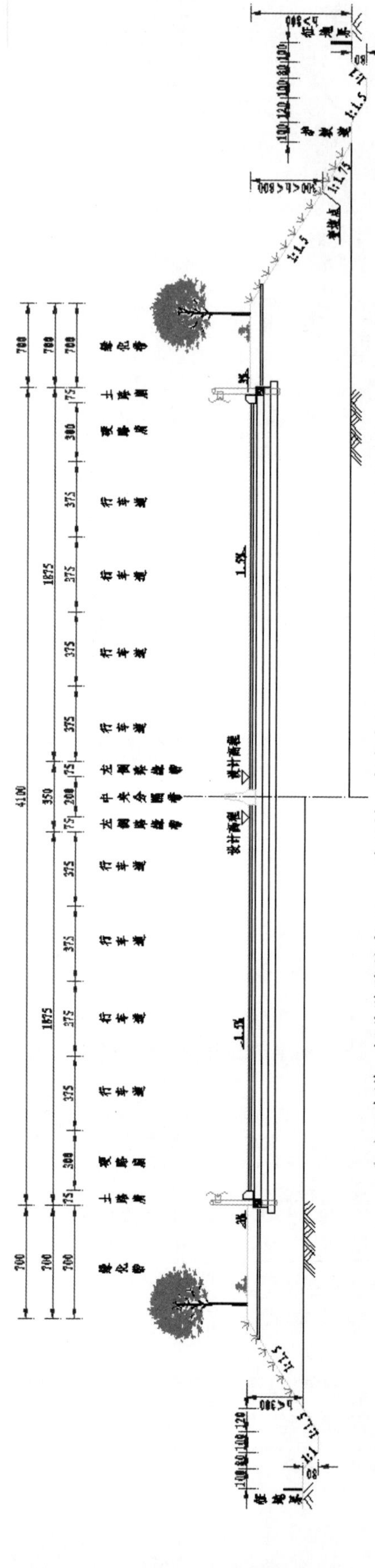

（a）8 车道一级公路路基宽 41m，路基填土高度大于 3m 路段设置护坡道，宽度 1m

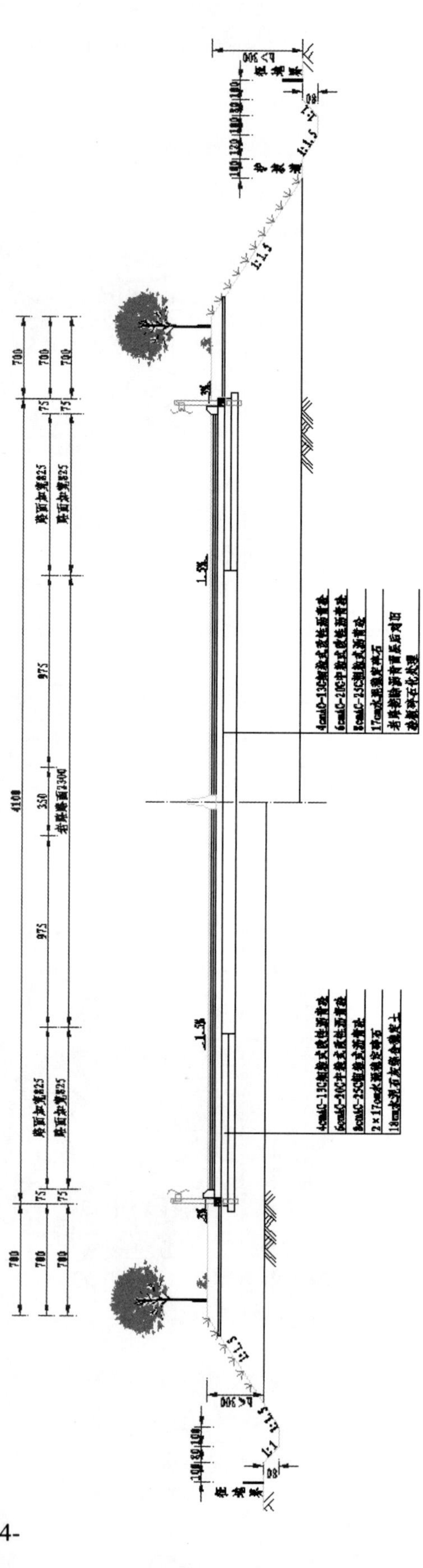

（b）K0+000–K4+140、K4+720–K5+120 整体式路基断面

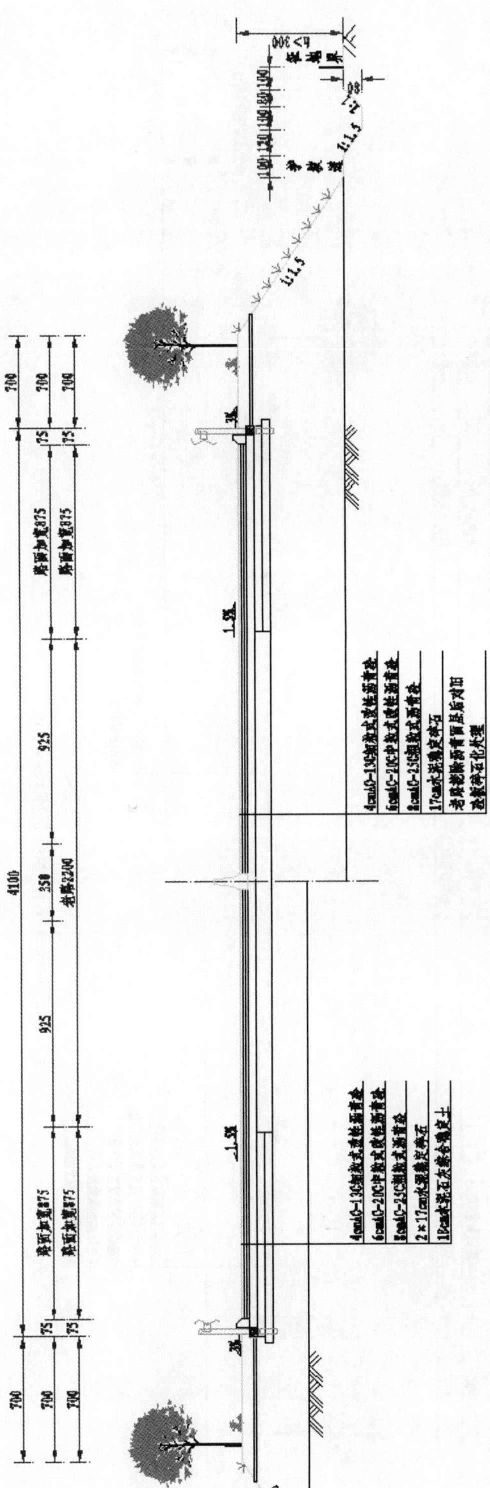

（c）K4+140–K4+720 整体式路基断面

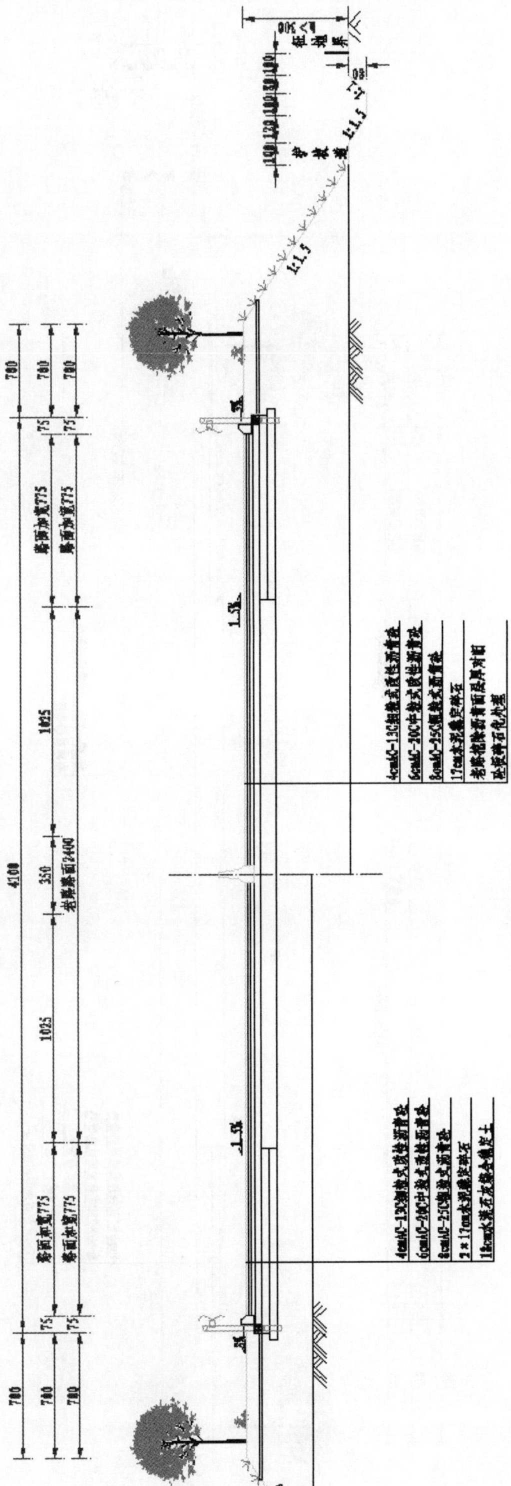

（d）K5+120–K14+570 整体式路基断面

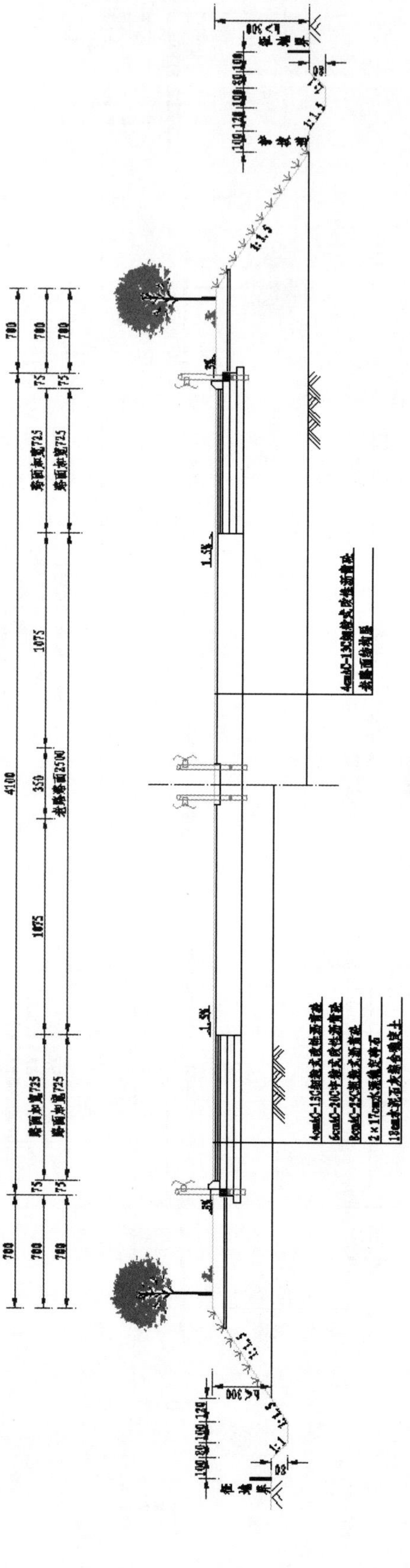

（e）K14+570-K27+296.5 整体式路基断面

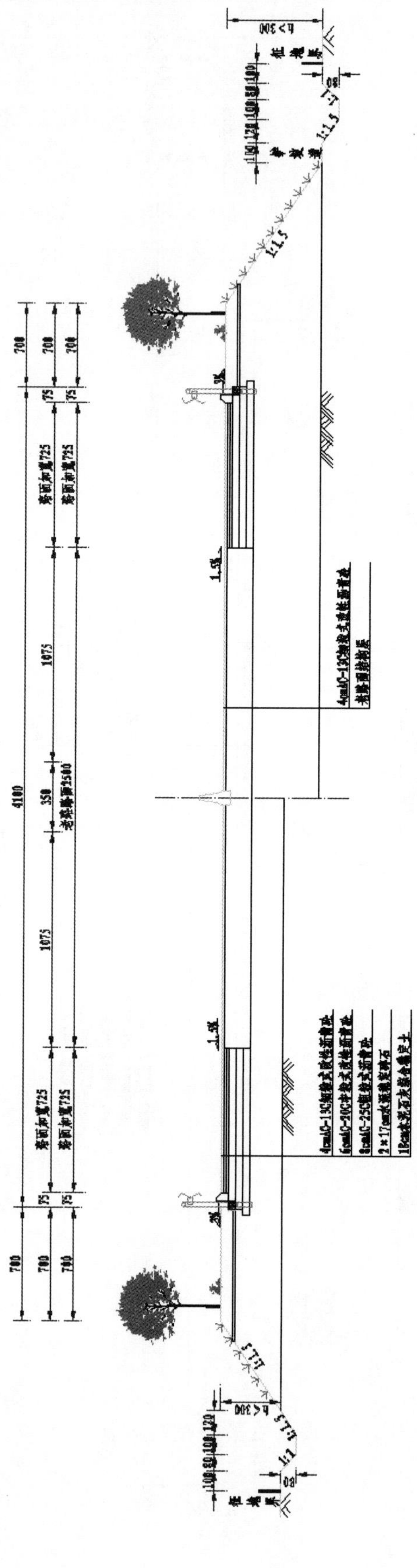

（f）K27+296.5-K31+800 整体式路基断面

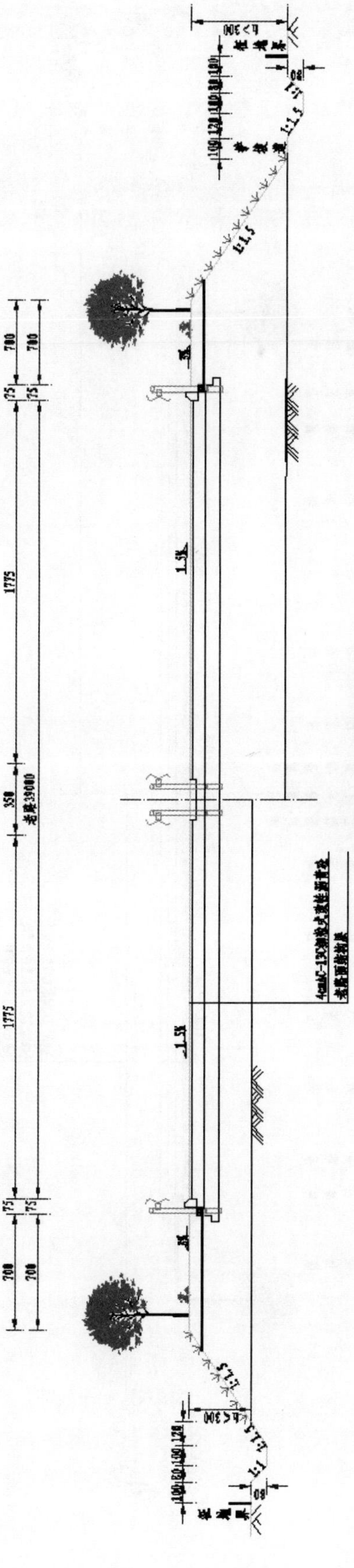

（g）K31+800–K32+370 整体式路基断面

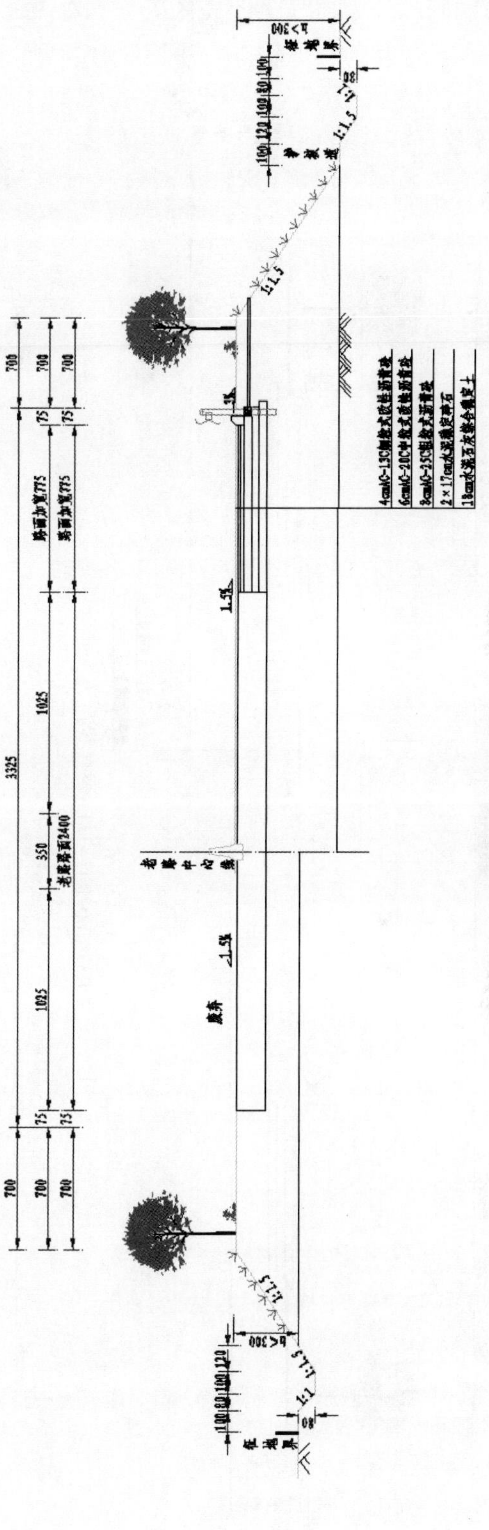

（h）K32+370–K33+100 整体式路基断面

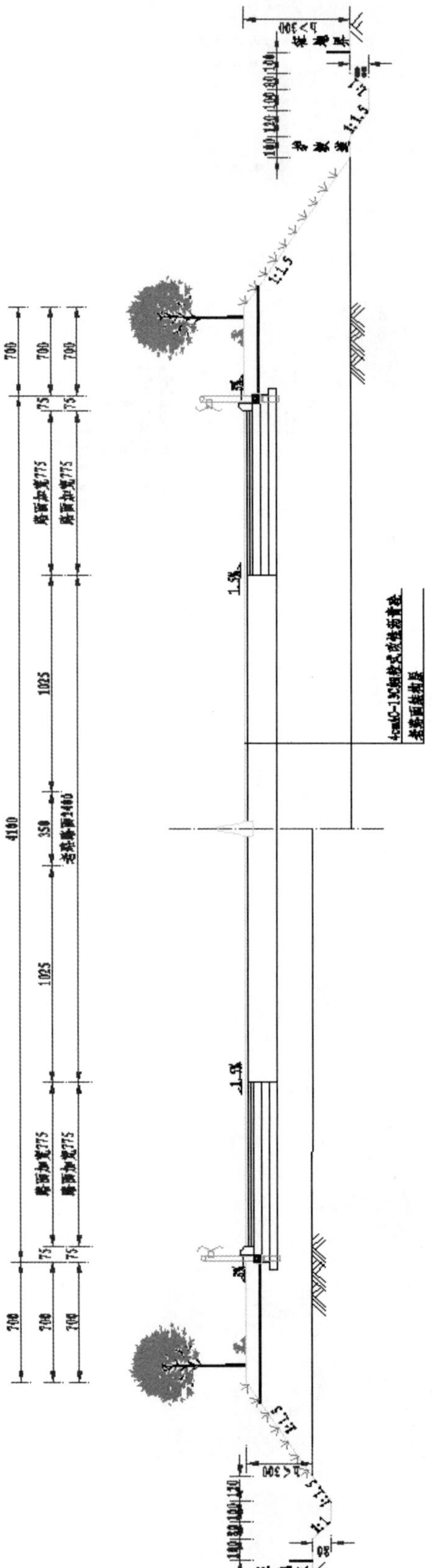

（i）K33+100–K43+373.6 整体式路基断面

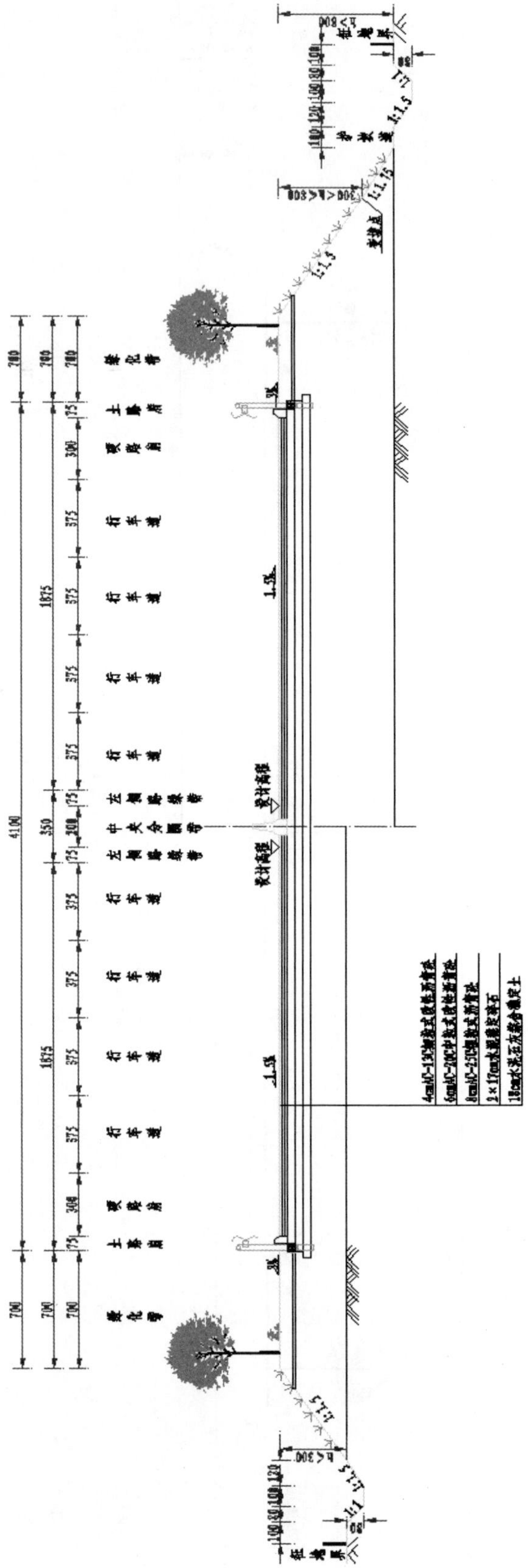

（j）南环新建路段整体式路基断面

图 11.9　整体式路基断面形式

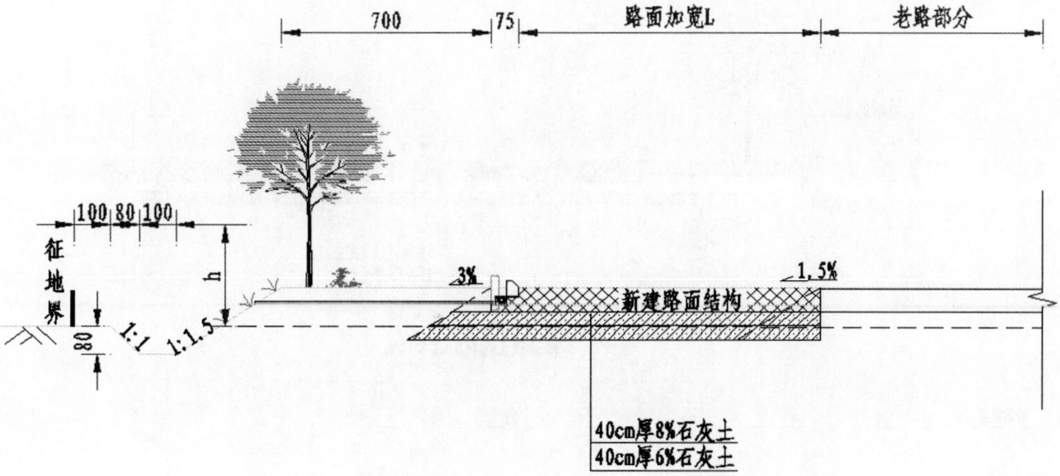

（a）填土高度小于 1.5m 路床处理设计图

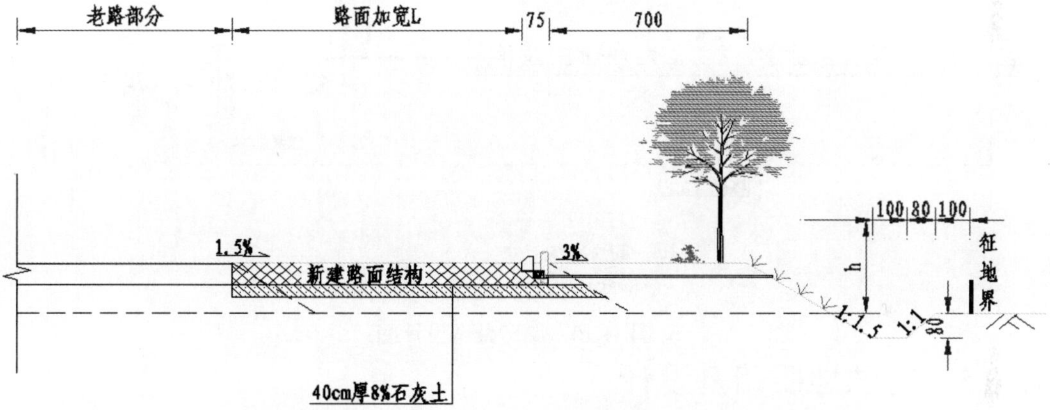

（b）填土高度大于 1.5m 小于 3m 路床处理设计图

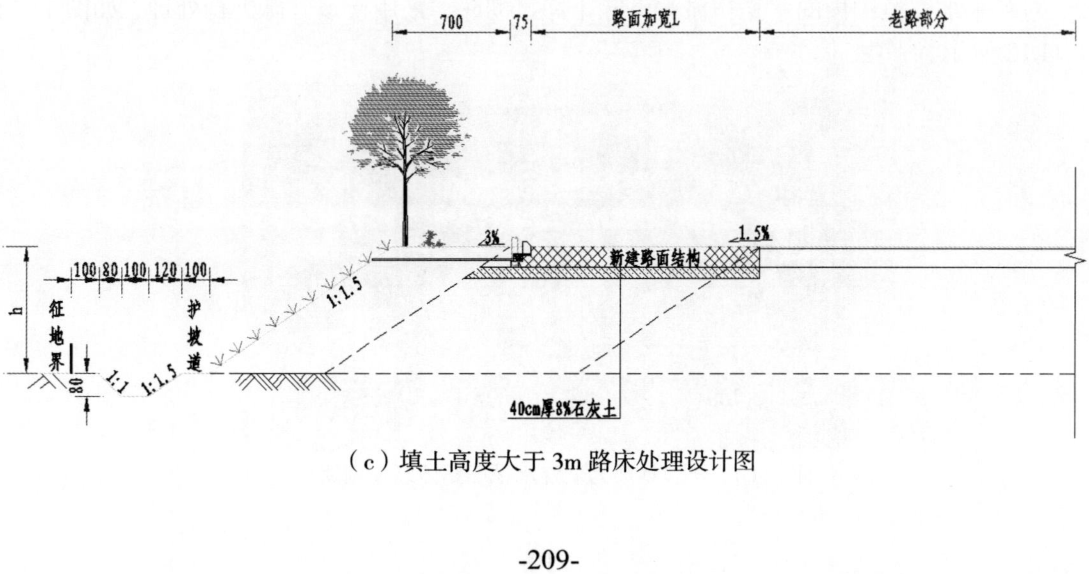

（c）填土高度大于 3m 路床处理设计图

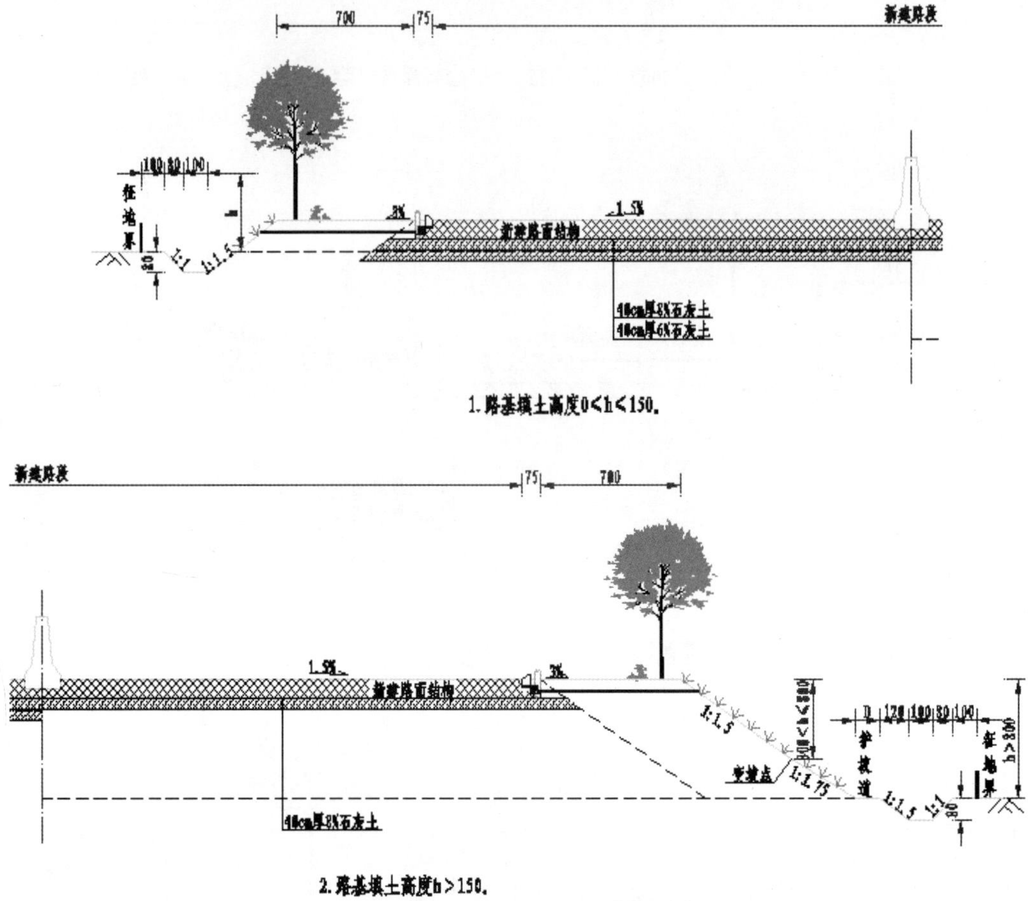

（d）新建路段路床处理设计图

图 11.10　路床处理设计图

11.10.5　特殊地质路基设计

项目主要是经过水塘及水稻田的地基处理。路基过水塘路段或单侧位于鱼塘内的路基，排水清淤后，对池塘等不良地基拟采取清淤、换填砂砾的方式进行处理。边坡用 30cm 厚 7.5 号浆砌片石防护，7.5 号浆砌片石基础要埋入清淤底面以下。原路基两侧经过水稻田路段，对路基加宽范围内的水稻田淤泥清除干净、彻底，采用换填砂砾进行处理，如图 11.11 和 11.12 所示。

图 11.11 不良地质为低洼水稻田路段及鱼塘路段

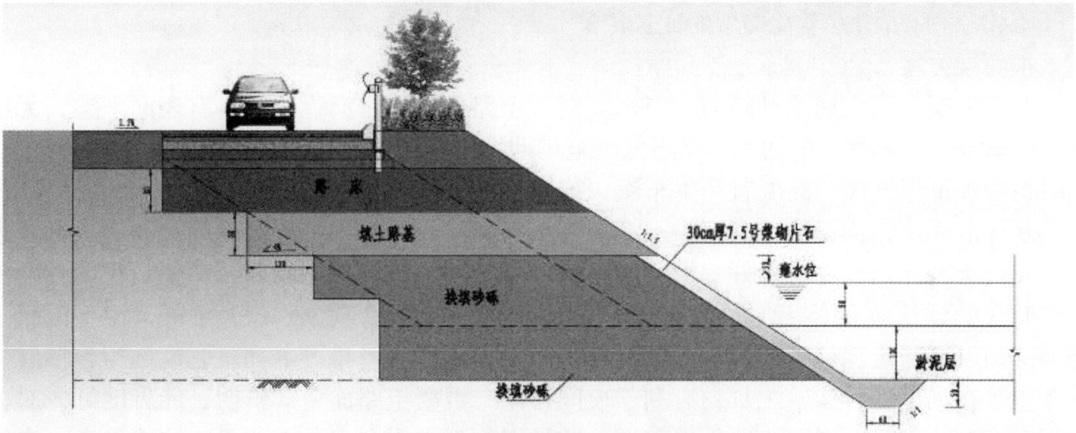

图 11.12　清淤、换填砂砾路基拼宽设计方案

水塘路段路基处理：将水排干，将塘底淤泥全部挖除后，回填砂砾，用重型压路机反复碾压，使其压密，然后在其上再铺设砂砾层，边坡挖成长 120cm、高 80cm 的台阶，填筑砂砾至壅水位上 50cm，再行填土，用素土分层回填至路床顶面下 40cm 处，分层压实，压实度为 96%。土拱横坡为 4%，向上逐层过渡。水稻田路段路基处理：将现地面下换填 40cm 厚的砂砾，再行填土，用素土分层回填至路床顶面下 40cm 处，分层压实，压实度为 96%，如图 11.13 所示。

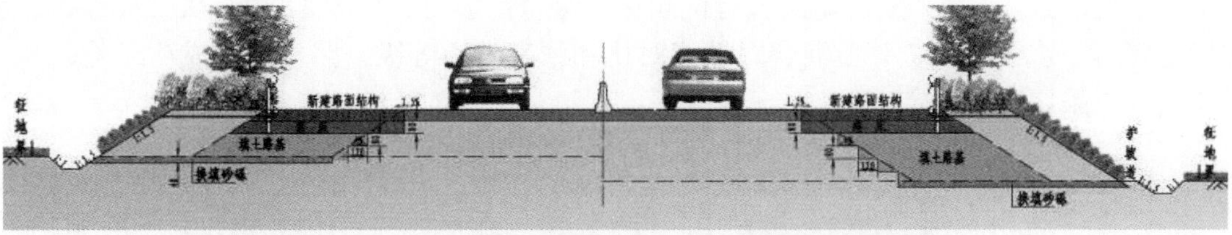

图 11.13 水稻田淤泥清除换填砂砾路基拼宽设计方案

11.10.6　路面设计

（1）设计原则

路面设计根据交通量及其车型组成和使用任务、功能、当地材料及自然条件、施工经验，并考虑到路面应具有低温抗开裂、抗水损害、高温抗车辙、耐疲劳以及平整、坚实、耐久、抗滑等多种功能的要求，遵循因地制宜、合理选材、方便施工、利于养护、节约投资的原则，结合路基填挖情况、填料性质、水文地质条件等因素综合设计。

（2）设计标准

标准轴载采用 BZZ－100，沥青混凝土路面设计使用年限为 15 年，水泥混凝土路面设计使用年限为 30 年。

（3）交通量及交通组成

根据本项目《工可报告》交通量预测结果及车型比例，交通组成见表 11.10 和表 11.11 所列。

表 11.10　路段平均交通量预测

年　份	2014	2020	2028	2033	单位
全　段	22661	33754	48894	56682	小客车辆/日

表 11.11　实测车型比例

	小货	中货	大货	小客	大客	拖挂
比例/%	5.4	11.08	3.88	53.37	3.52	22.74

（4）路面结构方案及类型的比选论证

①面层方案

沥青混凝土路面属柔性路面，与水泥混凝土路面相比，沥青路面具有表面平整、无接缝、行车舒适、耐磨、振动小、噪声低、施工期短、养护维修简便、适于分期修建等优点；同时也存在低温开裂、高温宜产生车辙、抗弯强度较低等缺点。

水泥混凝土路面属刚性路面。水泥混凝土路面具有很高的抗压强度和较高的抗弯拉强度以及抗磨耗能力；稳定性好，混凝土路面的水稳性、热稳性均较好，特别是它的强度能随着时间的延长而逐渐提高，不存在沥青路面的那种“老化”现象；耐久性好，由于混凝土路面的强度和稳定性好，所以它经久耐用，一般能使用 20～40 年，而且它能通行包括履带式车辆等在内的各种运输工具；有利于夜间行车，混凝土路面色泽鲜明，能见度好，对夜间行车有利。但是，混凝土路面也存在一些缺点：对水泥和水的需要量大，造价高；有接缝，不但增加施工和养护的复杂性，而且容易引起行车跳动，影响行车的舒适性；开放交通推迟；修复困难，混凝土路面损坏后，开挖很困难，修补工作量也大，且影响交通。

为此，依据《工可报告》批复及当地成功经验，主线行车道、被交道、桥面铺装沥青层、路缘带、硬路肩及中央分隔带开口段拟采用沥青混凝土路面；超限超载站拟采用水泥混凝土路面。

②基层。二灰碎石、水泥稳定碎石、水泥粉煤灰碎石是河南省高速公路主要的基层、底基层结构形式。3 种半刚性基层各有优缺点，综合性能对比见表 11.12。从二灰碎石、水泥稳定碎石、水泥粉煤灰碎石混合料性能对比和河南省高等级公路建设的成功经验，本项目路面基层采用水泥稳定碎石。

表 11.12　半刚性基层对比

性能	二灰碎石	水泥稳定碎石	水泥粉煤灰碎石
强度	早期强度较低，后期增长也缓慢	7 天无侧限抗压强度较高	早期强度较低，后期增长较快
刚度	板体性一般	板体性较高	板体性一般
冰冻稳定性	具有较强的抗冻性	具有较高的抗冻性	具有较高的抗冻性
抗冲刷能力	一般	具有较强的抗冲刷能力	具有较强的抗冲刷能力
收缩性	不易产生收缩裂缝	干缩系数大，易产生收缩裂缝	不易产生收缩裂缝
和易性	较好	一般	较好
施工周期	长，不利于快速施工	短，快速施工方便	短，快速施工方便

③底基层方案。水泥石灰土、二灰碎石、二灰砂砾均可用于一级公路的底基层。现场调查沿线砂砾较少，也不适用于路面材料，考虑到经济原因，底基层采用水泥石灰土。

（5）新建加宽路面设计

①设计标准及设计理论。设计标准：沥青路面以双轮组单轴 100kN 为标准轴载，设计年限 15 年。设计理论：沥青路面结构计算采用双圆垂直均布荷载作用下的多层弹性体系理论，层间接触条件为完全连续体系，以路表面设计弯沉值和弯拉应力作为设计指标进行路面结构分析、计算。

②工程自然区划。工程位于公路自然区划属Ⅱ5 区，土质为低液限黏土。

③土基回弹模量的确定。本路段土质不满足路床要求，需进行处理，考虑到本项目为国道主干线，保持路基密实、稳定、耐久可以提高路面服务水平、延长道路使用寿命，因此，对上路床采用 8%灰土处理，结合河南省以往一级公路路床处理效果及弯沉、回弹模量值检测对比结果，本路段土基回弹模量取 50MPa。

④交通组成、交通量及轴载计算。根据交通量及交通组成，结合本项目横断面布置形式，车道系数取 0.25，设计年限 15 年，得出累计当量轴次 2050（万次），设计弯沉值 20.7（0.01mm）。

⑤路面结构层组合的选取及验算。根据本项目交通量特点，结合设计弯沉值的计算结果，本项目交通量属于特重交通，其中大型车所占的比例较大，本项目的路面结构层的选取应满足以下要求：表面层有足够的抗滑、耐磨及密水性，中面层具有足够的抗车辙能力，下面层有足够的强度并具有向基层过渡的特性。根据以上原则，本次设计推荐新建路面结构形式为：

4cm 厚细粒式改性沥青混凝土上面层（AC－13C）
6cm 厚中粒式改性沥青混凝土中面层（AC－20C）
8cm 厚粗粒式沥青混凝土下面层（AC－25C）
34cm 厚水泥稳定碎石基层
18cm 厚水泥石灰稳定土底基层

按照以上选取的路面结构形式进行路面验算，路面结构设计参数见表 11.13 所列。

表 11.13　路面结构设计参数

路面结构层	抗压回弹模量 E_0/MPa,20℃	抗压回弹模量 E_P/MPa,15℃	劈裂强度 /MPa	层底容许拉应力/MPa	厚度 /cm
AC－13C 改性沥青混凝土	1400	2000	1.4	0.38	4
AC－20C 改性沥青混凝土	1200	1800	1.0	0.27	6
AC－25C 沥青混凝土	1000	1200	0.8	0.20	8
水泥稳定碎石	1500	1500	0.5	0.22	34
水泥石灰稳定土	550	550	0.25	0.08	18
路床（掺石灰改良）	50				

根据以上所选参数，各结构层验算结果见表 11.14。

表 11.14　路面结构层验算

路面结构层	层顶弯沉（0.01mm）	层底最大拉应力/MPa
AC－13C 改性沥青混凝土	20.4	－0.192
AC－20C 改性沥青混凝土	22.3	－0.020
AC－25C 沥青混凝土	25.2	－0.032
水泥稳定碎石	29.8	0.104
水泥石灰稳定土	151.0	0.057
路床（掺石灰改良）	232.9	

根据计算结果可见，所选路面结构层组合满足本项目要求。

（6）老路改建路面设计

本项目公路原路基宽 23m，路面宽 22m，水泥混凝土路面。由于历年大中修和改建，现有路面宽度在 22 ~ 25m 之间，路基宽度在 35 ~ 45m 之间，并在原有基础上进行了沥青罩面。本次设计在老路病害调查的基础上，根据老路路况评价结果对原路面进行改造加铺，拟分两种情况对老路进行改造：路面病害较轻的一般路段，对老路进行病害处理后，施工时和加宽部分一起整体加铺 4cm 厚 AC－13C 细粒式改性沥青混凝土。

①路面病害较严重路段（K0+000 ~ K14+570 段），选定 3 种方案进行比较。

（a）推荐方案

对于原国道 EG107 路面，采用挖除原路面全部沥青混凝土，然后将原水泥混凝土面板进行破碎，要求破碎成 30cm 左右的碎块，并进行冲击碾压，然后用细集料灌缝，可掺入一定量水泥，以提高其整体强度，作为路面下基层使用。整平后，与加宽部分同时铺筑 17cm

厚水泥稳定碎石上基层，然后设置乳化沥青下封层，并依次铺筑与加宽部分相同的沥青混凝土面层。

（b）比较方案一

对老路病害进行表面处理，对局部破坏严重的路面挖除回填，然后和加宽部分一起整体加铺 4cm 厚 AC－13C 细粒式改性沥青混凝土。

（c）比较方案二

首先将原有老路沥青混凝土刨铣，再往下挖除老的水泥混凝土面板厚 24cm，由于原水泥板下存在脱空等病害，设计按水泥板下部分进行掺灰处理，处理厚度为 20cm，并进行压实，使其达到底基层应有强度，然后，与加宽部分同时铺筑 17cm 厚水泥稳定碎石上基层，设置乳化沥青下封层，并依次铺筑与加宽部分相同的沥青混凝土面层如图 11.14 所示。

②路面病害较严重路段（K0+000～K14+570 段），3 种方案比选。

（a）推荐方案

采用对原路面沥青面层全部挖除，然后对原水泥混凝土板进行破碎补强，可以彻底解决国道 EG107 原路面所有问题，尤其是反射裂缝和路面车辙，提高路面的整体强度、平整度，工程造价较小。但施工时多锤头碎石化技术要求较高，同时，新老路面需搭接处理，路面标高需抬 23cm 左右，在结构物附近需顺坡，废料较多，必须采用合理的废料利用方案来解决，对工期和保通有影响。

（b）比较方案一

本方案将局部破坏严重的路面挖除回填，造价低、工期短、保通易，但只采用简单的加铺，下部病害依然没有得到根治，耐久性不足，易出现裂缝反射，达不到老路改善目标。

（c）比较方案二

该方案可以解决国道 EG107 原路面的反射裂缝和路面车辙等问题，路面强度有所提高，平整度有保证。并且，新老路统一施工，没有拼接缝，施工方便，施工质量有保证。但是，方案投资大，废料多，对工期和保通有较大影响。综合以上方案比选，选择推荐方案作为本次设计方案。

（7）材料要求及配合比

①材料要求

路面用沥青、水泥、碎石、砂（砾）、矿粉等材料的质量应符合交通部有关行业规范规定的技术指标要求。采用玄武岩作路面面层粒料，沥青应符合重交通道路石油沥青要求的 70A 级沥青并掺加 SBS 改性剂。

②配合比

水泥定碎石基层水泥设计含量为 4.5%，水泥稳定碎石基层 7d 无侧限抗压强度为 4.5MPa。水泥石灰稳定土底基层设计参考配合比为水泥：石灰：土=3：10：87，7d 无侧限抗压强度为 0.7MPa，施工时需根据设计强度确定最终配合比。

11.11　本章小结

本章开展了现场调查和钻芯取样室内试验，主要阐述了国道 EG107 的设计施工方案，主要研究结论如下。

①因为该路段是由原旧水泥混凝土路面碎石化后加铺了沥青混凝土面层，整个路段弯沉代表值不大；沿线弯沉的检测值变异系数较大，说明现路面结构强度极其不均匀。

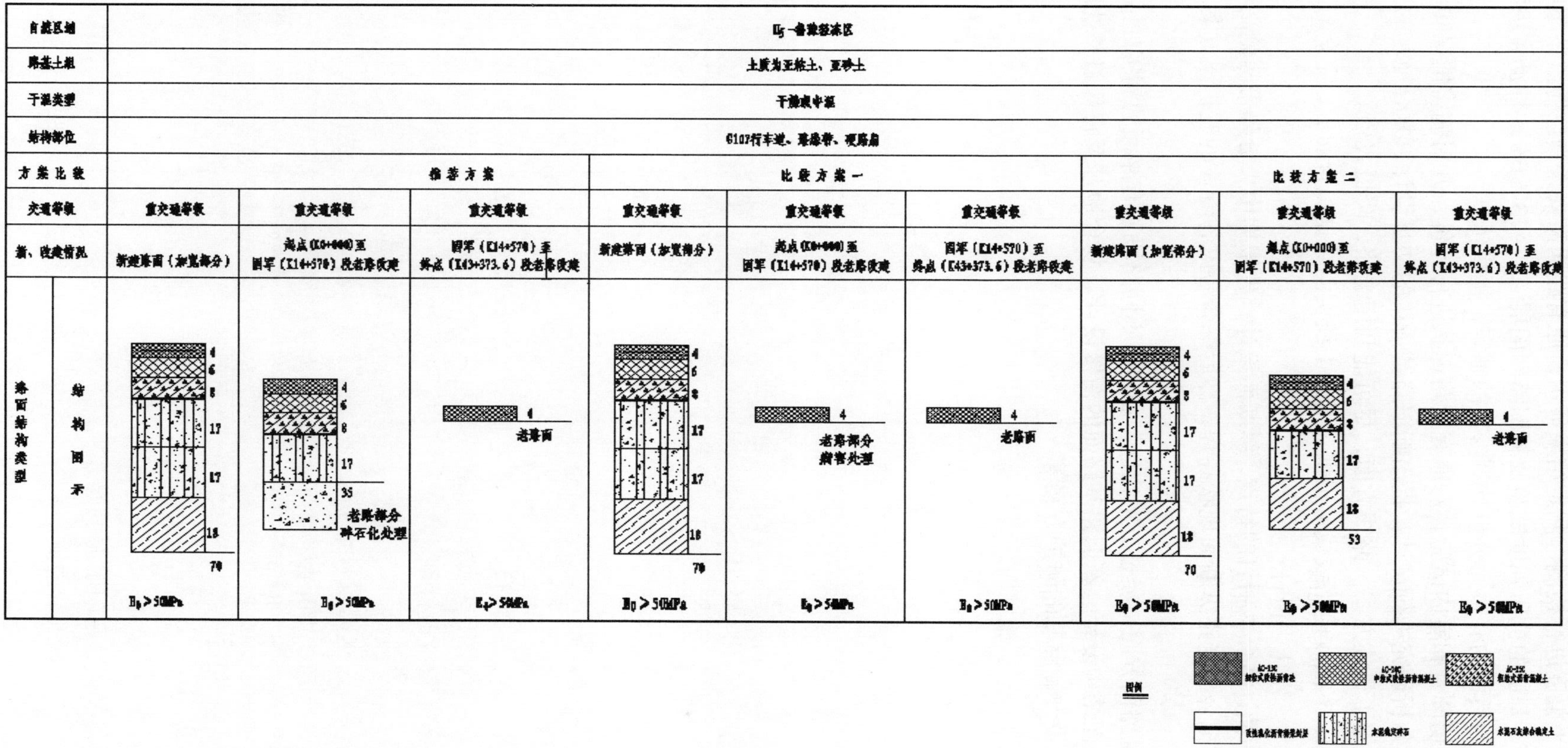

图 11.14　路面病害较严重路段方案比选

②对路面平整度进行检测，测定结果显示，原有路面需要大修。通过钻芯取样，路面的空隙率试验、基层的抗压强度试验及新旧路面面层 AC－13 SBS 改性沥青级配组成确定等室内试验，为后面的有限元分析计算参数的确定，提供依据。

③根据现场调查和室内试验，对原有道路现状进行评价，并对病害情况和路面结构不同的路段分段分析研究进行设计。提出新旧路基衔接的初步设计，复合地基的处理方案进行了比选，选定了最佳方案。路线方面，尽可能利用老路，降低投资。

（a）平面：本次改建路线线形根据对老路中线实测数据拟合而成，完全与老路线形保持一致。

（b）纵断面：结合本项目的特点，纵断面设计首先根据中央分隔带两侧高程及硬路肩外侧高程分别拟合出老路纵断面现状高程，然后综合考虑各专业的改扩建方案及旧路改善方案。

（c）路基路面方面：经过方案比选，制定出不同路段原有路面的病害处治初步设计、新建部分的路面结构设计、新旧路基路面的衔接设计、复合地基及特殊路基处理设计、路基路面的排水设计和路基的防护方案等。

第 12 章　EG107 拓宽路基衔接路面拼接力学特性分析

本章主要开展新旧路基衔接工程设计与验算，应用有限元分析软件，分别在标准轴载和重交通作用下，比较 A 方案（只加铺面层）和 B 方案（刨掀原有道路面层，重新铺筑和新建路面面层相同的结构），验证设计方案的实用性和合理性。

12.1　新旧路基衔接处理方案及控制标准

12.1.1　新旧路基衔接设计

鉴于原公路经过近 20 年的运营，路基的密实度较高，稳定性较好，为防止路基加宽期间影响道路行车，故在路基拼宽前，首先对拼宽范围内原地表 20cm 厚进行清表换填，然后清除边坡 20cm 厚种植土，边坡清除后按照 1∶1.5 的坡率进行挖台阶施工。台阶宽 1.2m，台阶底做成向内倾斜 4%的坡度，见图 12.1。

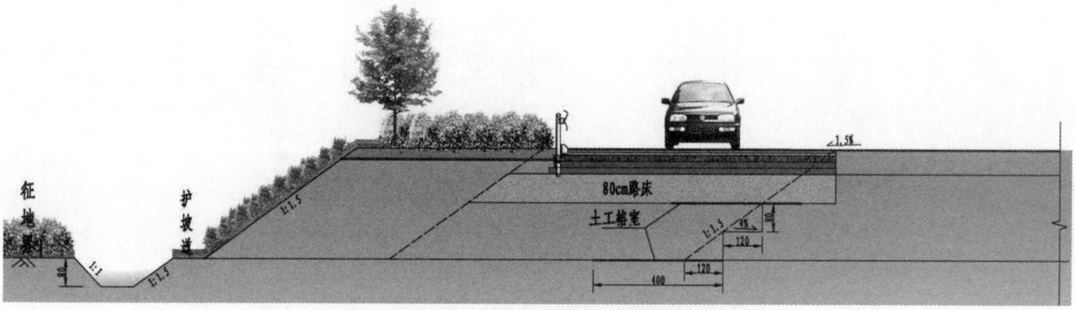

图 12.1　路基拼宽设计方案

路基填土高度小于 1.5m 时，不需做衔接处理，直接做路床处理；路基填土高度大于等于 1.5m 时，路基要挖台阶处理；路基填土高度大于 3m 时，加宽部分路基基底及路床底铺设一层钢塑土工格栅。为保证老路通行，边坡种植土的清除和挖台阶施工可以随着路基填土高度增加而逐一进行，必要时施工可采用插钢板桩等措施进行临时支护，以保证行车安全，如图 12.2 和图 12.3 所示。施工前沿老路边坡清表，然后沿清表后的边坡由上往下开挖台阶，台阶宽度 120cm，向内倾坡度为 4%。其中路基填土高度大于 3m 路段设置护坡道，宽度 1m。新旧路基衔接时加宽路基做 40cm 的路床处理，路基填土高度小于 1.5m 时不需挖台阶，直接做路床处理。当路基高度大于 1.5m 而小于等于 3m 时，仅做台阶处理，不加铺土工格室。路基填土高度大于 3m 时，路基底铺设一层土工格室，再在（$H-1.5$）m 处铺一层土工格室，土工格室伸入新路基的长度为 2.8m。采用高强土工格室：延伸率≤15%，抗拉强度≥150kN/m，网格尺寸 25cm×25cm，格室高度 5cm，展开尺寸 4×12.5m =50m（整幅为单根筋带制成），土工格室在铺设时，应均匀张拉，用 U 形钢钉固定。

12.1.2　冲击碾压

为了降低新旧路基两侧的不均匀沉降，在新建路基部分采取冲击碾压的设计方案。具体设计方案如下，如图 12.4 所示。

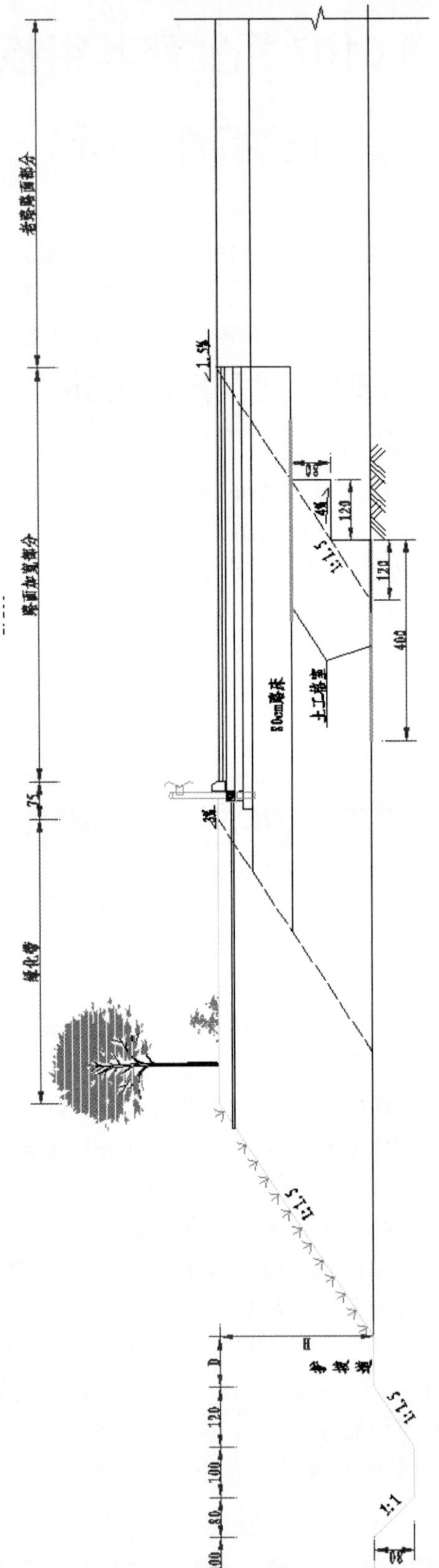

图 12.2 新旧路基衔接设计图

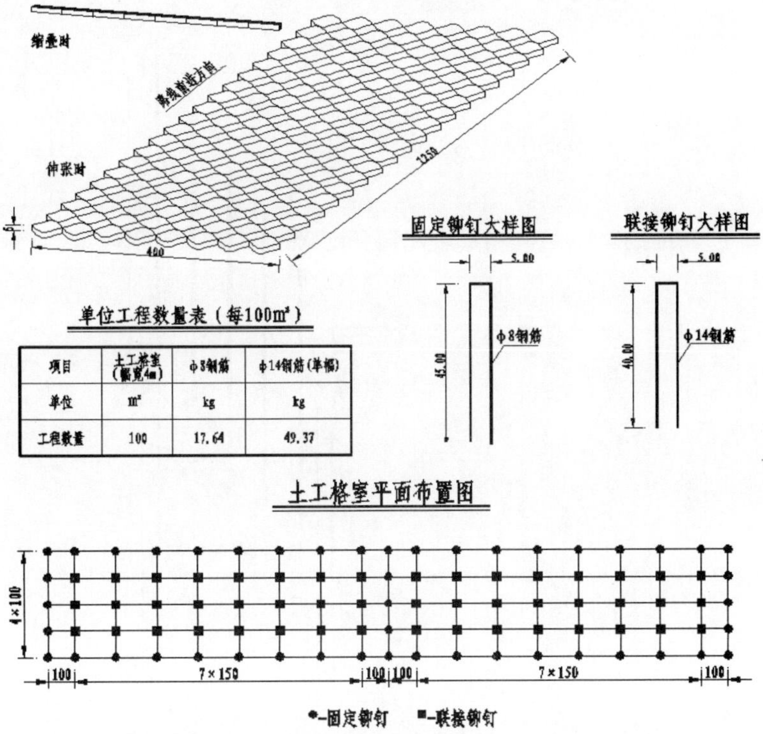

项目	土工格室（幅宽4m）	φ8钢筋	φ14钢筋（单幅）
单位	m²	kg	kg
工程数量	100	17.64	49.37

图 12.3　路基拼宽土工格室设计方案

老路加宽路段应对老路两侧的绿化带土方开挖至原地面线，地表填前碾压后，再采用三边型 25kJ 冲击压路机进行冲击压实；为提高路堤填土压实的均匀性，在对上、下路堤填土分层压实后，由上至下每填 1.6m 高，再利用 25kJ 冲击压路机进行冲击压实，路堤最后一层冲击压实厚度控制在 0.8～1.6m。经试验段验证，冲击 20 遍后的平均沉降量若小于 30mm，则不需要进行冲击增强补压，单层补压遍数一般不超过 20 遍，如图 12.4 所示。

12.1.3　特殊地基处理

复合地基是指天然地基在地基处理过程中部分土体强度增大，或被置换，或在天然地基中设置加筋材料。目前，复合地基处理一般有排水固结法的碎石桩、砂桩，柔性的水泥搅拌桩及半刚性的 CFG 和预应力管桩（PTC 桩）。因碎石挤密桩、水泥搅拌桩相对于 CFG 桩、预应力管桩而言均为柔性桩，加固地基的效果不及 CFG、预应力管桩，水泥搅拌桩还存在有效桩长问题，碎石桩还具有排水固结的作用，在加宽路基施工过程中不宜采用。

根据方便施工、利于检测、满足要求、节约投资的原则，进一步对复合地基方案进行了比选，最终推荐预应力管桩处理地基，对于边坡预应力管桩难以施工的情况，可采用挖孔 CFG 代替，见表 12.1 所列。预应力管桩处理地基设计图如图 12.5 所示。

表 12.1　地基处理方案经济技术比较

处理面积	处理方案	桩体布置与数量			造价万元	方案比选
		桩距/m	根数/根	总长/m		
1000m²	水泥搅拌桩	1.3	683	8879	8879×35=31.08	比较方案
	CFG 桩	2.0	289	2890	2890×92=26.59	比较方案
	PTC 管桩	2.8	128	1280	1280×145=18.56	推荐方案
技术比较	水泥搅拌桩：存在有效桩长问题，施工质量不易控制和检测；处理深度一般不大于 15m。 CFG 桩：一般采用的震动法对老路影响较大，挖孔法功效不高，施工技术要求高。 PTC 管桩：指定厂家统一预制、鉴定，桩体质量易控制；静压法施工，造价低、效果好。					

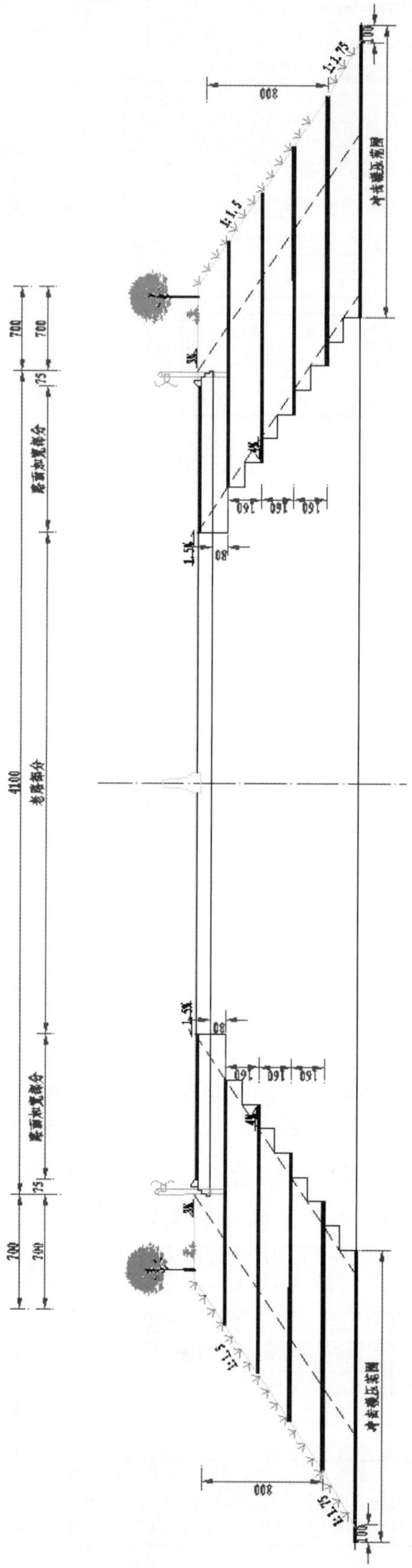

图 12.4　冲击压路机加宽路基冲击压实

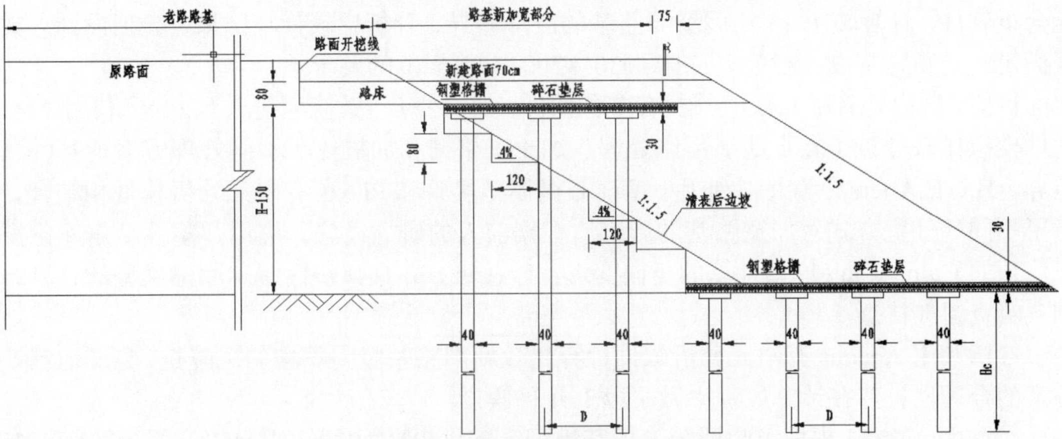

（a）预应力管桩处理横断面设计图

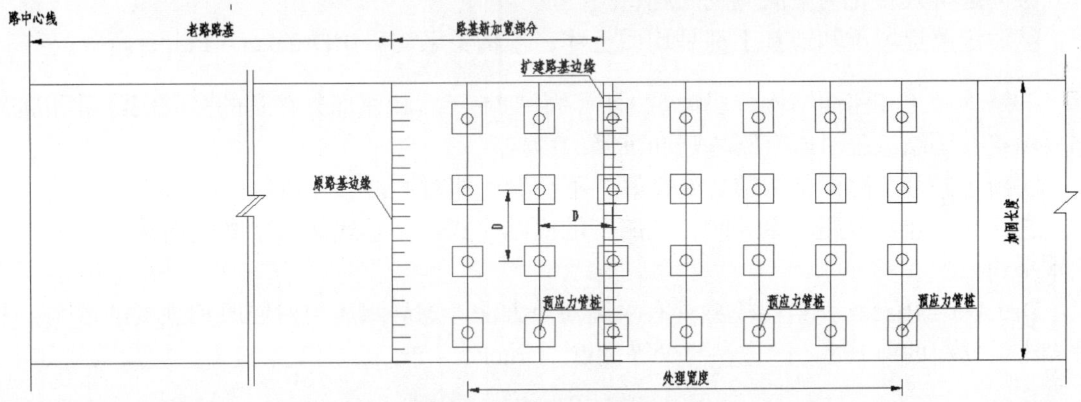

（b）预应力管桩处理平面设计图

图 12.5　预应力管桩处理地基设计图

12.1.4　路基沉降控制标准

原老路设计工后沉降与新路基拼接后的设计工后沉降量不大于《公路路基设计规范》相应要求，即一般路段工后沉降小于 30cm，箱涵通道处工后沉降小于 20cm，桥头过渡段工后沉降小于 10cm。老路基中心与拓宽部分中心线的横坡度增加值小于 0.5%，即该两点的工后差异沉降应小于 0.5%×两点的水平距离 h。拼接路基施工后，原路中心附加沉降增量应小于 4cm。

12.2　数值模拟方法与新旧路基衔接模型建立

12.2.1　有限元方法

国道 EG107 路基原四车道拓宽为八车道，其中 K27+297 ~ K31+800 段，原路基宽 25m，采取双侧加宽，每侧加宽 7.25m，新建路基宽 41m。结构沿路基中心对称分布，模型选取结构的一半分析。路基填土高度取 8m，边坡坡率为 1∶1.5。地基的不均匀沉降在道路改扩建项目中是十分关键的问题，历年来对地基处理设计方案和分析方面都做了大量的研究。

地基的沉降从时间上划分为初始沉降、固结沉降和次固结沉降。而次固结是从主固结结束后一次荷载作用下开始。次固结引起的变形缓慢，变形小，且历时久。根据有关研究表明，按 50 年计算，次固结沉降引起的变形只占总沉降的不到 10%，因此，计算地基沉降的时候，忽略次固结沉降或者利用修正次数计算到固结沉降中。本项目中利用 Abaqus 有限元分析软件，计算竣工 15 年后新旧路基的沉降差异，分析比较计算结果，验证设计方案是否满足《公路路基设计规范》(JTG D30—2004) 等规范的要求。

目前，国内外有限元数值分析有多种软件，如廖公云、黄晓明等人(2008)利用 Abaqus 软件模拟比较分析了软土地基不作处理、加土工格栅和加桩体等不同处理方案地基的沉降差异。H.G.B.Allersm 等人则利用小型离心机模型实验和 Plaxis 有限元分析软件相结合，分析了不同的加宽方式对加宽路基的影响。根据前人的研究经验，应用弹塑性摩尔库伦模型或修正的 Cam－Clay 模型计算的竖向变形比较接近，并且弹塑性摩尔库伦模型的计算结果和实测资料较接近。

本章利用 Abaqus 有限元分析软件计算比较新旧路基竖向不均匀沉降量，验证地基处理方案的合理性，并在计算过程中做了以下几种假设。

①路堤足够长，根据黄晓明等人把三维固结转化为平面应变固结的等效转换研究理论，把三维问题等效转化为平面应变问题；

②假定路堤填土和地基土都是均质土体，本构关系均采用Drucker－Prager模型；

③路堤填土和路面结构分层铺筑，计算固结 15 年后新建部分路基的竖向沉降量和加宽部分填筑及固结过程对原有路基竖向沉降的影响；

④新老路基、路面结构结合处良好，不会发生相对的滑移和错位、脱离；

⑤认为新建部分路基填筑时，老路基的固结完成，路基底面水平和竖向约束，宽度外侧水平约束。

Drucker－Prager 弹塑性模型具有采用简单方法考虑静水压力对屈服和强度的影响，考虑岩土类材料的剪胀性，计算参数少等优点。Drucker－Prager 模型中应力—应变关系如下：

$$\delta\varepsilon_{ij} = \frac{\delta I_1}{9k}\delta_{ij} + \frac{\delta s_{ij}}{2G} \tag{12.1}$$

$$\delta\varepsilon_{ij} = k\delta\varepsilon_{kk}\delta_{ij} + 2G\delta e_{ij} - d\lambda\left(-3k\alpha\delta_{ij} + \frac{Gs_{ij}}{\sqrt{J_2}}\right) \tag{12.2}$$

由式(12.2)可得

$$\mathrm{d}\lambda = \frac{-3\mathrm{k}\alpha\delta s_{kk} + \delta\theta_{mn}\dfrac{Gs_{ij}}{\sqrt{J_2}}}{9k\alpha^2 + G} \tag{12.3}$$

其中：α，k—土体的黏聚力 C 和内摩擦角 φ 来表示如下：

$$\alpha = \frac{\sin\varphi}{3(3 + \sin^2\varphi)} \tag{12.4}$$

$$k = \frac{\sqrt{3}\cos\varphi}{\sqrt{3 + \sin^2\varphi}} \tag{12.5}$$

自 1941 年比奥固结理论提出至今，随着时代的发展，人们对这一理论不断探索和逐步完善，尤其是近几十年来，电子计算机技术和有限元法的发展，为这一理论的迅速发展提供了有利契机。从此比奥固结方程可以解决非均质材料、非线性应力—应变关系及复杂边界条件的问题。

Sandhu 和 Wilison 在 1969 年利用变分原理提出比奥固结方程的有限元法方程，他们对位移取二次插值模式，对孔隙压力取线性模式。Christian 和 Bochmer1970 年将有限元和有限差分法相结合推导出有限元法方程。沈珠江 1977 年对位移和孔隙压力都取线性模式，推导了比奥固结方程的有限元法方程。殷宗泽等人在 1978 年根据虚位移原理和流量平衡关系推导了类似的有限元方程。土体的固结包括水的渗流和土的变形，比奥固结理论较好地结合了两者。土体的连续微分方程如下：

$$
\begin{cases}
-\dfrac{\partial}{\partial x}\left[D_{11}\dfrac{\partial u}{\partial x}+D_{12}\dfrac{\partial v}{\partial y}+D_{13}\left(\dfrac{\partial u}{\partial y}+\dfrac{\partial v}{\partial x}\right)\right] \\
-\dfrac{\partial}{\partial y}\left[D_{31}\dfrac{\partial u}{\partial x}+D_{32}\dfrac{\partial v}{\partial y}+D_{33}\left(\dfrac{\partial u}{\partial y}+\dfrac{\partial v}{\partial x}\right)\right]+\dfrac{\partial u}{\partial x}=0 \\
\dfrac{\partial}{\partial x}\left[D_{31}\dfrac{\partial u}{\partial x}+D_{32}\dfrac{\partial v}{\partial y}+D_{33}\left(\dfrac{\partial u}{\partial y}+\dfrac{\partial v}{\partial x}\right)\right]+\dfrac{\partial p}{\partial x} \\
\dfrac{\partial}{\partial x}\left[D_{21}\dfrac{\partial u}{\partial x}+D_{22}\dfrac{\partial v}{\partial y}+D_{23}\left(\dfrac{\partial u}{\partial y}+\dfrac{\partial v}{\partial x}\right)\right]+\dfrac{\partial p}{\partial y}+\gamma=0
\end{cases}
\tag{12.6}
$$

式中：σ，τ—有效应力；p—孔隙水压力； γ—土体容重。

土体的连续微分方程如下：

$$
\frac{\partial}{\partial t}\left(\frac{\partial u}{\partial x}+\frac{\partial v}{\partial y}\right)-\frac{1}{\gamma_w}\left(\frac{\partial^2 p}{\partial x^2}k_x+\frac{\partial^2 p}{\partial y^2}k_y\right)=0 \tag{12.7}
$$

式中， γ_w—水的容重；k_x、k_y—土体 x，y 两个方向的渗透系数。

比奥固结微分方程是由平衡微分方程和连续性微分方程组成的，所以把式（12.6）和式（12.7）联立就是比奥固结微分方程。像这样的偏微分方程只能用数值方法来求解。

12.2.2　模型建立和计算参数

根据对称原则，选取结构的一半建立模型，左边界竖向自由，水平固定；底部边界竖向固定，水平自由；右边界竖向自由，水平固定。路堤和地基的几何参数见表 12.2 和表 12.3。

表 12.2 路堤填土 Drucker－Prager 模型参数统计表

土层	路堤填土	砂砾垫层
厚度/cm	8	40
容重/（kN/m³）	19	20
杨氏模量/MPa	20	20
泊松比	0.4	0.3
黏聚力 C/kPa	20	10
摩擦角 φ/（°）	20	30
剪胀角 ψ/（°）	0	0

表 12.3 粉质黏土计算参数统计表

材料类型	容重/（kN/m³）	黏聚力/kPa	摩擦角/（°）	泊松比	孔隙比	回弹系数	压缩系数
粉质黏土	17.8	20	20	0.31	1.02	0.02	0.07

12.3　新旧路基衔接力学特性分析

首先对老路基进行数值模拟，计算出老路基在固结完成时的沉降量，原有路基填筑过程、计算模型及竖向位移计算结果如图 12.6 至图 12.9 所示。

从图 12.8 和图 12.9 可以看出，老路基固结（竣工 15 年）完成后的工后沉降量最大为 1.52cm。

公路大部分采用水平填筑的施工工艺，除此之外，在原有路基基础上进行改扩建时，还可以采用间隙法，即先填筑扩建路基部分的外侧，在新建部分与老路基之间留下一定量的空隙，新建路基填筑部分达到一定的固结时，再把空隙部分填筑起来。

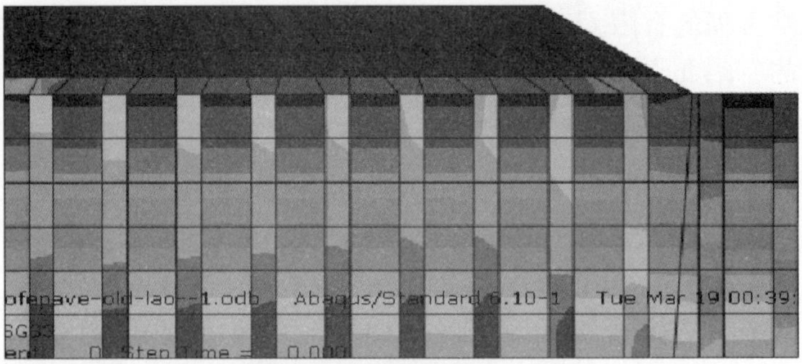

（a）原有路基填筑过程

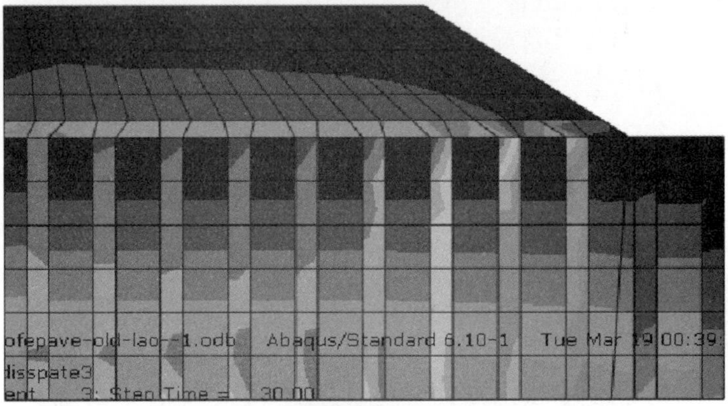

（b）原有路基填筑过程

图 12.6　原有路基填筑过程

图 12.7　原有路基计算模型

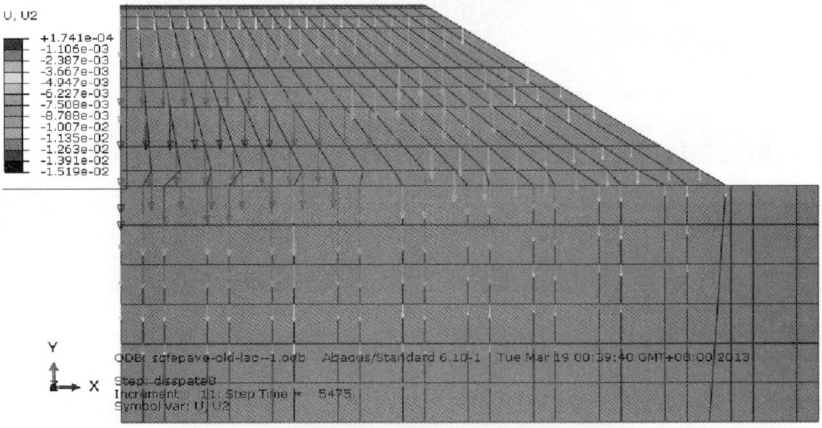

图 12.8　原有路基固结后竖向位移矢量图

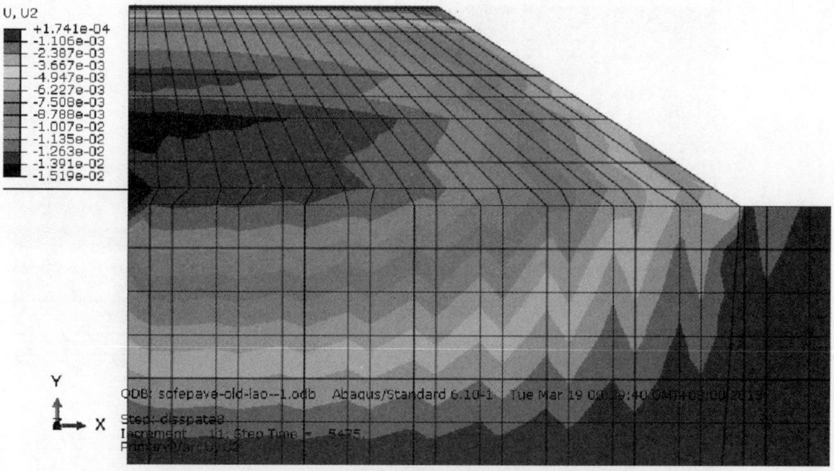

图 12.9　原有路基固结后竖向位移云图

依托工程采用的是普通直接拼接的水平填筑工艺。假设老路基和路基下的地基固结变形已完成，考虑加宽部分路基填筑施工和固结过程中对老路路基的影响。新建路基施工过程如图 12.10 所示。

计算模型网格划分图、拓宽后路基竖向位移及水平位移计算结果矢量图与云图分别如图 12.11 至图 12.17 所示。

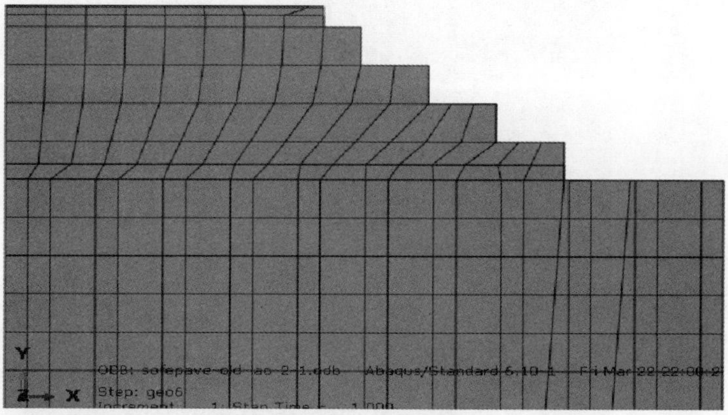

（a）老路基挖台阶过程示意图

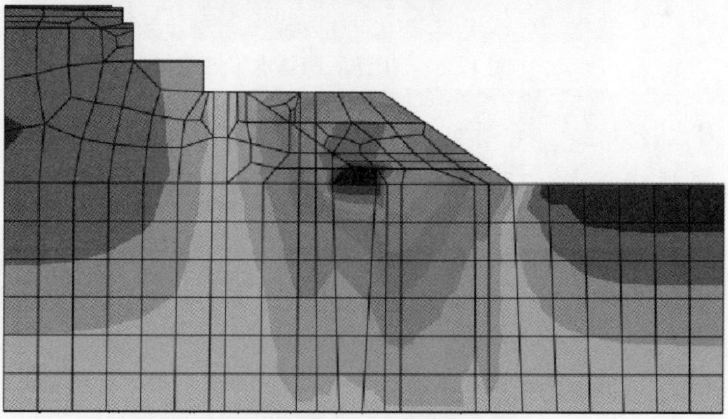

（b）新建路堤分层填筑过程示意图

图 12.10　新建路基施工过程示意图

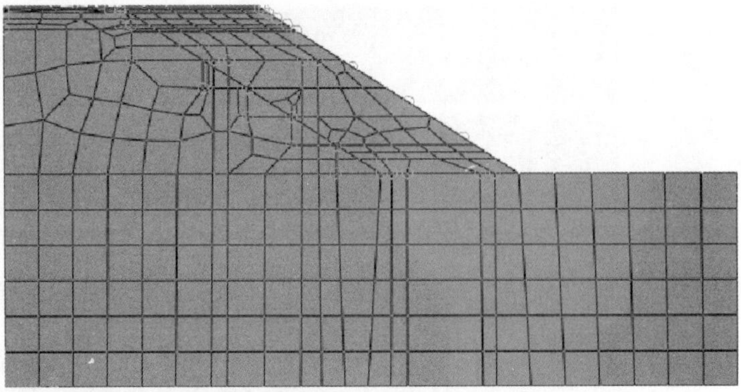

图 12.11　新建路基计算模型网格划分示意图

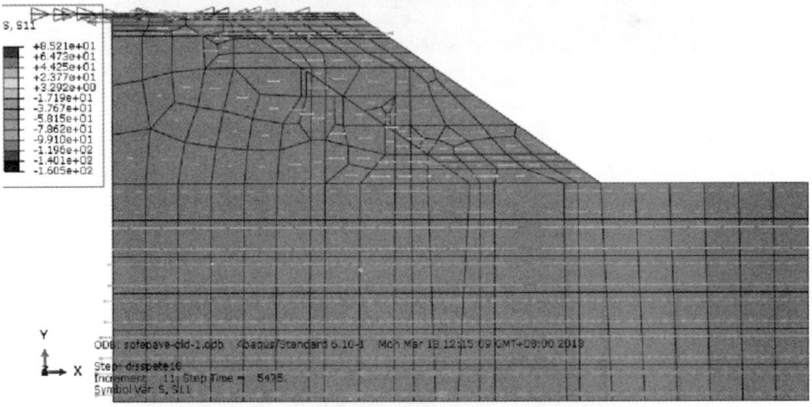

图 12.12　扩建后路基水平应力矢量图

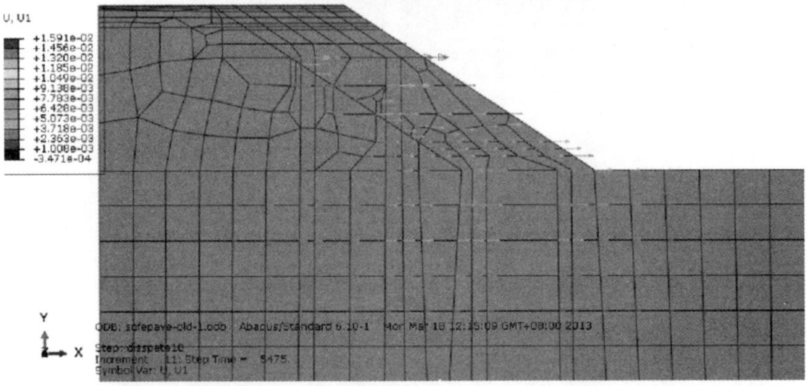

图 12.13　扩建后路基水平位移矢量图

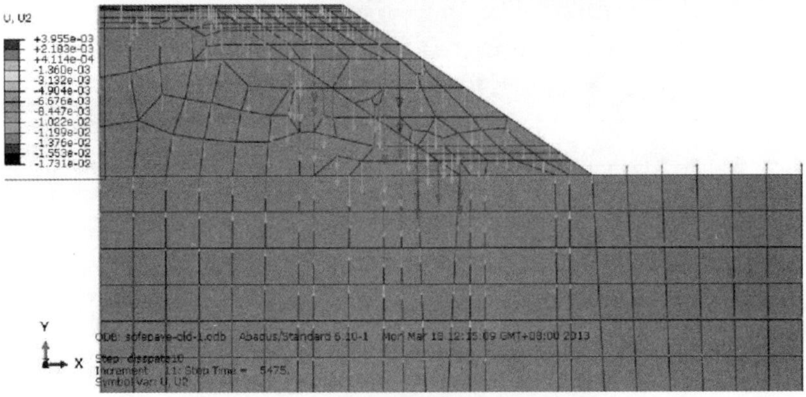

图 12.14　扩建后路基竖向位移矢量图

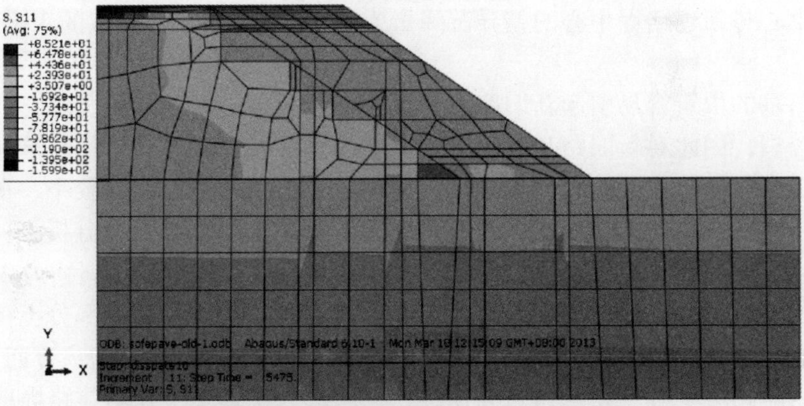

图 12.15　扩建后路基水平应力云图

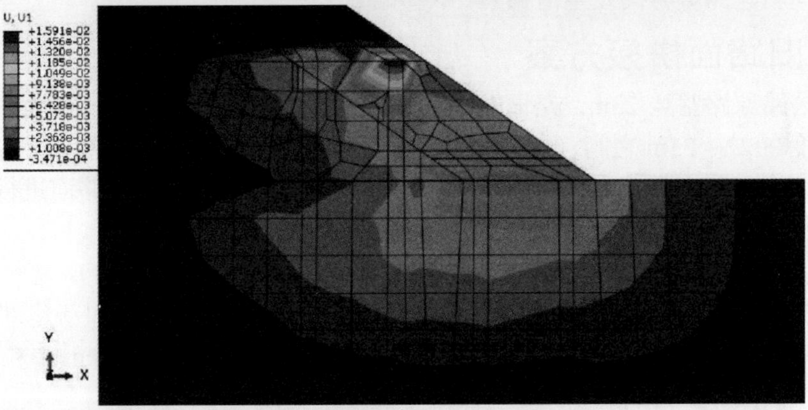

图 12.16　扩建后路基水平位移云图

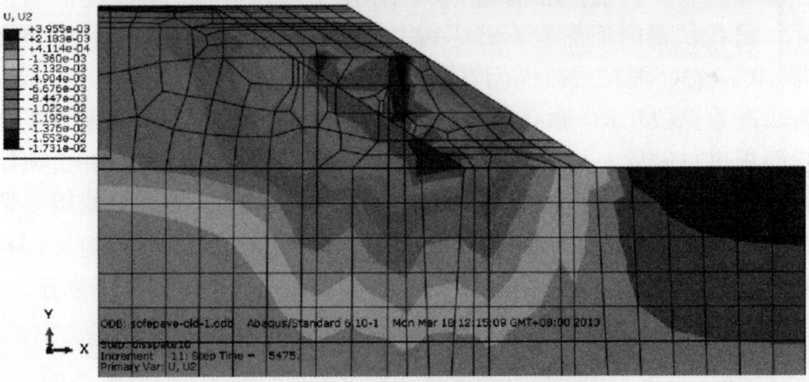

图 12.17　扩建后路基竖向位移云图

从以上各图可知，整个路基范围内最大沉降发生在拓宽路基及路基的边坡上，并以此为中心向四周发散递减。路基的沉降量随着深度的增加反而减少。在新建路基坡脚处和中心偏上的地方水平位移最大，最大为 1.59cm，在新旧路基衔接处存在最大沉降 1.58cm，并向四周扩散逐减。

对竖向位移分析，从图 12.17 中可得到以下结果。

①新建部分的路堤填筑时使原有的路堤和新建的路堤都发生了一些沉降。这是由地基固结变形引起的。新路基拼接后的设计工后沉降量为 1.45cm，满足规范要求。

②沉降已经趋于稳定的老路的路基由于边部加宽路堤荷载也会产生附加沉降，这是荷载传递的一种普遍存在的现象；老路不同位置的沉降量也不相同，从沉降云图可知，边载

引起的老路中心与新建路堤中心的差异沉降量为 0.78cm（<0.5%×两点的水平距离 h），满足规范要求。

③新建路基的填筑容易引起新旧路基衔接处与老路中心间的差异沉降，会导致原路路面和路堤的拉裂，因此对新旧路基的衔接做重点设计，减少并消除这种差异沉降。

④附加沉降在老路中心处，为 0.39cm（<4cm，满足规范要求），较小，在老路路堤坡脚处最大为 1.58cm。与王俊立《高填方路基拓宽工程差异沉降的数值分析》一文中的计算结果相比偏小，究其原因主要是依托工程无高填路基，全路段平均填高约为 2.6m。

对水平位移分析，从图 12.17 中可看出：附加荷载作用下，路基部分土往内侧即路基中心线处移动，部分土就向外侧挤出。负向位移（x 坐标为负的规定为负方向，反之为正）发生在靠近老路路堤中心及新老路路堤顶部，正向最大位移发生在新建路堤部分。填方路基表面填土向新建路基方向发生滑移。

12.4 新旧路面拼接方案

本项目公路原路基宽 23m，路面宽 22m，水泥混凝土路面。由于历年大中修和改建，现有路面宽度在 22～25m 之间，路基宽度在 35～45m 之间，并在原有基础上进行了沥青罩面。本次设计在老路病害调查的基础上，根据老路路况评价结果对原路面进行改造加铺，拟分两种情况对老路进行改造。

①只加铺一层 4cm 厚细粒式 SBS 改性沥青混凝土上面层（A 方案）。

②刨掀原路面沥青面层，将原水泥混凝土碎石化作为基层，再和新建部分一同铺筑 17cm 水泥稳定碎石上基层+8cm 粗粒式 SBS 改性沥青混凝土下面层+6cm 中粒式 SBS 改性沥青混凝土中面层+4cm 细粒式 SBS 改性沥青混凝土上面层（B 方案）。

在标准轴载和重载（3 倍标准轴载）分别作用下进行分析比较。路面病害处理方案如图 12.18 所示。开挖坑槽时应尽量不破坏病害范围以外的路面结构层。老路修补后，再通铺一层 4cm 厚 AC－13C 细粒式改性沥青混凝土如图 12.19 所示。

路面病害较严重路段（K0+000～K14+570 段），挖除原路面全部沥青混凝土，然后将原水泥混凝土面板进行破碎，要求破碎成 30cm 左右的碎块，并进行冲击碾压，再用细集料灌缝，可掺入一定量的水泥，以提高其整体强度，作为路面下基层使用。整平后，与加宽部分同时铺筑 17cm 厚水泥稳定碎石上基层，然后设置乳化沥青下封层，并依次铺筑与加宽部分相同的沥青混凝土面层。各路段路面结构设计方案如图 12.20 所示。

12.5 新旧路面拼接断离力学特征

12.5.1 应力强度因子 K

断裂力学产生于 20 世纪，发展于最近的 30 年，是研究含裂缝的结构在各种环境（包括荷载作用、温度变化、湿度变化等）下的平衡、扩展、失稳规律及其强度的一门新学科，可对结构的稳定性进行检测，其主要任务是确定应力强度因子 K 或 J 积分、裂纹面张开的最大位移，进而确定裂纹尖端应力应变场，在尖端产生的应力因子。最大位移小于材料本身的安全值，则结构在一定荷载和温度的作用下是安全的。

断裂力学根据分支和使用的范围可分为线弹性断裂力学、弹塑性断裂力学和断裂动力学。而线弹性断裂力学是其中发展较完善的一门分支。它以弹性力学的基本理论为基础，将两个裂纹面视为特殊的边界条件，通过分析裂纹附近的应力场和位移场来研究带裂纹结构的强度和疲劳寿命与裂纹长度之间的定量关系。

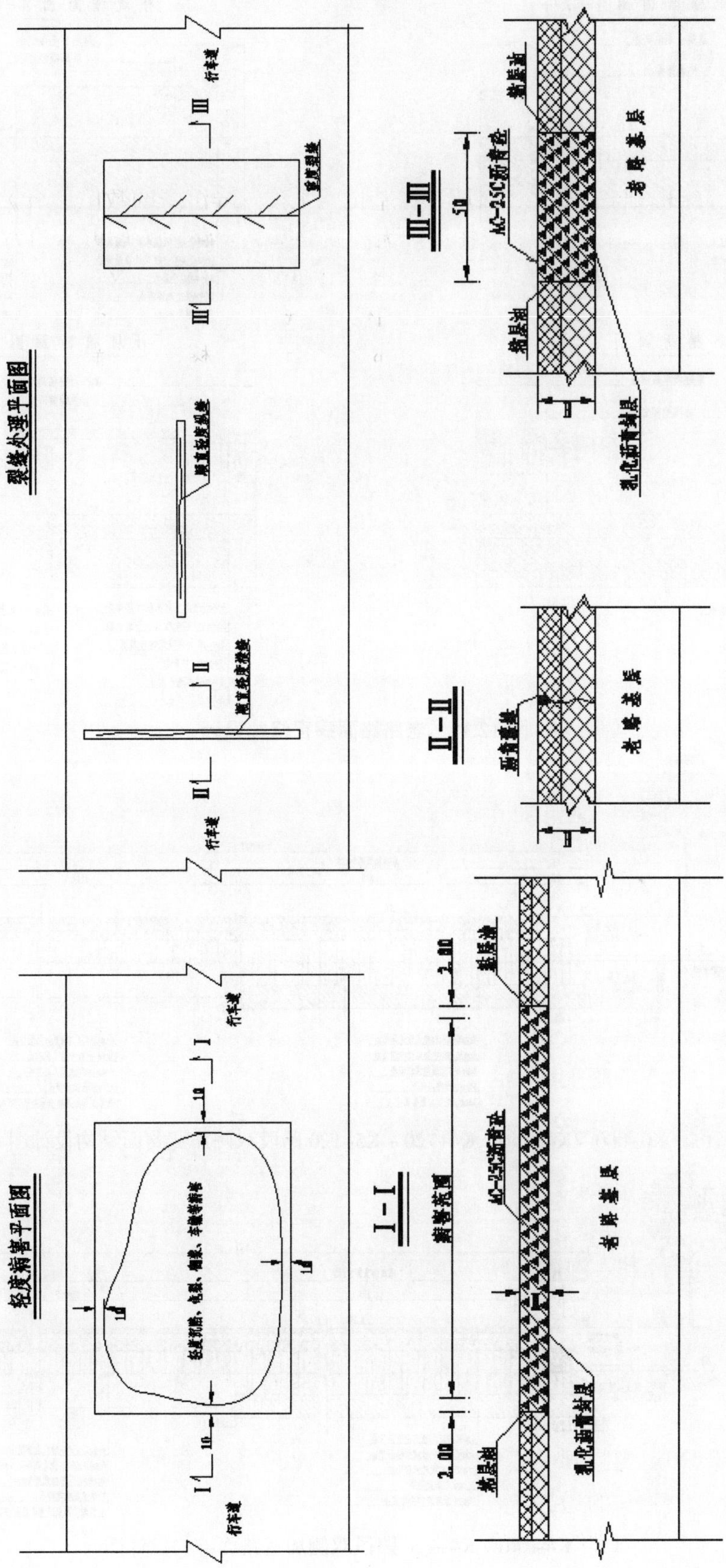

图 12.18　老路路面病害处理设计

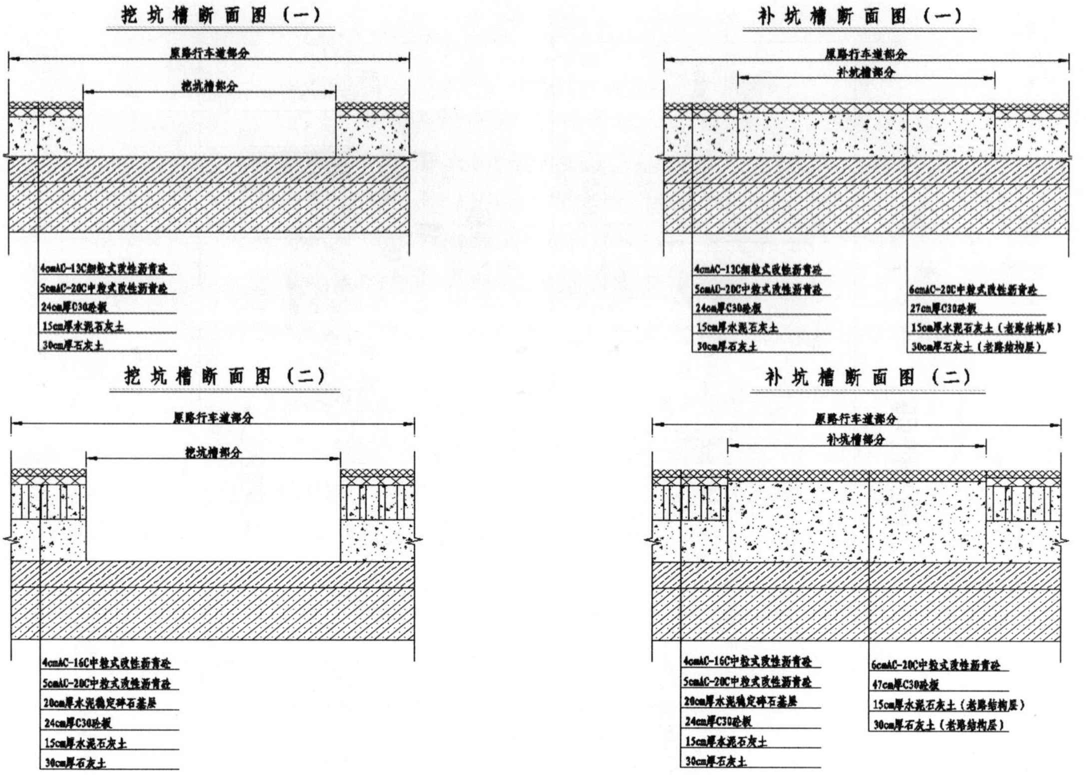

图 12.19　老路路面病害修补设计

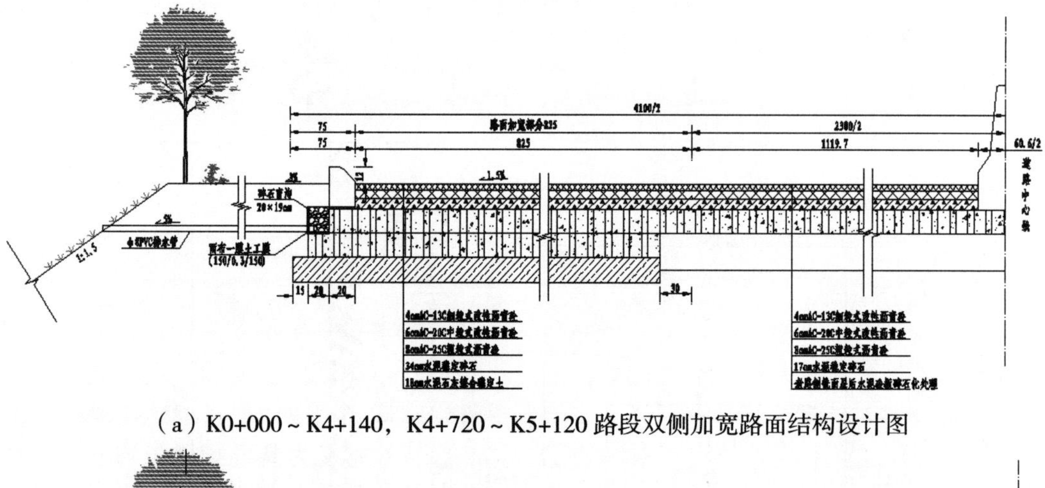

（a）K0+000 ~ K4+140，K4+720 ~ K5+120 路段双侧加宽路面结构设计图

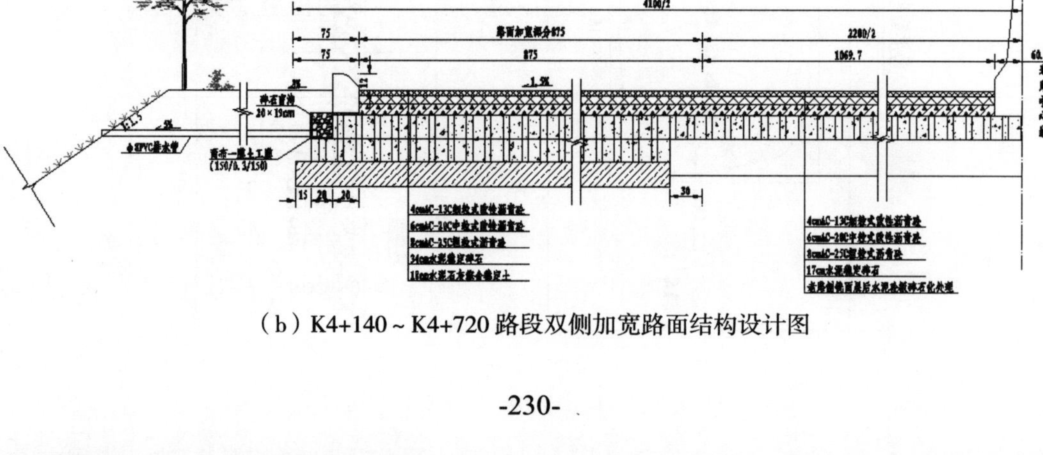

（b）K4+140 ~ K4+720 路段双侧加宽路面结构设计图

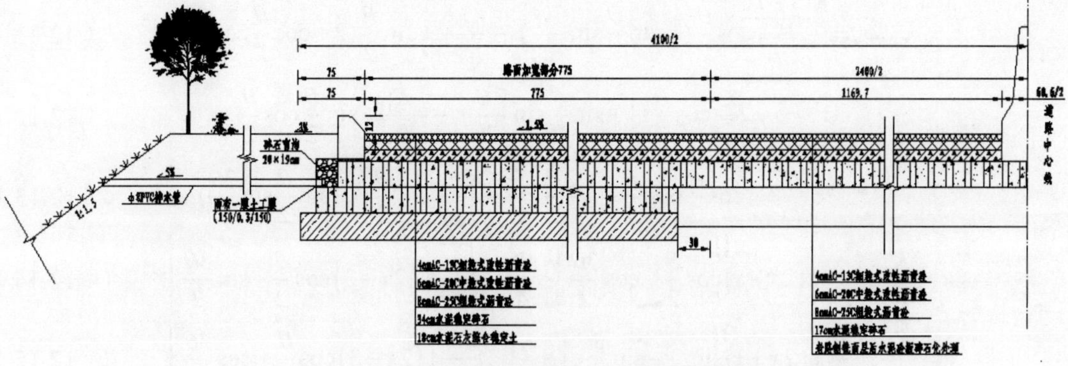

（c）K5+120 ~ K14+570 路段双侧加宽路面结构设计图

图 12.20　路面结构方案设计图

结构体中裂纹在一定条件下失稳扩展，按照它们在荷载作用下扩展形式的不同，可以分为 3 种基本类型，如图 12.21 所示。

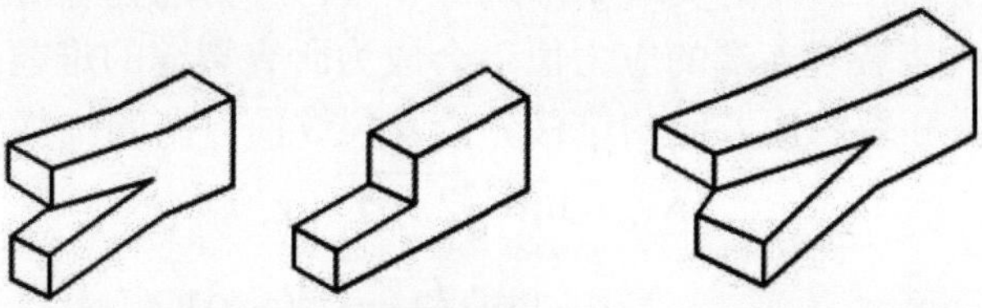

（a）张开型裂缝　（b）剪切型裂缝　　（c）撕开型裂缝

图 12.21　裂纹的基本类型

①张开型裂缝（I 型）

拉应力 σ_t 与裂面垂直，由于拉应力的作用，裂面左右两个平面呈张开趋势而扩展，裂缝扩展方向垂直于拉应力 σ_t 方向。这种裂纹的扩展模式被定义为张开型裂缝（open mode），即 I 型裂缝。

②剪切型裂缝（II 型）

剪应力 τ 与裂面平行，由于剪应力的作用，裂面左右两个平面呈上下滑移趋势而扩展。裂缝扩展方向与剪应力 τ 方向相同，这种裂纹的扩展模式被定义为剪切型裂缝（shear mode），即 II 型裂缝。

③撕开型裂缝（III 型）

剪应力 τ 和裂面垂直，由于剪应力的作用，裂面左右两个平面呈左右滑移趋势而扩展。裂缝扩展方向垂直于剪应力 τ 方向。这种裂纹的扩展模式被定义为撕裂型裂缝（twist mode），即 III 型裂缝。

平面裂纹以 O 为坐标原点，并将其固定在裂尖上，γ，θ 为极坐标，x，y 是直角坐标，极坐标和笛卡儿坐标下的裂尖应力场和位移场分别为

$$\sigma_{\gamma\gamma}=\frac{K_1}{\sqrt{2\pi\gamma}}(\frac{5}{4}\cos\frac{\theta}{2}--\frac{1}{4}\cos\frac{3\theta}{2})+\frac{K_{11}}{\sqrt{2\pi\gamma}}(-\frac{5}{4}\sin\frac{\theta}{2}+\frac{3}{4}\sin\frac{3\theta}{2}) \tag{12.8}$$

$$\sigma_{\theta\theta}=\frac{K_1}{\sqrt{2\pi\gamma}}(\frac{3}{4}\cos\frac{\theta}{2}+\frac{1}{4}\cos\frac{3\theta}{2})+\frac{K_{11}}{\sqrt{2\pi\gamma}}(-\frac{3}{4}\sin\frac{\theta}{2}-\frac{3}{4}\sin\frac{3\theta}{2}) \tag{12.9}$$

$$\sigma_{\gamma\theta}=\frac{K_1}{\sqrt{2\pi\gamma}}(\frac{1}{4}\sin\frac{\theta}{2}+\frac{1}{4}\sin\frac{3\theta}{2})+\frac{K_{11}}{\sqrt{2\pi\gamma}}(\frac{1}{4}\cos\frac{\theta}{2}+\cos\frac{3\theta}{2}) \tag{12.10}$$

$$\sigma_x = \frac{K_1}{\sqrt{2\pi\gamma}}\cos\frac{\theta}{2}(1\text{-}\sin\frac{\theta}{2}\sin\frac{3\theta}{2}) - \frac{K_{11}}{\sqrt{2\pi\gamma}}\sin\frac{\theta}{2}(2+\cos\frac{\theta}{2}\cos\frac{3\theta}{2}) \tag{12.11}$$

$$\sigma_y = \frac{K_1}{\sqrt{2\pi\gamma}}\cos\frac{\theta}{2}(1+\sin\frac{\theta}{2}\sin\frac{3\theta}{2}) - \frac{K_{11}}{\sqrt{2\pi\gamma}}\sin\frac{\theta}{2}\cos\frac{\theta}{2} \tag{12.12}$$

$$\tau_{xy} = \frac{K_1}{\sqrt{2\pi\gamma}}\cos\frac{\theta}{2}(\sin\frac{\theta}{2}\cos\frac{3\theta}{2}) + \frac{K_{11}}{\sqrt{2\pi\gamma}}\cos\frac{\theta}{2}(1-\sin\frac{\theta}{2}\sin\frac{3\theta}{2}) \tag{12.13}$$

$$u = \frac{K_1}{4G}\sqrt{\frac{\gamma}{2\pi}}\left[(2x-1)\cos\frac{\theta}{2}-\cos\frac{3\theta}{2}\right]+\frac{K_{11}}{4G}\sqrt{\frac{\gamma}{2\pi}}\left[(2x+3)\cos\frac{\theta}{2}+\sin\frac{3\theta}{2}\right] \tag{12.14}$$

$$v = \frac{K_1}{4G}\sqrt{\frac{\gamma}{2\pi}}\left[(2x+1)\sin\frac{\theta}{2}-\sin\frac{3\theta}{2}\right]+\frac{K_{11}}{4G}\sqrt{\frac{\gamma}{2\pi}}\left[(2x-3)\cos\frac{\theta}{2}+\cos\frac{3\theta}{2}\right] \tag{12.15}$$

式中，G—剪切模量，$G=\dfrac{E}{2(1+\mu)}$；其中，$x=\dfrac{3-\mu}{4+\mu}$（平面应力），$x=3-4\mu$（平面应变）。

对于不同的裂缝类型，应力强度因子有不同的表达公式。但是只要有裂纹存在，裂纹的应力就会无限大。所以在裂纹的尖端会出现奇异点，应力场具有 $1/\sqrt{\gamma}$ 奇异性。线弹性材料中，应力强度的引入使裂缝前端的应力值不会成为研究裂缝的难题。应力强度因子可以由裂纹方向的应力分量和裂纹面方向的位移分量及裂纹面方向的位移分量来表示：

$$K_{11} = \lim_{\lambda\to 0}\sqrt{2\pi\gamma\sigma_y}(\gamma,0) \tag{12.16}$$

$$K_{11} = \lim_{\lambda\to 0}\sqrt{2\pi\gamma\tau_{xy}}(\gamma,0) \tag{12.17}$$

$$K_{11} = \lim_{\lambda\to 0}\sqrt{2\pi\gamma\tau_{yz}}(\gamma,0) \tag{12.18}$$

$$K_{11} = \frac{2G\sqrt{2\pi}}{x+1}\lim_{\lambda\to 0}\frac{v(\gamma,\pi)}{\sqrt{\gamma}}(\gamma,0) \tag{12.19}$$

$$K_{11} = \frac{2G\sqrt{2\pi}}{x+1}\lim_{\lambda\to 0}\frac{u(\gamma,\pi)}{\sqrt{\gamma}}(\gamma,0) \tag{12.20}$$

$$K_{11} = \frac{2G\sqrt{2\pi}}{x+1}\lim{}_{\lambda\to 0}\frac{w(\gamma,\pi)}{\sqrt{\gamma}}(\gamma,0) \tag{12.21}$$

研究的外部荷载是对称荷载，裂尖的应力场在 I 型应力强度因子的制约下，将 θ=180° 代入式（12.16）得到裂缝面位移表示的应力强度因子如下：

$$K_{1(t)} = \frac{\sqrt{2\pi}E}{4(1-\mu^2)}\times\frac{v(t)}{\sqrt{\gamma}} \tag{12.22}$$

由式（12.22）不难看出，应力强度因子不是一个独立的因素，而是和结构的几何形态、荷载大小等有关联。而且随着应力的增大也会增大，当外界应力增加到某一值时，裂缝迅速蔓延扩展，导致结构破坏、失强。发展的瞬间存在一极限值，这个极限值就是材料的断裂韧度（K_c），材料不同，断裂韧度也会不同。

12.5.2 应力强度因子数值计算

计算应力强度因子常用的有 3 种方法，分别是外推法计算、奇异单元法和虚拟闭合法。目前，应用最广泛的是奇异单元法。这种计算方法最早是由 Henshell、Shaw 和 Barsoum 提出来的。奇异单元就是一种畸形等参单元，在裂缝尖端处将中间节点向裂缝尖端靠近，距裂缝尖端四分之一处，这样单元较好地反映出裂缝尖端附近的应力场。利用计算的奇异点的位移代入公式求得应力强度因子，直接、精确。

12.6　新旧路面横向拼接荷载作用力学特性分析

以在原有路面结构层加铺一层 4cm 厚细粒式 SBS 改性沥青混凝土上面层，拓宽部分路基填筑完成后的新建路基路面为例，假定原有路基路面宽 3m，右侧加宽 3m，路基填土高度 1.5m，纵向长度为 0.617m（一个车轮的接地宽度），横向反射裂缝定义在原有路面结构的下面层。假定：①路面结构各层都是均质、弹性并且各向同性的；②各层接触良好，呈连续分布状态；③在路面结构中贯穿的裂缝只沿竖直的方向扩展；④路面结构的自重忽略不计；⑤底部边界自由度均固定，左右两边边界水平和竖向固定。比较新旧路面结构层搭接的 3 种不同拼接方式，裂缝不同的扩展情况。因为预知裂缝竖直向上反射，所以土基的搭接方式基本上不影响计算结果，土基不设台阶，新旧路面结构的搭接形式如下：上基层分两步施工，路面各结构层分别设台阶，每步台阶宽度 0.6m。分析荷载在不同位置时，比较路面 3 种搭接方式，裂缝的反射情况。新旧路面各结构层的计算参数及厚度见表 12.4 和表 12.5。搭接形式如图 12.22 所示。

表 12.4　原老路路面计算参数

路面结构层	AC－13C 细粒式 SBS 改性沥青混凝土	AC－20C 中粒式 SBS 改性沥青混凝土	水泥稳定碎石	C10 水泥混凝土	土基
抗压弹性模量/MPa	700	840	1350	500	50
密度/（kg/m^3）	2300	2300	2200	2200	1800
阻尼/A	1.1	1.1	0.8	0.5	0.4
厚度/cm	4	5	20	30	

表 12.5　拓宽新建路路面计算参数

路面结构层	AC－13C 细粒式 SBS 改性沥青混凝土	AC－20C 中粒式 SBS 改性沥青混凝土	AC－25C 中粒式 SBS 改性沥青混凝土	水泥稳定碎石	水泥石灰稳定土
抗压弹性模量/MPa	1400	1200	1000	1500	550
密度/（kg/m^3）	2300	2300	2300	2200	2200
阻尼/A	0.9	0.9	0.9	0.8	0.5
厚度/cm	4	6	8	34	18

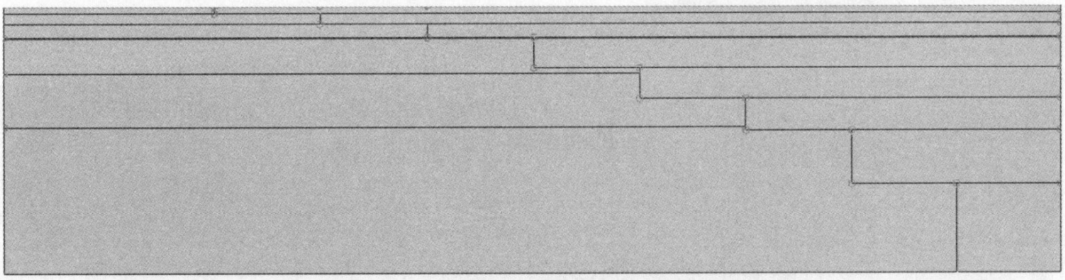

图 12.22　路面结构层搭接方式示意图

将轮胎荷载视为均布荷载，标准轴载为单轴的双轮荷载 100kN，把标准轴载简化为矩形的均布荷载，单个轮胎宽 0.167m，接地压力为 0.7MPa。

指定裂缝位置为路面结构的下面层位置，并且竖直向路面面层反射，裂缝区域与车辆荷载在中间位置垂直交叉，将裂缝区域放大，如图 12.23 和图 12.24 所示，其中红线显示的直线为裂缝的尖端线。分析车辆荷载在路面不同结构层衔接处位置移动时，对路面稳定性的影响。

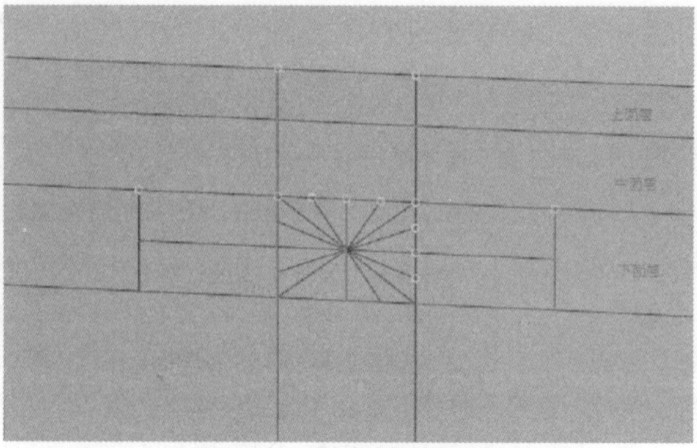

图 12.23　裂缝区域示意图

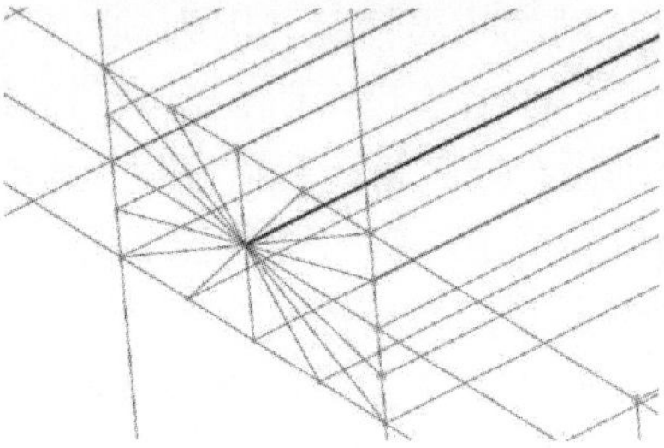

图 12.24　裂缝尖端线位置示意图

荷载作用步骤如下：

①第一步，荷载作用中心在新旧路面上面层衔接处；

②在第一步基础上，继续施加荷载，作用中心在新旧路面中面层衔接处；

③第三步，继续施加荷载，作用中心在新旧路面下面层衔接处；

④第四步，荷载继续施加在新旧路面上基层的衔接处；

⑤第五步，荷载继续加载，作用中心在新旧路面中面层的衔接处；

⑥第六步，继续施加荷载，作用在新旧路面下基层衔接处。

施加荷载位置及步骤示意图如图 12.25 所示。

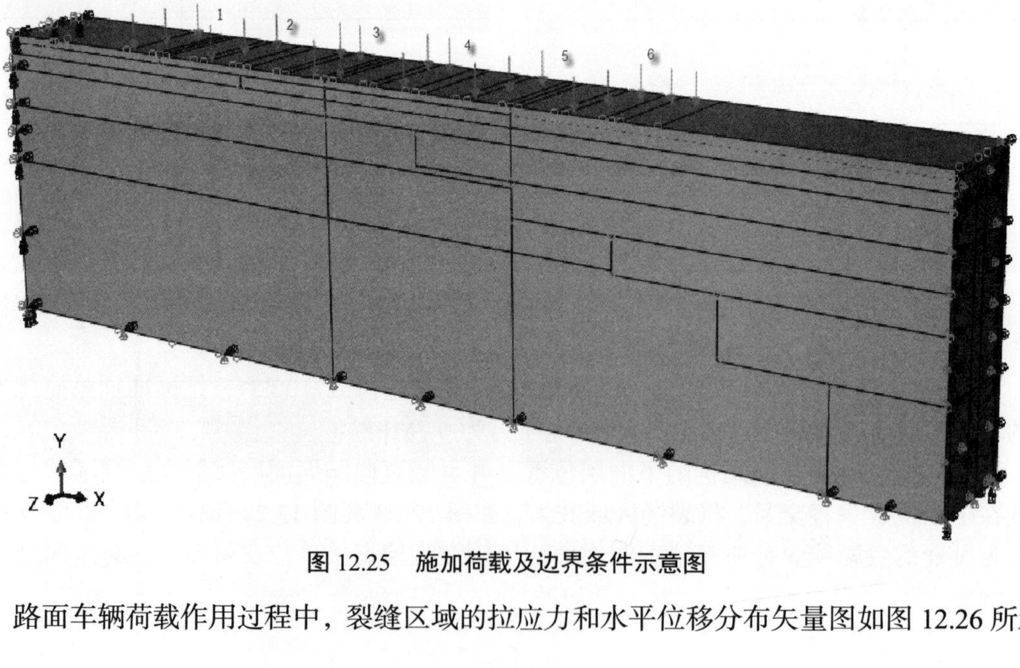

图 12.25　施加荷载及边界条件示意图

路面车辆荷载作用过程中，裂缝区域的拉应力和水平位移分布矢量图如图 12.26 所示。

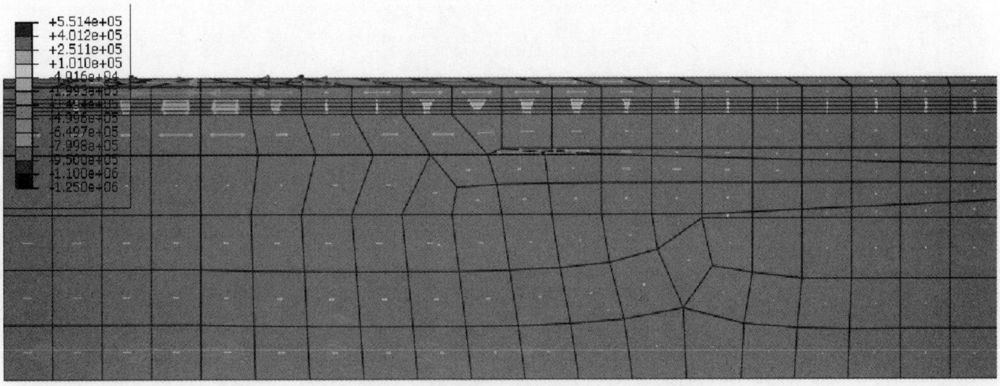

（a）第一步裂缝区域的拉应力矢量图

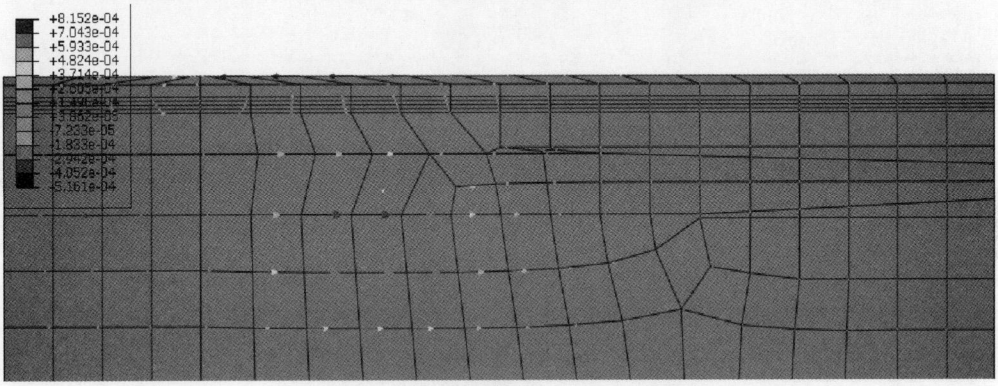

（b）第一步裂缝区域的水平位移矢量图

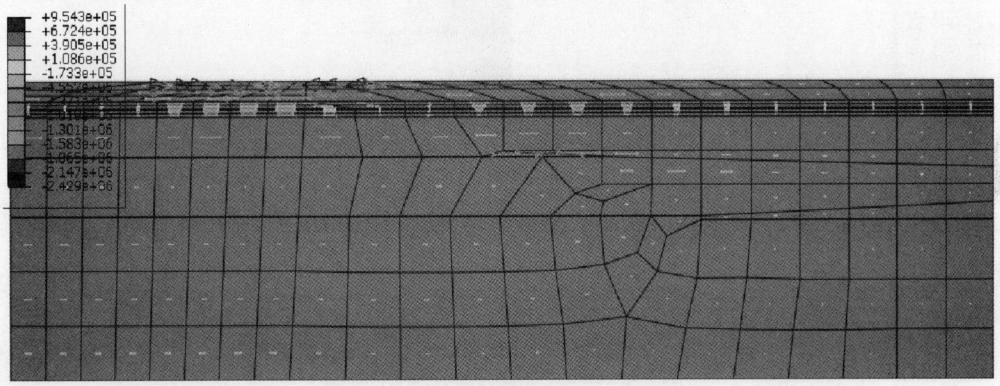

（c）第二步裂缝区域的拉应力矢量图

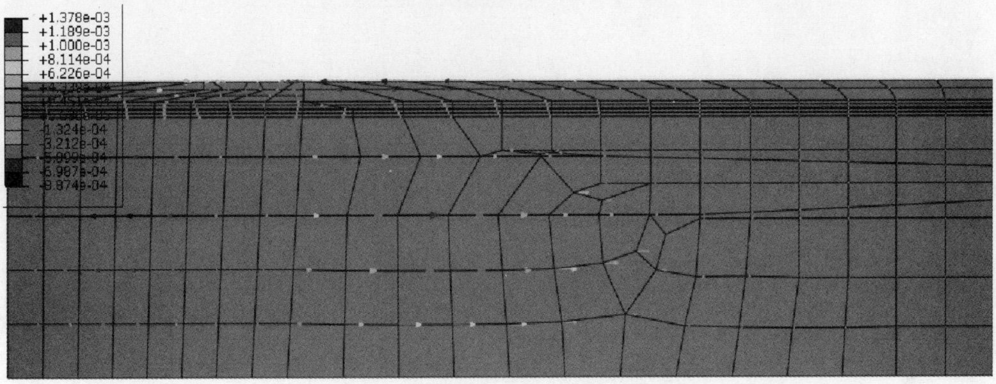

（d）第二步裂缝区域的水平位移矢量图

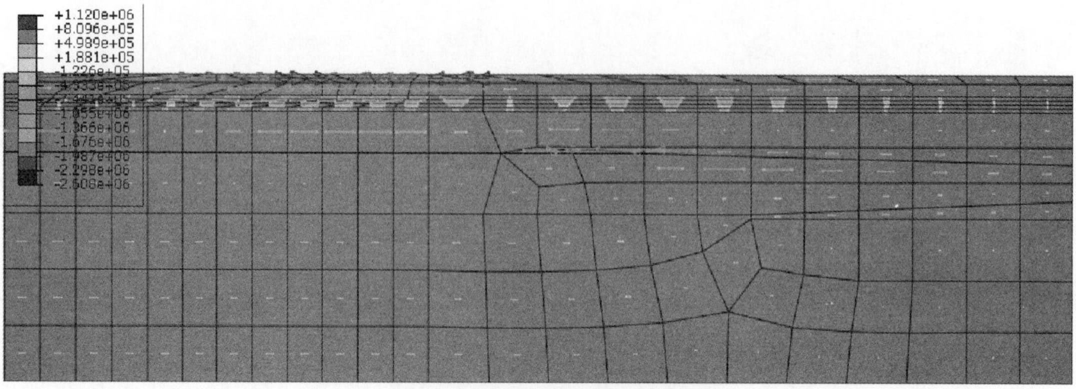

（e）第三步裂缝区域的拉应力矢量图

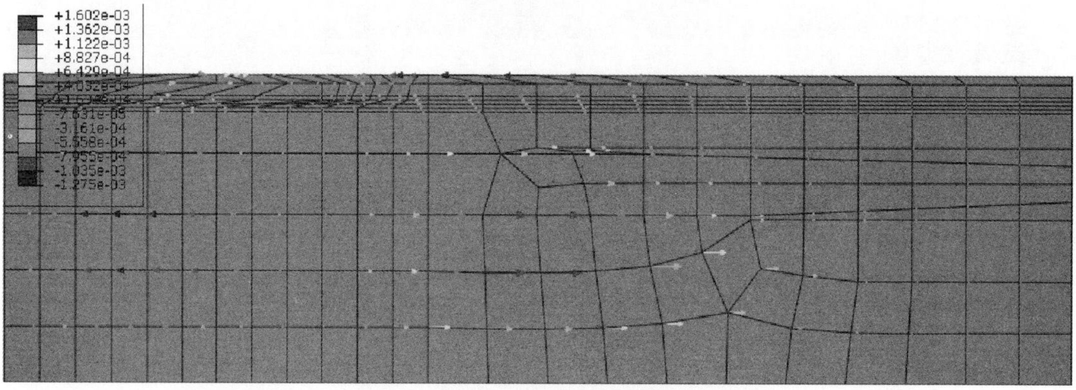

（f）第三步裂缝区域的水平位移矢量图

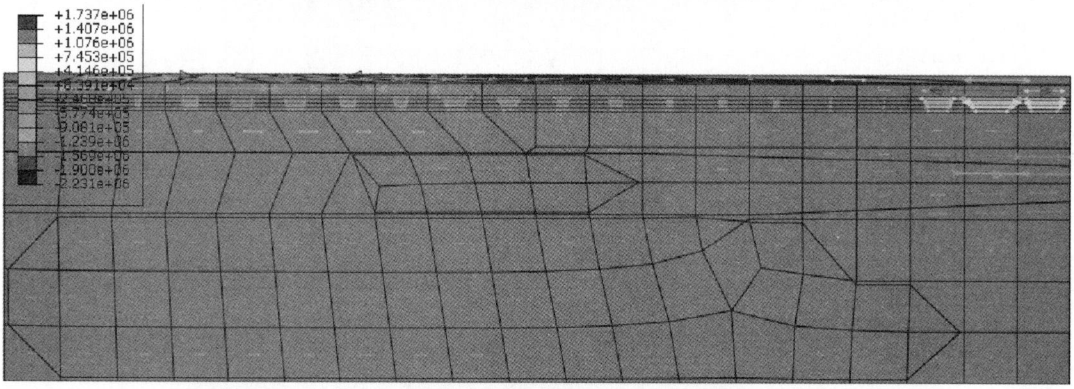

（g）第四步裂缝区域的拉应力矢量图

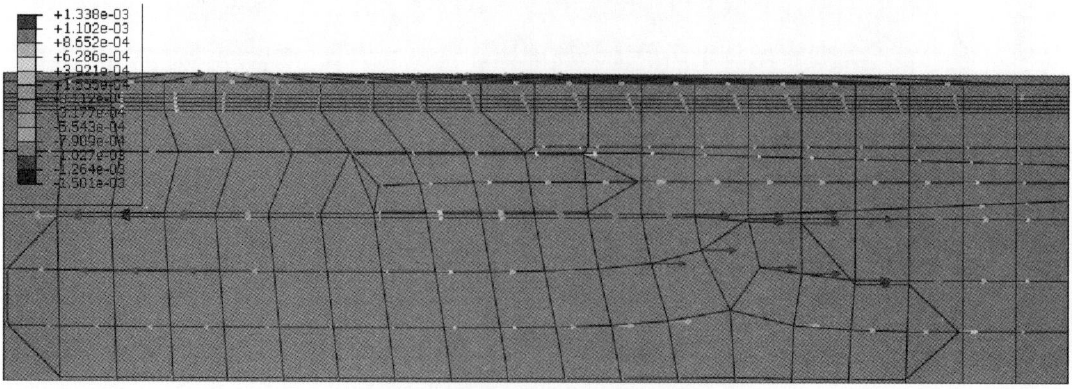

（h）第四步裂缝区域的水平位移矢量图

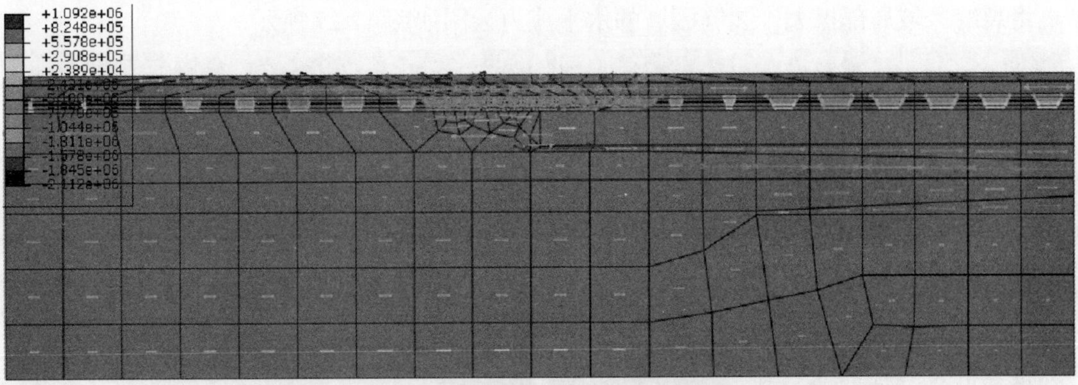

（i）第五步裂缝区域的拉应力矢量图

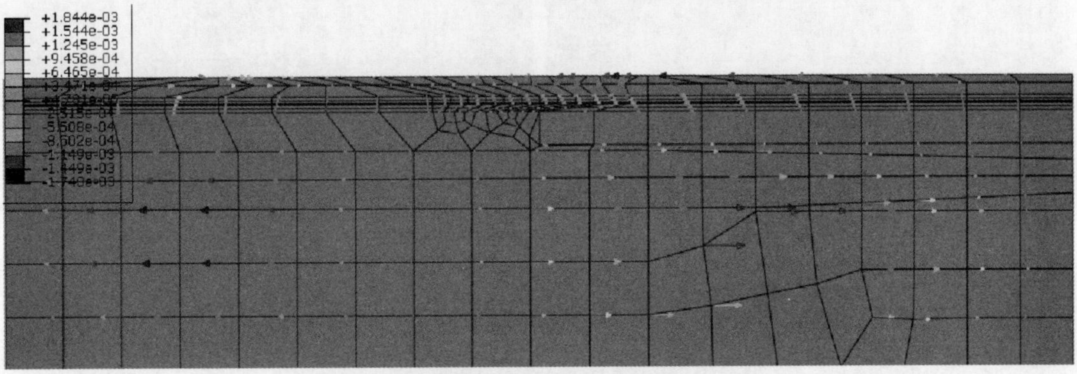

（j）第五步裂缝区域的水平位移矢量图

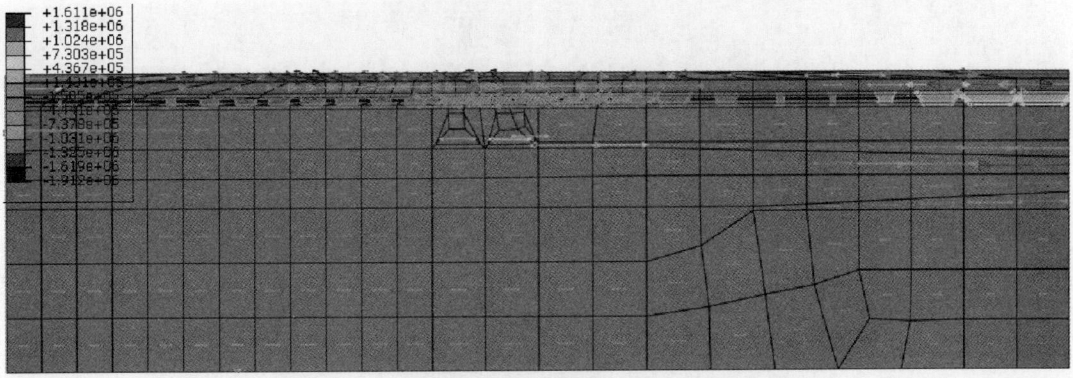

（k）第六步裂缝区域的拉应力云图

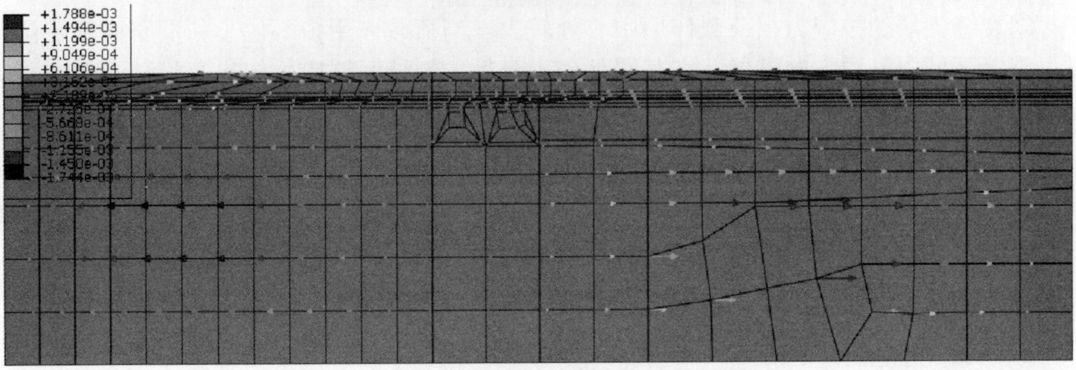

（l）第六步裂缝区域的水平位移云图

图 12.26　裂缝区域的拉应力矢量与水平位移图

将裂缝区域局部扩大，裂缝区域的水平应力云图如图 12.27 所示。

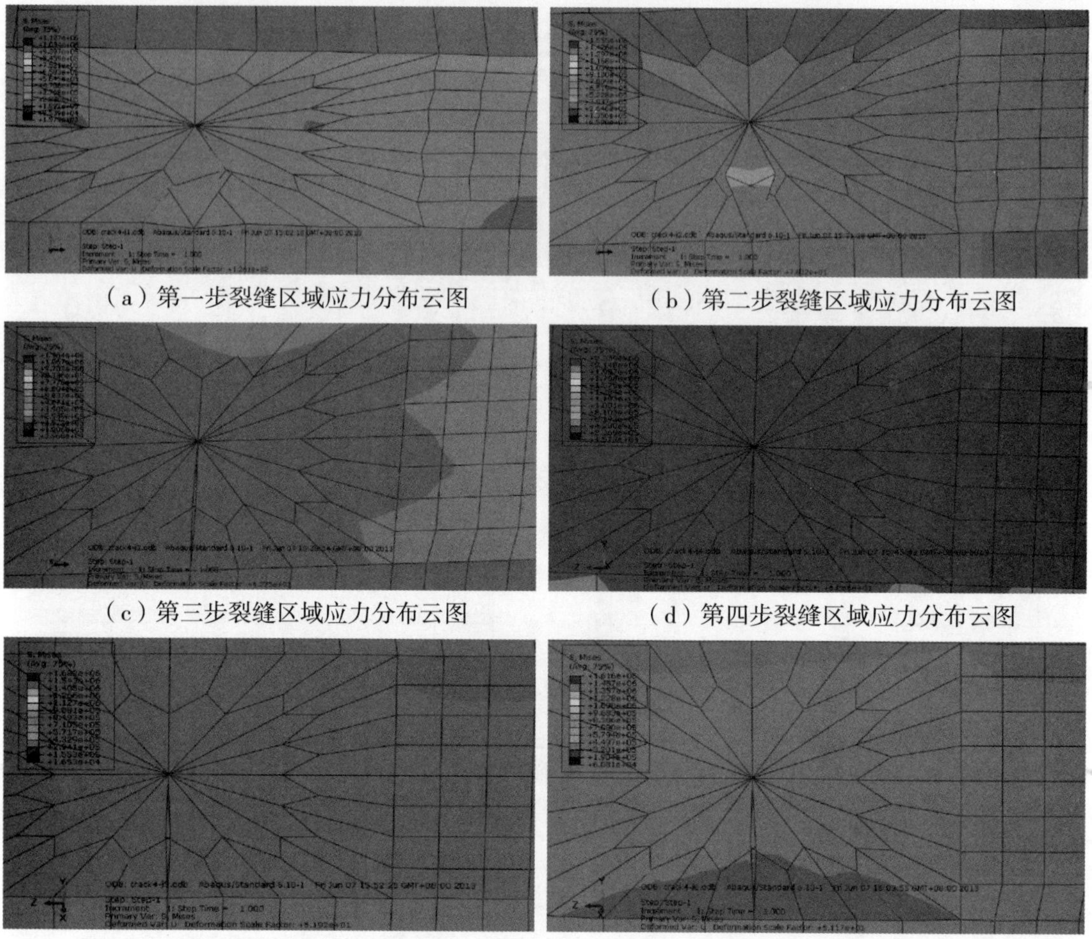

（a）第一步裂缝区域应力分布云图　（b）第二步裂缝区域应力分布云图

（c）第三步裂缝区域应力分布云图　（d）第四步裂缝区域应力分布云图

（e）第五步裂缝区域应力分布云图　（f）第六步裂缝区域应力分布云图

图 12.27　裂缝区域应力分布云图

从图 12.27 可以看出：

①随着车辆荷载的施加，新旧路面结构的最大拉应力总是出现在面层衔接的位置，水平位移在荷载作用中心下的上基层出现拉伸现象。

②应力在裂缝尖端出现集中现象。当荷载作用在新旧路面面层衔接处时，裂缝开裂，并向上放射到路面面层结构上，路面结构不稳定。

③裂缝尖端的拉应力在荷载作用中心处较大。当荷载作用中心位于新旧路面基层位置时，裂缝区域向基层方向扩展，在基层处应力分散，裂缝区域应力较小，裂缝不会向基层和面层反射。

④路面各结构稳定。车辆荷载作用不同位置时，裂缝区域应力值及应力强度因子比较结果，见表 12.6 和表 12.7。

表 12.6　裂缝区域应力及应力强度因子比较

荷载施加步骤	第一步	第二步	第三步	第四步	第五步	第六步
裂缝区域应力最大值 /MPa	0.283	0.702	0.534	0.237	0.294	0.45
裂缝区域应力强度因子 /（MPa/m）	-3.06×10^{-2}	-3.59×10^{-2}	-3.54×10^{-2}	-3.83×10^{-2}	-1.25×10^{-2}	-1.8×10^{-2}

表 12.7　裂缝反射情况比较

荷载施加步骤	第一步	第二步	第三步	第四步	第五步	第六步
裂缝反射情况	面层	面层	面层和上基层	上基层	无	无

由表 12.6 和表 12.7 可以看出：

①车辆荷载作用中心位于新旧路面面层衔接处时，裂缝区域的应力值较大，应力强度因子明显较大，裂缝会反射到面层。车辆荷载作用中心在新旧路面的中、下基层衔接处时，应力和应力强度因子均明显降低，裂缝不会反射，路面使用性能良好。

②要避免车辆荷载作用中心在新旧路面面层结构的衔接处在同一垂直位置，另外，可以采取适当的措施防止裂缝区域的扩展，如：在水泥稳定碎石基层中掺入聚丙烯纤维，增加基层的强度，避免在基层产生反射裂缝；增加新旧路面结构层间的黏结力。

12.7　新旧路面纵向拼接荷载作用力学特性分析

新旧路面拼接采用设置台阶的搭接形式。车辆荷载仍采用标准轴载，荷载施加步骤情况同上节横向拼接，施加荷载位置及步骤如图 12.28 所示。

图 12.28　施加荷载及边界条件示意图

路面车辆荷载施作过程中，裂缝区域的拉应力和水平位移分布矢量图如图 12.29 所示。

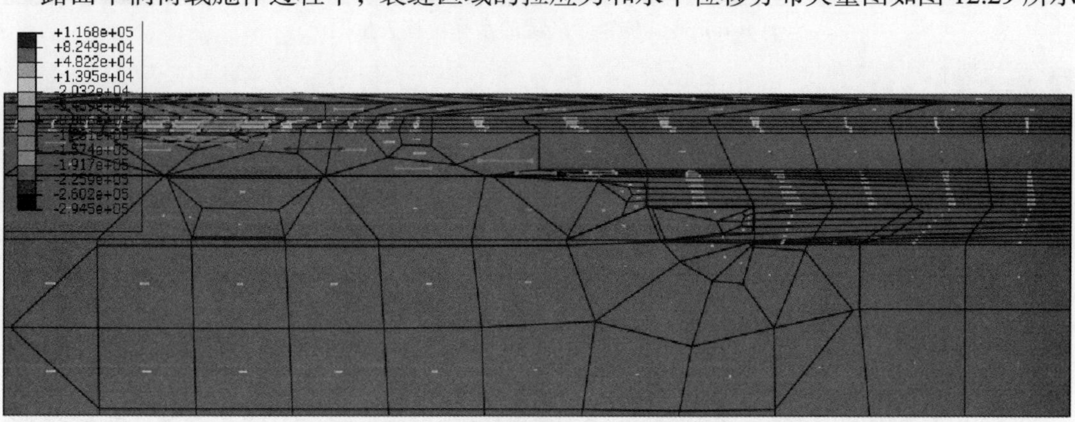

（a）第一步裂缝区域的拉应力矢量图

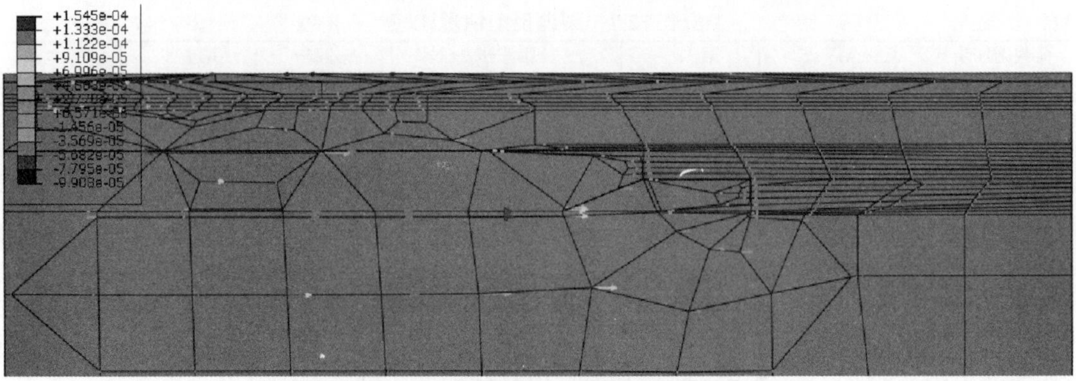

（b）第一步裂缝区域的水平位移矢量图

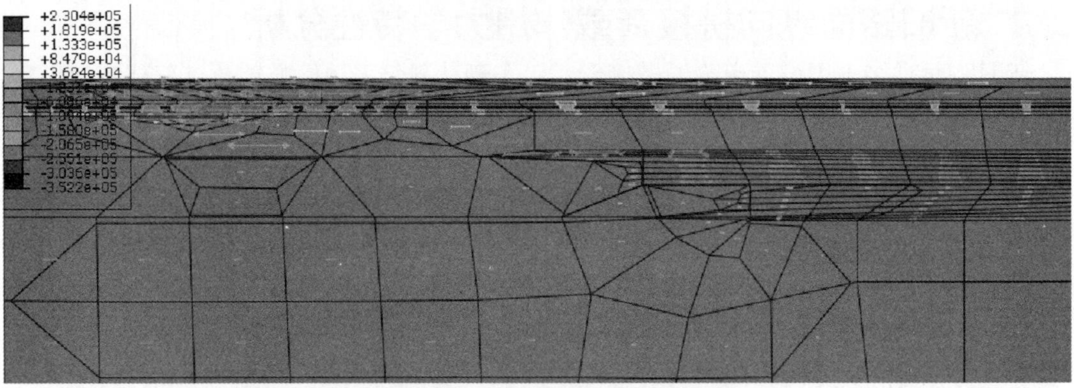

（c）第二步裂缝区域的拉应力矢量图

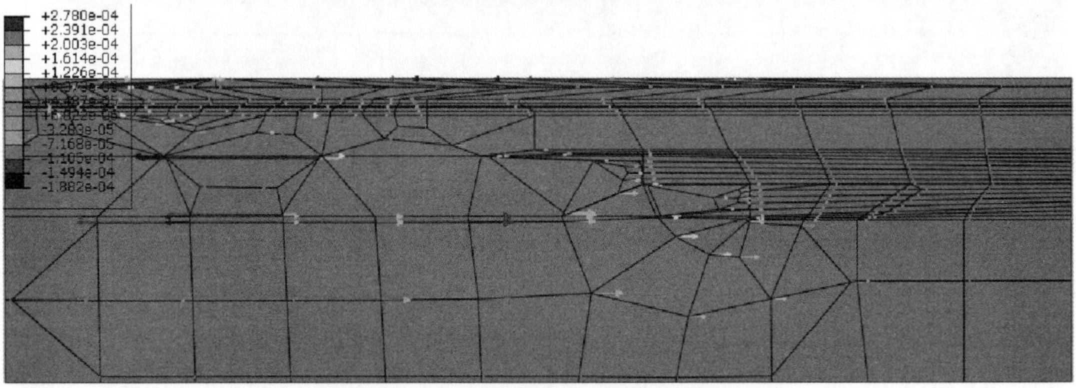

（d）第二步裂缝区域的水平位移矢量图

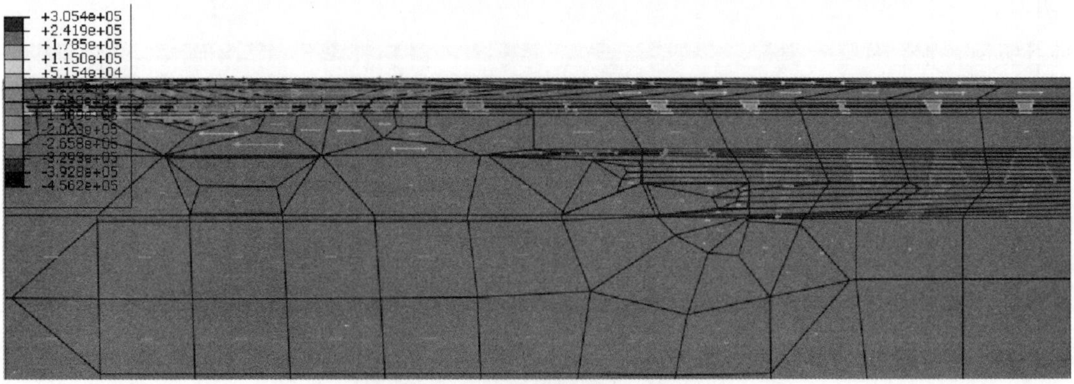

（e）第三步裂缝区域的拉应力矢量图

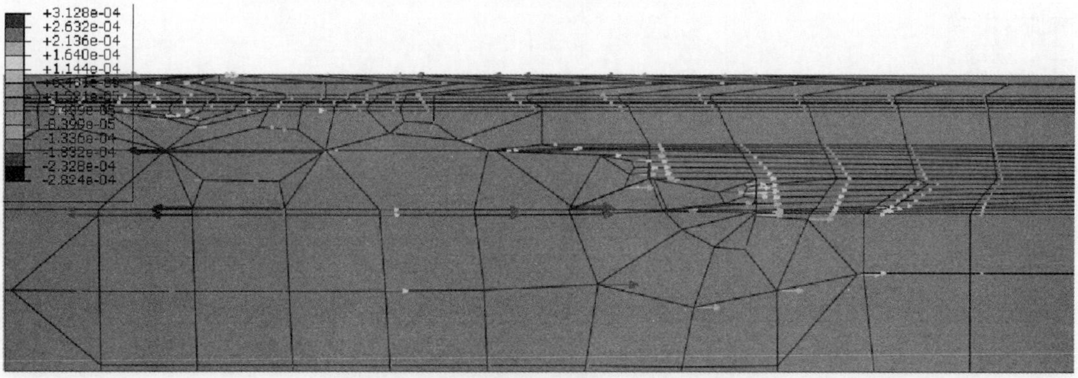

（f）第三步裂缝区域的水平位移矢量图

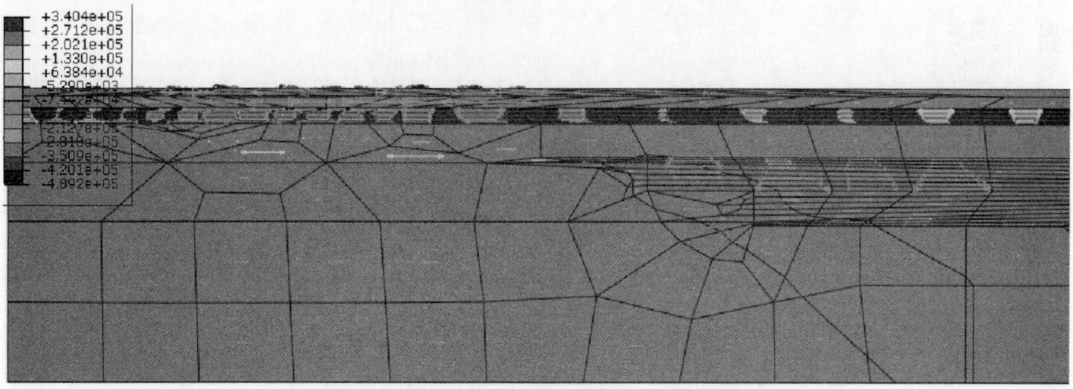

（g）第四步裂缝区域的拉应力矢量图

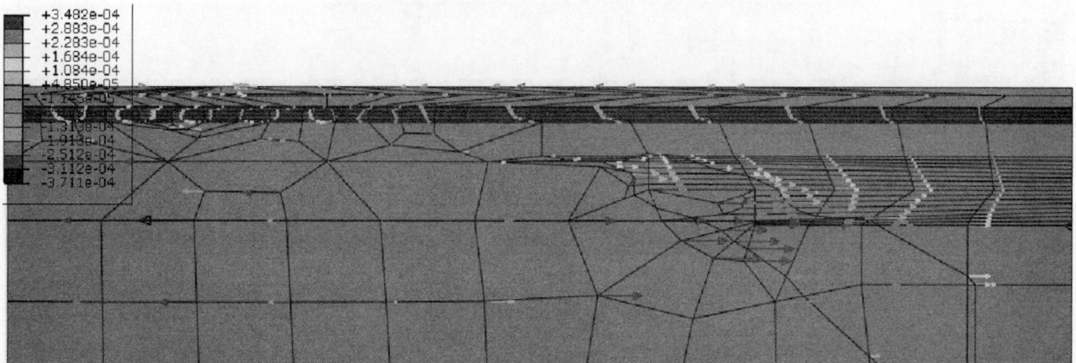

（h）第四步裂缝区域的水平位移矢量图

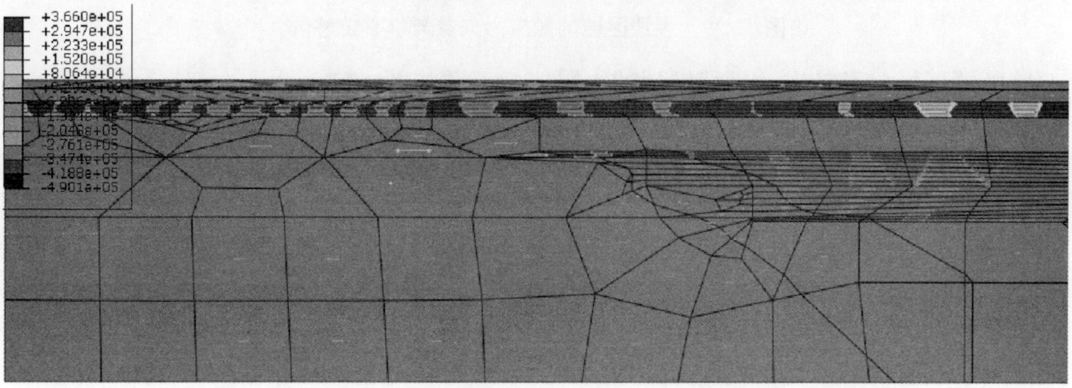

（i）第五步裂缝区域的拉应力矢量图

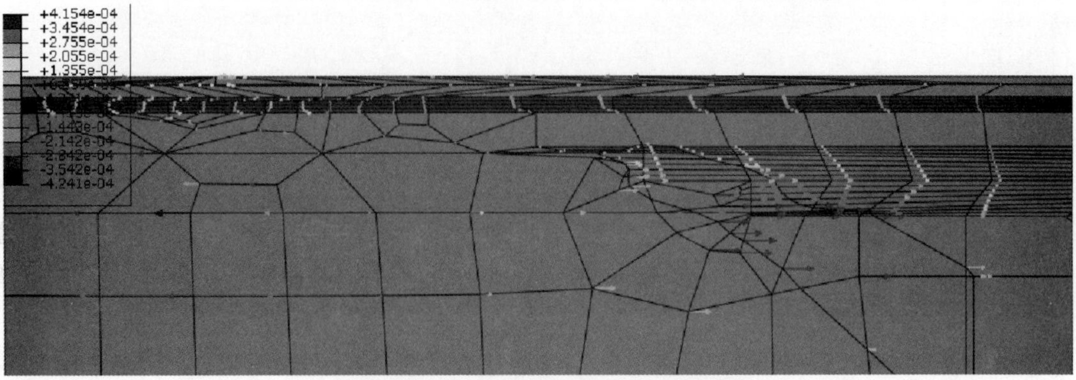

（j）第五步裂缝区域的水平位移矢量图

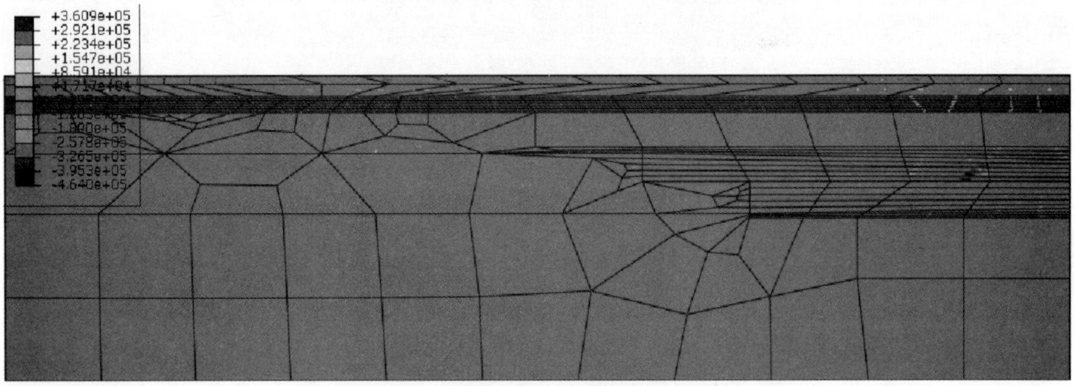

（k）第六步裂缝区域的拉应力矢量图

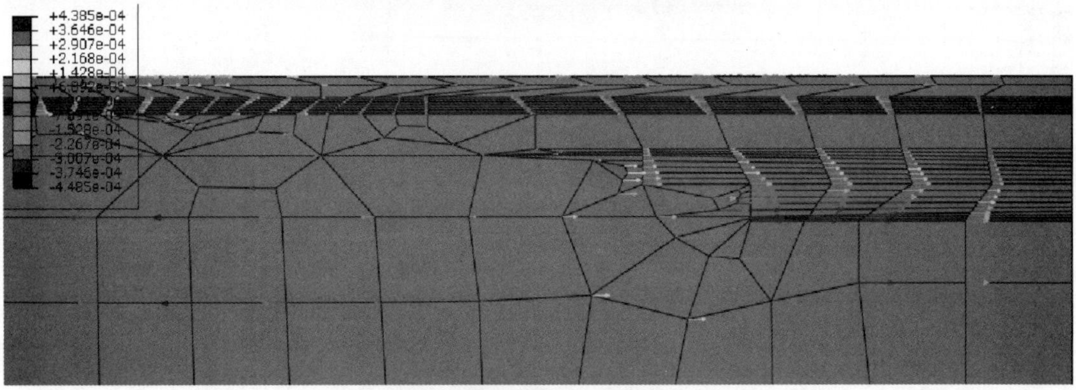

（l）第六步裂缝区域的水平位移矢量图

图 12.29 裂缝区域的拉应力矢量与水平位移图

将裂缝区域局部扩大，裂缝区域的水平应力云图如图 12.30 所示。

从图 12.30 可以看出：

①随着车辆荷载的施加，新旧路面结构的最大拉应力总是出现在下面层衔接的位置，水平位移在荷载作用中心下的上基层出现拉伸现象。

②应力在裂缝尖端出现集中现象，且均为拉应力。车辆荷载作用中心在新旧路面下面层的衔接处时，有最大拉应力。

③施加荷载过程中，裂缝均不会反射到面层和基层，路面结构稳定。车辆荷载作用不同位置时，裂缝区域应力值及应力强度因子比较结果，见表 12.8 和 12.9 所列。

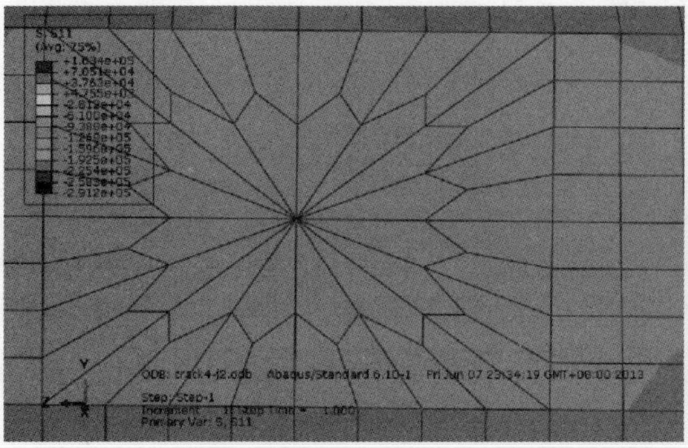

（a）第一步裂缝区域应力分布云图

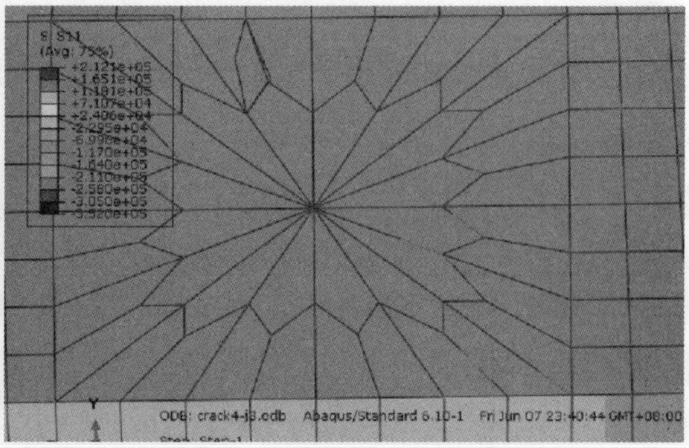

（b）第二步裂缝区域应力分布云图

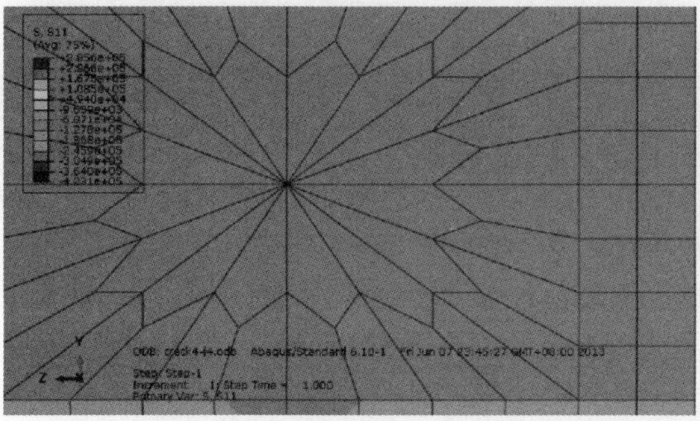

（c）第三步裂缝区域应力分布云图

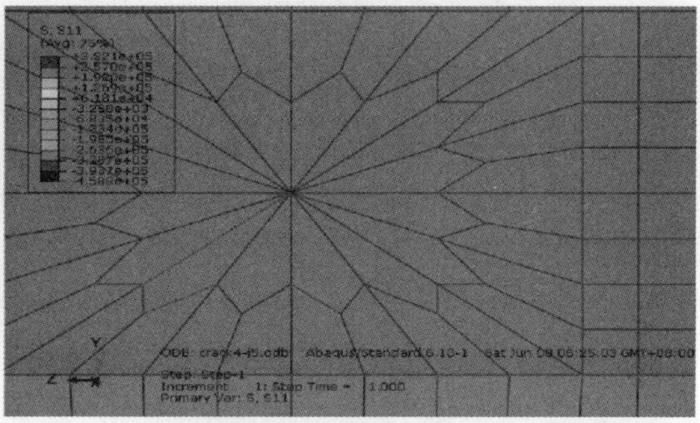

（d）第四步裂缝区域应力分布云图

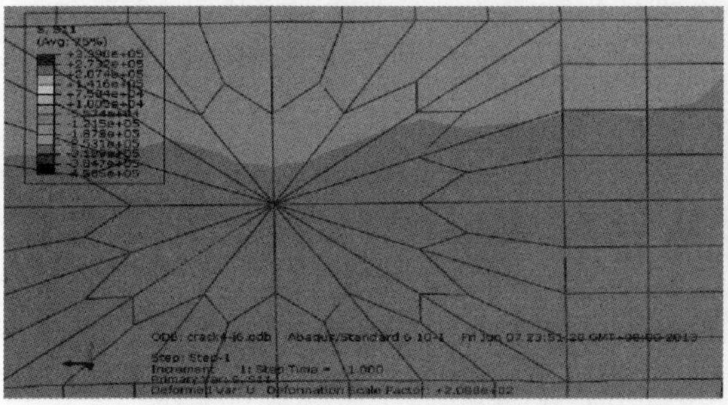

（e）第五步裂缝区域应力分布云图

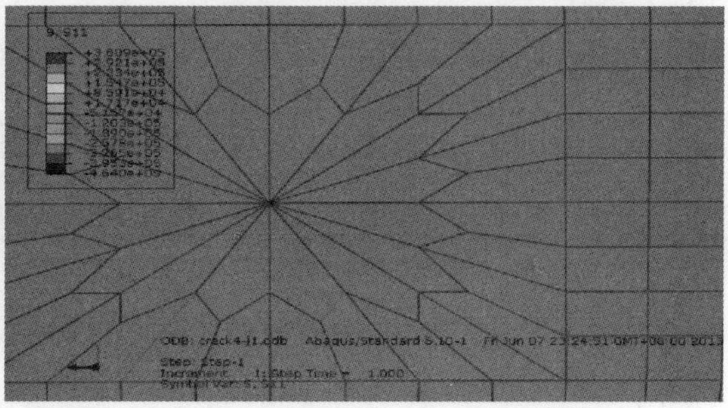

（f）第六步裂缝区域应力分布云图

图 12.30　裂缝区域应力分布云图

表 12.8　裂缝区域应力及应力强度因子比较

荷载施加步骤	第一步	第二步	第三步	第四步	第五步	第六步
裂缝区域应力最大值/MPa	- 0.028	- 0.0.3	- 0.097	- 0.068	- 0.010	- 0.017
裂缝区域应力强度因子/(MPa/m)	-1.39×10^{-2}	-1.72×10^{-2}	-1.8×10^{-2}	-1.78×10^{-2}	-1.73×10^{-2}	-1.39×10^{-2}

表 12.9　裂缝反射情况比较

荷载施加步骤	第一步	第二步	第三步	第四步	第五步	第六步
裂缝反射情况	无	无	无	无	无	无

由表 12.8 和表 12.9 可以看出：

①车辆荷载作用中心位于新旧路面下面层衔接处时，裂缝区域的应力值较大，应力强度因子较大，但是裂缝不会反射到面层。车辆荷载作用中心在新旧路面的中、下基层衔接处时，应力和应力强度因子均较低，裂缝不会反射，路面使用性能良好。

②车辆荷载作用中心在新旧路面面层结构的衔接处移动时，裂缝区域的拉应力和应力强度因子变化不大。另外，可以采取适当的措施防止裂缝区域的扩展，例如：路基施工分

层填筑，边坡充分压实，采用重型压实标准；正确放坡，高填方路段放缓边坡，减少边沟深度；旧路加宽或半填半挖路段，路基填筑应先将边坡松土清除，并按照填土厚度要求逐级进行台阶处理并充分碾压等。

12.8 新旧路面高温环境抗车辙分析

在日照作用下，大气温度在一天中会出现明显的差别，它的这种差异对路面面层结构的温度场影响可以近似按周期变化来描述。路面结构的厚度及热学特性已确定，那么影响其温度场的环境因素就主要为日最高温度、日最低温度、日太阳辐射总量和有效日照时间等。依托工程所在区域属于暖温带—亚热带、湿润—半湿润季风气候，属大陆性季风气候，四季分明，其主要特点是春季干旱风沙多，夏季炎热雨丰沛，秋季晴和日照足，冬季寒冷雨雪少。年平均气温 14.3℃，7 月最热，平均 27℃；1 月最冷，平均 0.1℃。本项目取温度最高即对路面稳定性的最不利的情况为例，分析改扩建路面结构在温度作用下的应力位移变化。计算热特性参数见表 12.10 至表 12.11，日太阳辐射总量为 26.5MJ/m^2，取日最高温度（北方一般出现在下午 14:00）35.6℃，最低温度 22.8℃，分析一天 24h 内不同时段路面结构的力学性能。

表 12.10　原老路路面热特性

路面结构层	AC－13C 细粒式 SBS 改性沥青混凝土	AC－20C 中粒式 SBS 改性沥青混凝土	水泥稳定碎石	C10 水泥混凝土
热传导率/[J/(mH℃)]	3600	7200	10000	10000
密度/（kg/m^3）	2300	2300	2200	2200
热容量/[J/(kg·m^2)]	1440	960	911.7	911.7
绝对零度值/℉	－273	－273	－273	－273

表 12.11　原老拓宽新建路路面热特性

路面结构层	AC－13C 细粒式 SBS 改性沥青混凝土	AC－20C 中粒式 SBS 改性沥青混凝土	AC－25C 中粒式 SBS 改性沥青混凝土	水泥稳定碎石	水泥石灰稳定土
热传导/[J/(mH℃)]	3000	6000	6000	10000	10000
密度/（kg/m^3）	2300	2300	2300	2200	2200
热容量/[J/(kg·m^2)]	1200	800	800	911.7	911.7
绝对零度值/℉	－273	－273	－273	－273	－273

高温条件下的温度场分析时，将模型左右和底部边界固定，模型无任何方向的位移和转动，上边自由，层与层间的接触连续。模型如图 12.31 至图 12.34 所示，以模型中间截面为例，分析结果云图如图 12.35 和图 12.36 所示，计算结果曲线图见图 12.37 和图 12.38。

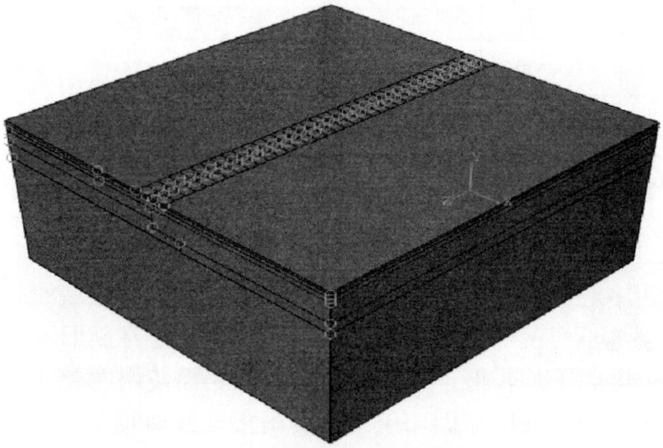

图 12.31　A 方案温度场有限元模型示意图

图 12.32　A 方案温度场有限元模型网格划分示意图

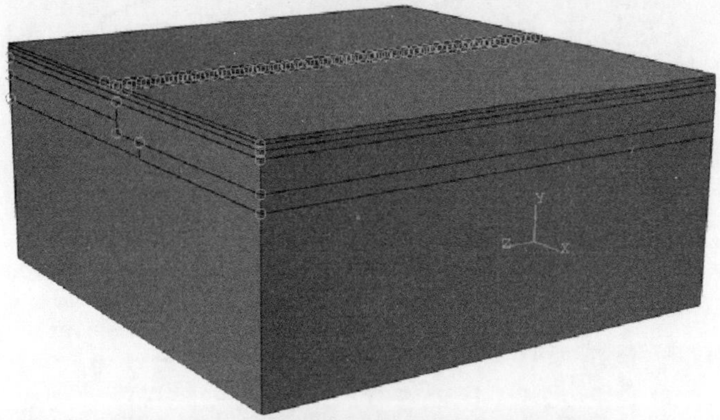

图 12.33　B 方案温度场有限元模型示意图

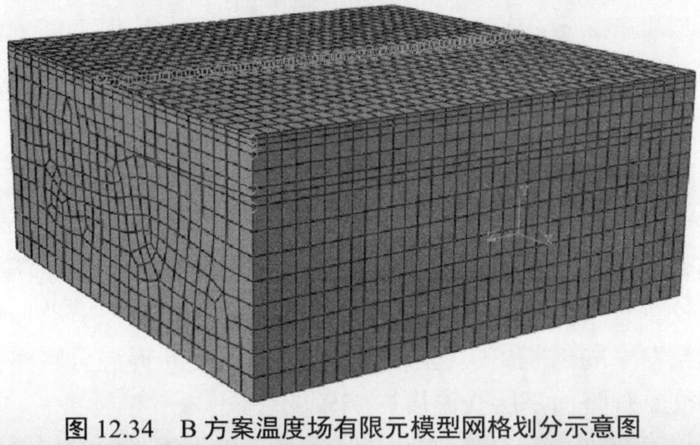

图 12.34　B 方案温度场有限元模型网格划分示意图

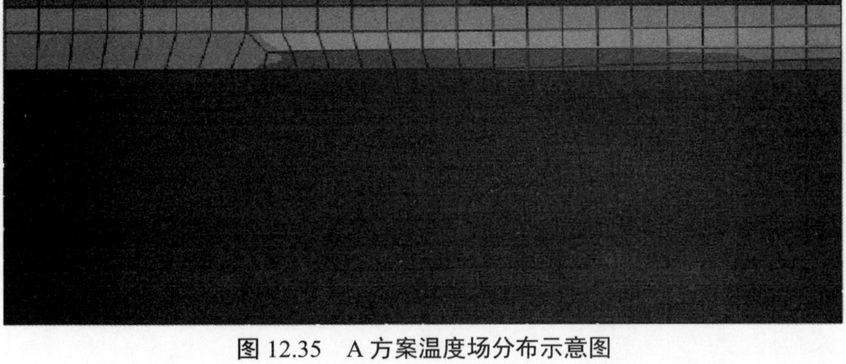

图 12.35　A 方案温度场分布示意图

图 12.36　B 方案温度场分布示意图

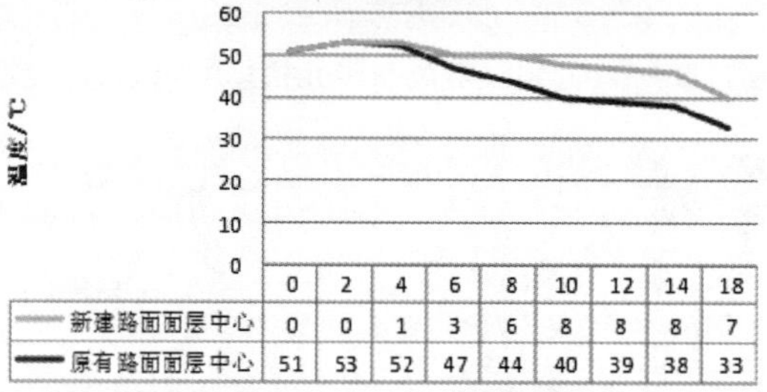

图 12.37　A 方案温度场不同位置随深度变化示意图

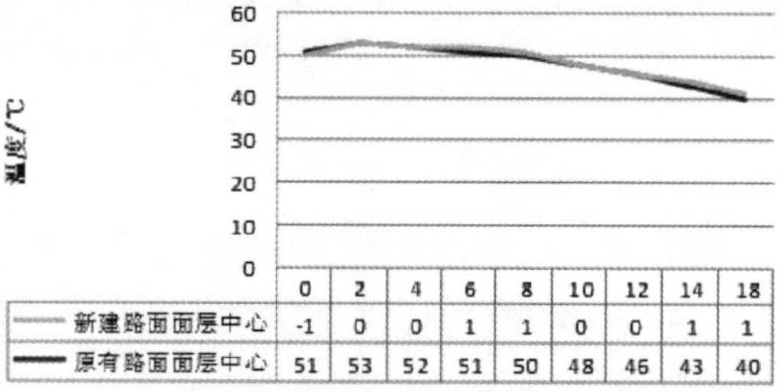

图 12.38　B 方案温度场不同位置随深度变化示意图

由以上分析结果图（12.35 至图 12.38）可以看出：

①沥青最高温度出现在上面层中，并且沥青材料的温度值明显大于基层，说明沥青材料对热辐射的吸收性较强。

②A 方案中沥青上面层中原有道路中心和新建部分道路中心差别不大。但是原有路面中、下面层的温度较新建路面中、下面层小，究其原因主要是原有路面中、下面层长期使用工程中沥青与颗粒发生局部脱离，会有裂缝产生，致使沥青混合料整体对热辐射吸收性能减弱，这样会导致原有路面基层受温度影响较明显。

③B 方案由于原有路面面层全部刨掀，重新铺筑和新建路面面层相同的结构，因此原有路面中、下面层和新建路面中、下面层的温度不会出现 A 方案中较大的温度差。

12.9　新旧路面高温荷载环境抗车辙分析

沥青混凝土的变形是随着时间、温度和荷载不断变化的。用时间 t、温度 T 和荷载 q 表示路面材料的蠕变变形为：

$$\varepsilon_{cr}=f(T, q, t) \quad (12.23)$$

利用 Abaqus 有限元软件分析沥青路面面层交通荷载作用下车辙分析，其对于各向同性材料（假设沥青面层各向同性材料）的蠕变特性常用时间硬化蠕变模型和应变硬化蠕变模型两种方式来描述。

本项目选用的是时间硬化蠕变模型来进行车辙分析。

若采用 Bailey－Norton 蠕变规律，所受应力保持不变，式（12.23）可以表示为 $\varepsilon_{cr}=C_1q^{C_2}t^{C_3}$，式中，$q$、$t$—荷载应力和时间；$C_1$，$C_2$，$C_3$—随温度变化的模型参数，是通过前面材料试验确定的。假定式中 q 是不随着温度变化的，则对该式两边求导，简化为 $\dot{\varepsilon}_{cr}=C_1C_3q^{C_2}t^{C_3-1}$，另 $A=C_1C_3$，$n=C_2$，$m=C_3-1$，则上式进一步简化为 $\dot{\varepsilon}_{cr}=Aq^nt^m$。

Abaqus 有限元分析把上式中的 A，n，m 作为时间硬化蠕变模型中的模型参数。由于实际道路结构中的温度是随着路面深度和时间的变化而变化的，且温度场为瞬态温度场，路面面层材料的黏弹性性质显著，受温度影响大，高温作用下影响更为显著。所以在分析高温作用下的车辙分析时，将前面计算的路面结构实际温度场结果引入车辙模拟分析中，同时考虑材料的特殊性能，建立连续变温的车辙模拟来分析路面面层的车辙变化。

考虑夏季高温季节，车轮荷载直接作用在沥青路面面层上，这样沥青混合料就承担着巨大的压应力和剪切应力，本项目中就 A、B 两种方案分析标准轴载和重载条件下的剪应力值。假设本项目中路面结构各层材料均为线弹性材料，原有沥青面层和新建沥青面层材料的弹性特性和蠕变参数随温度变化的结果见表 12.12 至表 12.15。

表 12.12　原老路路面蠕变参数

路面结构层	温度/℃	模型参数 A	模型参数 n	模型参数 m
AC－13C 改性沥青混凝土	20	3.268e－11	0.469	－0.395
	30	1.6625e－9	0.431	－0.391
	40	0.723e－8	0.396	－0.385
	50	0.695e－6	0.207	－0.350
	60	0.732e－5	0.168	－0.335
AC－20C 改性沥青混凝土	20	3.206e－11	0.661	－0.393
	30	1.722e－9	0.557	－0.390
	40	2.571e－8	0.541	－0.380
	50	3.361e－6	0.417	－0.354
	60	3.887e－5	0.289	－0.294

表 12.13　原老路路面弹性模量

路面结构层	AC－13C 细粒式 SBS 改性沥青混凝土	AC－20C 中粒式 SBS 改性沥青混凝土	水泥稳定碎石	C10 水泥混凝土	土基
抗压回弹模量 E_0/MPa(20℃)	700	840	1350	500	50
泊松比	0.35	0.3	0.3	0.3	0.4

表 12.14　拓宽新建路面弹性模量

路面结构层	AC－13C 细粒式 SBS 改性沥青混凝土	AC－20C 中粒式 SBS 改性沥青混凝土	AC－25C 中粒式 SBS 改性沥青混凝土	水泥稳定碎石	水泥石灰稳定土
抗压回弹模量 E_0/MPa(20℃)	1400	1200	1000	1500	550
泊松比	0.35	0.3	0.3	0.3	0.3

车辙计算模型采用与温度场分析相对应的模型，在 property 模块中，将上述计算参数定义到模型中；在 step 模块中，建立蠕变分析簿，分析簿总时间就荷载累积作用时间；在 load 模块中，分别施加标准轴载和重载，并将上节计算的温度场结果载入，分析得出结果。施加荷载的位置示意图如图 12.39 所示。由于目前的实验条件及沥青混合料本身的柔性特性，本项目将轮胎荷载视为均布荷载，并且把车轮荷载简化成矩形的均布荷载。根据有关设计规范，标准轴载为单轴双轮荷载 100kN，单轮当量圆半径为 21.3cm，接地压力为 0.7MPa。

表 12.15 拓宽新建路面蠕变参数

路面结构层	温度/℃	模型参数 *A*	模型参数 *n*	模型参数 *m*
AC－13C 改性沥青混凝土	20	6.536e－11	0.937	－0.592
	30	3.325e－9	0.862	－0.587
	40	1.446e－8	0.792	－0.577
	50	1.39e－6	0.414	－0.525
	60	1.464e－5	0.336	－0.502
AC－20C 改性沥青混凝土	20	4.58e－11	0.944	－0.596
	30	2.461e－9	0.796	－0.585
	40	3.673e－8	0.773	－0.57
	50	4.802e－6	0.595	－0.532
	60	7.778e－5	0.384	－0.441
AC－25C 改性沥青混凝土	20	4.59e－11	0. 922	－0.581
	30	3.461e－9	0.859	－0.576
	40	1.956e－8	0.830	－0.562
	50	1.2e－6	0.322	－0.522
	60	3.755e－5	0.21	－0.418

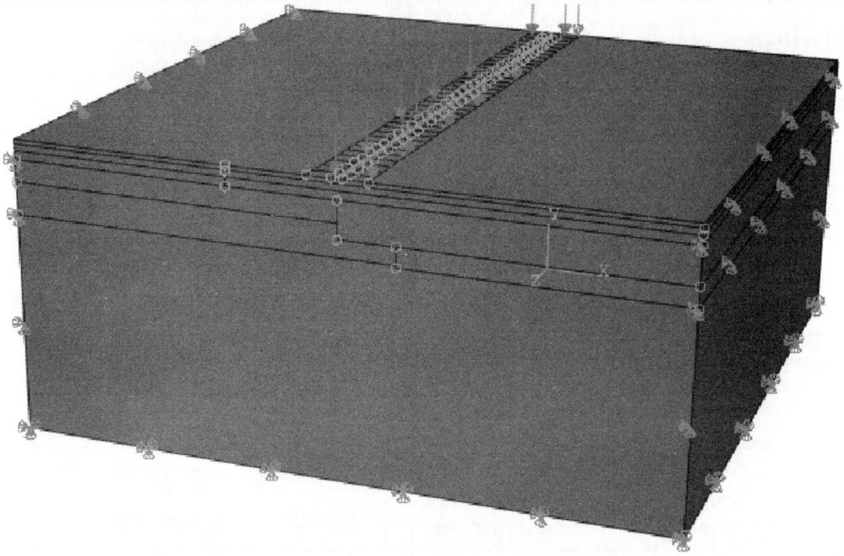

图 12.39 有限元模型荷载位置示意图

现实情况中，车辙是由于频繁的加载卸载形成的，根据加载—卸载循环作用与单次长时间加载的等效原则，标准轴载累计作用 50 万次后，建模分析新旧沥青面层及衔接处的差异变形。只以分析模型中间位置有荷载作用的位置截面为例分析计算结果，对于 A 方案标准轴载作用下分析结果如图 12.40 至图 12.43 所示。

图 12.40 路面结构受力分布示意图

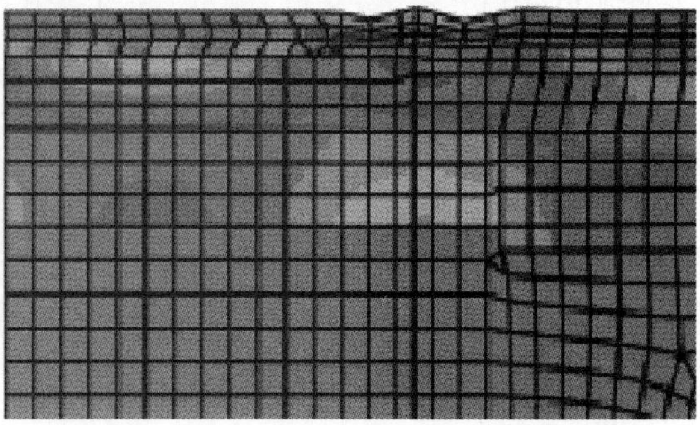

图 12.41 路面结构横向拉应力分布示意图

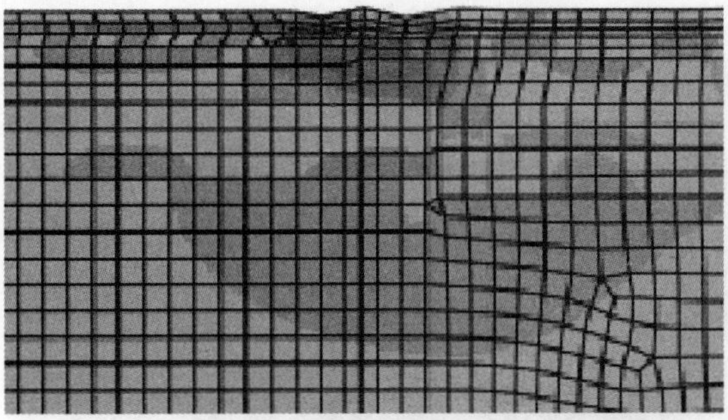

图 12.42　路面结构竖向拉应力分布示意图

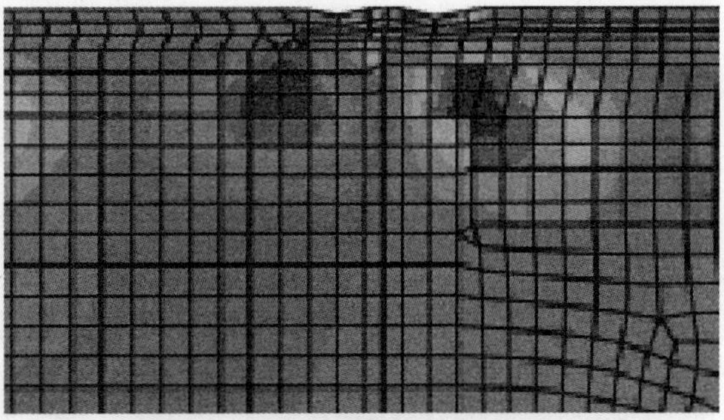

图 12.43　路面结构剪应力分布示意图

由图 12.40 至图 12.43 可知，旧路加铺面层下（原路面上面层）出现最大的横向拉应力，最大拉应力为 0.795MPa。车辆荷载作用下，路面结构衔接处的剪应力分布情况如图 12.44 所示。可以看出衔接处的剪应力为 0.21MPa。

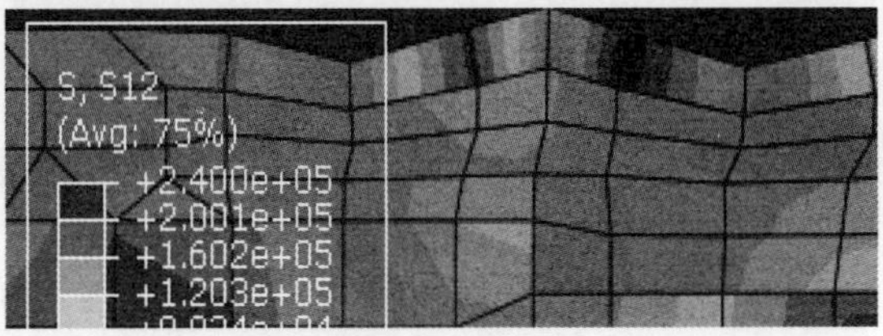

图 12.44　新旧路面衔接处剪应力分布示意图

为了不使路面发生剪切破坏，就要限制结构内的剪应力（τ_α）不大于结构层材料的抗剪强度（τ_R）。τ 可以由库仑理论得到：

$$\tau=c+\sigma_\alpha\tan\varphi \tag{12.24}$$

式中，σ_α—结构层可能破坏面上的正应力；c—材料的黏聚力；φ—材料的内摩擦角。

由分析得出数据可知 $\sigma_\alpha=-0.357$MPa，根据经验 $c=0.2$MPa，$\varphi=35^\circ$，代入式（12.24），可得：$\tau=1.313$，再由 $\tau_R=\tau/K_T$ 得到沥青混凝土面层的容许剪应力。

将 $K_T=1.1$ 代入上式得到 $\tau_R=1.19$。验算剪切条件：$\tau_\alpha<\tau_R$，满足抗剪强度的要求。

G107 马村立交至黄河大堤段公路是 G107 新乡境内的一部分，由于其地理位置的重要性，来往的重型车辆比例较大，且原老路路面结构破坏大多集中在重车车道处，所以有必要验算重荷载（以 3 倍标准轴载为例）作用下，沥青混凝土面层的抗剪强度是否满足要求。重荷载作用下的受力情况具体如图 12.45 至 12.48 所示。

图 12.45　路面结构受力分布示意图

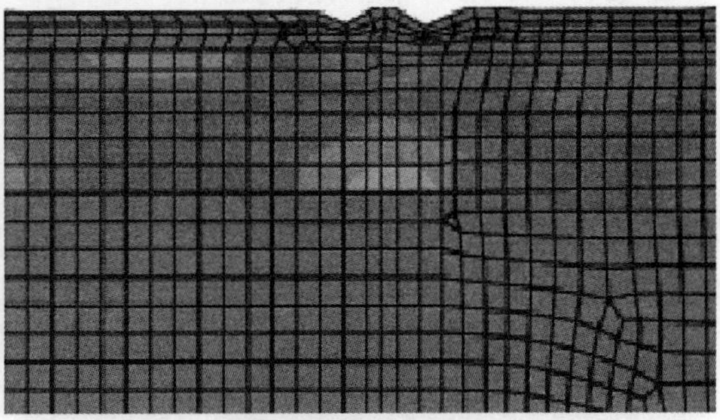

图 12.46　路面结构横向拉应力分布示意图

由图 12.45 至图 12.48 可知，旧路加铺面层下（原路面上面层）出现最大的横向拉应力，最大拉应力为 2.38MPa。车辆荷载作用下，路面结构衔接处的剪应力分布情况如图 12.49 所示。

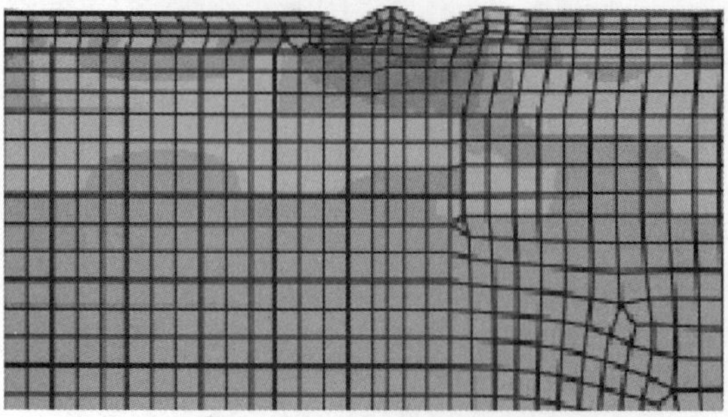

图 12.47　路面结构竖向拉应力分布示意图

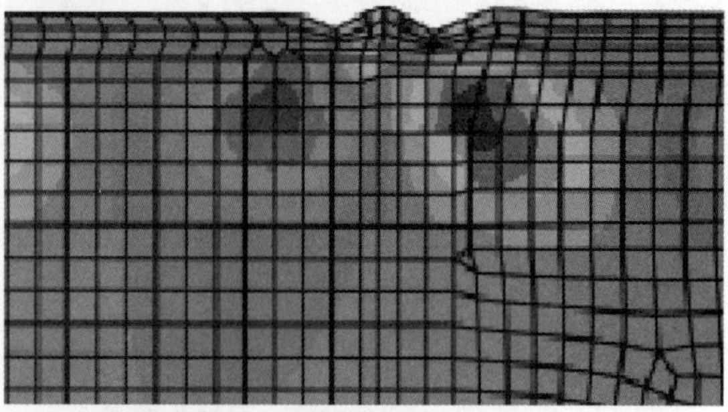

图 12.48　路面结构剪应力分布示意图

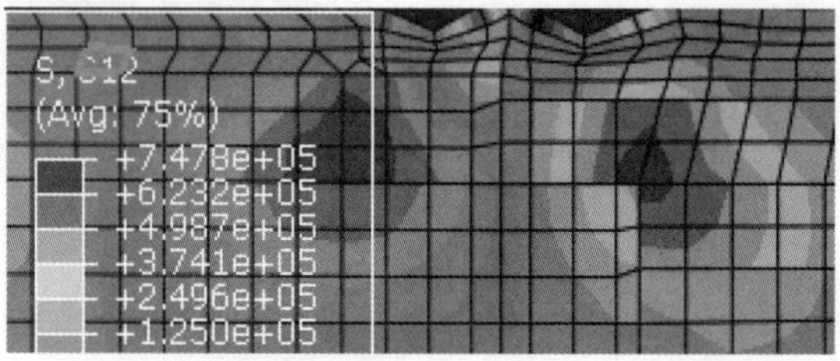

图 12.49　新旧路面衔接处剪应力分布示意图

由分析得出数据可以看出，衔接处的剪应力为 0.65MPa。结构层可能破坏面上的正应力 $\sigma_\alpha= -0.563$MPa。代入式（12.24），得到 $\tau_R= 0.541$。验算剪切条件：$\tau_\alpha>\tau_R$，不满足抗剪强度的要求。

现对 B 方案数值模拟分析，只需验证重交通荷载作用下路面结构的抗剪强度是否满足要求即可。如图 12.50 至 12.53 所示。

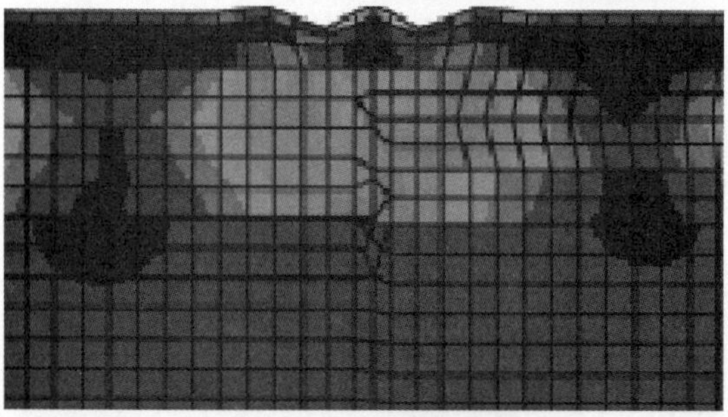

图 12.50　路面结构受力分布示意图

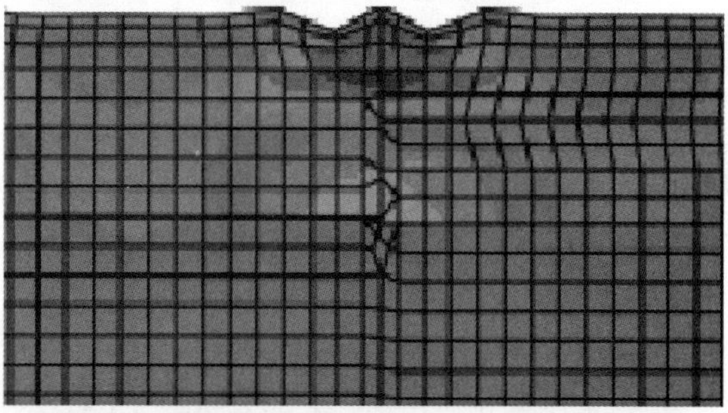

图 12.51　路面结构横向拉应力分布示意图

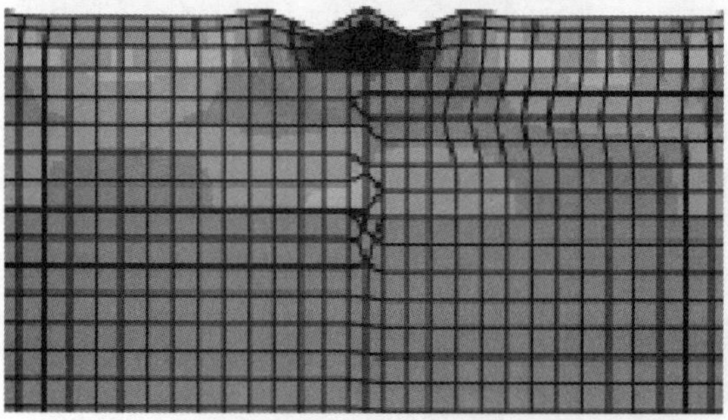

图 12.52　路面结构竖向拉应力分布示意图

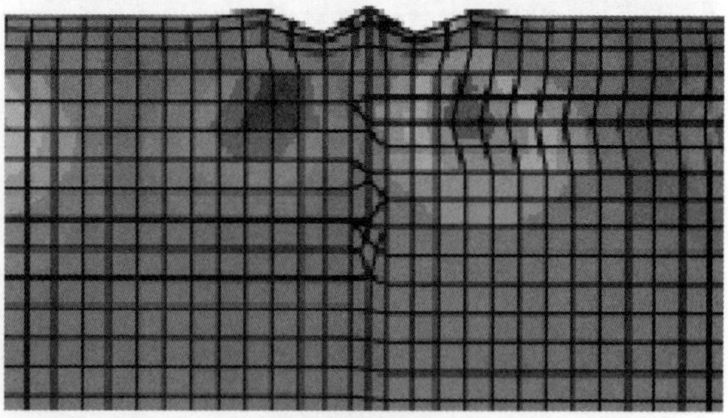

图 12.53　路面结构剪应力分布示意图

由图 12.50 至图 12.53 可知，车辆荷载作用下，路面结构衔接处的剪应力分布情况如图 12.54 所示。可以看出衔接处的剪应力为 0.323MPa。

由分析得出数据可以看出，，结构层破坏面上的正应力 σ_α=0.345 MPa。代入式（12.24），得到 τ_R=0.418，材料内的剪切应力明显减少。验算剪切条件：$\tau_\alpha<\tau_R$，满足抗剪强度的要求。

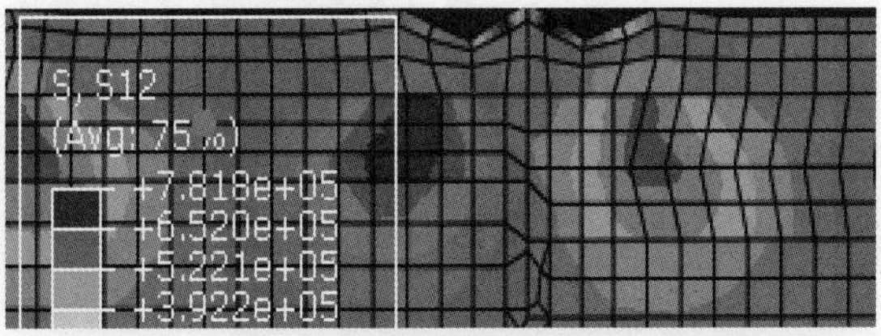

图 12.54　新旧路面衔接处剪应力分布示意图

12.10　本章小结

本章首先对拟建项目为减少新旧路基的不均匀沉降采用了有效措施，同时介绍了有关断裂力学的理论知识和应力强度因子 K_1 的计算方法，为后面的结果分析提供了理论依据。由于是改扩建项目，新旧路面的结构层不同，对应的力学性质就有区别。利用弯沉值和钻芯取样试验结果，结合实际工程经验，得到路面结构各层的计算参数。在有限元软件中建立模型，对选取路段设计方案进行比选，在病害严重的路段选用刨掀原路路面结构，重新铺装与新建路面相同的面层结构。主要结论如下。

①新旧路基衔接方案采用挖台阶处理和在路基基底及路床底铺设一层钢塑土工格栅，并在加宽路段填前碾压后的地表冲击压实处理。对于复合地基，设计采用预应力管桩的地基处理方式，在桥头和濒临水稻田、池塘路段都进行了特殊设计。新建后的路堤顶部和边坡变形差异很大，不利于路堤稳定。结构的最大竖向位移出现在原有老路基的顶部，水平最大位移出现在新旧路基的衔接处的内部中心处。邻近的、固结过程基本结束、沉降趋于稳定的老路的地基沉降在加宽路基荷载作用下，引起的附加沉降量在规范要求的范围内，说明设计方案中对地基的处理方案，有力地减少了新旧路基的竖向不均匀沉降。

②新旧路面横向拼接时，随着车辆荷载的施加，新旧路面结构的最大拉应力总是出现在面层衔接的位置，水平位移在荷载作用中心下的上基层出现拉伸现象。裂缝尖端的拉应力在荷载作用中心处较大。当荷载作用中心位于新旧路面基层位置时，裂缝区域向基层方向扩展，在基层处应力分散，裂缝区域应力较小，裂缝不会向基层和面层进行反射。新旧路面横向拼接时，要避免车辆荷载作用中心在新旧路面面层结构的衔接处在同一垂直位置。另外，可以采取适当的措施防止裂缝区域的扩展，如：在水泥稳定碎石基层中掺入聚丙烯纤维，增加基层的强度，避免在基层产生反射裂缝；增加新旧路面结构层间的黏结力。

③新旧路面纵向拼接时，车辆荷载作用中心位于新旧路面下面层衔接处时，裂缝区域的应力值较大，应力强度因子较大，但是裂缝不会反射到面层。车辆荷载作用中心在新旧路面的中、下基层衔接处时，应力和应力强度因子均较低，裂缝不会反射，路面使用性能良好。另外，车辆荷载作用施加过程中，裂缝区域的拉应力和应力强度因子值差异不大。

④初步设计中提出两种方案：只加铺一层 4cm 厚细粒式 SBS 改性沥青混凝土上面层（A 方案）；刨掀原路面沥青面层，将原水泥混凝土碎石化作为基层，再和新建部分一同铺筑 17cm 水泥稳定碎石上基层+8cm 粗粒式 SBS 改性沥青混凝土下面层+6cm 中粒式 SBS 改性沥青混凝土中面层+4cm 细粒式 SBS 改性沥青混凝土上面层（B 方案）两种方案。通过有限元建模对选取的特殊路段进行分析，对分析衔接处的剪应力与结构层的抗剪强度作比较。结果显示，对于病害严重的特殊路段，第二种方案效果优于第一种方案。

⑤从以上分析可以看出，刨掀原有路面、重新铺筑路面面层结构的设计方案，使沥青里面面层的整体弹性模量增加，有效地减少了路面结构的剪切变形，达到抑制或者减少沥青路面车辙产生的目的。

第 13 章　FG324 旧水泥混凝土路面检测及影响因素分析

国外对旧水泥混凝土路面加铺沥青罩面层的研究起步较早，20 世纪 50 年代已经开始探索并尝试在旧水泥混凝土路面上加铺沥青面层的路面改造技术，而且绝大部分重交通道路均采取在贫混凝土基层上加铺沥青面层的改造措施。

FG324 线迎国检路面大修工程（GK257+000 ~ GK290+000）从同安收费站至东孚镇莲花村，路线全长为 33km。其中 GK257+000 ~ GK263+000 段已纳入市政改造范围。因此，本次路面大修工程具体实施范围为 GK263+000 ~ GK290+000。以国道桩号 GK290+000 为基准点进行拟合，采取不拓宽、不改线的方案拟合后设计桩号为 K263+000 ~ K289+969，路线全长为 26.969km，项目地理位置如图 13.1 所示。

现状：路面结构形式为水泥混凝土路面，宽度为 22m，双向四车道，是连接漳州、厦门、泉州的重要通道。该路段路面经过多次改造，路面结构复杂，上次改造于 2001 年 3 月建成通车。经过 8 年的运营使用，路面出现了断板、角隅断裂、错台等不同程度的病害，导致车辆通行不畅，存在行车安全隐患，同时由于路面病害引起较大的噪声，严重影响了道路使用功能和周边居民生活品质，急需改造。路面路用性能远远不能满足交通量迅猛增加的要求，因此决定对 FG324 新民至东孚段路面进行大修改造，并借鉴相关工程实施经验，确定改造工程设计方案。

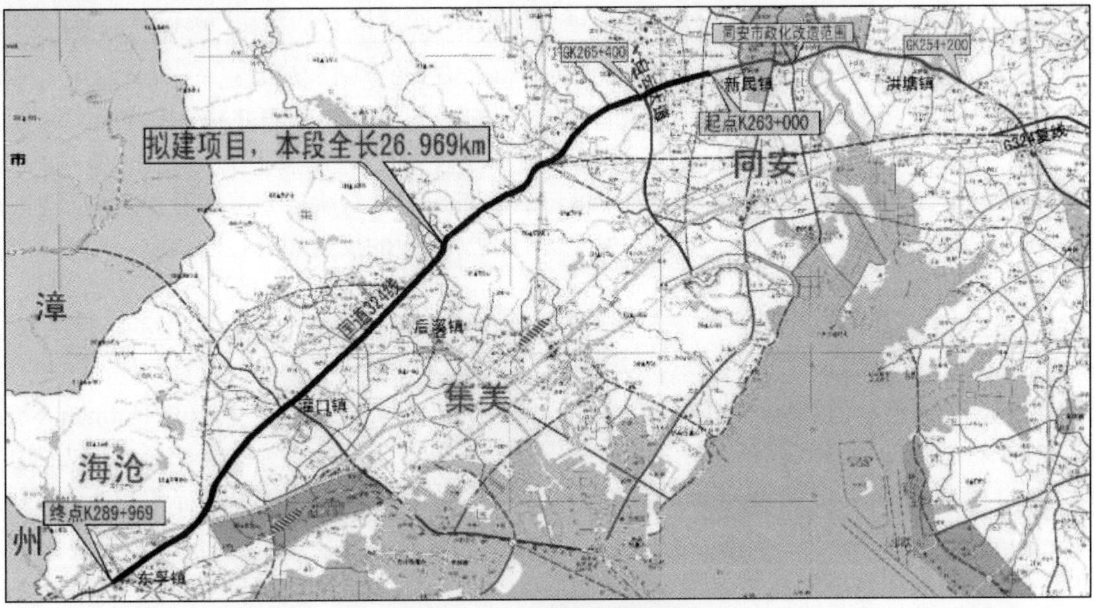

图 13.1　项目地理位置

13.1　水泥混凝土路面使用状况及主要病害类型

水泥混凝土路面是我国公路和城市道路发展初期的主要路面类型，我国公路铺面类型及水泥混凝土路面总里程统计表见表 13.1 和表 13.2。早期修筑的水泥混凝土路面破坏严重，大部分面临着大中修。较沥青混凝土路面来说，水泥混凝土路面修复比较困难，通常采用的大中修措施主要有 3 种。①清除重铺法（又称“翻修”）：清除原有水泥混凝土面板，重新铺筑上基层和面层。但此法投入资金多，工期长，对正常交通的影响很大，且堆放挖除的水泥混凝土板块易造成一定的环境影响。一般仅适用于旧水泥混凝土路面破损十分严重，无法进行水泥混凝土或沥青混凝土加铺改造工程，或在路面标高受限的路段。②加铺新水泥混凝土面层（“白加白”工艺）。此法养生期长，对正常交通的影响较大，且面层厚度一般不能低于 20cm，其造价远远高于沥青混凝土罩面层，一旦产生病害，维修养护较沥青混凝土路面困难，但能较好地提高路面的承载能力。一般适用于盛产水泥的地区且路基高度低、重车较多的路段。③加铺沥青混凝土面层（“白加黑”工艺）。此法充分利用旧水泥混凝土面板强度的同时，有效地改善旧水泥混凝土路面的使用性能，提高路面行驶的舒适性，且造价低、施工方便、对交通及环境影响小。成为目前国内外旧水泥混凝土路面大中修的主要措施。

表 13.1　2005—2007 年我国公路铺面类型分类统计表

年份	项目	全国总计	沥青混凝土路面	简易铺装路面	水泥混凝土路面	砂石路面
2005	里程/（$\times10^4$km）	193.0543	22.6075	46.1901	30.6622	93.5945
	比例/%	100	12	24	16	48
2007	里程/（$\times10^4$km）	358.37	40.16	52.62	84.88	180.72
	比例/%	100	11.2	14.7	23.7	50.4

表 13.2　我国公路水泥混凝土路面总里程统计表

年份	1960	1970	1980	1987	1988	1989	1990	1991
里程/km	60	200	1600	5824	7204	9193	11373	15234
年份	1992	1993	1994	1995	1996	1997	1998	1999
里程/km	21321	28064	35549	46172	56625	68740	83652	98849
年份	2000	2001	2002	2003	2004	2005	2006	2007
里程/km	115754	150205	167517	198924	257125	306222	646400	848800

早在 20 世纪 50 年代，国外高校及科研机构就在试验路研究的基础上，对“白加黑”路面病害提出各种处治措施。随着“白加黑”路面设计理论与方法不断提升，陆续开展了“白加黑”路面材料的断裂理论和规律的研究，总结“白加黑”路面产生的病害及其原因，采用数值模拟的方法建立“白加黑”路面的各种力学模型，分析反射裂缝尖端奇异性及温度型反射裂缝，提出相应的计算分析模型，巩固和发展“白加黑”路面的反射裂缝控制措施。随着早期修筑的水泥混凝土路面达到或临近路面设计使用年限，服务水平大大降低，无法满足大交通量下重型多元化交通高速行车的要求，亟须进行大中修路面改造。J.M.Rigo.S. Cescotto 和 P.J.Kuck 等学者从不同荷载位置对裂缝的影响和温度梯度对路面结构的影响考虑，开发模拟“白加黑”路面反射裂缝的有限元程序。Fedde Tolman，JanZuidema 和 Rob Hofman 等通过拉伸试验和弯曲断裂试验，对有裂缝沥青混合料试件在不同断裂方式下的裂缝应力强度因子展开研究。随着“白加黑”路面研究的不断开展与深入，设计理论不断完善，工程经验不断丰富，为指导“白加黑”路面改造工程实际具有重要的指导意义。国内对旧水泥混凝土路面加铺沥青面层的研究起步较晚，从 20 世纪 80 年代开始，国内高校及一些科研机构针对“白加黑”路面常见病害及处治措施展开研究，在前人研究的基础上，结合我国的基本国情和和谐社会的需要，研究适应于不同地区地理、气候、交通状况下“白加黑”路面改造方案和施工技术。目前，“白加黑”路面改造工程的理论尚不完善，相关工程经验具有适用的局限性。“白加黑”路面改造技术还处于经验探索阶段，主要是通过相同条件下试验路的铺筑，对路面改造路段建立有限元力学模型，开展数值模拟及多场耦合方式分析路面的力学

特性和动力响应，接近路面实际情况，根据工程实际提出适合该地区“白加黑”路面改造技术的处治措施。从沥青加铺方案和加铺层厚度、面层材料、设置土工合成材料应力吸收夹层、对旧路锯缝并加铺土工织物等方面入手，先对旧路病害提出相应的处治，如断裂稳固、锯缝等病害处治措施。使得“白加黑”路面改造技术在改造路段具有较好的适用性和经济技术效果。通过国内外“白加黑”加铺改造技术的理论研究成果和工程应用实例调研，“白加黑”路面改造工程在国内外还处于经验探索和试验铺筑路阶段，很多实验方法、设计理论和实用技术问题解决尚不完善，如加铺层方案的确定多结合当地地理环境、气候条件、交通状况等，提出适用性更好的“白加黑”路面结构设计方案及优选加铺层材料等。“白加黑”路面“反射裂缝”问题的存在，一直以来成为困扰养护、改造工程设计、施工的一个科学难题。沥青混凝土路面设计规范和施工规范虽然对沥青加铺层设计做了有关的要求，但不尽完善，很多“白加黑”路面“反射裂缝”控制方法在不同地域区划、交通、气候条件下不尽相同，效果不够理想，尚不具备普适性。

“白加黑”路面改造技术中，综合处治旧水泥混凝土路面病害是加铺成功的关键。因此，在加铺前要对旧水泥混凝土路面的路况进行详细的调查，选择科学的检测方法和恰当的评价指标，对旧水泥混凝土路面存在的各种病害进行调查分析，提出合理的处理方法。旧水泥混凝土路面的损坏的病害主要有 4 类：①裂缝类主要包括纵横斜向各种裂缝、板角断裂、边角剥落及破碎板等交叉裂缝；②变形类主要包括路面沉陷、隆起、错台和唧泥等；③表面损坏主要包括龟裂、露骨、路面磨损、集料的冻融和碱集料反应等；④接缝损坏主要包括接缝张开、裂缝扩展及接缝料损坏等，主要病害如图 13.2 所示。

（a）横向裂缝

（b）板角断裂

（c）破碎板

（d）错台

（e）唧泥

（f）接缝料损坏

图 13.2　水泥混凝土路面病害

13.2　旧水泥混凝土路面加铺沥青路面主要病害类型

沥青混凝土路面常见的病害主要有裂缝（横向、纵向及网状裂缝）、车辙、松散剥落和表面磨光等，通过大量“白加黑”路面路况调查发现，“白加黑”路面早期病害形式出现最多的是裂缝、推移、车辙，且这些病害在公路和城市道路中表现出的规律性很强。“白加黑”路面早期病害形式如图 13.3 所示。

（a）大交通量

（b）重载交通

（c）纵向裂缝

（d）横向裂缝

（e）车辙

（f）推移

图 13.3 “白加黑”路面早期病害形式

①纵横向裂缝发生的部位。“白加黑”路面裂缝主要包括荷载型和温度型。荷载型裂缝产生在旧路存在板底脱空、断板及板块接缝的位置，面层垂直荷载传递下来的剪应力过大时产生病害。温度型裂缝一般产生在旧水泥混凝土板接缝或断缝位置，水泥混凝土和沥青加铺层材料感温特性、温度线膨胀系数、层间温差等产生的附加水平拉应力过大即产生水平位移。裂缝传递在相应的罩面层出现裂缝。

②推移和车辙。推移和车辙是由沥青混合料的高温性能决定的，特别是在车辆启动和制动位置产生较大的水平和垂直冲击力，当超过路面抗冲击力时，这种剪应力就会产生层间推移。在瞬时荷载反复作用下，垂直的永久变形及侧向塑性流动形成车辙。在市政道路中主要出现在交叉口 100m 范围，在高速公路中主要出现在收费站、港湾式紧急停车带附近。

综上所述，“白加黑”路面病害一般在通车 1 ~ 2 年后发展较快，早期病害与路面结构主要的破损形式及病害成因是比较吻合的，早期病害几乎不可能产生疲劳破坏。

13.3 “白加黑”路面病害处治方法

水泥混凝土路面经过一定的运营服务，在气候环境和荷载共同作用下产生各种病害，“白加黑”路面改造工程中，首先必须对旧水泥混凝土路面进行病害处治。常见的病害处治方法根据路面破坏程度、交通状况和环境条件的不同而异。

①裂缝修补法。主要是依据裂缝宽度采用不同裂缝修补材料。随着国内外研究成果的应用，很多新型裂缝修补材料对裂缝的修补效果较好。随着道路新材料的研究发展，如生物修补技术将用于路面裂缝修补中。

②局部修补法。主要用于处治裂缝宽度较小（一般在 3 ~ 5mm）、板块断裂和剥落轻微的病害。具体方法根据工程实际不同有所差异，目前较为流行的做法是划线、刻槽、冲洗并用速凝混凝土修补，捣实填平。裂缝宽度较大（大于 5mm）时，处治方法有所不同，在此不再赘述。

③整板更换法。主要用于病害较严重路段的病害处治，如板块断裂且有活动断板、严重的剥落和错台现象。主要在新旧水泥混凝土板之间设传力杆，板底脱空区域填充刚性或半刚性材料，用沥青砂填平小错台（小于 1.5cm），凿除大错台（高差大于 1.5cm）中高出部分。

李惠成比较不同的“白加黑”路面设计方案，总结不同的沥青加铺层设计方案的优缺点，提出了旧水泥混凝土板块不同病害处治方案和“白加黑”路面设计方法。

刘荥是通过比较旧路改造方案的优缺点，结合 G205 和合宁高速安徽段路面改造工程实际，对路面改造前后进行检测分析，系统研究并综合评价了白加白和”白加黑”两种路面改造技术的特点及适用性。

邵腊庚针对旧水泥混凝土路面沥青加铺层结构特点，提出以控制加铺层产生反射开裂及加铺层与旧水泥混凝土路面分界面产生剪切破坏为标准的沥青加铺层厚度设计方法，并分析了相应应力计算公式的合理性。

任永刚通过室内试验研究不同添加剂对沥青混合料多项性能的影响，比较 TPS、路孚 8000、Sasobit、上交大高黏度改性剂和 Domix 等不同添加剂的性能，从沥青混合料的材料上提出针对不同旧路病害和不同路用性能的新型添加剂，提高“白加黑”路面的综合性能。

陈拴发利用有限元分析方法对应力吸收层结构进行力学特性的计算分析，从“白加黑”路面反射裂缝产生机理和理论上完善应力吸收层技术，并自主开发了特种改性沥青应力吸收层，提出一套针对应力吸收层的新材料施工工艺和关键技术。

赖用满以合宁高速小西冲段旧水泥混凝土路面改造工程为研究对象，依据该路段路面状况调查资料对旧路面板承载能力的评价，分析了旧水泥混凝土路面破损现象的主要原因，针对旧路路面不同破损状况，提出了相应的处治措施。

13.4　“白加黑”路面反射裂缝控制技术

随着“白加黑”路面设计方法的不断发展和完善，围绕着反射裂缝的产生机理、发展的过程、发展的速度等问题，从本质上寻求解决和控制反射裂缝的方法。自 20 世纪 60 年代，国外就“白加黑”路面沥青加铺层相关技术问题展开研究，产生了很多指导性的成果。为寻求更科学、适用性更广的“白加黑”路面设计方法和病害控制技术奠定了理论基础和实践依据。直 1989 年（RILEM）97GCR 第一次沥青加铺层反射裂缝国际会议以来，（RILEM）157PRC 组织了多次沥青加铺层反射裂缝国际会议。分别从反射裂缝的产生机理、力学特性分析、防反措施及加铺层设计方法等方面研究沥青加铺层的反射裂缝技术，并产生了防治“白加黑”路面反射裂缝第一部手册。为”白加黑”路面更好地发挥沥青加铺层的路用性能，延长路面使用寿命迈出了重要的一步。

国内外的研究表明，彻底消除反射裂缝是不经济、不现实的，沥青加铺层采用防治措施是控制开裂，而不是消除开裂。从经济适用性考虑，目前关于反射裂缝防治措施主要是延缓裂缝早期产生时间和控制裂缝扩展速度。只有从整体的防治措施考虑才能真正有效地起到延缓和控制裂缝的作用。从“白加黑”路面复合结构中各结构层性能相互影响的关联性方面提高各组成部分整体性能来防治反射裂缝过快发展，效果较为明显。

对于“白加黑”复合式路面结构，板与地基之间的接触既非完全连续，也非绝对光滑，而是介于两者之间。很多学者致力于通过找到合理的层间接触模型进行有限元理论研究，模拟复合式路面结构三维有限元力学分析模型。路面的行车荷载作用位置是“白加黑”路面产生反射裂缝的重要原因，荷载型反射裂缝主要包括剪切型和弯拉型。剪切型反射裂缝主要由于荷载作用在旧路面板接缝一侧，造成接缝两侧存在不均匀沉降，使得沥青加铺层的剪应力较大。弯拉型反射裂缝主要由于荷载作用在旧路面板接缝顶面，使得沥青加铺层底面弯拉应力过大。M.A.Caltabiano 和 J.M.Brunton 用弹性地基梁理论和断裂力学的方法分析反射裂缝扩展的影响因素。“白加黑”路面结构中各层材料的差异，易因温度收缩和翘曲产生的变形差异在沥青加铺层引起附加应力，当旧路和新的沥青加铺层之间附加应力之和大于材料的抗拉强度时，即产生温度型反射裂缝。研究表明，“白加黑”路面中增加沥青加铺层厚度能有效地预防反射裂缝的开展，但加铺层越厚，温度型反射裂缝产生的时间越早，且扩展速度越快。因此在“白加黑”路面设计时，应在确保加铺层厚度的同时控制加铺层厚度的上限值。

归纳国内外防止或延缓反射裂缝的主要方法，如图13.4所示。

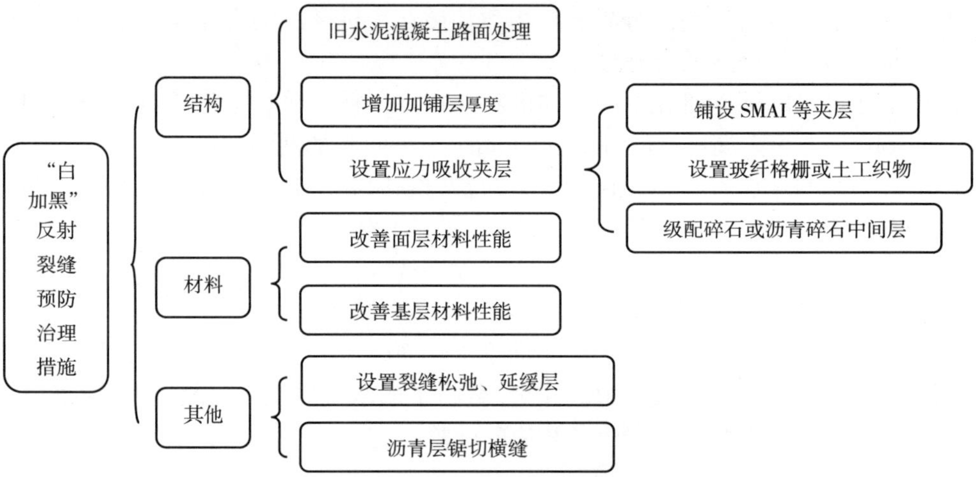

图 13.4 “白加黑”反射裂缝防治措施

结合国内外“白加黑”工程的成功经验，沥青加铺层必须满足最小厚度要求，但厚度不能过大。同时注意对旧路的处理，确保旧水泥混凝土板的稳定和接缝处设置玻纤格栅或其他土工材料等，抑制荷载型反射裂缝的开展。

顾强康认为“白加黑”路面合理加铺层厚度有利于提高路面的疲劳寿命。但过厚的加铺层（大于 15cm）效果不明显，反而增加工程造价，在高温季节易产生车辙、推移和拥包等病害。

徐慧杰依托”白加黑”工程实例，从材料性能试验、加铺层施工工艺等方面对防反措施进行研究。认为采用 STRATA 应力吸收层能有效地提高“白加黑”路面的整体性能和抗反射裂缝的能力。提出了“白加黑”路面改造工程应采用合理的防反措施和施工工艺，能较好地提高路面的抗反射裂缝的能力和整体性能。苏新国对“白加黑”路面面层材料抗反射裂缝能力影响因素进行分析，研究结构表明，沥青混合料结构类型和原材料性质对沥青混合料抗反射裂缝能力影响较大，矿料 4.75mm 筛孔通过率与疲劳性能紧密相关，细集料的含量、油粉比、添加剂类型都是影响疲劳寿命的主要因素。同时指出外加剂效果不明显，有些甚至会削弱混合料的疲劳性能。

陆新民依据浙江省的实际情况，总结常见的 5 种防反措施的适用性和效果，提出“白加黑”路面改造工程中旧路病害处治技术，如冲击压实、打裂压稳、碎石化等能有效地控制反射裂缝的产生和发展。李光明从反射裂缝形成机理、常见的防反措施特点、加铺层层底应力及经济性等方面综合分析，提出“白加黑”路面中设置夹层能明显改善沥青加铺层的受力状态，综合比较各种应力吸收层的经济适用性，提出 SAMI 橡胶应力吸收层的性能较好地适用于各种“白加黑”路面改造工程中。并介绍了旧路处治中的严重破坏路段，采用共振破碎技术的优势和适用范围。

张传义通过哈同高速旧路调查和远景交通量预测，提出“白加黑”路面结构设计方案，并对各层材料性能进行研究。利用有限元程序计算分析“白加黑”路面沥青加铺层在临界荷位下的应力状态，结合试验路对设计方案合理性的验证，提出“白加黑”路面的防反措施。

13.5　“白加黑”路面加铺层混合料试验方法与特性

通过“白加黑”路面加铺层沥青混合料试验方法与特性，从材料性能和配合比设计等方面提高沥青混合料的路面性能，有效地延缓和控制“白加黑”路面病害对行车舒适性和安全性的影响，主要表现在高低温性能、水稳性能、强度性能、疲劳性能和防渗性能等方面。

（1）水稳定性

目前，评价沥青混合料水稳定性的试验方法主要有浸水马歇尔和冻融劈裂试验。浸水马歇尔试验将沥青混合料制成标准的圆柱体试件（直径为 101.6mm，高为 63.5mm），在高温下（60℃）采用规定的马歇尔稳定度试验仪，测定在规定的加载速率条件下试件破坏前所能承受的最大荷载称马歇尔稳定度，以 kN 为单位，其对应的变形称为流值，以 0.1mm 为单位，为沥青混合料水稳性的评价指标。马歇尔稳定度试验仪、马歇尔试件及加载示意如图 13.5 所示。冻融劈裂试验采用马歇尔击实法成型的圆柱体试件，25℃条件下，以 50mm/min 的加载速度对沥青混合料进行冻融循环，测定沥青混合料试件受水损坏前后劈裂破坏的强度比评价沥青混合料水稳定性。

（a）马歇尔稳定度仪　　（b）马歇尔试件　　（c）马歇尔试验加载示意图

图 13.5　马歇尔试验

比较并评价两种沥青混合料水稳性试验结果可知，浸水马歇尔试验与路面的实际状况相差较远，且其残留稳定度也未能真实地反映出沥青混合料水稳定性。赵永利通过对多种沥青混合料的水稳性试验，以劈裂试验为基础，改进浸水条件，提出评价沥青混合料水稳性的煮沸劈裂试验来测定真空循环饱水条件沥青混合料的残留稳定度。

（2）高温稳定性

评价沥青混合料高温性能常见的方法主要有车辙试验和蠕变试验。车辙试验有很多种试验方法，常规的车辙试验在最佳沥青用量下制作车辙板试件（轮碾法成型尺寸为 300mm×300mm×50mm），在 60℃温度并且在同一轨道上，以轮压为 0.7MPa 的实心橡胶轮作一定时间的反复碾压，形成辙槽，以辙槽深度（总变形量）*RD* 和动稳定度 *DS*（每产生 1mm 辙槽所需的碾压次数）评价沥青混合料的抗车辙能力。

常规的车辙试验如图 13.6 所示。

（a）车辙仪　（b）车辙仪内部　（c）实验前车辙板　（d）试验后车辙板

图 13.6　车辙试验

其中，动稳定度是指试件在变形稳定期时．每增加 lmm 变形需要行走的次数，通常是求取 45（t_1）及 60（t_2）分钟的变形 d_1，d_2，由式（13.1）计算：

$$DS=(t_2-t_1)NC_1C_2/(d_2-d_1) \tag{13.1}$$

蠕变试验：通过模拟沥青混合料发生蠕变破坏的全过程研究混合料的高温稳定性。通过蠕变劲度 S_{mix} 表征沥青混合料的高温稳定性。蠕变劲度 S_{mix} 计算公式：

$$S_{\text{mix}}(t,T)=\sigma_0/\varepsilon(t,T) \tag{13.2}$$

式中，$\varepsilon(t,T)$—温度 T 下随时间增长的轴向应变，$\varepsilon(t,T)=\Delta h/h$；$\sigma_0$—施加的应力，静载时为恒定值，动载时随时间而变化。

式（13.2）中实际上已包括了弹性、黏性和黏弹性 3 部分的综合影响。蠕变试验是一种研究沥青混合料高温变形特性的有效手段。通过试验获得的蠕变曲线不但可以直观地表现出沥青混合料的蠕变发展过程，而且由蠕变试验测定的应力、应变值可作为计算车辙预估模型参数的试验数据。

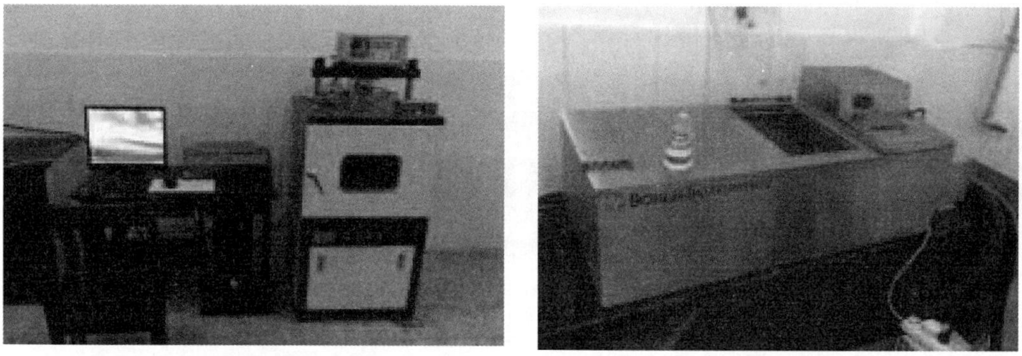

（a）低温抗裂保温箱　（b）低温弯曲试验仪

图 13.7　低温性能试验

（3）低温性能

低温弯曲试验是测定沥青混合料在试验温度为－10℃和加载速率为 50mm/min 时弯曲破坏的力学性能，试验采用以最佳油石比成型的标准车辙板试件切割成长 250mm±2.0mm，宽 30mm±2.0mm，高 35mm±2.0mm 的棱柱体小梁（其跨径为 200mm±0.5mm）。

（4）强度性能

单轴压缩试验是在温度为 15℃或 20℃、加载速率为 2mm/min 的条件下，对热拌沥青混合料进行一次性加载至破坏时的最大应力即为抗压强度，对沥青混台料进行逐级加载测定其抗压回弹模量。劈裂强度试验是对规定尺寸的圆柱体试件，通过一定宽度的圆弧形压条施加荷载，将试件劈裂直至破坏时，测定其劈裂抗拉强度和破坏劲度模量。极限弯曲试验是在温度为 15℃和加载速率为 50mm/min 时测定混合料弯曲破坏的力学性能，试件尺寸同低温弯曲试验相同。

（5）疲劳性能

沥青混合料的疲劳性能试验属于非常规试验，目前没有统一的规定。使用较多的有弯曲试验和劈裂试验。此外，也有学者从断裂力学的角度考虑，采用断裂力学的试验方法，还有单轴试验、三轴试验、轮辙试验等。

（6）防渗性能

采用路面渗水仪测定碾压成型的沥青混合料试件的渗水系数。通过一些常规和非常规试验进行“白加黑”沥青混合料性能试验研究。

孙海鹏以界阜蚌高速公路水泥混凝土路面改造试验段为依托，通过对不同类型沥青混合料进行原材料试验和对应性能测试，可以确定出符合工程需要的沥青找平层结构。采用高弹沥青混凝土作为“白改黑”工程中找平层结构的主要材料。

倪富健从集料级配对沥青混合料高温性能的影响分析，综合比较 4 种抗车辙性能较好的沥青混合料的各种路用性能试验，重点评价材料的高温性能，提出适于南京气候条件和道路交叉口交通特点的市政道路交叉口表面层材料的配合比设计。

范晓铃从城市道路“白+黑”工程的要求、复合式路面结构力学响应、旧水泥混凝土板综合整治和防反技术、沥青加铺层的设计及施工要求等方面进行了探讨。并结合昆山震川西路改建工程进行了实践，研究城市道路水泥混凝土路面加铺沥青层的若干技术问题。考虑城市道路特点后提出了相应的水泥混凝土路面整治及加铺层防反措施，提出了沥青加铺层配合比及施工控制要点。

彭红卫通过外掺剂 Domix 的性能及其作用机理，应用 SHRP 试验方法对不同 Domix 掺量的沥青结合料进行了动态剪切试验、135℃黏度试验和小梁弯曲蠕变试验，并对加入 Domix 改性剂后的沥青混合料进行了车辙试验、弯曲破坏试验、疲劳试验和冻融劈裂试验。结果表明，加入 Domix 后沥青混合料的各项路用性能都得到了较大程度的提高，尤其是高温稳定性得到了极大的提高。并对添加 Domix 和 SBS 改性剂的沥青混合料进行了经济分析，结果表明 Domix 具有较好的经济性。

吴超凡通过不同 Domix 掺量的 AC－13 沥青混合料车辙试验、单轴压缩与抗压回弹模量试验、间接拉伸试验、冻融劈裂试验结果的分析，得出适当的 Domix 掺量能显著提高沥青混合料的高温稳定性与强度、显著提高沥青混合料的水稳定性，从而提高沥青混合料的综合路用性能，并且具有较高的性价比与经济效益。

付力强从微观结构研究和性能试验的角度分析不同沥青混合料的路面典型病害发展规律，通过对 TPS、上交大改性剂、路孚 8000 和 Sasobit 等多种改性剂的改性机理及对沥青混合料的性能影响的研究，提出了路面各结构层材料的改性推荐方法。从路用性能分析可知，表面层材料以抗车辙为主，兼顾疲劳性能；中面层以抗车辙为主；下面层以抗疲劳性能为主。

通过综合评价，提出各种改性剂在各结构层的综合性能指数，为路面新材料的研究提供参考依据。方伽俐选取了具有代表性的 13 种沥青试样，以沥青低温性质为研究重点，进行了大量的常规试验和 SUPERPAVE 试验，通过试验数据分析，总结了结合料试验中呈现的规律，并对针入度、延度、劲度模量和拉伸破坏应变等各指标间的相互关系进行了讨论。王清通过室内试验和室外试验路段的抽提试验研究橡胶粉改性沥青混合料的改性机理和配合比设计，肯定了胶粉及其复合添加剂对沥青混合料的高温和低温性能的改善作用，并结合其生产制作特点，研制了全套胶粉复合改性沥青生产设备。海德俊通过分析“白加黑”沥青加铺层复合结构的受力、旧路补强、防反技术、排水系统布置及新老路基搭接等施工工艺，提出旧路病害处治措施和防反处治措施，并推荐加铺层材料方案。

13.6 “白加黑”路面主要结构形式

苏国庆针对水泥混凝土路面加铺沥青层出现的极限破坏状态，综合道路等级、交通等级以及施工因素，分别就水泥混凝土路面病害整治、层间接触处理、防裂处理、排水问题，厚度选择做了分析，并推荐了“白加黑”路面结构形式，见表 13.3。根据上海“白加黑”的工程经验，将“白加黑”加铺方案分为：一层式、两层式、三层式。以下 4 段不同交通量和道路等级的道路，其加铺结构见表 13.4。

表 13.3 “白加黑”典型设计结构表

加铺层结构	一层式	两层式	三层式
道路交通量	轻交通	中等或中等以上	重交通
道路等级	二级公路或城市道路支路	二级公路以上或城市道路次干路、主干路	一级、高速公路或城市道路主干路、快速路
表面层	AC－13C	AC－13C	SMA－13
中面层	—	AC－20C	AC－20C
下面层	—	—	AC－25C
防裂层、界面层	改性沥青碎石封层		
修复后的板块	注浆、板块重铺、裂缝封缝、错台处理		

表 13.4 不同交通量道路“白加黑”结构表

道路等级	城市支路	城市次干路	二级公路	一级公路
设计年限累积轴载/次	2.78×10^6	1.12×10^7	2.45×10^7	4.83×10^7
板块内应力状态是否满足要求	满足	满足	满足	不满足
加铺层	4cm AC－13C	4cm AC－13C 5cm AC－20C	4cm AC－13C 8cm AC－20C	4cm SMA－13C 5cm AC－20C 7cm AC－25C

“白加黑”路面结构形式的确定应结合沿线地理地貌、气候、交通、材料、地质等情况，考虑原有旧水泥混凝土路面病害综合处治措施，对不同区划的地域进行路面结构设计。

13.7 旧水泥混凝土路面病害调查与评价

现状水泥混凝土面板损坏主要有以下几种：裂缝、破碎板、板角断裂、错台、唧泥、接缝料损坏等。GK263+000～GK265+400 段路面损坏严重，存在大量的破碎板和断角等病害，该段处于新民镇至白云大道段，人流量和车流量均较大，两侧建筑物密集；GK265+400～GK279+000 段路面损坏较少，两侧房屋主要位于村庄路段，处于人流量最少路段；GK279+000～GK290+000 段路面损坏严重，该路段横穿灌口镇和东孚镇，人口集中，两侧建筑物密集，沿线主要交叉口大部分位于本路段。

FG324 路面大修工程全线总体上左右幅损坏差异较大，左幅损坏比右幅严重，路面结构较复杂。针对不同的病害类型、病害程度采取不同的处治措施。根据路面病害调查数量和分布表制定相应的处治措施和加铺方案。通过路面状况的现场调查和检测报告分析沿线的病害分布和轻重程度，得知病害产生的主要原因是：大交通量，特别是重车、超载车现象较明显；渠化交通使 FG324 左右幅重车比例不同是造成左右车道损坏差异较大的主要原因；部分路段路面经过多次改造，路面结构复杂，导致水泥混凝土板下强度均匀性差，受力不均匀；路线区域内降雨量大，路面结构层内部排水不畅，导致雨水长期积在基垫层内，造成基垫层承载力下降。

13.7.1　总原则及目标

依托 FG324 线迎国检路面大修工程实际，综合处治旧水泥混凝土路面病害应遵循的总原则及目的：充分利用旧路面强度与材料；对旧水泥混凝土路面采取打裂压稳和病害处治+拉毛的处治措施，然后在旧水泥混凝土面板上加铺沥青罩面，改造成"刚柔相济"的复合式路面结构；防止雨水对路面结构再次造成损坏，加强沥青加铺层结构性排水和水泥混凝土面板与沥青加铺层之间的隔水；避免或延缓新问题的出现，对"白加黑"路面主要病害形式反射裂缝从设计、施工、材料等各方面控制；在处理原有水泥混凝土路面时，把恢复路面强度均匀性放在首位；对旧水泥混凝土路面不进行碎石化处理，对总体和局部分别采用不同的处治措施。FG324 线迎国检路面大修工程属于旧路改造工程，维修方案要求遵循"经济、合理、可行"原则。恢复路面的路用性能，提高 FG324 厦门段的运营服务能力。

13.7.2　旧水泥混凝土路面"白加黑"改造技术方案

旧水泥混凝土路面处治措施主要有病害处理、打裂压稳、碎石化等措施。考虑到 FG324 厦门段重车、超载车较多，为了保留旧水泥混凝土板强度，对原路面不进行碎石化处理。主要采用打裂压稳处理，距离桥涵、天桥等构造物 5～10m 范围内不准进行打裂施工，采用病害处理方式处治破损旧路面。同时考虑到部分路段房屋密集，无法进行冲击打裂的路段采用条石化处理。结合路面破损情况和方案比较分别设置两种路面处治方式。旧水泥混凝土路面主要采用打裂压稳处理，局部路段采用病害处理，并对旧水泥混凝土路面进行铣刨，以增强旧水泥混凝土路面与沥青加铺层的黏结力。

（1）打裂压稳（含条石化处理）

①打裂工艺是用多边形冲击式或振动式或凸轮机等打击原有路面板 1～2 次，使旧路面板出现 2～3 条横向发裂，并伴有不同程度的下沉，以减小纵向、垂直方向的位移，使旧水泥混凝土板与基层紧密结合、稳定。对行车道路面进行打裂压稳，硬路肩一般路段不进行打裂，主要交叉口范围内硬路肩应一并进行打裂压稳处理。

②面板出现严重破碎、下沉、唧泥等结构性破坏的路段，为保证原路面能够提供均匀支撑，在打裂前应先挖除破碎板，处治好基层后，修筑 12cm 级配碎石+12cm ATB－25 沥青碎石压稳。

③面板出现中等病害的路段，在打裂前应对病害板做标识，待打裂压稳后进行弯沉查测，当 $L_0>54.7$（0.01mm）时，可适当增加冲击次数，若仍达不到设计要求，则按上述方法进行处理。

④对于打裂压稳后仍不稳定的混凝土块，应挖除不稳定混凝土块，补强整平好基层后，按第①方法进行处理。

⑤条石化处理：对于不能打裂路段，应采用切割机将混凝土板块切割成 4～5 块，切割线与横缝平行，然后进行压稳。压实前后板体稳定，最后一遍压实前后路面沉降差不大于 5mm。

⑥旧水泥混凝土路面处治后进行铣刨拉毛：打裂压稳后，旧水泥混凝土路面质量检验指标为：75%以上的路面出现不规则开裂，相邻裂缝围成的面积为 0.4～0.6m^2，打裂间距一般不大于 60 cm；在确定打裂程序满足要求后，进行压稳施工，一般压实遍数为 2～3 遍，压实速度不应超过 5km/h，最后一遍压实前后路面沉降差不大于 5mm。压实前后板体稳定。

（2）病害处理（非打裂路段）

①交叉裂缝、破碎板的处理：应先挖除破碎板，重新修筑水泥混凝土面板。对于损坏程度为轻、中级的面板，施工时应检查基层是否损坏，如果基层已经被破坏，则需更换基层；对于损坏程度为重级的面板，施工时应挖除已破坏的基层或底基层，重新铺筑基层或底基层。

②裂缝的处理：对于损坏程度为轻级的面板，需进行灌缝处理；对于损坏程度为中、重级的面板，应先应挖除不稳定或相对低的面板，在保留板位置上，平等于接缝划线，沿划线位置进行全深度切割，如果基层已经被破坏，则需更换基层，修筑 12cm 级配碎石 +12cmATB－25 沥青碎石压稳。

③板角断裂的处理：对于损坏程度为轻级的面板，需进行灌缝处理；对于损坏程度为中、重级的面板，板角断裂应按破裂面的大小确定切割范围，采用“板角修补法”进行处理。

④错台的处理：当混凝土板与板之间的错台量大于 6mm 时，应采用铣刨拉毛进行磨平处理。

⑤旧水泥混凝土路面处治后进行铣刨拉毛。

⑥唧泥、接缝传荷能力不足（弯沉差 $\Delta_D \leq 0.06$mm）和错台量＞10mm 均可归为脱空板。通过板底压浆进行补强，其设计标准为：压浆完工后接缝处按平均弯沉差 $D_1—D_2 \leq 0.05$mm，平均弯沉值（D_1+D_2）/2≤0.20mm 进行控制。

⑦水泥混凝土路面板底压浆是通过压浆泵将压浆材料压入板底脱空处及基层空隙中，形成一层强度高、稳定性好、与混凝土板底密贴的结构层，以恢复基层承载力，起到加固混凝土面板、维护面板正常使用状态，以及保障路面使用寿命的作用。

（3）水泥混凝土路面原有横缝、纵缝、胀缝及施工缝的处治措施

①无论采用何种处理方式，在加铺沥青混凝土之前应清除旧水泥混凝土路面旧填缝料和其他杂物并吹干净，然后对路面进行清洁干净，并对所有的接缝采用改性沥青或橡胶沥青材料进行灌缝。

②清除接缝中的杂物，增加工程量不大的情况下，可在缝壁刨面处理，高压清理，确保缝壁及内部清洁干净，符合灌封标准。

③填缝料施工时保证温度的前提下，均匀搅拌，保温使用。灌缝应满足深度要求（大于 5mm），填缝必须连续贯通且厚度一致，保证填缝料饱满均匀，不易出现开裂、渗水等现象。

④保证填缝料的养生期（低温 2h，高温 6h），期间应封闭交通。

13.7.3 研究启示

交通运输迅猛发展，大交通量、多元化载运工具、重载、超载成为现代公路的主要运营模式，推动了公路基础设施建设的发展。超负荷运营的公路路面病害成为制约交通运输发展的重要因素。早期修筑的公路大多已经达到或临近设计使用年限，路面病害严重、种类繁多、维修困难、养护成本增加，亟须进行路面大中修。早期修筑的公路多以水泥混凝土路面为主要路面结构形式，经过多年的运营出现不同程度的结构性和功能性破坏，对路面进行大中修势在必行。选择何种旧水泥混凝土路面改造方法、何种加铺设计方案、加铺层厚度和面层材料等对旧水泥混凝土路面改造工程具有重要意义。对于“白加黑”刚柔复合的路面结构来说，如何能使刚柔相济，发挥“白加黑”路面的服务功能，成为国内外道路工程界研究的重点。“白加黑”路面的路用性能和使用寿命，与面层材料的性能有很大的关系。原材料性能的优劣、沥青混合料的级配组成和沥青混合料的配合比设计等都决定了沥青混

合料的路用性能。从材料的角度入手，通过面层材料性能试验分析沥青加铺层材料的性能具有重要的研究意义。从防止反射裂缝的角度看，增加沥青混合料的性能在费用增加不大的情况下，能大大改善其路用性能，且施工方便，作为一种辅助性的防反措施，具有较广的适用性和推广价值。

国内外对于“白加黑”沥青加铺改造技术的研究很多。从沥青混合料性能试验上的研究也比比皆是，主要从沥青混合料的高低温性能、水稳性能和疲劳性能方面进行研究。高等级公路对沥青面层的使用性能和耐久性提出了要求，较好的高温稳定性和较强的抗水损坏能力如何选择“白加黑”路面路用材料及引入路面新材料，及其级配组成和配合比设计显得尤为重要。主要考虑其结构强度、表面功能和总的成本效益，即全寿命过程的成本。

目前，我国各等级公路的沥青路面中主要采用沥青混凝土（AC）、沥青玛蹄脂碎石（SMA）、沥青稳定碎石（ATB）和排水式沥青面层（OGFC）等热拌沥青混合料（HMA）。为了提高路面的使用功能，普遍加入各种改性剂，如抗剥落剂和抗车辙剂等添加剂。此外，在旧水泥混凝土板和沥青加铺层之间设置橡胶沥青应力吸收层等夹层，能有效地控制和延缓反射裂缝的产生和发展；设置乳化沥青黏层，增加强基薄面复合结构层间联结作用。

我国地域辽阔，地理位置、气候条件、施工水平和材料规格各不相同，对材料的组成设计方法各有差异及适用性，本项目根据南方高温多雨气候条件研究适用于厦门地区公路发展特点的“白加黑”路面结构设计方法。为了节约投资，同时考虑到实施条件和施工工期，不同地区及交通状况下路面采用面层材料和加铺方案。

依据“白加黑”路面结构设计原则和交通量调查资料，借鉴国内外“白加黑”路面设计经验和相关理论研究，依托 FG324 线迎国检路面大修工程的工程实际，从“经济、合理、可行”的原则出发，建议不同条件下拟采取的加铺方案并推荐加铺层材料。分析 FG324 厦门段“白加黑”路面面层材料性能试验结果并借鉴以往“白加黑”工程的成功经验，总结沥青加铺层材料的性能、特点及其适用性。提出适合厦门地区国省道公路旧路改造工程中加铺层材料和加铺方案。从适用性、经济性和施工可行性方面展开研究，提出厦门地区国省道公路“白加黑”路面改造类似工程中反射裂缝防止措施和路基路面综合排水方案，为提出厦门地区“白加黑”典型路面结构具有很大的现实意义。

13.7.4　平整度的检测设备、方法与评价

平整度的测试设备分为两大类：一类是测试路表不平整程度（反应类设备）；另一类是测定路表凹凸情况（断面测试类设备）。国内普遍采用的 3m 直尺和连续式平整度仪以及由它们组合形成的其他一些方法基本属于断面类测定方法；反应类主要是指颠簸累积仪，它依靠测量车辆在路面上行驶时机械振动系统的动态反应来表征路面平整度。

①3m 直尺。3m 直尺是用来测定路面平整度最简单的仪器。方法就是把直尺平放在需要测量的路面上，用楔块塞入直尺的尺底间隙，读取楔块上的测量值，用以计算合格率及最大间隙平均值。

②连续式平整度仪。连续式平整度仪是以 3m 长桁架铰接对分小梁为基准，前后各有 4 个行车轮，轴间距为 3m。在机架中间有一个能起落的测定轮，其上装有位移传感器和距离传感器，沿路面纵向位置以一定间隔量采集测试轮的单向垂直位移数据，再用数理统计方法来计算 100m 中所有数据的方差，也就是通常所说的标准偏差 σ。牵引车速度一般为 5 ~ 10km/h。该方法不适用于已有较多坑槽、破损严重的路面，受中间测定轮要时刻与路面接触的限制，牵引车的速度不能很快。

③车载式颠簸累积仪。颠簸累积仪属响应式检测类，测试车以一定速度在路面上行驶，由于路面上的凹凸不平状况，引起汽车的激振，通过机械传感器可测量后轴同车厢之间的单向位移累积值 *VBI*（以 cm/km 计）。*VBI* 越大，说明路面的平整度越差，测试速度比连续式的要高，一般以 32km/h 为宜。其检测结果与测试车机械系统的振动特性和车辆行驶速度有关，因此必须通过对机械系统的良好保养和检测时严格控制车速来保持测定结果稳定性。

④激光平整度仪。激光平整度仪是应用激光测距及加速度惯性修正技术检测路面纵断面高程并计算路面国际平整度指数（*IRI*）的设备，主要由激光测距传感器、加速度传感器、纵向距离传感器和计算机处理系统等部分组成，如图 13.8 所示。

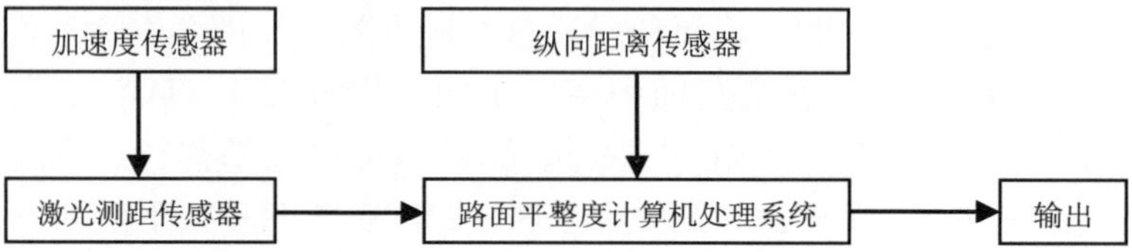

图 13.8　激光平整度仪示意图

测试车（如图 13.9 所示）以一定速度在路面上行驶，固定在汽车底盘上的一排激光器，通过测试激光束反射回读数器的角度来测试路面，这个距离信号同测试车上装的加速度计信号进行互差，消除测试车自身的颠簸，输出路面真实断面信号。信号处理系统将来自激光传感器的模拟信号转换成数值信号并记录下来。随着汽车的行进，每隔一定间距，采集一次数据。通过数据分析系统，可显示打印国际平整度指数 *IRI* 等平整度检测结果。

⑤平整度的检测方法与评价。《公路路基路面现场测试规程》（JTG E60—2008）要求测试系统采样间隔≤500mm（ARRB 综合检测车采样间隔 25mm），距离标定误差＜0.1%，传感器测试精度 0.5mm。《公路技术状况评定标准》JTG H20—2007 要求，路面平整度宜采用快速检测设备，条件不具备的三、四级公路，路面平整度可采用 3m 直尺人工检测，检测结果按表评定（见表 13.5）。

表 13.5　路面平整度评定标准

技术等级	优	良	中	次	差
RQI	≥90	≥80，＜90	≥70，＜80	≥60，＜70	＜60
高速、一级路对应的 *IRI* 值/（m/km）	≥2.23	≥3.48，＜2.23	≥4.31，＜3.48	≥4.99，＜4.31	＜4.99
二、三、四级公路对应的 *IRI* 值/（m/km）	≥3.09	≥4.49，＜3.09	≥5.42，＜4.49	≥6.18，＜5.42	＜6.18
3m 直尺/mm	≤10	＞10，≤12	＞12，≤15	＞15，≤18	＞18
颠簸程度	无颠簸行车平稳	有轻微颠簸，行车尚平稳	有明显颠簸，行车不平稳	严重颠簸，行车很不平稳	非常颠簸，非常不平稳

图 13.9　检测车

13.7.5　测试路段的选择

为研究不同因素对平整度测试结果的影响，选取了几条相对有代表性路段进行测试，具体路段如下（见表 13.6 和表 13.7）。

表 13.6　水泥路面测试路段表

路段名称	检测部位	起点桩号	终点桩号	长度	路面状况	纵坡	平曲线
某国道	左幅 外车道	ZK274+835	ZK274+635	200m	严重损坏	平坡	直线段
某省道	左幅 外车道	ZK294+000	ZK294+600	600m	灌缝情况	平坡	直线段
某县道 1	左幅 外车道	ZK16+000	ZK15+800	200m	完好路面	平坡	直线段
某县道 2	右幅 内车道	YK9+400	YK9+600	200m	严重损坏	平坡	直线段
某县道 3	右幅 外车道	YK10+500	YK10+700	200m	完好路面	平坡	曲线段
某县道 3	左幅 外车道	ZK10+700	ZK10+500	200m	完好路面	平坡	曲线段

表 13.7　沥青路面测试路段表

路段名称	检测部位	起点桩号	终点桩号	长度	路面状况	纵坡	平曲线
某县道 4	左幅 内车道	ZK2+500	ZK2+300	200m	严重损坏	平坡	直线段
某县道 5	左幅 外车道	YK0（相对）	YK100	100m	完好路面	上坡	直线段
某县道 5	左幅 外车道	YK0（相对）	YK100	100m	完好路面	下坡	直线段

13.7.6　不同因素对平整度检测结果的影响

（1）水泥路面灌缝情况的影响

选取某省道的桩号 K294+000 ~ K294+600 段，在路面缩缝灌缝前后和不同的灌缝饱满程度分别进行了平整度测试，并进行了分析比较，见表 13.8 和图 13.10。

表 13.8　*IRI* 值比较表

桩号	清缝前/（m/km）	清缝后/（m/km）	灌缝后/（m/km）	处理前后差值/（m/km）	饱满程度
K294+000	3.94	3.90	4.71	– 0.78	低于路面
K294+020	3.10	3.01	3.12	– 0.02	低于路面
K294+040	3.96	4.06	3.91	0.05	低于路面
K294+060	4.99	5.17	5.05	– 0.06	低于路面
K294+080	4.03	4.09	4.13	– 0.09	低于路面
K294+100	4.06	4.30	4.08	– 0.02	低于路面
K294+120	3.53	3.69	3.83	– 0.30	低于路面
K294+140	4.40	4.50	4.63	– 0.23	低于路面
K294+160	3.03	3.15	2.74	0.29	低于路面
K294+180	3.75	3.47	3.61	0.14	低于路面
K294+200	2.97	3.00	3.27	– 0.30	与路面基本持平
K294+220	2.76	3.04	2.99	– 0.23	与路面基本持平
K294+240	2.52	2.53	2.50	0.02	与路面基本持平
K294+260	2.95	2.86	3.33	– 0.39	与路面基本持平
K294+280	2.71	2.72	3.07	– 0.36	与路面基本持平
K294+300	3.31	3.51	3.14	0.17	与路面基本持平
K294+320	2.70	2.71	2.76	– 0.06	与路面基本持平
K294+340	8.40	8.54	8.41	– 0.01	与路面基本持平
K294+360	3.27	2.87	3.08	0.20	与路面基本持平
K294+380	3.88	4.16	4.03	– 0.15	与路面基本持平
K294+400	4.17	3.90	3.97	0.20	高于路面
K294+420	3.42	3.36	3.60	– 0.18	高于路面
K294+440	4.01	3.85	4.03	– 0.02	高于路面
K294+460	3.82	4.10	3.82	0.00	高于路面
K294+480	3.44	3.75	3.53	– 0.09	高于路面
K294+500	4.24	3.68	4.01	0.24	高于路面
K294+520	5.56	6.06	5.67	– 0.11	高于路面
K294+540	3.00	2.98	3.04	– 0.04	高于路面
K294+560	2.60	2.50	2.67	– 0.06	高于路面
K294+580	2.77	2.68	2.95	– 0.18	高于路面
K294+600	3.03	2.97	2.92	0.11	高于路面
路段平均	3.69	3.71	3.76	– 0.07	—

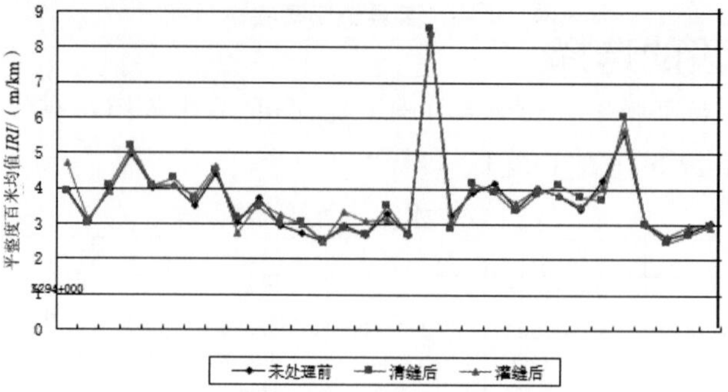

图 13.10　*IRI* 平整度折线示意图

上述图表表明，灌缝处理前后和灌缝饱满程度对平整度检测数值影响有限；但从经验来说，如检测时采样点刚好落在灌缝处，且该处灌缝质量不良，该采样点处的 *IRI* 测值将会较大，可能会对该路段平整度产生一定的影响。

（2）路面损坏对平整度的影响

①路面损坏。为研究损坏对路面平整度的影响，检测了某国道 20km 的平整度值，并选取其中 260m，采用计算间隔为 5m（大致与水泥路面板板长一致），检测速度为 45km/h，检测数据见表 13.9 所列。

表 13.9　路面损坏 *IRI* 病害检测情况

损坏类型	桩号	*IRI* 值/（m/km）	损坏尺寸	备注
板角断裂	K274+680.6	3.55	0.027	
	K274+700.6	4.71	0.242	
	K274+715.6	6.27	0.750	
	K274+725.6	4.88	0.0414	
	K274+735.6	5.38	0.490	
	K274+740.6	7.78	1.155	
	K274+755.6	4.61	0.020	
	K274+820.6	3.12	2.772	
	K274+583.6	6.49	0.262	
	K274+660.6	3.85	0.442	
边角剥落	K274+618.6	7.13	0.052	
	K274+650.6	3.67	0.074	
	K274+660.6	3.85	0.487	
	K274+665.6	4.71	0.077	
	K274+720.6	8.75	0.067	
	K274+790.6	4.61	0.049	
	K274+795.6	3.68	0.036	
	K274+815.6	4.13	0.023	
	K274+790.6	4.61	0.022	
错台	K274+583.6	6.49	0.022	
	K274+715.6	6.27	0.030	
裂缝	K274+593.6	11.03	1.300	同时有露骨
	K274+665.6	4.71	0.900	
	K274+573.6	7.27	3.240	
	K274+613.6	6.92	3.270	
	K274+670.6	4.14	0.340	
	K274+705.6	4.25	3.300	
露骨	K274+645.6	5.21	3.731	
	K274+583.6	6.49	—	
	K274+568.6	6.01	16.50	
	K274+593.6	11.03	16.50	
破碎板	K274+645.6	5.21	5.082	
	K274+780.6	3.98	0.460	
	K274+785.6	3.20	0.073	
路段平均		4.47	—	

另外某县道的损坏情况见表 13.10 所列。

表 13.10　某县道病害检测结果

桩号	损坏	范围/m
K9+430.3	细微裂缝	1.5m×0.2mm
K9+433.2	严重裂缝	5.0m×10.0mm
K9+438.2	严重裂缝	5.0m×50.0mm
K9+443.2	严重裂缝	5.0m×30.0mm
K9+443.2	细微裂缝	1.2m×0.2mm
K9+450.0	严重裂缝	1.0m×30.0mm
K9+451.0	细微裂缝	1.4m×0.1mm
K9+533.3	严重裂缝	5.0m×35.0mm
K9+458.3	严重裂缝	5.0m×110.0mm
K9+463.3	严重裂缝	5.0m×150.0mm
K9+470.3	错台	7mm
K9+490.7	细微裂缝	1.0m×0.1mm
K9+508.4	细微裂缝	2.0m×0.2mm
K9+523.5	细微裂缝	0.8m×0.15mm
K9+535.6	露骨	2.9×2.0
K9+573.8	边角剥落	0.25×0.4

该路段对应的 *IRI* 值见表 13.11。

表 13.11　*IRI* 病害检测结果

路段序号	桩号	时速 45km 时 *IRI* 值/（m/km）	时速 75km 时 *IRI* 值/（m/km）
1	K9+400	1.93	3.32
2	K9+420	1.56	1.77
3	K9+440	1.6	1.68
4	K9+460	1.72	1.74
5	K9+480	2.22	2.07
6	K9+500	1.73	1.88
7	K9+520	2.36	2.16
8	K9+540	2.26	2.39
9	K9+560	1.94	2.04
10	K9+580	3.11	3.13
11	K9+600	2.19	2.03
路段平均		2.06	2.20

从上面的图表可以看出，露骨对路面 *IRI* 值的影响较大，板角断裂处 *IRI* 值在 3.12 ~ 7.78 之间，边角剥落处 *IRI* 值在 3.67 ~ 8.75 之间，错台（两处均为严重错台）处 *IRI* 值在 6.27 ~ 6.49 之间，裂缝处 *IRI* 值在 4.14 ~ 7.27 之间（有露骨处达 11.03），露骨处 *IRI* 值在 5.21 ~ 11.03 之间，破碎板处 *IRI* 值在 3.2 ~ 5.21 之间。除错台与露骨外，*IRI* 值落于路段平均值两侧，对应损坏尺寸、损坏位置等信息可以得出以下结论：边角剥落、板角断裂（且有明显沉降）、破碎板等损坏范围超过车道横向三分之一以上，对 *IRI* 值有一定影响；因平整度主要是检测车轮行走位置的数值，坑洞和裂缝所处的位置对平整度的检测结果影响要大于损坏严重程度的影响；小范围的边角剥落、错台等对平整度的检测结果影响不显著。

表 13.12　*IRI* 值比较表

桩号	清缝前/（m/km）	清缝后/（m/km）	灌缝后/（m/km）	处理前后差值/（m/km）	饱满程度
K294+260	2.95	2.86	3.33	−0.39	与路面基本持平
K294+280	2.71	2.72	3.07	−0.36	与路面基本持平
K294+300	3.31	3.51	3.14	0.17	与路面基本持平
K294+320	2.70	2.71	2.76	−0.06	与路面基本持平
K294+340	8.40	8.54	8.41	−0.01	与路面基本持平
K294+360	3.27	2.87	3.08	0.20	与路面基本持平
K294+380	3.88	4.16	4.03	−0.15	与路面基本持平
K294+400	4.17	3.90	3.97	0.20	高于路面
K294+420	3.42	3.36	3.60	−0.18	高于路面

另外在对某省道的 *IRI* 值分析时发现，K294+340 处的路面 *IRI* 值出现异常，远高于该路段平均水平，此处对应的路面摄像头采集的图片，如图 13.11 所示。

图 13.11　道路检测车露骨损坏的采集照片

经过现场确认发现（见图 13.12），该处路面除严重露骨外，未存在其他严重损坏，因此认为，在激光检测平整度时，露骨对平整度的测值影响较大。

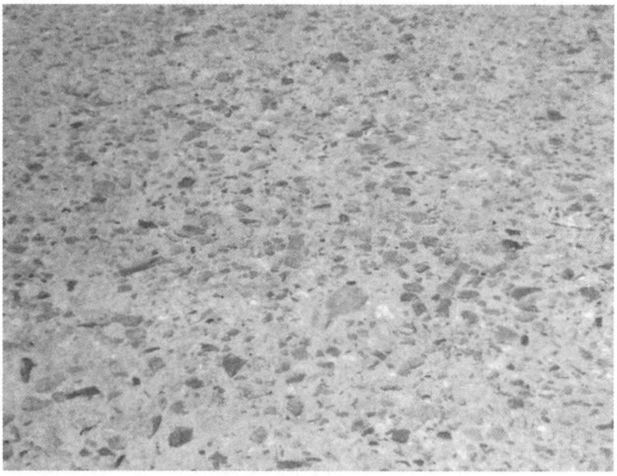

图 13.12　现场人工拍摄的露骨损坏照片

②纵坡对平整度的影响。对 X425 上的东安桥的上下桥部分进行了纵坡影响检测，检测速度 50km/h；检测数据见表 13.13 和图 13.13。

表 13.13　检测数据表

路段序号	X425 东安桥桥上桩号	*IRI* 值/（m/km）	纵坡/%	*IRI* 值/（m/km）	纵坡/%
1	QK0+000	1.31	– 3.29	3.18	1.76
2	QK0+010	1.71	– 3.36	1.61	2.02
3	QK0+020	1.41	– 3.44	1.43	2.44
4	QK0+030	1.24	– 3.45	1.99	2.77
5	QK0+040	1.49	– 3.42	2.2	2.89
6	QK0+050	1.73	– 3.36	3.45	2.86
7	QK0+060	1.32	– 3.3	2.69	2.73
8	QK0+070	1.7	– 3.24	3.37	2.57
9	QK0+080	1.81	– 3.29	3.27	2.48
10	QK0+090	2.04	– 3.64	5.5	2.58
11	QK0+100	2.98	– 4.06	3.07	2.75

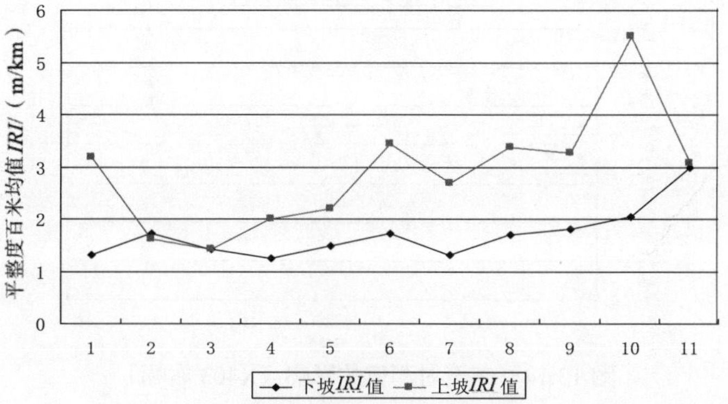

图 13.13　平整度折线示意图

从上述的图表明显可以看出，上坡时测得的 *IRI* 值普遍大于下坡时测得的 *IRI* 值，纵坡对 *IRI* 值的检测可能有一定的影响。但由于数据偏少，且未进行同路段重复性检测，不具有代表性，下一步还将进一步检测。

③车速对检测结果的影响。选择试验路段，在轮迹带沿行车道平行位置画上明显的测线，并在始点、终点画上横线；检测车到达始点位置的一定距离处，开始加速，同时启动检测系统测试，检测车速至始点横线时，时速应达到不同的水平，并保持匀速，驶过试验路段。

（a）基本无损坏路段：检测数据见表 13.14 至表 13.17 和图 13.14 至图 13.17。

从以上表 13.14 至表 13.17 和图 13.14 至图 13.17 不难看出，在基本无损坏的情况下，右外侧车道为 30km/h 的速度下，路段的 *IRI* 值在 1.57 ~ 3.03m/km 范围，路段平均 *IRI* 值为 2.21m/km；50km/h 的速度下，路段的 *IRI* 值在 1.48 ~ 3.28m/km 范围，路段平均 *IRI* 值为 2.12m/km；75km/h 的速度下，路段的 *IRI* 值在 1.48 ~ 3.13m/km 范围，路段平均 *IRI* 值为 2.06m/km。左外侧车道为 30km/h 的速度下，路段的 *IRI* 值在 1.49 ~ 3.12m/km 范围，路段平均 *IRI* 值为 2.30m/km；55km/h 的速度下，路段的 *IRI* 值在 1.61 ~ 3.03m/km 范围，路段平均 *IRI* 值为 2.33m/km；75km/h 的速度下，路段的 *IRI* 值在 1.65 ~ 3.05m/km 范围，路段平均 *IRI* 值为 2.29m/km。

表 13.14　车速对测值的影响（X403 右幅）

路段序号	桩号	时速 30km 时 *IRI* 值 /(m/km)	时速 50km 时 *IRI* 值 /(m/km)	时速 75km 时 *IRI* 值 /(m/km)	曲率 /（1/km）
1	K10+500	2.25	1.85	1.64	4.01
2	K10+520	1.87	1.48	1.67	4.21
3	K10+540	2.12	1.78	1.97	4.15
4	K10+560	2.29	2.17	1.9	4
5	K10+580	3.03	1.99	1.91	3.91
6	K10+600	2.74	3.28	3.13	3.73
7	K10+620	2.43	2.26	2.31	3.02
8	K10+640	2.42	2.25	2.13	2.15
9	K10+660	2.11	2.35	2.27	1.62
10	K10+680	1.9	1.99	2.28	1.39
11	K10+700	2.22	2.22	2.22	1.3
12	K10+720	1.94	1.87	1.91	1.23
13	K10+740	1.57	1.44	1.81	1.2
14	K10+760	2.79	2.58	1.48	1.21
15	K10+780	1.98	2.11	2.47	1.2
16	K10+800	1.64	2.33	1.95	1.2
平均值		2.21	2.12	2.06	—

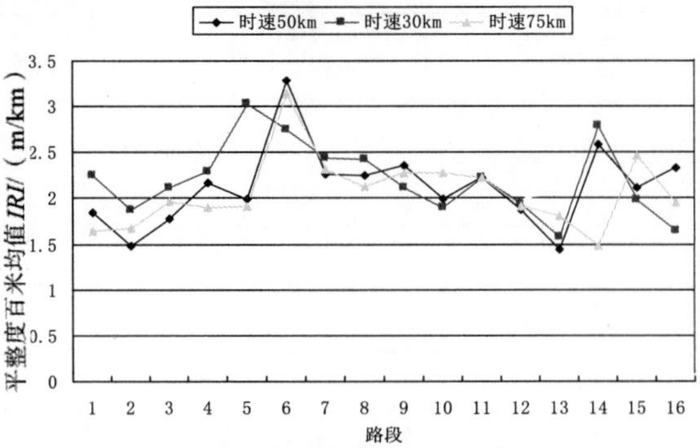

图 13.14　车速对测值的影响（X403 右幅）

表 13.15　车速对测值的影响（X403 左幅）

路段序号	桩号	时速 30km 时 *IRI* 值/（m/km）	时速 50km 时 *IRI* 值（m/km）	时速 75km 时 *IRI* 值（m/km）
1	K10+500	2.03	2.28	2.05
2	K10+520	2.7	2.62	2.57
3	K10+540	2.93	3.03	3.05
4	K10+560	2.05	2.34	2.00
5	K10+580	1.49	1.61	1.65
6	K10+600	2.5	2.45	2.69
7	K10+620	3.12	3.02	2.58
8	K10+640	2.2	2.02	2.43
9	K10+660	2.44	2.36	2.17
10	K10+680	1.71	1.84	1.93
11	K10+700	2.09	2.11	2.12
路段平均		2.30	2.33	2.30

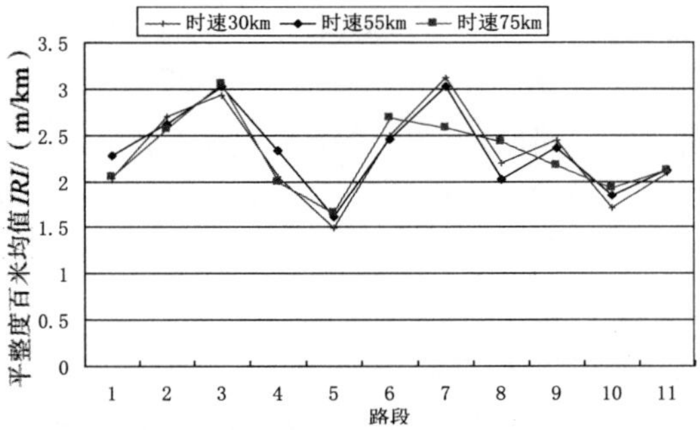

图 13.15　车速对测值的影响（X403 左幅）

表 13.16　X403 桩号 K10+500～K10+710 右外侧 3m 直尺检测数据

测试位置	3m 直尺间隙/mm										平均间隙/mm
外侧轮迹线	1.5	4.5	2.5	2.0	2.0	1.5	1.5	2.5	2.5	1.5	2.2
	2.5	2.5	4.5	2.0	1.5	3.0	2.5	3.0	4.0	2.5	2.8
	3.5	2.5	2.5	2.0	2.0	2.0	1.5	4.0	3.5	2.5	2.6
	14.0	5.5	3.0	3.0	3.0	4.5	2.0	2.0	3.0	2.0	4.2
	2.0	3.5	2.5	1.5	6.5	2.5	3.0	2.0	1.0	3.0	2.8
	2.0	2.0	3.5	2.5	4.5	2.5	1.5	1.5	5.0	2.0	2.7
	2.5	2.0	1.0	4.0	4.0	3.5	1.5	2.0	2.5	3.0	2.6
中间	1.5	1.5	1.5	1.0	2.5	2.0	1.0	7.0	1.5	1.5	2.1
	1.0	1.0	7.0	2.5	1.0	2.0	1.0	2.0	2.0	2.0	2.2
	7.0	1.5	2.0	1.5	2.5	1.0	3.0	3.5	1.0	2.0	2.5
	14.0	2.5	2.5	1.5	1.5	5.0	1.0	1.0	2.0	7.5	3.9
	1.0	1.5	5.5	8.0	3.0	2.0	1.0	3.5	1.5	1.0	2.8
	1.5	1.5	2.5	1.5	1.0	3.5	2.0	3.5	2.0	1.5	2.1
	3.5	3.0	3.0	3.0	1.5	1.0	2.5	2.0	3.0	2.0	2.5
内侧轮迹线	2.0	2.0	2.0	3.0	1.5	1.5	1.0	6.5	1.5	1.0	2.2
	1.0	1.0	8.0	1.0	2.0	2.0	2.0	3.5	3.0	3.0	2.7
	4.0	2.0	1.0	2.0	1.0	6.0	4.0	3.0	1.0	2.0	2.6
	11.0	2.0	3.5	2.0	2.5	2.0	3.0	2.5	2.0	2.0	3.3
	1.5	12.0	7.0	1.0	1.0	1.0	2.0	2.5	2.0	1.0	3.1
	2.0	4.0	6.5	1.0	2.0	4.0	1.5	2.0	1.0	1.0	2.5
	2.0	2.0	3.0	2.5	2.0	2.0	2.5	3.0	3.5	2.0	2.5

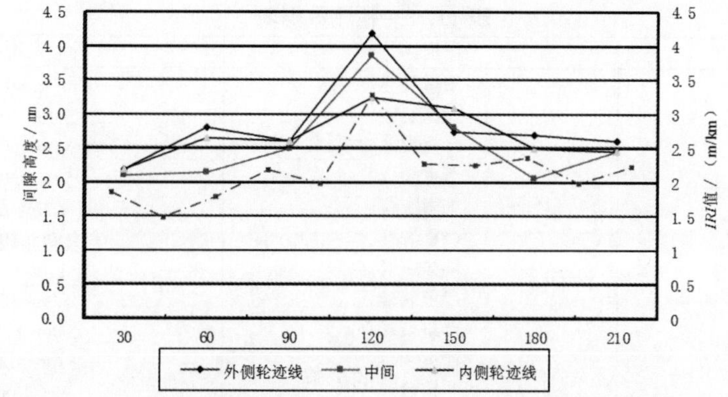

图 13.16 右外侧车道时速 50km 时 *IRI* 值与对应的 3m 直尺测值

表 13.17 X403 桩号 K10+500～K10+710 左外侧 3m 直尺检测数据

测试位置	3m 直尺间隙									平均间隙
外侧轮迹线	2.5	2.0	6.0	6.0	5.5	5.5	3.0	2.5	2.5	4.5	4.0
	3.5	3.5	3.0	4.5	3.0	2.5	3.5	1.5	4.5	2.5	3.2
	4.0	2.0	2.5	2.5	6.0	4.0	3.0	12.0	2.0	4.0	4.2
	4.0	2.0	3.5	2.5	3.5	3.5	4.5	1.5	3.5	2.0	3.1
	3.5	2.5	1.5	2.0	3.0	2.0	2.5	2.0	2.5	3.0	2.5
	1.5	4.0	1.5	4.5	4.0	6.0	4.0	2.0	1.0	1.5	3.0
	1.0	4.0	2.5	1.0	2.0	2.5	2.0	1.5	3.0	2.5	2.2
中间	4.5	3.5	2.5	2.0	2.5	8.0	2.5	2.0	1.5	2.5	3.2
	3.0	3.5	1.5	2.5	3.0	4.0	2.5	4.0	1.0	2.0	2.7
	3.0	2.0	2.5	2.0	5.5	2.0	3.0	6.0	4.0	2.5	3.3
	4.0	3.0	2.0	2.0	4.5	4.5	3.0	1.5	3.0	3.0	3.1
	2.0	2.0	4.0	1.5	2.5	1.5	6.0	2.5	6.5	2.0	3.1
	4.0	4.5	8.0	5.0	2.0	3.5	3.0	3.5	2.5	3.0	3.9
	2.0	2.0	3.5	3.5	6.5	4.5	4.0	3.5	2.5	3.0	3.5
内侧轮迹线	1.5	3.0	5.0	3.0	2.5	3.5	4.0	1.5	3.5	3.0	3.1
	1.0	3.0	2.0	4.5	1.0	4.0	3.0	2.5	3.5	2.5	2.7
	4.0	3.0	2.5	2.0	2.0	3.0	2.5	4.5	1.5	2.0	2.7
	5.0	2.0	3.5	2.5	4.5	4.0	3.5	3.5	5.5	5.5	4.0
	2.5	3.5	1.5	2.0	2.5	2.0	2.5	2.0	5.0	6.5	3.0
	3.0	6.0	2.0	5.0	5.0	6.5	7.0	1.5	2.0	2.0	4.0
	1.0	5.5	1.5	3.5	2.5	5.5	3.0	2.5	2.0	4.0	3.1

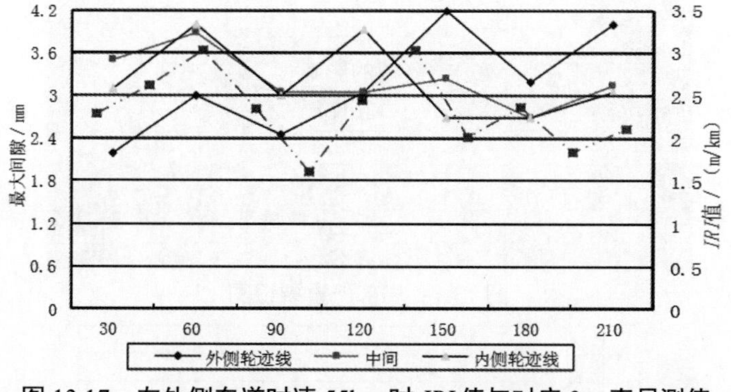

图 13.17 左外侧车道时速 55km 时 *IRI* 值与对应 3m 直尺测值

不同速度下的平整度线基本吻合，速度对平整度的影响很小，无论是区段还是均值，无显著的规律性，影响幅度较小。*IRI* 值与 3m 直尺测值基本对应，该路段平均最大间隙高度在 2.1 ~ 4.2mm 之间，*IRI* 值范围 1.61 ~ 3.28m/km，平均最大间隙在 4mm 内的路段，*IRI* 值基本都能在 3m/km 左右，属于平整度优良路段。

（b）有损坏路段：选取 X403 桩号 K9+400 ~ K9+600 段进行了对比。该路段损坏情况见表 13.18 与和表 13.19 与图 13.18 和图 13.19。

表 13.18　检测数据表

桩号	损坏	范围/m
K9+430.3	细微裂缝	1.5m×0.2mm
K9+433.2	严重裂缝	5.0m×10.0mm
K9+438.2	严重裂缝	5.0m×50.0mm
K9+443.2	严重裂缝	5.0m×30.0mm
K9+443.2	细微裂缝	1.2m×0.2mm
K9+450.0	严重裂缝	1.0m×30.0mm
K9+451.0	细微裂缝	1.4m×0.1mm
K9+533.3	严重裂缝	5.0m×35.0mm
K9+458.3	严重裂缝	5.0m×110.0mm
K9+463.3	严重裂缝	5.0m×150.0mm
K9+470.3	错台	7mm
K9+490.7	细微裂缝	1.0m×0.1mm
K9+508.4	细微裂缝	2.0m×0.2mm
K9+523.5	细微裂缝	0.8m×0.15mm
K9+535.6	露骨	2.9×2.0
K9+573.8	边角剥落	0.25×0.4

表 13.19　检测数据表

路段序号	桩号	时速 30km 时 *IRI* 值/(m/km)	时速 45km 时 *IRI* 值/(m/km)	时速 75km 时 *IRI* 值/(m/km)
1	K9+400	16.42	1.93	3.32
2	K9+420	13.46	1.56	1.77
3	K9+440	9.55	1.6	1.68
4	K9+460	6.35	1.72	1.74
5	K9+480	2.98	2.22	2.07
6	K9+500	2.26	1.73	1.88
7	K9+520	3.18	2.36	2.16
8	K9+540	5.68	2.26	2.39
9	K9+560	8	1.94	2.04
10	K9+580	13.26	3.11	3.13
11	K9+600	17.55	2.19	2.03
路段平均		8.97	2.06	2.20

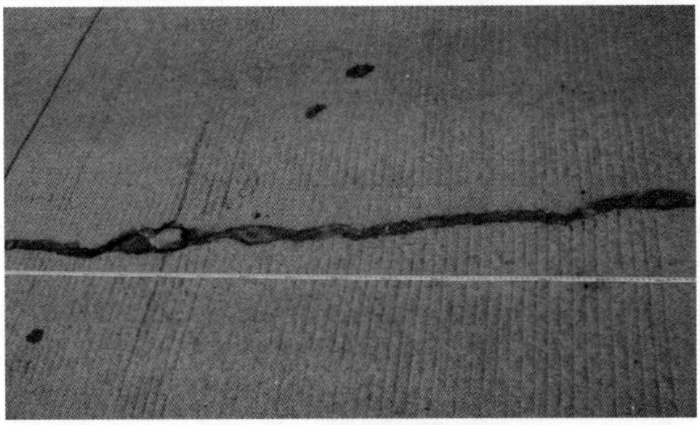

图 13.18 局部严重裂缝图

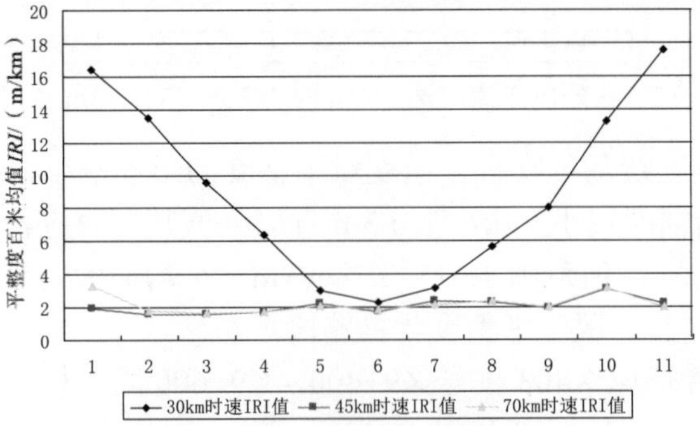

图 13.19 平整度折线示意图

从表 13.18 和表 13.19 与图 13.18 和图 13.19 的数据可以看出，在有较严重损坏的情况下，当车速在 30km/h 左右时，测得的平整度值偏差很大，当车速大于 30km/h，在 45km/h 与 70km/h 时，平整度测值差异不大。

（c）计算间隔的影响：同样对 X403 桩号 K9+400 ~ K9+600，当平整度计算间隔为 5m 时，得到的数据见表 13.20 和表 13.21 与图 13.20。在不同的速度下，计算间隔的影响都有相同的规律，即在相同的检测速度下，随着计算间隔的增大，*IRI* 的最大值减小，最小值增大，平均值增大。因此，就平均值来讲，越小的计算间隔测得的 *IRI* 值越小。

表 13.20　检测数据表

路段序号	桩号	时速 30km 时 *IRI* 值/(m/km)	时速 45km 时 *IRI* 值/(m/km)	时速 75km 时 *IRI* 值/(m/km)
1	K9+400	16.42	2.84	3.32
2	K9+405	14.57	1.37	1.79
3	K9+410	13.53	1.16	1.51
4	K9+415	12.61	1.28	2.02
5	K9+420	13.11	1.58	1.74
6	K9+425	10.54	1.87	1.91
7	K9+430	9.15	1.38	1.64
8	K9+435	8.53	1.22	1.52
9	K9+440	9.98	1.45	1.67
10	K9+445	6.28	2.15	1.60
11	K9+450	6.84	0.65	1.12
12	K9+455	7.45	1.89	2.63
13	K9+460	4.85	1.18	1.63
14	K9+465	2.97	1.82	1.82
15	K9+470	4.88	2.42	2.54
16	K9+475	1.72	2.50	2.48
17	K9+480	2.34	1.21	1.45
18	K9+485	2.38	1.53	1.45
19	K9+490	2.46	1.59	2.35
20	K9+495	1.61	1.45	2.16
21	K9+500	2.57	1.70	1.55
22	K9+505	1.31	0.97	0.96
23	K9+510	2.49	2.65	2.26
24	K9+515	5.30	2.49	2.82
25	K9+520	3.62	2.82	2.60
26	K9+525	3.22	3.43	4.06
27	K9+530	5.71	1.31	1.65
28	K9+535	6.45	2.39	2.28
29	K9+540	7.35	1.72	1.54
30	K9+545	7.37	1.57	1.83
31	K9+550	7.96	1.42	1.66
32	K9+555	8.45	1.73	1.60
33	K9+560	8.21	2.51	3.07
34	K9+565	14.31	3.71	3.53
35	K9+570	14.48	2.67	2.67
36	K9+575	10.40	2.90	3.38
37	K9+580	13.86	3.00	2.94
38	K9+585	16.04	1.05	0.96
39	K9+590	16.38	1.92	1.85
40	K9+595	16.53	2.46	2.44
41	K9+600	21.27	2.95	2.90

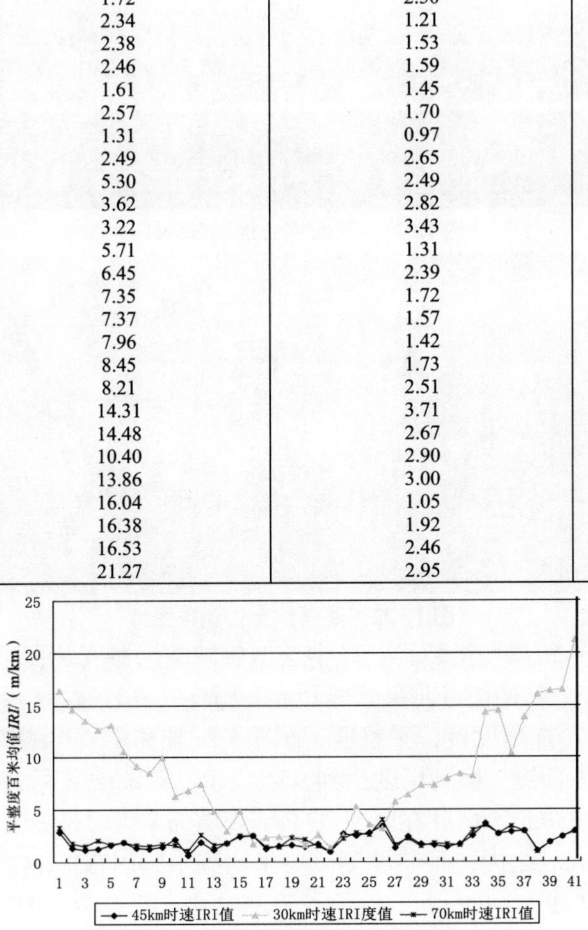

图 13.20　平整度折线示意图

表 13.21　不同计算间隔不同速度的 *IRI* 值

计算间隔	速度/（km/h）	*IRI* 值/(m/km)		
		最大值	最小值	平均值
5m	70	4.06	0.96	2.12
	45	3.71	0.65	1.95
	30	21.27	1.31	8.43
20m	70	3.31	1.68	2.20
	45	3.11	1.56	2.06
	30	17.55	2.26	8.97

13.8　路面状况自动化检测评价

13.8.1　ARRB Hawkeye2000 路面综合检测车

路面综合检测车用于在公路和城市道路上以连续、非接触、高速地实时收集道路的路面断面和路面信息，并可进行计算机现场处理分析或后处理，为路面管理系统 CPMS 提供综合高效的数据支持。适合作业环境条件：环境温度 – 5 ~ 50℃，海拔高度≤1500m，相对湿度≤100%，最小测试速度 20km/h，最大测试速度 110km/h，如图 13.21 和图 13.22。

图 13.21　路面综合检测车内图片

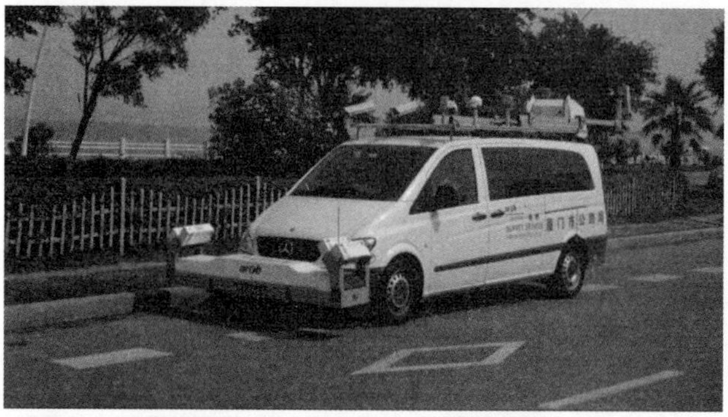

图 13.22　路面综合检测车图片

其主要性能指标：距离测量装置，光学递增旋转编码器安装在车轮上，车轮每转动一周，编码器发出 2048 个脉冲信号测量直线距离，精度在 0.1%以内。激光平整度检测系统：13 个激光传感器和 2 个加速度计，平整度、车辙、纹理和距离检测仪可以同时使用，精确定位，产生完全的纵断面图，检测精度达到 95%以上，测试横梁宽 2.4m，测试宽度 3.75m；激光传感器测试段长 25mm，精度在 0.2%之内，激光器频率 16kHz，纹理测试频率不小于 78kHz，分辨率在 0.1mm 之内；平整度测试要求达到中国国家标准、*IRI*、世界银行 1 级、ASTM E950、ASSHTO PP38 的标准；表面纹理测试要求符合 AASHTO PP38 的标准，分辨率达到 1μg，能测量混凝土接缝处 6mm 内的错台。

道路几何尺寸系统：采用 3 个精密陀螺仪进行道路几何参数的测量。操作速度 0～110km/h，高程/横坡精度 0.2%，水平/垂直曲率：0.1 弧度/km。DGPS 定位系统：定位误差在 1m 之内。道路图像系统：对路面缺陷的电视摄像能在一个车道内达到 100%的路标覆盖率（宽度最大达到 3.6m），图像清晰不失真，可供实时或后台软件处理。图像系统配备路面损坏摄像机 2 台，路况摄像机 3 台。路况摄像系统配 3 台数字化日本原产 Sony 摄像机，逐行数码彩色路况扫描摄像机分辨率 1280×960，每秒钟捕捉 25 帧图像（3m 采样间隔），摄像系统采用数字化存储；路面摄像系统配备自动调节的照明系统，能消除阳光与阴影的影响，全帧数字式 Sony 摄像机，能对 2mm 宽的裂缝宽度自动识别。

路况资产系统：分级编目键盘，能用于建立路边设施（桥、护栏、交叉口、标志等）的编目，符合交通部路况普查数据规范。路面图像分级工作站及破损分析软件：软件能排除帧与帧之间的部分重叠，路面缺陷评估被存成一个文件，并能根据路录像带上的区段时间和位置信息作标注，并将缺陷类型、剧烈程度、开展程度等数据格式化成一个子区，存在数据库中，贴上标签提交给机构。裂缝自动识别软件：能对小到 2mm 的裂缝进行识别和分析，识辨率达到 90%以上，并可报告裂缝类型、严重程度、地点等。

13.8.2　横向力摩擦系数检测车

横向力摩擦系数测试设备设定测试轮与行车方向成一定偏角，这样当车辆前进时就会产生一个同测试轮平面垂直的横向摩阻力，横向力由压力传感器量测，其大小与路面和轮胎之间的摩擦系数成正比，该横向力与测试轮承受垂直荷载的比值即为横向力系数 *SFC*。SCRIM2007 横向力系数测试车由装载车、数据采集处理系统、测试机构总承、供水系统及附属部分组成，具有自动、高效、高精度等特点，可及时显示路面横向力系数、测试时的即时速度及所测试的距离等数据，所有原始数据可自动保存，并可自动处理成每 5，10，100m 和每 1000m 的路面横向力参数，能直接进入 CMPS 路面管理系统。主要技术参数见表 13.22。

图 13.23　横向力系数检测车照片

表 13.22　SCRIM2007 横向力系数测试系统技术性能指标

项目	参数	项目	参数
测试轮角度	与行车方向夹角 20°	计算路段长度	5m～1km
测试轮垂直荷载	200kgf±1kgf	测试数据输出	双侧轮或任一轮侧 *SFC* 值、测试速度和距离
测试速度	50～80km/h	测试轮胎	3.0－20 光面轮胎
标准测试速度	50km/h	测试轮气压	0.35MPa
最大测试幅值	100（*SFC*）	电源	汽车 24V 电瓶
横向力系数分辨力	1（*SFC*）	—	—

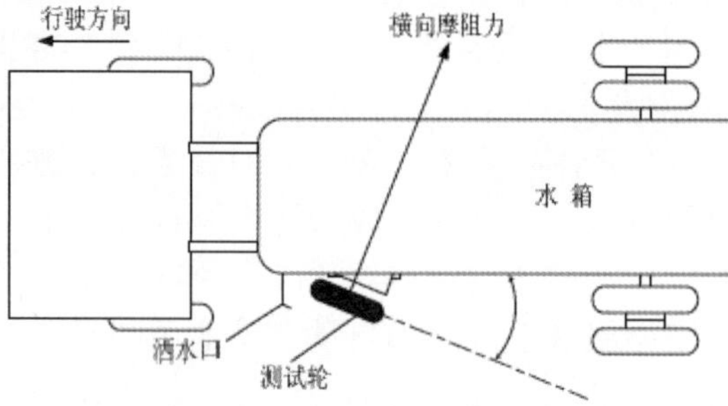

图 13.24　横向力测试车结构简图

13.8.3　Dynatest 8000 型 FWD

落锤式弯沉仪是目前世界上最先进的弯沉测试装置之一，它在高速行驶过程中利用激光多普勒（laser – Doppler）技术测试地面在荷载作用下的垂直下沉速度，再通过分析程序计算出最大弯沉及弯沉盆数据，如图 13.25。

图 13.25 落锤式弯沉仪图片

Dynatest 8000 型 FWD 是当今国际上应用较广泛的高科技路面弯沉检测系统。由 Dynatest 国际集团公司研制和生产的 Dynatest 8000 型 FWD 具有高测试精度、稳定可靠的使用性能，经过举世瞩目的美国战略性公路研究计划（SHRP）长时期、大范围的应用和验证，成为目前国际上弯沉检测技术的发展方向和代表水平，至今已在近 40 个国家和地区得到广泛的应用。具有下列优点：

①无损测试设备。该测试系统直接在路面上模拟汽车轮载，不需要钻孔取样，从而避免了对路面的破坏；并且测试结果较其他路面检测设备更能反映路面结构“现场”真实特性。

②荷载作用范围大，容易控制。Dynatest 8000 型 FWD 可模拟 0.7 ~ 12t 之间的任何单轮车载，荷载作用大小可通过微机操作设定，荷载作用时间在 25 ~ 30ms 之间，相当于时速 60 ~ 80km 的行驶车辆，测试弯沉不需要参照点。

③测试精度高，使用范围广。弯沉测试精度达到+1μm,位移传感器系统误差小于+2%，从而可适用于刚性、柔性及机场道面等各种类型路面的检测和评价。

④测试方便、测速快。Dynatest 8000 型 FWD 只需一个人通过微机操作，每天可普测公路 40 ~ 50 车道 km（400 ~ 500 个测点）。

13.8.4　路面探地雷达

GSSI 公司的 SIR – 20 采集系统，配置 4 套不同频率的喇叭形天线。

表 13.23　天线技术参数表

型号	天线频率/Hz	探测深度值/m	用途
4205	2.5G	0.3 ~ 0.6	较薄路面
4208	1G	0.6 ~ 1.0	一般路面、结构混凝土
3101D	900M	0.75 ~ 1.5	较厚路面、路基
5103	400M	1.5 ~ 5	隧道衬砌

探地雷达对路面进行检测是一种新型的无损检测技术，通过穿透道路表面对其内部分层结构进行反演，具有高精度、无损、直观、快速的优点，在道路质量检测评估中越来越受到检测单位的认可和青睐，对道路基层进行大范围的快速普查和深层病害探明或排除各种隐患，探地雷达广泛应用于道路检测，具有较大的工程意义。

图 13.26　SIR－20 采集系统

探地雷达在公路工程中的主要应用有：

①公路结构层厚度检测。路面测厚的基本原理是根据电磁脉冲在路面与路基界面的反射时间和传播速度，求得路面的厚度。因此，厚度检测的关键，首先是检测路面底界面的回波时间，确定电磁波在道路各结构层的传播时间 t，其次是要确定电磁波在路面中的传播速度 v，有了这两个参量，厚度值 h 就可得到：

$$h = v \times t \tag{13.3}$$

$$v = c / \sqrt{\varepsilon_r} \tag{13.4}$$

式中，v—电磁波在介质中的传播速度；c—光速（理论值为 0.3m/ns）；ε_r—结构层的相对介电常数。

②公路损坏检测。GPR 应用于路面损坏状况的调查主要表现在以下 3 个方面：脱空识别、裂缝扩展和路基隐患检测。

③路面材料属性反分析。比较常用的是系统识别方法，其直观的描述是建立一个合理的数学模型来模拟实际未知系统，然后通过迭代过程修改模型参数，使其与实际系统之间的误差在某种意义上达到最小。

13.8.5　路面损坏检测

通过对某国道桩号 K274+570 ~ K274+832.9 间分别采用人工测量与道路综合检测车两种方式对损坏进行检测和对比分析，现场人工照相机采集和综合检测车摄像头采集的图像，详见图 13.27 至图 13.31 和表 13.24。

图 13.27　人工采集照相机下的破碎板

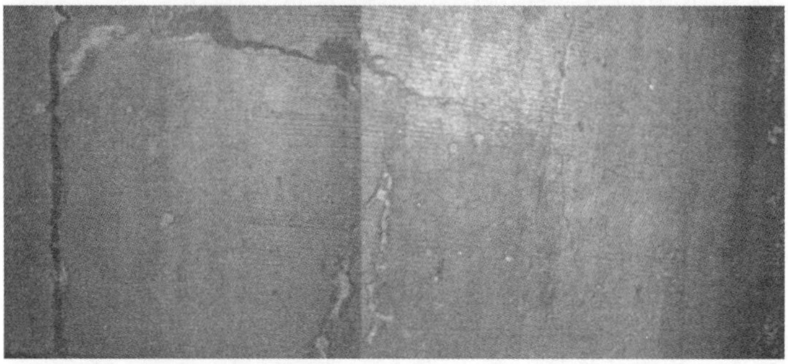

图 13.28　道路综合检测车摄像头下的破碎板

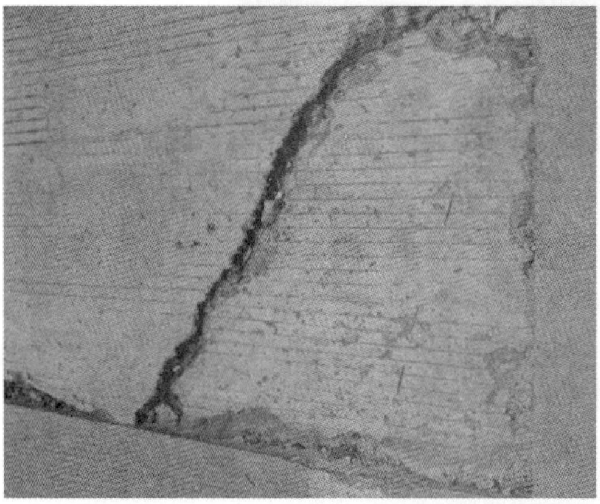

图 13.29　板角断裂人工采集照相机图片

图 13.30　综合检测车摄像机下的板角断裂

图 13.31　人工采集照相机下的错台

表 13.24　路面损坏检测结果对比分析

桩号	检测类型					
	人工			检测车		
	损坏类型	尺寸（单位：裂缝类 m,其他 m²）	程度	损坏类型	尺寸（单位：裂缝类 m,其他 m²）	损坏类型
K274+570.0	露骨	16.5	轻	露骨	1.656	
K274+575.0	裂缝	3.24		裂缝	3.141	
K274+585.0	错台	0.022				
K274+585.0	板角断裂	0.2625		板角断裂	0.36	
K274+585.0	露骨	16.5	重	露骨	5.24	
K274+595.0	露骨	16.5	轻			
K274+595.0	裂缝	1.3		裂缝	0.35	
K274+613.3	裂缝	3.27		裂缝	3.21	
K274+615.0	边角剥落	0.0525		边角剥落	0.07	
K274+645.1	破碎板	5.082	梯形	破碎板	3.88	
K274+648.0	露骨	3.731		露骨	1.095	
K274+652.3	边角剥落	0.0744		边角剥落	0.08	
K274+659.6	边角剥落	0.4875		边角剥落	0.31	
K274+661.0	板角断裂	0.442		板角断裂	0.23	
K274+663.5	边角剥落	0.0774		边角剥落	0.21	
K274+666.1	裂缝	0.9		裂缝	1.28	
K274+670.1	裂缝	0.34		裂缝	1.459	
K274+680.1	板角断裂	0.027		板角断裂	0.58	
K274+700.1	板角断裂	0.242		板角断裂	1.29	
K274+707.0	裂缝	3.3		裂缝	1.536	
K274+713.5	板角断裂	0.75		板角断裂	3.69	
K274+715.0	错台	0.03				
K274+720.1	边角剥落	0.0675		边角剥落		
K274+725.0	板角断裂	0.0414		板角断裂	1.137	
K274+735.0	板角断裂	0.49		板角断裂	0.78	
K274+745.1	板角断裂	1.155		板角断裂	1.46	
K274+755.0	板角断裂	0.0198		板角断裂	1.18	
K274+765.0	坑洞	0.06				
K274+780.9	破碎板	0.4602		破碎板	0.456	
K274+785.2	破碎板	0.0736		破碎板	0.335	
K274+790.2	边角剥落	0.0495		边角剥落	0.38	
K274+791.5	边角剥落	0.022		边角剥落	0.05	
K274+795.0	边角剥落	0.036		边角剥落	0.08	
K274+815.0	边角剥落	0.0231		边角剥落	0.04	
K274+820.0	板角断裂	2.772		板角断裂	2.235	
K274+832.9	修补	3.125		修补	1.434	

从表和对比的照片可以看出，破碎板、裂缝（除细微裂缝外）、板角断裂、中度以上边角剥落、较大面积露骨以及修补等损坏都能通过图像处理软件分析判定，但错台、细微裂缝、较浅坑洞、小面积轻度露骨等损坏较难判定。由于路面摄像机采集照片的清晰程度、算法差异、采集时光线的差异及人工识别时的主观性等诸多因素的影响，损坏面积尺寸与人工调查存在一定的差异。

13.9　本章小结

通过检测所采集的数据量有限，对 *IRI* 值的影响程度分析结果不确定性造成一定的影响。将继续开展这方面的研究，以期找出各种因素对 *IRI* 值影响的程度。

①灌缝情况对 *IRI* 值的影响不显著，但存在灌缝质量不良会影响 *IRI* 值的可能性；露骨损坏对平整度的测值影响较大；大面积的破碎板损坏和重度错台损坏对 *IRI* 值影响较大；边角剥落、板角断裂（且有明显沉降）、破碎板等损坏范围超过车道横向三分之一以上，对 *IRI* 值有一定影响；小范围的边角剥落、轻度的错台等损坏对 *IRI* 值影响不显著；当路段无损坏时，速度对 *IRI* 值的影响不显著。

②破碎板、裂缝（除细微裂缝外）、板角断裂、中度以上边角剥落、较大面积露骨以及修补等损坏都能通过图像处理软件分析判定，但错台、细微裂缝、较浅坑洞、小面积轻度露骨等损坏较难判定。在有较严重损坏的情况下，当车速在 30km/h 及以下时，测得的 *IRI* 值偏大；当车速大于 30km/h，在 45km/h 与 70km/h 时，*IRI* 测值变化不明显；在相同的检测速度下，随着计算间隔的增大，*IRI* 的最大值减小，最小值增大，平均值增大。

③由激光测定路面平整度的原理不难得出结论，路面清洁度对数据有着一定的影响。例如道路表面有树叶等垃圾或杂物，当测试车行驶经过时，测试结果就有可能反映的是树叶表面的平整度值，而无法测得路面的真实数据。还有，在雨天或路面潮湿有水的情况下不能进行检测。当路面有水时，激光发射到地面后会产生散射，因此测得的数据就不准确。当检测速度大于 30km/h 时，检测速度的快慢对平整度的测值影响不大。

④由于路面摄像机采集照片的清晰程度、算法差异、采集时光线的差异及人工识别时的主观性等诸多因素的影响，损坏面积尺寸与人工调查存在一定的差异。限于时间紧，测试的数据有限，可能存在数据代表性不够，影响分析的结果。

⑤通过对公路平整度的检测方法、设备及评价，选取依托工程的测试路段，分析不同因素对平整度检测结果的影响，在现行检测手段的基础上提高检测的精度，指导今后工程中的旧路加铺工程。对公路路面使用状况进行检测评价，采用自动化检测设备，如 ARRB Hawkeye 2000、横向力摩擦系数检测车、Dynatest 8000 型 FWD、路面探地雷达等先进仪器进行检测，对比人工检测结果和检测车检测结果对路面性能的评价指标。

第 14 章　FG324“白加黑”沥青路面混合料性能试验研究

通过“白加黑”路面面层材料的室内性能实验和试验路段跟踪检测结果的对比分析论证，推荐了厦门地区“白加黑”路面改造工程中的加铺方案，并选择了加铺层材料。从依托工程实际出发，提出了适应性更广的路面结构设计方案，为厦门地区“白加黑”典型路面结构的提出奠定了基础。通过有限元数值模拟分析、试验路验证等多指标综合评价，推荐了“白加黑”路面结构设计方案的适用性和可行性。调研国内外“白加黑”路面结构理论研究成果，结合面层材料室内性能试验和试验路跟踪检测结果，进一步研究和验证各种防反措施的效果及多因素影响关系，提出适用性更为广泛的“白加黑”路面病害防治措施和路面结构设计方案，对各种防反措施的工程运用和路用性能进行跟踪调查。建立南方高温多雨气候下“白加黑”典型路面结构。

14.1　“白加黑”路面表面层结构类型

14.1.1　“白加黑”路面结构设计原则

根据 FG324 厦门段的实际与地理位置的重要性，结合沿线地理地貌、气候、交通、材料、地质等情况，确定旧水泥混凝土路面沥青加铺层路面结构设计方案遵循的原则：“白加黑”路面改造工程应满足“安全可靠、经济合理、技术先进、施工方便、兼顾环保”的要求，进行路面结构设计方案和技术经济比选。综合交通量调查结果，推荐合适的加铺层设计方案。满足技术要求前提下，因地制宜、合理选材、节约投资。尽可能采用成熟技术确保改造工程的成功，在试验路基础上，待技术经验成熟后逐步推进新工艺、新技术、新材料的应用。“白加黑”路面改造工程应对旧路病害进行综合处治，保留旧路强度和承载力。

为提高路面结构承载力，应进行补强设计。“强基薄面”结构应尽量减少对沿线构造物、交通设施、桥梁恒载、软基及高填路段的不均匀沉降的影响，尽量保持纵坡变化均匀，不致影响路面平整度和行车舒适性。加强路基路面综合防排水，按防排结合的原则完善路面边缘排水和路面结构内部排水，将路面结构设计和防排水设计综合考虑。“白加黑”路面改造工程应注意环保，妥善处理旧路病害处治中的废弃水泥混凝土破碎板和沥青混合料，合理安排沥青混合料拌和站的位置。“白加黑”路面结构方案应方便施工和施工组织，确保交通安全畅通，尽可能采用机械化作业，保证施工质量、施工进度和施工安全。

14.1.2　旧水泥混凝土路面结构形式及交通量调查

FG324 厦门段经过多次大中修，路面结构复杂，水泥混凝土面板受力不均，左右幅交通量及交通类型不一致，渠化交通设计加重了左右幅病害的严重差异，上次改造通车至本次改造 8 年的运营状况，使得路面病害严重，亟须加铺改造。原水泥混凝土路面结构见表 14.1。

FG324 厦门段进行“白加黑”路面改造前，必须对旧水泥混凝土路面的交通量和病害进行调查，根据 FG324 厦门段某一公路管理站提供的交通量数据进行分析、换算的日交通量统计表见表 14.2。

表 14.1 原水泥混凝土路面结构及材料参数

结构层	路面结构材料与厚度	参数值
面板	现浇 C30 混凝土（24cm）	设计弯拉强度 4.5MPa 弯拉弹性模量 29000MPa
基层	5%水泥稳定碎石（20cm）	1500MPa
底基层	3%水泥稳定碎石（20cm）	1300MPa
路基	—	30MPa

表 14.2 FG324 厦门段某一个公路管理站日交通量统计表

车型	小型货车	中型货车	大型货车	特大货车	拖挂货车	集装箱车	小型客车	大型客车	自然数合计
交通量/（辆/日）	3106	2023	2006	707	822	3409	8058	1681	21812

根据交通量换算原则，经换算得出 BZZ – 100 为 8590 次/（车道•日）。二级公路的设计基准期为 20 年，安全等级为三级，按照规范查得车辆轮迹横向分布系数 0.38，取交通量年平均增长率 5%，剩余设计基准期内设计车道标准荷载累计作用次数为 1.9×10^7 次，属重交通等级。如果按交通量年平均增长率 8%计算，其交通量更大。按照交通量分析并参考《公路水泥混凝土路面设计规范》（JTGD40—2002）附录 A，D 进行计算。

14.1.3 “白加黑”路面表面层结构类型

选择“白加黑”路面表面层的材料和结构，主要考虑其结构强度、表面功能和总的成本效益，即全寿命过程的成本。高等级公路对沥青混凝土面层的使用性能和耐久性提出严格的要求：较高的高温稳定性和较强的水稳定性。

目前，各等级公路的沥青混凝土路面面层材料主要采用沥青混凝土（AC）、沥青玛蹄脂碎石（SMA）、沥青稳定碎石（ATB）和排水式沥青混凝土面层（OGFC）等热拌沥青混合料。为提高路面的使用功能，向面层材料中普遍加入改性剂，如抗剥落剂和抗车辙剂等添加剂，进一步提高面层材料的综合性能。沥青玛蹄脂碎石混合料（SMA）最基本的组成是碎石骨架和沥青玛蹄脂结合料两大部分。用粗集料的相互嵌挤形成骨架作用，用沥青、细集料和矿粉等组成的玛蹄脂填充空隙，增加集料间的黏附性。

SMA 表面层的主要性能包括：整体结构强度高，高温稳定性好，表面耐久性好，能承受大交通量、重载车辆行驶；平整度好，具有好的平整度和行车舒适性；表面抗滑能力优良，适当降低交通噪声；但造价相对较高，拌和生产和施工不当时，易产生油斑、光面；沥青质量不高时还会引起拥包等病害。

ARAC 表面层的主要性能包括：抗反射裂缝能力强，具有较好的抗滑性能，有效降低汽车的行车噪声，对减少城市的噪声污染，改善沥青路面的使用性能，延长路面的使用寿命；但造价较高，密水性能较差，气味重，村镇路段难于实施。

结合 FG324 厦门段交通、气候等条件，综合比较 ARAC – 13、ARAC – 16、SMA – 13 和 SMA – 16 四种表面层材料。

目前，道路新材料的应用较广，两种材料各有优缺点，且其适用范围不同，从适用性、经济性、耐久性等方面综合考虑，推荐不同地区、不同交通状况、不同病害路段采用的表面层材料。表面层直接承受车辆荷载、受气候条件等因素影响较大，为满足现代路面要求，建议用 ARAC – 13 和 SMA – 13 为“白加黑”路面改造工程表面层材料。

14.2 “白加黑”路面表面层原材料性能试验

14.2.1 沥青结合料

（1）基质沥青

沥青混凝土路面的基质沥青的性能直接影响沥青混合料的性能。

本项目采用了新加坡生产的埃索 AH－70 基质沥青作为改性对象，经试验测定其基质沥青的针入度、延度、软化点等物理性能符合交通部《公路沥青路面施工技术规范》（JTG F40—2004）中重交通石油沥青的要求，试验结果见表 14.3。

表 14.3　埃索 AH－70 基质道路石油沥青试验结果

试验项目		单位	技术要求	试验结果	试验方法
针入度（25℃，100g，5s）		0.1mm	60～80	64	T0604
针入度指数 *PI*			—	—	T0604
延度（5cm/min，15℃）		cm	≥100	≥100	T0605
软化点 （R&B）		℃	≥46	46.8	T0606
闪点		℃	≥260	275	T0611
蜡含量（蒸馏法）		%	≤2.2	—	T0615
密度（25℃）		g/cm³	实测记录	1.031	T0603
溶解度		%	≥99.5	—	T0607
TFOT（或 RTFOT）后残余物	质量变化	%	≤±0.8	0.06	T0610
	针入度比	%	≥61	84.4	T0604
	延度（15℃）	cm	≥30	78.5	T0605

（2）SBS 改性沥青

表面层 SMA 改性沥青混凝土采用 SBS Ⅰ－D 级改性沥青，其改性沥青试验结果见表 14.4。

表 14.4　5% SBS 类聚合物改性沥青试验结果

试验项目		单位	技术指标	试验结果	试验方法
针入度（25℃、100g、5s）		0.1mm	40～60	49	T0604
针入度指数 *PI*			≥0	—	T0604
延度（5cm/min，5℃）		cm	≥20	32.5	T0605
延度（5cm/min，15℃）		cm	—	—	T0605
软化点（$T_{R\&B}$）		℃	≥60	72.4	T0606
闪点		℃	≥230	—	T0611
蜡含量（蒸馏法）		%	—	—	T0615
密度（25℃）		g/cm³	实测记录	1.037	T0603
溶解度		%	≥99	—	T0607
RTFOT 后残余物	质量变化	%	≤±1.0	0.30	T0610 或 T0609
	针入度比（25℃）	%	≥65	87.8	T0604
	延度（15℃）	cm	≥15	22.4	T0605

（3）橡胶粉改性沥青

表面层采用 ARAC 橡胶改性沥青，其试验结果见表 14.5。ARAC 橡胶沥青混凝土需要掺入必要的外掺剂以改善橡胶沥青与集料的黏附性及混凝土的水稳定性能，掺量为混合料重量的 1%～2%，适宜外掺剂为普通水泥或消石灰。

表 14.5　橡胶沥青的试验结果

试验项目	单位	技术指标	实验结果
旋转黏度（177℃）	Pa·s	1.5～4.0	—
针入度 （25℃,100g,5s），≥	0.1mm	25～70	49
软化点（R&B），≥	℃	54	58.5
弹性恢复（25℃），≥	%	60	70

14.2.2 矿料

（1）粗集料

为保证沥青加铺层表面的抗滑性能等，根据 FG324 厦门段沿线路面材料的实际分布状况，选用玄武岩或辉绿岩作为表面层沥青混凝土石料。橡胶沥青混凝土应选用优质的玄武岩碎石。表面层粗集料试验结果见表 14.6 所列。破碎砾石应采用粒径大于 50mm、含泥量不大于 1%的砾石轧碾压制而成。集料中 10 ~ 15mm 碎石、5 ~ 10mm 碎石、石屑小光山石料场出产的辉绿岩集料，生产工艺为反击破。矿粉采用龙岩出产的优质矿粉，沥青采用华特沥青生产的 I－D 级 SBS 改性沥青，外掺材料为江西文昌生产的 TW－1 型抗剥落剂及盐城欧路华生产木质素纤维。各种集料按规范要求进行各项指标试验，确认均满足规范要求。

表 14.6　表面层粗集料试验结果

试验项目	单位	技术要求	试验结果/mm						试验方法
			10 ~ 30	20 ~ 30	10 ~ 20	10 ~ 25	10 ~ 15	5 ~ 10	
石料压碎值	%	≤26	19.40	16.40	17.20	17.50	16.50	16.40	T0316
表观相对密度	—	≥2.60	2.629	2.602	2.600	2.639	2.855	2.604	T0304
毛体积相对密度	—	实测	2.569	2.571	2. 564	2.596	2.816	2.583	T0304
堆积密度	g/cm^3	实测	1.49	1.50	1.46	1.48	1.48	1.52	T0304
吸水率	%	≤3.0	0.89	0.56	0.94	0.64	0.64	0.31	T0304
混合料针片状颗粒含量	%	≤12	13.60	9.40	11.80	10.50	10.50	12.40	T0312
水洗法<0.075mm 颗粒含量	%	≤1.0	0.20	0.30	0.20	0.20	0.20	0.30	T0310
对沥青的黏附性	—	≥5 级	5	5	5	5	5	5	T0315
洛杉矶磨耗损失	%	≤28	25	24	25	25	23	24	T0317

（2）细集料

沥青混合料用细集料试验结果见表 14.7。

表 14.7　表面层细集料试验结果

试验项目	单位	技术指标	试验结果		试验方法
			石屑	砂	
表观相对密度	g/cm^3	≥2.45	2.622	2.588	T0328
毛体积相对密度	g/cm^3	实测	2.561	2.500	T0328
堆积密度	g/cm^3	实测	1.47	1.39	T0328
坚固性（>0.3mm 部分）	%	≥12	23.40	17.20	T0340
含泥量（<0.075mm 的含量）	%	≤5	6.60	1.20	T0333
砂当量	%	≥50	72.50	78.10	T0334
棱角性（流动时间）	s	≥30	48.70	32.10	T0345

（3）填料（矿粉）

采用符合《公路沥青路面施工技术规范》（JTG F40—2004）中技术要求的石灰岩或岩浆岩矿粉，施工中应保持矿粉干燥无结团，成团的矿粉不得直接使用，矿粉试验结果见表 14.8。

表 14.8　矿粉试验结果

试验项目		单位	技术要求	试验结果	试验方法
表观密度，不小于		g/cm^3	2.45	2.634	T0352
含水率，不大于		%	1	0.30	T0103 烘干法
粒径范围	<0.6mm	%	100	100	T0351
	<0.3mm	%	—	100	
	<0.15mm	%	90 ~ 100	98.6	T0351
	<0.075mm	%	70 ~ 100	93.1	T0351
外　观		—	无团粒结块	无团粒结块	—
亲水系数		—	<1	0.93	T0353
塑性指数		%		—	T0354
加热安定性		—	实测记录	无颜色变化	T0355

表面层粗集料采用玄武岩或辉绿岩，其矿粉由消石灰和石灰岩碎石按 1∶5 比例混合磨细而成，以提高表面层沥青混合料抗水损害能力。

（4）橡胶粉

所用橡胶粉宜先用 20 ~ 40 目范围内粒径，一般采用大型车的轮胎（斜胶胎）作为原料。橡胶粉颗粒应无铁丝或其他杂质，且不能相互黏结成块。试验采用的橡胶粉为外掺 25% 30 目胶粉，橡胶粉筛分应采用水筛法进行试验，试验结果见表 14.9。

表 14.9　橡胶粉试验结果

试验项目	单位	技术指标	试验结果
相对密度	—	1.05 ~ 1.25	1.08
水分	%	< 1	0.82
金属含量	%	< 0.05	0.02
纤维含量	%	< 0.5	0.15
灰分含量	%	≤8	0.30
天然橡胶含量	%	22 ~ 48	28
丙酮抽出物	%	≤22	8
炭黑含量	%	28 ~ 38	33
橡胶烃含量	%	≥42	52

（5）填缝料。水泥混凝土路面灌缝料必须用专门的填缝料，其性能应满足《公路水泥混凝土路面施工技术规范》（JTG F30—2003）的要求，填缝料采用橡胶沥青混凝土，其加热施工时必须满足的技术要求见表 14.10。

表 14.10　加热施工时填缝料技术要求

试验项目	单位	高弹性型填缝料技术要求
针入度	0.01mm	< 90
弹性复原率	%	≥60
流动度	mm	< 2
拉伸量（ – 10℃）	mm	≥15

原材料性能试验的结果显示，FG324 厦门段“白加黑”路面改造工程中所选用的原材料符合技术指标的要求。

14.3　沥青混合料级配

集料级配对沥青混合料的强度和路用性能影响较大，沥青混合料级配对路用性能起着至关重要的作用。一般来说，密级配沥青混合料的强度较大、密水性和疲劳性能较好。细集料的高温性能较差，特别在夏季高温轮载作用下易产生车辙、泛油等病害。对于表面层沥青混合料级配，应从表面层高温性能、路表防排水性能、疲劳性能及抗反射裂缝的能力综合考虑，沥青加铺层级配应密而不细，确保合理的集料级配和配合比设计，提高表面层的路用性能。FG324 厦门段“白加黑”路面改造工程建议表面层材料采用 SMA – 13 和 ARAC – 13 两种沥青混合料。根据现场取样结果，并按照《公路工程集料试验规程》（JTG E42—2005）要求，对粗集料、细集料以及矿粉进行筛分试验，对于表面层沥青混合料的筛分级配结果见表 14.11。

根据各组材料的筛分试验结果，采用试算（电算）法来确定符合要求级配范围的各组成材料的用量比例。根据上表绘制的符合规范要求的 ARAC – 13 和 SMA – 13 级配曲线图，分别如图 14.1 和图 14.2 所示。由计算得到的设计配合比应作出必要调整，尽可能使设计级配在级配范围之内且尽可能接近级配中值，特别是 0.075mm、2.36mm 和 4.75mm 筛孔的通过量。一般在大交通量重轴载的高等级公路和城市道路中，宜偏向级配下限。中小交通量、城市支路等低等级道路偏向级配上限。级配曲线切不可出现过多的犬牙交错。

表 14.11　表面层沥青混合料级配

筛孔尺寸/mm	矿料通过百分率/%					
	ARAC－13			SMA－13		
	级配范围	级配中值	设计级配	级配范围	级配中值	设计级配
16	100			100		
13.2	95～100	97.5	96.22	90～100	95.0	94.50
9.5	45～65	55.0	59.32	50～75	62.5	62.30
4.75	12～32	22.0	22.84	20～34	27.0	27.40
2.36	8～18	13.0	12.07	15～26	20.5	20.90
1.18	—	—	—	14～24	19.0	17.60
0.6	—	—	—	12～20	16.0	15.50
0.3	—	—	—	10～16	13.0	13.20
0.15	—	—	—	9～15	12.0	11.90
0.075	0～3	1.5	2.13	8～12	10.0	10.40

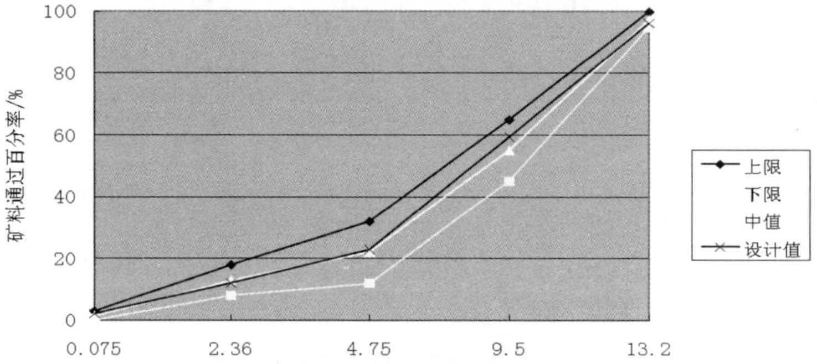

图 14.1　ARAC－13 级配曲线

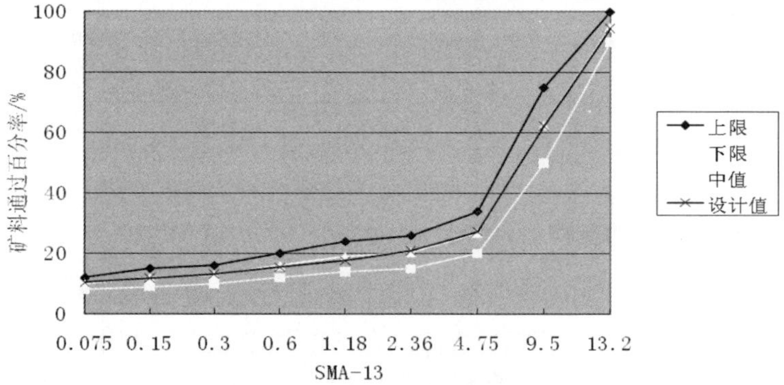

图 14.2　SMA－13 级配曲线

若经过再三调整，仍有两个或者两个以上的筛孔超过级配范围，必须对原材料进行调整或更换原材料重新试验。通过筛分试验最终确定符合要求的五档矿料配合比分别为：

①ARAC－13 沥青混合料实验室目标配合比采用：10～15mm 碎石：5～10mm 碎石：砂：石屑：矿粉=20：16：23：37：4；

②SMA－13 沥青混合料实验室目标配合比采用：10～15mm 碎石：5～10mm 碎石：砂：石屑：矿粉=41：35：7：6：11。

14.4　沥青混合料配合比设计

14.4.1　ARAC－13 配合比设计

依据《公路工程沥青及沥青混合料试验规程》（JTJ052—2000）进行沥青混合料性能试验，按照《公路沥青路面施工技术规范》（JTG F40—2004）要求，ARAC－13 沥青混合料马歇尔试验结果见表 14.12 所列。

表 14.12　ARAC－13 沥青混合料马歇尔试验结果

油石比 /%	毛体积相对密度	理论相对密度	空隙率 *VV*/%	矿料间隙率 *MA*/%	沥青饱和度 *VFA*/%	稳定度 /kN	流值 0.1mm
5.5	2.357	2.564	8.1	19.7	59.1	10.0	29.4
6.0	2.401	2.556	6.1	18.6	67.5	10.5	22.8
6.5	2.420	2.548	5.0	18.3	72.7	9.0	31.8
7.0	2.439	2.539	3.9	18.1	78.5	8.2	37.4
技术指标	实测数据	实测数据	4 ~ 6	≥14	70 ~ 85	≥7	15~40

根据马歇尔试验结果与各种物理指标的关系确定最佳油石比，以油石比为横坐标，以毛体积相对密度、稳定度、空隙率 *VV*、流值、矿料间隙率 *VMA* 和沥青饱和度 *VFA* 为纵坐标，关系如图 14.3 所示。

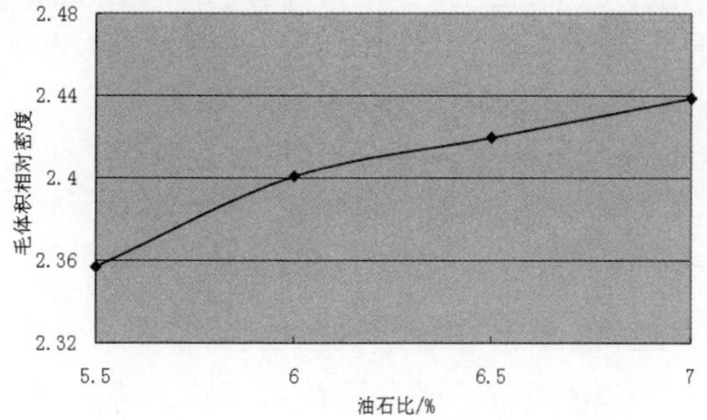

（a）毛体积相对密度

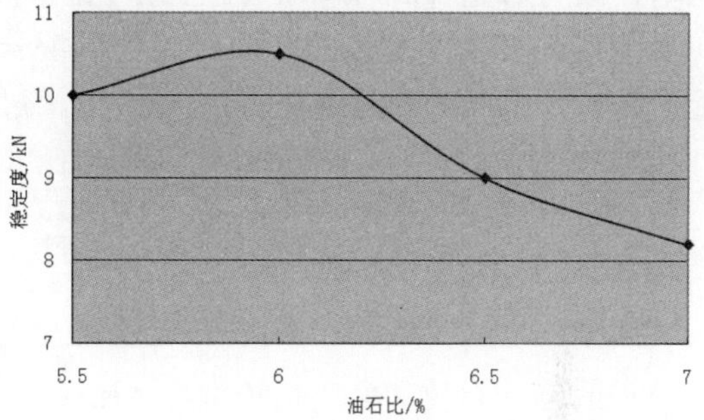

（b）稳定度

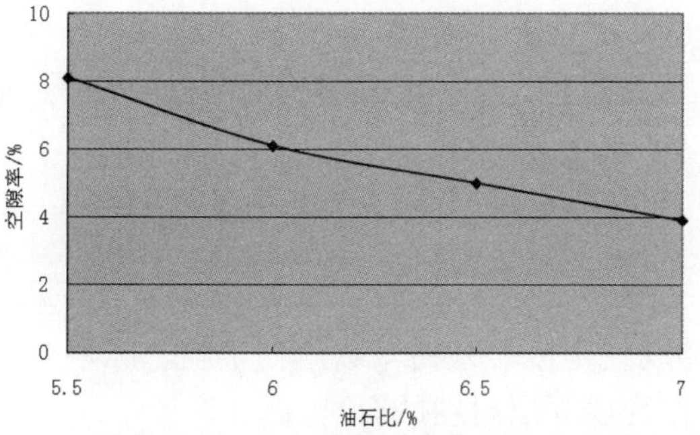

（c）空隙率 *VV*

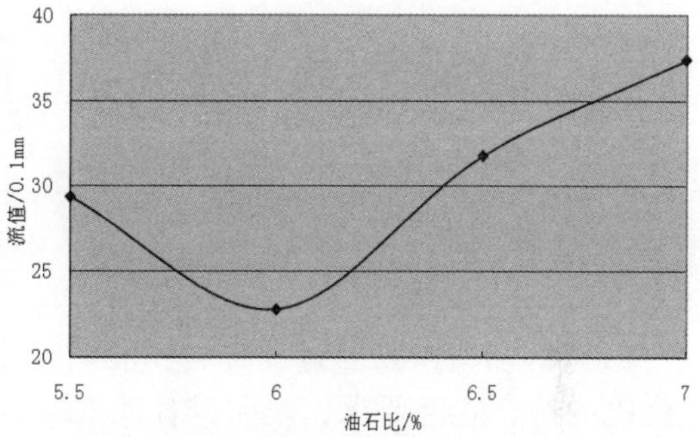

（d）流值

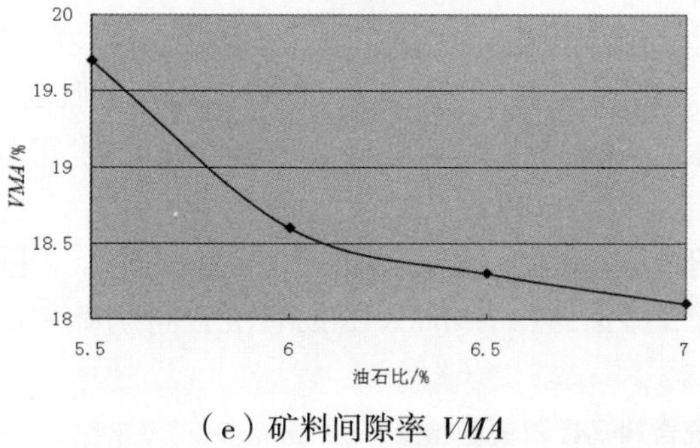

（e）矿料间隙率 *VMA*

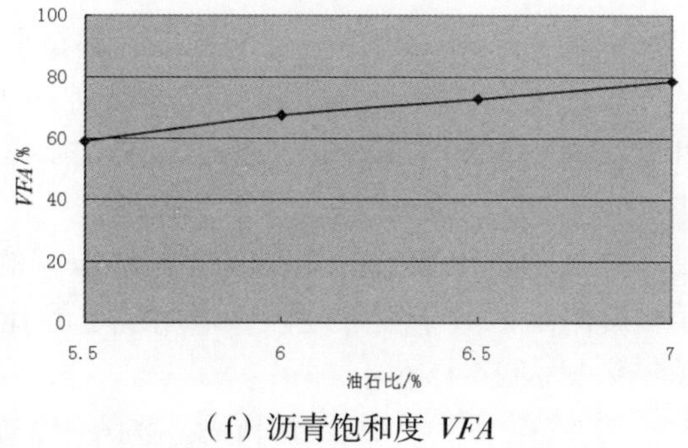

（f）沥青饱和度 *VFA*

图 14.3　沥青用量与马歇尔试验指标的关系

对图 14.3 结果分析表明：

①马歇尔稳定度最大值 a_1=5.95%，毛体积相对密度最大值 a_2=7.00%，目标空隙率范围中值 a_3=6.05%，沥青饱和度范围中值 a_4=6.23%，OAC_{min}=5.82%，OAC_{max}=7.42%。

②最佳沥青用量初始值 OAC_1=（$a_1+a_2+a_3+a_4$）/4=（5.95%+7.00%+6.05%+6.23%）/4=6.31%。

③最佳沥青用量初始值 OAC_2=（OAC_{min}+OAC_{max}）/2=（5.82%+7.42%）/2=6.61%。

④沥青混合料最佳沥青用量 OAC=（OAC_1+OAC_2）/2=（6.31%+6.61%）/2=6.46%。从而确定 ARAC－13 沥青混合料的最佳沥青用量为 6.50%。

综上所述，厦门地区属于 IV4 区及浙闽沿海山地中湿区，夏季高温多雨。根据炎热区重载交通马歇尔试验技术标准，由设计空隙率确定的最佳油石比 OAC=6.50%。对最佳油石比 OAC=6.50%下沥青混合料进行马歇尔试验，试验结果见表 14.13 所列，全部满足《公路沥青路面施工技术规范（JTG F40—2004》的要求。

通过数据对比，沥青含量 6.50%试件的各项指标均满足要求，空隙率、流值较为理想；同时，沥青含量 6.50%±0.50%范围内混合料各项指标均满足规范要求，因此，施工过程中在规范容许波动的范围内能较好地控制混合料质量，保证路面摊铺质量。综合目标及生产配合比设计的各项性能指标，大规模生产过程中选用最佳沥青含量 6.50%是合理的。

表 14.13　最佳油石比下 ARAC－13 马歇尔试验结果

试验项目	理论相对密度	毛体积密度	空隙率 *VV*/%	矿料间隙率 *MA*/%	沥青饱和度 *VFA*/%	稳定度 /kN	流值 /0.1mm
试验结果	2.576	2.390	5.00	18.30	72.70	9.02	29.50
规范要求	实测数据	实测数据	4.0 ~ 6.0	≥14%	70 ~ 85	≥7.0	20 ~ 50

对最佳油石比 OAC=6.50%下 ARAC－13 进行车辙试验、浸水马歇尔试验、冻融劈裂试验和渗水试验等。由试验结果可知，ARAC－13 目标配合比见表 14.14。

表 14.14　ARAC－13 混合料目标配合比试验结果

试验项目	单位	技术要求	试验结果	试验方法
车辙试验（60℃）（动稳定度 *DS*）	次/mm	≥3000	4126	T0719
浸水马歇尔试验（残留稳定度）	%	≥85	86.4	T0709
冻融劈裂强度比（残留强度比）	%	≥80	91.6	T0729
渗水试验（渗水系数）	ml/min	≤30	11.2	T0730
构造深度	mm	0.7 ~ 1.1	0.92	T0731

ARAC－13 橡胶沥青混合料性能试验测得的动稳定度、残留马歇尔稳定度、冻融劈裂强度比均符合规范要求，说明推荐的 RAC－13 作为表面层材料的合理性。

14.4.2　SMA－13 配合比设计

依据《公路工程沥青及沥青混合料试验规程》（JTJ052—2000）进行沥青混合料性能试验，按照《公路沥青路面施工技术规范》（JTG F40—2004）要求，根据所选择的设计级配和初试油石比的孔隙率的结果，以 0.2% ~ 0.4%为间隔，在油石比为 4.80% ~ 6.80%之间调整 5 个不同的油石比进行马歇尔试验。

在炎热地区可选择规范规定的空隙率的上限，寒冷地区可选择靠近空隙率的中、下限值。厦门地区属于炎热地区，采用规定的孔隙率的上限值。SMA－13 沥青混合料马歇尔试验结果见表 14.15。

表 14.15　SMA－13 沥青混合料马歇尔试验结果

油石比 /%	毛体积相对密度	理论相对密度	空隙率 *V*/%	矿料间隙率 *MA*/%	沥青饱和度 *FA*/%	稳定度 /kN	流值 /0.1mm
4.80	2.407	2.540	5.20	16.3	67.5	7.87	26.8
5.30	2.415	2.521	4.20	16.5	74.5	8.74	31.0
5.80	2.417	2.502	3.40	16.9	79.9	9.42	32.4
6.30	2.406	2.483	3.10	17.7	82.5	8.33	32.9
6.80	2.397	2.464	2.70	18.4	85.3	6.88	35.4
规范要求	实测数据	实测数据	3 ~ 4	≥16.5	75 ~ 85	≥6	15 ~ 40

根据马歇尔试验结果与各种物理指标的关系确定最佳油石比，以油石比为横坐标，以毛体积密度、稳定度、空隙率 *VV*、流值、矿料间隙率 *VMA* 和沥青饱和度 *VFA* 为纵坐标，关系如图 14.4 所示。

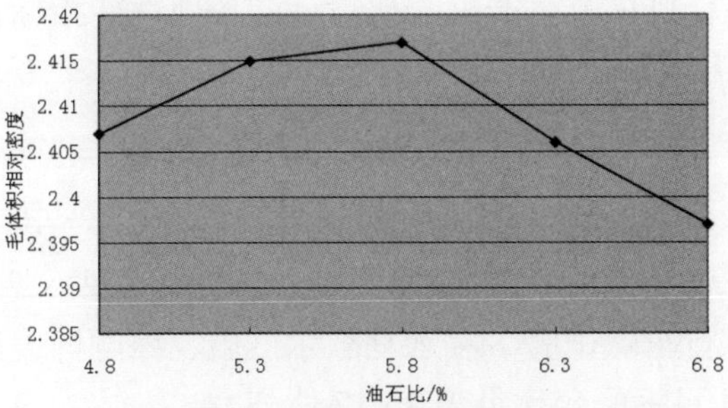

（a）毛体积相对密度

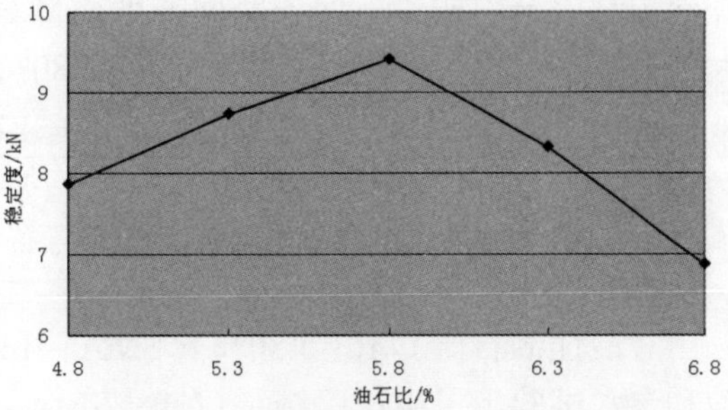

（b）稳定度

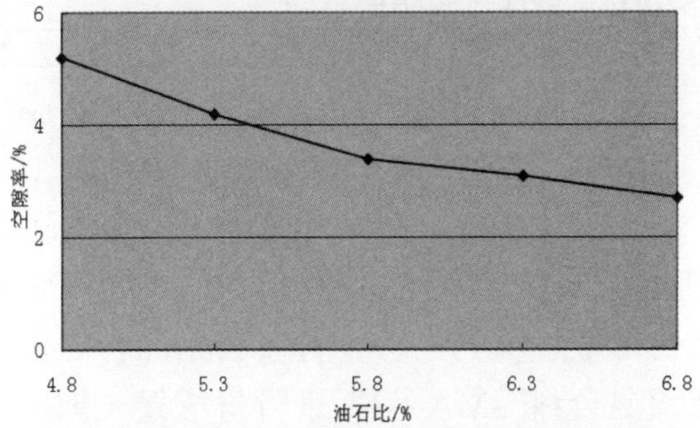

（c）空隙率 *VV*

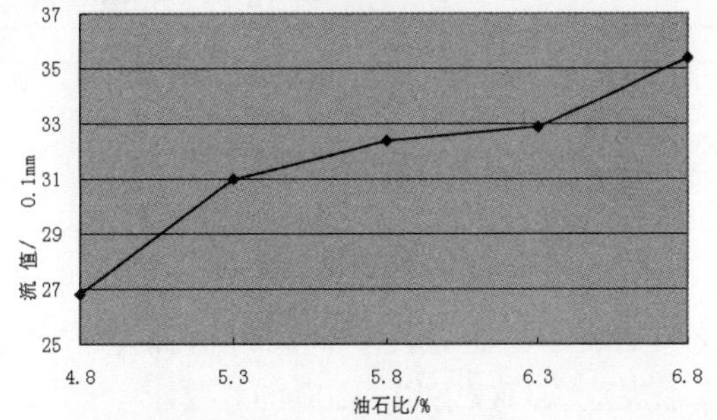

（d）流值

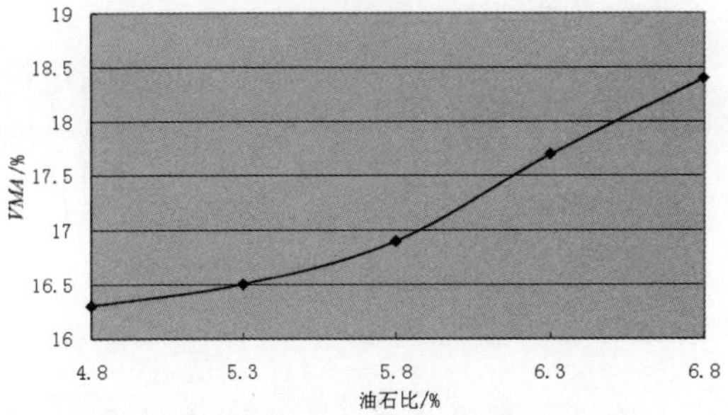

（e）矿料间隙率 *VMA*

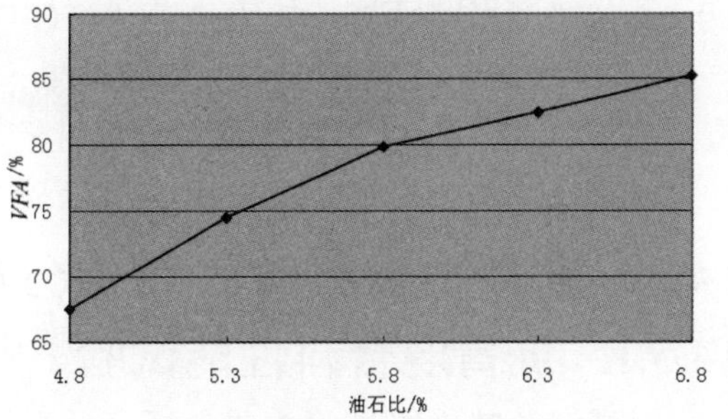

（f）沥青饱和度 *VFA*

图 14.4　SMA－13 沥青用量与马歇尔试验指标的关系

由图 14.4 结果分析可知：

①马歇尔稳定度最大值 a_1=5.79%，毛体积相对密度最大值 a_2=5.68%，目标空隙率 a_3=5.71%，沥青饱和度范围中值 a_4=5.73%，OAC_{min}=5.41%，OAC_{max}=6.45%。

②最佳沥青用量初始值 OAC_1=（$a_1+a_2+a_3+a_4$）/4=（5.79%+5.68%+5.71%+5.73%）/4=5.73%。

③最佳沥青用量初始值 OAC_2=（$OAC_{min}+OAC_{max}$）/2=（5.41%+6.45%）/2=5.93%。

④沥青混合料最佳沥青用量 OAC=（OAC_1+OAC_2）/2=（5.73%+5.93%）/2=5.83%。从而确定 SMA－13 沥青混合料的最佳沥青用量为 5.80%。

综上所述，厦门地区属于 IV4 区，地处浙闽沿海山地中湿区。取炎热区重载交通马歇尔试验技术标准，由设计空隙率确定的最佳油石比 *OAC*=5.80%。对最佳油石比 *OAC*=5.80% 下沥青混合料进行马歇尔试验，试验结果见表 14.16 所列，全部满足《公路沥青路面施工技术规范（JTG F40—2004》的要求。通过上述数据对比，沥青含量 5.80%试件的各项指标均满足要求，空隙率、流值较为理想，密度、稳定度最大；同时，沥青含量 5.80%±0.30%范围内混合料各项指标均满足规范要求，因此，施工过程中在规范容许波动的范围内能较好地控制混合料质量，保证路面摊铺质量。综合目标及生产配合比设计的各项性能指标，大规模生产过程中选用最佳沥青含量 5.80%是合理的。

表 14.16　最佳油石比下马歇尔试验结果

试验项目	理论相对密度	毛体积密度	空隙率 *VV*/%	矿料间隙率 *MA*/%	沥青饱和度 *VFA*/%	稳定度 /kN	流值 /0.1mm
试验结果	2.502	2.417	3.40	16.9	79.9	9.42	32.4
规范要求	—	—	3～4	>16.5%	75～85	>6.0	15～40

对最佳油石比 *OAC*=5.80%下 SMA－13 进行车辙试验、浸水马歇尔试验、冻融劈裂试验和渗水试验等，由试验结果可知，SMA－13 目标配合比见表 14.17 所列。

表 14.17　SMA－13 混合料目标配合比试验结果

试验项目	单位	技术要求	试验结果	试验方法
车辙试验（60℃）（动稳定度 *DS*）	次/mm	≥3000	5992	T0719
浸水马歇尔试验（残留稳定度）	%	≥85	87.0	T0709
冻融劈裂强度比（残留强度比）	%	≥80	89.8	T0729
渗水试验（渗水系数）	ml/min	≤30	8	T0730
构造深度	mm	0.7～1.1	0.85	T0731

通过对沥青混合料 SMA－13 进行谢伦堡沥青析漏试验及结果分析可知，在 20℃±0.5℃浸水 20h 的试验条件下，沥青析漏量平均值为 0.06%（≤0.1%），符合《公路沥青路面施工技术规范（JTG F40—2004）》要求。通过对沥青混合料 SMA－13 进行肯塔堡飞散试验及结果分析可知，在 20℃±0.5℃浸水 20h 的试验条件下，飞散损失量平均值为 10.5%（≤15%），符合《公路沥青路面施工技术规范（JTG F40—2004）》要求。

结合 SMA－13 目标配合比试验结果，验证了沥青混合料 SMA－13 的配合比满足设计施工规范要求。SMA－13 沥青混合料性能试验测得的动稳定度、残留马歇尔稳定度、冻融劈裂强度比均符合规范要求，说明推荐 SMA－13 作为表面层材料的合理性。

14.5　沥青混合料试验结果分析

14.5.1　沥青混合料性能试验

沥青混合料性能试验主要包括高低温性能、水稳性、强度性能、疲劳性能和防渗性能等。为研究路用材料与道路的实际使用性能较好的关联性，也进行了较多的非常规试验研究。高温稳定性即指沥青路面抵抗流动变形的能力。为了保证沥青路面在夏季高温季节行车荷载反复作用下，不致产生诸如波浪、推移、车辙、拥包等病害。采用英国道路研究所（TRTL）开发的轮迹试验（WT）法做动稳定度试验。试验温度为 60℃，轮压为 0.7MPa，用 300mm×300mm×50mm 的车辙试件，试验轮往返碾压速度为 42 次/min。

国内外研究资料表明，浸水马歇尔试验与路面的实际状况相差较远，其残留稳定度也未能真实地反映出沥青混合料水稳定性。对马歇尔试件进行冻融劈裂试验，测定混合料试件在受到水损害前后劈裂破坏的强度比，以评价沥青混合料水稳定性。

14.5.2　沥青混合料性能试验结果分析

依托 FG324 厦门段“白加黑”路面改造工程的实际，建议表面层材料并进行沥青混合料的性能试验，其试验的结果见表 14.18 所示。通过比较两种“白加黑”路面表面层材料的性能，可以看出 ARAC－13 和 SMA－13 两种沥青混合料的高温稳定性、水稳定性等性能均较好，适合作为“白加黑”路面表面层材料。从综合性能来看，ARAC－13 和 SMA－13 各有优缺点，适合于不同条件下的表面层材料。借鉴前人研究成果可知，橡胶沥青的加入使混合料的疲劳性能有较大的提高，具有较好的耐久性能和抗反射裂缝性能，有利于路面降噪和延长道路的使用寿命。

表 14.18　表面层沥青混合料性能试验结果

技术指标	橡胶沥青混凝土 ARAC－13	试验结果	改性沥青混凝土 SMA－13	试验结果	试验方法
马歇尔稳定度/kN	≥7.0	9.02	≥6.0	9.42	T0709
流值/0.1mm	20～50	29.50	15～40	32.40	T0709
空隙率 *VV* / %	4.0～6.0	5.00	3.0～4.0	3.40	T0705
矿料间隙率 *VMA* /%	≥14.0	18.30	≥16.5	16.90	T0705
沥青饱和度 *VFA* /%	70～85	72.70	75～85	79.90	T0705
马歇尔残留稳定度/ %	≥85	86.40	≥80	87.00	T0709
冻融劈裂试验残留强度/ %	≥80	91.60	≥80	89.80	T0729
60℃动稳定度 *DS* /（次/mm）	≥3000	4126	≥3000	5992	T0719
渗水系数/（ml/min）	≤30	11.20	≤30	8.00	T0730
低温弯曲应变（－10℃）/$\mu\varepsilon$	≥2500	—	≥2500	—	T0715
击实次数	两面各 75 次	—	两面各 50 次	—	T0702

从高温稳定性来看，SMA－13 与 ARAC－13 的抗车辙能力均较好，SMA－13 的高温稳定性较高。从水稳定性来看，SMA－13 与 ARAC－13 的水稳性均较好，均不相上下，但 SMA－13 的密水性较 ARAC－13 好。研究未从低温性能和疲劳性能研究两种表面层材料的低温性能和疲劳性能。但据国内外研究显示，ARAC－13 的低温性能和耐久性能较好，而 SMA－13 这两种性能一般，见表 14.19 所示。综合各项性能指标，两种材料的高温稳定性均较好，是“白加黑”路面表面层材料的不二之选。但 ARAC－13 在低温性能、抗裂性能和耐久性方面较 SMA－13 好，就密水性来说，SMA－13 较好，ARAC－13 的性能一般。应结合经济性和适用性等各种性能综合比选出较为经济合理的方案。

表 14.19　表面层性能比较表

面层材料		ARAC－13	SMA－13
性能指标	高温性	较好	较好
	低温性	优良	一般
	密水性	一般	优良
	抗裂性	优良	一般
	耐久性	优良	一般

14.6　“白加黑”沥青路面中（下）面层结构类型

14.6.1　“白加黑”沥青路面中（下）面层结构

国内外对“白加黑”路面改造工程的研究表明，“白加黑”路面沥青加铺方案较多，主要有一层式、两层式和三层式。加铺方案应根据现状交通量、道路等级和经济适用性确定。一般而言，一层式的加铺方案主要适用于二级公路以下及城市支路轻交通的路面改造工程中。两层式的加铺方案主要适用于二级公路以上及城市主干道、次干道中等交通量路面改造工程中。三层式的加铺方案主要适用于一级公路、高速公路、城市主干道、快速路等重交通路面改造工程中。依托 FG324 厦门段“白加黑”路面改造工程实践，采用两层式加铺方案和三层式加铺方案相结合的方式较为合理。借鉴以往刚柔复合式路面结构工程的经验和相关理论研究，两层式加铺方案采用 AC－20 作为中面层材料，三层式加铺方案采用 AC－20 作为中面层材料，ATB－25 作为下面层材料。

14.6.2 中面层材料的选择

刚柔复合式路面结构中，中面层起着承上启下的作用、层间传递荷载的作用，常承受拉压应力及剪应力，合理的集料级配和配合比设计对沥青混合料抗车辙、抗水损坏以及提高路面强度起重要作用。厦门地区气候高温多雨，沥青面层易受环境、荷载等因素影响，产生水损坏、高温软化和低温开裂等病害。为了提高沥青混合料的高温性能，采用骨架密实型结构在较大剪应力作用下尚能保持较好的高温稳定性和低温抗裂性。鉴于 AC－20 具有较好的密实性和水稳性，粒径较粗，以骨架型结构为主，其抗车辙能力较强。研究资料和工程经验表明，AC－20 作为中面层材料，能有效抵抗高温车辙和水损坏等病害的产生和发展。通过对沥青混合料矿料级配和沥青用量的优化设计，改善集料级配和配合比设计中细料过多而产生的悬浮现象，提高路面结构使用性能。借鉴以往工程经验，建议采用 AC－20 作为中面层材料。

14.6.3 下面层材料的选择

国内外道路工作者从不同方面研究反射裂缝防治技术，提高“白加黑”路面高温性能和耐久性。在一些重载大交通路段，为了增强路面的抗反射裂缝和抗车辙能力，在加铺层和旧路面层设置沥青稳定碎石层，可起到应力吸收薄层的作用，阻止裂缝向中表面层扩展。鉴于沥青稳定碎石优良的抗剪和抗疲劳性能，能有效地抑制反射裂缝的产生，在国外的“白加黑”及其他工程中得到了较好的应用。国内沥青稳定碎石基层的研究和应用才刚刚起步，具有较好的应用前景。沥青稳定碎石混合料具有刚度较小，抗剪强度、抗弯拉强度和耐疲劳性较高，不易产生收缩开裂和水损害等特点。作为一种基层材料，粒径偏大、级配偏粗、沥青用量偏少（最佳油石比在 3.0%～3.6%），对原材料的要求相对于面层偏低。与沥青碎石相比，它的细集料和填料用量较多，级配和原材料要求相对较高，级配对沥青稳定碎石的最佳沥青用量有一定影响，级配越粗，最佳油石比越小。随着交通部大力支持各地加强柔性基层试验研究的推广工作，作为柔性基层典型材料的密级配沥青稳定碎石混合料 ATB 将得到广泛的应用。通过对 ATB－25 和 ATB－30 两种沥青稳定碎石混合料的路用性能进行研究表明，ATB－25 比 ATB－30 的高温稳定性好。

通过对比 ATB－25 与同厚度的水稳碎石基层的路面结构整体模量，结合试验路的跟踪调查发现，柔性基层材料 ATB 对于防止反射裂缝具有一定的作用。ATB 类混合料路用性能指标也较好，特别是高温抗车辙性能较为突出。此外，ATB 稳定碎石混凝土具有良好的排水性能，可减小和避免路面结构层排水不良引起的水损坏。ATB－25 沥青混合料的油石比在 3.4%～3.6%，比 AC－25 沥青混合料沥青用量少 0.5%左右，能降低路面造价。ATB 结构具有良好的路用性能和经济性，对我国路面结构形式的丰富和发展具有重要意义。

14.7 “白加黑”路面中（下）层原材料性能试验

14.7.1 沥青结合料

沥青结合料的性能直接影响沥青混合料的性能，进而影响沥青混凝土路面的使用性能。FG324 厦门段路面改造工程采用的基质沥青、SBS 改性沥青及橡胶粉改性沥青同前述中沥青结合料。集料中 20～30mm 碎石、10～25mm 碎石、10～20mm 碎石、5～10mm 碎石、石屑采用小光山石料场出产的长英角岩集料，生产工艺为反击破。砂采用九龙江出产的淡水中砂，矿粉采用龙岩出产的优质矿粉，沥青采用华特沥青生产的 I－D 级 SBS 改性沥青，同时外掺 0.4%江苏文昌产 TW－1 型抗剥落剂。各种集料按规范要求进行各项指标试验，确认均满足规范要求。

14.7.2　矿　料

FG324 厦门段路面改造工程所用矿料同第二章中的矿料，其技术要求和性能试验结果详见表 2.6 至表 2.10。粗集料选用石灰岩碎石作为中面层沥青石料。

14.8　沥青混合料级配

FG324 厦门段“白加黑”路面改造工程中、下面层材料推荐 AC－20 和 ATB－25 两种沥青混合料。

根据现场取样结果，并按照《公路工程集料试验规程（JTG E42—2005）》要求，对粗集料、细集料以及矿粉进行筛分试验，中（下）面层沥青混合料的筛分级配结果见表 14.20。

表 14.20　中（下）面层沥青混合料级配

筛孔尺寸/mm	矿料通过百分率/%					
	AC－20			ATB－25		
	级配范围	级配中值	设计级配	级配范围	级配中值	设计级配
31.5	—	—	—	100	—	—
26.5	100	—	—	90～100	95.0	94.7
19.5	90～100	95.0	92.3	60～80	70.0	69.0
16.0	78～92	85.0	81.5	48～68	58.0	58.8
13.2	62～80	71.0	73.4	42～62	52.0	52.9
9.5	50～72	61.0	60.8	32～52	42.0	41.9
4.75	26～56	41.0	36.9	20～40	30.0	28.1
2.36	16～44	30.0	25.1	15～32	23.5	19.9
1.18	12～33	22.5	18.5	10～25	17.5	14.8
0.6	8～24	16.0	13.8	8～18	13.0	11.0
0.3	5～17	11.0	9.6	5～14	9.5	7.8
0.15	4～13	8.5	6.3	3～10	6.5	5.3
0.075	3～7	5.0	4.9	2～6	3.0	4.3

根据各组材料的筛分试验结果，采用试算（电算）法来确定符合要求级配范围的各组成材料的用量比例。根据上表绘制的符合规范要求的 AC－20 和 ATB－25 级配曲线，分别如图 14.5 和图 14.6 所示。

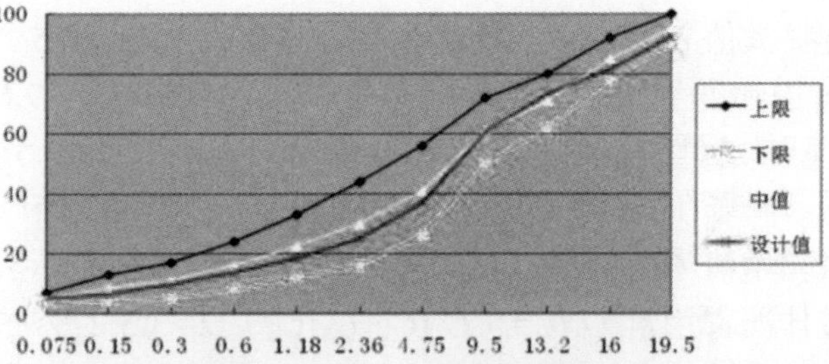

图 14.5　AC－20 级配曲线

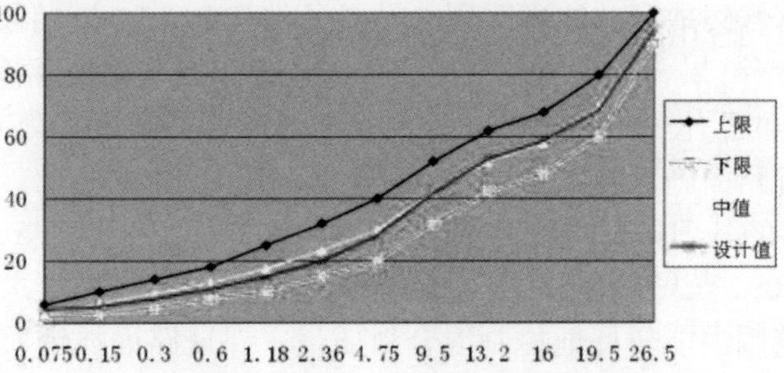

图 14.6　ATB－25 级配曲线

（1）由计算得到的设计配合比应作出必要调整：①尽可能使设计级配在级配范围之内且尽量接近级配中值。②不同道路等级和交通量下沥青混合料的设计级配相对于级配上下限位置有所不同。③若出现不合理的情况，应尽量调整至满足要求的合理级配，否则将对原材料进行调整或更换重新进行试验。

（2）对各种材料进行筛分试验，以其平均通过率为依据，反复进行级配试算，使其合成级配尽可能靠近规范中值。通过筛分试验最终确定符合要求的矿料配合比分别为：①AC－20 沥青混合料实验室目标配合比采用：10～25mm 碎石∶10～20mm 碎石∶5～10mm 碎石∶石屑∶砂∶矿粉=20∶24∶22∶24.5∶1.5∶1.5。②ATB－25 沥青混合料实验室目标配合比采用：20～30mm 碎石∶10～20mm 碎石∶5～10mm 碎石∶石屑∶砂∶矿粉=35∶26∶13∶16∶8:2。

14.9 沥青混合料配合比设计

14.9.1 AC－20 配合比设计

依据《公路工程沥青及沥青混合料试验规程》（JTJ052—2000）进行沥青混合料性能试验，按照《公路沥青路面施工技术规范》（JTG F40—2004）要求，AC－20 沥青混合料马歇尔试验结果见表 14.21 所列。根据马歇尔试验结果与各种物理指标之间的关系确定最佳油石比，以油石比为横坐标，以毛体积密度、稳定度、空隙率 *VV*、流值、矿料间隙率 *VMA* 和沥青饱和度 *VFA* 为纵坐标，关系如图 14.7 所示。

表 14.21 AC－20 沥青混合料马歇尔试验结果

油石比 /%	毛体积相对密度	理论相对密度	空隙率 *VV*/%	矿料间隙率 *VMA*/%	沥青饱和度 *VFA*/%	稳定度 /kN	流值 /0.1mm
4.20	2.370	2.535	6.50	16.10	59.60	9.10	25.80
4.70	2.376	2.516	5.60	16.40	65.90	9.60	29.80
5.20	2.380	2.497	4.70	16.60	71.70	10.44	31.60
5.70	2.378	2.479	4.10	17.20	76.10	9.18	33.90
6.20	2.374	2.460	3.50	17.70	80.20	9.40	37.70
规范要求	实测数据	实测数据	3～6	≥8+*VV*	65～75	≥8	15～40

由图 14.7 结果分析可知：

①马歇尔稳定度最大值 a_1=5.60%，毛体积相对密度最大值 a_2=5.27%，目标空隙率范围中值 a_3=5.35%，沥青饱和度范围中值 a_4=5.09%，OAC_{min}=4.68%，OAC_{max}=5.59%。

②最佳沥青用量初始值 OAC_1=（$a_1+a_2+a_3+a_4$）/4=（5.60%+5.27%+5.35%+5.09%）/4=5.22%。

③最佳沥青用量初始值 OAC_2=（$OAC_{min}+OAC_{max}$）/2=（4.68%+5.59%）/2=5.14%。

④沥青混合料最佳沥青用量 OAC=（OAC_1+OAC_2）/2=（5.22%+5.14%）/2=5.18%。从而确定 AC－20 沥青混合料的最佳沥青用量为 5.20%。

综上所述，根据厦门地区的地理区划、气候条件和 FG324 厦门段“白加黑”路面改造工程路段的交通量调查结果，按马歇尔试验技术标准，由设计空隙率确定的最佳油石比 OAC=5.20%。对最佳油石比 OAC=5.2%下沥青混合料进行马歇尔试验，试验结果见表 14.22，全部满足《公路沥青路面施工技术规范（JTG F40—2004）》的要求。通过上述数据对比，沥青含量 5.20%试件的各项指标均满足要求，空隙率、流值较为理想，密度、稳定度最大；同时，沥青含量 5.20%±0.30%范围内混合料各项指标均满足规范要求。因此，施工过程中在规范容许波动的范围内能较好地控制混合料质量，保证路面摊铺质量。综合目标及生产配合比设计的各项性能指标，大规模生产过程中选用最佳沥青含量 5.20%是合理的。

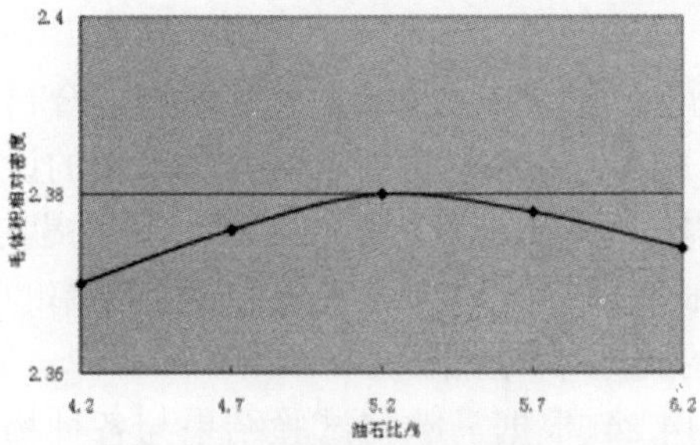

（a）毛体积相对密度

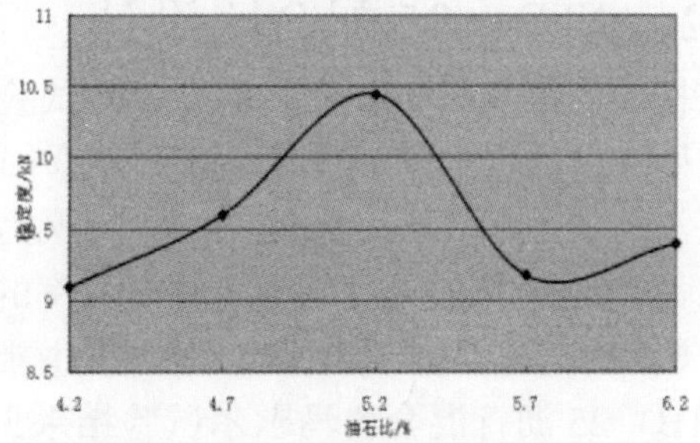

（b）稳定度

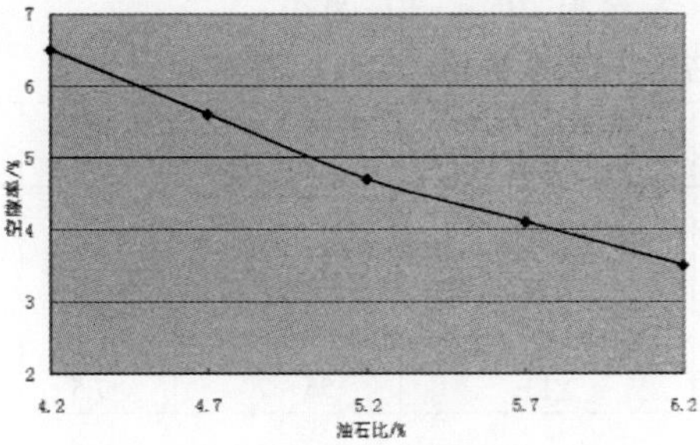

（c）空隙率 *VV*

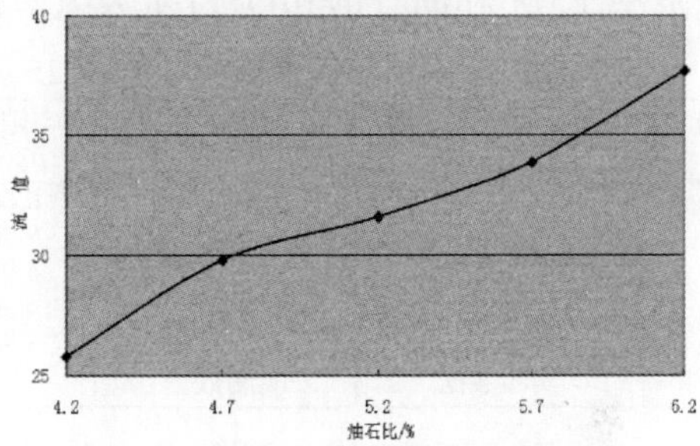

（d）流值

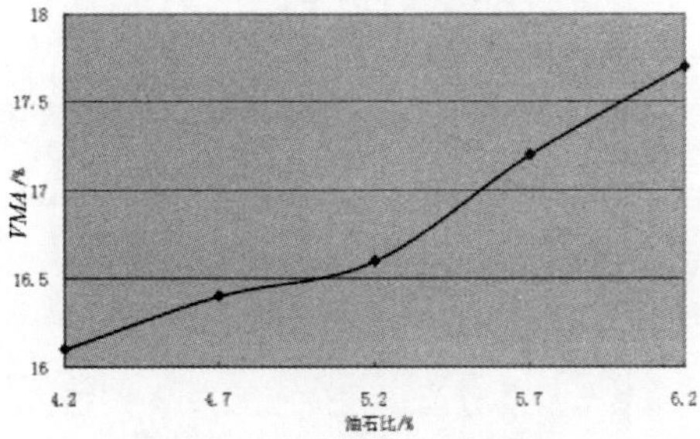

（e）矿料间隙率 *VMA*

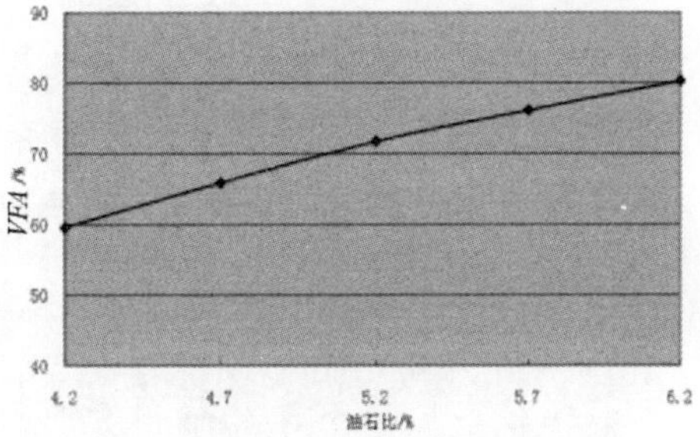

（f）沥青饱和度 *VFA*

图 14.7　AC－20 沥青用量与马歇尔试验指标的关系

表 14.22　最佳油石比下 AC－20 马歇尔试验结果

试验项目	理论相对密度	毛体积密度	空隙率 *VV*/%	矿料间隙率 *VMA*/%	沥青饱和度 *VFA*/%	稳定度 /kN	流值 /0.1mm
试验结果	2.433	2.321	4.60	16.20	71.60	12.18	32.40
规范要求	—	—	3~6	≥13.5%	65 – 75	≥8.0	15~40

对最佳油石比 *OAC*=5.20%下 AC – 20 进行车辙试验、浸水马歇尔试验、冻融劈裂试验和渗水试验等。由试验结果可知，AC – 20 目标配合比见表 14.23。

表 14.23　AC－20 混合料目标配合比试验结果

试验项目	单位	技术要求	试验结果	试验方法
车辙试验（60℃）（动稳定度 *DS*）	次/mm	≥800	1616	T0719
浸水马歇尔试验（残留稳定度）	%	≥85	92.6	T0709
冻融劈裂强度比（残留强度比）	%	≥80	92.7	T0729
渗水试验（渗水系数）	ml/min	≤30	12	T0730
构造深度	mm	0.7 ~ 1.1	0.85	T0731

AC – 20 沥青混合料性能试验测得的动稳定度、残留马歇尔稳定度、冻融劈裂强度比均符合规范要求，说明推荐 AC – 20 作为中面层材料的合理性。

14.9.2　ATB－25 配合比设计

依据《公路工程沥青及沥青混合料试验规程》（JTJ052—2000）进行沥青混合料性能试验，按照《公路沥青路面施工技术规范》（JTG F40—2004）要求，根据所采用的设计级配和初试油石比下的孔隙率的结果，以 0.5%为间隔，调整 5 个不同的油石比进行马歇尔试验。

在炎热地区可选择规范规定的空隙率的上限值，寒冷地区可选择靠近空隙率的中、下限值。厦门属于高温多雨地区，建议采用规定的孔隙率的上限值。

ATB－25 沥青混合料马歇尔试验结果见表 14.24。根据马歇尔试验结果与各种物理指标的关系确定最佳油石比，以油石比为横坐标，以毛体积密度、稳定度、空隙率 *VV*、流值、矿料间隙率 *VMA* 和沥青饱和度 *VFA* 为纵坐标，关系见如图 14.8 所示。

表 14.24　ATB－25 沥青碎石马歇尔试验结果

油石比 /%	毛体积相对密度	理论相对密度	空隙率 *VV*/%	矿料间隙率 *VMA*/%	沥青饱和度 *VFA*/%	稳定度 /kN	流值 /0.1mm
2.70	2.319	2.483	6.60	12.7	48.0	7.40	23.5
3.20	2.324	2.465	5.70	12.9	55.8	8.35	26.2
3.70	2.329	2.449	4.90	13.2	62.9	9.00	31.4
4.20	2.326	2.430	4.30	13.7	68.6	8.23	32.4
4.70	2.322	2.414	3.80	14.4	73.6	7.82	34.4
规范要求	实测数据	实测数据	3 ~ 6	≥13	55 ~ 70	≥7.5	15 ~ 40

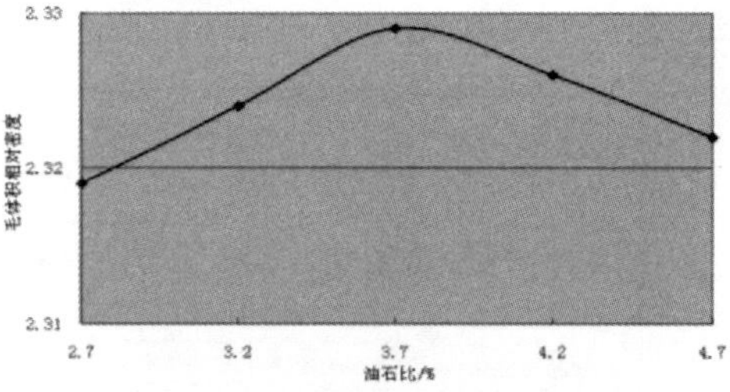

（a）毛体积相对密度

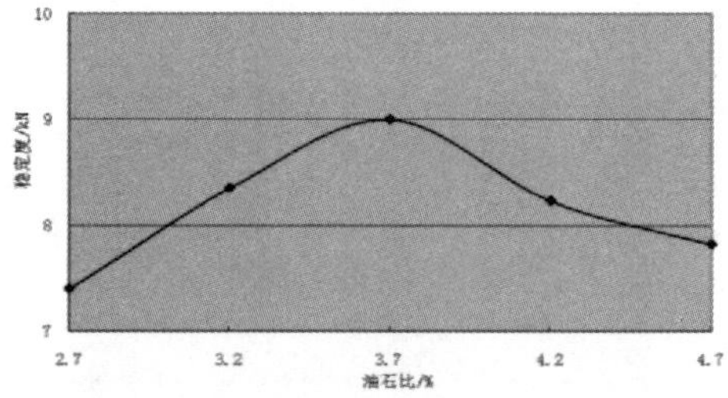

（b）稳定度

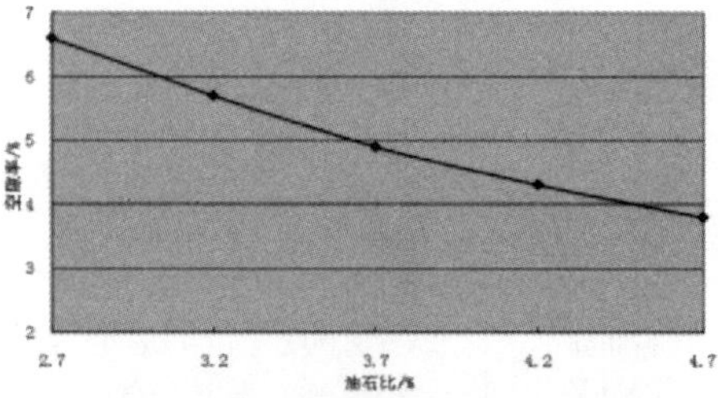

（c）空隙率 *VV*

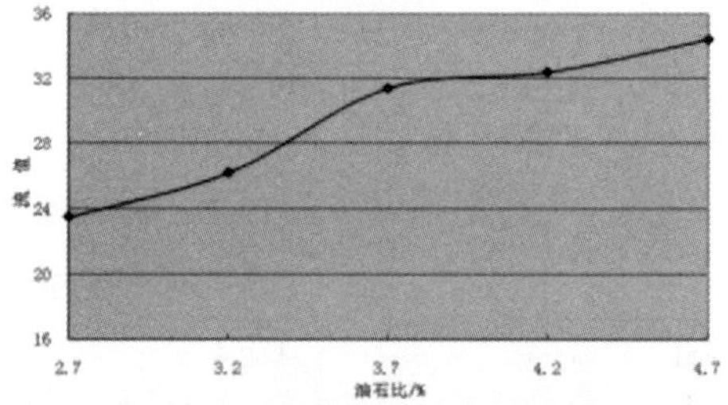

（d）流值

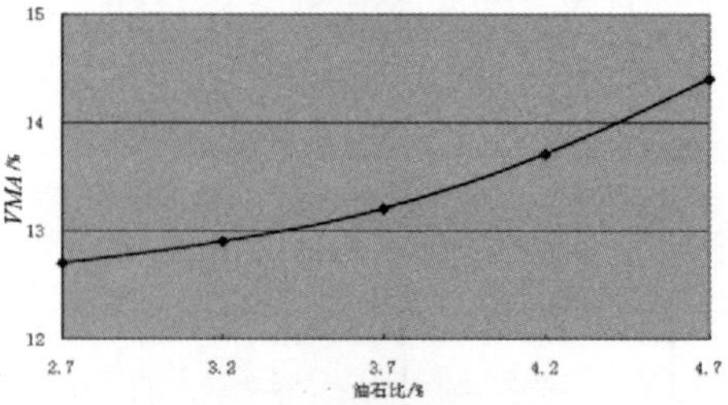

（e）矿料间隙率 *VMA*

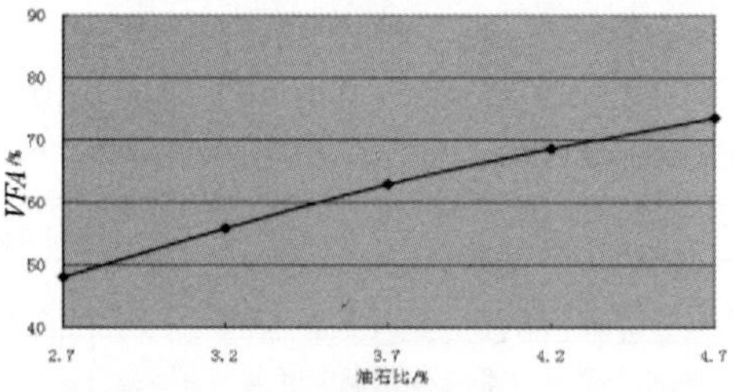

（f）沥青饱和度 *VFA*

图 14.8　ATB－25 沥青用量与马歇尔试验指标的关系

由图 14.8 结果中分析可知：

①马歇尔稳定度最大值 a_1=3.67%，毛体积相对密度最大值 a_2=3.75%，目标空隙率范围中值 a_3=3.98%，沥青饱和度范围中值 a_4=3.63%，OAC_{min}=3.09%，OAC_{max}=4.30%。

②最佳沥青用量初始值 OAC_1=（$a_1+a_2+a_3+a_4$）/4=（3.67%+3.75%+3.98%+3.63%）/4=3.75%。

③最佳沥青用量初始值 OAC_2=（$OAC_{min}+OAC_{max}$）/2=（3.09%+4.30%）/2=3.69%。

④沥青混合料最佳沥青用量 OAC=（OAC_1+OAC_2）/2=（3.75%+3.69%）=3.72%。从而确定 ATB－25 沥青混合料的最佳沥青用量为 3.70%。

综上所述，厦门地区属于 IV_4 区、浙闽沿海山地中湿区。取炎热区重载交通马歇尔试验技术标准，由设计空隙率确定的最佳油石比 OAC=3.70%。在最佳油石比 OAC=3.70%下对马歇尔试件进行室内性能试验，试验结果见表 14.25 所列，全部满足《公路沥青路面施工技术规范》（JTG F40—2004）的要求。通过上述数据对比，沥青含量 3.70%试件的各项指标均满足要求，空隙率、流值较为理想，密度、稳定度最大；同时，沥青含量 3.70%±0.30%范围内混合料各项指标均满足规范要求。因此，施工过程中在规范容许波动的范围内能较好地控制混合料质量，保证路面摊铺质量。综合目标及生产配合比设计的各项性能指标，大规模生产过程中选用最佳沥青含量 3.70%是合理的。对最佳油石比 OAC=3.70%下 ATB－25 进行车辙试验、浸水马歇尔试验、冻融劈裂试验和渗水试验等。由试验结果可知，ATB－25 目标配合比试验结果见表 14.26。ATB－25 性能试验测得的动稳定度、残留马歇尔稳定度、冻融劈裂强度比均符合规范要求，说明推荐 ATB－25 作为下面层材料的合理性。

表 14.25　最佳油石比下马歇尔试验结果

试验项目	毛体积相对密度	理论相对密度	空隙率 *VV*/%	矿料间隙率 *VMA*/%	沥青饱和度 *VFA*/%	稳定度/kN	流值/0.1mm
试验结果	2.448	2.326	5.0	13.3	62.4	9.89	32.3
规范要求	—	—	3～6	≥8+VV	55～70	≥7.5	15～40

表 14.26　ATB－25 混合料目标配合比试验结果

试验项目	单位	技术要求	试验结果	试验方法
车辙试验（60℃）（动稳定度 *DS*）	次/mm	≥800	1418	T0719
浸水马歇尔试验（残留稳定度）	%	≥85	90.91	T0709
冻融劈裂强度比（残留强度比）	%	≥80	87.40	T0729
渗水试验（渗水系数）	ml/min	≤30	8	T0730
构造深度	mm	0.7～1.1	0.85	T0731

14.10　沥青混合料试验结果分析

对于中（下）面层材料性能试验，主要采用常规马歇尔试验、浸水马歇尔试验、冻融劈裂试验、车辙试验来验证各项指标。其性能试验结果见表 14.27 所列。①常规马歇尔及浸水马歇尔试验。采用最佳油石比制备马歇尔试件，按 JTJ052—2000 规程中 T0709－2000 方法进行了 AC－20 和 ATB－25 沥青混合料浸水马歇尔试验。试验结果表明，AC－20 残留稳定度为 92.6%，满足改性沥青混凝土配合比设计检验指标中马歇尔残留稳定度不小于 85%的要求。ATB－25 残留稳定度为 92.6%，满足改性沥青混凝土配合比设计检验指标中马歇尔残留稳定度不小于 85%的要求。②冻融劈裂试验。采用最佳油石比制备马歇尔试件按 JTJ052—2000 规程中 T0729—2000 方法进行了 AC－20 和 ATB－25 沥青混合料冻融劈裂试验。试验结果表明，AC－20 的残留强度比为 92.7%，满足改性沥青混合料配合比设计检验指标中冻融劈裂残留强度比不小于 80%的要求。ATB－25 的残留强度比为 92.7%，满足改性沥青混合料配合比设计检验指标中冻融劈裂残留强度比不小于 80%的要求。③高温稳定性试验。采用最佳油石比制备车辙试件，按 JTJ052—2000 规程中 T0719—2000 方法进行了 AC－20 和 ATB－25 沥青混合料车辙试验。试验结果表明，AC－20 的动稳定度 DS =

1616 次/mm，满足重交沥青混合料配合比设计检验指标中车辙试验动稳定度不小于 800 次/mm 的要求。ATB－25 的动稳定度 DS＝1616 次/mm，满足重交沥青混合料配合比设计检验指标中车辙试验动稳定度不小于 800 次/mm 的要求。

表 14.27　中（下）面层沥青混合料性能试验结果

技术指标	密级配沥青混凝土 AC－20	试验结果	沥青稳定碎石 ATB－25	试验结果	试验方法
马歇尔稳定度/kN	≥8.0	12.18	≥7.5	9.89	T0709
流　值/0.1mm	15～40	32.40	15～40	32.30	T0709
空隙率 *VV*/%	3.0～6.0	4.60	3.0～6.0	5.00	T0705
矿料间隙率 *VMA*/%	≥8+*VV*	16.20	≥8+*VV*	13.30	T0705
沥青饱和度 *VFA*/%	65～75	71.60	55～70	67.10	T0705
马歇尔残留稳定度/%	≥85	92.60	≥85	90.91	T0709
冻融劈裂试验残留强度比/%	≥80	92.70	≥80	87.40	T0729
60℃动稳定度 *DS*/（次/mm）	≥800	1616	≥800	1418	T0719
渗水系数/（ml/min）	≤30	12	≤30	8	T0730
低温弯曲应变（－10℃）/με)	≥2000		≥2000	—	T0715
击实次数	两面各 50 次	—	两面各 50 次	—	T0702

通过对“白加黑”路面中（下）面层材料的性能试验结果分析，可以看出：高温稳定性：从设计思路，粗集料之间形成骨架嵌挤结构有利于提高沥青混合料的抗车辙能力。AC－20 的动稳定度为 1616 次/mm，ATB－25 的动稳定度为 1418 次/mm，均能满足现行规范和改造项目技术的要求。水稳定性：由浸水马歇尔试验结果可知，AC－20 的残留稳定度为 92.6%，ATB－25 的残留稳定度为 90.91%，均满足规范中不小于 85%的要求。

14.11　本章小结

依托 FG324 厦门段路面改造工程实际，借鉴以往“白加黑”路面改造工程的理论研究成果和工程经验，综合分析材料性能试验结果如下。

①结合旧水泥混凝土路面的结构形式和使用状况，进行交通量的调查，分析病害产生的原因，推荐适合于本地区“白加黑”路面结构类型及表面层材料。对沥青混合料的原材料进行性能试验分析，按照因地适宜的原则选择适合厦门地区的各种沥青结合料和矿料。

②通过沥青混合料集料筛分试验，对表面层材料进行级配设计。从混合料的配合比设计方面提高其强度和路用性能，确定矿料的配合比。沥青混合料配合比设计，分别计算 ARAC－13 和 SMA－13 两种沥青混合料的最佳油石比，对设计配合比下表面层材料进行相应的性能试验，通过车辙试验、浸水马歇尔试验、冻融劈裂试验分析两种表面层材料的路用性能。对比分析两种表面层材料的性能试验结果，确定表面层材料各自的适用性和优缺点。

③依托 FG324 厦门段“白加黑”路面改造工程，结合旧水泥混凝土路面的结构形式和路面使用状况，通过改造路段现状交通量和路面病害调查结果分析病害产生的原因及需要采取的旧路处治措施，推荐适合本地区“白加黑”路面的结构类型及中（下）面层材料。

④通过沥青混合料集料筛分试验，确定 AC－20 和 ATB－25 的设计级配。最终确定矿料的配合比，提高中下面层材料强度和路用性能。对沥青混合料进行配合比设计，确定 AC－20 和 ATB－25 两种路面材料的最佳油石比，对设计配合比下中下面层材料进行相应的性能试验，通过车辙试验、浸水马歇尔试验、冻融劈裂试验等试验结果分析并评价两种路面材料的抗车辙能力、抗水损坏能力，为推荐适合 FG324 厦门段路面改造工程施工图设计方案做好准备。

第 15 章　FG324“白加黑”路面结构设计及其力学特性数值分析

“白加黑”路面沥青加铺层设计方法研究起步较早，在试验路研究的基础上，提出了较多“白加黑”路面设计方法及相关理论，如动力刚度模量法、弹性层状理论体系，并提出了相关设计计算方法的修正措施。根据道路等级、交通量大小等条件确定加铺方案，按照一定的路面结构设计方法确定加铺层厚度，并对 FG324 厦门段“白加黑”路面结构设计及其力学特性进行数值分析。

15.1　“白加黑”路面结构施工图设计

15.1.1　“白加黑”路面结构设计方法

目前，主要有 ARE 法、AI 法、AASHTO 法、Ta 法、Berkeley 分校设计方法及最小厚度法等。各种“白加黑”路面沥青加铺层设计方法的优缺点及其适用性见表 15.1。

表 15.1 沥青加铺层设计方法

设计方法	特点
ARE 法	基于反射裂缝控制的设计方法，力学概念简单清楚，考虑的设计参数和影响因素比较全面；但计算模型过于简化，与实际存在偏差
AI 法（经验法）	以相邻两板块之间的竖向弯沉差及平均弯沉值为设计指标，控制接缝处 *AC* 层的剪切变形
AASHTO 法（经验法）	通过“等效结构法”确定加铺层厚度，作为很多理论计算结果的参照，给出了 *AC* 层只用于功能层考虑时的最小厚度
日本 Ta 法	以沥青混凝土厚度作为换算中介，设计参数为远景交通量和原水泥混凝土板结构状况
Berkeley 分校设计方法	在二维有限元分析的基础上控制反射裂缝设计方法，疲劳作用按 *Miner* 假定计算
最小厚度法	考虑原路面的状况，特别是反射裂缝。并考虑施工难易、混合料中最大集料尺寸、压实所需时间、交通量大小、交通类型及投资等

很多学者在旧水泥混凝土路面结构状况评定、环境、材料参数、力学模型、疲劳现象、裂缝扩展规律、防止反射裂缝措施等基础上展开研究，用线弹性断裂力学、弹性层状体系理论、有限差分法、能量原理方法对“白加黑”路面结构进行计算。

目前，“白加黑”路面设计方法完全基于理论计算的几乎没有，大部分设计方法为经验法。综合几种“白加黑”路面设计方法，对旧水泥混凝土板进行有效厚度换算，提出基于有效厚度的加铺层设计方法。由于夹层可以缓和和消散裂缝区加铺层层底不利应力，设置夹层能有效地减小加铺层厚度。出于安全性考虑，在满足最小厚度（一般不能小于 5cm）前提下，设置橡胶沥青应力吸收层的加铺层厚度为不设置夹层的加铺层厚度的 80%。鉴于“白加黑”路面的优势，在我国旧路改造工程中应用较为广泛，特别是市政道路、国省道的路面改造工程中。

“白加黑”路面结构设计的主要步骤：①按照以往工程经验，初拟加铺方案和加铺层厚度；②将无加铺层时水泥混凝土面板临界荷位的荷载疲劳应力换算成有沥青加铺层时荷载疲劳应力，考虑接缝传荷、动载、偏载和荷载的累计疲劳作用，计算水泥混凝土面板的实际疲劳应力；③将无加铺层时水泥混凝土面板的临界荷位的温度疲劳应力换算成有加铺层时的荷载疲劳应力；④按《路基路面工程》中关于加铺层结构设计计算方法确定初拟加铺层厚度是否合格，根据交通条件及材料情况划分不同的结构组合和加铺方案；⑤荷载疲劳应力和荷载应力计算与分析；⑥温度疲劳应力和水泥混凝土板温度应力计算与分析；⑦确定“白加黑”路面结构形式及加铺方案、加铺层厚度。

15.1.2 “白加黑”路面结构施工图设计

根据“白加黑”路面结构设计原则和交通量调查资料，借鉴国内“白加黑”路面设计经验和相关研究，依托 FG324 厦门段路面改造工程实际，从“经济、合理、可行”的原则出发，依据“白加黑”路面结构计算结果，拟定了 A，B，C 三个加铺方案。FG324 厦门段“白加黑”路面改造工程施工图设计推荐方案如图 15.1 所示。

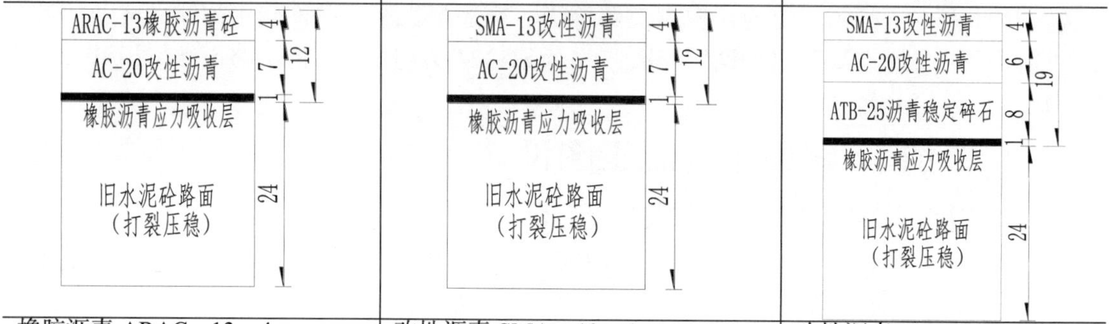

方案A	方案B	方案C
橡胶沥青 ARAC－13 4cm 乳化沥青黏层 改性沥 AC－20 7cm 乳化沥青黏层 橡胶沥青应力吸收层 1cm 乳化沥青黏层	改性沥青 SMA－13 4cm 乳化沥青黏层 改性沥青 AC－20 7cm 乳化沥青黏层 橡胶沥青应力吸收层 1cm 乳化沥青黏层	改性沥青 SMA－13 4cm 乳化沥青黏层 改性沥青 AC－20 6cm 乳化沥青黏层 沥青碎石 ATB－25 8cm 乳化沥青黏层 橡胶沥青应力吸收层 1cm 乳化沥青黏层

备注：旧水泥混凝土板主要以打裂压稳为主，局部路段采用病害处理的措施。

图 15.1 FG324 厦门段“白加黑”路面改造工程推荐的施工图设计方案

15.2 “白加黑”路面结构设计方案

我国地域辽阔，各地的地理位置、气候条件、交通状况、施工水平和材料规格各不相同，材料组成及其设计方法具有差异性和各自的适用性。应根据南方高温多雨的气候条件，研究适用于厦门甚至福建不同地区自身特点的“白加黑”路面设计方法。为了节约投资，同时考虑到实施条件和施工工期，不同地区、不同路段采用不同的面层材料和加铺层设计方案。对于“白加黑”典型路面结构，主要通过“白加黑”路面面层材料性能的改善、设置应力（应变）吸收夹层、各结构层层间设置乳化沥青黏层等措施，提高“白加黑”路面抗反射裂缝、抗车辙及抗水损坏能力。

15.2.1 抗车辙剂

为了提高沥青路面的高温稳定性、低温抗裂性、抗疲劳性能和水稳性，对于纵坡较大、圆曲线半径较小的路段，建议表面层材料中添加抗车辙剂，增强路面材料的抗车辙能力，延长路面的使用寿命。

目前，市面上的抗车辙剂种类较多，如 TPS、路孚 8000、Sasobit、上交大高黏度改性剂、车辙王和 Domix 等多种改性剂，国内外道路工作者对各种改性剂进行了性能试验研究和试验路验证。借鉴以往工程中抗车辙剂路面性能的应用效果和厦门地区公路的实际情况，建议 FG324 厦门段路面改造工程采用 Domix 抗车辙剂，其路用效果如图 15.2 所示。对于纵坡大于 4%、转弯半径小于 300m 的路段建议表面层材料 SMA－13 添加抗车辙剂 Domix，增强抗车辙能力。结合有关资料和试验数据可知，抗车辙剂 Domix 用量为沥青混合料重量的 0.2%～0.6%。添加抗车辙剂后，表面层材料 SMA－13 的性能大为改善，主要表现在动稳定度≥7000（次/mm），冻融劈裂强度≥90。

（a）Domix 抗车辙剂　　（b）加 Domix 路段　　（c）未加 Domix 路段

图 15.2　Domix 抗车辙剂路用效果

为了提高改造工程路面路用性能和使用寿命，对面层材料加入抗车辙剂 Domix，有效地提高了高温稳定性，减小了路面的车辙深度，延缓了车辙病害的产生和发展。由室内性能试验结果分析，不同掺量 Domix 添加剂的动稳定度和最大位移不同。试验结果表明，不同掺量 Domix 添加剂对沥青混合料高温性能和水稳性能效果不同，Domix 掺量与最大位移和动稳定度的关系见表 15.2。

表 15.2　Domix 掺量与最大位移和动稳定度的关系

混合料种类	AC－13 沥青混合料		AC－16 沥青混合料	
	最大位移/mm	动稳定度/（次/m）	最大位移/mm	动稳定度（次/m）
基质沥青	4.756	1044	4.445	932
Domix（0.2%）	1.61	3068	2.168	3144
Domix（0.4%）	1.123	10449	0.919	12106
Domix（0.6%）	0.74	16036	0.683	13912

由 Domix 掺量与最大位移和动稳定度的关系分析可知，以 AC－13 沥青混合料和 AC－16 沥青混合料为例，随着 Domix 掺量的增加，沥青混合料的动稳定度增加，产生的最大位移减小。当 Domix 的产量在 0.4%～0.6%时，沥青混合料的高温性能急速增加。不同添加剂 Domix 掺量对沥青混合料的抗拉强度影响不同，加入 Domix 能有效提高沥青混合料的抗拉强度，但冻融劈裂强度比较低，抗水损坏性能一般。

15.2.2　橡胶沥青应力吸收层

反射裂缝和水损坏是“白加黑”路面早期损坏的主要形式，控制“白加黑”路面早期损坏较为普遍的做法是在旧水泥混凝土面层和加铺层之间设置夹层。应力吸收层种类较多，如玻纤格栅、改性沥青油毡、土工布、改性沥青混合料应力吸收层等。厚度一般较小，从 2mm 的土工布到 2～3cm 的沥青砂不等。鉴于依托工程实际，推荐橡胶沥青应力吸收层作为“白加黑”路面旧水泥混凝土板和沥青加铺层之间的过渡层，消散由水泥混凝土板裂缝处产生的应力和位移，减少或防止反射裂缝的产生或延缓反射裂缝的扩展速度。采用大空隙率的橡胶透水应力吸收层，不仅可以增强对反射裂缝的消散作用，还可以迅速排出面层渗入基层的水分，避免或减少路面结构内部排水不良引起的路面水损坏。

橡胶应力吸收层 AR－SAMI：橡胶沥青具有理想的抗疲劳性能、较好的高低温性能、较强的黏结性、柔韧性和抗剪切性能，铺筑在半刚性基层与沥青混凝土路面之间或者旧水泥混凝土板和沥青加铺层之间，能够充分吸收和消散裂缝部位的应力集中，防止沥青路面形成反射裂缝。抗裂优势：胶结料采用湿法生产的橡胶沥青，集料采用 5～10mm 或 10～

15mm 规格的洁净集料。其与加铺层沥青混合料能形成良好的嵌挤，最终在新旧路面之间形成一层富沥青，防止裂缝反射至结构层，具有较好的抗变形能力，水稳层或旧水泥混凝土板产生的各种裂缝难以穿透，达到防止或延缓沥青路面抗反射裂缝、延缓反射裂缝扩展速度的效果。

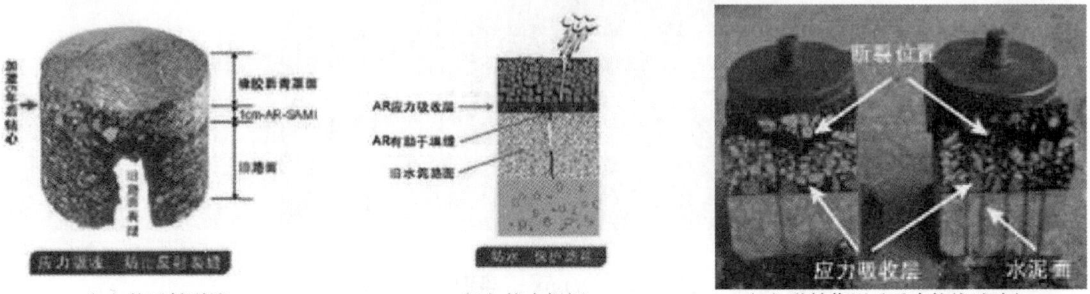

（a）抗反射裂缝　　（b）抗水损坏　　（c）黏结作用（垂直拉拔试验）

图 15.3　橡胶沥青应力吸收层功能特点

抗水损坏优势：AR－SAMI 中橡胶沥青含量较高，一般能形成 3mm 的沥青膜，防止渗入路面结构层的水分下渗至基层；面层摊铺使 AR－SAMI 顶层橡胶沥青二次熔化，填充面层混合料的缝隙，排除层间水并隔离水分向下层渗入，防止路面结构层产生水损坏。黏结优势：高橡胶沥青含量，在橡胶沥青上摊铺单一粒径石料，经碾压后石料嵌锁形成结构性支撑，利用其高黏性，将其吸附在水稳层或旧水泥混凝土板上。造价低、施工简便：AR－SAMI 造价便宜、方便施工，对原材料级配和洁净程度要求较高。施工工艺采用橡胶沥青撒布车和碎石撒布车，工艺和设备要求简单，采用 25t 以上的胶轮碾压 3～4 遍即可。橡胶沥青应力吸收层施工及工艺流程如图 15.4 和图 15.5 所示。

（a）铺设 AR－SAMI 路面　　（b）橡胶沥青应力吸收层摊铺　　（c）橡胶沥青应力吸收层施工

图 15.4　橡胶沥青应力吸收层施工

（a）同步碎石洒铺　　（b）胶轮碾压　　（c）橡胶沥青应力吸收层

图 15.5　橡胶沥青应力吸收层施工工艺流程

目前，橡胶沥青应力吸收层 AR－SAMI（湿法）在项目中的应用较为广泛，主要有宁杭高速二期工程、蜀南竹海景区公路黑色化工程、京秦高速、北京顺义顺平辅线、G105 中山市板芙路段、北京门头沟南雁路、北京京通快速、四环路桥梁铺装等，均取得较好的抗反射裂缝的效果。橡胶沥青应力吸收层在工程中的应用实例见表 15.3 所列。

15.2.3　乳化沥青黏层

薄面强基的复合结构层间联结不良是“白加黑”路面产生早期病害的主要原因，严重影响路面服务功能和使用寿命，应加强“白加黑”路面旧水泥混凝土板与加铺层及加铺层结构层间联结。

表 15.3　橡胶沥青应力吸收层工程实例

工程实例	路面结构形式	路用效果
G328 泰州段	橡胶沥青 ARAC－13（4cm） 橡胶应力吸收层 AR－SAMI（1cm） 旧水泥混凝土路面	通车两年后，未产生反射裂缝，车辙深度 3.0mm。
张家港中华路	橡胶沥青 ARAC－13（4cm） 普通沥青混凝土 AC－20（6cm） 橡胶应力吸收层 AR－SAMI（1cm） 旧水泥混凝土路面	通车一年后未出现裂纹和车辙现象。
常武路	橡胶沥青 ARAC－13（4cm） 改性沥青 Superpave20（8cm） 应力吸收层 AR－SAMI（1cm） 旧水泥混凝土路面	通车两年后，未产生反射裂缝，车辙深度 2.3mm。

在表面层和中面层、中面层和下面层、应力吸收层和旧水泥混凝土面板之间必须设置黏层，黏层材料采用改性乳化沥青。借鉴以往工程经验，采用普通沥青材料作为下封层和黏层的黏结材料，大交通量、重载和超重载条件下，路面很难满足运营服务要求。为了使路面结构体系具有较好的结构承载力和耐久性能，增强相邻结构层层间处理技术越来越受到人们的重视。黏层油提高路面结构层层间黏结的紧密性，用量少，却对路面结构强度和耐久性影响较大。结合相关实验结果，设置了 SBR 复合黏结剂的路面有一下性能特点：良好的黏结力和稳定性；网状结构降低自由度，不易引起摊铺机胶轮或履带打滑，交叉施工，加快施工进度，确保工程质量；施工方便、环保。国内外研究资料表明，SBR 复合改性乳化沥青黏层的路用性能优于普通乳化沥青和热沥青，适用于“白加黑”路面结构。

（a）乳化沥青撒布

（b）乳化沥青石屑撒布

图 15.6　乳化沥青黏层撒布

15.3　“白加黑”路面抗反射裂缝技术

为了保证路面平整度和结构的完整性，防止水分进入路面结构层，在重载交通作用下产生水损害，必须阻止或控制反射裂缝的产生和发展。首先是处治旧水泥混凝土，尤其是板底脱空的处理。还要从罩面层沥青混合料的改性、设置应力吸收层和乳化沥青黏层等措施考虑。如采用改性沥青、加筋混凝土、SMA 和 ARAC 等加强罩面层，采用级配碎石或稳定碎石设置补强层，设置防水毛毡、土工材料、橡胶沥青或其他改性沥青等应力吸收层。

15.3.1　抗反射裂缝技术方法

旧水泥混凝土路面的接缝与裂缝处不能承受剪应力和拉应力，在温度和车轮荷载重复作用下，沥青加铺层的相应位置就容易受到损伤，产生反射裂缝。水泥混凝土路面上沥青加铺层防治反射裂缝一直是一种困扰。反射裂缝的影响因素很复杂，为合理设计沥青加铺层带来很大难度。国内外对减少反射裂缝的研究资料表明，加铺改造前对旧路处治（打裂压稳或病害处治）、加铺层锯缝后填缝、沥青混合料改性等措施效果较为明显。对于目前“白加黑”路面中主要的防反措施，就其经济性、适用性和效果进行综合比较，具体防反处理措施的对比见表 15.4。

表 15.4 防治反射裂缝处理措施特点对比表

方法	特点	经济性	效果	适用范围
增加加铺层厚度	设计和施工简单	不经济	局部有效	高等级公路
加筋沥青层	施工简单	较经济	较好	高等级公路
碎石化后加罩面板	破碎压实但要求专业设备	不经济	较好	高等级公路
设置隔离层	施工简单	经济	不好	低等级公路
应力（应变）吸收夹层	防水但易造成加铺层滑移	经济	一般	一般公路
改善沥青混合料的性能	施工简单但增加成本	较经济	较好	辅助措施
加铺层表面锯缝	施工困难	经济	一般	辅助措施

目前，国内外旧水泥混凝土路面改造工程主要采用“白加黑”加铺沥青罩面层的方法。很多都处于试验路阶段，对于反射裂缝的处治措施仅仅停留在一些基本的方法上，很多处治效果不明显，通车不久后就出现病害。调查国内外“白加黑”路面采取的防反措施，很多处治效果不明显。武汉市对城市主干道进行“白加黑”路面改造，初期产生较好的经济效果，但随时间推移，病害明显且发展速度较快。很多“白加黑”工程对旧水泥混凝土路面未进行处治，直接在旧水泥混凝土路面上加铺沥青罩面层，使得加铺效果不明显。如 G205 南京段试验路，仅在旧路上涂乳化沥青，加铺 3cm 沥青混合料（掺入 3%丁苯胶），通车不久反射裂缝较明显。扬州市区试验路，未处治旧路错台现象，加铺 5cm 沥青混凝土，通车后产生明显的推移、拥包等现象。G104 绍兴段试验路在旧路上铺设塑料、沥青碎石，通车后不久出现大量坑洞。另一路段，采用土工布和橡胶沥青组成的应力吸收夹层处治构造缝，裂缝随时间扩展速度较快。很多“白加黑”路面虽然对旧路采取了一定的处治措施，但在不同的路段相同的处治措施产生的效果不尽相同，有的甚至背道而驰。宁通路南京段试验路，对旧路进行灌缝，接缝处设改性沥青油毡及特雷维拉土工布，加铺 4cm 改性沥青混凝土，通车不久行车道路面出现反射裂缝。G104 绍兴段，旧路上加铺水稳级配碎石（15cm），改性沥青混凝土（5cm+4cm），通车一年后，出现明显的反射裂缝。G104 句容宜兴段对旧路病害板冲击破碎，灌浆压实成型后加铺二灰碎石（15cm）基层和沥青混凝土（8cm）面层，通车后出现坑洞破坏。十苏王线苏州段试验路，在旧路上洒黏层油，铺设土工格栅，通车半年后出现裂缝、坑槽等。通过一些工程实践经验总结，很多“白加黑”路面防反措施处治得当，取得了较好的效果。如 G107 郑州境、信阳境和 G310 开封境部分路段，对旧路采用破碎处治，并对脱空板进行压浆稳定后加铺水稳碎石（8cm）和沥青混合料面层（7cm），运营一年后，路面状况良好。南京大校场机场道路，对旧路接缝处进行贴缝处理后加铺沥青面层，取得较好的路用效果。十苏王线改造工程中对松动板处治后，加铺二灰碎石（15 ~ 18cm）及沥青混凝土（6cm+4cm），通车一年后运行良好。

国外对反射裂缝开展的研究较早，但相同的处治措施在不同的地域、气候和交通条件下所产生的效果差别较大。如采用加筋沥青混凝土增加面层抗拉强度，在美国密歇根（Michigan）州起到很好的防反作用，但在加利福尼亚（California）州及澳大利亚效果却不明显。美国弗吉尼亚（Viginia）州和北达科他（NorthDakota）州通过试验路验证各种防反措施中土工织物的防治效果最好，但对路面面板传荷能力不足时效果不明显。英国 A30 公路验证，当加铺层较薄时，能延缓反射裂缝，但后期效果不明显。德国也在不来梅港市和海尔布隆市修筑试验路，采用 SAMI 应力吸收夹层抑制反射裂缝，结果表明仅适用于接缝竖向相对位移<0.06mm 的路段上。综上所述，各国的研究资料表明，无论采用何种防反措施，都不能完全抑制反射裂缝的产生，只能延缓裂缝的开展时间和扩展速度。

15.3.2　反射裂缝防治技术

综合国内外刚性基层柔性路面的反射裂缝防治措施和相关工程实例，总结适应 FG324 厦门段“白加黑”路面反射裂缝防治技术。对于采用两层式沥青加铺方案，在旧水泥混凝土路面和沥青加铺层设置橡胶沥青应力吸收层。采用三层式沥青加铺方案，下面层用 ATB－25 沥青稳定碎石层，并且在旧水泥混凝土路面和下面层之间设置橡胶沥青应力吸收层。

15.4　路基路面综合排水方案

15.4.1　路基路面排水改造方案

由于原有水泥混凝土路面板的破坏与其路面结构排水不良有关，因此，应重视旧水泥混凝土路面结构排水能力的改善。通过现场调查，FG324 线路基路面设置了比较完善的排水系统，现状路基边沟无积水现象。为了解决路面结构内部的排水，采取一下措施。

（1）采用路面结构内部隔水和排水相结合的方式进行处理

内部隔水：设置橡胶沥青应力吸收层 AR－SAMI 或沥青砂，并对旧路面原有接缝进行灌缝，可以有效地防止雨水渗入原水泥混凝土路面结构。内部排水：拆除路肩处现状浆砌块石边沟至旧水泥混凝土路面面层（在保留沟底以上 40cm 边沟墙体的前提下），采用干砌块石重新砌筑边沟墙体至本次设计高，以便于路面结构层内部的水可以顺着横坡流到路基边沟。由于路面加高，以及边沟临时拆除，现状盖板边沟需要相应加高，并重新安装盖板。本次设计对旧边沟盖板进行充分利用，考虑到边沟盖板拆装时的损坏，利用率为 80%，损坏部分采用新的边沟盖板进行替换。每间隔 10m 拆除 1m 现状路肩，采用干砌片石恢复边沟。对于旧水泥混凝土路面加铺沥青罩面，对现状边沟或路肩墙要进行改造设计，路肩加高改造和路基边沟渗水改造设计如图 15.7 所示。

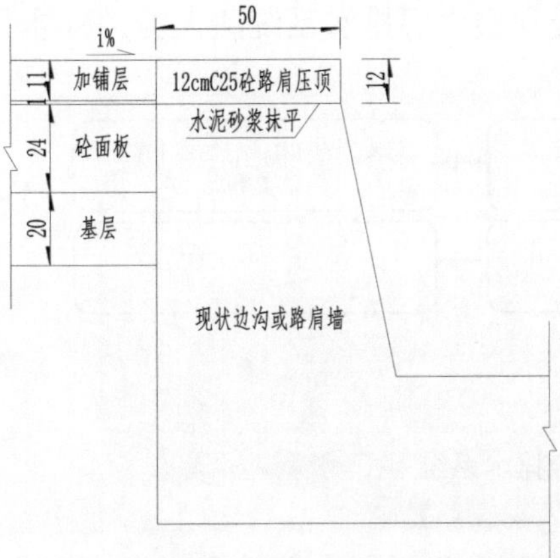

（a）路肩加高改造

（b）路基边沟渗水改造

图 15.7　现状边沟和路肩墙改造设计

路基路面排水对延缓路面病害的产生有重要意义，不仅可以防止路面产生水损坏，还可防止路面在重载、超载交通作用下产生病害，达到提高路面服务水平和延长路面使用寿命的目的。路面很多病害的产生都与路基路面排水不畅紧密相关，因此，路基路面排水设计与优化，成为道路工作者研究的重点。防止“白加黑”路面出现水损坏，采取的主要措施是一封二排。"白加黑"路面结构为刚性基层柔性路面的复合式结构，结构层内部排水不畅。在加铺层孔隙率较大的情况下，渗入基层的水难以排出，季节交替的冻融循环和重载超载交通的作用，加上真空空隙水压力作用下，加速了路面病害的产生和发展，大大降低行车舒适性和路面耐久性。对路面路面综合排水系统要做到"以防为主，防排结合"。

（2）路面防排水主要改善措施

①防止中分带的水横向渗入路基。采用水泥或沥青混凝土封闭层硬化绿化带表面，防止绿化灌溉水和雨水下渗。

②路表排水顺畅。路缘石标高与路面相对齐，尽量采用透水材料路缘石，在边沟、排水沟增强横向排水防冲刷措施。路面结构层的孔隙水和层间水的排水。设置碎石层盲沟采用纵向排水措施，并设置排水管等，如建议不设置路缘石，或采用透水材料路缘石，保证结构层排水。

③确保挖方段路表水、结构层滞留水、路面内部水排入边沟。挖方路段排水往往是路基路面排水的重点环节，也是薄弱环节。

④加强级配碎石柔性基层排水等排水基层的性能研究。"白加黑"路面为了充分利用旧路强度，提高其承载能力，一般"白加黑"压实度都较高，才能满足规范要求和设计施工经验，但同时也使其密水性较好。如果加铺层孔隙率较大，路表水渗入旧路和加铺层之间，行车荷载的作用易导致唧泥等病害。可以从基层透水、限制强度上限值、细集料下限值方面考虑排水基层。

⑤加铺层以下设置排水层、级配碎石层或在保证孔隙率≥15%前提下设置稳定碎石层。

⑥保证各结构层间的黏结性能。对"白加黑"路面施工时，层与层之间应清扫干净，洒黏层油，各层之间采用乳化沥青黏层等措施。

⑦进一步加强透层油或下封层的隔水作用。保证透层油将各层连接成为一体，并达到隔水的作用。一般上基层采用水稳碎石，在透层上再做下封层。

（3）路基路面防排水措施

路面结构内部排水系统主要分为边缘排水系统和透水层排水系统两大类，具体分类见图 15.8。

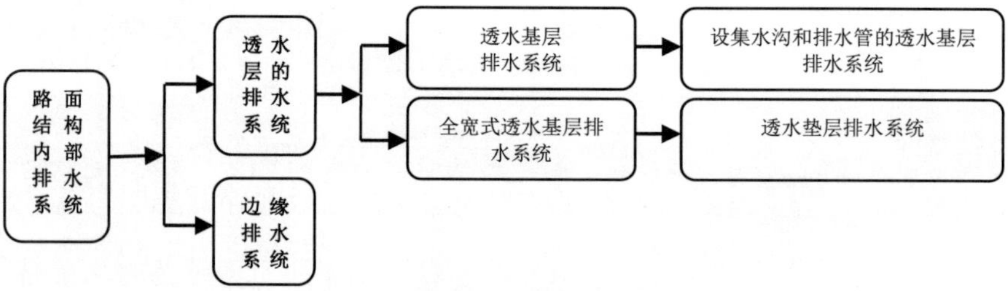

图 15.8　路面结构内部排水系统

（4）路面边缘排水系统

厦门地区湿润多雨，年降雨量较大，道路损坏与水损坏有密切关系。由于路表水侵蚀与重载超载的双重作用，路面自由水如果不能及时排出路面，渗入基层滞留在路面结构内部易造成路面结构破坏，降低路面结构强度，特别是路基两侧土层为低渗透系数时，路面结构内部的水更不易排出。为了避免路面受到水损坏的影响，首要任务是加强路表排水，包括路拱横坡和边缘排水系统。我国《公路排水设计规范》中指出："为排除通过路面接缝、裂缝或空隙，或者由路基或路肩渗入并滞留在路面结构内的自由水，可沿路面边缘设置边缘排水系统，或者路面结构内部设置排水基层或排水垫层排水系统。”对于路面边缘排水系统，可采用具有稳定结构的半刚性透水混凝土混合料的水泥处治排水材料，使得其具有一定的透水能力、强度要求和抗变形能力。一般建议透水材料的渗透系数不得小于 0.35cm/s。此外，考虑到路肩处边缘排水系统临时停车和对路面结构的侧向约束作用，必须保证具有一定强度和抗变形能力。

（5）透水基层排水系统

“白加黑”路面典型病害一般是通车 1 ~ 2 年产生反射裂缝，降雨和路表水通过裂缝间隙进入路面结构层。如不及时排出，水分将滞留在路面结构层内部。为了及时排出路面结构层的水分，《公路排水设计规范》中对多雨地区的重要二级公路，直接在面层下设置透水基层排水系统，边缘设置纵向集水沟、排水管和横向出水管等。在透水基层排水系统中，设集水沟（排水管）结构如图 15.9 所示，设集水沟（排水管）排水布置如图 15.10 所示。这是常用的透水基层排水系统结构形式。

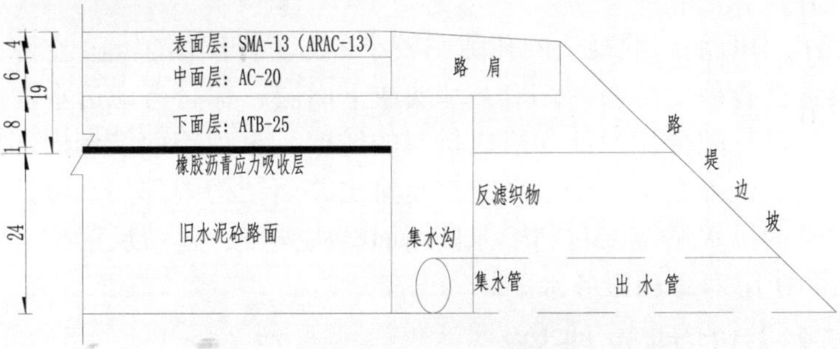

图 15.9 设集水沟（管）透水基层排水结构

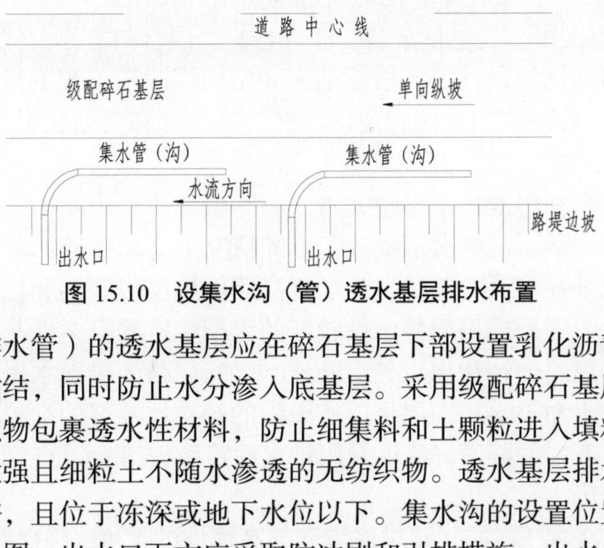

图 15.10 设集水沟（管）透水基层排水布置

设置集水沟（排水管）的透水基层应在碎石基层下部设置乳化沥青稀浆封层，不仅可以加强层间接触和黏结，同时防止水分渗入底基层。采用级配碎石基层和透水性较好的填充材料，并用反滤织物包裹透水性材料，防止细集料和土颗粒进入填料和集水管的槽孔。反滤织物应为透水性强且细粒土不随水渗透的无纺织物。透水基层排水系统中集水沟底部应与底基层底部平齐，且位于冻深或地下水位以下。集水沟的设置位置、纵向坡度、排水方向见排水布置示意图。出水口下方应采取防冲刷和引排措施，出水口处应采取防堵塞措施，如镀锌铁丝网、格栅等。集水管在满足防冻和地下水要求的同时，要保证不被路面荷载及施工机械压坏，并用反滤织物包裹等防堵措施。此外，透水基层材料应满足功能和使用要求。

（6）全宽式碎石基层排水系统

对于采用三层式的“白加黑”沥青加铺层，全宽式碎石基层排水系统结构如图 15.11 所示。相对于设置集水沟（排水管）的透水基层排水系统来说，全宽式碎石基层排水系统结构简单、施工方便，但仅适用于路堤路段，且出水口易堵塞，应加强出水口处杂物的清理。对于路堑和零填挖路段，当边沟有积水时，暴露于边沟的出水口易将水分倒吸到路面基层中。此外，碎石基层和乳化沥青稀浆封层应全宽设置，并对边坡出水口用砂浆抹面或采用植物防护等防冲刷措施。

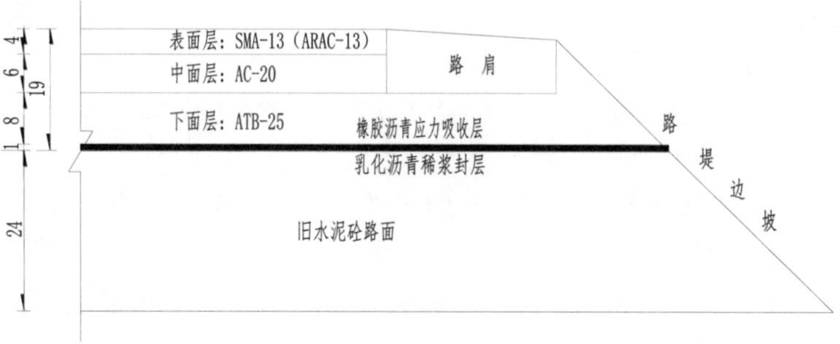

图 15.11　全宽式碎石基层排水结构

“白加黑”路面中旧水泥混凝土的孔隙率较小，为了排出由裂缝、空隙渗入路面内部而滞留的水分，设置沥青稳定碎石（ATB）基层或下面层，综合考虑透水性能、强度和耐久性能的要求，合理进行配合比设计和组成材料的选取。纵观路面结构内部排水系统，透水基层排水系统和全宽式碎石基层排水系统都是排出路面结构内部的水分，防止路面受到水损坏等病害。完善的排水系统，有利于保证路面结构强度，延缓反射裂缝的开展速度。保证“白加黑”路面的使用寿命和服务水平。

15.4.2　路面结构防排水措施

“白加黑”典型路面结构设计中，反射裂缝的防治和排水设计是密不可分的。影响“白加黑”路面水稳定性的因素很多，包括集料、沥青材料、混合料类型、气候条件、施工中的压实度、交通荷载及路面结构设计等。根据前面介绍的拟改造工程的排水设计和“白加黑”路面排水设计优化，提出针对厦门地区特定的自然气候条件和交通状况的路面结构排水措施。综合调查 FG324 厦门段“白加黑”路面改造工程沿线排水设施可知，旧路排水系统较完善，边沟无积水，路表排水和边缘排水系统完善，旧路破坏主要由路面结构层排水不良引起。对于厦门地区“白加黑”路面，排水系统较完善的情况下，加强路面结构内部的防排水。对于纵坡较大且平曲线半径较大的路段，为了提高路面抗反射裂缝和抗水损坏能力，采用三层式沥青加铺层方案，下面层采用排水性较好的级配稳定碎石柔性基层。将路表水渗入路面结构层的自由水排出路面结构层以外，防止“白加黑”路面出现水损坏相关病害，保证道路使用功能。外部排水和隔水：面层采用密级配的密水性较好的细粒式沥青混合料。对于路面结构层排水严重不良的路段，建议采用排水性路面材料 OGFC 沥青混合料，从源头隔离水分进入路面结构层。

此外，施工及验收中严格控制路拱横坡和超高横坡的坡度，确保路表自由水排出路面。对挡水式的路缘石坐平或取消，处治路肩和边沟，保证路面水漫流至路面外。对因温度或荷载引起的各种裂缝或破损，采用封缝（裂缝宽度在 3mm 及以下）和灌缝（裂缝宽度在 3mm 及以上）的处治措施。还可以采用乳化沥青稀浆封层和微表处对“白加黑”路面防水损坏进行预防性养护。内部排水：“白加黑”路面的下面层设置级配碎石层或稳定碎石层，保证空心率超过 15%，限制细集料（4.75mm 以下）的含量。在中下面层边缘设置碎石盲沟，采用纵向排水，上面覆盖表面层。采用干砌片石代替浆砌片石边沟，排出路面结构层内部的水分至边沟。对旧路的边沟、路肩墙、边沟盖板进行改造设计。内部隔水：对旧水泥混凝土路面与沥青加铺层之间设置橡胶沥青应力吸收层或沥青砂，在有效地消散反射应力传递的同时，防止路面结构层水分继续下渗至底基层而降低路面结构层的强度。综上所述，对“白加黑”典型路面结构的防反射裂缝和路面防排水结合起来，对“白加黑”路面路用性能的提高有很大的作用。

15.5　有限元数值分析方法

计算模型假设：旧水泥混凝土面板加铺沥青层的路面结构，接缝处的计算模型较复杂，在此不做细观分析。为了从理论上模拟分析“白加黑”路面结构受力及变形情况，对有限元计算模型提出几点假设：①各结构层材料（面层、应力吸收夹层、旧水泥混凝土基层和底基层材料）为均匀、连续、各向同性的线弹性材料，应力应变关系符合胡克定律；②各层层间接触面完全连续，面层荷载为垂直的均布荷载，在无限远处和无限深处应力应变均为零；③基础底面各向位移为零，基础侧面水平方向位移为零；④不计路面结构自重影响和旧路接缝、裂缝的传荷能力。根据计算模型的基本假定，建立旧水泥混凝土沥青加铺层有限元模型，分析“白加黑”路面结构变形破坏产生、发展的原因和破坏形式。

单元的选用：利用有限元方法主要处理非线性、非均质和复杂边界问题。分析旧水泥混凝土路面沥青加铺层问题，各层层间材料的性能作为非线性问题考虑比较符合实际情况。非线性力学问题可以分为三类：材料非线性问题、几何非线性问题和接触非线性问题。强度准则：本项目利用有限元数值模拟进行分析计算，根据路面各结构层材料性质及特征采用弹塑性材料模型及 Mohr – couloml 准则，其剪切应力用库伦方程式表示：

$$\tau=C+\sigma\tan\varphi,\quad \sigma_t=[\sigma_t] \tag{15.1}$$

式中：C—凝聚力，MPa；φ—内摩擦角，(°)；σ_t—抗拉强度，MPa；$[\sigma_t]$—许用抗拉强度（MPa）。

$Phase^{2D}$ 软件使用：有限元分析方法在复合式路面结构研究中的应用较为广泛，国内外道路工作者利用有限元软件对“白加黑”路面加铺沥青层相关问题进行了探讨。利用 $Phase^{2D}$ 分析不同面层材料和各种路面结构在车辆荷载作用下的路表总弯沉和层间应力应变值等，通过有限元网格剖分、详细的计算及结果输出，从理论计算角度分析“白加黑”路面各种应力应变关系。$Phase^{2D}$ 用三角形有限元网格剖分，分析弹塑性路面材料在“白加黑”路面结构中的作用和影响关系。能够对分析的“白加黑”路面结构进行图形显示、输出和与 CAD 等文件互导等功能。FG324 厦门段“白加黑”路面结构破坏的数值模拟模型的建立依据前述结果。

15.6　“白加黑”路面材料物理力学参数

“白加黑”路面沥青加铺层材料的物理力学参数是进行路面结构设计计算和加铺方案确定的基础，其参数值直接影响加铺层材料的选取、加铺层厚度的确定等。

目前，市面上的沥青面层材料种类繁多，路面材料设计参数取值直接影响“白加黑”路面结构形式、加铺方案和加铺层厚度等。材料参数包括面层材料的抗压回弹模量和劈裂强度，其不仅受材料种类的影响，还与混合料的级配、结合料的种类、剂量、温度、施工质量、测试方法及材料龄期有关，使得测试结果在不同条件下有较大差异。面层材料在轴载、气候和环境因素影响下的力学性质，对路面的路用性能和使用寿命有决定性作用。针对厦门地区不同路段上的地理位置、交通状况、气候条件、筑路材料，结合已建公路的调查资料，推荐“白加黑”路面结构设计参数，如基层、底基层材料、面层材料。

从 FG324 厦门段气候条件、交通现状及远景交通量预测结果出发，调查沿线的土质情况以及土基回弹模量，推荐满足“白加黑”路面结构最低土基强度。“白加黑”路面各结构层材料各不相同，路面材料的参数选取，对于数值分析结果与路面实际力学特性是否吻合起着至关重要的作用。Phase^{2D} 依据 Mohr－couloml 准则进行计算分析，FG324 厦门段“白加黑”路面各层材料的容重、弹性模量、泊松比、黏聚力、摩擦角及抗拉强度等参数经过现场调查和实验检测得出。路面材料各结构层参数见表 15.5。

表 15.5　路面材料各层的参数

材料类型	容重 /（kN/m³）	弹性模量 /MPa	泊松比	黏聚力 /kPa	摩擦角 /（°）	抗拉强度 /MPa
ARAC－13	26	1300	0.38	36（27）	30（23）	1.20
SMA－13	27	1400	0.35	40（30）	35（26）	1.80
AC－20	25	1200	0.30	30（23）	30（23）	1.00
ATB－25	25	1000	0.30	19（14）	23（17）	0.60
纤格栅橡胶沥青应力吸收层	22	600	0.40	50（38）	25（19）	2.60
SMA－5 应力吸收层	23	80	0.40	10（8）	35（26）	0.10
旧水泥混凝土	25	25800	0.23	200（140）	50（35）	20.00
填充素混凝土	24	15000	0.25	80（56）	40（28）	5.00
基层级配碎石 GM	21	500	0.35	50（35）	35（25）	0.30
底基层水泥稳定碎石 CTB	23	1500	0.25	30（21）	40（28）	0.50

注：其中强度折减时，路面各结构层的材料参数详见上表括号。

15.7　路面结构工况分析

根据《重载沥青路面设计规范》研究报告，国外标准轴载的调查结果见表 15.6。

表 15.6　国际标准轴载及所占比例调查表

标准轴载/kN	100 kN	80 kN	＞100 kN	60 kN 或 90 kN
所占比例/%	34%	28%	26%	6%

我国规范规定汽车轴重限值单轴 100kN，双轴 180kN，大部分公路交通量过大，重载、超载现象严重，远超过公路本身的运营服务能力。虽然已采取了一系列限载措施，但对于交通量大、重载、超载比例较高的路段，采用单轴双轮组 100kN 作为标准轴载，很多路面修建后不久就出现了路面病害，降低了路面的服务水平和使用寿命。

据调查结果显示，按照 BZZ－100 设计的公路，其考虑的轮胎接地压强为 0.7MPa，相应的接地面积为 $\pi r^2=356.32\text{cm}^2$（接地半径为 10.65cm）。超载、重载道路上轮胎接地压强可达到 0.8～1.1MPa，相应的接地面积也有一定的增加，其中不同轴重路面作用状况见表 15.7。不同交通组成的公路路面结构设计计算时，建议设计人员根据实测汽车的轴重、轮胎压力、当量圆直径资料，经论证适当提高设计荷载参数，考虑远景交通量预测结果进行设计。

表 15.7　不同轴重路面作用状况

轴重/kN	轮胎内压/MPa	单轮压作用范围/cm	接触轮压/MPa
10kN 及以下	0.7	10.65	0.70
15kN	0.8～0.9	11.61	0.87
20kN	0.9～1.0	13.04	0.92

注：双轮间距为0.32m，两侧轮隙间距为1.82m。

15.8　路面结构控制指标验算

我国现行沥青路面设计规范中路面结构设计的计算指标，主要包括路表最大弯沉值、基层底面拉应力、底基层底面拉应力和路基顶面压应力。《公路沥青路面设计规范》（JTG

D50—2006）将路表弯沉值和弯拉应力均作为路面的设计指标，采用双圆均布荷载作用下的弹性层状理论体系进行厚度计算。以路表回弹弯沉值作为保证路面结构整体刚度的设计指标。路表回弹弯沉是路面各结构层的变形与土基回弹变形之和，且土基回弹变形占路表总回弹变形的 90%以上，路表回弹变形能够反映土基的工作状态，弯沉值的大小表征了路面整体刚度的强弱，即路面结构扩散荷载应力的能力。弯沉值标准是以路面在车辆荷载反复作用下出现纵向裂缝为临界状态，以纵向网裂为破坏状态，主要反映在车辆荷载作用下路面结构整体，包括结构层部分应力与抗力对比失衡状态时的表观特征。以弯拉应力作为控制结构层疲劳开裂的设计指标。

“白加黑”路面在车辆荷载的反复作用下，沥青加铺层层底产生的拉应变或拉应力导致路面疲劳开裂。裂缝是由下而上发生、发展，外观特征是先发生纵向裂缝，再逐步发展成纵向网裂、龟裂破坏。对于“白加黑”路面结构，沥青加铺层底主要是压应力或很小的拉应力，沥青加铺层的拉应力或拉应变不起控制作用，基层、底基层的拉应力起主要控制作用。路面竣工验收以验收弯沉值 l_a 为验收指标，即以最不利季节，BZZ－100 标准轴载作用下，轮隙中心处实测路表弯沉代表值进行评定：

$$l_r \leqslant l_a \tag{15.2}$$

式中：l_r—实测每 km 路面的代表弯沉值，0.01mm；l_a—路面竣工验收弯沉值。

路面竣工验收弯沉值 l_a 取值分为：以设计弯沉为控制指标和以弯拉应力为控制指标设计路面。路面的代表弯沉值 l_r 检测通常在竣工后第一年的不利季节，用 BZZ－100 的汽车实测路表弯沉值，若检测时不是不利季节，应予以季节修正。

近年研究表明，有的裂缝是从沥青表面层向中面层发展的，并不全是半刚性基层裂缝反射的结果，有的裂缝是贯穿沥青层的。实际上，路面裂缝的产生及其发展过程非常复杂，对于路面的温度应力引起疲劳、沥青老化、沥青混合料的热稳定性不足而产生的车辙变形、剪切破坏等，都是目前规范不能解决的。本项目仅从规范规定的路表总弯沉值、最大最小主应力、总位移等指标进行路面结构的设计与验算，提高路面运营服务水平。

15.9　路面结构数值模拟结果与分析

结合 FG324 厦门段“白加黑”路面改造工程施工图设计推荐方案，综合考虑“白加黑”路面抗反射裂缝能力和防排水能力，依据前面章节中“白加黑”路面面层材料性能试验结果，对推荐的 3 种路面结构方案在中轻交通、重交通、特重交通 3 种工况下的最大剪应变、最大主应力、总位移和路表总弯沉值进行分析计算，路面结构数值模拟分析工况见表 15.8。

表 15.8　路面结构数值模拟分析工况

路面结构方案		交通荷载	分析结果图示
方案 A	ARAC－13 橡胶沥青混凝土表面层 AC－20 改性沥青混凝土中面层	中轻交通	见图 15.12
		重交通	见图 15.13
		特重交通	见图 15.14
方案 B	SMA－13 改性沥青混凝土表面层 AC－20 改性沥青混凝土中面层	中轻交通	见图 15.15
		重交通	见图 15.16
		特重交通	见图 15.17
方案 C	SMA－13 改性沥青混凝土表面层 AC－20 改性沥青混凝土中面层 ATB－25 沥青稳定碎石下面层	中轻交通	见图 15.18
		重交通	见图 15.19
		特重交通	见图 15.20

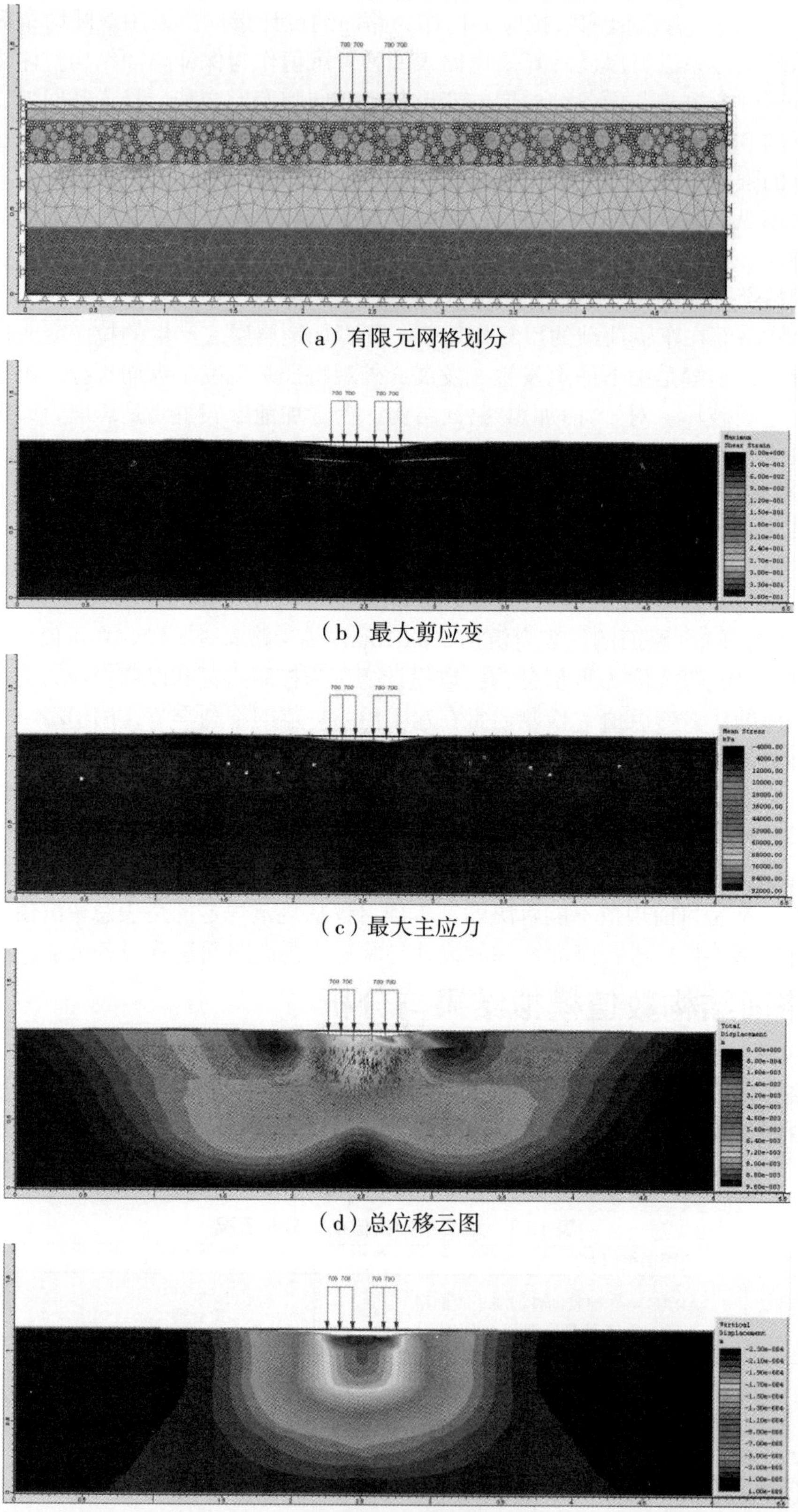

（a）有限元网格划分

（b）最大剪应变

（c）最大主应力

（d）总位移云图

（e）路表竖向位移

图 15.12 “白加黑”路面施工图设计方案 A 在中轻交通作用下结构变形破坏数值分析

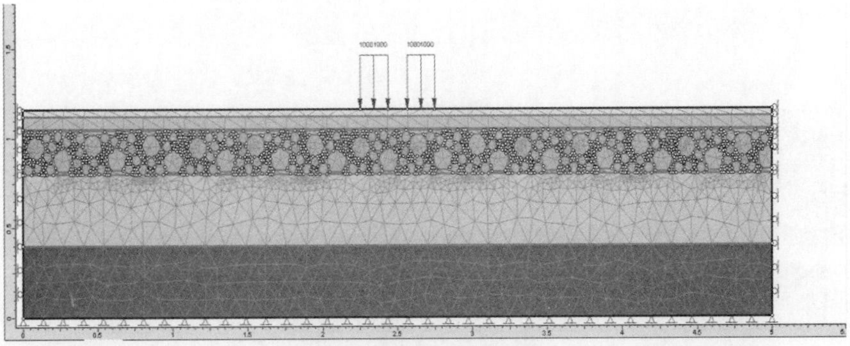

（a）有限元网格划分

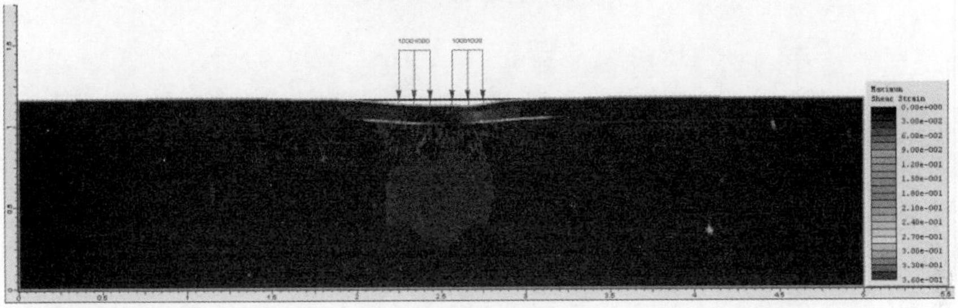

（b）最大剪应变

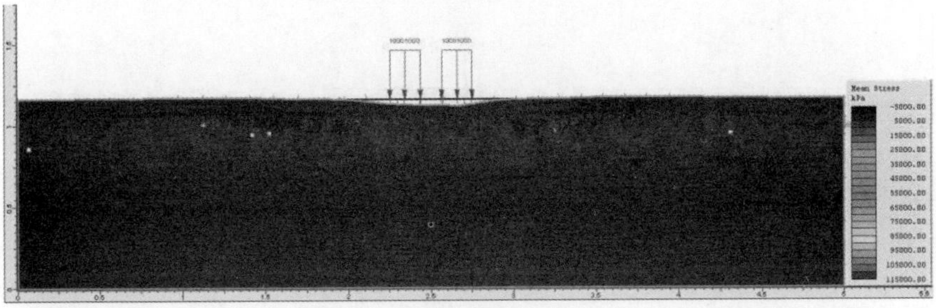

（c）最大主应力

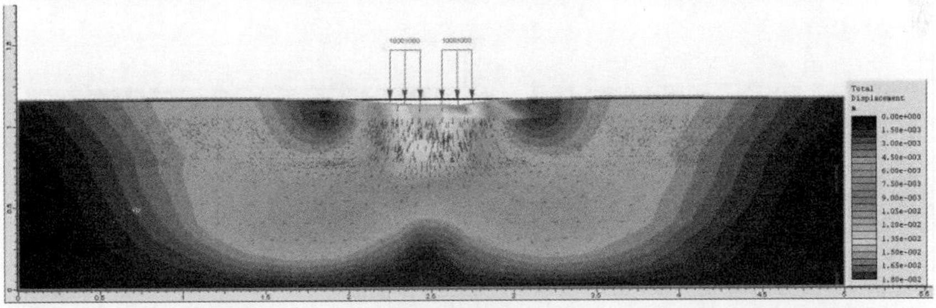

（d）总位移云图

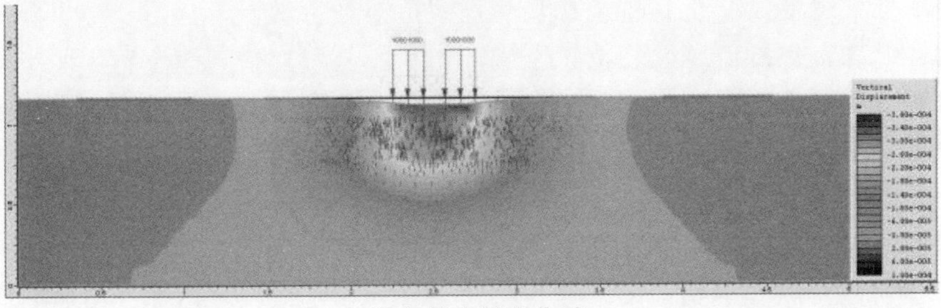

（e）路表竖向位移

图 15.13　“白加黑”路面施工图设计方案 A 在重交通作用下结构变形破坏数值分析

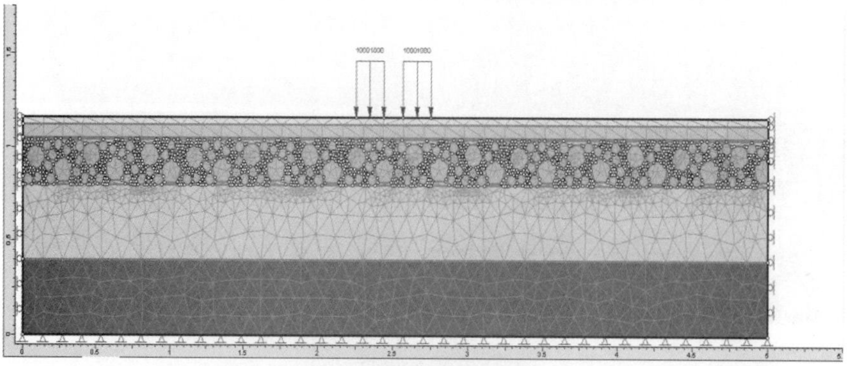

（a）有限元网格划分

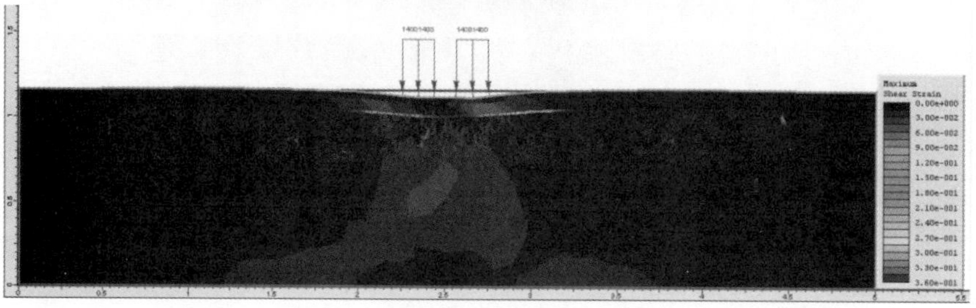

（b）最大剪应变

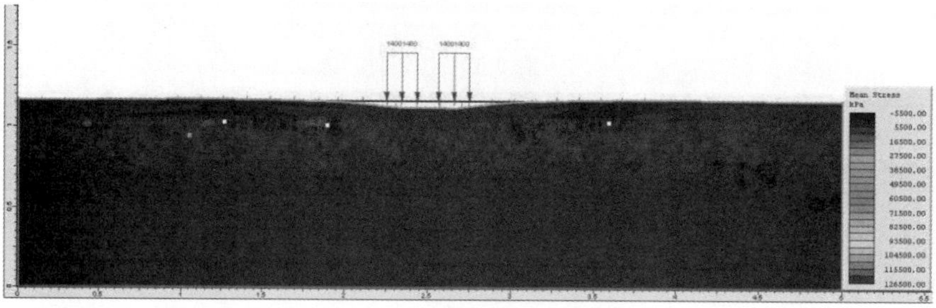

（c）最大主应力

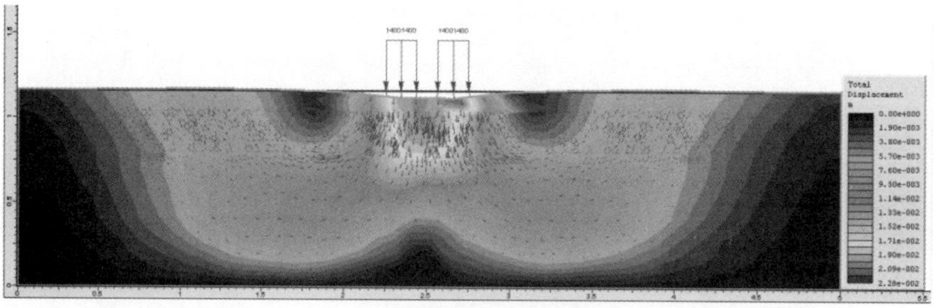

（d）总位移云图

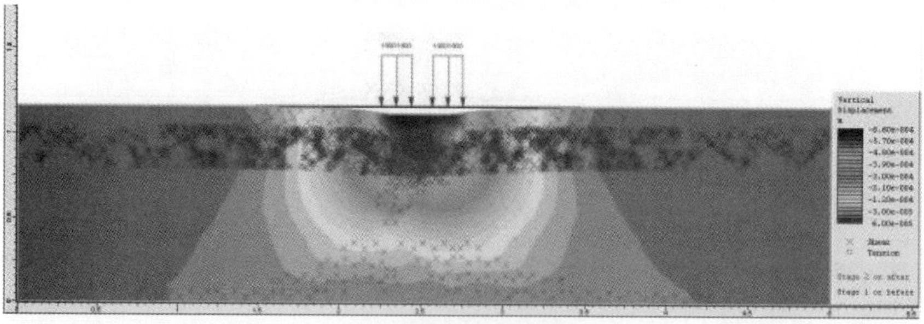

（e）路表竖向位移

图 15.14 “白加黑”路面施工图设计方案 A 在特重交通作用下结构变形破坏数值分析

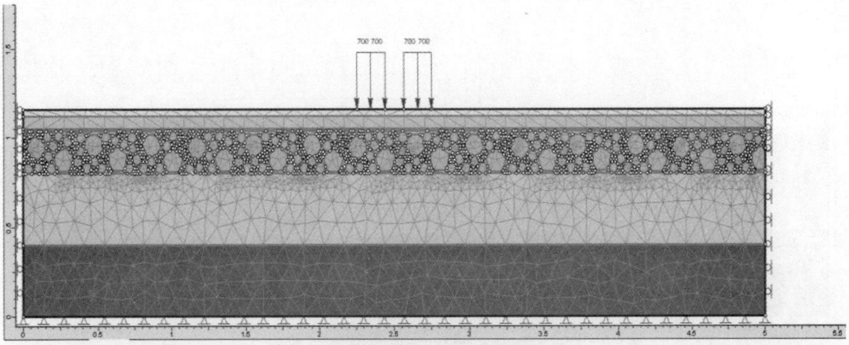

（a）有限元网格划分

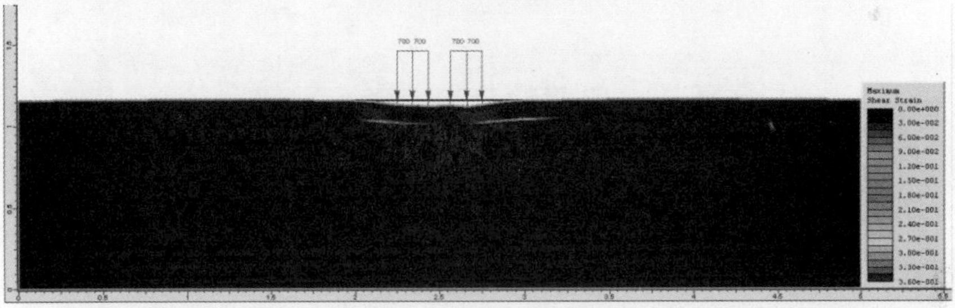

（b）最大剪应变

（c）最大主应力

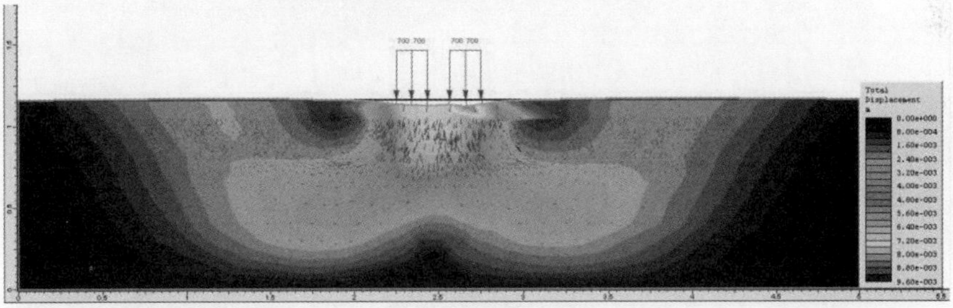

（d）总位移云图

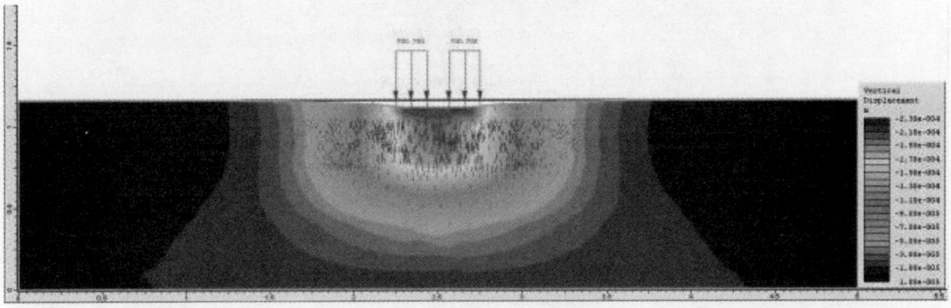

（e）路表竖向位移

图 15.15　“白加黑”路面施工图设计方案 B 在中轻交通作用下结构变形破坏数值分析

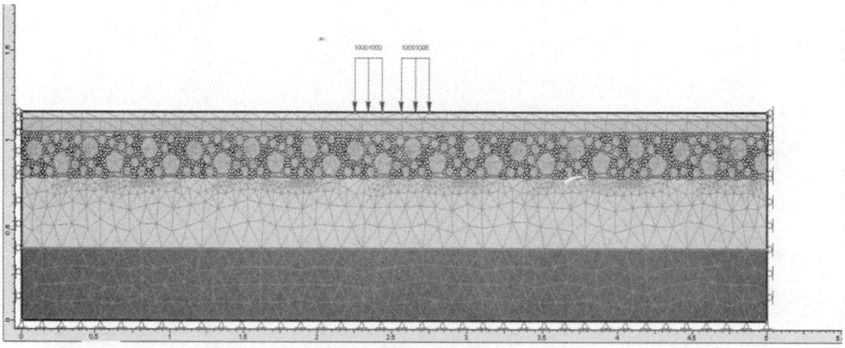

（a）有限元网格划分

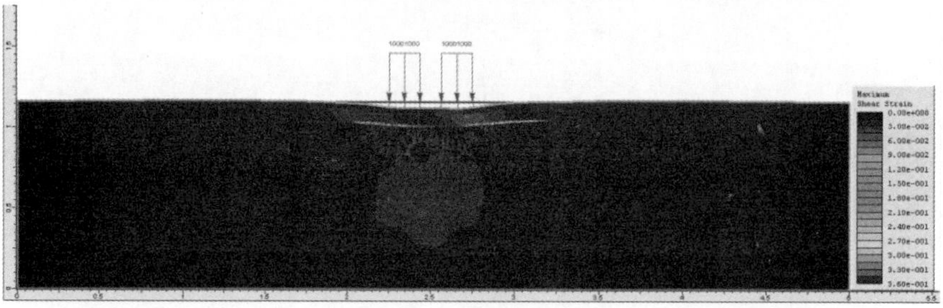

（b）最大剪应变

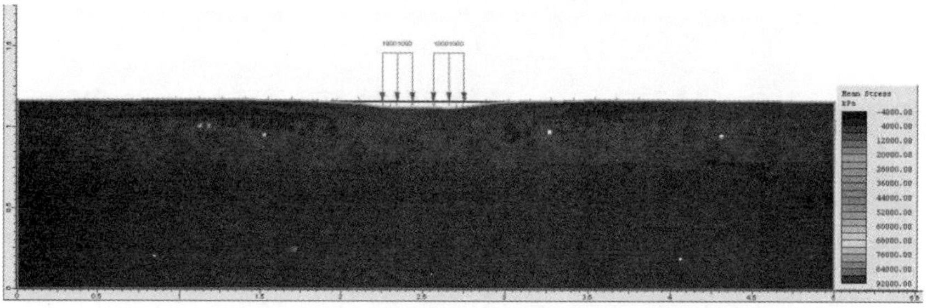

（c）最大主应力

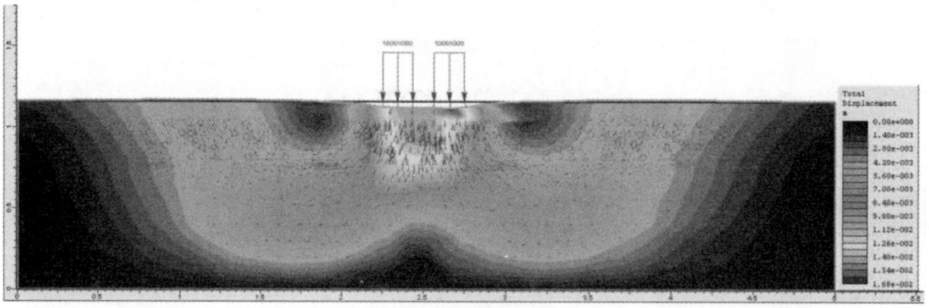

（d）总位移云图

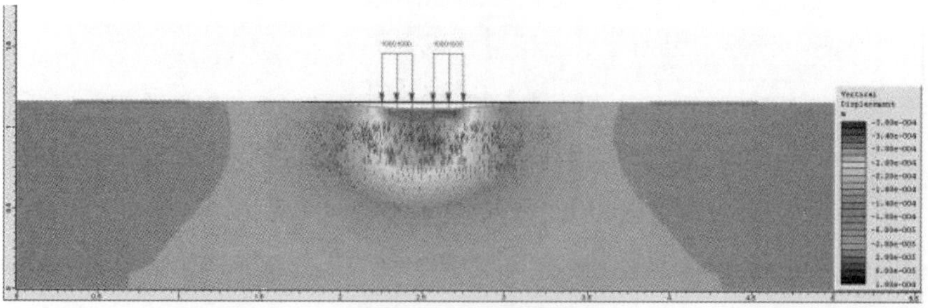

（e）路表竖向位移

图 15.16　“白加黑”路面施工图设计方案 B 在重交通作用下结构变形破坏数值分析

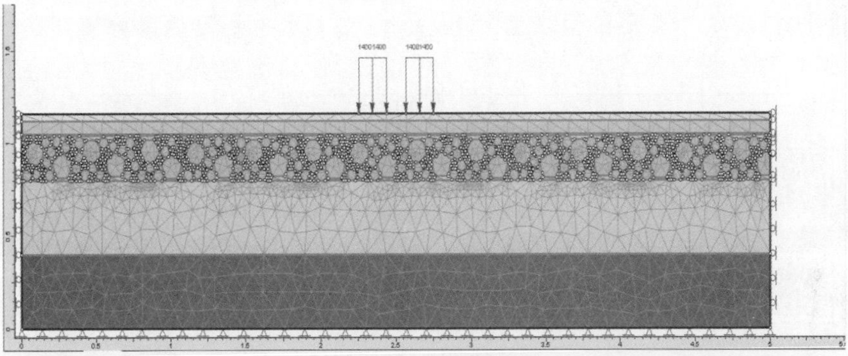

（a）有限元网格划分

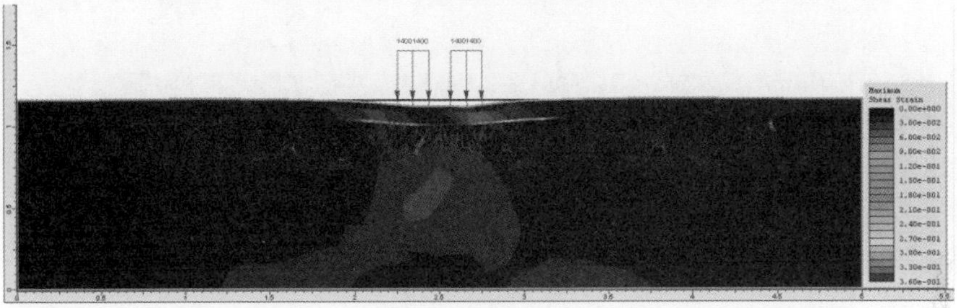

（b）最大剪应变

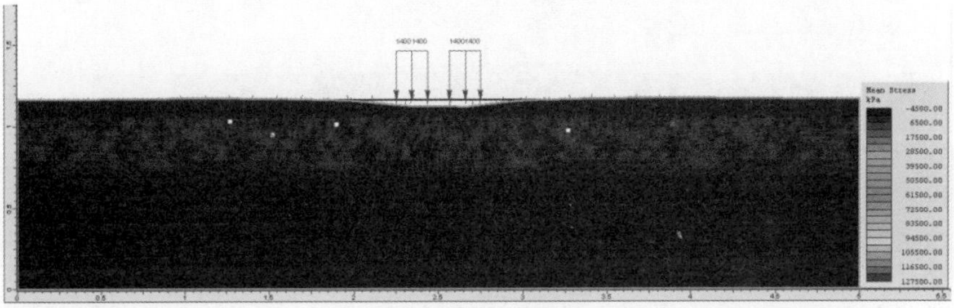

（c）最大主应力

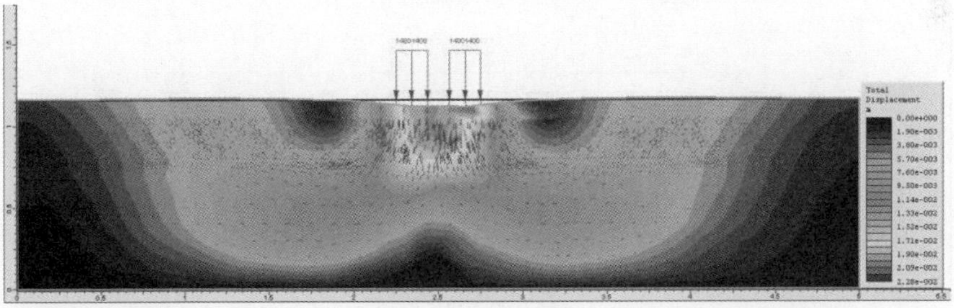

（d）总位移云图

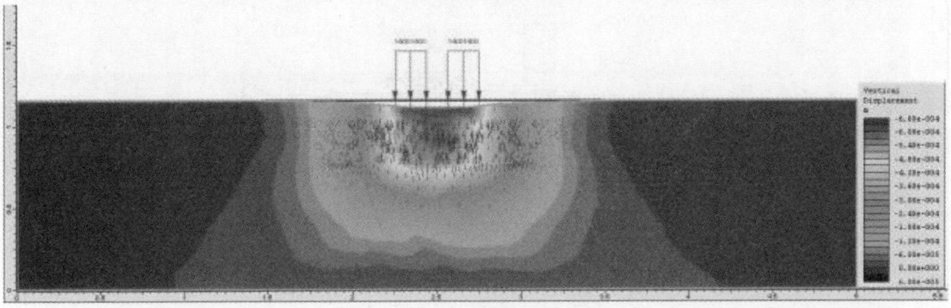

（e）路表竖向位移

图 15.17　“白加黑”路面施工图设计方案 B 在特重交通作用下结构变形破坏数值分析

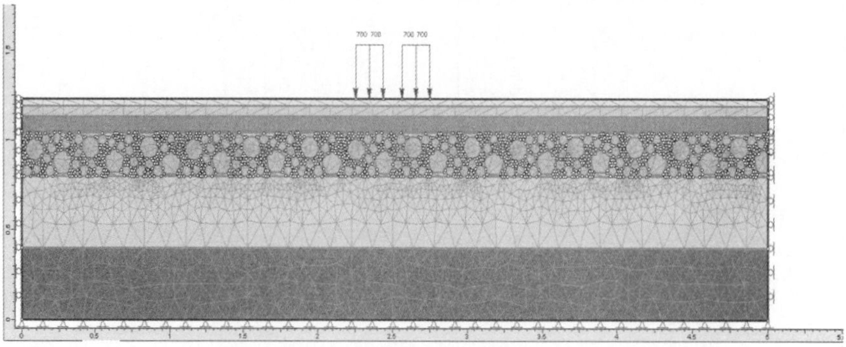

（a）有限元网格划分

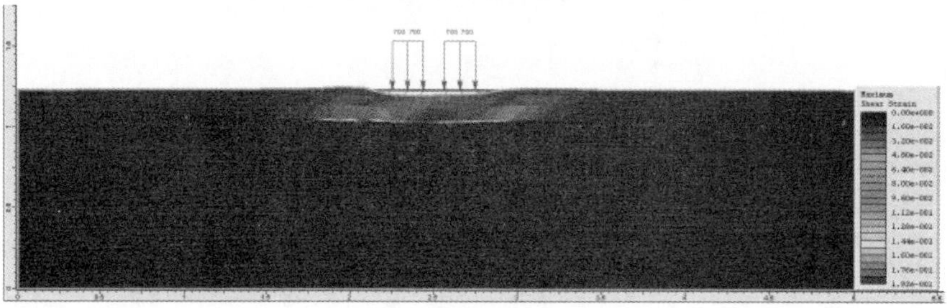

（b）最大剪应变

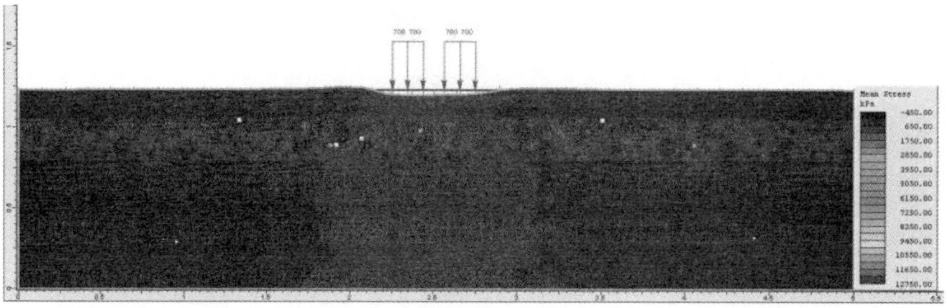

（c）最大主应力

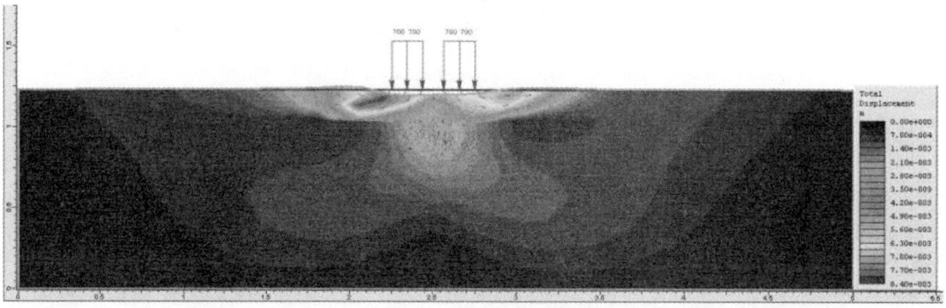

（d）总位移云图

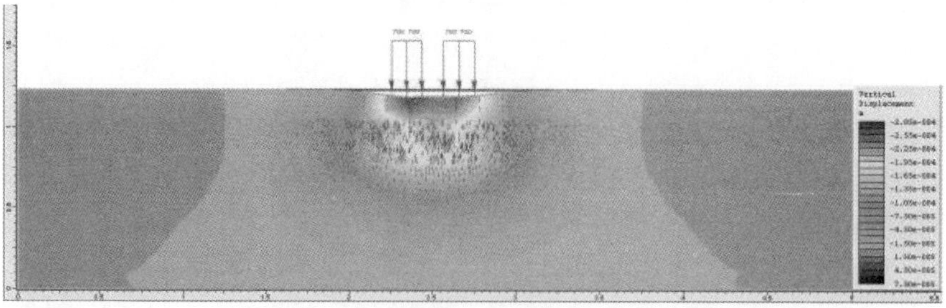

（e）路表竖向位移

图 15.18 “白加黑”路面施工图设计方案 C 在中轻交通作用下结构变形破坏数值分析

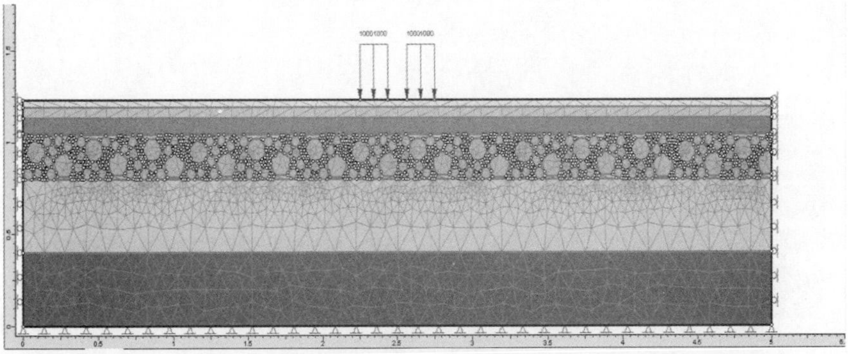

（a）有限元网格划分

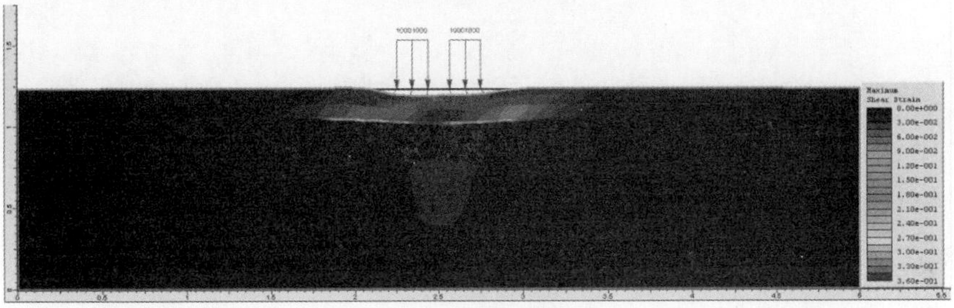

（b）最大剪应变

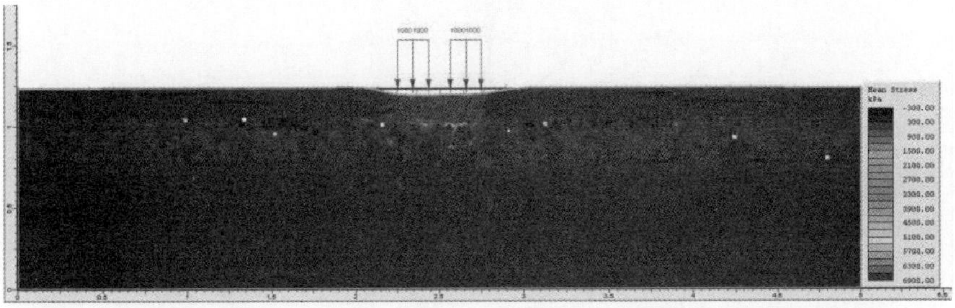

（c）最大主应力

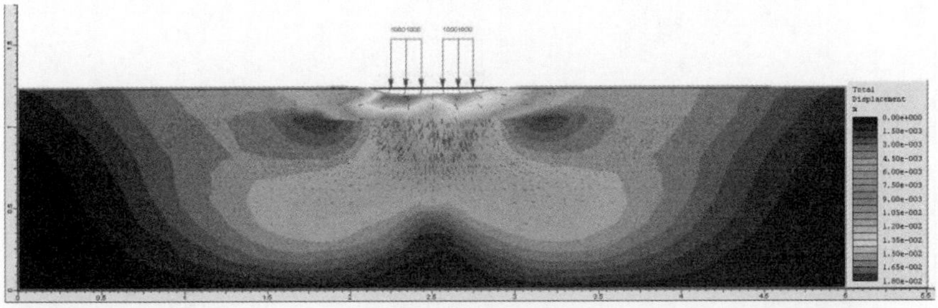

（d）总位移云图

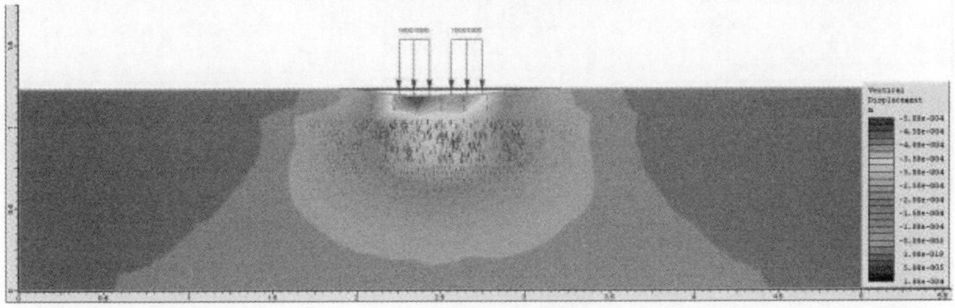

（e）路表竖向位移

图 15.19　“白加黑”路面施工图设计方案 C 在重交通作用下结构变形破坏数值分析

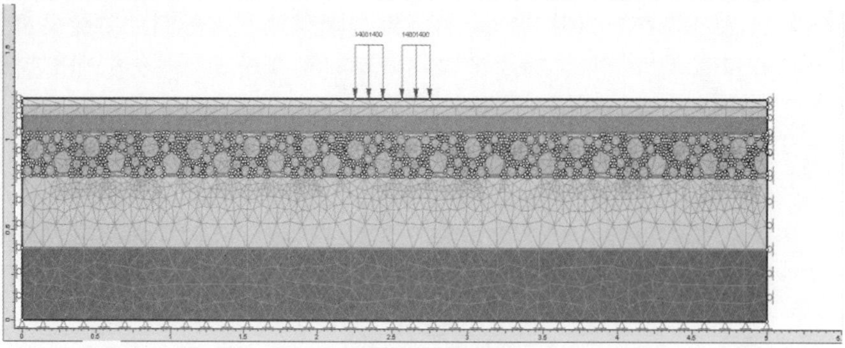

（a）有限元网格划分

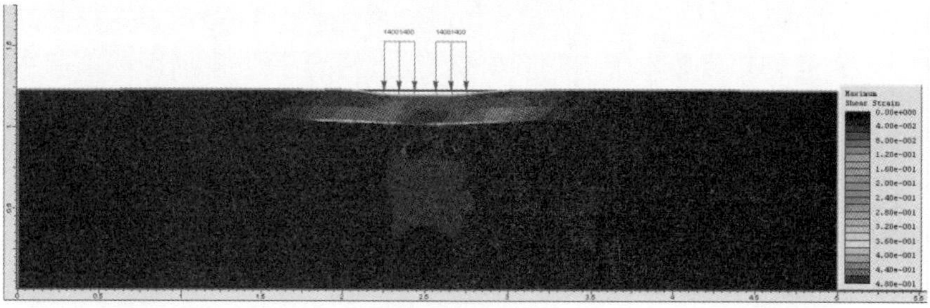

（b）最大剪应变

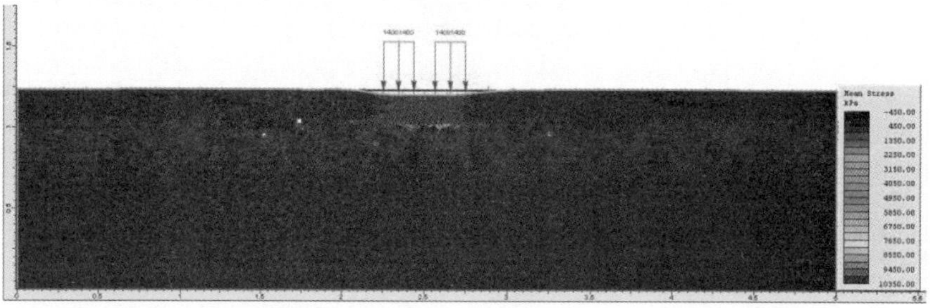

（c）最大主应力

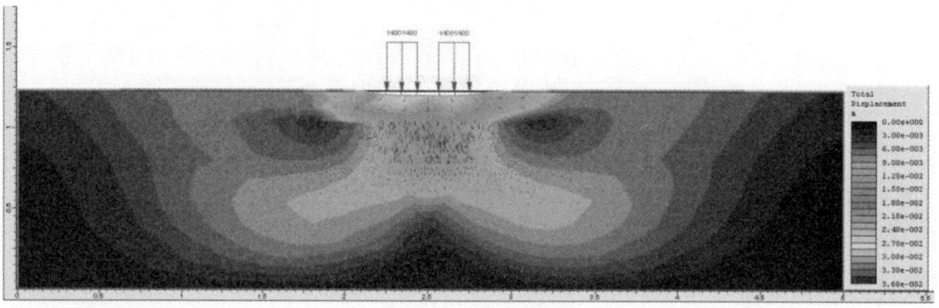

（d）总位移云图

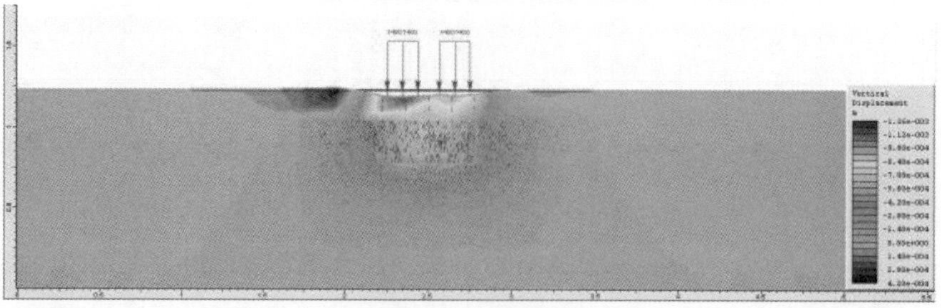

（e）路表竖向位移

图 15.20 “白加黑”路面施工图设计方案 C 在特重交通作用下结构变形破坏数值分析

综合上述，推荐的 3 种“白加黑”路面结构施工图设计方案在中轻交通、重交通、特重交通 3 种不同交通荷载工况下的变形破坏分析结果见表 15.9 所列。分析“白加黑”路面结构力学特性数值模拟结果可知：

①最大剪应变、最大主应力及路面的总位移、路表弯沉值都随着路面结构和荷载作用的不同而存在较大的差异，3 种路面结构方案在不同的交通荷载作用下均能满足设计规范要求。路面超载安全系数随着交通荷载的增加而不断减小，但是都满足安全储备要求，即路面不出现剪切、拉断破坏。

②方案 A 和方案 B 路面结构均采用两层式加铺方案且各层厚度相同，仅表面层材料差异。方案 C 路面结构采用三层式加铺方案，在方案 B 的基础上增加沥青稳定碎石下面层。3 种方案的力学特性反应各不相同，决定了 3 种方案在依托工程及类似工程中的适用性。

③对于中轻交通，路表弯沉值、最大剪应变和安全系数方案 A 和方案 B 相差不大；方案 C 的路标弯沉值偏大，但最大剪应变和最大主应力均较小，且安全系数较方案 A 和方案 B 小。对于重交通，路表弯沉值、最大剪应变和安全系数 3 种方案相差不大；最大剪应变和最大主应力方案 A 和方案 B 相同，方案 C 偏小。对于特重交通，3 种路面结构路表弯沉值方案 A 和方案 B 相同，方案 C 的路表弯沉值较大；3 种路面结构方案的安全系数相差不大。

④最大剪应变和最大主应力均满足规范要求，方案 C 的最大主应力在 3 种交通荷载作用下的最大主应力较方案 A 和方案 B 小很多，增加沥青稳定碎石下面层能有效地减小面层最大主应力，提高路面结构的承载能力和使用寿命。

表 15.9　路面结构数值模拟结果汇总表

分析指标		路表弯沉值/0.01mm	最大剪应变	最大主应力/kPa	路面超载安全系数
路面方案	交通荷载				
方案 A	中轻交通	23	0.24	126.50	1.87
	重交通	38	0.36	92.00	1.54
	特重交通	66	0.41	115.00	1.31
方案 B	中轻交通	23	0.25	80.50	1.87
	重交通	38	0.36	92.00	1.54
	特重交通	66	0.38	127.50	1.30
方案 C	中轻交通	29	0.19	12.75	1.60
	重交通	50	0.36	6.90	1.53
	特重交通	26	0.48	10.35	1.31

综上所述，3 种路面结构在不同的交通荷载作用下的力学特性分析显示，橡胶沥青应力吸收层处最大剪应力和最大主应力发生突变，结果表明了“白加黑”路面结构增加橡胶沥青应力吸收层对下层应力的传递到面层的反射裂缝有一定的消散作用。

15.10　本章小结

从 FG324 厦门段的实际出发，推荐适用于 FG324 厦门段“白加黑”路面结构施工图设计方案，为提出适应性更广的南方高温多雨环境的“白加黑”路面结构设计方案奠定基础。依托 FG324 厦门段“白加黑”路面改造工程实际，利用 $Phase^{2D}$ 有限元技术对 3 种路面结构变形破坏进行有限元数值模拟分析。分别对推荐的 3 种路面结构方案在中轻交通、重交通、特重交通 3 种交通荷载作用下的路面弯沉值、总位移、最大主应力和最大剪应变进行分析。总结了推荐 3 种路面结构在厦门地区不同路段和交通状况下的适用性。

①在“白加黑”路面结构设计中，根据面层各种沥青混合料的性能试验结果综合分析，对不同区划、气候环境、设计路段、旧路状况等分别选用不同的加铺方案、加铺层材料及厚度。从面层材料改性的角度考虑提高面层材料的路用性能。此外，增加橡胶沥青应力吸收层，延缓旧路反射裂缝传递到面层；结构层层间设置乳化沥青黏层，增加“白加黑”路面结构的整体性等，为今后厦门地区类似工程提供理论指导和经验借鉴。

②通过国内外“白加黑”路面工程实例、防反措施及效果，针对“白加黑”路面的典型病害，提出了适合厦门地区相应的防反措施。考虑“白加黑”路面的反射裂缝防止措施和路基路面综合排水的关系，依托FG324厦门段的旧路病害调查结果和路基路面综合防排水措施，提出了路基路面综合排水的设计方案及在南方高温多雨环境下典型路面结构中的适用性。

③从节约投资、方便施工出发，对于交通量较小的中轻交通路段，推荐采用方案A路面结构。橡胶沥青混凝土具有较好的抗反射裂缝的能力，具有降噪的功能，但密水性较差，不利于路面抗水损坏能力。同时橡胶沥青路面施工时，气味较重，在市政道路、城镇道路中不宜采用。

④考虑到厦门地区的实施条件，对路面病害集中、位置偏离居民和城镇的路段推荐采用方案 B。对于纵坡较大、转弯半径较小的路段，受行车荷载转弯时产生的离心力作用，对路面承载能力要求较大，推荐采用方案 C。

⑤对于交通量较大、重载超载车辆较多的路段，建议面层材料添加抗车辙剂，以增强路面抗反射裂缝能力和抗车辙能力。

第16章　研究结论、创新点与展望

目前，半刚性基层沥青路面已经成为中国沥青路面的典型结构，这方面研究我国处于世界前列。大规模、快速度的建设带来了一些质量问题，特别是重载交通半刚性基层沥青路面出现的早期病害问题比较严重。为此，本项目以重载交通高速公路的典型沥青路面结构病害问题为研究对象，以现场调研、检测、试验、计算和模拟等研究手段，深入地研究了半刚性基层沥青路面病害发生、发展的机理，建立半刚性基层典型沥青路面结构，通过分析计算优化了路面结构混合料配合比，充分发挥好半刚性基层沥青路面造价低的特点，实现其特有的稳定高、抗车辙、抗开裂等优点，适应了中国公路建设的跨越式发展。

16.1　研究结论

半刚性基层沥青路面结构设计理论将长期发展、丰富完善。特别是随着高性能材料的开发应用日新月异，如何有效地用好新材料？要以理论为指导，建立半刚性基层沥青路面的新设计理念，将合适的材料用在沥青路面的典型结构中合适的层位上，实现控制重载交通半刚性基层沥青路面出现的早期病害问题的目的。

通过本项目的深入研究，得出如下主要结论：

①半刚性基层沥青面层压实度及残留空隙率对其路用性能影响较大，实际残留空隙率大，容易产生渗水或二次追密现象；一旦路表水渗入沥青面层并滞留，受到行车荷载、气候环境作用容易形成动水压力，不但降低沥青混合料的黏结力，而且形成结构松散、面层坑槽；二次追密在行车荷载作用下轮迹带处形成压密型车辙。半刚性基层沥青路面层间联结状态对路用性能影响大，层间联结不良将造成沥青面层与半刚性基层难以形成整体承受行车荷载，造成沥青层底面拉伸应力、应变超过其极限拉伸应变出现破坏。有时多雨、潮湿环境使半刚性基层逐渐软化形成泥浆，车辆荷载循环作用发生弯拉开裂破坏，向上层扩展出现水损破坏。

②沥青混合料的级配、沥青用量对半刚性基层沥青路面路用性能起到重要影响作用，上、中面层混合料级配如果偏细矿料间嵌挤力较弱而导致抗剪强度较低，难以抵抗重轴载交通反复作用而形成严重的失稳型车辙；如果松散沥青路面混合料中含有较多泥块和孔隙，将极大降低半刚性基层沥青路面层间的黏附性能，抗剪强度降低而导致产生失稳型车辙。

③半刚性基层沥青层间连续，其成为主抗疲劳层；面层产生拉应力且层间滑动时，面层疲劳寿命比半刚性基层大得多，其仍为主抗疲劳层；半刚性基层沥青路面层间连续条件，高剪应力区主要分布在上面层层底与中面层层顶附近层位峰值区，可见主抗车辙变形层位为上、中面层；如果沥青面层与半刚性基层间发生滑动，其间剪应力分布发生极大变化，整个沥青面层剪应力普遍增大，在下面层层底形成新的高剪应力峰值区。因此，在层间滑动状态下，路面结构的主抗车辙变形功能层扩展为整个沥青面层。

④半刚性基层沥青路面结构B比结构A具有更厚的基层，两种结构的剪应力基本相同，且沿深度分布规律一致，半刚性基层厚度变化对沥青路面车辙的发生影响较小。利用LIPP温度预估方法，准确预测出沥青路面结构内部温度梯度的分布状况，结合线收缩系数试验和低温拉伸蠕变试验，利用低温温缩应力公式，分析半刚性基层结构A、结构B的面层低温温缩应力。

⑤半刚性基层沥青路面结构 A、结构 B 面层内部靠近面层顶面的位置低温温缩应力最大，沥青路面低温温缩应力峰值累计分布靠近面层偏上位置，与结构层层间接触无关。上面层起主抗低温缩裂区关键层作用。层间连续状态下，结构 B 的疲劳寿命是结构 A 的 12500 倍；层间滑动状态下，结构 B 的疲劳寿命是结构 A 的 180 倍，半刚性基层厚度的增加极大地提高了沥青路面的疲劳寿命。

⑥同级配半刚性基层材料的无侧限抗压强度与抗劈裂强度随水泥计量的增加而增加；相同水泥用量下，抗劈裂强度随级配变细而提高，无侧限抗压强度随级配变细呈现先增后减的趋势。同级配半刚性材料的抗压回弹模量与抗弯拉回弹模量随水泥用量的增加而增加；在相同水泥用量下，抗弯拉回弹模量随级配变细而提高，抗压回弹模量随级配变细呈现先增后减的趋势。随级配变细，半刚性材料干缩抗裂系数呈现先增后减趋势，温缩抗裂系数逐渐减小。同级配半刚性基层材料最大干密度均随水泥剂量的增加而提高，振动、重型击实混合料最大干密度比值在 1.039 ~ 1.042 范围。不同成型方式下，振动成型试件的抗压强度是重型击实成型试件的 1.26 ~ 2.18 倍，振动击实成型试件的劈裂强度是重型击实成型试件的 1.68 ~ 1.96 倍。

⑦通过灰色关联决策法，在多指标评价中找出半刚性基层沥青路面综合路用性能最佳的级配，实现了级配优化。利用优化的级配，在重型击实和振动击实两种成型方式下，对比混合料路用性能的优劣。振动成型较之重型击实的结果为：最佳含水量明显减小，最大干密度提高 1.04 倍左右；强度提高 2 倍左右；收缩性能和抗冲刷性能方面，都有很大的提高。

⑧通过室内试验得出了半刚性基层材料在不同水泥剂量、级配和成型方式下的疲劳方程。水泥碎石通过增加水泥剂量、级配变细、振动成型方式，均可提高水泥碎石抗疲劳性能。在振动成型方式下，二灰碎石疲劳性能优于水泥碎石。通过受力分析，得出水泥碎石做上基层、二灰碎石做下基层比较合理，水泥碎石的模量控制在 1250MPa，厚度控制在 25 ~ 30cm 范围内比较合适。

⑨通过对半刚性基层沥青路面级配配比嵌挤特征的分析优化，得到最大公称粒径混合料的粗细集料分界筛孔、粗细集料选择密度修正系数和控制级配走向的参数，以此为基础提出了基于散体理论的沥青混合料配合比设计方法。GTM 以优化级配为标准提出各种参数，而优化级配均为 *VMA* 最小级配，沥青混合料集料嵌挤状态对路用性能起到决定性作用，路用性能变化归结为嵌挤状态改变，评判抗高温车辙、抗水损能力。

⑩超载对于半刚性基层沥青路面危害很大，路面应力随超载率的增加不断上升，每超载 10%应力增长 9.2% ~ 9.5%；路面等效寿命在超载 100%的情况下，使用 1 个月便会发生破坏。带级配碎石过渡层的路面结构比半刚性基层的路面结构应力水平、路面等效寿命高，说明级配碎石过渡层有着良好的承载作用和应力分散作用。

⑪半刚性基层沥青路面弯沉疲劳寿命在重交通状况下大于层底拉应力疲劳寿命，为疲劳寿命的主控指标。在以路表弯沉为设计或验算指标时，带级配碎石的路面结构要优于半刚性基层的，带级配碎石的路面结构要比半刚性基层的疲劳寿命更大。

⑫采用带级配碎石过渡层的沥青路面结构，对于增加道路使用寿命优于单纯增加半刚性厚度，采用振动成型方式优化级配碎石过渡层设计满足设计要求。基层厚度的增加可有效减小层底拉应力，但是减小的幅度也越来越小，因此，建议轻交通等级、超载率 10% ~

30%情况下，级配碎石厚度选取 15～18cm，半刚性基层厚度选取 15～18cm；当超载超过30%时，级配碎石厚度选取大于 20cm，半刚性基层厚度要大于 18cm。

⑬DG25 高速公路路面状况历年检测结果整体良好，表明及时采取预防性养护措施对路面使用性能的保持非常重要；利用改进的 TOPSIS 法进行 DG25 高速公路路面的综合评价，从结果来看，改进的 TOPSIS 法采用的主客观相结合的赋权方法达到了良好的效果。

⑭橡胶沥青路段除局部路面破损、车辙深度和弯沉测值较大外，其他测试指标均表现为良好，泡沫沥青和乳化沥青冷再生路段整体状况保持良好；专项养护路段路面破损状况良好，除个别路段存在横裂、纵裂，弯沉测值偏大，成为路面破损潜在的威胁，另外有个别路段平整度 *IRI* 和横向力 *SFC* 提高不显著。

⑮路面使用性能评价有模糊数学方法、系统分析法、回归模型法和灰色理论法等，*PSI* 模型第一次引入专家评分技术，以使用者角度进行评分；*MCI* 模型虽然也是以专家评价技术为依托，但道路技术人员组成了 *MCI* 模型的专家评价组；*PCI* 评价克服了其缺陷，与 *MCI* 评价模型相比更加完整和严谨；*UCI* 模型比较简便易用，但准确性较差，在路面使用性能的综合评价上没有得到推广。

⑯本项目以改进 TOPSIS 法对沥青路面综合评价，发现用 TOPSIS 法使得评价更为严谨和科学；运用 Abaqus 有限元软件建立温度场模型，揭示沥青路面的中下面层温差较小，计算得出在标准荷载和重载条件下路面都能满足抗剪强度要求，以此验证了验证路面结构设计的准确性。

⑰现场调查国道 EG107 现有道路的使用情况，根据现有路基路面力学性能，制定原有道路的改扩建设计方案，为国道 EG107 的改扩建实践提供参考。根据现场调查和评价制定了经济适用的设计方案，由于国道 EG107 原有道路路面结构现状复杂，采用分段设计，并对特殊路段进行了设计方案比选，对新旧路基衔接方案及复合地基的处理进行了专门研究，提出了最佳设计方案。

⑱在改扩建的项目中，对新旧路基的衔接处理方案十分重要。本项目采用冲击碾压、对特殊地基采用预应力管桩、在路基衔接处加土工格室的设计方案。分析结果显示，路基的不均匀沉降满足规范要求，设计方案有效地降低了新旧路基的竖向不均匀沉降设置新旧路面各结构层台阶的搭接方式时，。采用断裂力学的有关知识和应力强度因子计算方法，利用 Abaqus^{3D} 有限元软件，逐步施加不同位置车辆荷载，分析比较横向和纵向裂缝反射情况，裂缝区域拉应力和应力强度因子的变化。原有路面病害处理采用两种方案，分别对两种方案的高温与标准轴载、重载（3 倍标准轴载）作用下的抗车辙特性进行了分析比较，得到最优设计施工方案，为确保路面拼接整体稳定性提供了依据。考虑到依托工程所处地理位置，来往的车辆中重型车辆比重大，所以分标准轴载和重载两种情况分析原有路面病害处理的设计方案，提出刨揭原有的面层重新铺筑的设计方案。

⑲依托 FG324 厦门段路面改造工程实践，探讨“白加黑”路面结构设计方案。在调查 FG324 旧水泥混凝土路面使用状况和综合改造段地质资料、交通状况及旧路病害的基础上，对采用“白加黑”工艺进行旧水泥混凝土路面改造的加铺层沥青混合料进行性能试验。“白加黑”路面改造工程前，重视对旧水泥混凝土路面的路面状况进行全面的调查与分析，总结 FG324 厦门段路面改造工程的路段的路面病害分布情况及其产生原因。根据不同的路面状况调查结果建议采用相应的路面结构形式、沥青加铺方案、加铺层厚度和加铺层材料等。

在进行旧水泥混凝土面板加铺改造前，对路面改造段全线路面出现的病害分布采取相应的处治措施，主要对旧水泥混凝土面板采用打裂压稳为主，局部路段采用病害处治的措施。

⑳对推荐的两种表面层材料进行性能试验，并对试验结果进行分析。借鉴国内外“白加黑”路面改造工程相关理论和工程实践经验，选择并建议表面层材料。对选用的两种表面层材料 ARAC－13 和 SMA－13 进行级配组成设计和配合比设计，在最佳油石比下对两种表面层材料进行室内性能试验，比较高温稳定性、水稳定性等沥青混合料性能。两种材料均具有较好的抗车辙能力和水稳定性，是优良的表面层材料，但其性能各有侧重点和适用范围。

㉑对推荐的中(下)面层材料进行性能试验并对试验结果进行分析。选择并建议中(下)面层材料，推荐采用 AC－20 和 ATB－25 作为中、下面层材料，对两种材料进行级配组成设计和配合比设计，在最佳沥青用量下对两种材料进行室内性能试验，依据试验结果综合评价两种材料的高温稳定性、水稳定性等沥青混合料性能，并推荐两种材料在不同条件下的适用性。

㉒推荐 FG324 厦门段“白加黑”路面施工图设计的 3 种方案，对不同的路面状况、交通荷载、交通量的路段推荐采用不同的路面结构设计方案。调查厦门地区地质资料、水文气候及 FG324 厦门段路况检测评价结果的基础上，根据“白加黑”路面结构设计方法和原则，推荐厦门地区“白加黑”典型路面结构设计方案、优化处治措施，借鉴以往工程实践经验，提出适于厦门地区“白加黑”改造工程的反射裂缝防治方法和路基路面防排水设计方案，防止反射裂缝和路面水损坏对路面造成的破坏，延长路面的使用寿命。

㉓利用有限元软件 Phase ^{2D} 对 FG324 厦门段路面改造工程 3 种推荐路面结构在不同的交通荷载作用下进行有限元数值分析。计算分析 3 种路面结构在中轻交通、重交通、特重交通 3 种交通荷载作用下的力学特征，从路表总弯沉、层底弯拉应力等控制指标验证 3 种路面结构设计的合理性及不同路面结构在不同的交通条件下路段的适用性。

㉔依托改造工程实际，利用有限元软件验证本项目研究成果。针对厦门地区特殊的地理、气候条件和交通状况，对 FG324 厦门段“白加黑”路面改造工程的加铺层材料进行了室内性能试验，推荐了不同路段采用加铺层材料。提出适合厦门地区“白加黑”路面改造工程的路面设计方案和相应的处治措施、反射裂缝控制方法、路基路面排水设计方案。

16.2 创新点

本项目通过对半刚性基层沥青路面结构、材料一体化研究，借鉴层位分工的理念，运用振动成型方式成型试件，更贴近真实施工状况。进行混合料材料性能、力学性能综合测试，实现半刚性基层沥青路面在中交通下，延长使用寿命的目的。本项目主要研究创新点如下：

①研究了基于振动成型的半刚性材料配合比设计新方法、振动成型参数、水泥稳定碎石混合料抗裂性能的评价方法，优化了设计指标，建立基于振动成型的水泥稳定碎石级配范围，应用天津多条高速公路建设，取得良好的经济效益。采用振动成型方法效果：水泥剂量降低约 20%，抗裂能力提高 5 倍，强度提高 2 倍，工程质量大幅度提高。

②系统对比了振动成型方式及传统成型方式对路面结构混合料路用性能的影响。特别是对不同设计方法、不同胶结料剂量、不同级配的水泥稳定碎石进行了大规模的抗疲劳能

力对比研究。提出了基于振动成型方式的水泥稳定碎石配合比优化方法，研究成果为实现材料与结构一体化思想打下了坚实的基础。

③提出了基于振动成型的级配碎石配合比设计新方法。分析比较了增加级配碎石过渡层对路面疲劳寿命的影响，推荐了带级配碎石过渡层的典型沥青路面结构，主要表现在：提出了振动成型参数，提出了新的设计标准和设计指标，以及基于振动成型的级配碎石级配范围。采用振动成型方法效果级配碎石强度是传统成型方式的 3 倍以上。

④根据层位分工理念，对于不同设计方法材料性质优劣特点，提出了不同配合比设计方法设计的材料根据其功能充分发挥其优点的思路，对比材料抗高温车辙、抗低温开裂以及疲劳寿命等性能，提出不同层位根据其分工采用不同配合比的设计方法。

⑤依据国道 EG107 马村立交到黄河大堤段的改扩建，重点研究新旧路基的拼接方案达到降低新旧路基不均匀沉降的问题；选择原有路面的处理措施（A 只加铺面层，B 刨揭原有路面面层，重新铺筑）的选择；选择新旧路面各结构层的最佳搭接形式可以有效限制裂缝的反射和扩展，进行对设计施工方案数值模拟分析验算。

⑥依托 FG324 厦门段交通、气候等特征，针对“白加黑”路面改造工程，对面层材料开展性能试验，通过性能试验结果分析沥青加铺层表面层、中（下）面层材料的高温性能和水稳性能的基础上，揭示了 ARAC－13、SMA－13、AC－20、ATB－25 沥青混合料力学性能，提出了针对性的“白加黑”路面结构设计方案。利用 Phase^{2D} 有限元技术，对“白加黑”路面进行中轻交通、重交通、特重交通荷载工况作用下的有限元力学模型分析了其力学特性，推荐了“白加黑”典型路面结构方案，验算了其弯沉和层底弯拉应力的分布规律和特点，其结果满足设计与施工规范要求。

16.3　展　望

中国的沥青路面设计将走向何方，以目前的技术水平，纯粹的理论或纯粹的经验显然都不可靠。控制指标越多，系统越复杂，最终反而达不到理想的效果。控制指标太少，又不全面，很可能造成全局性失误。本项目研究同样尚有些许不足之处，以期在今后的学习工作中得到进一步研究解决。

①半刚性基层沥青路面材料结构一体化研究初步提出，但相应的试验、计算环节需要进一步通过实践检验和推广总结。针对试验中半刚性基层沥青路面材料结构层各层性能测试情况，整体效果目前在实验室内做评价相对困难，只能借助于现场试验路的方式进行，需要探索实验室整体性结构检测验证。

②半刚性基层沥青路面结构功能性测试仍以常规检测为主，并未进行使用状况的实时监测，得到的数据仍以静态常规数据为主，难以对半刚性基层沥青路面整体结构综合评判，这一方面仍然需要加强和改进。

主要参考文献

[1] 胡珊,任瑞波,王树森,等.具有碎石基层的半刚性沥青混凝土路面的非线性有限元分析[J].公路,2003(10):50-54.

[2] 任瑞波,张英亮,姜艳玲.具有柔性基层(级配碎石)的半刚性沥青路面设计方法的研究[J].山东建筑工程学院学报,2005(2):27-30.

[3] 任瑞波,蒋洪胜,王哲人.具有碎石基层的半刚性沥青路面碎石层的应力状态变化规律的研究[J].公路交通科技,2005(8):12-14.

[4] Zhu Han,Julie E Nodes.Contact based analysis of asphalt pavement with the effect of aggregate angularity[J]. Mechanics of Materials,2000:323.

[5] Han Geng,Cristian S Clopotel,Hussain U Bahia.Effects of high modulus asphalt binders on performance of typical asphalt pavement structures[J].Construction and Building Materials,2013:44.

[6] Xue Qiang,Liu Lei.Hydraulic-stress coupling effects on dynamic behavior of asphalt pavement structure material[J].Construction and Building Materials,2013:43.

[7] Prabir Kumar Das,Denis Jelagin,Björn Birgisson.Evaluation of the low temperature cracking performance of asphalt mixtures utilizing HMA fracture mechanics[J].Construction and Building Materials,2013:47.

[8] Wang Wen-peng,Zhao Bo,Liu Xiao-jun,etal.Total-variation improved split Bregman method for ground penetrating radar image restoration[J].Journal of Applied Geophysics,2013:99.

[9] Papavasiliou V,Loizos A.Field performance and fatigue characteristics of recycled pavement materials treated with foamed asphalt[J].Construction and Building Materials,2013:48.

[10] Chen Da-Hao,Sun Ren-juan,Yao Zhan-yong.Impacts of aggregate base on roadway pavement performances[J].Construction and Building Materials,2013:48.

[11] 任瑞波,钟岱辉,邵长兰,等.具有柔性基层的半刚性沥青路面的理论计算[J].山东大学学报:工学版,2003(6):685-690.

[12] 韩文涛,张伟中,王国军.高速公路半刚性基层沥青路面应注意的几个问题[J].公路交通科技,2004(4):4-8.

[13] 岳福青,杨春风,魏连雨.半刚性基层沥青路面反射裂缝形成扩展机理与防治[J].河北工业大学学报,2004(1):70-74.

[14] 陈静云,任瑞波,李玉华,等.沥青路面柔性基层和半刚性基层模量理论研究[J].大连理工大学学报,2004(4):536-538.

[15] 任瑞波,钟岱辉,李海芝,等.柔性基层改善沥青路面半刚性底基层温度状况分析[J].哈尔滨工业大学学报, 2004(9):1280-1281.

[16] 曾梦澜,马正军,龚平,等.面—基层间接触条件对半刚性沥青混凝土路面极限轴载的影响[J].公路,2005(1):79-84.

[17] 杨广来,易文成.高等级公路半刚性沥青混凝土路面非荷载型裂缝防治浅议[J].公路,2006(1):99-101.

[18] 栾海,王玉娟.沥青路面柔性基层与半刚性基层的优化组合研究[J].中外公路,2006(3):98-101.

[19] 张敏江,王新波,王丹,等.水泥剂量对半刚性基层沥青路面反射裂缝的影响[J].沈阳建筑大学学报:自然科学版,2006(5):718-721.

[20] 袁峻,黄晓明.级配碎石夹层半刚性底基层沥青路面结构分析[J].中南公路工程,2006(5):43-47.

[21] 姚占勇,商庆森,赵之仲,等.界面条件对半刚性沥青路面结构应力分布的影响[J].山东大学学报:工学版, 2007(3):93-99.

[22] 张志勇,应荣华,庞海峰,等.半刚性沥青路面砂胶应力吸收层技术研究[J].公路与汽运,2007(4):73-75.
[23] 杨祺.半刚性沥青路面水破坏机理与防治措施探讨[J].路基工程,2007(6):183-184.
[24] 董忠红,吕彭民.轴载与速度对半刚性沥青路面动力响应的影响[J].长安大学学报:自然科学版,2008(1):32-36.
[25] 祝建华,何德忠.半刚性沥青路面基面层间不同结合状态下的力学分析[J].中外公路,2008(3):59-61.
[26] 龚智辉,胡畏.高等级公路半刚性沥青路面结构分析研究[J].中外建筑,2008(8):210-211.
[27] 刘振清,钱国超,刘清泉,等.设 ATPB 的半刚性基层沥青路面结构疲劳特性分析[J].中国公路学报,2008(5):15-18.
[28] 武建民.半刚性基层沥青路面使用性能衰变规律研究[D].西安:长安大学,2005.
[29] 平树江,蒋亮,申爱琴,等.半刚性材料作为长寿命沥青路面基层的适应性研究[J].公路交通科技,2009(4):29 – 32.
[30] 杜二鹏,姜祎,董宝彦.基于全寿命周期分析的半刚性沥青路面养护时机的研究[J].河北工业大学学报, 2009(2):106-109.
[31] 白雪梅.层间接触状态对沥青路面结构力学响应的影响[J].重庆交通大学学报:自然科学版,2009(2):215-218.
[32] 曾梦澜,张华.温度对半刚性沥青路面极限轴载的影响[J].湘潭大学自然科学学报,2009(4):69-72.
[33] 杜二鹏,马松林,杭飞,等.半刚性基层沥青路面交通荷载适应能力分析[J].公路交通科技,2010(5):22-25.
[34] 陈一锴,何杰,彭佳,等.基于动载荷模拟的半刚性沥青路面响应分析[J].东南大学学报:自然科学版,2010(3):593-598.
[35] 李宇峙,刘朝晖.湖北省半刚性基层沥青路面典型结构[J].公路,1996(1):39-43.
[36] 孟书涛.半刚性基层沥青路面性能的加速加载试验研究[J].公路交通科技,1997(1):59-64.
[37] 何兆益,沈颖,黄卫,等.具有碎石基层的半刚性沥青路面合理结构研究[J].岩土工程学报,1998(2):93-96.
[38] 查旭东,武和平,张起森.中南片区高等级公路半刚性基层沥青路面典型结构的研究[J].中国公路学报, 1998(3):1-8.
[39] 焦新海,周行春.半刚性路面反射裂缝防治措施研究综述[J].重庆交通学院学报,1998(1):52-57.
[40] 任瑞波,祁文洋,徐强.两种典型沥青混凝土路面结构沥青层饱水状态动力响应三维有限元分析[J].公路,2011(2):1-5.
[41] 董忠红,徐全亮,吕彭民.基于加速加载试验的半刚性基层沥青路面动力响应[J].中国公路学报,2011(2):1-5.
[42] 胡萌,张久鹏,黄晓明.半刚性基层沥青路面车辙特性分析[J].公路交通科技,2011(6):14-18.
[43] 董轶,彭妙娟,薛继盛.交通荷载下沥青路面车辙三维非线性有限元分析[J].应用力学学报,2012(1):98-103.
[44] 陈一锴,何杰,张卫华,等.动态载荷作用下半刚性沥青路面动力响应分析[J].系统仿真学报,2012(7):1510-1515.
[45] Hussein K Chlaib,Hanan Mahdi,Haydar Al-Shukri,et al.Using ground penetrating radar in levee assessment to detect small scale animal burrows[J].Journal of Applied Geophysics,2014:
[46] Daniel Seyfried,Sebastian BrueckNer,Joerg Schoebel.Comparison of antenna dispersion and digital signal processing effects in ultrawideband Ground Penetrating Radar systems[J].Journal of Applied Geophysics,2014:101.
[47] Cataldo A,Persico R,Leucci G,et al.Time domain reflectometry,ground penetrating radar and electrical resistivity tomography:A comparative analysis of alternative approaches for leak detection in underground pipes[J].NDT and EInternational,2014:62.

[48] Marjana Zajc,Željko Pogačnik,Andrej Gosar.Ground penetrating radar and structural geological mapping investigation of karstand tectonic features in flyschoid rocks as geological hazard for exploitation[J].International Journal of Rock Mechanics and Mining Sciences,2014:67.

[49] HIRAKAWA Daiki,MASUDA Naoya, TATSUOKA Fumio,et al.Investigation of relationship betweens and ground stiffness values from FWD and from plate loading tests[J].Japanese Geotechnical Journal, 2008:34.

[50] HAYANO Kimitoshi,MAEKAWA Ryota,SUZUKI Tetsuo,et al.Application of infrared thermography scanning technique to airport asphalt pavement for field investigation of detached layers[J].Japanese Geotechnical Journal,2008:31.

[51] Vandenbossche J M,Mu F, Gutierrez J J,et al.An evaluation of the built-in temperature difference input parameter in the jointed plain concrete pavement cracking model of the Mechanistic–Empirical Pavement Design Guide[J].International Journal of Pavement Engineering,2011:12.

[52] Beth Visintine,Khosla N Paul,Akhtar Tayebali.Effects of higher percentage of recycled asphalt pavement on pavement performance[J].Road Materials and Pavement Design,2013:142.

[53] Christina Plati,Andreas Loizos,Vasilis Papavasiliou,et al.Investigating In Situ Properties of Recycled Asphalt Pavement with Foamed Asphaltas Base Stabilizer[J].Advances in Civil Engineering, 2010:2010.

[54] 李海滨.基于半刚性基层适应性的沥青路面结构研究[D].西安:长安大学,2010.

[55] 刘仕贵,于新.不同荷载作用下半刚性沥青路面力学响应规律[J].重庆交通大学学报:自然科学版, 2013(2):198 – 202.

[56] 陈团结,刘宁.基于动态参数的新型半刚性沥青混凝土路面结构力学分析[J].公路,2013(6):15-20.

[57] 谢文忠,余叔藩.半刚性基层沥青路面结构疲劳寿命的环道试验研究[J].中国公路学报, 1990(2):11-20.

[58] 邓绍玉.辽宁省沥青路面典型结构研究[D].西安:长安大学,2004.

[59] 贾璐.沥青路面高温温度场数值分析和实验研究[D].长沙:湖南大学,2005.

[60] 傅志勇.沥青混合料高温性能试验方法研究[D].长沙:长沙理工大学,2005.

[61] 赵熙.沥青路面低温缩裂模型的研究[D].哈尔滨:东北林业大学,2006.

[62] 高畅.沥青路面低温缩裂控制指标与预估模型研究[D].哈尔滨:哈尔滨工业大学,2006.

[63] 王静.河北省高速公路沥青路面高温病害及防治措施研究[D].天津:河北工业大学,2006.

[64] 杨福祺.沥青路面高温稳定性影响因素分析[J].黑龙江交通科技,2006(11):66-67.

[65] 周杰,陈太泉,杨朋,等.水泥混凝土桥沥青铺装层力学功能分工研究[J].武汉理工大学学报, 2007(9):24-26.

[66] 张均辉.沥青路面高温稳定性影响因素分析[J].北方交通,2011(2):27-30.

[67] 钮凯健,李昶.基于内聚力模型的沥青路面低温缩裂数值模拟[J].公路交通科技,2012(6):11-15.

[68] 王雪莲.高等级沥青路面高温性能影响因素[J].筑路机械与施工机械化,2009(3):42-44.

[69] 杨育生,袁卓亚,吕文江.高速公路沥青混凝土路面工程质量控制研究[J].公路,2009(11):91-97.

[70] 赵永利,张东.基于内聚力模型的沥青路面低温缩裂研究[J].公路交通科技,2010(1):11-16.

[71] 孙雅珍,张敏江.基于松弛特性的沥青路面低温缩裂分析[J].沈阳建筑大学学报:自然科学版, 2010(4):670-674.

[72] 郭青筠,林绣贤,曹吴淳.城市柔性路面设计中的高温稳定控制[J].华东公路,1986(3):11-24.

[73] 楼海祥.沥青混合料疲劳对低温缩裂的影响[J].华东公路,1986(4):46-50.

[74] Guo Zhong-yin,Li Shao-hui,Yang Yong-shun.The Strain Field Model and its Modification of Semirigid Asphalt Pavement with Graded Granular Interlayer[J].Procedia-Social and Behavioral Sciences, 2013:96.

[75] Zhang Jun-wei,Li Jin-ping,Quan Xiao-juan,et al.Thermal Stability Analysis under Embankment with Asphalt Pavement and Cement Pavement in Permafrost Regions[J].The Scientific World Journal, 2013:2013.

[76] Ren Ying-wei, Shan Jing-song, Wang Wu-hong.Decision of National and Provincial Highway Asphalt Pavement Structure Based on Value Engineering[J].Mathematical Problems in Engineering, 2014:2014.

[77] Chen G,Baker G.One-Dimensional Nonlinear Model for Prediction of Crack Spacing in Concrete Pavements[J].Advances in Structural Engineering,2009:86.

[78] Taniguchi,Satoshi,Nishizaki,et al.A Study of Longitudinal Cracking in Asphalt Pavement using CTS canner[J].Road Materials and Pavement Design,2008:93.

[79] Xiao Fei-peng,Serji N Amirkhanian.Laboratory investigation of moisture damage in rubberized asphalt mixtures containing reclaimed asphalt pavement[J].International Journal of Pavement Engineering, 2009:105.

[80] Suo Li-jun,Wang Xin-wu.Analysis of Load Stress for Asphalt Pavement of Lean Concrete Base[J].Physics Procedia,2012:24.

[81] Prabir Kumar Das,Yuksel Tasdemir,Björn Birgisson.Low temperature cracking performance of WMA with the use of the Superpave indirect tensile test[J].Construction and Building Materials,2012.

[82] Prabir Kumar Das,Denis Jelagin,Björn Birgisson.Evaluation of the low temperature cracking performance of asphalt mixtures utilizing HMA fracture mechanics[J].Construction and Building Materials,2013:47.

[83] Li Chang,Niu Kai-jian.Simulation of asphalt concrete cracking using Cohesive Zone Model[J]. Construction and Building Materials,2013:38.

[84] Ji Xiao-ping,Zheng Nan-xiang,Hou Yue-qin,et al.Application of asphalt mixture shear strength to evaluate pavement rutting with accelerated loading facility(ALF)[J].Construction and Building Materials,2013:41.

[85] Wang Lan,Wu Zhi-yang,Huang Wen – bin.Research on Interfacial Shear Characteristics of Crumb Rubber Modified Asphalt Concrete Bridge Deck Pavement Structure[J].Procedia-Social and Behavioral Sciences,2013:96.

[86] INOKUCHI Susumu,UCHIDA Daisuke, KAWABATA Atsunori,et al.Influence of Asphalt Pavement Failure on Local Stress of Orthotropic Steel Decks[J].Koukouzourombunshuu,2008:1559.

[87] HAYANO Kimitoshi,MAEKAWA Ryota, SUZUKI Tetsuo,et al.Application of infrared thermo graphy scanning technique to airport asphalt pavement for field investigation of detached layers[J].Japanese Geotechnical Journal,2008:31.

[88] 张肖宁,王哲人,王端宜.计算沥青路面低温缩裂的能量判据及应用[J].中国公路学报,1990(3):11-17.

[89] 林绣贤.半刚性基层沥青路面的研究[J].中国公路学报,1990(4):1-13.

[90] 陈建,许永明,张登良.沥青混合料低温缩裂的研究[J].长安大学学报:自然科学版,1991(2):10-18.

[91] 韩艳华.硅藻土改性沥青路面高温稳定性分析[J].吉林交通科技,2010(4):3-5.

[92] 周志刚,李宇峙.气温和交通荷载对低温缩裂的影响[J].长沙交通学院学报,1996(1):34-40.

[93] 李国强,黄卫,邓学钧,等.沥青混凝土非线性流变模型与路面缩裂温度预估[J].重庆交通学院学报,1997(1):50-59.

[94] 巩春伟.基于 LTPP 的沥青路面低温缩裂评价及控制指标研究[D].哈尔滨:哈尔滨工业大学,2013.

[95] 王嫵,查旭东.沥青路面低温缩裂的分析与研究[J].国外公路,2000(6):41-45.

[96] 马宏岩.AASHTO 沥青路面低温开裂预估模型的验证与改进[D].哈尔滨:哈尔滨工业大学,2011.

[97] 杜鑫.半刚性基层沥青路面层位功能分区及结构优化设计[D].西安:长安大学,2012.

[98] 卢远芳,任会欣.沥青路面低温裂缝产生原因分析与防治方法[J].交通科技与经济,2005(1):22-23.

[99] 陈建荣,张仁根,林亚芳,等.半刚性基层振动成型法设计与施工技术[J].公路,2009(2):88-91.

[100] 周卫峰,李彦伟,张秀丽,等.基于振动成型的级配碎石路用性能及设计标准[J].重庆交通大学学报:自然科学版,2009(3):559-564.

[101] Christina Plati,Andreas Loizos,Vasilis Papavasiliou,et al.Investigating in Situ Properties of Recycled Asphalt Pavement with Foamed Asphalt as Base Stabilizer[J].Advances in Civil Engineering, 2010:2010.

[102] Legret M,Odie L,Demare D,et al.Leaching of heavy metals and polycyclic aromatic hydrocarbons from reclaimed asphalt pavement.[J].Water Research,2005:3915.

[103] Hu Sheng,Zhou Fu-jie,Walubita Lubinda F.Development of a Viscoelastic Finite Element Tool for Asphalt Pavement Low Temperature Cracking Analysis[J].Road Materials and Pavement Design, 2009:104.

[104] Audrius Vaitkus,Miglė Paliukaitė.Evaluation of Time Loading Influence on Asphalt Pavement Rutting[J].Procedia Engineering,2013:57.

[105] Tan Yi-qiu,Wang Hai-peng,Ma Shao-jun,et al.Quality control of asphalt pavement compaction using fibre Bragg grating sensing technology[J].Construction and Building Materials,2013.

[106] Zhou Bo-wen,Zhang Chi,James Tsai,etal.Asphalt Pavement Maintenance Technologies Evaluation Model based on "Economic-Benefit" Index[J].Procedia – Social and Behavioral Sciences,2013:96.

[107] Pradyumna T Anil,Abhishek Mittal, Jain P K.Characterization of Reclaimed Asphalt Pavement(RAP) for Use in Bituminous Road Construction[J].Procedia-Social and Behavioral Sciences,2013:104.

[108] Lin Jun-tao,Hong Jin-xiang, Huang Chong,etal.Effectiveness of rejuvenator seal materials on performance of asphalt pavement[J].Construction and Building Materials,2014:55.

[109] Suo Li-jun,Wang Xin-wu.Analysis of Load Stress for Asphalt Pavement of Lean Concrete Base[J]. Physics Procedia,2012:24.

[110] Murat Kucukvar,Omer Tatari.Ecologically based hybrid life cycle analysis of continuously reinforced concrete and hot mix asphalt pavements[J].Transportation Research Part D,2011:171.

[111] Mull M A,Stuart K,Yehia A.Fracture resistance characterization of chemically modified crumb rubber asphalt pavement[J].Journal of Materials Science,2002:373.

[112] Li Lin,Craig H Benson,Tuncer B Edil,et al.Sustainable Construction Case History:Fly Ash Stabilization of Recycled Asphalt Pavement Material[J].Geotechnical and Geological Engineering, 2008:262.

[113] Hu Shu-guang,Huang Shao-long,Ding Qing-jun.Porous flameretarded asphalt pavement for highway tunnel[J].Journal of Wuhan University of Technology-Mater.Sci.Ed.,2008:235.

[114] Vandenbossche J M,Mu F,Gutierrez J J,et al.An evaluation of the built in temperature difference input parameter in the jointed plain concrete pavement cracking model of the Mechanistic Empirical Pavement Design Guide[J].International Journal of Pavement Engineering,2011:123.

[115] Visintine Beth,Khosla N Paul,Tayebali Akhtar.Effects of higher percentage of recycled asphalt pavement on pavement performance[J].Road Materials and Pavement Design,2013:142.

[116] Cho Dong-Woo,Kim Kyoungchul.The mechanisms of moisture damage in asphalt pavement by applying chemistry aspects[J].KSCE Journal of Civil Engineering,2010:143.

[117] Xiao Fei-peng,Serji N Amirkhanian.Laboratory investigation of utilizing high percentage of RAP inrubberized asphalt mixture[J].Materials and Structures,2010:431.

[118] Liu Hong – hai,Ma Deng-cheng,Zhou Zhi-yong.Influences of used parameters of screw distributor upon mixture paving segregation[J].Journal of Wuhan University of Technology-Mater. Sci.Ed., 2012:274.